"十二五"普通高等教育本科国家级规划教材

新编21世纪法学系列教材
总主编　曾宪义　王利明

企业和公司法

第六版

史际春　著

Enterprises and Companies Law

中国人民大学出版社
·北京·

内容简介

企业是现代经济关系中最重要、最活跃的主体，是经济的细胞和动力所在。企业又是一国各种社会关系的缩影，其组织和运作，与一定的社会经济发展水平和历史、文化传统息息相关。现代企业以资本关系为主导，资本企业的形式在大陆法系国家主要是股份公司和有限公司，不排除它们也可能具有人合因素；此外也存在普通合伙企业（无限公司）、有限合伙企业（两合公司）、个人独资企业等资本关系与人合相结合或者单纯的业主制企业。同时，本质上非资本、非营利的国有企业和合作制暨集体所有制的企业或组织在表象上可能呈现为资本企业、资本关系的模样。这些企业或组织形式上各不相同，但也存在着内在联系。本书力求把握企业和公司法的内在逻辑，融会一般规律和中国特色，对各类企业一并阐释和论述，以此奉献给读者。

作者简介

史际春 法学博士，中国人民大学法学院教授。在民商法、经济法领域讲授近十门课程，1991年起开设企业和公司法课程。著有《国有企业法论》《我国集体所有权研究》等专著，《经济法总论》等教材，《政府与市场关系的法治思考》《论分权、法治的宏观调控》《论法人》《论商法》《垄断行业与政府担当》《论“竞争中立”》等论文。主持了“关于‘错法’及其纠正机制问题研究”“中央和地方分别所有的国家所有制研究”等国家级、省部级项目。享受国务院政府特殊津贴。获北京市优秀教师称号。

总序

曾宪义

在人类文明与文化的发展中，中华民族曾作出过伟大的贡献，不仅最早开启了世界东方文明的大门，而且对人类法治、法学及法学教育的生成与发展进行了积极的探索与光辉的实践。

在我们祖先生存繁衍的土地上，自从摆脱动物生活、开始用双手去进行创造性的劳动、用人类特有的灵性去思考以后，我们人类在不断改造客观世界、创造辉煌的物质文明的同时，也在不断地探索人类的主观世界，逐渐形成了哲学思想、伦理道德、宗教信仰、风俗习惯等一系列维系道德人心、维持一定社会秩序的精神规范，更创造了博大精深、义理精微的法律制度。应该说，在人类所创造的诸种精神文化成果中，法律制度是一种极为奇特的社会现象，因为作为一项人类的精神成果，法律制度往往集中而突出地反映了人类在认识自身、调节社会、谋求发展的各个重要进程中的思想和行动。法律是现实社会的调节器，是人民权利的保障书，是通过国家的强制力来确认人的不同社会地位的有力杠杆，它来源于现实生活，而且真实地反映现实的要求。因而透过一个国家、一个民族、一个时代的法律制度，我们可以清楚地观察到当时人们关于人、社会、人与人的关系、社会组织以及哲学、宗教等诸多方面的思想与观点。同时，法律是一种具有国家强制力、约束力的社会规范，它以一种最明确的方式，对当时社会成员的言论或行动作出规范与要求，因而也清楚地反映了人类在各个历史发展阶段中对于不同的人所作出的种种具体要求和限制。因此，从法律制度的发展变迁中，同样可以看到人类自身不断发展、不断完善的历史轨迹。人类社会几千年的国家文明发展历史已经无可争辩地证明，法律制度乃是维系社会、调整各种社会关系、保持社会稳定的重要的工具。同时，法律制度的不断完善，也是人类社会文明进步的显著体现。

由于发展路径的不同、文化背景的差异，东方社会与西方世界对于法律的意义、底蕴的理解、阐释存有很大的差异，但是，在各自的发展过程中，都曾比较注重法律的制定与完善。中国古代虽然被看成是“礼治”的社会、“人治”的世界，被认为是“只有刑，没有法”的时代，但从《法经》到《唐律疏议》、《大清律例》等数十部优秀成文法典的存在，充分说明了成文制定法在中国古代社会中的突出地位，唯这些成文法制所体现出的精神旨趣与现代法律文明有较大不同而已。时至20世纪初叶，随着西风东渐、东西方文化交流加快，中国社会开始由古代的、传统的社会体制向近现代文明过渡，建立健全的、符合现代理性精神的法律文明体系方成为现代社会的共识。正因为如此，近代以来的数百年间，在西方、东方各主要国家里，伴随着社会变革的潮起潮落，法律改革运动也一直呈方兴未艾之势。

从历史上看，法律的文明、进步，取决于诸多的社会因素。东西方法律发展的历史均充分证明，推动法律文明进步的动力，是现实的社会生活，是政治、经济和社会文化的变迁；同时，法律内容、法律技术的发展，往往依赖于一大批法律专家以及更多的受过法律教育的社会成员的研究和推动。从这个角度看，法学教育、法学研究的发展，对于法律文明的发展进步，也有着异常重要的意义。正因为如此，法学教育和法学研究在现代国家的国民教育体系和科学研究体系中，开始占有越来越重要的位置。

中国近代意义上的法学教育和法学研究，肇始于19世纪末的晚清时代。清光绪二十一年（公元1895年）开办的天津中西学堂，首次开设法科并招收学生，虽然规模较小，但仍可以视为中国最早的近代法学教育机构（天津中西学堂后改名为北洋大学，又发展为天津大学）。三年后，中国近代著名的思想家、有“维新骄子”之称的梁启超先生即在湖南《湘报》上发表题为《论中国宜讲求法律之学》的文章，用他惯有的富有感染力的激情文字，呼唤国人重视法学，发明法学，讲求法学。梁先生是清代末年一位开风气之先的思想巨子，在他的辉煌的学术生涯中，法学并非其专攻，但他仍以敏锐的眼光，预见到了新世纪中国法学研究和法学教育的发展。数年以后，清廷在内外压力之下，被迫宣布实施“新政”，推动变法修律。以修订法律大臣沈家本为代表的一批有识之士，在近十年的变法修律过程中，在大量翻译西方法学著作，引进西方法律观念，有限度地改造中国传统的法律体制的同时，也开始推动中国早期的法学教育和法学研究。20世纪初，中国最早设立的三所大学——北洋大学、京师大学堂、山西大学堂均设有法科或法律学科目，以期“端正方向，培养通才”。1906年，应修订法律大臣沈家本、伍廷芳等人的奏请，清政府在京师正式设立中国第一所专门的法政教育机构——京师法律学堂。次年，另一所法政学堂——直属清政府学部的京师法政学堂也正式招生。这些大学法科及法律、法政学堂的设立，应该是中国历史上近代意义上的正规专门法学教育的滥觞。

自清末以来，中国的法学教育作为法律事业的一个重要组成部分，随着中国社会的曲折发展，经历了极不平坦的发展历程。在20世纪的大部分时间里，中国社会一直充斥着各种矛盾和斗争。在外敌入侵、民族危亡的沉重压力之下，中国人民为寻找适合中国国情的发展道路而花费了无穷的心力，付出过沉重的代价。从客观上看，长期的社会骚动和频繁的政治变迁曾给中国的法治与法学带来过极大的消极影响。直至70年代末期，以“文化大革命”宣告结束为标志，中国社会开始用理性的目光重新审视中国的过去，规划国家和社会的未来，中国由此进入长期稳定、和平发展的大好时期，以这种大的社会环境为背景，中国的法学教育也获得了前所未有的发展机遇。

从宏观上看，实行改革开放以来，经过二十多年的努力，中国的法学教育事业所取得的成就是辉煌的。首先，经过“解放思想，实事求是”思想解放运动的洗礼，在中国法学界迅速清除了极左思潮及苏联法学模式的一些消极影响，根据本国国情建设社会主义法治国家已经成为国家民族的共识，这为中国法学教育和法学研究的发展奠定了稳固的思想基础。其次，随着法学禁区的不断被打破、法学研究的逐步深入，一个较为完善的法学学科体系已经建立起来。理论法学、部门法学各学科基本形成了比较系统和成熟的理论体系和学术框架，一些随着法学研究逐渐深入而出现的法学子学科、法学边缘学科也渐次成形。1997 年，国家教育主管部门和教育部高校法学学科教学指导委员会对原有专业目录进行了又一次大幅度调整，决定自 1999 年起法学类本科只设一个单一的法学专业，按照一个专业招生，从而使法学学科的布局更加科学和合理。同时，在充分论证的基础上，确定了法学专业本科教学的 14 门核心课程，加上其他必修、选修课程的配合，由此形成了一个传统与更新并重、能够适应国家和社会发展需要的教学体系。法学硕士和博士研究生及法律硕士专业学位研究生的专业设置、课程教学和培养体系也日臻完善。最后，法学教育的规模迅速扩大，层次日趋齐全，结构日臻合理。目前中国有六百余所普通高等院校设置了法律院系或法律本科专业，在校本科学生和研究生已达二十余万人。除本科生外，在一些全国知名的法律院校，法学硕士研究生、法律硕士专业学位研究生、法学博士研究生已经逐步成为培养的重点。

众所周知，法律的进步、法治的完善，是一项综合性的社会工程。一方面，现实社会关系的发展，国家政治、经济和社会生活的变化，为法律的进步、变迁提供动力，提供社会的土壤。另一方面，法学教育、法学研究的发展，直接推动法律进步的进程。同时，全民法律意识、法律素质的提高，则是实现法治国理想的关键的、决定性的因素。在社会发展、法学教育、法学研究等几个攸关法律进步的重要环节中，法学教育无疑处于核心的、基础的地位。中国法学教育过去二十多年所走过的历程令人激动，所取得的成就也足令我们自豪。随着国家的发展、社会的进步，在 21 世纪，我们面临着更严峻的挑战和更灿烂的前景。“建设世界一流法学教育”，任重道远。

首先，法律是建立在经济基础之上的上层建筑，以法治为研究对象的法学也就成为一门实践性很强的学科。社会生活的发展变化，势必对法学教育、法学研究不断提出新的要求。经过二十多年的奋斗，中国改革开放的前期目标已顺利实现。但随着改革开放的逐步深入，国家和社会的一些深层次问题，比如说社会主义市场经济秩序的真正建立、国有企业制度的改革、政治体制的完善、全民道德价值的重建、环境保护和自然资源的合理利用等等，也已经开始浮现出来。这些复杂问题的解决，无疑最终都会归结到法律制度的完善上来。建立一套完善、合理的法律制度，构建理想的和谐社会，乃一项持久而庞大的社会工程，需要全民族的智慧和努力。其中的基础性工作，如理论的论证、框架的设计、具体规范的拟订、法律实施中的纠偏等等，则有赖于法学研究的不断深入，以及高素质人才特别是法律人才的养成，而培养法律人才的任务，则是法学教育的直接责任。

其次，21世纪是一个多元化的世纪。20世纪中叶发生的信息技术革命，正在极大地改变着我们的世界。现代科学技术，特别是计算机网络信息技术的发展，使传统的生活方式、思想观念发生了根本的改变，并由此引发许多人类从未面对过的问题。就法学教育而言，在21世纪所要面临的，不仅是教学内容、研究对象的多元化问题，而且还有培养对象、培养目标的多元化、教学方式的多元化等一系列问题，这些问题都需要法学界去思考、去探索。

中国人民大学法学院建立于1950年，是新中国诞生后创办的第一所正规高等法学教育机构。在半个多世纪的岁月中，中国人民大学法学院以其雄厚的学术力量、严谨求实的学风、高水平的教学质量以及丰硕的学术研究成果，在全国法学教育领域处于领先地位，并开始跻身于世界著名法学院之林。据初步统计，中国人民大学法学院已经为国家培养法学专业本科生、硕士生、博士生一万余人，培养各类成人法科学生三十余万人。经过多年的努力，中国人民大学法学院形成了较为明显的学术优势，在现职教师中，既有一批资深望重、在国内外享有盛誉的法学前辈，更有一大批在改革开放后成长起来的优秀中青年法学家。这些老中青法学专家多年来在勤奋研究法学理论的同时，也积极投身于国家的立法、司法实践，对国家法制建设贡献良多。

有鉴于此，中国人民大学法学院与中国人民大学出版社经过研究协商，决定结合中国人民大学法学院的学术优势和中国人民大学出版社的出版力量，出版一套“21世纪法学系列教材”。自1998年开始编写出版本科教材，包括按照教育部所确定的法学专业核心课程和其所颁布印发的《全国高等学校法学专业核心课程基本要求》而编写的14门核心课程教材，也包括法学各领域、各新兴学科教材及教学参考书和案例分析在内，到2000年12月3日在人民大会堂大礼堂召开举世瞩目的“21世纪世界百所著名大学法学院院长论坛暨中国人民大学法学院成立五十周年庆祝大会”之时，业已出版了50本作为50周年院庆献礼，到现在总共出版了80本。为了进一步适应高等法学教育发展的形势和教学改革的需要，最近中国人民大学法学院与中国人民大学出版社决定将这套教材扩大为四个系列，即：“本科生用书”、“法学研究生用书”、“法律硕士研究生用书”以及“司法考试用书”，总数将达二百多本。我们设想，本套教材的编写，将更加注意“高水准”与“适用性”的合理结合。首先，本套教材将由中国人民大学法学院具有全国影响的各学科的学术带头人领衔，约请全国高校优秀学者参加，形成学术实力强大的编写阵容。同时，在编写教材时，将注意吸收中国法学研究的最新的学术成果，注意国际学术发展的最新动向，力求使教材内容能够站在21世纪的学术前沿，反映各学科成熟的理论，体现中国法学的水平。其次，本套教材在编写时，将针对新时期学生特点，将思想性、学术性、新颖性、可读性有机结合起来，注意运用典型生动的案例、简明流畅的语言去阐释法律理论与法律制度。

我们期望并且相信，经过组织者、编写者、出版者的共同努力，这套法学教材将以其质量效应、规模效应，力求成为奉献给新世纪的精品教材，我们诚挚地祈望得到方家和广大读者的教正。

2006年7月1日

序言

法学教育是高等教育的重要组成部分，是建设社会主义法治国家、构建社会主义和谐社会的重要基础，并居于先导性的战略地位。在我国社会转型的新世纪、新阶段，法学教育不仅要为建设高素质的法律职业共同体服务，而且要面向全社会培养大批治理国家、管理社会、发展经济的高层次法律人才。近年来，法学教育取得了长足的进步，法科数量增长很快，教育质量稳步提高，培养层次日渐完善，目前已经形成了涵盖本科生、第二学士学位生、法学硕士研究生、法律硕士研究生、法学博士研究生的完整的法学人才培养体系，接受法科教育已经成为莘莘学子的优先选择之一。随着中国法治事业的迅速发展，我们有理由相信，中国法学教育的事业大有可为，中国法学教育的前途充满光明。

教育的基本功能在于育人，在于塑造德才兼备的高素质人才。法学教育的宗旨并非培养只会机械适用法律的“工匠”，而承载着培养追求正义、知法懂法、忠于法律、廉洁自律的法律人的任务。要完成法学教育的使命，首先必须认真抓好教材建设。我始终认为，教材是实现教育功能的重要工具和媒介，法学教材不仅仅是法学知识传承的载体，而且是规范教学内容、提高教学质量的关键，对法学教育的发展有着不可估量的作用。

第一，法学教材是传授法学基本知识的工具。初学法律，既要有好的老师，又要有好的教材。正如冯友兰先生所言：“学哲学的目的，是使人作为人能够成为人，而不是成为某种人。其他的学习（不是学哲学）是使人能够成为某种人，即有一定职业的人。”一套好的教材，能够高屋建瓴地展示法律的体系，能够准确简明地阐释法律的逻辑，能够深入浅出地叙述法律的精要，能够生动贴切地表达深奥的法理。所以，法学教材是学生学习法律的向导，是学生步入法律殿堂的阶梯。如果在入门之初教材就有偏颇之处，就可能误人子弟，学生日后还要花费大量时间与精力来修正已经形成的错误观念。

第二，法学教材是传播法律价值理念的载体。好的法学教材不仅要传授法学知识，更要传播法律的精神和法治的理念，例如对公平、正义的追求，尊重权利的观念。本科、研究生阶段的青年学子，正处在人生观、价值观形成的阶段，一套优秀的法学教材，对于他们价值观的塑造和健全人格的培养具有重要意义。

第三，法学教材是形成职业共同体的主要条件。建设社会主义法治国家，有赖于法律职业共同体的生成。一套好的法学教材，向法律研习者传授共同的知识，这对于培养一个接受共同的价值理念、共同的法律思维、共同的话语体系的法律共同体，具有重要的作用。

第四，法学教材是所有法律研习者的良师益友。没有好的教材，一个好的教师或可弥补教材的欠缺和不足，但对那些没有老师指导的自学者而言，教材就是老师，其重要作用是显而易见的。

长期以来，在我们的评价体系中，教材并没有获得应有的重视，对学术成果的形式优先考虑的往往是专著而非教材。在不少人的观念中，教材与创新、与学术精品甚至与学术无缘。其实，要真正写出一部好的教材，其难度之大、工作之艰辛、影响之深远，绝不低于一部优秀的专著，它甚至可以成为在几百年甚至更长的时间内发挥作用的传世之作。以查士丁尼的《法学阶梯》为例，所谓法学阶梯，即法学入门之义，就是一部教材。但它概括了罗马法的精髓，千百年来，一直是人们研习罗马法最基本的著述。日本著名学者我妻荣说过，大学教授有两大任务：一是写出自己熟悉的专业及学术领域的讲义乃至教科书；二是选择自己最有兴趣、最看重的题目，集中精力进行终生的研究。实际上，这两者是相辅相成的。写出一部好教材，必须要对相关领域形成一个完整的知识体系，还要能以深入浅出的语言将问题讲清楚、讲明白。没有编写教材的基本功，实际上也很难写出优秀的专著。当然，也只有对每一个专题都有一定研究，才能形成对这个学术领域的完整把握。

虽然近几年我国法学教育发展迅速，成绩显著，但是法学教育也面临许多挑战。各个学校的师资队伍和教学质量参差不齐，这就更需要推出更多的结构严谨、内容全面、角度各有侧重、能够适应不同需求的法学教材，为提高法学教学和人才培养质量、保障法学教育健康发展提供前提条件。

长期以来，中国人民大学法学院始终高度重视教材建设。作为新中国成立后建立的第一所正规的法学教育机构，中国人民大学法律系最早开设了社会主义法学教学课堂，编写了第一套社会主义法学讲义，培养了新中国第一批法学本科生和各学科的硕士生、博士生，产生了新中国最早的一批法学家和法律工作者。中国人民大学法律系因此被誉为“新中国法学教育的工作母机”。半个多世纪以来，中国人民大学法学院为社会主义法制建设培养了大批优秀的法律人才，并为法学事业的振兴和繁荣作出了卓越贡献，也因此成为引领中国法学教育的重镇、凝聚国内法律人才的平台和沟通中外法学交流的窗口，并在世界知名法学院行列中崭露头角。为了对中国法学教育事业作出更大的贡献，我们有义务也有责任出版一套体现我们最新研究成果的法学教材。

承蒙中国人民大学出版社的大力支持，我们组织编写了本套教材，其中包括本科生用书、法律硕士研究生用书、法学研究生用书和司法考试用书四大系列，分别面向不同层次法科教育需求。编写人员以中国人民大学法学院教师为主，反映了中国人民大学法学院整体的研究实力和学术视野。相信本套教材的出版，一定能够为新时期法学教育的繁荣发展发挥应有的作用。

是为序。

2006年7月10日

第六版修订说明

中国特色社会主义进入新时代后，社会主义市场经济体制和环境更为成熟，企业和公司法治也迈向了一个新阶段。

在此背景下，企业和公司运行中存在双层或多层股权结构、员工持股和员工控股、企业内部组织面向市场自主经营、股东自愿或被迫承担无限责任等现象，导致法条的缺漏或“束之高阁”，甚至被称为“公司法死亡”。《中华人民共和国公司法》2023 年第二次修订对此作了回应。

实践的要求反映为法治理念，推动着法制的完善。冗杂繁复是法之大忌，比如《中华人民共和国市场主体登记管理条例》统一规范各类企业和个体工商户的登记管理，利民且便利法的适用，反映了国家、政府治理体系和治理能力的提升。

当代法治的一个趋势，是在扩大自由的同时强化规制。这对企业和公司法也是适用的。追究实际控制人和“事实董事”的责任，备案受益人所有相关信息，规定认缴登记制下的出资期限等，就是这种趋势的一个反映。

国有企业法治的进步也超出预料。政府逐渐学会像私人一样“做老板”，将党管企业、国家所有、市场经营和社会责任很好地结合起来。作为支撑国计民生的骨干力量，国有企业在遵纪守法、技术和管理、为国为民分忧等方面成为各类企业的示范和榜样。

《中华人民共和国农村集体经济组织法》的出台和后续适用效果值得关注，应在上层建筑与经济基础的互动中把握“三农”及其法治的方向和着力点。

在复杂多变的社会经济及市场条件下，法律的规定必然是挂一漏万和滞后的，因此，必须在法治的框架下让市场和社会充分自治。除企业和公司立法外，法治的框架包括资本关系原则、少数股东保护、当事人真实意愿、诚实信用、过错责任、交易安全、公序良俗、经济及国家安全、不得侵犯他人的利益和社会利益等，重要的是“问责”或问责制：让每个人都对自己的自由行为、自由裁量负责，可问责，能追责。政府、法院和仲裁机构等为此提供保障，出现问题后及时解决。

以此透视企业和公司法制暨实践，作本版修订。但对上述例示的道理在本书中未必可作集中、直接的表述，尚需读者在使用中自行体会。

作　者

2025 年 3 月 31 日

编写说明

本书是一部系统的企业法教材。国外的企业法教学，在英美法系一般是按公司、合伙，在大陆法系一般是按商法、民法，分别设置教材及安排教学，都不包括国有企业，但可能单设公司法和合作社法课程。国内原先的企业法教学，是将国有、集体等企业法与公司法分开，又将公司法与中外合资、合作、外资等“三资”企业法分开，且缺乏适用于各种企业的总论。适应社会主义市场经济和企业法制迅速发展的需要，针对我国以公有制主体投资经营为主、国有企业多为普通竞争性企业的实际，结合世界范围内国有企业和合作社等非典型企业也日益以资本关系为主导、与公司形式相结合的趋势，作者从 1991 年起，在硕士研究生教程和高级法官培训教程中，后来也在本科教程中，改革企业法教学内容，要旨就是将各种企业融为一体进行阐述。依国际惯例，“公司”和“企业”尽管内涵各异，但外延基本上是一致的。根据中国人民大学法学院多年来的开课情况，本书书名包括“公司”，表明这是一部包含公司法的企业法教程。我国的企业关系和企业法制正处于发展中，企业又是一国各种社会关系的缩影，其组织和运作，与一定的社会经济发展水平和历史、文化传统息息相关，因此，本书在力求准确反映现行企业法的基础上，注重对相关规定或问题之探本求源，并借鉴国外的法例和经验，希望它也是一部研究企业和公司法的专著。欢迎读者就使用本书过程中发现的问题提出宝贵意见，以期再版时改进、完善。

作者

2000 年 10 月 19 日

目录

第一章

企业和公司法概述

本章摘要

企业是现代经济关系中最重要、最活跃的主体，是经济的细胞和动力所在。它在法律上是指具有某种人格的经营性主体，也可以作为交易客体。按照私人投机冒险要求资本扩张、规避风险的逻辑和近代资本主义的传统，企业可以分为个人独资企业、合伙企业和有限责任的公司这三种典型的法律形态。历史上在典型企业形态之外发展起来的两种非典型企业，则是合作社和国有企业。20 世纪 50 年代我国完成“一化三改造”以后，全民所有制企业和集体所有制企业成为典型企业，私营经济和个体经济只是补充，所以，立法、司法和管理上的基本做法是按所有制对企业进行分类，将企业划分为全民所有制企业、集体所有制企业和私营企业。在改革开放中，个体经营或自然人独资企业、各种形式的公司和合伙获得了广泛发展，特殊企业的概念和制度也初步形成。

企业法是规定企业的法律地位及调整其内、外部组织关系的法。按照大陆法系划分法律部门的传统思维方式，企业法和合同法一样，可以分属民商法、经济法等不同法律部门。如果突破这种旧的框框，也不妨像英美法系对待合同法那样，既把不同的合同和企业组织形式附随于对相关社会活动领域的社会关系进行调整的法律部门，又将不同社会活动领域中的共通现象——合同行为和企业组织本身，分别视为一种社会活动领域，从而将合同法和企业法作为法律部门。这样做，于法治实践和法学研究有百利而无一害，可谓是法的发展从“诸法合一”到逐渐分化，到今天高度分化、高度整合的客观要求和必然结果。

关键术语

企业　公司　法人　企业法人　非法人企业　法人企业　私营企业　独资企业　个人独资企业　个体经营　个体工商户　合伙企业　普通合伙　特殊的普通合伙　有限合伙　隐名合伙　法人合伙　联营企业　合伙型联营　控股公司　控制公司　附属公司　企业集团　集团公司　母公司　子公司　分公司　无限公司　两合公司　有限责任公司　有限公司　股份有限公司　股份公司　股份两合公司　一人公司　国有独资公司　合作社　合作制或集体所有制企业　职工股权制　社会企业　股份制　特殊企业　特殊公司

皇家特许公司　法定公司　商事公司　注册公司　无限责任公司　股份责任有限公司　保证责任有限公司　非开放公司（private company）　开放公司（public company）　全民所有制企业　外商投资企业　中外合资经营企业　中外合作经营企业　外资企业　企业法　普通企业法　商事企业法　注册公司法　公司法　合伙企业法　乡镇企业法　中外合资经营企业法　中外合作经营企业法　外资企业法　外商投资法　商业银行法　特殊企业法　政策性银行　投资公司　国有企业法　公共企业法　民营化　私有化　参与决定法

第一节　企业的概念和分类

一、企业、公司的概念

（一）企业的概念

企业是经营性的从事生产、流通或服务的某种主体。作为概括的资产、某种营业或者资本和人员集合的经营体，企业也可以作为交易的客体。该词源于英文 enterprise，原意为企图冒险从事某项事业，后来用以指经营组织或经营体。日本用汉字将其意译为“企业”，并传入中国。①

企业主要不是法律概念，而基本上是一个经济概念，因为“企业”不同于“公司”“合同”等概念，后者本身即可反映股东与债权人、债权人与债务人等社会经济活动当事人之间的某种法律关系，企业的概念只能反映某一主体具有经营的性质。

企业的经营性，是指它基于一定的经济目的进行筹划运作，计较投入产出，进行经济核算，借以参与社会的经济、文化等活动。经营的目的一般是追求利润，投资者或股东通过企业营运，设法获取超出所投入的资金和财物的盈余或经济利益，也即营利性。但是经营性不等于营利性。企业可以从事营利性经营，如一般的竞争性企业；也可以从事政策性经营或公益性经营，如政府设立的水、电、公共交通等公用事业企业或控股公司、政策性银行等。政策性、公益性经营的企业所追求的，不是在每一项具体的经营或交易活动中获利，也未必是为其自身获取利润，而是在某种宏观范围内取得一定的经济目的或社会效益。营利性也不能和盈利或赢利画等号，因为营利性企业可能因市场行情不佳、决策失误、经营管理不善等原因而不盈（赢）利，非营利性企业（如政策性企业）在市场经济条件下一般而言也需维持一定的盈利方得生存。在法律上，区分一个机构属于营利性或非营利性的基本标准是对出资者或股东是否分配利润：对出资者或股东可依法分配利润的是营利性机构，依法不得分配利润的则属非营利性机构。也就是说，非营利性或公益性的机构也是可以通过自身活动“赚钱”的，但与营利性企业不同，其举办

---

① 参见《汉语外来语词典》，284 页，上海，上海辞书出版社，1984。

者、出资者或股东不以“赚钱”为目的，不得分配“所赚的钱”。

还有一种社会企业（social enterprise，SE），介于营利性企业和非营利性企业之间，对其举办者或出资者如同营利性企业一样依法分配企业经营的利润，同时依举办者或出资者的意志暨企业章程，将所获利润用于公益目的比如社区服务。

经营性也不等于经济性。企业不一定直接参与社会再生产活动，它可以通过从事文化、教育、艺术、体育等活动追求营利目的，如通过设立报社、出版社、广播电台电视台、私立学校、演艺公司和体育俱乐部等企业赚钱。我国市场经济在发展中，在这方面已显现出与国际惯例接轨的趋势，出现了足球俱乐部股份公司、报业集团、出版公司、营利性的演艺公司等。在对这类企业关系的调整中，民商法、经济法和文教体育等相关法律部门是紧密配合、交互作用的。

我国法律上长期以来将企业理解为一定的组织，例如，原《中华人民共和国私营企业暂行条例》（1988 年由国务院发布，以下简称《私营企业暂行条例》）第 2 条规定，私营企业是指“企业资产属于私人所有、雇工八人以上的营利性的经济组织”。事实上，私营企业的举办者或投资人都不妨“自雇”工作，不另雇用他人，所以《中华人民共和国个人独资企业法》（以下简称《个人独资企业法》）和《中华人民共和国合伙企业法》（以下简称《合伙企业法》）都不再有关于雇工或雇工数量的规定。而依国际惯例，凡经合法登记注册、拥有固定地址而相对稳定经营的组织或个人，都属于企业，个体经营也是企业，即个人独资企业，并无《中华人民共和国民法典》（以下简称《民法典》）第 54 条规定的“个体工商户”概念。这样，企业就是一个与流动摊贩、业余的制作贩卖、一次性交易等非固定、非稳定的经营行为相对的概念。

在我国，企业如果取得法人资格，就意味着它在参与外部的流转和协作关系时是独立的，依法可以独立享有权利、履行义务和承担责任。在现代社会，法人企业在经济生活中占据着主导地位，但是非法人企业也普遍存在，诸如普通合伙企业、分公司企业等。因此，企业未必都具有独立性，亦即独立的决策能力和责任能力。即使是法人企业，它们在自身的组织体系中也不一定是独立的，如：政策性经营的企业在不同程度上受政府的控制；在关联企业关系中，在控制公司和附属公司之间，子公司必须服从母公司制订的经营方针，乃至母公司对某项具体交易的指示等。

企业原则上应进行独立核算，单独计算成本和费用，对其业务通过财务会计进行反映和控制。在这种意义上，分公司、分店和其他独立核算、取得营业执照的非法人企业或企业的分支机构，都可以被称为企业，不实行独立核算的组织或机构则不能被称为企业。当然，个体经营、家庭经营同个人或家庭的财产在事实上和法律上都未必分得清楚，这是较为原始的企业与现代企业相比的一种例外。

（二）公司的概念

公司通常是指不同利益主体为了实现某种共同目的及共同从事某种事业而依“公司法”成立的企业法人。

依照《中华人民共和国公司法》（以下简称《公司法》）的规定，公司是企业法人。在其他国家，公司的多数也是经营性的组织。因此，公司是企业的主要组成部分。

公司与企业这两个概念的关系非常密切。在实际生活中，二者也是交融在一起的。

合伙企业与公司无法截然划分。合伙性的企业在大陆法系国家可以依法设立为无限公司或两合公司，在英美法系国家可设立为合伙性的无限责任公司。在法语中，合伙更是在概念和用语上均属公司（société）。① 为了适应自然人设立“一人”有限责任公司的需要，法国在 1985 年修改民法典，在其第 1832 条增加规定“公司得以一人意思表示之文书设立”。这说明该法典的几个中译本将该条中的 société 译为合伙是不妥的。

晚近合作制企业或集体所有制企业以及国有企业也越来越多地与公司形式相结合。在资本主义国家，以美国为代表推行“职工股权制”，使职工取得本公司的股权，将公司转为职工集体所有或由职工通过某种形式集体控股②，如美国联合航空公司于 1994 年 7 月实行由职工控股的改组，改组后曾为世界上最大的合作制企业之一。③ 国外的相互保险公司，以成员互助合作为目的，由众多投保人组成，也具有合作制性质。全球性的所谓“私有化”（privatization）浪潮，实质上是把原先作为政府附属物的国有企业或国有公司通过股份制改造，转化为市场化运作的国有公司。④ “私有化”不一定是将国有企业完全出售给私人，从而转为私人所有，所以“私有化”名实不符，准确地说应为股份化、民营化。在我国在改革中，原先纯粹的国有企业和集体所有制企业也通过改制，几乎都成了由国有主体、合作制或集体所有制的主体、自然人或者私人机构控制的公司企业。

公司又不限于作为企业的法律组织形式，非企业乃至政府等公共团体也可以采取公司的形式。国外的医院、教堂、学校，我国的足球俱乐部、演艺和出版机构等，都可依法成立为公司。我国中央政府部门和地方政府在港、澳设立的办事机构，也曾在当地登记设立为公司。

所以，公司和企业的概念在外延上是交叉的。企业包括公司，公司的多数是企业；公司未必都是企业，企业也不都是公司。

公司和企业的根本区别，不在于其外延上的差别，而在于二者从不同的角度描述某一团体或组织的特性。公司的概念，着重反映某一组织的民事法律地位以及其成员和资本的联合性，较具有法律性。人们从“××公司”的名称，一般即可知晓其是否具有主体和资本的联合性，并可了解其成员承担民事责任的方式。企业的概念，则着重反映某一组织体具有经营的性质，因而较具有经济性。人们从“××企业”的名称，可以了解该组织须进行经济核算、关注投入—产出的经济或社会效益，但无从了解其民事法律地位。因此，将这两个概念结合起来，可以较为全面地反映某一社会组织或主体的性质。

案例

华为技术有限公司——一家成功的股份合作制企业

华为是一家名扬海内外的跨国通信公司，在创始人任正非的带领下，开拓进取，持

① 参见罗结珍译：《法国公司法典》，1 页，北京，国际文化出版公司，1995。

② 参见史际春：《集体所有权研究》，46～49 页，长沙，湖南师范大学出版社，1994。

③ 参见 VOA“时事经纬”栏目，1994－07－23。

④ 参见史际春：《国有资产管理国际惯例》，载国际惯例书库编委会编著：《国际惯例书库》，第 3 卷，海口，海南出版社，1993。

续创新，在所涉领域均处于头部地位，尤其因其在5G通信技术方面的突出成就，遭美国以举国之力封锁打压，在困难条件下仍推出了鸿蒙系统、自研芯片的5G手机、人工智能计算卡等，为世界所瞩目。截至2022年年底，华为公司共有20.7万名员工，服务于170多个国家和地区。它在组织和治理结构上实行员工持股并控股的股份合作制：公司有工会和任正非两个股东，工会代表14.2万余员工持有公司99.27%的股份，任正非持股0.73%。持股员工一股一票选举产生持股员工代表会，持股员工代表会一人一票选举产生董事、监事，组成董事会和监事会，董事会由董事长、若干轮值董事长和其他董事组成，任正非作为董事对董事会决议事项拥有一票否决权。华为通过员工持股建立了有效的权利（力）循环约束机制，实现了民主化的集体领导和权力制衡，对员工进行类型化管理，通过公平的价值评估和价值分配制度为员工形成合理的预期，从而能够最大限度地调动企业各类员工和管理者的积极性及主观能动性。①

二、企业的基本分类

（一）传统的典型企业

按照私人投机冒险要求资本扩张、规避风险的逻辑和近代资本主义的传统，企业可以分为个人独资企业、合伙企业和有限责任的公司这三种典型的法律形态。

1. 个人独资企业（sole proprietorship）

它是指一个自然人投资经营的企业，亦不妨译为个体经营。我国近代以来将其译为“独资企业”，造成在概念上与实践中日益产生和发展的法人、政府等设立的独资企业相混淆。在《个人独资企业法》制定过程中，立法者注意到这个问题，对这种企业加以“个人”之修饰，使其得到正名。个人独资企业的法律人格同其投资者的人格混为一体，后者须对企业债务承担无限责任。正因为如此，称其为个人业主或个人业主制企业也无不可。在市场经济发达的国家或地区，法律上对个人独资企业不作专门规定，对其与一个有完全民事行为能力的人适用同样的法律，个人从事经营时，只需进行商事登记或企业登记即可。我国原来在《私营企业暂行条例》中对其作了规定，现由专门的《个人独资企业法》加以调整。

2. 合伙企业

合伙（partnership），是指二人以上按照协议共同占有、使用财产或成立共同经营关系，共负盈亏和风险，对外负无限责任的联合。合伙既指合伙组织，又指合伙的契约。合伙也有非经营性质者，如几个人共同拥有、使用某一住宅或其他耐用消费品而仅构成共同占有使用关系，或者成立某种非经营性的合伙组织。所以，契约意义上的合伙，以

① 参见华为官网，https：//www.huawei.com/cn/corporate-information?eqid=bfd3efb90003c23a000000066475c2a4&wd=&eqid=c800538800083ac100000004647ecb3d；东方财富网，https：//finance.eastmoney.com/news/1344，20240207298465 8417.html，访问日期：2024-03-10。

及非经营性的合伙和合伙组织，都不是合伙企业。《合伙企业法》原先不允许有限责任的法人充当合伙人，2006 年修订后取消了这一限制，法人和其他组织原则上可以作为合伙企业的合伙人。原《中华人民共和国民法通则》（以下简称《民法通则》）对个人合伙和法人的合伙型联营均作了规定。① 依照原《中华人民共和国中外合作经营企业法》（以下简称《中外合作企业法》）设立的不具有法人资格的中外合作企业，也属于法人合伙的范畴。所以，合伙也可以是国有企业的组织或经营形式。对于普通的合伙和合伙企业，各合伙人须对合伙的债务负无限连带责任。依《民法通则》第 52 条、第 53 条的规定，法人联营可以如普通个人合伙般承担无限连带责任，也可以各自承担无限的不连带责任。

在普通合伙之外，还有有限合伙和隐名合伙，其合伙人均可以是法人。有限合伙是英美法系的制度，是指由普通合伙人和仅就其出资额承担有限责任的有限责任合伙人共同组成的合伙，我国 2006 年修订的《合伙企业法》也引进了有限合伙。有限责任合伙人不参与合伙的实际经营，是单纯的出资者；普通合伙人则实际从事合伙的经营，对合伙债务承担无限责任或无限连带责任。隐名合伙是指某些合伙人不公开其身份、未登记为合伙人，或者合伙本身未进行商事登记的事实上的合伙。在英美法系国家，普通合伙和有限合伙都可以是隐名合伙；而在大陆法系国家，一般规定隐名合伙人只需对合伙的债务承担有限责任。

3. 有限责任的公司

这是现代公司的典型形式，是由合伙或非有限责任的公司发展而来的。尽管两个以上的不同利益主体自由结社及相互制衡构成公司的基本特征之一，但对于由一个主体单独投资设立的企业，晚近在各国法律上也允许其采取公司形式，如国家或某一企业、机构独资设立的公司和自然人的“一人公司”等。

除了特殊企业或特殊公司，按照公司的资本结构和股东对公司债务承担责任的方式，大陆法系国家将公司分为有限责任公司（有限公司）、股份有限公司（股份公司）、无限公司、两合公司和股份两合公司五种，后三种属于合伙范畴。我国《公司法》仅规定了前两种形式。日本在 2005 年对其《公司法》作重大修订，仿照美国的 Limited Liability Company（LLC），将有限公司契约化、合伙化，改称合同公司，对其公司治理不再作强行要求，而适用合伙规则。

英美法系的公司分类比较特殊，以英国为例：它把公司分为特殊公司和商事公司。特殊公司包括皇家特许公司（chartered company）和法定公司（statutory company）。皇家特许公司是由英王根据皇家宪章特许设立的（incorporated by Royal Charter），如历史上的东印度公司和现今的英国广播公司（BBC）；法定公司则根据特别法设立。二者都不受商事公司法或普通公司法调整。商事公司在英美法系又称注册公司，分为无限责任公司、股份责任有限公司（company limited by shares）和保证责任有限公司（company limited by guarantee）三种；同时又对公司作开放和非开放之分，即所谓非开放公司（private company）和开放公司（public company）。美国的《示范商事公司法》（Model Business Corporation Act）则对开放公司作了规定，此外，美国也有非开放公司和无限

① 参见《民法通则》第二章第五节和第 52 条。

公司等。

股份责任有限公司是指股东以其持有的股份为限对公司承担责任，公司以其全部资产为限对公司债权人承担责任的公司。保证责任有限公司是指在公司章程中规定每个股东在公司清算时对公司的债务以其在章程中承诺的金额为限承担责任的公司。非营利性的团体或机构，如医院、学校、宗教或慈善组织、相互保险公司、科研机构等，往往采用这种公司形式。非开放公司在由若干特定股东合资经营、股东转让出资须受限制、不公开招股或募资、实行非开放性经营等方面与有限公司相同，但是其中既有股东承担有限责任（包括保证责任）的公司，也有股东承担无限责任的公司。开放公司则可以公开募股或筹资，可以自由转让股份，但其中也包括股东对公司债务承担无限责任和保证责任的公司。美国的商事公司在形式上与英国的类似，但是美国各州关于商事公司或普通公司的制定法比较重视对开放公司和证券的规定，非开放公司和无限责任公司仍多由普通法调整。

（二）传统的非典型企业

历史上在典型企业形态之外发展起来的两种非典型企业，是合作社和国有企业。近些年来国际上出现的社会企业也是非典型企业。

合作社的经营不以营利为目的，它是以成员的互助合作为要旨，决议事项时贯彻“一人一票”的平等和民主原则，限制资金分红，实行按劳动或按贡献分配的集体所有制性质的组织。与合伙一样，非经营性的合作社，如某些住宅合作社和医疗保健合作社，不具有企业的特性，不属于企业范畴。合作制或集体所有制企业的本质是社会成员在自治基础上开展生产经营，以增进合作成员的福利。在西方国家，劳动者通过这种公有形式抗衡私有制和私人企业以资本收益为最高目的、无视劳动者利益而给其带来的损害。在社会主义国家，合作社或集体企业是私有制和小生产通往社会化生产经营和社会所有的一种方式或途径。股份合作和其他集体所有制形式也曾是我国国有企业改制中采取的组织方式。

社会企业是指通过经营获得盈余，举办者将其用于扶助弱势群体或社区发展等公益性目标的企业。与合作社一样，社会企业以企业化、商业化的模式运作；与合作社不同的是，社会企业不是成员为了谋生而设立的，盈余用于举办者设定的社会性目的。社会企业与非营利性组织一样，都追求某种公益目标，但非营利性组织以捐赠或非营利的信托为基础，直接从事公益活动，不从事企业化经营，而社会企业本身则通常不从事社会服务或公益活动。我国以促进残疾人就业为目的的福利企业与社会企业有相似之处。在英国，社会企业除了采取公司、合作社等既定的法律组织形式，还可登记注册为“社区利益公司”，公司名称以 CIC 或 Community Interest Company 结尾，以明示、彰显其社会企业的性质。

案例

“大角咀麦太”甜品店

“大角咀麦太”甜品店是香港著名的非营利慈善福利机构东华三院设立的一家社会企

业，主营港式甜品、糖水，辅以“麦兜”产品零售，通过商业运作赚取利润回馈社会，其收益扣除营运开支后均用作有需要人士的家居及陪诊服务，该服务属于东华三院的社会服务。除该店外，东华三院还举办有另外十余家社会企业。[①]

如前所述，在经济的市场化和社会化发展趋势并行不悖的今天，作为资本企业，传统上与体现劳动支配原则的合作制相对立的公司，愈益与合作社或合作企业相融合。例如在我国，除农村社区性的股份合作外，所谓股份合作企业，就是由多数职工入股并由职工控股的公司，通过这种形式，将合作制或集体所有制与公司制有机地结合起来。[②]由村集体或其他合作制组织控股的股份有限公司，著名的如江苏华西村股份有限公司、浙江航民股份有限公司等，已发展起来。社会企业本身则不是一种企业组织形式，它强调的是以企业化经营追求社会性、公益性目标，不妨采取包括公司在内的任何组织形式。

国有企业是指企业的资本全部或部分属于国家所有，并为国家所直接或间接地控制的企业。国家包括中央（联邦）和各级地方。严格地说，国有企业是说明企业产权归属和所有制性质的一个概念，而非指一种企业组织形式，它可以是国有独资企业，也可以采取公司、合伙等法律组织形式。企业“国有”，一方面说明它与国家之间存在着资本联系，也即以投资与被投资形式表现出来的所有权关系；另一方面也表明，企业要受国家作为所有者的控制和监督，完全不受中央或地方政府经由资本联系实施控制或施加重大影响的企业，不能算作国有企业。有鉴于此，国有企业和国有企业制度必然要同国有资产管理、运营制度联系在一起，换言之，它不可能完全没有“公”或行政的性质。

然而，在传统上，国有企业特指作为政府机关附属物、不适用商事公司（企业）法的企业。在这样的企业官僚作风盛行，浪费、亏损严重，财政不堪重负，并引起公众的不满。这是当代各国，包括西方国家在内，要对国有企业进行改革的主要动因。在我国由以公有制为主导的国情和历史因素所决定，国有企业大多数存在于竞争性领域，经过改革也不可能、不应该完全退出竞争性领域而彻底“私有化”。发达资本主义国家的国有企业无论是在数量上还是在国民经济中所占的地位和份额，都不可与我国的国有企业相提并论。因此，如何在保持国家和国有投资主体对企业实施控制的同时，使国有企业能够摆脱国家非作为所有者的过度行政控制，令其得以在市场经济环境中畅快地追求利润并造福于社会，这是我国国有企业面临的重要课题。

（三）我国企业的类型

新中国成立以后一段时期内，我国的情况与近代资本主义的传统恰好相反，非公司制的全民所有制企业和集体所有制企业曾经是典型的企业。由于实行公有制，我国宪法明确规定公有制是经济制度的基础，私营经济和个体经济是公有制经济的补充，所以，

---

① 参见东华三院网站，http：//www.tungwahcsd.org/tc/our-services/social-enterprises-and-social-innovation/social-enterprise/tkt-mrsmc/introduction，访问日期：2021-10-11。

② 如据国家体改委于1997年制定并印发的《关于发展城市股份合作制企业的指导意见》，股份合作制是采取了股份制的一些做法的合作经济，劳动合作和资本合作在企业中有机结合，资本合作采取股份的形式；股份合作制企业必须由大多数职工入股，职工个人股和职工集体股在总股本中占大多数，并由职工股东会作为企业的权力机构。

立法、司法和管理上的基本做法是按所有制对企业进行分类，将企业划分为全民所有制企业、集体所有制企业和私营企业。在改革开放进程中，个人独资企业暨个体经营、各种形式的公司和合伙得到了广泛发展，但只要不同的所有制或投资主体的不同所有制性质仍在一定程度上决定企业的不同特性，以所有制为标准的企业分类方法就仍会维持其一席之地。

全民所有制企业就是国有企业，在长时期内它约定俗成是指由中央或地方的一个财政主体或一个国有企事业单位所设立，利用全民所有的财产从事生产经营，适用《中华人民共和国全民所有制工业企业法》（以下简称《全民所有制企业法》）及其相关法规的企业，而不包括根据《公司法》设立的国有独资公司、所有股东均为国有主体的国有公司和国有主体控制的公司等。在改革中，采取了各种措施使全民所有制企业适应市场化要求，如扩大企业自主权、实行承包或租赁制。20 世纪 90 年代以后广泛推行股份制，加上国有主体与外商中外合资、合作经营，把国有企业改建为国有主体控制或参股的有限责任公司和股份有限公司，随之国有企业的概念也发生变化。2008 年通过的《中华人民共和国企业国有资产法》（以下简称《企业国有资产法》）将中央或地方管辖的国有资本直接出资的国有企业称为国家出资企业，包括国有独资企业、国有独资公司、国有资本控股公司和国有资本参股公司。国有独资企业是仍适用《全民所有制企业法》的国有企业，后三者是适用《公司法》的国有企业。

集体所有制企业，是指实行合作制原则或者由实行合作制原则的主体控股或控制的企业。集体所有源自合作制或合作经营，所以，集体所有制企业和合作制企业是等价的。由农村社区（如乡、村、村民小组）设立的集体所有制企业、城镇中的集体所有制企业或由实行合作制原则的主体投资设立的集体所有制企业，曾经适用《中华人民共和国乡村集体所有制企业条例》（以下简称《乡村集体所有制企业条例》）和《中华人民共和国城镇集体所有制企业条例》（以下简称《城镇集体所有制企业条例》），作为典型企业构成法律上的一种企业组织形式。改革开放后由农民或职工（亦为股东或社员）自己出资入股设立并按合作制原则经营的企业，企业及其财产归本企业集体所有，实际上就是典型的合作社。改革开放以前，群众集资创办的企业均有意不计股份，吃“大锅饭”。其后合作制原则逐渐在这类企业中不同程度地复归，并出现了股份合作、农民专业合作社等新类型的合作制企业。当然，更多的集体所有制企业在市场经济的“大浪淘沙”中变成了私人企业或纯粹的公司。在 20 世纪 90 年代新一轮的产业升级中，伴随着市场化进程，集体所有制企业大多倒闭、破产或改为私人企业，仅存的集体所有制企业也多改制成由集体控股的有限责任公司或股份有限公司，如海尔公司。

私营企业则是企业的资本或财产属于私人所有，由私人投资经营的企业。原《私营企业暂行条例》和当前的市场监督管理，是将个人独资企业、个人合伙企业以及股东均为自然人的有限责任公司列为私营企业。而从理论上说，由非国有、非集体所有制或非合作制主体控制的企业，均可被纳入私营企业或私营部门的范畴。

改革开放后，我国曾在法律上对外商投资企业作了专门规定，将其分为中外合资经营企业、中外合作经营企业和外资企业，统称外商投资企业或“三资”企业。外商投资企业是全部或部分由外国投资者投资，依中国法律在中国境内登记注册的企业。中外合资、合作企业的中方伙伴往往是国有或合作制主体，“三资”企业中不乏由中方控股的企业，从而具有国有或集体所有的性质。当然，为取信于境外投资者和国际社会，在法律上和实践中不作此认定。2019年全国人大通过《中华人民共和国外商投资法》（以下简称《外商投资法》），规定外商投资企业的组织形式适用《公司法》和《合伙企业法》，废除了中外合资经营企业、中外合作经营企业和外资企业这三种企业组织形式。当然，“合资经营”“合作经营”“独资经营”仍可用于描述外商投资企业、港澳台商投资企业的资本来源和经营方式。

早在20世纪80年代初，自主性和积极性得到提高的地方、部门和企业，即冲破地方、部门和所有制的界限，发展“横向联合”，出现了所谓紧密型、半紧密型和松散型的经济联合体。紧密型的联合，是由联合各方在平等的基础上组成新的企业。有限责任公司不失为其最佳的法律组织形式。国家体改委在90年代初颁布的年度经济体制改革要点曾多次要求将企业间的合资联营办成有限责任公司或者试行发行股票。① 在此之前，广东、上海等沿海地区已出现了股份有限公司，一些公司试行发行股票。此外，自80年代中期起，人们追求市场利益和急于求富，导致社会上数度出现以党政机关办公司和利用职权做生意为特征的“公司热”。这些都要求依法对公司这种企业组织形式作规范化调整。在《公司法》制定过程中，国家体改委等于1992年联合下发了《股份制企业试点办法》《股份有限公司规范意见》《有限责任公司规范意见》等15个规范性文件，首次在全国范围内建立了统一的公司制度。1993年《公司法》的颁布、实施，使公司在我国重新成为一种普遍、规范的企业法律组织形式。

此后在改革中，国有银行、保险公司等步入商业化进程，新的股份制金融机构也纷纷设立。法律规定商业银行和保险公司采取公司的组织形式，从而进一步确立了公司在我国企业形式中的主导地位。

1994年，国务院决定设立国家开发银行、中国农业发展银行、中国进出口银行等三家政策性银行，从而在传统国有企业愈益面向市场从事活动、参与竞争而成为普通企业的同时，初步形成了特殊企业的概念。特殊企业的特殊性，体现在其承担国家赋予的政策职能，具有政策性，不同于普通企业的营利性或营利目的。

第二节　企业法的概念和体系

一、企业法的概念和特征

（一）企业法的概念

企业法是规定企业的法律地位及调整其内、外部组织关系的法。它以企业这种组织或主体为规范对象，规定及调整企业的设立、企业的变更、企业的终止、企业的法律地

---

① 参见《中国法律年鉴》，281页，北京，中国法律年鉴社，1990；301页，1992；353～354页，1993；517页，1994。

位和能力、企业的资本、出资者相互之间及出资者与企业的关系、企业的内部组织机构、企业与其他组织间的控制与被控制关系等。换言之，企业法为企业组织法。诸如《中华人民共和国乡镇企业法》《中华人民共和国中小企业促进法》、日本《中小企业现代化促进法》等法律、法规，虽冠以“企业”之名，实则属于产业政策法范畴，而不属于企业法。

按照法学的一般方法，对企业法也可以从形式意义和实质意义的、狭义和广义的方面进行分析。

形式意义上的企业法，是指以企业和公司等为名、调整企业组织关系的专门法，在我国包括《全民所有制企业法》、《乡村集体所有制企业条例》、《城镇集体所有制企业条例》、《公司法》、《中华人民共和国商业银行法》（以下简称《商业银行法》）、《合伙企业法》、《个人独资企业法》等。实质意义上的企业法，泛指各种调整企业组织关系的法律规范，既包括专门调整企业组织关系的法律、法规，也包括配套的和相关法律、法规中的有关内容或规范，例如《民法典》中有关法人的规定，国有资产管理法规和规章中有关企业组织的内容，《中华人民共和国保险法》（以下简称《保险法》）中有关保险公司的内容或规范，《中华人民共和国铁路法》（以下简称《铁路法》）和《中华人民共和国邮政法》（以下简称《邮政法》）中关于铁路运输和邮政企业组织的规定，以及最高人民法院的相关司法解释等。

狭义的企业法，是指调整普通企业的法。它与形式意义上的企业法不完全相当，在规范上不限于某个单行法律、法规的规定，而是调整普通企业的法律、规范的总称；除了系统的或专门规定企业的法律、法规外，还包括相关法律、法规和有关规章制度。广义企业法的概念，则涵盖了所有调整普通企业和特殊企业的法，在外延上与实质意义上的企业法是一致的。

（二）企业法的特征

企业法的基本特征就在于它是一种组织法，它规定企业的各种组织形式，供投资经营者选择采用。

企业法也对企业的一些行为，如企业的兼并或改组、股份和债券的发行与转让、债务的偿还、盈余的分配等加以规范，这些行为均以企业本身的组织和运作为出发点。凡是超出企业组织关系范畴的行为，如买卖、租赁、一般信贷、承揽、运输等活动，接受政府非基于资本联系的公共管理，即不属于企业法调整的范围。

在专门的企业法律、法规中，也有一些非组织关系范畴的规定，如《全民所有制企业法》在“企业的权利和义务”一章中规定：企业必须履行依法订立的合同；必须保障固定资产的正常维修；必须遵守国家关于财务和工资等方面的规定，接受财政、审计和劳动工资、物价部门的监督；必须在产品和服务质量方面对用户和消费者负责；必须做到安全生产；应当加强思想政治教育，支持和奖励职工开展发明创造和技术革新等活动；等等。《公司法》在“总则”中规定，公司应当保护职工的合法权益，依法与职工签订劳动合同，参加社会保险，加强劳动保护，实现安全生产，采用多种形式加强公司职工的职业教育和岗位培训，提高职工素质，等等。这些规定不是企业立法所不可或缺的，即使《全民所有制企业法》《公司法》中没有这些规定，企业的行为也理所当然要遵守这些规定。从立法技术角度看，这些规定是法规及法律门类相互之间协调连接的契合点，即企业法与合同法、财政法、审计法、质量技术监督法、劳动法和社会保障法等的一种衔接。在企业从政府机关的附属物转向市场主体的过程中，为强化其法治观念，在企业立法中强调其必须遵守的相关法律义务，也是必要的。

二、企业和公司法的体系

依照是否一般地适用于普通的企业，可以将企业法分为特殊企业法和普通企业法两大部分。

（一）特殊企业法

特殊企业，是指依特别法、专门法规或行政命令设立和运作，或者承担国家或政府特殊任务的企业。相关的法律、法规和规章等就是特殊企业法。例如，在我国由国务院决定设立的政策性银行、作为主权财富基金的中国投资有限责任公司等，其设立和运作的直接依据主要是行政法规、行政命令和规章等。在发达国家或地区，传统上这类企业的设立、组织、经营和财务会计等通常由专门立法调整，而不适用商事企业法或注册公司法，所以，在英国、新加坡又被称为法定公司或法定机构，如新加坡圣淘沙发展公司根据 Sentosa Development Corporation Act 设立。在 20 世纪 80 年代以来的改革中，发达国家和地区的特殊企业越来越多地采取普通企业的形式，使特殊企业的特殊性主要体现在企业的特殊目的或者特殊任务上。

在特殊企业法的性质和范围上，我国和发达国家的情况不尽相同。

在发达国家或地区，特殊企业通常为公共企业。公共企业除了指由中央或联邦、地方政府以及国有企业拥有或参股的企业外，还包括直接承担政策和法律规定的义务、具有一定的垄断性或非竞争性的为私人所有或控股的企业，例如，政府特许的交通和供电企业，它们有义务应客户的要求与之签订合同，遵守政府特许事项包括收费标准等。因此，公共企业的概念强调企业的公共性，而不强调企业的归属。但由于公共事业曾经主要是由政府兴办的，所以公共企业与国有企业的概念在外延上基本吻合，主要包括中央和地方政府所有或以控股、参股等各种方式控制的企业。由于以私有制为主导，国有资本或国有企业参与竞争性行业的比重不大，私营特殊企业也不占主导地位，因而在发达国家或地区，特殊企业法传统上大致就是国有企业法或公共企业法。而自 20 世纪 80 年代私有化运动开始以来，发达国家或地区的特殊企业或公共企业出现了依普通企业法改制的趋势，在特殊职能基本不变的情况下，组织上、经营上更为市场化或商业化，也蕴含着使企业的政府背景更隐蔽的动机。①

在我国以公有制为主导的情况下，一直以来，绝大多数国有企业就是普通企业，国

① 参见林树杰：《我国主权财富基金的法律治理研究》，载《经济法学评论》，第 11 卷，北京，中国法制出版社，2011。

有主体和国有财产投资主要适用《全民所有制企业法》《公司法》等。换言之，国有企业法在我国一直以来主要为普通企业法，而不是特殊企业法。另外，特殊企业和特殊企业法的概念在我国法学、立法、执法和经济生活中并未得到确立，承担特殊职能的企业原则上须适用《公司法》等，也要进行工商登记。其特殊性基本上是由企业举办者或控制者确定，如中央赋予其出资或管辖的企业以特殊的目的和任务，在这一点上与发达国家和地区改革以后的状况相当。

由于企业一般为从事竞争性活动的市场主体，因而普通企业法在国外通常又称商事企业法。但在我国，与西方国家不同的是，大多数国有企业已完全在市场的“无形之手”支配下从事活动，属于普通企业，而其设立和运作与国有资产管理及政府的财政、行政、人事体系相衔接，不能放任私法自治，因此，我国的普通企业法不宜称为商事企业法。

特殊企业法是调整特殊企业的专门法规，在发达国家或地区长期以来主要为“一法一企”，即为每个企业单独立法，由该法对某企业的设立、机构和运营等作专门规定及调整，该企业不再适用公司法等普通企业法。此类特殊企业法如日本国铁等“三公社”改革以前的《日本国有铁道公社法》、现行的《日本电信电话株式会社法》。此外也有适用于一类企业的特殊企业法律、法规，如日本《地方公营事业法》适用于地方政府举办的铁路、公路和铁路运输、电力、自来水、煤气等“法定事业”。随着承担特殊职能的企业普遍适用普通企业法、采用普通企业的法律形式，普通企业和特殊企业在外观上的分别趋于模糊。鉴于特殊企业的特定性质和任务，以及各国不同的国情和传统等，特殊企业法在各国并无某种固定的模式。目前，我国的特殊企业法主要为国务院有关设立诸如政策性银行、中国投资有限责任公司、中央汇金投资有限责任公司、有关军工和航天等特殊企业的决定和规章以及其批准的章程等；《邮政法》、《铁路法》、《中华人民共和国中国人民银行法》（以下简称《中国人民银行法》）等也在一定程度上具有特殊企业法的性质。

（二）普通企业法

普通企业法主要为商事公司法，含商事合伙法，也包括民法典中有关民事主体的一般规定，如法人制度等。普通企业法在国外大体存在四种立法模式。

（1）纳入民法典的模式。在民商法合一的国家或地区，各种商事企业都被规定在民法典中。瑞士是首采民商法合一制的国家：在 1872 年制定的《债务法》中，第三章为“公司与合作社”，依次规定了无限公司、两合公司、股份公司、股份两合公司、有限责任公司和合作社；1907 年制定了《民法典》，后于 1911 年将《债务法》纳入其中，作为该法典第五编。意大利和荷兰也是民商法合一的国家：意大利 1942 年《民法典》第五编规定了公司、合作社、相互保险公司、有关公司和垄断行为的罚则等；荷兰的法人及公司制度则规定在其《民法典》第二编中。

（2）纳入商法典和制定单行法的模式。在一部分民商法分立的国家，商事企业分别被规定在商法典和单行的公司法中，如：德国 1897 年《商法典》第二编是“公司和隐名合伙”，规定了无限公司和两合公司，另有 1965 年的《股份法》规定了股份公司和股份两合公司，以及 1892 年的《有限责任公司法》；法国在 1807 年制定商法典后，适应实际需要不断推出单行公司法和各种相关规定，日渐散乱，遂于 1966 年对公司法进行编纂，制定了《商事公司法》，后又将该法重新纳入商法典。

（3）制定公司法典的模式。日本原先采德国模式，其1899年《商法》第二编是“公司”，规定了无限公司、两合公司、股份公司和股份两合公司，另有1938年的《有限公司法》；后于2005年对公司法进行编纂，制定了《公司法》，将公司分为股份公司和份额公司两类，对其作了系统的规定。

（4）制定法和判例法的模式。英美法的传统渊源是判例和习惯，但自19世纪中叶起，为适应经济生活的需要，英美法系国家也制定了许多商事企业法规，如英国现行的《2006年公司法》，美国的许多州根据《统一合伙法》《统一有限合伙法》《示范商事公司法》制定的有关法律等。当然，在英美法系的商事企业法中，判例仍发挥着重要的作用，它在制定法的适用、解释、补充和法官判案时处于主导地位。

随着经济社会化程度的提高和经济民主的发展，德国、瑞典、丹麦、荷兰和奥地利等欧洲国家，还在传统企业法之外发展了有关职工参与企业经营管理的法规。如联邦德国1976年的《参与决定法》规定，凡雇用2 000名以上职工的股份公司、股份两合公司、有限责任公司和其他形式的企业，其监事会应由对等人数的股东代表和职工代表共同组成；并具体规定了监事会的组成及任免董事的方式。①

由国有企业法、合作制或集体所有制企业法在我国的特殊地位以及改革开放的实际进程所决定，我国普通企业法的体系具有自身特点，表现为各类企业的核心法规加相关、配套法规的模式。各类企业的核心法规有《公司法》《合伙企业法》《全民所有制企业法》《个人独资企业法》等，相关、配套的法规有《商业银行法》《保险法》以及核心法规的登记管理条例和司法解释等。

第三节　企业和公司法的地位

为了解企业和公司法的性质、地位，首先需要确认一个前提，即经济法是公、私法因素相交融的一个法律部门，它平行于民商法，而民商法属于私法，中国的商法是依附于民法的私法特别法，二者都贯彻当事人意思自治原则；此外，法的部门划分是相对的，是主观性和客观性的统一，而主观性从中起着主导作用，它是基于研究和指导立法以及司法实践的需要所作的一种学术上的分类。②

一、企业法的性质

企业法规范企业这种社会经济和法律关系的主体，属于主体法律制度的范畴。按照大陆法系划分法律部门的传统思维方式，企业法和合同法一样，可以分属公、私法的不

---

① 参见中国社会科学院法学研究所民法研究室编：《外国企业法》，437页，北京，中国社会科学出版社，1982。

② 参见史际春、邓峰：《经济法总论》，第二章、第五章，北京，法律出版社，1998。

同法律部门。

传统上，个人独资企业、合伙企业和公司是私法上的典型企业。对于私法上的非典型企业——合作社以及国有企业，通常是在民商法之外另行立法，或由政府及其他公有主体依民商法投资经营，并与宪法、行政法相衔接。传统私法上的企业除实行当事人意思自治原则外，还实行资本民主原则，即根据出资的多寡决定投资者或股东对企业的决定权及其所享受、承担的权利义务的大小。而合作社具有集体所有制的性质，需要贯彻否定资本民主的“一人一票”和按劳（或按贡献）分配等合作制原则；加之马克思主义把合作经济作为否定资本剥削和引导小生产通向社会主义的必由之路①，以及农村公社消亡不彻底等历史原因造成中华民族对国家的依恋和社会自治能力较差的现实，从新中国成立初期的合作社到当前改革中的合作实践，都是在国家的积极指导和参与下进行的。至于国有企业则由于政府或其他国有主体充当股东，无论它作为法定机构还是适用普通的企业公司法，都与政权体系及其运作密切相关，不遵循私法自治原则。因此，尽管一些国家把合作社规定在民法典中②，或者政府和其他公有主体依私法设立、运作企业，合作制或集体所有制企业和国有企业这两种主体制度，与典型的民商法主体制度还是有性质区别的。

另外，由于在现代社会中，企业是诸种社会主体利益的交汇点，是社会经济活动的主要承担者，因而传统上作为私法或商法的公司法，在相当程度上被公法化了，亦即被经济法化了。其主要表现形式包括企业财务会计外在化为统一、强行性法律制度，信息披露及其管理，职工参与，国有企业和合作制与公司在组织上交织在一起，等等。因此，就企业制度而言，仍由当事人意思自治而未被公法化者，包括个人独资企业或个体经营、自然人的合伙和人合公司等，应归于民商法范畴；而公司法和合伙法，从调整公有财产和公有主体投资经营的角度，以及职工参与制、企业财务会计制度、企业信息披露和公示制度等，都属于经济法范畴。如果以企业为中心看问题的话，有一种形容是颇为贴切的，即商法是“自由经济的企业法”，而经济法是“统制经济的企业法”③。当然，从市场主体一般地自由结社、权益抗衡协调的角度看，公司法也仍然属于民商法的范畴。

应当指出的是，我国实行社会主义制度，公有制在经济生活中将继续维持主导地位。虽然法律和学说上不宜按所有制划分企业，但公有财产投资经营在社会经济中占有重要的地位，必须遵循公有财产经营管理的规律、特点，如强调经营管理各环节的角色担当、责任、反腐败、经营管理者的选任和监督同公务员制度相衔接等，并产生出公有财产经营管理所特有的原则和制度。由有权控制某一国有资产的机构、企业或实行合作制的组

① 例如，马克思、恩格斯建议工人们从事合作生产，以动摇资本主义经济制度的基础（参见《马克思恩格斯全集》，2版，第21卷，271页，北京，人民出版社，2003)；无产阶级掌握国家权力以后，应通过示范和提供社会帮助，把小农的“私人生产和私人占有变为合作社的生产和占有”（《马克思恩格斯选集》，3版，第4卷，370页，北京，人民出版社，2012)。

② 在某些民商法合一的国家，将公司和合作社均规定在民法典中，如瑞士、意大利和荷兰；德、法、日等民商法分立的国家将其分别纳入商法典和单行法；英美法系国家在判例的基础上，制定了关于公司和合作社的各种单行法，但仍维持着判例法的性质。我国于20世纪二三十年代先后制定了“公司法”和“合作社法”，前者属民事特别法，后者在“六法全书”中被纳入行政法部分。参见陶百川等编：《最新综合六法全书》，台北，三民书局，2023。

③ 刘得宽：《民法诸问题与新展望》，78页，台北，三民书局，1980。

织投资或参与投资的企业、公司，与个人独资企业、个人合伙以及股东为自然人的公司显然有性质上的不同。由于我国公司法仅规定了股份有限公司和有限责任公司这两种较具资合性和社会性的公司，而且在以公有制为主导的经济体制下，公司法的重要作用之一便是规范公有财产投资经营和公有主体的经济结社行为[①]，因而也可将公司法作为经济法的主体制度。这是我国经济体制的客观需要。

以上是按大陆法系的学术传统所作的分析，如果突破其框框或定势，则又是一番海阔天空。也即不妨像英美法系对待合同法那样，既把不同的合同和企业组织形式附随于对相关社会活动领域的社会关系进行调整的法律部门，又将某些不同社会活动领域中的共通现象——合同行为和企业组织本身，分别视为一种社会活动领域，从而将合同法和企业法作为法律部门。这样做，于法治实践和法学研究有百利而无一害。应该说它是实践的需要。对企业法既分门别类研究，又将它作为一个法律部门，这是法的发展从“诸法合一”到逐渐分化，再到今天的高度分化、高度整合的必然结果。

关于企业法的性质和地位，在我国市场经济法制发展及与国际接轨的过程中，出现了一种把企业法与商事组织法对立起来，把国有企业法归入经济法、企业法，认为国有企业法仅为行政性的特殊企业法或公共企业法，商事性的企业法和国有企业法不是企业法的观点。这种观点认为，传统上并无“企业法”，而只有公司法、合伙法、商法等，企业法是经济法的一个子系统，是国家“干预”经济、从宏观调控的角度对企业的意思自治进行限制的产物，它包括国家对企业活动的促进、管制、行政性经营等的法律规范，不能把国有主体依照公司法、合伙法等从事活动时适用的民商法称为国有企业法。这种观点似是而非，存在着两方面的偏差。

一方面的偏差是：从企业和企业法的概念看，企业的原意为商事冒险，纯指民事行为，与国家干预并无联系，而在当代发达资本主义国家，企业法并非仅指国家干预经济的法，企业法的主要内容仍为商事企业法。正如日本学者所称：日本企业“可以分为个体商人、无限公司……股份公司等”，另外还有公共企业。[②] 经济法学中有一个流派认为经济法就是企业法。这是从企业的角度解释经济法的性质，即经济法是以企业为中心调整和管理国民经济的法，而与企业组织法没有什么关系。[③]

另一方面的偏差是，该观点把经济法和国有企业法视为国家“干预”法，未能理解经济法和国有企业法是公私融合的法。正是这种既非公法也非私法、既是公法也是私法的品格，才使经济法和国有企业法自 20 世纪以来具备独特的品格，在法律和法学体系中

---

① 举例而言，截至 2023 年年底，境内 A 股市场共有国有控股上市公司 1 390 家，占上市公司总数的 26%；其市值在 A 股市场总市值中占比超过 50%。参见《中上协：截至 2023 年 12 月 31 日境内股票市场共有上市公司 5 346 家》，东方财富网，https://finance.eastmoney.com/a/202402012979319398.html；《第一财经上市央企价值洞察报告（2023—2024）》，网易，https://www.163.com/dy/article/IT0IRM780519DDQ2.html，访问日期：2024-03-11。在有限责任公司中，自然人控股的在数量上占多数，但由原全民所有制企业改制而来和新设的国有资本控制的有限责任公司也占据着重要地位。

② 参见中国社会科学院工业经济研究所、日本总合研究所：《现代日本经济事典》，502、596 页，北京，中国社会科学出版社；东京，日本总研出版股份公司，1982。

③ 参见［日］金泽良雄：《经济法概论》，7 页，兰州，甘肃人民出版社，1985；潘念之：《中国经济法理论探索》，86 页，上海，上海社会科学出版社，1987。

获得一席之地。当代的国有企业民营化风潮，使国有企业越来越多地适用民商法，削弱了原先国有企业法的行政特性。换言之，商事企业法也在一定程度上被公法化，融入国有企业法中。认为企业法和国有企业法纯属公法，不包括传统上属于民商法的公司法、合伙法等，这是以传统法律部门划分的老眼光观察现代社会化市场经济得出的错误结论。此外，认为凡国有主体投资的企业在形式上受公司法暨民商法调整，就不再是“国有企业”，商事企业法不是“企业法”，在逻辑上也是有问题的。

二、企业法与民商法、经济法以外其他有关法律部门的关系

综上所述，企业法作为主体制度，既可以分属民商法和经济法，也不妨自成一个法律部门。以下就企业法与民商法、经济法以外其他有关法律部门的关系略作分析，以进一步明确企业法在法律体系中的地位。

（一）企业法与行政法的关系

传统的法律部门划分理论，根据法律调整的对象即社会关系的性质，循着公法和私法划分的思路，以法律规范作为法律部门的基本构成单位，把实体法分为民（商）法、行政法和刑法等几个基本法律部门。按照这种划分，所谓行政法，是指调整国家行政组织和国家各方面行政管理关系的法律规范的总称。因此，在企业法中，国有企业法基于其“国有”性质，与国家行政之间便存在着天然的密切联系，如政府决定设立企业或对企业出资、企业设立的审批和登记、对政府持股的要求和监督管理、政府及其部门作为出资人对国有企业的人事和财务管理、有关企业组织的行政处分和行政处罚等规定，都具有行政法的性质。

由经济法的观点看，行政法中是没有企业制度的，因为凡是企业都具有经营或经济的性质，所谓“行政性”企业正表明公、私法因素在其中是相融的，应属于经济法范畴。晚近各国的私有化或民营化风潮以及我国对国有企业的市场化改革，使国有企业的行政性趋于弱化；另外，随着法律对社会关系的调整趋于精细化和技术化，行政法中对“事”管理的内容逐渐分化出去，转为经济法、劳动法和社会保障法等公私融合的法律部门的内容，行政法则逐步纯化为政府的组织、人事和行政控权法。因此，不妨将有关企业组织的行政性法律规范视为经济法或企业法的有机组成部分。实行市场经济，放手国有企业参与市场竞争，也要求从理论和观念上将国有企业法等任何企业法独立于行政法，消除其“命令—服从”的性质。

（二）企业法与刑法的关系

违反企业法的责任包括刑事责任，在《公司法》中，即有对构成犯罪的行为追究刑事责任的规定①，以此与《中华人民共和国刑法》（以下简称《刑法》）相衔接，如追究董事、经理等的挪用资金罪、受贿罪等。从刑法的特点看，它实际上是刑事责任法。法

① 参见《公司法》第264条。

律责任作为一种法律关系，是正常法律关系的延伸，它本应被包括在相应的法律关系之内，如同民事责任与民事法律关系、民法结合在一起，但鉴于犯罪行为的社会危害性，国家承担着追究犯罪行为人刑事责任的职能，传统上便把刑法作为独立的法律部门：对任何法律部门调整的社会关系，只要产生了国家及其法律所认定的危害，就由刑法予以调整。因此，按照传统观念，可以将有关企业的刑事责任条款，视为企业法或经济法与刑法的连接点，凡企业法中应该承担刑事责任的行为，都需要由刑法作具体调整。

从当代各国对经济关系进行法律调整的趋势看，在各种经济法规中直接规定刑事责任的情况越来越普遍，被称为经济刑法或专业刑法，即所谓公司刑法、破产刑法、证券刑法、票据刑法、专利和商标刑法等。如果说，综合运用民事、行政和刑事的手段对某一社会活动领域的社会关系进行统一调整，是各国法律调整的一般趋势或者说是经济法的基本特征的话，那么，也不妨认为，有关企业和公司的法律、法规中规定的刑事责任条款，尤其是具体地规定了罪名和刑罚的条款本身，就是企业法或经济法的有机组成部分。大陆法系的一些法学家就把经济法等同于经济刑法。[①] 这样，传统刑法部门中规范经济关系、社会秩序、政治和军事活动等的具体规定，最终都可以分化出去，归入相关法律部门，从而使刑法“纯化”为刑事普通法和以自由刑制度为主干的“人身侵权法”。

（三）企业法与劳动法的关系

劳动法是经济法的姐妹法，大陆法系学者认为二者均属于“社会法”[②]：它们以社会为本位，综合运用公法和私法的各种调整手段，分别调整劳动力再生产领域和国家直接参与的物质再生产领域中的一定的社会经济关系。因此，企业法与劳动法的关系非常密切。在企业的运行和存续中，涉及劳动合同的订立和管理、劳动纪律和职工奖惩、劳动保护、劳动保险、劳动争议处理、工会的组织和活动等劳动法问题，即使企业破产，也存在着职工安置的问题。法律对劳动关系的调整，也与企业的设立和运作联系在一起。尤其对公有制企业来说，劳动者与企业的关系从理论上说不是劳动力的买卖，公有制要求劳动者在企业中通过职工代表大会等制度参与企业管理，并实行按劳分配。所以，企业法和劳动法往往不能截然划分。

当然，劳动法在当代被普遍认为是一个法律部门，它在逻辑上与企业法还是可以区分的。企业法调整的是企业组织关系，它从经济运行的角度，侧重于调整企业的组织和经营管理，即投资者或股东相互之间的关系以及投资者或股东与企业的关系，而劳动法调整的是企业劳动关系和工会、职工培训、劳动保护、劳动监察等相关关系，它是从保护劳动者利益的角度，侧重于调整企业与劳动者的关系。可见，二者在宗旨和法律规范的内容上不尽相同。

（四）企业法与涉外经济法、国际经济法的关系

在国际经济交往日益频繁的今天，企业组织关系也具有涉外因素，如中国企业与境

---

① 参见［美］丹尼斯·特伦：《商法与经济法》，载《法学译丛》，1986（4）。

② ［日］铃木竹雄等编：《六法全书》，东京，有斐阁，1982；史尚宽：《民法总论》，46 页，台北，1980。

外投资者成立中外合资的企业、境外投资者并购中国企业，中国企业到境外并购、上市或设立分支机构等。国外也有德国奔驰和美国克莱斯勒公司跨国合并等著名案例。因此，企业法与涉外经济法互有交叉。换言之，涉外经济法也会涉及企业的内容，比如《外商投资法》。

扩大一些范围来说，经济法、涉外经济法和国际经济法三者，本是密切相关、不可截然划分的。一般而言，经济法和涉外经济法是国内法，它们立足于本国的法律和国情调整涉外经济关系；国际经济法则是从国家间的双边或多边关系出发，调整跨国的经济关系。然而，一国缔结或参加的双边或多边的国际条约以及国际惯例，也是涉外经济法的重要渊源；广义的国际经济法，则包括调整跨国经济关系的内国法规范。所以，它们之间很难严格界分。

我国原先实行计划经济，国内的政策、法律不适用于涉外经济关系，因而在改革开放中制定了许多专门调整涉外经济关系的法律、法规，如外商投资企业法、奖励华侨和港澳台地区居民投资的法等。随着中国进一步对外开放，国内经济日益与国际经济接轨，对有涉外因素，主要是有境外投资者参与的企业关系进行专门调整的必要性逐渐降低。对有涉外因素的企业关系，中国将如同对待一般国内企业关系，对其适用同样的法律进行调整。这样，涉外经济法就会被包括企业法在内的经济法以及民商法等吸收，而国际经济法会继续存在。

问题与思考

1. 简述企业的概念。
2. 怎样表述公司的概念？
3. 大陆法系传统上对企业作何基本分类？
4. 我国的企业有哪些类型？
5. 简述企业法的概念和特征。
6. 简述企业和公司法的体系。
7. 简述企业和公司法的性质、地位。
8. 如何理解企业法与民商法、经济法以外其他有关法律部门的关系？

第二章
企业法的沿革

本章摘要

企业是现代市场经济的主体和基本动力，同时又是一国社会关系的缩影，其组织和运作，与一国的历史文化和社会经济发展水平密切相关。中国的现代企业实践，始于鸦片战争以后资本主义经济对中国的渗透，以及国人兴办洋务企业和民营企业的自强努力。中国传统的工商组织，始终未能突破身份和家族关系的束缚，加之政权和社会恶势力的超经济压迫，难以建立起人格平等和契约基础上的自由结社、投资经营管理及分配关系。相反，悠久的官工官商历史，导致了社会对于政府主导兴办经济事业的某种依赖。中国当代致力于建立现代企业制度的改革，路途坎坷，可谓利弊尽在史中。把握企业法的沿革脉络，有助于理解现代企业制度和企业法治的实质，了解中国的企业改革在很大程度上就是要在公有制的经营管理中引进资本关系、不同利益主体的权益制约，在企业法的框架内刻意于公有财产体系中的角色设置、权益制衡和相应的救济，探索一条公有财产关系实现的有效途径。

关键术语

官工官商　牙行　典当铺　票号　账局　钱庄　店铺　作坊　洋行　团行　会馆　公所　公行　船舶共有　康枚达（commenda）　家族经营体　海商诉（actio exercitoria）　企业诉（actio institoria）　《陆上商事条例》　殖民公司　合组公司（规约公司，regulated company）　合股公司（joint stock company）　罗奇代尔公平先锋社　合作制原则　合作社法　职工股权计划　私有化　民营化　人民私有化　人民股份制　德东财产托管局　公班衙　怡和洋行　香港和上海汇丰银行　洋务企业　官办企业　江南制造总局　官督商办企业　轮船招商局　官商合办企业　中国通商银行　户部银行　大清银行　《钦定大清商律》《商人通例》《公司律》《大清商律草案》《大清银行则例》　北洋政府《公司条例》《交通银行则例》　民国《公司法》《特种股份有限公司条例》　民国《国营事业管理法》　党营事业　民国《合作社法》　"六法全书"　官僚资本企业　政务院《私营企业暂行条例》　公私合营企业　《公私合营企业暂行条例》《农业生产合作社示范章程》《高级农业生产合作社示范章程》　人民公社　生产大队　生产队三级所有、队为基础 供销合作社 信用合作社 “大集体” “小集体” 两权分离 利改税 全民所有制企业法 横向联合 《股份制企业试点办法》《股份有限公司规范意见》《有限责任公司规范意见》 乡村集体所有制企业 《乡村集体所有制企业条例》 城镇集体所有制企业 《城镇集体所有制企业条例》 股份合作企业 《公司法》《国有企业财产监督管理条例》《企业国有资产法》《合伙企业法》《私营企业暂行条例》《个人独资企业法》

第一节 政权直接操办经济事业的传统

一、官工官商传统与亚细亚生产方式

所谓官工官商，是指由国家政权或官方直接经营或控制工商业。此制在中国自古就十分发达，其原因是，中原地区的原始公有制在国家起源时瓦解得不彻底，使所谓亚细亚生产方式及其残余影响得以长期延续。①

夏、商、西周时的国家政权建立在宗法关系之上，手工业和农业、商业都由国家直接掌管。在工商食官制度下，商人不独立营业、谋利，没有“自主权”，而是由官府供养，为国王、诸侯以及王室和政权的消费从事交易活动。如据《左传·昭公十六年》记载，晋国韩宣子聘于郑，请求子产批准他与郑国的商人做交易，购买玉环，但子产不允。至春秋战国时期，商品货币关系对原始公有制的残余造成冲击，私有制获得发展，加之诸侯混战，政权兴衰、改组频繁，商人失之所依，遂自行经商牟利，出现了私商。

在国家政权与土地所有权结合的情况下，甚至农业也直接控制在国家手中。战国以前，土地大体上分为公田和私田，公田由村社集体耕种，私田或“农率均田”②（由私人耕种的土地每年分配一次）或“三年一换主易居”③。此后由国家向农民授田，据秦简“田律”记载，农民应“以其受田之数，无垦不垦，顷入刍三石，藁二石”④。既然全国就是一个大农场，那么也就不难理解，作为国家的法律，秦律中何以连每亩田施用种子的数量规格、牛羊的饲养繁殖都要过问；甚至规定，农作物生长期间下了及时雨，使得谷物抽穗，以及旱涝、虫害等，都应及时层层上报。⑤ 在秦《厩苑律》《金布律》中，还可以看到百姓“假公器”“假铁器”，国家养牛“以假之”等规定⑥，这说明当时铁器、

① 亚细亚生产方式的特征是：土地属于村社集体所有或国有，社会关系在相当程度上靠血缘及宗法关系维持，存在着动产的私有制和温和的奴隶劳动。参见郝镇华编：《外国学者论亚细亚生产方式》（上、下册），北京，中国社会科学出版社，1981。

② 《夏小正》。

③ 《公羊传·宣公十五年》何休注。

④ 《睡虎地秦墓竹简·田律》。

⑤ 参见《睡虎地秦墓竹简·田律》。

⑥ 参见《睡虎地秦墓竹简·厩苑律·金布律》。

耕牛等重要农业生产资料都掌握在国家手中。这种情况，谓之“官农”也不为过。整个中国封建社会的历史，从总体上看就是商品关系和私有制不断冲击国家土地所有制，土地兼并和农民失去土地造成社会动荡，再由新的政权恢复国有制下的农民“家庭承包经营”这样一部周而复始的循环史。

如果说官农尚不具有显著的企业特征，那么，对于官工官商和封建国家对盐、铁等重要物品的专卖来说，不甚恰当地借用今天的术语，不妨称为古代的“国有企业”。

在整个中国奴隶社会和封建社会的历史上，手工业始终以官营为主导。在秦简记载的《工律》《均工》《工人程》《司空律》中，便能发现关于采矿、冶炼、车辆制造等官营作坊实行严格、细密管理的规定。① 官工所用的原料，多由地方以贡赋的形式上纳或由国家直接组织开采，工匠则由国家征发，并设官职组织生产，产品“不鬻于市”，而供王室、官府和军队消费。② 从中央到地方，由各级官员经营着一个个这样的“国有企业”。据秦简，当时的官营手工业在朝廷由内史掌管，在各郡、县由郡守、县令和县丞掌管。

盐、铁等的专卖在中国也有悠久的历史，即由官方对关系国计民生的盐、铁等大宗商品，乃至茶、酒、醋、香料等实行垄断，禁止私人自由经营。这被称为“禁榷”制度。此制自春秋时的齐国始，一直延续到清朝。以汉武帝时为例：官方在产盐区设盐官，募民煮盐，计量付给工价，所产盐全部由盐官经销；在产铁区设铁官，负责开矿、冶铸和发卖，在不产铁的地区（主要是城市郊区）设小铁官，以回收废铁及在当地铸造器具。③ 以后盐的专卖形式，还有民制官收、官运官销，以及由官方发给商人运销凭证——“引”，特许商人运销。对于铁和其他重要金属，历代统治者基本上不允许私人开采，到清康熙、雍正时，才准民间开采铜铁，但仍通过行会严加控制。也就是说，在有史以来的中国古代社会，均由国家控制着关系国计民生的重要产业，其产品的质量和数量均在私人工商业之上，乃至在经济中起着主导作用。

同时，国家以严刑峻罚推行官工、官商制度，如：汉武帝时对私自煮盐、私铸铁器者，除没收器物外，要罚“跖左趾”④。宋“建隆二年，始定官盐阑入法，禁地贸易至三十斤，鬻碱盐至三斤者乃死”⑤。元代规定，“凡伪造盐引者斩，籍其家，付告人充赏；犯私盐者徒二年，杖七十，止籍其产之半”⑥。秦简中关于饲牛有如下规定：对绩优者要奖励田啬夫和牛长，反之则要给予申斥或罚劳务，用牛者令牛减膘的，牛的腰围每瘦一寸要罚笞十，即“殿者，谇田啬夫，罚冗皂者二月。其以牛田，牛减絜，笞主者寸十”⑦；还规定凡饲养成年母牛每 10 头中有 6 头不生小牛的，就要罚主事官吏各一盾。⑧

官营手工业和官商是国家政权的附属物，其活动不计投入、产出之效益，不遵循客观经济规律，不参与市场竞争，作为超经济力量窒息了经济和社会的活力，是私营工商

① 参见《睡虎地秦墓竹简·工律·均工·工人程·司空律》。
② 参见郭沫若：《中国史稿》，第 2 册，37～38 页；第 4 册，231～237 页，北京，人民出版社，1976。
③ 参见《汉书·食货志》。
④ 《汉书·食货志》。
⑤ 《宋史·食货志》。
⑥ 《元史·食货志》。
⑦ 《睡虎地秦墓竹简·厩苑律》。
⑧ 参见《睡虎地秦墓竹简·牛羊课》。

企业向适应市场经济要求的高级形式发展的阻碍力量。但是，它的巨大影响力和一定程度的积极意义也是不能否定的。官工官商传统，使清末洋务派官员以“官营”“官督商办”“官商合办”等形式创办经营的洋务企业，扮演了中国现代化事业先行者的角色；中国近代的官僚金融资本企业，也是从“官钱局”之类演化而来的。这是古代官商在半殖民地条件下的发展。民国时期，官僚资本企业成为公用事业和诸多新组织、新技术的倡导者和经营者。1949 年以后，人民政权在“一化三改造”的基础上，初步完成了中华民族实现百年强国梦所不可或缺的原始积累。凡此种种，无论利弊，都是中国历史发展的内在逻辑使然。

二、中国古代的工商组织形式

虽然中国历史上很早就出现了私商和私人手工业者，但在宋代以前，民间商品关系的发展基本上停留在农民、工匠互通有无，商人居间收购、贩卖的水平上，交易方式为集市交易和城市中的“坊市制”。

自唐末、北宋时起，坊市制被冲破，出现了“前店后坊”现象，商人亦得随处设店，市镇和集市上出现了常设的旅店、酒店和牙商等私人工商企业形式，媒介工商业者与国家政权的行会组织也随之发展起来。企业这种经济主体的孕育、问世，是与市场的发展和繁荣分不开的。例如，《清明上河图》中描绘的宋代开封市井生活，若仅有小商小贩，而无“十千脚店”“王家××疋帛铺”“季家输卖×”“××正店”等有较雄厚实力的企业支撑，要达到如此繁荣是不可想象的。又如南宋都城临安，其夜市“与日间无异，坊巷市井，买卖关朴，酒楼歌馆，直到四鼓后方静，而五鼓朝马将动，其有趁卖早市者，复起开张。无论四时皆然”①。在这些活动中，较为稳定的企业经营是不可或缺的。

（一）传统的工商企业形式

中国古代的工商企业形式，无甚定制，“资本雄厚者称庄称行，小者曰店曰铺”②，但也不尽然，按其经营性质，有牙行、典当铺、票号、账局、钱庄、店铺、作坊、洋行等划分。③

（1）牙行。牙行始于牙人，牙人是为他人说合交易的居间者，初无组织形式。明嘉靖二年（1523 年）定市易法，有牙行之名，由官府发给类似营业执照的印信文簿，沿称牙帖。牙行批发经纪牲畜、农产品、绸布等产品，在商埠、栈店经营商品的转运和仓储，代官府采办货物，经官府授权还可充当房地产买卖的见证人。牙商亦经营对外贸易，在元代称为舶牙，在清代称为洋行。

（2）典当铺。典当铺是经营抵押借贷的商行。典当起源于南北朝时，初由寺院兼营，《南史·甄法崇传》中有此记载，后多由集官、商、地主于一身的有钱人经营。典当铺以

---

① 耐得翁：《都城纪胜》。

② 转引自张镜影：《公司法上的问题》，载《法学论集》，第 9 册，480 页，台北，文化大学出版部，1983。

③ 以下资料主要来源于许涤新：《政治经济学辞典》（上），北京，人民出版社，1980；《中国大百科全书·经济学》（Ⅰ、Ⅱ、Ⅲ），北京，中国大百科全书出版社，1988。

高利放贷著称，在历史上声誉不佳。

（3）票号。票号又称“票庄”“汇兑庄”，是从事汇兑和存贷款业务的金融机构。中国旧时的汇兑业兴起于清嘉庆年间，以山西最为发达，始由一般商号兼营，道光初年（1821 年）在平遥县出现了专营汇兑的“日升昌票庄”。票号除办理城镇间的商业款项汇兑清算、接受商人存款和对其放贷外，还充当清政府捐纳筹饷的办事机构，并为其汇兑、解缴税款，筹措和汇兑外国的借款，如认购和推销清政府 1898 年为对日赔款而发行的昭信股票（实为债券）、办理庚子赔款的汇兑缴付，等等。

（4）账局。账局又称“账庄”，是专事放款的金融机构。按史料记载，历史上最早的账局，是山西商人王荣廷斥资 4 万银两，于乾隆元年（1736 年）在张家口开设的祥发永账局。[①] 据不完全统计，至咸丰三年（1853 年），北京城内有账局 260 余家，从业人员达数千人；山西商人还到国外如莫斯科开设了账局。[②]

（5）钱庄。钱庄又称“银庄”，在北方称“银号”或“钱铺”，也是在封建社会后期（明中叶以后）出现的。钱庄初期经营货币兑换，后规模较大者发展为对商人办理存款、放款和汇兑业务。上海是钱庄活动的中心，在乾隆年间已具有一定的规模。钱庄的特点是发行“庄票”（性质上属于本票），以提供信用；庄票可以流通，起到现金的作用。

清政府官方也经营钱庄，称为“官钱局”或“官帖局”。雍正九年（1731 年）户部始设官钱铺，乾隆二年（1737 年）在京师内外设官钱局 10 所。早期的官钱局主要从事银钱兑换，以平抑钱价。鸦片战争后，在各通商口岸设立了海关银号，代收外商税银。以后官钱局也仿照民营钱铺的做法，发行庄票性质的钱票。户部于咸丰三年（1853 年）设立了官钱总局，以招商形式设立了许多官号；还令各省招商设立官钱局。

（6）店铺。这是指经营绸缎、杂货、药品、旅店等的商户，或自产自销，或组织独立工匠生产营销。店铺起于宋代而发达于清代。如山东孟氏家族经营的瑞蚨祥绸缎店和北京乐氏家族经营的同仁堂中药店，均历时数百年，鼎盛时有分店数十间。

（7）作坊。作为企业的作坊，主要是明代中叶以后，在商品关系比较发达的东南沿海地区出现的雇工经营的染整、冶铁等私人作坊。史学界称之为资本主义萌芽。

（8）洋行。顾名思义，洋行是经营洋货或舶来品的牙行，它是由清政府授权作为外贸中介机构的特殊牙行。唐代以后，中国封建社会的对外贸易一直由市舶使、市舶司进行管理，由其负责海舶管理、征税和舶来品购销。明末出现了官设牙行，由政府指定一些商人经营对外贸易。清初于康熙二十四年（1685 年）设立海关，取消市舶司，外贸仍由政府特许商人办理；于次年创设洋货行，即所谓“十三行”，又称洋行、外洋行等，官府向其颁发执照和授权管理外商的纹章。洋行初为牙行性质，后来也自营买卖。

（二）中国传统的行会

中国传统的行会主要有团行、会馆、公所、公行等。

（1）团行。团行始于宋代，是中国最早的正规工商行业组织，系适应官府管理的需

---

① 参见黄达等主编：《中国金融百科全书》（上），227～228 页，北京，经济管理出版社，1990。
② 参见黄达等主编：《中国金融百科全书》（上），227～228 页。

要而产生的。经营同一商品的商户须强制入行，以便官府征用、和买（征购）及派差服役。

（2）会馆。会馆出现于明末，是按乡土组织的同乡会，后演变为对抗牙行垄断的商人组织，从事商品购销、仓储、运输等活动。随着商品关系的发展，还出现了按专业组织的会馆，如康熙年间上海曾出现由船商和贩运商联合建立的沙船会馆。

（3）公所。公所是清代出现的行会组织，在手工业和商业领域均有。其订有行规，有限制开业、规定学徒年限、划分市场等的规定。光绪初年（1875 年），上海还设立了由 24 家票号组成的金融业公所“上海汇业公所”。

（4）公行。公行是中国洋行的行会组织，兼有官方授权的管理职能。洋行间为了防止同业竞争、实行统一定价和限制散商，便成立行会组织，亦由清廷特许，称为公行或“官行”。公行最早出现于康熙五十九年（1720 年），清政府为其规定的任务是：承销外商进口商品，代外商收购出口商品，代表外商缴纳关税和礼规，代表政府管束外商、向其传达政令，办理与外商交涉事宜，等等。加入公行的洋行间没有共同经营关系。后来清政府为了方便及强化税收，实行保商制度，由官指定公行内的殷实商人承保全行的外商税饷，公行内部再互保税饷，各洋行仍独立经营。

中国传统的工商业形式都是按经营的内容或性质划分的，并未反映出它们的内、外部组织亦即企业关系上的特征。究其原因，主要是它们没有突破家族经营的范畴，身份在企业关系中起主导作用，缺乏人格平等基础上的结社、经营管理和分配关系。直至清末的典当铺、票号、钱庄等，始有异姓者入股分利等“平等主体”关系的萌芽。更重要的是，身处中华社会，它们无法摆脱亚细亚生产方式的残余及官工官商势力的影响，私商的地位既低于官商，又须依托于官才得以生存，以至于官商不分，经营活动每每遭受政权和社会恶势力的超经济压迫。自鸦片战争以后，中国传统的工商业因难以与列强先进的资本主义企业、公司相匹敌而日渐式微。

第二节　现代典型企业制度的由来

一、近代企业的起源

通常认为，现代企业的直接前身发源于中世纪欧洲地中海沿岸。自 11 世纪，欧洲地中海沿岸的商业和城市手工业兴起，出现了威尼斯、热那亚、佛罗伦萨、比萨、布鲁日等依赖海上贸易的工商业城市。随着贸易规模和范围的扩张，出于资本、人员联合和降低风险的实际需要，出现了现代企业的以下三种雏形。①

（1）船舶共有。从事海上贸易，需要巨额资金，且风险很大，人们便共筹资金、共担风险，共同拥有船舶及合伙从事海上贸易，形成船舶共有的企业形式。

---

① 参见张国键：《商事法论》，115～116 页，台北，三民书局，1980；史际春主编：《公司法教程》，46～48 页，北京，中国政法大学出版社，1995。

（2）康枚达契约或组织。康枚达（commenda）是拉丁方言，含有信用和委任的意思。依康枚达契约，不愿意或无法直接从事海上冒险的人，将金钱或货物委托给船舶所有人或其他人，由受托人进行航海和交易活动，所获利润由双方按约定的方法分配，委托人仅以委托的财物为限承担风险。由此亦形成一种原始的企业形态，即经营者依其信用从他人处获得资本，出资者将资金委托他人经营而分享利润。这是后来两合公司的雏形。

（3）家族经营体或家族企业。在封建社会，身份、血缘关系在社会生活中居于主导地位，家族成员间的协作必然优先于异姓间的合伙。中外概莫能外。个体经营的合乎逻辑的发展，也是“父业子承”，由后辈共同拥有及经营从先辈处继承的某项工商事业，遂形成家族经营体。

学界对于现代企业究竟出自其中的哪一种形式有不同的见解。[①] 第一种是大陆起源说，认为企业、公司起源于欧洲大陆的地中海沿岸，是由家族经营体发展而来的；第二种是海上贸易说，认为企业、公司起源于海上贸易，是由船舶共有、康枚达等形式发展而来的；第三种是综合说，认为现代的企业、公司是由以上三种原始企业形式共同发展而来的。由于在中世纪地中海沿岸工商业兴起的过程中，手工业与海上贸易是相辅相成、互相影响的，有关社会关系在时间和空间上不可能相互隔绝、独立发展，所以，第三种见解应当更为确切。[②]

随着社会经济的发展，各种合伙形式中的身份因素减弱，合伙关系逐渐成为单纯的经济关系，各合伙人相互代理、平等地处理合伙事务，并对合伙债务承担无限责任，形成了较为规范的社团（societas），这是现代无限公司或商事合伙的前身。又鉴于合伙社团的资本受合伙人出资的限制，为扩展经营规模，人们仿照“康枚达”的形式，吸收不参与经营的其他人投资，该投资者仅对合伙债务承担有限责任，形成二元形态的合伙组织，即为两合公司或有限合伙的形态。法国公司法中的两合公司，音译即为简单“康枚达”公司（société en commandite simple）。

二、古代的其他企业萌芽形式

以上企业的雏形还可以追溯到罗马时代，甚至更早的习惯做法。例如，船舶共有也是罗马时代航海经商的一种形式。根据罗马法上的海商诉（actio exercitoria，又译为“船主之诉”），船舶共有人须对受其委托的航海者在航海经商中所负的债务承担连带责任。[③] 又如与康枚达契约类似的船舶借贷：船主与债主约定，双方于船舶返航时分享利润，如果船舶不能安全返航，则债主不得请求返还本息。这种被认为是海上保险萌芽的法律关系，在雅典时代就有了。[④] 其实它也是一种合伙或企业形式。甚至在公元前 18 世

① 参见黄速建：《公司论》，19 页，北京，中国人民大学出版社，1989。
② 参见史际春：《国有企业法论》，100 页，北京，中国法制出版社，1997。
③ 参见周枏：《罗马法原论》，上册，268 页；下册，617 页，北京，商务印书馆，1994。
④ 参见《中国大百科全书·法学》，259 页，北京，中国大百科全书出版社，1984。

纪的《汉穆拉比法典》中，就有关于自由民与自由民合伙的记载。① 古希腊人把各方合伙人以其全部财产投入合伙的称为“共同体”。罗马共和国末期以后，商品关系空前发达，罗马法上把合伙作为一种无须任何法定形式的诺成契约，罗马人常采取合伙的方式，经营奴隶、橄榄油、粮食和酒等的买卖。② 在古罗马，自由民家长令其家属或奴隶航海经商，或开设作坊、商店、垦殖场等，并就其行为承担法律后果，也可以认为是一种初级的企业形态。③

另外，古代的一些不属于私法范畴的团体或组织，与现代的企业、法人制度之间也有一定的渊源关系。如在罗马时代，由船东、商人、作坊主等组成的团体，经国家特许从事营利活动，具有联合经营的社团和受国家控制的行会双重性质。公元 3 世纪以后，确切的法人概念虽然尚未形成，但这些组织以及向政府承包收税的团体（societaspu bli-canorum）、寺院、慈善团体、政府等，已被认为具有独立的法律人格。④

三、早期企业制度的习惯法特征

依照法的一般发展规律，在某种社会关系形成之初，并无国家的制定法予以调整，需要经过相当的发展方可形成一定的法律制度。企业关系也不例外。在古罗马或更早的时代，海上贸易适用各民族在长期交往中形成的习惯法；罗马大法官在司法实践中则创立了企业诉（actio institoria）和海商诉，对自由民的企业经营和船舶共有进行调整。

在中世纪，封建法律拘泥于狭隘的形式，神明裁判和司法决斗盛行，寺院法禁止放贷生息、借本经商和转手倒卖等商事行为，商事习惯不为法院所承认，于是商人自行组织起来，组成商人“基尔特”管理自己的商事活动，并且根据封建领主特许的自治权和裁判权，订立自治规约，处理商人之间的纠纷，依商事惯例及自奉为权威的罗马私法调整商事关系。商人自治团体除了发扬和推行商业惯例、处理商事纠纷，还举行商品交易会，制订和执行有关价格、质量、规格、交货条件等的规则，履行一定的商务管理职能。同时，中世纪的商人团体为了取得行业垄断和稳固的自治地位，求助于封建国家的庇护，谋求封建国家授予特许权，并履行政府委托的某些职能，乃至官商勾结，从而使行会具有浓重的政权色彩。

所以，在企业制度形成时期，并无以国家强制力为后盾的明确的法律规范保障及调整早期的企业关系。例如，关于合伙或无限公司、两合公司内外部关系的基本原则，在 14、15 世纪已经确立，但直到 17 世纪，才首先由法国以国家法律对其作出规定。

---

① 参见《汉穆拉比法典》第 99 条，载《外国法制史资料选编》（上册），30 页，北京，北京大学出版社，1982。

② 参见［古罗马］查士丁尼：《法学总论——法学阶梯》，179 页，北京，商务印书馆，1989。

③ 参见周枏：《罗马法原论》，下册，617 页。

④ 参见周枏：《罗马法原论》，上册，270～271 页。

四、现代典型企业制度的确立

代表着资本主义萌芽的商人阶层与封建国家相互利用。封建国家欲利用商人的经济力量，商人阶层则希望借助封建国家的力量发展工商业。随着其合作的加深和资产阶级国家政权的建立，现代企业的几种典型形式及相应的制度逐渐确立。

法国查理九世国王于1563年颁布敕令，正式创建商事法庭，使商事纠纷的处理由商人自治发展到国家裁判。1673年，路易十四世颁布了由商人萨瓦里起草的《陆上商事条例》（Ordonnance sur le commerce de terre），又称《萨瓦里法典》（Code Savary），其中首次以成文法形式规定了无限公司和两合公司。当时把无限公司称为“普通公司”（société en générale），把两合公司称为康枚达公司（société en commandite）。

15世纪～16世纪，在意大利出现了股份制银行，如1407年在热那亚成立的圣乔治银行（St. Giorgio）和16世纪末米兰的安布罗秀斯银行（Ambrosius）。这些银行由债权人团体组成，专对政府贷款，其资本分为若干份，可以转让，可见已经具有股份公司的若干特征。但是学者一般认为，此制仅见于意大利，主要为公法性质，故而不是现代股份公司的前身。①

17世纪初叶，西欧和北欧国家纷纷设立殖民公司，其中的合股公司属于现代股份公司的直接前身。所谓殖民公司，是由政府或国王特许设立，取得在海外特定地区从事贸易的独占权，并代行某些本国政府权力（如英国东印度公司在东印度享有统治权）的贸易组织。从1553年到1680年，仅英国一国设立的殖民公司就有49个之多。②

殖民公司有两种类型：一类是行会性质的合组公司（regulated company，又译为规约公司），另一类是合股公司（joint stock company）。合组公司本身没有资本，参加公司的人缴纳一定的入伙金，但仍以各自的名义经营，经营风险亦由入伙者各自负担，只是加入公司者必须遵守公司的规约或规章制度。合组公司的作用是，为本国国民在海外的贸易活动创造条件，例如，在海外建立武装防御力量，设立商馆，俸养本国派驻海外的官员，等等。所以，合组公司与中世纪的行会相比，并未发生质的变化。

合股公司则是以公司参加者入股的资金作为共同资本，公司设有统一的经营管理机构——董事会，股份可以自由转让，股东按所持股份分享利润、分担损失。例如，英国和荷兰的东印度公司，英国的几内亚公司、东陆公司、哈得逊湾公司，法国的西印度公司，德国的布兰登堡非洲公司等，都是合股公司。合股公司在集资和共同经营方面具有优越性，而且避免了合组公司那种成员分散经营、彼此竞争的不利状况，适合于当时的殖民地垄断经营，因此，合股公司作为一种新生力量，逐渐在殖民公司中取得了主导地位，并使合组公司最终退出历史舞台。

---

① 参见张国键：《商事法论》，209页。

② 其中包括1553年成立的俄罗斯公司（又称“莫斯科公司”，享有在俄国、高加索和中亚的贸易独占权）、1568年成立的东陆公司（Eastland Company，又称伊士特兰公司，取得在波罗的海沿岸的贸易独占权）、1581年成立的土耳其公司（又称东方公司或近东公司，获得在君士坦丁堡、叙利亚和小亚细亚地区的贸易独占权）、1588年成立的几内亚公司（享有在塞内加尔、冈比亚等地的贸易独占权）、1606年成立的伦敦公司（又称弗吉尼亚公司，获得在北美弗吉尼亚地区进行殖民经营的特权）、1670年成立的哈得逊湾公司（获得在北美哈得逊湾地区从事殖民经营的特权等）。参见黄速建：《公司论》，29页。

合股公司是由行会或合组公司衍生而来的，最初是临时性组织。每次航海前，合股公司都进行集资，发行可以自由转让的入股凭证；航海结束时，则由出资人按入股份额分配利润，同时各出资人须对其共同事务及共同活动承担无限连带责任。合股公司从合伙团体发展到拥有公司意思机关、具有自己统一意志的组织，有一个发展的过程。例如，英国的东印度公司虽然于 1600 年就获得了女王的特许状，并于次年按合股原则组织了远征队，开始其印度航行，但据亚当·斯密在《国富论》中提到的，一直到 1612 年，各入股商人的出资才合并成公司的共同资本，此前只有船舶是共有的，经营资本则是个人的。①

关于现代股份公司起源存在着两种意见。欧洲大陆国家一般认为，股份公司起源于荷兰的东印度公司，而英美国家一般认为，英国的东印度公司才是现代股份公司的鼻祖。但是由于荷兰东印度公司于 1602 年由经营马来群岛贸易的几家公司合并时，就形成了共同经营的实体，故而德国学者黎赫曼（Lehmann）提出的关于现代股份公司起源于 17 世纪初的荷兰和北欧国家②，以及荷兰东印度公司是最早的股份公司的说法，是较为可取的。

1807 年，法国商法典首次在法律上规定股份有限公司，并明确股东仅以自己的出资承担有限责任。该法典也对 18 世纪末出现的股份两合公司作了规定。英国则于 1855 年制定了《有限责任法》，追随时代潮流，允许公司股东可以承担有限责任。至此，现代股份公司制度确立。

如果仅从法律关系的角度，而不考虑经济、科技等其他因素，则可以认为，在主要资本主义国家确立了财产分立和股东、企业承担有限责任的股份公司，也即有限法人制度问世的 19 世纪中期，现代企业制度就初步建立了。

有限责任公司是较晚出现的一种现代企业形式。1892 年，德国制定《有限责任公司法》，使中、小企业的投资者与股份公司的股东一样，可以享受有限责任的便利，从而促进社会的投资和经济发展。接着，葡萄牙、奥地利、法国、日本等国家，均仿效德国，建立了有限责任公司法制度。英国亦步其后尘，于 1907 年颁布公司法，首次对非开放公司作出规定，将其股份责任分为有限和无限两种，以达到与大陆法系国家的有限责任公司相同的效果。有限责任公司和有限责任的非开放公司的出现，是对法人制度的强化和弘扬。考虑到典型企业是在市场经济的基础上发展起来的，而科学管理在 19 世纪末 20 世纪初业已问世，可以认为，此时现代企业制度在发达国家已经确立。

第三节　现代国有企业和合作制企业的由来

一、现代国有企业的由来

国家占有或拥有一定的财产，基于承担公共职能及维持政权的运作而加以运用，从事一定的交易和生产活动，如中国历史上的官工官商，这是国家政权得以存在和运转的

① 参见［英］亚当·斯密：《国民财富的性质和原因的研究》，下卷，307～308 页，北京，商务印书馆，1974。
② 参见张国键：《商事法论》，209 页。

物质基础，实属古已有之。但是政府按照企业方式从事生产经营，在市场的基础上与民间（个人和企业、组织）发生经济关系，进行交易或提供服务，无疑是近代资本主义的产物。

从国有企业的历史看，它的产生，是资本主义经济不断社会化，要求国家直接承担一定的社会经济职能，从事基础设施、公用事业的建设与经营，为市场经济的运行和发展创造条件的结果。此外，战争和国防的需要也是其社会背景之一。20 世纪始自苏俄的社会主义国家，在全民所有的名义下，开展了空前的国有企业实践。我国今天的国有企业及其改革亦为其延续及组成部分。

近代公用事业的问世，造就了第一批现代意义上的国有企业。美国邮政即被认为是美国最早的联邦国有企业，它于 1789 年根据美国宪法而设立。19 世纪中期以后，在主要资本主义国家都出现了国有企业，并得到迅速发展。其主要原因是，在经济日益社会化的情况下，需由国家来投资经营私人缺乏兴趣或难以从事的基础设施建设及一些重要的经济活动。例如，美国从 19 世纪 60 年代的南北战争以后，政府即开始承担铁路、钢铁、军工、邮政等的建设任务，第二次世界大战结束以后，其联邦和州政府在全国基础设施投资中所占的比例，一直维持在 60%左右。① 1989 年，在全球性的私有化浪潮中，美国却将铁路客运收归国有，成立了联邦铁路客运公司，原因也无非是社会有需要，而私人经营难以为继，政府不得不将其承担下来。

英国从第一次世界大战至第二次世界大战后，国有化和私有化交替运动，逐步形成了由政府控制基础部门的局面。至 1978 年，英国政府控制着全国邮电、铁路、电力、煤气、采煤、造船等部门的全部，航空航天和钢铁业的 3/4，汽车工业的 1/2，石油生产的 1/4。②

德国的许多大国有企业，如著名的费巴公司、萨尔煤矿、萨尔茨吉特股份公司、大众汽车公司、联合工业企业股份公司、工业管理有限公司等重要的工矿企业或其股份，则是依照联邦德国基本法第 134 条、第 135 条的规定，由普鲁士和德意志帝国继承而来的。

鉴于国有企业一般存在的弊端，如人浮于事、办事拖沓、低效浪费、官商作风等，加上意识形态的原因，20 世纪 80 年代以来，在世界范围内出现了私有化的趋势。从字面上看，私有化是指把国有企业出售给私人所有，由私人控制。但实际上，由国有企业产生和存在的客观原因所决定，大多数的尤其是重要的国有企业不可能这样做，私人要么无力购买，要么因国有企业不甚赚钱而不愿购买。既然在社会化市场经济时代，由政府组织和参与企业活动有其内在必然性，那么如前所述，私有化在总体上并非将国有企业转为私人所有，而是对其实行公司制或股份制以及市场化的改革。譬如日本分别于 1948 年和 1952 年设立的日本国有铁道公社、日本专卖公社和日本电报电话公社等“三公社”，在私有化运动中被改为国家控制的股份公司，改革之后仍属国有企业的范畴。③

① 参见佟福全：《美国国家所有制概况及其管理》，载周叔莲、刘述意编：《国有企业的管理与改革》，北京，经济管理出版社，1989。

② 参见王佩琨：《英国国有企业情况》，载周叔莲、刘述意编：《国有企业的管理与改革》，北京，经济管理出版社，1989。

③ 参见史际春：《国有企业法论》，94 页。

总之，在当代资本主义国家，“经济权力的基本来源”已经“从私人机构成分移交给了公共机构成分”①，政府已成为创造“公共资本”的“一极”，稳定地相对于创造私人资本或市场资本的另一极——私人企业或私营部门。

俄国十月革命后，先后于1918年和1920年颁布了关于大工业国有化的法令和对小型工业实行国有化的命令。根据规定，对使用机器、雇用5人以上的企业，或者不使用机器、雇用20人以上的企业实行国有化。但在群众自发的行动中，许多更小的企业也被国有化了。② 从1928年第一个“五年计划”开始，到20世纪30年代初，苏联确立了传统的计划经济体制和国有企业制度。在这种制度下，企业及其财产归全民所有，反映在法律上也即国家所有，企业的生产经营必须服从国家计划安排。计划自上而下逐级下达，被认为具有法律强制力。计划决策主要集中在中央，即所谓“中央集权模式”。苏联确立的这种制度，基本上原封不动地移植到东欧和中国。当然，从赫鲁晓夫时期开始，苏联也对传统的计划经济体制作了一些改革，改革的基本点是扩大国有企业的自主权，赋予一定的合同自由，允许其根据与其他企业订立的合同作出生产经营决策，国家对企业的考核中引入了利润指标，在一定程度上把国家计划建立在企业自主订立的合同和商品货币关系的基础之上；还采取了设立企业横向结合的联合公司、纵向结合的托拉斯等做法，在中央部委和企业之间增加相对分散的、直接的计划层次。当然，这一切并没有触动传统计划经济体制的本质。或者说，进一步的改革还未及进行，旧的体制及其国有企业制度就随着苏联、东欧的社会剧变而告终止了。

当时南斯拉夫则围绕着削弱和取消国家所有权，对苏式国有企业制度进行改革，企图把国有制这种不发达的公有制形式转为高级的社会所有制形式。人为地取消国家所有，矫枉过正，导致国家和国家所有权的职能被削弱，经济失调。另外，社会所有制不承认资本原则，企业及其财产没有明确的所有权人，各企业及其职工对资源的垄断或差异被固定下来，从而引起新的社会不平等。加之民主决策耗时、费力，难以适应对市场作出及时、灵敏反应的需要，民主自治难以实行，原先政府主管部门及其官僚被自治组织或企业的技术官僚所取替代，企业和社会的自治流于形式。在一个多民族国家内，企业和地方的差异扩大，也意味着地区、民族间的隔阂和矛盾加剧，世仇凸显，加之国际形势变化，南斯拉夫遂陷入内战和分裂，终告消亡。

二、现代合作制企业的由来③

作为与资本对立的非典型企业，合作制企业与公有制的理想和实践具有密切关系。19世纪初，三大空想社会主义者圣西门、傅立叶和欧文分别提出了合作制设想，其中欧文还于1824—1828年间，携其子和信徒前往美国购买土地，建立“新和谐”合作公社，进行社会实验。受其鼓舞，西欧国家的民众纷纷建立合作组织，欧文并于1832年在英国

---

① ［美］G.欧文：《美国工业的势力》。转引自［波］布·明兹：《现代资本主义》，245页，北京，东方出版社，1987。

② 参见史际春：《国有企业法论》，108页。

③ 以下参见史际春：《集体所有权研究》，30～43页。

创办“全国劳动产品公平交换市场”，取消商人和货币，发行劳动券，以解决合作社之间以及合作社与个体劳动者的产品交换问题。这些实践因脱离实际和西欧各国政府的镇压而告失败。

1844 年，由欧文的两个信徒发起，在英国曼彻斯特附近的罗奇代尔镇，有 28 个法兰绒工人每人出资 1 英镑，创办了一个名为“罗奇代尔公平先锋社”（the Rochdale Society of Equitable Pioneers）的消费合作社。该合作社摒弃空想共产主义，总结出互助合作、“一人一票”表决权、按贡献分配等合作制原则，被认为是现代合作社和集体所有制企业的始祖。合作社或合作企业由民众互助合作，自谋福利，具有社会基础和生命力，因而很快就在西方国家得到普及。19 世纪中后期，英国的消费合作社、法国的生产合作社和德国的信用合作社在世界上最为著名。

随着合作运动在发达资本主义国家兴起，各国对其进行法律调整，形成了合作社法或合作企业法律制度。1852 年，英国制定了世界上最早的合作社法——勤勉与节俭社团法（Industrial and Provident Societies Act），承认了合作社的合法性。1862 年英国修订该法，规定合作社可以承担有限责任并可以对外投资。1867 年，普鲁士王国通过《关于经营和经济合作社私法地位法》，4 年后成为统一的德意志帝国的《合作社法》。不久，合作运动发展到美国、日本等和一些第三世界国家，法国、澳大利亚、荷兰、意大利、日本、美国等，都相继制定了调整合作社或合作企业关系的法律。

合作运动在当代仍顽强地存在着，并有新的发展。为了利用职工合作缓解经济不景气，部分地解决失业、劳资对立等社会矛盾，当代发达国家多制定政策、法规，鼓励合作企业的发展。例如，美国从 1974 年起先后颁布十几部法律，推行职工股权计划，鼓励老板将企业或企业的股份卖给职工，由职工所有或控股，或由职工自行设立合作企业。[①]

虽然合作制企业的社会根基深厚，但是它在市场经济的大环境中求生存，也有先天缺陷，那就是企业经营及其财产具有封闭性，不易吸收企业成员以外的优秀经理人和投资，企业财产难以合理流动及重组。因此，顺应市场经济的要求，现代合作制企业也与传统上以资本为主导的企业形式结合起来，例如，由公司职工取得本公司的股权，以职工代表大会、持股基金或信托等方式形成职工共同意志，参与企业的决策和经营管理，成为合作制主体控制或参股的有限公司或股份公司。典型企业实行职工参与制，则是从另一个角度在传统资本企业中不同程度地加入合作因素。

第四节　国有企业的私有化或民营化[②]

一、概　说

为了实施私有化计划，尤其是苏联、东欧政权发生剧变后，基于政治和意识形态的

---

① 参见《美国法典》第 15 编第 14A 章第 632 节、第 636 节。

② 以下除另注出处外，均参见史际春主编：《国有资产管理国际惯例》，载《国际惯例书库》，第 3 卷。

原因大规模、有计划地推行私有化，有关国家通常都成立一个处理私有化事务的机构或委员会，有时为了对某一重要企业实行私有化，也成立专门的机构或组织。例如，1986年法国在将一批国有企业私有化之前，成立了“私有化委员会”，主持企业资产的评估和出售。在里根政府时期，美国在联邦行政管理和预算局内设立了“私有化计划”，设主任和副主任，领导联邦资产的出售工作；另外还成立了一个13人的联邦资产评价委员会，由总统办公室直接领导，负责对联邦政府有关企事业和资产实行私有化的可能性进行研究，然后向政府提出建议。1986年，新加坡成立了“政府企业私营化委员会”，制订了为期10年的私有化计划，并由其负责股份出售等私有化事宜。为了对国有铁道公社（以下简称国铁）实行民营化，日本还专门立法成立了“国铁清算事业团”，赋予其依法处理国铁民营后的富余人员和国铁债务的职责。俄罗斯和匈牙利分别设立了国家资产委员会和国家财产局。保加利亚设立了私有化署，捷克和蒙古的私有化主管机构是“私有化委员会”，波兰则称为所有制改造部。捷克私有化委员会的任务之一，是确定仍由国家控制的和向外国投资者开放的企业数，负责在西方顾问的帮助下评定企业的价值和售价。联邦德国则成立了著名的“德东财产托管局”，全权、无偿接管民主德国国有资产，由它作为联邦对德东财产的所有权代表，负责私有化事宜；同时托管局成立了专门的公司，经手德东企业的出售。

发达国家或地区对私有化并未规定明确的范围，但在这方面也遵循着一定的原则，即凡私人可以经营的事业或私人经营较国家经营更为适宜的，由私人经营；私人不能经营或难以为之，或因事业本身的性质或由社会经济因素决定必须垄断经营的，由国有资本经营或者由政府特许经营。根据现代资本主义的这种基本理念，发达资本主义国家实行私有化的，都是盈利的或转由私人经营有利可图的国有企业。英国保守党政府宣布，它关于国有企业的政策目标是“对亏损的企业扭亏为盈，对赢利的企业实行私有化”①。德国《联邦预算条例》第65条规定，只在具有“重要国家利益”的领域举办国有企业。

捷克斯洛伐克的私有化是在向革命前的所有者退赔财产的基础上进行的。1990年，捷克斯洛伐克联邦议会通过《财产退赔法》，将1948年捷克斯洛伐克共产党执政后被国有化的土地、森林、工厂、建筑物（包括宫殿）等，退还给原地主、业主或贵族。匈牙利也于1991年通过《补偿法》，对1949年到1971年间因土地改革、公交企业国有化、没收宗教不动产等27项法律而遭受损失的人发放补偿券，允许持券人用补偿券购买小店铺、耕地或者向国家财产局换取国有企业的股份。

二、私有化的主要举措

（一）西方国家实行私有化的主要措施

（1）政府不放弃对企业的所有权或控制权的公司制改革。典型的事例就是前述日本“三公社”的私有化或民营化。例如，依照《日本电信电话株式会社法》，对原公社进行公司制改革，规定在改革以后，政府有义务至少保有该公司1/3的股份。日本国铁和英

① 转引自周叔莲、刘述意编：《国有企业的管理与改革》，150页。

国电信（BT）的情况比较特殊：在日本国铁私有化改造完成后的一段时间内，政府仍持有其全部股份；英国政府对英国电信则除保留 1 股黄金股外①，出售了它的全部股份。除此以外，发达国家对重要国有企业多采持有多数或相对多数股份而保留企业控制权的做法。

（2）出售企业的全部资本或放弃对企业的控制权。被采取这种方式的，主要是小企业或者大企业的子公司或下属单位，方法包括协议、招标、拍卖和挂牌出售等。

（3）发包、租赁或委托管理经营。政府将公用事业或政府的其他工作交由私营企业去做，企业或资本的国有性质不变，营运资金也由政府提供。美国偏好这种私有化措施：被采取这种经营方式的通常是城市和州政府的环境卫生、供水、废水处理、公共急救、医院、公园和其他公用事业甚至一些消防单位、监狱等也被委托给私营企业经营管理。

案例

美国航天领域的公私合作②

美国国家航空航天局（the National Aeronautics and Space Administration，NASA）是一家法定机构，根据美国《1958 年国家航空和空间法》设立，旨在从事航空航天科研、飞行器和航天器研发、航天规划及其实施等。为解决 NASA 不计成本、效率低下、航天计划推进缓慢等问题，自 1978 年，美国历年的《国家航天政策》都提出要发展商业航天。2013 年美国发布新版《国家航天运输政策》，据此 NASA 逐步退出近地轨道运输业务，将其交由私人公司承担，旨在通过政府的引领和带动，提高美国的竞争力，并在国际卫星和其他航天器发射市场上争取更大的份额。美国众议院还通过了《2015 年促进私营航空航天竞争力和创业法》《商业航天发射竞争法》。由此，NASA 通过项目招标、人员和技术支持、提供发射场地和设施及相关配套服务等，扶持、培育私人航天公司，2004 年埃隆·马斯克创办的太空探索技术公司（SpaceX）就是其中杰出的一家。SpaceX 从 NASA 获得载人航天和月球着陆器制造等项目，承担美国国家侦察局和空军等的机密载荷发射任务，推进由 1.2 万颗近地轨道卫星组成的“星链”互联网服务系统建设和火星探测计划。截至 2023 年 12 月 30 日，SpaceX 占据了美国卫星和其他航天器发射市场 90%以上的份额，在全球发射市场中的份额也从上年的 34%扩大至 45%。

（4）限制外国人购股或收购本国国有企业。西方国家在私有化过程中，均采取措施，对外国公民、法人或政府机构购买本国企业或其股份不同程度地施加限制。例如，英国规定，外国人不得持有英国航天公司和英国石油公司的股份；外国人持有罗尔斯-罗伊斯

---

① 西方国家为了对私有化改造后的重要企业保持控制，特设所谓黄金股（golden share）。苏联、东欧国家在私有化改革中也加以效仿。黄金股依法由政府的代表者持有，凡涉及董事会的召开和表决程序、政府委派董事及其职权、特别股的发行、重要的资产处置、兼并和公司管理权的变动等事宜，都必须征得黄金股股东的同意。

② 参见《对美国政府支持 SpaceX 公司发展的初步分析》，中国载人航天网站，https：//www.cmse.gov.cn/dmt/cbw/zrhtdt/2018nzrhtdt/201804/P020200313002056733546.pdf，访问日期：2024-02-03；《日媒：多国努力打破 SpaceX 在火箭发射市场“一家独大”局面》，参考消息网，https：//ckxxapp.ckxx.net/pages/2024/01/01/36ccf30c3064430 d9f31a006d22decb2.html，访问日期：2024-02-03。

公司的股份上限为15%。法国在有关私有化的法律中规定，外国投资者只有在挂牌出售企业的职工和本国的私人厂商优先购股之后，才能入市，且持股额在一个企业中不能超过20%。法国经济与财政部还组织若干本国私人企业组成“核心股东”，令其以高出20%的价格购买某私有化国有企业的股份，并使之控股。

(5) 向职工售股和股份的“大众化”。这是各国普遍采取的一项私有化政策。1985年德国政府在关于国有企业私有化的决定中明确规定：“在减少联邦占有的股份的过程中，应尽可能地追求广泛出售股票的目标，特别要支持那些向本企业职工出售股票的企业所作的努力。”① 各国的有关具体做法有：一是将国有企业的股份优先出售给本企业职工；二是在增加国有企业的资本时，国家不认购新股，而让职工享有认购权；三是对职工购股给予价格优惠，并鼓励职工或公众长期持有本企业股份。当然，本企业职工为财务目的持有少量股份，与合作制大相径庭，并不改变企业的性质，“大众资本主义”只是一种说法而非现实。

(二) 苏联、东欧国家的私有化

苏联、东欧国家把大中型国有企业的私有化称为“大私有化”，把对小企业、小店铺的拍卖和出租则称为“小私有化”。这些国家在私有化中也注意让职工获得本企业的股份。某些国家在“大私有化”中也引进“大众资本主义”，声称“人民私有化”或“人民股份制”。

苏联、东欧国家的私有化大体上可以分为以下三种类型。

第一种是波匈保类型。该三国采取的私有化措施与西欧国家的一样，主要是拍卖小企业、出售大企业的股份、对本企业职工和本国公民购股给予照顾等。

第二种是德东类型。德东的情况比较特殊。民主德国覆亡后，国有企业和国有财产失去了所有者，法律上无所依托，企业职工自发地抵制德西仅凭政权暴力而缺乏经济依据的接管。于是德东财产托管局主要采取强制倒闭、破产方式，每年按计划关闭若干企业，将其低价拍卖，向被迫离厂的职工在重新就业前发给救济金。

第三种是苏捷罗类型。其特点是在“大私有化”中，以不同方式向全国公民或成年公民发放私有化证券。这类国家还包括乌克兰、蒙古等。

案例

俄罗斯、捷克斯洛伐克、罗马尼亚通过发放私有化证券推行私有化

俄罗斯从1992年10月1日起，向所有俄罗斯公民发放私有化证券，涉及列入私有化范围的约8 000家大型国有企业。证券面值为1万卢布，系无偿发放；发放对象为每一个在俄罗斯申报了户口的人。证券的作用是兑换大型国有企业的股份或股票，持券者也可以用其单独或合伙购买小企业。但是由于建立证券交易所、投资基金以及企业评估和折股出售等工作滞后，民众多私下将私有化证券低价转让或换取实物，以致原国有企业

---

① 转引自张仲福：《联邦德国企业制度》，111页，北京，中国法制出版社，1990。

经营管理者或政府主管官员以不合理的低价甚至无偿取得私人老板身份，造就了一批暴发户和金融寡头。人民私有化的目标无着，反而造成社会不公和生产力的破坏。

捷克斯洛伐克从 1991 年 10 月开始向全社会发放私有化证券，年满 18 岁的公民可以通过登记，支付 1 035 克朗（1 美元约合 30 克朗）购买一份投资证券，每份投资证券含 1 000 个投资分，然后按投资分计价购买私有化企业的股份。这一措施涉及 80%的固定资产价值在 2 500 万克朗以上的国有企业，另有 5%的关系国计民生的大企业不实行私有化。其他 15%的企业资不抵债，作破产处理。在发放证券的同时，全国建立了四百多个投资基金，约 80%的成年公民将证券投入基金，约 20%的人直接购买了企业的股份。

罗马尼亚的做法介于波匈保类型、俄罗斯和捷克斯洛伐克的做法之间。该国于 1991 年通过私有化法，规定将 6 000 家大中型国有企业资产的 30%无偿分给每个年满 18 岁的公民，其余 70%的资产向国内外出售，包括向本单位职工出售。

第五节　我国现行企业制度的由来

一、中国近现代企业及其法制的初步形成①

(一) 中国最早的近代企业

中国历史上最早的近代企业是西方商人于鸦片战争前后到中国境内直接设立的行号或公司、企业，其中也有称为“洋行”的。② 18 世纪时外商就在广州设立了行号，例如：英国东印度公司于 1770 年在广州设立了办事处（一说约在 1715 年即已设立③），称为“公班衙”；英商怡和洋行（Jardine，Matheson & Co.）的前身于 1782 年在广州设立。初时，外国洋行多为其本国公司的经纪机构，代理其本国公司从事对华进出口业务，收取佣金，故又称佣金代理行。

1813 年到 1833 年，英国逐渐取消东印度公司对东方和中国贸易的专营权，英商和其他外商蜂拥到中国经商，设立洋行，包括独资、合伙和公司行号。洋行中较著名的还有美商旗昌洋行（Russell & Co.）、英商沙逊洋行（E. D. Sassoon & Co.）等。英商于 1835 年在广州设立的保险公司裕仁（又译为“于仁”）洋面保安行，以及英商丽如银行（Oriental Banking Corporation）于 1845 年在香港和广州分别设立的分支机构，是为中国人最早见到的资本主义金融企业。鸦片战争后，外商获得了在各通商口岸的自由贸易权，清朝的洋行和公行制度因而消亡，洋行遂专指外商的公司或行号。外国洋行不仅开展合法的贸易活动，从事西方工业品和中国的丝、茶、瓷器等的贸易，而且有组织地从事贩

---

① 以下资料主要来源：《辞海》（缩印本），上海，上海辞书出版社，1980；《政治经济学辞典》（中），北京，人民出版社，1980；《中国大百科全书·经济学》（Ⅰ、Ⅱ、Ⅲ）。

② 如前所述，中国传统企业中有一种“洋行”，是清政府特许设立、从事并管理对外贸易的“洋货行”。外国洋行初为外国公司在中国的“办事处”或代办机构，后来有许多发展成为独立的公司、企业。

③ 参见《中国大百科全书·经济学》（Ⅲ），1141 页。

毒、掠卖人口、武装抢劫、走私等违法活动。

继而，外商借助本国的强权及与中国的不平等条约，利用洋行所获的合法利润和不义之财，纷纷在中国直接创办船运、银行、保险、船坞、船舶修造、公用事业等企业，后又直接设立纺织、制糖、矿冶、铁路等工厂企业。成立于1845年的广州柯拜船坞，是外国在华第一家船舶修造厂。其他早期的外商投资企业，还有上海的旗昌轮船公司与祥生船厂（1862年）、香港和上海汇丰银行（1864年、1865年）、上海电光公司（1882年）、天津煤气公司（1889年）等。

这些中国历史上最早的近代企业，并无内国法对其加以调整。它们是根据列强依不平等条约取得的沿海贸易权、内河航行权、在华设厂权和治外法权，迫使清政府开放门户而设立的，有的甚至是在没有条约的情况下强行设立的。它们利用中国的人力和资源，招募中国的资金，大获其利，在向中华民族展示其先进的技术、管理和资本主义制度的同时，也暴露了其丑恶行径，并使中国更趋贫弱。

外国洋行是中国人最早见到的近代企业，同时，它又是中国各种近现代公司、企业的先行者，既从中成长出实力雄厚的外商投资企业，也当然成为中国的公司、企业组织之范本。

（二）洋务运动中兴办的近代企业

迫于内外交困，清政府为求自强，开展了洋务运动。洋务运动中创办的企业可以分为以下三种。

1. 官办企业

洋务派先是创办了江南制造总局（1865年）、金陵制造局（1865年）、福州船政局（1866年）、天津机器制造局（1867年）和各省的机器局等官办军工企业。这些“新式”工业，由清政府拨款筹设，使用西方先进的机器设备。尽管其不讲求效益和核算，产品也不作为商品出售，但它们毕竟是最早由中国人自己开办的近代企业和工业，亦可谓中国最早的近代国有企业。它们是我国现代工业和当前仍在国民经济中挑大梁的一些著名大型国有企业如江南造船、长安汽车（前身为金陵制造局）等的直接前身。

接着，洋务派又提出，求强须先求富，求富之道在于发展工商业，遂从19世纪70年代起设立了一批民用企业。在这些企业中，官办的较少，只有台湾基隆煤矿（1876年）、兰州织呢局（1880年）、湖北织布官局（1890年）等为数不多的企业是单纯官办的。

清政府于1878年允许设于海关的送信（官）局试营民信业务，首发海关大龙（邮）票。中国近现代的国营邮政由此肇始。1896年，清廷颁布上谕，正式设立大清邮政官局。1911年由邮传部接管邮政，海关与邮政分立，设立了邮政总局。

2. 官督商办企业

在洋务派举办的民用企业中，“官督商办”是其主要形式，如轮船招商局（1872年）、天津电报总局（1880年）、开平矿务局（1878年）、上海机器织布局等。这些企业仿照西方股份公司的组织方式，如果从形式上看，可以认为它们是历史上最早由中国人创办的近代公司。

所谓“官督商办”，按照李鸿章的说法，是“由官总其大纲，察其利病，而听该商董等自立条议，悦服众商”①。官督商办企业的资本，主要为私人认购的“商股”，政府的出资则为“官股”，也有公开发行股票的。企业初由清政府委派与官方关系密切的商人承办，或者私商创办企业后，为谋朝廷庇护，主动请求官方委派经理，后来逐渐都由官僚直接经营管理。当时，地方政府创办的企业为了取得洋务派的支持和保护，也都谋求官督商办的形式。

官督商办的企业还出资设立企业，例如，轮船招商局于1885年经清廷授权拨银20万两，在上海创办了“仁和”和“济和”两家保险公司，后来合并为“仁济和”保险公司。这是最早的由中国人创办的保险公司。

3. 官商合办企业

自19世纪80年代，又出现了“官商合办”企业，形式上由官、商订立股东协议，各认股份，共同经营管理企业，并按各自的持股比例分配盈余和分担亏损，但实际上仍由洋务官员掌管。这类企业中有上海华新纺织新局（1891年）、湖北纺纱局（1894年）等。

案例

中国通商银行和户部银行

中国通商银行和户部银行分别是中国历史上最早的近代银行企业和“中央银行”，在官商合办企业中具有代表性。

中国通商银行于1896年由盛宣怀筹组，次年经清政府批准设立。它是在买办官僚严厚信开设的官银号的基础上改建的，股本共500万银两，招商局、电报总局以及盛宣怀、李鸿章等官员个人，都是其股东。它聘用英国人为经理和总会计，除经营商业银行业务外，还行使发行钞票、办理公债和代收库银等职能。

户部银行于1904年由户部奏准设立，次年正式开业。它行使发行货币、经理国库和政府款项等职能，具有“中央银行”的性质。它的股本总额为库平银（财政收支、记账货币单位）400万两，分为4万股，每股100两；其半数由户部认购，半数向社会招股。1906年，户部改为度支部，户部银行也于1908年1月（光绪三十三年年底）改称“大清银行”。

洋务运动中兴办的近代“新式”企业，模仿公司的组织形式，引进西方的先进科技

① 转引自方流芳：《中西公司法律地位历史考察》，载《中国社会科学》，1992（4）。官督商办始于19世纪70年代，兴盛于80年代。在官督商办企业里，用人、行政和理财大权由洋务派委派的总办或督办掌控，但企业盈亏“全归商认，与官无涉”，官股可收“官利”。同时，依靠官方庇护，企业享有免税、减税、贷款、缓息、特许等优惠，如招商局享有从上海到天津随漕运货、免天津进口税二成的特权。19世纪90年代，官督商办企业走向没落。招商局的股商总结了官督商办的三大弊端：第一，股商无权；第二，官享其利；第三，不利商战。曾任招商局会办的郑观应称，“名为保商实剥商，官督商办势如虎，华人因此不如人，为众驱爵成怨府”，使中国“不能与泰西竞争于世界舞台，此中国之所以日居退败也”。参见《国运即商运——招商局与辛亥革命》，载《文汇报》，2011-06-20，A8-A9版。

和管理，对于当时社会经济发展的积极意义是不容忽视的。但洋务派官僚与企业官商不分，招商和经营中腐败、舞弊和官僚作风盛行，商股利益得不到保障，往往导致私商退股。洋务派为了自身利益及慑于西方强权，还千方百计地限制私人创办公司、企业，所以，其消极作用也是显而易见的。

（三）中国最早的民营企业、公司

甲午战争前后，维新派和其他爱国人士呼吁“广开民厂”“设厂自救”，“许民间自立公司”①。在西方资本主义的影响下，经过几十年的发展，中国社会自身已积蓄了一股发展私人资本主义的冲动。进入 19 世纪六七十年代，中国出现了第一批私人资本主义企业。1862 年，叶澄衷在上海开设的顺记洋杂货号，专营对外轮的进口五金和罐头食品供应，是中国第一家新式商业企业。② 1866 年在上海设立的“发昌机器船厂”，是中国历史上最早的私营机器制造厂。③ 1873 年设于广东南海的“继昌隆丝偈”，则是最早的私营机器缫丝厂。④ 而到 19 世纪八九十年代，尤其是甲午战争以后，民族资本创办的企业、公司有了较大的发展。

有著作称，张謇于 1901 年在南通举办的通海垦牧公司，是中国最早的民营公司。⑤笔者在主编的《公司法教程》⑥ 中，亦采信此说。现在看来，这是不确切的。1886 年由杨宗濂等创办的天津自来火公司、同年由福建商人创建的中国机器轧铜公司，1889 年由钟星溪创设的广州宏远堂机器造纸公司，1891 年设立的上海棉利公司，1893 年创办的重庆繁昌自来火公司等，均属中国最早的一批近代民营或私营的公司。⑦ 张之洞于 1897 年的一个奏折中提到四川创设洋烛公司、山西开设商务公司、湖南设立“宝善公司”等。从文献看，国人在 19 世纪 80 年代以“公司”称呼商事企业，已十分普遍，例如，“中国自（效法）泰西集股以来，就上海一隅而论，设公司者数十家……”“……沪上群商，亦尝汲汲以公司为徽志矣……”⑧ 等。康有为在 1888 年第一次上书皇帝时，也以“公司”称呼企业。

中国近代的企业、公司法，正是始于清末对民营工商业的合法性予以认可的实际需要。

（四）中国近现代企业法制的形成

1. 清末的公司或企业立法

1903 年 4 月 22 日，清廷颁布上谕，称：“通商惠工，为古今经国之要政。自积习相沿，视工商为末务，国计民生，日益贫弱，未始不因乎此，亟应变通尽利，加意讲

---

① 《辞海》（经济分册），96 页，上海，上海辞书出版社，1980。

② 参见《中国大百科全书·经济学》（Ⅲ），1144、1145 页。

③ 参见《辞海》（缩印本），492 页。

④ 参见《辞海》（缩印本），1178 页。

⑤ 参见武忆舟：《公司法论》，4 页，台北，1984。

⑥ 参见史际春主编：《公司法教程》，55 页。

⑦ 转引自黄速建：《公司论》，84 页。

⑧ 转引自方流芳：《中西公司法律地位历史考察》，载《中国社会科学》，1992（4）。

求……兹者派载振、袁世凯、伍廷芳先订商律，作为则例……庶几商务振兴，蒸蒸日上，阜民财而培邦本，有厚望焉”①。同年9月7日设立商部，把修订商律作为首要任务，分期拟订，不久拟成《公司律》，加上《商人通例》，于1904年1月21日颁布，合称《钦定大清商律》。这是中国近代企业、公司法和民商法的开端。

这部《公司律》分11节，共131条。它将公司分为合资公司、合资有限公司、股份公司、股份有限公司四种。其中，合资公司相当于无限公司，合资有限公司相当于有限责任公司，股份公司则相当于合股公司（股东须负无限责任）。1907年，清政府颁布《改订奖励华商公司章程》，规定对兴办公司经商成绩卓著者给予奖励，根据集股多寡“论赏论功”、授予官衔。

《公司律》颁行后，清政府继续制定商律，并于1908年邀请日本学者志田钾太郎参加起草，在借鉴日本、德国等国家的商法和对中国当时的商业惯例进行调查研究的基础上，于1910年编成《大清商律草案》，分为商总则和公司律两编。对于大清银行，则制定了专门的法例《大清银行则例》。这与当时和后来各国对特殊企业在民商法之外另制定专门法律进行调整的做法是一致的。商律草案未及经资政院决议通过，清王朝即告覆灭。

2. 民国时期的公司和企业立法

清朝被推翻后，北洋政府于1912年3月宣布，清朝施行的法律，凡与民国国体不相抵触者均暂时沿用，《公司律》亦继续适用。1914年，依《大清商律草案》修订成《商人通例》和《公司条例》，自当年9月1日起施行。《公司条例》的条文增至251条，规定了无限公司、两合公司、股份有限公司和股份两合公司四种公司形式，奠定了中国现代公司制度的基础，但没有规定有限责任公司制度。同年，北洋政府还为清末于1908年设立的交通银行专门颁行了《交通银行则例》，规定其除经理“交通四政”即铁路、电报、邮政、航运四项事业的存贷款外，并得受政府委托分理国家金库、办理国外款项、掌管特别会计之国库金、发行兑换券等，从而明确了交通银行的国家银行地位。

南京国民政府成立后，工商部于1928年7月组织了工商法规讨论委员会，着手修订商法，于1929年12月4日完成《公司法》，于同年12月26日公布，自1931年7月1日起施行。该法规定的公司类型与1914年《公司条例》规定的一样，仍没有有限责任公司的形式。但为了方便政府与外国或政府与民间合资经营企业，举办“新兴事业”，南京国民政府于1930年颁布了《特种股份有限公司条例》，以使股东人数达不到股份公司人数最低要求、资本不分为等额股份的公司的股东亦可承担有限责任。如南京国民政府于1930年与美国合资成立“中国航空公司”，于1931年与德国合办了“欧亚航空公司”等。1945年，南京国民政府修订《公司法》，于1946年公布施行，将特种股份有限公司纳入《公司法》，正式称为有限公司。

此外，南京国民政府于1935年制定了《邮政法》，于第1条明定邮政为“国营事业”；又于1949年颁行《国营事业法》，对政府独资经营的企业、依特别法设立的公私合营企业，以及依《公司法》设立的政府资本超过50%的公私合营企业进行调整，内容包括这些企业的宗旨、财务、经营和人事等。使国有企业制度化的一个动因是，1945年国

① 《光绪政要》，第4册。转引自《法学论集》，463页。

民政府接收了日本、德国、意大利这三个法西斯同盟国在华的企业和财产，国有企业和国有资本迅速扩大，需要加强管理，提高经营效益，阻止贪污和化公为私等现象的蔓延。

西方的合作制和合作思想，在1910年左右也流传到中国，民间陆续成立了一些合作社和合作研究推广组织，例如，上海国民合作储蓄银行、北京大学消费公社、湖南大同合作社、成都普益协社，以及中国华洋义赈救灾总会的合作委员会及其在河北香河设立的合作社、由其资助设立的南京丰润门信用合作社等。[①] 起初合作运动由知识分子和国内外民间团体自发推动，并无官方的指导、资助和管理。而国民政府定都南京以后，为了解决民生问题，尤其是为了防止因农民赤贫、农村“破产”而使农民同情“共产革命”致“赤祸”蔓延，也曾数度推广合作运动[②]，如：它把推行合作制作为训政时期的七项运动之一，在各地倡导资助设立合作社；在中央设立了合作事业管理局，成立了全国合作物品供销处和中央合作金库；于1934年制定了《合作社法》；在1946年公布的宪法中，规定了“合作事业应受国家之奖励与扶持”[③]。但这种欲以合作制为媒介的改良运动，终因合作具有公有性质、与中国共产党领导的革命同其方向，以及农村过度落后和合作运动中的贪污腐败而不得要领。

二、新中国企业制度的建立

新中国成立后，废除了旧法统和“六法全书”，因而现行的企业制度与中国近代的企业制度之间并无直接的承继关系。但是，历史是不能割断的，新中国成立后企业制度的发展，实际上经历了对近代业已建立的企业制度否定之否定的过程。

（一）国有企业制度的建立[④]

新中国成立前后，官僚资本主义的企业、公司被收归国有，社会主义的国有经济由此发端。1949年，毛泽东起草的《中国人民解放军布告》即宣告没收官僚资本：凡属国民党反动政府和大官僚分子经营的工厂、商店、银行、仓库、船舶、码头、铁路、邮政、电报、电灯、电话、自来水和农场、牧场等，均由人民政府接管。[⑤] 到1949年年底，已没收官僚资本的工业企业2 858家，国营工业在工业（不包括手工业）总产值中的比重达到34.7%。[⑥] 可见，对官僚资本的国有化与全国解放的进程几乎是同步的，新中国政权从一开始就掌握了国家的经济命脉。

新中国成立初期，西方商人在中国的企业也有一千多家，主要为英国、美国两国的股东所有。对这些企业，并未一般地收归国有。但因政治和社会经济环境剧变，加上美国对华封锁禁运，它们或自动歇业，或放弃经营（如开滦煤矿），或自动转让给中国政府

---

① 参见史际春：《集体所有权研究》，51～54页。

② 参见史际春：《集体所有权研究》，54～62页。

③ 第145条。参见林纪东等编：《新编六法（参照法令判解）全书》，11页，台北，五南图书出版股份有限公司，1986。

④ 以下除另注出处外，参见史际春：《国有企业法论》，148～152页。

⑤ 参见《毛泽东选集》，2版，第4卷，1457页，北京，人民出版社，1991。

⑥ 参见朱剑农：《中国社会主义所有制问题研究》，19页，北京，人民出版社，1985。

（如颐中烟草公司），或由政府作价收购。另外，针对英国、美国的对华敌视行为，新中国也采取了报复措施：1950 年，美国政府宣布对中国在美国的国有和私人拥有的财产实行管制，中国遂对美国政府和私人在华的企业进行清查、管制；英国追随美国，多次劫掠中国在海外的船舶、飞机等财产，中国则对其部分在华企业实行征用或代管。由此也形成了一些国有企业。

同时，中央和地方按条块分割的国有企业体制也初步建立起来。1950 年，政务院在《关于统一国家财政经济工作的决定》中，对国营企业的管理权限作了如下划分："各地国营贸易机关业务范围的规定和物资的调动，均由中央人民政府贸易部统一负责"；国营工业企业则分为中央各部直属企业、"中央人民政府所有、暂时委托地方人民政府或军事机关管理"的企业，以及"划归地方人民政府或军事机关管理"的企业。

经过对私营工商业的社会主义改造，中国近现代发展起来的私营商事企业在存续了一个短暂时期后，不复存在。为了安定和鼓励私人工商业者，保护其经营及投资利益，政务院曾于 1950 年颁布《私营企业暂行条例》，对新中国成立前公司法中规定的五种公司形式均予确认。但 1956 年对私营企业的改造完成后，该条例便失去效力，同时出现了公私合营企业，其中：有的是原有企业中的官僚资本投资或敌伪财产被没收后形成公股；有的是因"五反"运动没收资本家的违法所得，在原私营企业中形成公股；有的是国家为挽救发生财务困难的私营企业，向其注资而形成公股；更多的则是在社会主义改造中，采取公私合营的形式，将私营企业改造为国家资本主义企业。1954 年，政务院通过《公私合营工业企业暂行条例》，对公私合营工业企业的股份、经营管理、盈余分配、董事会和股东会议、股东的有限责任等作了具体规定，反映出公私合营工业企业实际上是一种有限公司。

在国有制或公有制的架构下建立、运营的企业，意在否定资本对劳动的奴役，实行真正的全民所有和集体所有，但很快就陷入了历史上"官商不分"、企业政治化而不求效益的泥淖。

实行全行业公私合营以后，按行业建立行政性的专业公司，原来由同业公会承担的行业协调工作和市场监督管理部门承担的市场行政管理工作，均归诸其一身，由它安排企业的生产、销售和技术改造，调配企业的资金、人员和物资。例如，上海工业系统在全行业公私合营以后，成立了 83 个专业公司，统辖 2 万多个企业。① 这样，每一个企业都有其主管部门，同时它自己也可能有下属单位，是其下属单位的主管部门。于是企业在行政隶属性的结构体系中，成为一个个道地的机关，用苏联的用语来说就是"经济机关"②。以国营贸易体系为例：在新中国成立初期设立了猪鬃、土产、油脂、进口、茶叶、矿产六个对外贸易专业总公司，其上是中央政府贸易主管机关，其下有各省、市、自治区相应的公司和各大城市的专业分公司。在国内贸易方面，则在各大城市的各类分公司之下，还有零售业和零售网点。其中，有的机关和企业受上级政府主管机关和同级政府（主管机关）双重领导。自此，国有经济和国有制在经济中占据了主导地位，企业

---

① 参见黄速建：《公司论》，175 页。

② ［苏］B. B. 拉普捷夫主编：《经济法理论问题》，79～111 页，北京，中国人民大学出版社，1981。

与党政权力结构交织在一起。国家以“政企合一”的方式管理作为经济社会细胞的企业，导致其活力逐渐丧失。政府过多地直接参与企业活动，也使政府变得躯体庞大、运转不灵。

1957年，根据党的八届三中全会通过的几项决议，国务院发布了《关于改进工业管理体制的规定》和《关于改进商业管理体制的规定》，首次下放权力，许多中央直属企业被交由地方管理，地方厅、局管理系统得到加强。接着，由于“大跃进”造成经济失控，在1961年的经济调整中，又强调中央适当集权，使中央各部直属的企业大幅度增加。中共中央于1961年制定并颁行的《国营工业企业工作条例（草案）》（以下简称《工业七十条》），成为关于国有企业的基本规范性文件。

至此，我国国有企业条块分割、条块内部多头领导的管理经营体制确立。事实上，基于传统的经济与企业体制及其弊端，在当时的条件下国家就一直尝试对它进行某种改革。从1963年开始，在国营公交企业中试办托拉斯，将铁路部门视为一种好的企业组织形式加以推广，因为它既保持了中央集权，又未发生多头行政领导的弊端。

按此思路，第一个全国性的托拉斯企业——中国烟草工业公司于1963年7月成立，它陆续接管全国62家卷烟厂、一家复烤厂、一家卷烟机械厂和一家卷烟纸印刷厂。接着，中国盐业公司、中国汽车工业公司、华东煤炭工业公司、京津唐电力公司、长江航运公司、上海丝绸工业公司等全国性、地区性或省市的地方性托拉斯公司也成立了。刘少奇在1965年提到了托拉斯的三种联合形式：第一种是将托拉斯内各企业的人权、财权、物权全部统起来；第二种是只统一计划、价格、原材料供应和产品销售，为辛迪加式的联合；第三种则是虚体的托拉斯，只管计划、安排任务和交流经验。① 这与后来20世纪80年代横向联合风行时的所谓紧密型、半紧密型和松散型的企业联营，以及《民法通则》中相应的法人型联营、合伙型联营和合同型联营这三种法律形式非常相近。当时的设想是，随着托拉斯的发展，国务院工交各部和各省、市、自治区的工交厅局，将从管理生产、建设等具体业务，转向思想政治领导、检查各项方针政策的执行、负责长远规划和年度计划的制订，以及综合平衡、组织协调各托拉斯之间的关系等，其机构和人员大幅度精简、压缩。②

然而，在实际操作中，企业是由行政命令撮合起来的，而不是在自愿、平等互利的基础上以经济纽带进行联合，因此，托拉斯仍是一级行政机关，它与20世纪50年代设立的行业管理性质的专业公司没有什么区别。在组建托拉斯的过程中，中央的托拉斯要上收各地的同行业企业（如烟厂、药厂），地区性和地方性的托拉斯要上收本地区、本省市的有关企业（如长江航运公司要上收干线的港口和船舶），于是也引发了中央与地方、地区与城市之间的矛盾。更重要的是，把焦点集中于中央和地方的关系，政企合一，被纳入托拉斯的企业实际上成为没有经营权的“车间”，从而愈加丧失了主观能动性。

---

① 参见《刘少奇选集》，下卷，474页，北京，人民出版社，1985。
② 参见黄速建：《公司论》，178页。

（二）集体所有制企业制度的建立[①]

在新中国成立初期土地改革尚在进行之时，中共中央就于1951年发布了《关于农业生产互助合作的决议（草案）》，提倡农民组织起来发展互助合作。1953年，中共中央通过《关于发展农业生产合作社的决议》，指出农村合作化有农业生产互助合作、农村供销合作和农村信用合作等三种形式。尽管全国人大常委会于1955年通过了《农业生产合作社示范章程》，于1956年通过了《高级农业生产合作社示范章程》，但其规范作用未及发挥，全国就迅速迈入人民公社化阶段。人民公社的初衷是"组织军事化、行动战斗化、生活集体化"，用三四年或五六年时间过渡到农村的全民所有制。在农业合作化高潮中，手工业和个体经济也迅速实现了合作化。

20世纪50年代对农业和手工业实行了社会主义改造以后，我国的合作制或集体所有制组织就一直分为城乡两大块。农村的一块，以人民公社为主体，另有供销合作社和信用合作社，以及60年代末70年代初在经济发达地区出现的社队企业。人民公社在"大跃进"之后的调整中，退到公社、生产大队和生产队"三级所有、队为基础"，主要以生产队为基本核算单位的局面，成为"政社合一"的农村集体所有制组织，并非严格意义上的企业。1962年中国共产党第八届中央委员会第十次全体会议通过的《农村人民公社工作条例修正草案》成为其主要规范性文件。尽管如此，"大锅饭"和"穷过渡"仍是公社制度的主旋律：集体劳动出工不出力、集体财产无人关心，在"农业学大寨"中许多地方将基本核算单位升格为生产大队，等等。

在公社化过程中，供销合作社、农村信用合作社和国家在农村的财贸机构包括银行营业所均下放给人民公社，其所有制关系上下无定。例如，对于供销合作社，"大跃进"过后将其权限适当收回，规定它既是公社的组成部分又是国营商业在农村的基层组织，在短暂地恢复其集体所有制性质之后，又于1965年确认除基层社带有集体所有制的因素外，在总体上是全民所有制，直至1977年国务院正式宣布供销合作社已经发展成为全民所有制的商业。对农村信用合作社，1962年恢复其为独立的集体所有制组织，业务上须受中国人民银行的领导和监督；针对"文化大革命"中一些地方将信用合作社交给社队，造成了一些损失，国务院在1977年明确其双重性质，即它既是集体金融组织，又是国家银行在农村的基层机构。

城镇的一块，基本上分为"大集体"和"小集体"两类。所谓"大集体"企业，是指隶属于二轻局、二商局系统或手工业合作联社系统的集体企业，主要由个体工商业在社会主义改造中成立的合作社以及20世纪50年代初城市中由群众创办和由国家机关设立的合作社发展而来。"大"的由来，就是"一大二公"，如在系统内统负盈亏，仿照国营企业的经营管理体制，实行统一的工资标准等。所谓"小集体"企业，是指由区街、单位设立或管理的集体企业，主要为"大跃进"中职工家属创办的街道工厂和生产组，以及"文化大革命"中机关、学校、部队、工厂、街道等设立的家属工厂和街道工厂。"小"则小在国家不包，需要自力更生，职工捧不上"铁饭碗"。"小集体"企业的生产经

① 以下除另注出处外，参见史际春：《集体所有权研究》，144～152页。

营在计划经济时代不被纳入国家计划，因此“小集体”企业往往处境艰难，企业和职工收入微薄；同时，在旧体制下，企业内部的“大锅饭”、“官本位”以及外部受到不应有的行政干预等，对“小集体”企业来说亦在所难免。

三、党的十一届三中全会以来企业制度改革的历程

我国现行的企业制度是改革开放以来企业实践和企业法制互动的产物。

党的十一届三中全会揭开了改革开放的序幕，确立了健全社会主义民主、加强社会主义法制的方针。改革伊始，矛头就直指违背客观规律的政经一体、官商不分、家长制的经营管理方式。家庭承包责任制解除了人民公社制度对农民的劳动积极性和经营主动性的束缚；同时国家大幅度提高农产品收购价格，使农村改革立竿见影。城市的改革，也如法炮制：从放权让利开始，具体做法是扩大企业经营自主权，以经济联合取代行政安排的部分作用，实行第一步利改税，进行价格改革的准备工作。其依据是国务院于1979年下达的《关于扩大国营工业企业经营管理自主权的若干规定》《关于国营企业实行利润留成的规定》等五个企业改革试点文件，以及1980年发布的《关于推动经济联合的暂行规定》等政策文件。如第五届全国人大第四次会议上的政府工作报告所说的，要通过这些做法，“逐步实行政企分工，扩大企业自主权，使企业成为相对独立的社会主义经济单位”①。

与此同时，我国第一次酝酿为国有企业立法。国家经济贸易委员会从1979年上半年起，着手起草“国营工厂法”，组织力量开展调查研究。1980年下半年，全国人大常委会法制委员会参与进来，成立了起草领导小组和起草办公室。由于国有企业的改革正在进行，理论和实践均无定论，针对这种情况，已制定的草案于1983年先行由国务院颁布，称为《国营工业企业暂行条例》。这是新中国成立后关于国有企业的第一个比较系统的行政法规。

企业市场化改革的思路，在逻辑上似乎没有问题，但是放权让利的企业改革措施，以及以放开物价为核心的市场完善措施，在中国实行公有制和尚未摆脱行政性计划体制的具体国情下，无法保障企业的行为像一般私人企业的行为那样，自然而然地按照市场的要求而达到合理化。相应地，市场关系也不能自动地协调企业的行为和宏观经济，以达到预定的理想目标。因此，人们开始重视企业产权关系问题。

1984年10月，党的十二届三中全会作出《中共中央关于经济体制改革的决定》，拉开了第二阶段企业改革的序幕。在这项决定中，明确提出了“所有权同经营权是可以适当分开的”，即“两权分离”，以期使国有企业成为自主经营、自负盈亏的社会主义商品生产者和经营者，具有自我改造和自我发展的能力，成为具有一定权利和义务的法人。从1986年起，以第二步利改税为契机，承包、租赁等所有权与经营权分离的国有企业改革在全国范围内推行。这一举措，在短时间内起到了扭转企业经济滑坡、提高经济效益的效果，同时也暴露出企业短期行为、负盈不负亏等问题。从深层次看，承包和租赁使

---

① 中共中央文献研究室编：《三中全会以来重要文献选编》，下，1028、1029页，北京，人民出版社，1982。

企业与政府的关系契约化，但是这种契约由于得不到可靠的司法保障，反而削弱了企业经营权的法定性质。企业与主管部门讨价还价，在放权的氛围下获得了一定的自由权，但也使政府合法地获得了对企业放权或收权的自主权，结果就是既使政府能像原先一样主宰企业，又造成了企业和经济的某种失控。企业和职工在很大程度上仍在吃“大锅饭”，对国有资产和社会利益漠不关心。

然而，在纷繁复杂的社会经济现象中，也有一个不争的事实，即：凡在改革中活而不乱、效益高的企业，都是责、权、利一致，管理有方，奖惩分明，能对职工按劳付酬的企业；反之，在改革中无法生存的企业，无一不是管理素质差，运筹混乱，人力、物力浪费严重，职工和企业内部单位干多干少、干好干坏一个样的企业。也就是说，在我国这样一个从未有过社会化商品生产和科学化管理的国度中，市场关系不能立即必然带来现代化的经营管理。

在第二阶段的企业改革中，国有企业法的起草于 1984 年再次提上日程。1985 年以后，法律草案多次被提交第六届全国人大常委会审议，并向各省、市、自治区，国务院各部门和国有企业广泛征求意见；根据第六届全国人大常委会的决定，就《中华人民共和国全民所有制工业企业法（草案）》公开向社会各界征求意见。宪法以外的法律草案向社会公开征求意见，由企业法开了先河。第七届全国人大第一次会议于 1988 年正式通过了这部法律。该法和此前不久颁行的《民法通则》一起确认了国有企业经营权的法定性质，并试图将国有企业应有的权利及法人治理结构——厂长经理负责制、职工代表大会制等，用法律的形式确定下来。

对于中国的企业制度来说，最有意义的发展是国有企业制度、合作制和集体所有制与公司制相衔接或融合。中国企业的股份制或公司化改造，可以追溯到 20 世纪 70 年代末的中外合资经营。依 1979 年的《中华人民共和国中外合资经营企业法》（以下简称《中外合资企业法》）以及后来相继颁布的《中外合作企业法》《中华人民共和国外资企业法》（以下简称《外资企业法》）设立的公司，固然与国有企业和集体企业的改革没有直接关系，但是在中外合营中，由于外商对投资回报的关切关注以及中外利害关系，企业组织严格建立在资本关系和以契约为基础的利益计较之上。自然人依《私营企业暂行条例》采取合伙或有限责任公司形式合资经营也是如此。这对国有主体和合作制或集体所有制的主体而言，不啻于上了关于市场经济及其企业制度的生动、深刻的一课。

而在商品关系和市场化的发展中由利益驱动引发的种种公司实践，如横向联合、行政性公司和党政机关办公司、股份合作、股份公司及股票和债券的发行等，大多与公有主体尤其是国有主体或国有财产的经营管理有关。这些现象客观上要求将国有企业制度的改革、完善与规范的公司制有机地结合起来。

20 世纪 80 年代初，在扩大自主权和“横向联合”的热潮中，政府以“横向联合”为名组建了许多行政性公司。更有甚者，出于小集团的利益或少数人追求个人私利，在“政企分离”“简政放权”的名义下，出现了党政机关办公司热。这些公司利用权力做生意、通关节，牟利私分，亦官亦商，被民众斥为“官倒”。因此，从 1984 年起，国家多次对公司进行清理整顿，并不懈地推进规范的股份制改革。国家体改委在其于 80 年代末 90 年代初颁布的年度经济体制改革“要点”中，一直要求稳步实行以公有制为主的股份制，例如：1989 年的“要点”，要求实行由企业内部职工购买股票和企业之间相互参股的股份制，少数符合产业政策、经营状况较好、内部管理较为健全的大中型企业进行公开发行股票的试点，有条件的新建、扩建企业以及由兼并组成的企业和企业集团也可以实行股份制的组织形式。[①] 1991 年的“要点”，除一般地要求通过企业间参股、控股等形式打破地区、部门和所有制的界限外，还要求多方出资的新建企业自始就办成有限责任公司；对已有的内资合资企业和联合企业，要求按有限责任公司加以规范。[②] 1992 年和 1993 年的“要点”，也都要求理顺产权关系，积极、规范地推行股份制。[③]

早在 1982 年，针对社会上存在的各种名目的公司，全国人大常委会法制委员会和国务院经济法规研究中心就提议制定公司法，至 1985 年国务院酝酿制定公司法，形成了若干草案，并于 1992 年由全国人大常委会法制工作委员会接手起草工作。为及早规范方兴未艾的公司实践，国家体改委等部门于 1992 年 5 月联合下发了《股份制企业试点办法》《股份有限公司规范意见》《有限责任公司规范意见》等 15 个规范性文件，首次在全国范围内建立了统一的公司制度，标志着股份制或公司化改革在我国发展到一个新的高度。接着第八届全国人大常委会第五次会议于 1993 年 12 月审议通过了《公司法》。这是在公有制条件下，旨在建立符合市场经济要求的现代企业制度和社会主义市场经济体制，着重规范公有制主体的投资和企业组织关系的一部公司法。随着市场化进程的发展，该法适用的领域和主体范围愈益扩大，成为企业普通法，并适应实践发展的需要作了多次修改。尤其是 2005 年，第十届全国人大常委会第十八次会议对《公司法》从指导思想到内容作出了全面修订，使之成为一部全新的法律；2013 年的修改，则使公司资本制度和注册登记制度进一步契合市场规律和机制，使政府转变职能，提高监管能力和水平，也使公司真正成为我国企业的基本法律组织形式；2023 年的修订，进一步完善了公司资本制和公司法人治理，使强化自治和规制、责任并行不悖，顺应了公司和社会主义市场经济的规律及客观要求。

合作制或集体所有制组织在改革开放中，逐步恢复其应有的性质和面目，并日益与市场经济相契合。从 1982 年到 1986 年，中共中央连发了几个“一号文件”，除推行以家庭联产承包为主的农业生产责任制外，对合作经济的原则、以土地集体所有制为基础的地区性合作经济组织、供销合作社和信用合作社改革、农民的自愿联合、乡镇企业及其承包经营、农村雇工、农产品购销等的基本方针和政策作出了阐述。国务院和有关部门颁发了一系列规范性文件，如《乡村集体所有制企业条例》《农民股份合作企业暂行规定》《国务院批转中国农业银行关于改革信用合作社管理体制的报告的通知》《关于深化供销合作社体制改革的意见》等，为乡村集体经济、农民股份合作的发展，供销合作社和农村信用合作社恢复合作性质等，提供了具体的规范和依据。

适应家庭经营条件下农民自发、自愿合作的要求，2006 年第十届全国人大常委会第二十四次会议通过了《中华人民共和国农民专业合作社法》（2017 年修订，以下简称

① 参见《中国法律年鉴》，281 页，1990。

② 参见《中国法律年鉴》，301 页，1992。

③ 参见《中国法律年鉴》，301 页，1992；353～354 页，1993；517 页，1994。

《农民专业合作社法》)。虽然该法的适用领域较窄，但它是新中国成立以后第一部与国际接轨的合作社立法，体现了合作制原则及其最近发展。

为了改革和发展城镇合作经济，也有许多政策、法规出台。例如，20 世纪 80 年代初国务院颁发或批转了《关于城镇集体所有制经济若干政策问题的暂行规定》(已失效)、《关于城镇劳动者合作经营的若干规定》(已失效)、《关于轻工业集体企业若干问题的暂行规定》(已失效）等，明确了城镇集体所有制企业应恢复合作性质，强调要按集体经济的性质和特点办集体企业，并对城镇股份合作作出了规定。1991 年国务院发布的《城镇集体所有制企业条例》(2016 年修订)，则是和《乡村集体所有制企业条例》并列的一部重要行政法规。国家体改委还于 1997 年发布了《关于发展城市股份合作制企业的指导意见》(已失效)，以规范和发展城市股份合作，并适应国有小企业改革的需要。

《城镇集体所有制企业条例》明确规定，投资主体为两个或两个以上，其中集体所有财产的投资比例一般不低于 51%的，即可认定为集体所有制企业。① 它首次在法规层次上对所有制与企业组织形式的关系作出了正确说明，表明合作制或集体所有制乃至国有制与公司、合伙等企业组织形式是不矛盾的，是可以相容的。正如中共十五大后来总结的那样：股份制是现代企业的一种资本组织形式，资本主义可以用，社会主义也可以用。不能笼统地说股份制是公有还是私有，关键看控股权掌握在谁手中。国家和集体控股，具有明显的公有性，有利于扩大公有资本的支配范围，增强公有制的主体作用。②

我国的国有企业法与公司法，还因法律上的一项有争议的规定而获得了内在统一，这就是有关企业、公司法人财产权的规定。它源于《中共中央关于建立社会主义市场经济体制若干问题的决定》，该决定中有一项表述是："国有企业实行公司制，是建立现代企业制度的有益探索。规范的公司，能够有效地实现出资者所有权与企业法人财产权的分离，有利于政企分开、转换经营机制，企业摆脱对行政机关的依赖，国家解除对企业承担的无限责任；也有利于筹集资金、分散风险。"③《公司法》和其后不久国家国有资产管理局国务院颁布的《国有企业财产监督管理条例》，均以"法人财产权"的概念来界定企业投资者或股东与企业或公司的关系。这是我国国有企业与公司制度相结合、与国际惯例接轨在法律上的重要标志。

国有企业改革归根到底是一个政府如何学会在市场经济下做老板的问题。2002 年，党的十六大报告提出，要建立中央政府和地方政府分别代表国家履行出资人职责，享有所有者权益，权利、义务和责任相统一，管资产和管人、管事相结合的国有资产管理体制。据此中央和地方相继成立国有资产监督管理委员会，由国务院和地方人民政府授权其代表本级人民政府履行"出资人"职责。"摸着石头过河"，国有企业改革走了一段就企业论企业、政府与企业油水分离的弯路。随着人们对国家所有权、市场和资本之关系的认识日益加深、到位，国有企业的治理和发展超越企业层面，与国有财产、国有资本、

---

① 参见《城镇集体所有制企业条例》第 4 条。

② 参见江泽民：《高举邓小平理论伟大旗帜，把建设有中国特色社会主义事业全面推向二十一世纪——在中国共产党第十五次全国代表大会上的报告》，载《人民日报》，1997－09－22。

③ 《中共中央关于建立社会主义市场经济体制若干问题的决定》，中国共产党第十四届中央委员会第三次全体会议 1993 年 11 月 14 日通过，载《历次党代会》数据库，《人民日报》网络版。

国家所有权体系和政府治理相衔接，步入了一个新的阶段，其标志则是2008年《企业国有资产法》的出台。

社会主义初级阶段和市场经济的定位，决定了个体经济和私营经济应为我国经济的重要组成部分，而不再是一种“补充”①。《民法通则》中规定的个人合伙，在1997年为《合伙企业法》进一步具体化；《个人独资企业法》的出台则导致《私营企业暂行条例》事实上失效了。自然人根据《公司法》得以设立有限责任公司，也可以充当股份有限公司的发起人或股东，自不待言。随着企业改革的深化和市场经济的发展，我国形成了以公司法和合伙法为主体、以其他企业法为辅佐的企业法格局。

问题与思考

1. 如何理解和认识中国自古以来的官工官商传统？
2. 中国传统上有哪些工商组织形式？
3. 现代企业有哪几种雏形？
4. 如何理解企业制度形成之初的习惯法特征？
5. 现代典型企业制度是如何逐渐得到确立的？
6. 现代国有企业产生的背景和现状如何？
7. 现代合作企业制度是怎样产生和发展起来的？
8. 晚近国际上的私有化或民营化风潮及其意义如何？
9. 清末洋务运动中兴办的企业有哪几种主要形式？
10. 清末和民国时期的近现代企业制度是如何形成的？
11. 新中国的企业制度是如何形成的？
12. 改革开放以来我国企业制度的改革历程和现状如何？

① 1999年《中华人民共和国宪法修正案》关于《宪法》第11条的修改，1999年3月15日由第九届全国人大第二次会议通过。参见《人民日报》，1999-03-17。

第三章

企业登记管理

本章摘要

企业登记管理是国家主管机关依法对企业及其有关事项进行审核登记，以登记为基础对企业进行管理监督的一种市场监督管理法律制度。我国将企业法人登记和营业登记结合在一起，对企业法人不另作营业登记。现代企业登记管理制度的一项最重要、最直接的功能在于，维护社会交易安全和市场主体的合法权益。政府以其公信力保证登记信息的真实、合法、公开，企业经过登记亦得以其登记事项对抗第三人而寻求法律对其经营活动的保障。登记机关以公示、公信的方式让市场主体自己去判断交易对手的信用并决定是否成交，将矛盾“下交”给社会。政府并不包办或不假定政府能够在第一时间明察并查处一切违法行为，从而能够实现一种公正、公开、高效的政府对企业的间接监督管理。我国现行的企业登记管理制度，是在新中国成立后开展社会主义建设和对企业进行管理的实践经验基础之上，借鉴发达国家的一些做法，在改革开放以后伴随着市场经济的发展建立起来的。登记机关依法办理企业设立或开业、变更、注销登记，监督企业按照登记注册事项和企业章程、合同从事经营活动，遵守国家法律、法规和政策；制止和查处不法经营行为等。

关键术语

企业登记　公司登记　企业登记管理　市场主体登记管理　企业法人登记　营业登记　商业登记　商事登记　商法典　商业登记簿　许可主义　审批主义　核准主义　准则主义　登记主义　任意登记主义　法定登记主义　强制登记主义　严格准则主义　特许主义　法定主义　自由主义　企业设立　企业变更　企业合并　吸收合并　新设合并　并购（merger & acquisition）　企业结合（concentration or merger，集中或兼并）　收购（acquisition）　收购（take over）　企业分立　派生分立　存续分立　新设分立　解散分立　企业组织形式转换　企业类型变更　企业终止　企业解散　歇业　司法解散　破产　宣告破产　清算　任意清算　法定清算　普通清算　特别清算　企业注销　企业名称　厂商名称　商业名称　商号　字号　企业名称登记管理　企业登记机关　企业登记管辖　企业登记事项　企业住所　经营场所　法定代表人　注册资本　出资额　营运资金　投资总额

企业类型　经济性质　经营范围　经营方式　经营期限　企业分支机构　分店　分厂　企业设立登记　企业名称预先核准　企业名称预先核准通知书　“营业执照”　企业变更登记　企业注销登记　企业分支机构登记　企业法人登记公告　开业登记公告　变更名称登记公告　注销公告　吊销营业执照　股份有限公司公告　登记费　企业登记监督管理　企业证照管理　企业证照正本　营业执照正本　企业证照副本　营业执照副本　企业年度报告　企业年度报告公示制度　企业登记档案　企业登记档案管理

第一节　企业登记管理概述

一、企业登记管理的概念

企业登记管理是指国家主管机关依法对企业及其有关事项进行审核登记，以登记为基础对企业进行管理监督的一种市场监督管理法律制度。

企业登记可以分为两种：企业法人登记和营业登记。

企业法人登记的目的是创设法人，对企业及其有关事项进行审核，授予其法人资格，并对其组织和存续加以监督管理。企业法人登记及其登记管理制度在历史上出现较晚，它是企业制度发展到较高级阶段的产物，是与企业设立普遍实行准则主义联系在一起的。

营业登记又称商事登记、商业登记，其作用是政府认可某企业法人或个人、合伙的营业资格，并对其营业活动进行监督。营业登记的历史较为悠久，可以追溯到中世纪西欧的行会或商人组织设置登记册，对加入行会者或商人进行登记的做法。我国古代给牙商发放“牙帖”，给盐商发放“盐引”，都可谓营业登记。

在我国，这两种登记是合在一起的，并由同一机关主管。市场监督管理机关对符合条件、准予登记的法人企业和非法人企业、法人企业的分支机构和个体经营者发给营业执照。

将企业法人登记与营业登记分开的主要做法是由不同的机关分别登记，例如，我国香港特别行政区对公司除由政府的公司注册处予以登记成立外，尚需由税务局进行商业登记，以取得合法营业资格。①

从表面上看，将企业法人登记和营业登记作为统一的制度，一并为之，较为简便易行，但将二者分开也有其合理的一面：其一，在一个幅员辽阔，尤其是经济发展不平衡的国家，必然存在着不同区域、不同层次的市场，企业营业登记宜同企业的主要营业场

① 对于公司法人和个人独资企业、合伙组织的登记，不同国家和地区也有不同的做法。一种是在同一登记主管机关内分设不同的登记簿，如德国对资合公司和其他公司、企业分别设立登记簿；另一种是将二者分别交由不同的机关登记，如在我国香港特别行政区由政府的公司注册处进行公司法人登记，个人独资和合伙商号的登记则由税务机关与商业登记一并进行。

所所在地以及其惯常的一个或数个经营区域相联系，以利于对企业营业活动的监督。而企业法人登记不宜分散进行，否则易造成对企业法人的条件及设立标准控制、掌握不一，商号重复、冲突在所难免，不利于企业跨区域交易及全国统一市场的形成。其二，就政府对营业的监管而言，关系最密切的是税收征收和税务监管，故营业登记宜由税务机关承担。这也是发达国家和地区惯常的做法。我国在营业登记之外另设税务登记，反而造成工作重复，徒增市场监管和税务两个机关的协调与配合问题，增加企业负担，也造成一些公司异地营业规避税收的法律漏洞。其三，从理论、实践效果和国际惯例看，企业年检的目的和作用是对企业经营状况的一种动态监督，登记机关和社会相关主体借以了解某企业的实际营业状况，有利于维护社会交易安全；而不是审查企业的法律人格或主体资格。企业法人年检不合格或未经年检，甚至因不法行为被吊销营业执照等，涉及的是企业的信用和信誉的问题，应当给予企业通过努力、诚信经营而恢复信用的机会。交易安全问题应该通过企业登记信息的公开、公信及其制度化保障，将“矛盾”交由市场主体自行回避和化解，未必要令企业在此情况下丧失法人资格，否则引发众多无效法律关系，并不利于企业及其活动的正常存续，也不利于交易安全。因此，我国从 2014 年 3 月起取消了企业年检制度，改为企业年度报告公示制度，作为市场主体信用体制的组成部分之一。

随着企业营业执照、组织机构代码证、税务登记证、社会保险登记证、统计登记证等“多证合一”的企业登记便利化改革的完成，市场主体只需在一个政府部门的窗口办理登记，登记信息由承担不同管理监督职能的部门或机关共享，各种形式的登记及其区分对市场主体来说都不再有意义。

二、企业登记的效力

我国对各种企业包括个人独资企业和个体工商户均采法定登记主义，非经登记不得成立和开展活动，经登记而取得法人地位或营业资格。

在国外，包括大陆法系和英美法系国家，对于独资企业和合伙企业，一般仅依法律的准则性规范，依其经营的事实或协议来判断其是否成立，而不以登记为必要条件。其登记一般仅具有公示性，即不登记或应登记而未登记者，不得以其未登记或未登记事项对抗第三人。从保障社会交易安全、维护当事人合法权益和法治的操作性要求看，这样做有其客观必要性。例如，根据最高人民法院的司法解释，当事人之间没有书面合伙协议，又未经登记管理部门审核登记，但具备合伙的其他条件，又有两个以上无利害关系人证明有口头合伙协议的，人民法院可以认定为合伙关系，从而认可了事实合伙企业的存在。① 企业包括公司本身是一种客观存在的组织，它和合同一样，都有一个客观存在和法律上对它的价值判断问题，因此，即使是法律上要求登记方可成立的公司如有限责任公司和股份有限公司，也有一个在其未合法有效成立、登记有瑕疵、合法有效成立但从事违法犯罪活动（譬如在筹建中以企业的名义开展活动、公司进行单位犯罪等）的情

① 参见 1988 年最高人民法院《关于贯彻执行〈中华人民共和国民法通则〉若干问题的意见（试行）》第 50 条。

况下，对其本身及其活动是否有效的认定问题。在这些情况下，应根据法律、法规的有关具体规定、法和部门法的基本原则以及个案的实际情况具体分析处理，法律上不可能也不应该一概否定企业的主体资格及认定其行为无效。

在国家对企业的管理、企业自身活动及企业与第三人的关系等方面，企业审核登记和登记的事项具有公示和公信的法律效力。企业的名称、住所、注册资本、经营范围、法定代表人、股东及其出资份额、发起人等主要事项，依法应当登记或办理变更登记的，未经登记或变更登记，不得对抗善意相对人。① 这是由企业登记的公示暨维护社会交易安全的固有作用所决定的，也是各国企业法的通例。

企业分立、合并，注册资本或组织形式变更，或因各种原因终止的，还应履行法律规定的有关条件和程序，否则不能发生法律效力。不能依法获准登记的，企业和有关责任人员还应承担相应的法律责任。

企业为不实登记或者以虚报或欺骗手段获得登记机关给予登记，或者登记机关或其工作人员违法对不符合条件者给予企业登记，或者企业登记过程中或登记事项有任何瑕疵如行贿受贿、贪赃枉法的，企业、国家机关和有关行为人应当依照有关法律、法规承担民事、行政乃至刑事的法律责任。但在不实、违法或有瑕疵的登记由登记机关经合法程序改正或撤销登记之前，鉴于企业登记的公信力，企业的相关行为并不因此而无效。

三、企业登记管理的意义

（一）企业登记管理是国家行使和实现经济管理职能的方式之一

通过企业登记管理，政府得以了解各类企业的数量及分布，国民经济各部门、各行业的发展趋势和比例，借以制定适当的产业政策和竞争政策，从而控制、引导社会资金流向，使资源的配置更加合理。当然，这是以政府有效地统筹运作，企业登记机关与政府其他部门分工配合、中央和地方合理统分为前提的。企业登记机关依法对企业下达通知、指令等，给予监督、处罚等，是政府从微观上实施经济管理和维护经济秩序的重要方面之一。

（二）企业登记管理是配合市场准入控制的手段之一

在市场经济条件下，各行各业原则上应可自由进出，由经营者根据市场价格和供求等信号，基于追求自身利益而决定进入或退出某经营领域，简言之，是由市场而非政府选择和决定谁适合在某个领域经营，由此在竞争中达到动态平衡，实现资源的优化配置。然而，对于具有自然垄断性质或关系国计民生的一些行业，如采矿、金融、公用事业等，需要基于对社会效益、国家安全、公众利益和总体经济平衡等的考量实行市场准入制度。产业政策、特殊企业、特许经营、行业标准、企业设立审批等，都是市场准入制度的组成部分或相关内容，而企业登记管理是配合市场准入控制的一种手段。

---

① 参见《公司法》第 34 条第 2 款。

因此，对于需要实行市场准入控制的领域，企业登记机关应与其他部门密切配合，严格依法实施控制；对于不需要实行市场准入控制的大多数竞争性领域，则依准则主义不进行任何事先审批，符合条件即准予企业登记。在实践中，随着市场化改革的深入和人们观念的转变，我国企业设立审批和登记机关正在摒弃管、卡、压的旧观念，设立审批正向市场准入控制方面转变，登记管理则朝着利用登记的政府公信力和公示效果维护社会交易安全的方向发展。

（三）企业登记管理有利于维护交易安全和当事人合法权益

这是现代企业登记管理制度的一项最重要、最直接的功能。在市场经济条件下，企业登记管理所承担的市场准入控制和对企业的直接监管功能是辅助性的，其主要功能和作用是对企业及其活动实行某种间接的监督管理。这种间接作用主要表现为：要求企业符合法律规定的最低条件，符合条件即予登记；及时向企业传达法律和政府对企业的相关规定与要求；要求企业依法报送财务会计报告，将企业登记信息和反映企业经营状况的报表公之于众，政府以其公信力为登记信息和报表的真实、合法提供保障；企业经过登记，亦得以其登记事项对抗第三人而寻求法律对其经营活动的保障，从而维护社会交易安全和当事人的合法权益。只要企业没有欺诈和非诚信行为，即使其经营不佳或停止经营，登记机关也不必主动过问、干预，而以公示、公信的方式让市场主体自己去判断交易对手的信用并决定是否成交，将矛盾“下交”给社会，政府并不包办或不假定自己能够在第一时间明察并查处一切违法行为。这样就实现了一种公正、公开、高效的政府对企业的间接监督管理。随着对现代市场经济认识的加深和管理经验的积累，我国的企业登记管理也将达到这样的境界。

（四）企业登记管理有利于规范企业登记行为

企业登记行为既包括企业申请登记中的作为和不作为，也包括市场监督管理机关受理、审核、准予或不准予登记、检查监督中的各种行为。通过企业登记管理制度规范企业登记行为，可以提高企业登记的质量，确保企业登记能够为国民经济管理和维护社会交易安全提供真实、可靠的信息；有利于规范企业组织、督促企业诚信行事；也可以尽量避免登记机关的不规范或违法乱纪的行为对企业的权益和社会经济秩序可能造成的损害。

第二节　企业登记管理制度的沿革

一、现代企业登记管理制度的由来

对企业的组织和经营实行间接管理监督的现代企业登记管理制度，是企业摆脱封建行会的束缚及对国家政权的依附，得以市场主体的地位从事生产经营、开展平等竞争的产物。自 17 世纪法国《陆上商事条例》把对企业组织的调整由商人法变为国法，在其后相当长一段时间内，企业组织形态处于发展成形之中，并不存在国家对企业的普遍监督管理。企业或是由政府特许设立、官商不分，如西欧各国的殖民公司，或对一般独资企业和合伙经营采自由主义任其自生自灭。随着股份公司作为私人经济力量的崛起，以法国商法典为代表，发达国家于18世纪末、19世纪中期之前，普遍对股份公司的设立采许可主义，要求其经政府审核批准方可成立，但对其他企业仍无经常性的监督管理制度。19世纪中叶后，发达国家对股份公司也像对人合企业一样，对其设立逐渐摒弃特许主义和许可主义，但对股份公司不宜像对个人独资、合伙企业的设立那样放任自流，于是发展出企业设立的准则主义。其时资本主义国家正由“夜警国家”向行政国家转轨，在经济生活中日益扮演积极角色，对于维护社会经济秩序愈益承担起社会和公众所要求它承担的责任。这样，对各类经营或企业一并予以管理监督的某种制度——企业法人登记和商事（商业）登记制度就应运而生了。1844年的英国公司法始规定公司注册制度；1861年的《普通德意志商法典》建立了统一的商事登记制度，规定在地方法院设置商业登记簿，由地方法院办理商业登记，后将有限公司的登记也纳入其中。不久欧陆和日本均仿效德国，建立了商业登记制度。在法国是由法院和政府分别办理企业登记，1919年在地方商事法院中设置地方商业登记簿，在没有商事法院的地方则在民事法院中办理商事登记；1935年增设中央商业登记簿，商事公司在地方法院登记后，还要在国家工业产权局办理登记，具有商号认定和法人登记的性质。[①] 在日本是由司法行政机关法务省系统主管商事登记和企业登记。在英美法系国家则分别由政府的不同部门主管公司登记注册和商业登记事宜。

除直接依法设立、无须为登记注册的少数特殊企业外，发达国家的企业登记管理制度通常是由商法典的总则部分或专门的商事登记法作一般性规定，另有商法典的其他部分和公司法、银行法、会计法、税法等单行法作关于企业登记的规定，后者在适用上优于前者。随着企业组织的复杂化和多样化，法律对其调整日趋缜密、精细，有关公司、银行等的法律往往对相关主体的登记如设立条件、程序等作出规定，这样，商法典总则部分关于商事登记的规定和专门的商事登记法对股份公司、有限公司、商业银行等重要法人企业形态的适用就大为削弱了，实际上主要适用于个人独资企业和合伙性公司商号的登记注册。

二、中国近代的企业登记管理制度[②]

中国近代的企业登记管理，与清末民族资本初步获得自立的实力和地位，清廷颁布《公司律》、承认并推动私营企业发展是同步的。与《公司律》同时颁布的《商人通例》中，始有中国历史上最早的商事注册规定，当时对公司设立采任意登记主义。自《公司律》颁布至1908年，在清政府农工商部登记注册的民族资本公司共有227家，注册资本总计接近1亿银两，对于资本主义的发展起到了一定的促进作用。[③]

---

① 参见张国键：《商事法论》，56页。
② 以下除另注出处外，参见《企业法人登记管理》，39～48页，北京，中国财政经济出版社，1989。
③ 参见史际春主编：《公司法教程》，55页。

在民国时期，北洋政府于 1914 年颁布《商人通例》，对商的范围和商事登记作了规定。凡商号设立及其转让、法定代理人和经理人的设立及职权消灭等，都需由商人向“该管官厅”呈报注册。南京国民政府于 20 世纪 20 年代末 30 年代初先后颁布民法各编和《公司法》《银行法》等，与之配套的有《商业注册暂行规则》《公司登记规则》《银行注册章程》《工厂登记规则》《商办造船厂注册规则》《华洋制酒类营业执照章程》等，至 1937 年正式制定《商业登记法》，并于次年由实业部公布《商业登记法施行细则》，建立了企业登记管理法制，商人和公众对商业登记也渐有了解。依民法和《公司法》，公司和法人非经向主管官署登记不得成立。有关具体规定包括：公司设立采准则主义，但设立银行须事先经财政部核准；公司登记的主管机关为实业部，颁发执照后由政府公告，同种类公司在全国范围内不得重名；经营工商业者都应呈请注册，商业登记的主管机关为市、县政府；公司设立、增资、减资、设立支店、登记事项变更、解散等都需要登记，公司设立登记后如果发现其设立程序或登记事项有违法或虚伪之情事，可由主管官署撤销其登记；公司登记后满 6 个月未开始营业的，将撤销其登记；工厂平时雇用工人 30 人以上的，须为工厂登记等。

在中国共产党领导的根据地或解放区，为了管理工商企业和经营活动，也曾有一些企业登记管理的初步实践。1930 年湖南第一次工农兵代表大会通过的《山林法令》要求开采煤矿和铁矿者向乡政府转报县政府登记，发给凭证。1932 年中华苏维埃共和国临时中央政府颁布了《工商业执照暂行条例》和《工商业登记细则》，规定私人投资经营工商业须向政府具报，经登记后颁发营业证。有的地方还设立了主管登记管理的工商管理局。解放战争接近尾声时，为了恢复已解放的大、中城市的工商业和经济秩序，各地城市军管会普遍采取了对企业实行临时登记的做法，以通令或布告的形式规定所有工商企业如无特殊情况必须开业，并经工商管理部门核定，未经核定不准擅自开业、歇业。由此与新中国的企业登记管理制度相衔接。

三、新中国成立初期的企业登记管理制度

新中国在成立之初恢复国民经济，仅在若干主要城市如天津、西安、上海、武汉、济南等，分别颁布工商企业登记管理办法，对工商企业进行临时登记，目的在于掌握大、中城市工商业的基本情况，为恢复经济和学习管理城市工商业打基础、做准备。当时登记的对象主要是私人企业，在少数大城市如武汉、上海也对公营企业、合作社和公私合营企业等实行登记。登记以核定企业数量和企业投资金额为主旨，要求企业在规定期限内将实际投资金额按时价调整上报，但在核定金额方面困难较大：私人业主不愿露富，担心增加税负，也怕被斗争分产，因而往往少报投资和资产、多报负债或私分股本。为了尽快恢复经济，政府对一些工业品采取委托加工订货的办法，向企业提供资金，导致有些不具备条件的私营企业盲目开工，以既成事实迫使政府对它承认，向它订货。为此，上海等城市贯彻事先申请审批的做法，规定，企业开业、变更、歇业等都需要向政府主管机关事先申请核准，方可允许登记。后来我国在企业登记中普遍实行的事先核准制，于此初现端倪。

1950年政务院颁布的《私营企业暂行条例》和次年政务院财政经济委员会颁布的《私营企业暂行条例施行办法》，对私营企业及其登记作出进一步规范。有关登记管理的主要内容是：(1) 开设私营企业必须事先报经地方主管机关核准营业，方得筹设。(2) 登记机关的级别较高：个人独资和合伙企业由所在地市、县工商行政管理机关登记，公司由所在地市、县工商行政管理机关转报中央私营企业局登记。(3) 对登记事项作了详细规定，强调应登记的事项非经登记不发生法律效力，而且要追究违反者的责任，予以处罚。

1951年，政务院财政经济委员会发布了《关于公营企业和公私合营企业应进行登记的指示》，规定这两种企业也都由工商行政管理机关负责登记。

这一时期是企业登记管理制度的初创阶段，新中国的政权性质加上历史因素，奠定了后来企业登记管理的基本理念和各项制度雏形，如普遍的许可主义、对各类企业普遍进行登记、登记及其效果的行政主导等。

1957年，对生产资料的社会主义改造完成，计划经济体制建立，公有制企业和公私合营企业都按行业归口管理，私营企业不复存在，登记的必要性大大降低。工商行政管理机关在许多地方被撤销或合并，企业登记管理陷入停顿状态。

1961年，中共中央决定实行“调整、巩固、充实、提高”的八字方针，以扭转“大跃进”造成的无政府状态。为此采取的具体措施之一是1962年国务院通过《工商企业登记管理试行办法》，试行对企业包括个体工商业者作全面登记。

此次试行登记在审批和登记方面的要求都很严格。在审批方面，开业和歇业都要审批；在登记方面，登记事项较前大幅度增加，包括企业名称、地址、负责人姓名、资金数额、经济性质、开业日期、主管部门、生产经营范围、经营方式、职工人数或从业人数、在职的资产阶级工商业者人数等。1962年试行办法还规定，县、市登记主管机关应将工商业基本情况的变动分类记录归档，综合上报；同时强调了工商行政管理机关的监督管理职能，规定其对违反规定的企业可以给予批评教育，情节严重的，报经县、市人民委员会同意后，可通知有关部门停止贷款、停止原材料和货源供应，或给予罚款、限期停业、吊销证照等处分。

四、企业登记管理制度在新时期的恢复和完善

1978年，国家工商行政管理总局和地方各级工商行政管理局恢复，随即开展企业登记管理工作，适用的是1962年颁布的《工商企业登记管理试行办法》。有的省、市起初只对集体所有制企业进行登记，核发营业执照。

在恢复企业登记管理的过程中，针对实践中存在的问题，登记主管机关采取了各种相应的措施。1979年，国家工商行政管理局与公安部、商业部等联合发布《关于特种行业企业进行登记管理的通知》，在全国范围内对特种行业进行整顿。同年国家工商行政管理局与国家经济委员会、国家农业委员会联合发布《关于开展工业企业普查登记的通知》，到1981年完成工业企业普查登记工作，为企业建立了经济户口。1980年，配合《中外合资企业法》的实施，国务院颁布了《中外合资经营企业登记管理办法》。1981年国家工商行政管理局发布《开展商业、饮食服务业、交通运输业全面登记的通知》，于次

年完成对这些企业的整顿和登记；同时还对建筑业、药厂、军人服务社等进行了整顿和登记。至 1982 年年初，我国已全面恢复企业登记管理工作。

1982 年 8 月，国务院发布《工商企业登记管理条例》。这是新中国成立后第一个全面、正式的企业登记管理法规，其特点主要有：第一，扩大了登记管理的范围。将外贸业、旅游业、修理业从服务业中划分出来，分别作为一个行业进行登记管理。党的十一届三中全会以后，军工企业转向民品生产，国营交通运输业也实行了企业化经营管理，所以，国防工业企业的民品生产部分和国营交通运输业在此次被纳入了登记管理的范围。第二，首次规定了企业筹建登记，意义是对企业从筹建阶段就进行管理监督，也有利于筹建中的企业对外发生经济往来。第三，规定了对工商行政管理机关的约束，如要及时办理登记，被处罚的企业可以向上一级工商行政管理行关提出申诉，等等。

1985 年，国家工商行政管理局发布《工商企业名称登记管理暂行规定》，第一次对企业名称进行规范管理。同年，它还发布了《公司登记管理暂行规定》，程序先行，在《公司法》出台之前，对党政机关和各行各业经商办公司热潮中涌现的企业进行清理整顿。

1988 年、1994 年、1997 年、1998 年、2000 年和 2007 年，《企业法人登记管理条例》《公司登记管理条例》《合伙企业登记管理办法》《企业法人法定代表人登记管理规定》《个人独资企业登记管理办法》《农民专业合作社登记管理条例》等先后出台，1991 年国家工商行政管理局发布了《企业名称登记管理规定》（2020 年修订），标志着我国企业登记管理法制的确立。2021 年，国务院颁布《中华人民共和国市场主体登记管理条例》（以下简称《市场主体登记管理条例》），以“市场主体”统称各类企业和个体工商户，突出其登记管理的共性，强调市场主体登记管理制度的统一和规范，从而完善了企业登记管理制度，降低了企业及其登记管理的制度性成本①，也反映了国家、政府治理体系和治理能力的提升。

第三节　企业的设立、变更和终止

一、企业设立的立法原则

（一）许可主义

许可主义又称“核准主义”“审批主义”，是指设立企业，除了需要符合法律规定的条件，还需要个别报请行政主管部门审核批准，方能申请登记成立。我国原先对企业设立普遍采取许可主义，随着市场经济及其“自由企业”精神渐为社会所认同，《私营企业暂行条例》和《公司法》等先后作出规定，设立私营企业、公司等原则上无须再由行政主管部门事先审批，法律、行政法规规定须经有关部门审批的，也可以在设立登记之后

---

① 参见《司法部、市场监管总局负责人就〈中华人民共和国市场主体登记管理条例〉答记者问》，中国政府网，https：//www.gov.cn/zhengce/2021－08/25/content＿5633340.htm，访问日期：2024－03－10。

依法办理审批或许可手续。

由于行政机关的审批易于引起拖延和腐败现象，滋生官僚主义，妨碍企业的及时设立，因而除银行、保险等特殊行业的企业外，对一般企业的设立不采取这一原则。《市场主体登记管理条例》第 21 条第 2 款规定，法律、行政法规或者国务院决定规定设立市场主体须经批准的，应当在批准文件有效期内向登记机关申请登记。

（二）准则主义

准则主义又称"登记主义"，是指设立企业不需要报有关行政主管部门批准，只要符合法律规定的成立条件，即可直接向登记机关申请登记，登记机关经审查合格后授予合法主体的资格。如上所述，我国对企业设立一般地实行这一原则。

美国的纽约州和康涅狄格州分别于 1811 年和 1837 年制定普通公司法，最早实行这一原则。自英国 1844 年的公司法规定实行此原则后，法国、德国等主要发达国家于 19 世纪后半叶对公司设立均采取准则主义。后来发达国家为防止滥设公司和利用公司欺诈等流弊，严格公司设立的条件，规定公司的最低资本额、公司章程必备条款、股东和董事等的资格、必须设置法定的秘书一职、加重发起人的责任等，并在公司法中引入组织和会计方面的强制性规定，强化公示要求等。学理上称之为严格准则主义。

（三）特许主义

这是指根据特别法、专门法规或行政命令设立企业，或由国家领导人特许设立企业，所设立的通常是不适用商事企业法的特殊企业。其中分为两种情况：一种是为个别企业制定专门的法律，由该法予以特别调整。这种情况又称法定主义，设立的特殊企业又称法定公司、法定机构等。另一种是依特别法或专门法规，对符合条件者，经行政主管部门或领导人特许而设立企业。这样的企业也可能是普通企业或商事企业，未必都是特殊企业。我国不存在由领导人特许设立企业的制度。英国的皇家特许公司属于这类企业。

按照特许主义设立的企业通常是政策性经营、具有特殊公共职能、承担普遍服务义务等的企业，例如我国国务院决定设立的政策性银行、政策性保险公司等。发达国家的这类企业通常是国有企业或非商事企业，如英国的皇家特许公司和法定公司，英国广播公司（BBC）就是皇家特许公司。

（四）自由主义

自由主义，是指法律对企业的设立和经营不予强制性规范，当事人可以自由设立企业及从事经营，无须履行法律上的手续。这种情况主要发生在企业的萌芽时期，如欧洲中世纪的"商人法"时期和 1904 年清政府颁布《公司律》以前的中国。我国现行法对企业设立不采取自由主义，任何企业都必须依法登记成立或直接依法设立，只有这样，才能合法地存在及从事活动。依发达国家通常的做法，除法人企业非经依法登记成立或直接依法设立不得从事活动外，个人独资和合伙企业在法律的准则性规范之下一般不强制其进行登记，而依登记取得公示的效果。此可谓严格准则下的自由主义。

因此，自由主义在现代仍有一定的存在空间。之所以如此，是因为在经营和市场的规模空前扩张、由大企业主宰经济的现代社会，中小企业包括自然人身体力行的个体和家庭经营——表现在法律上就是个体工商户、个人独资企业和合伙企业，在满足社会需求和保持经济活力方面是不可或缺的。其活动空间不大，依赖人的信用，且信用范围狭小，国家未必需要予以普遍的事前登记管理，将其纳入事中事后监管足矣，故而与其将国家行政的触角直接伸向每一个这样的经济细胞，以致触角太多，既消耗母体养分，又削弱其攀缘力，毋宁放任自由，将无数这样的经济细胞置于良好的合同、税收等一般法治环境的自然状态中，使其健康而有活力地自生自灭、生生不息。

由以上几种原则可见，在历史上的自由主义和特许主义时代，并无进行企业登记管理的必要，如英国的“注册公司”概念，就是在对公司设立采准则主义、对公司实行登记管理的条件下，相对于不需要注册的特许公司、法定公司以及不以登记为成立要件的个人独资和合伙商号而言的。在普遍实行许可主义的情况下，企业的设立和存续都在政府主管部门的日常控制之下，如果法制和行政体系健全，对企业进行登记管理的必要性和意义也是很微弱的。企业登记管理是对企业设立普遍采取准则主义和严格准则下的自由主义的产物，是市场经济条件下对企业及其经营实行必要的管理监督，以实现对社会经济秩序的有效间接调控的重要法律制度。

二、企业的变更和终止

（一）企业的变更

1. 企业合并

企业合并是指按照法律规定或合同约定将两个以上的企业合为一个企业。按合并方式的不同，企业合并可以将其分为吸收合并和新设合并。

吸收合并是指一个企业接纳其他企业加入本企业，加入方解散并取消原企业法人或企业的资格，接纳方存续。吸收合并相当于英文中的 merger 概念。[①] 新设合并是指一个企业与其他企业合并，成立新的企业，原合并各方解散，取消原企业法人或企业的资格。新设合并相当于英文中的 consolidation 概念。[②]

在市场经济条件下，企业合并反映了企业在竞争中淘汰和合作的动态过程，是资产重组、产业调整，通过市场配置资源的法律表现形式。另外，还有一个外延上比合并更大的概念，就是并购（merger & acquisition）或企业结合（concentration 或广义的 merger），是指通过购买资产、取得股份和控制权、技术合作、根据合同或事实上取得管理权等任何企业结合的行为和事实。并购或结合的含义很广泛，《中华人民共和国反垄断法》（以下简称《反垄断法》）中称为经营者集中，既包括结成单一法律实体的行为或事实，也包括通过购买等取得所有权或权益（acquisition）、通过取得股份而获得对他企业的控制权（take over，通常译为“收购”，也可译为“接管”）等而形成关联企业或结成

① 据《大英百科全书》的解释，merger 是指“两家或更多的独立的企业、公司合并成一家企业，通常由一家占优势的公司吸收一家或更多的公司”（*Encyclopedia Britannica* CD 98，Multimedia Edition）。

② 参见 consolidation 词条释义，载 *Encyclopedia Britannica* CD 98，Multimedia Edition。

企业集团的行为或事实。其中，acquisition 是指通过购买、企业合并、法院判决、继承等任何方式取得所有权或其他某种财产权的行为；take over 是指通过购买股份或资本份额等方式取得对他企业的控制权或经营权的行为，不一定涉及有形财产权的转移，受控企业仍可保留法人地位。在我国在改革开放中，企业及其资本的市场化得到迅速发展，早在 2010 年上半年，中国的企业并购交易额已居全球第二，中国企业在国际上也从以往的主要是被收购角色逐渐变成主要为收购方角色。①

企业结合，除受企业法调整外，也受证券法、反垄断法、税法等的调整。

2. 企业分立

企业分立，是指一个企业依法分为两个以上的企业。分立的形式有两种：一种是一个企业分出部分财产和业务另设企业，原企业存续，称为派生分立或存续分立；另一种是公司将全部财产分别归入两个以上的新设企业，原企业解散，称为新设分立或解散分立。

3. 增设或撤销分支机构

分支机构，是指企业在其住所以外设立的从事经营活动的机构。分支机构不具有企业法人资格。企业设立分支机构有两种情况：一种是在企业设立的同时设立分支机构，另一种是在企业成立以后根据需要而设立分支机构。分支机构必须依法登记才能合法地从事活动。除了增设分支机构，企业还可以根据自身经营需要等原因撤销分支机构。增设或者撤销分支机构都属于企业变更的内容。

4. 企业组织形式转换

企业组织形式转换又称企业组织变更，是指在企业存续的情况下，由一种类型的企业变更为其他类型的企业。企业组织形式转换的意义与企业合并、分立的意义一样，都是调整企业的组织结构，以适应市场需要，在竞争中求生存和发展。企业组织形式的转换，无须对企业进行清算，企业的法律主体资格延续，营业不因转换而停顿。各种企业组织形式如有限责任公司、股份有限公司、合伙企业、股份合作企业等相互之间均可转换，有限责任公司可以转换为个人独资或合伙企业，反之亦然。但是企业组织形式转换必须遵守法律对拟转换后的企业在成立、资本、财务等方面的要求。例如，有限责任公司转换为股份有限公司的，应当符合法律对股份有限公司的股东人数、身份和注册资本等的要求。

5. 企业主要登记事项变更

企业主要登记事项变更包括企业名称变更、企业住所变更，企业的法定代表人、股东、发起人、经营方式、注册资本、经营期限的变更，等等。

企业变更必须遵守企业法的有关规定，例如，公司合并或分立，应当通知债权人，并依《公司法》的规定进行公告。

企业主要登记事项变更、增设或撤销分支机构、企业组织形式转换的，应办理企业

---

① 参见《世界经济黄皮书：中国企业正由被收购转为资产收购方》，中国政府网，http：//www.gov.cn/jrzg/2010－12/26/content_1773178.htm，访问日期：2010－12－26。

变更登记。企业合并、分立，因合并、分立而存续的企业，其登记事项发生变化的，应办理企业变更登记；因合并、分立而解散或新设的企业，应依法分别办理企业注销登记或设立登记。

（二）企业的终止

企业终止，是指企业的法律主体资格消灭。企业解散后，要依法对该企业进行清算，停止清算范围外的活动，了结未完成的业务，清理企业的财产和债权、债务，清算结束后办理企业注销登记，消灭其法律人格。

1. 企业解散的事由

依《公司法》第229条的规定，公司可以因下列原因而解散：公司章程规定的营业期限届满或者公司章程规定的其他解散事由出现；股东会决议解散；因公司合并或者分立需要解散；依法被吊销营业执照、责令关闭或者被撤销；人民法院经当事人请求予以解散。依《合伙企业法》第85条的规定，合伙企业有下列情形之一的，应当解散：合伙期限届满，合伙人决定不再经营；合伙协议约定的解散事由出现；全体合伙人决定解散；合伙人已不具备法定人数满30日；合伙协议约定的合伙目的已经实现或者无法实现；依法被吊销营业执照、责令关闭或者被撤销；法律、行政法规规定的其他原因。综观企业解散的各种情形，不外乎依法被撤销、终止营业或自行解散、法院宣告破产或解散三种。

（1）依法被撤销。

企业依法被撤销是指批准企业设立的行政主管部门、企业登记机关，以及卫生和环境保护等各种职能管理机关等依照法律规定，在其职权范围内对企业作出关闭的决定。

如果企业有不法行为，违反行业管理、金融外汇、卫生、技术监督、环境保护、劳动保护等方面的法规，有关行政主管部门可以依法吊销企业的经营许可证或营业执照。

企业不按法律规定的条件进行登记或者进行与企业登记有关的违法行为，市场监督管理机关有权撤销企业登记，吊销其营业执照。

（2）终止营业或自行解散。

终止营业或自行解散包括企业因章程中规定的事由出现而解散，以及因出资者或企业在章程规定的事由之外作出决定或决议而解散。

企业章程规定的解散事由，可以为企业章程规定的经营期限届满，也可以是企业的经营目的已经达到或根本不能达到等情形。

和世界上多数国家一样，我国的主要企业法律、法规都未规定企业章程必须载明企业的经营期限，企业章程可以但不是必须规定企业的存续期限。有的国家如法国、比利时、意大利等规定，公司章程应载明公司的存续期，但在存续期届满之前均可续展，而且公司亦不妨在章程载明的存续期届满之前自行解散或被强制解散。因此，法律要求企业必须有经营期限并无实际意义。

企业基于出资者或股东的意志而设立，自然也可以依其决定或决议而解散。其原因很多，可以是：企业发生亏损，无力继续经营；因自然灾害、战争等不可抗力遭受损失，无法继续经营；股东中有人不履行股东协议、合同约定或者企业章程规定的义务，致使企业无法继续经营；出资者或股东认为其盈利已足够多，或者单纯地不愿意再经营企业；等等。

（3）法院宣告破产或解散

法院可以根据破产法宣告企业破产，从而解散企业；也可以因《公司法》第 231 条规定的公司僵局而予以解散，也称司法解散。所谓僵局是指公司经营管理发生严重困难，例如股东之间发生矛盾以致无法有效沟通、无法召开股东会并形成决议，董事相互之间、董事或董事会与法定代表人之间的矛盾不可调和，无法通过司法解散以外的途径解决，公司继续存续会使股东利益受到重大损失的情形。持有公司全部股东表决权 10%以上的股东可以因此请求人民法院解散公司。但股东知情权、利润分配请求权等权益受到损害，公司亏损且财产不足以偿还全部债务，以及公司被吊销营业执照、未进行清算等情形不属于公司僵局，对有关纠纷只能通过非司法解散方式解决。

2. 清算和注销

（1）清算的概念。

企业无论因何种事由解散，都应进行清算。清算是指企业解散后对企业的资产和债权、债务进行清理处分，了结企业的业务和债务，向出资者或股东分配剩余财产，以终结企业所有法律关系的法律行为。企业因违法被撤销或责令关闭、解散或由法院决定解散的，要由出资者或股东、董事组织清算；企业破产的，则由法院监督清算。

（2）清算的类型。

清算有任意清算和法定清算、普通清算和特别清算之分。任意清算是指按照企业章程或出资人、股东决定的清算方法进行的清算；法定清算是指按照法律规定的清算程序进行的清算。普通清算是指企业、出资人或股东自行组织清算，有关行政机关、法院不直接干预清算事务，仅依法作消极监督的清算；特别清算是指有关行政机关或法院依法组织清算，有关行政机关或法院、债权人积极参与清算事务的清算。

我国由计划经济时期遗留下来的一个弊端就是不重视企业清算，妨碍了企业在市场活动中从某个经营领域的正常或非正常的退出。企业解散后往往不能及时清算，以致发生企业财产不当转移或损毁、出资者或股东逃匿等情形，而给债权人、企业所有者（尤其是公有主体）和社会经济秩序造成不必要的损害。对于个人独资和合伙等无限责任企业，其出资者或股东对债务人负无限责任，企业的终止和消灭并不意味着出资者和股东责任的消灭，例如，根据《合伙企业法》第 91 条，合伙企业注销后，原普通合伙人对合伙企业存续期间的债务仍应承担无限连带责任，故而不妨采任意、普通清算的方式。而对于各类有限责任的法人企业，如果对其清算不严加监督，则必然会因企业终止前各方利益的冲突和争夺，或者损害债权人的利益，或者损害出资者或股东的利益。

我国目前的企业清算，除破产清算外主要为普通清算，例如，合伙企业由合伙人进行清算，公司董事为公司清算义务人，等等。同时现行法也有若干法定和特别清算的规定。《公司法》第 232 条规定，公司一般应当在解散事由出现之日起 15 日内组成清算组进行清算。该法第 233 条规定：公司逾期不成立清算组进行清算或者成立清算组后不清算的，利害关系人可以申请人民法院指定有关人员组成清算组进行清算；公司因依法被吊销营业执照、责令关闭或者被撤销而解散的，作出吊销营业执照、责令关闭或者撤销决定的部门或者公司登记机关，可以申请人民法院指定有关人员组成清算组进行清算。

这与破产清算同属司法清算。《合伙企业法》第 86 条第 3 款也规定，自合伙企业解散事由出现之日起 15 日内未确定清算人的，合伙人或者其他利害关系人可以申请人民法院指定清算人。为使公司相关各方的合法权益切实受到法律保护，有必要依国际惯例，将《企业破产法》中的破产管理人制度推广为清算管理人制度，作为一种适用于各类企业清算的选择性、社会性的法律监督制度。

（3）清算组织。

企业清算要成立清算组织，它在《公司法》中被称为清算组，在《合伙企业法》中被称为清算人，等等。其在法律上的性质和地位是从事企业清算事务的临时性执行机构，对内组织清算、处理清算事宜，对外代表原企业。依《合伙企业法》第 87 条和《公司法》第 234 条的规定，清算人或清算组在清算期间执行下列事务：清理企业财产，分别编制资产负债表和财产清单；处理与清算有关的企业未了结业务或事务；清缴所欠税款；清理债权、债务；分配企业清偿债务后的剩余财产；代表企业参与民事诉讼或仲裁活动。另外，公司的清算组负有通知或者公告债权人的义务。对于法人企业来说，清算中的企业与清算组织的关系相当于正常情况下公司同其董事会的关系。

普通清算中由解散企业自行成立清算组织，其成员可以为原企业的合伙人、股东、董事、经营管理人员，也可以为在外部委任的第三人，如注册会计师、律师等。依法采取特别清算措施的，则由法院或有关行政主管部门组织清算机构，委任其组成人员，包括清算企业的法定代表人、股东或董事、有关行政主管部门的代表、债权人、债务人、律师事务所、会计师事务所、破产清算事务所，以及法院部门或行政主管部门认为应当参与清算的其他人员。

（4）清算程序。

A. 成立清算组织或确定清算人。法律规定了时限的，必须遵守其时限，否则，可适用强制性规定，经利害关系人申请而由法院指定清算人。

B. 通知或公告债权人。法律规定了通知或公告的方式和程序的，必须遵守其规定。《公司法》第 235 条规定：清算组应当自成立之日起 10 日内通知债权人，并于 60 日内在报纸上或者国家企业信用信息公示系统中公告。债权人应当自接到通知之日起 30 日内，未接到通知的自公告之日起 45 日内，向清算组申报其债权。

C. 清理企业财产。编制资产负债表和财产清单，制订清算方案。普通清算中清算方案由出资者或股东制定或确认；由法院组织或监督清算的，清算方案由法院确认。《公司法》第 236 条第 1 款规定，清算方案须报股东会或者人民法院确认。《企业破产法》第 115 条规定，破产财产分配方案经债权人会议讨论通过后提请人民法院裁定认可。

在清理企业财产、编制资产负债表和财产清单过程中，清算组织或清算人发现企业财产不足以清偿企业债务的，如果为个人独资和合伙等无限责任企业，则不足部分应由出资者承担无限清偿责任；如果为有限责任公司、股份有限公司、非公司制的国有企业和集体企业等有限责任企业，则清算组织或清算人应当向法院申请宣告破产，法院受理破产申请后将清算事务移交给破产管理人。①

---

① 参见《公司法》第 237 条。

D. 清偿债务。清算方案经确认或批准后，应以企业的财产分别支付清算费用、职工工资和社会保险费用，缴纳所欠税款，清偿企业的债务。

E. 出资人或股东分配剩余财产。企业清偿债务后的剩余财产，依法返还给出资人或股东，这是其对企业投资及所形成财产享有所有权或所有者权益的最终体现。公司是按股东出资或持股的比例分配；合伙企业是按合伙协议约定的盈亏分担比例进行分配，合伙协议对此未约定、约定不明或者协商不成的，按各合伙人的实缴出资比例分配或者平均分配。① 国有企业的出资人或股东为经授权的政府部门或投资机构的，应将其剩余财产上缴国库。

（5）企业注销。

清算结束后，清算组织或清算人应当制作清算报告，公司的清算报告由股东会或者法院确认，合伙企业的清算报告由全体合伙人签名、盖章，并报送企业登记机关，办理企业注销登记。经登记机关审核注销登记，法人企业并经注销登记公告，企业即告终止或消灭。

第四节　企业名称登记管理

一、企业名称的概念和特征

（一）企业名称的概念

同自然人姓名一样，企业名称是表明企业的主体资格和法律人格的标志。我国《民法典》和《合伙企业法》允许个体工商户和自然人合伙起字号，表明自然人的个体工商户和合伙企业在法律上也可以具有不同于其业主的名称和人格。当然，这样并不利于交易安全，也不符合大多数国家通行的做法。

字号是企业名称中最具标志性的部分，亦不妨采用自然人的姓、名或姓名，例如，“同仁堂”药业股份有限公司、个人独资“大明”餐馆等，其中“同仁堂”“大明”就是企业的字号。在我国实际使用中，将商号等同于字号，而依国际惯例，商号（business name）即等于企业名称，也可以译为厂商名称、商业名称等。

我国和其他国家的法律都要求企业的名称能够基本上反映企业的性质和法律地位，一旦依法确定，企业就对其名称享有排他性使用权。企业名称权既是人身权，含有人格和由此派生的名誉、荣誉等内容，同时又是知识产权。因为企业名称或商号和商标一样，也具有表明某种商品或服务及其生产经营者的商誉的作用，可以依法转让，从而为企业带来财产利益，他人可以通过冒用或混淆使用等行为不法获益并损害权利人的利益，法律保护基于企业主体资格的这种财产权益不受非法侵犯。在现代市场经济条件下，依法保护和规范企业名称，对于维护公平竞争和社会交易安全是不可或缺的。

---

① 参见《合伙企业法》第 33 条第 1 款、第 89 条。

（二）企业名称的特征

（1）标志性或区别性。这是由企业名称区别不同的经营主体这一固有功能所决定的。因此，企业名称权首先是一种人身权，其次才是知识产权。

（2）排他性。无论作为人身权还是知识产权，企业名称权都属于绝对权的范畴，企业依法自主使用其名称从事活动，有权排斥他人的不法干涉、冒用、混淆其区别性等。

（3）必要性和法定性。企业有名称和自然人有姓名一样，是企业作为法律主体存在的必要条件。同时，企业名称的合法存在以企业登记为必要条件。与企业名称类似的商标则不然，对某种商品、服务是否使用商标和商标是否登记注册，法律上一般没有强制性要求。

（4）地域性较强而时间性较弱。这是企业名称权与一般知识产权或工业产权相比的特点。由于企业尤其是小企业的经营活动和名称使用具有很强的地域性，因而像我国这样的大国，对企业名称采取的是分级基础上的地域性登记管理，对于众多其名称的公众认知度不高、一般不至于发生误认的企业，尤其是个人独资企业或个体户来说，不妨以自然人姓名作为字号，因此，和自然人的姓名一样，从全国范围看，一定程度的字号相同乃至企业重名是可以允许的。而对于商标，由于商品的流动性等原因，采取的是全国统一乃至具有一定国际性的登记注册制度。①

在时间性上，企业名称和名称权从属于企业，并不像作品、专利、商标那样有明确的保护期限，原则上和企业一样具有所谓永续性。

（5）法律救济的多样性。作为人身权和知识产权，企业名称权受到他人不法侵害的，企业可以寻求民法、企业法、反不正当竞争法上的救济，令行为人承担停止侵害、消除影响、赔偿损失、纠正或撤销名称登记、没收违法所得，以及处以罚款、吊销营业执照等民事责任和行政责任。

案例

中国品牌入选“世界品牌500强”的数量超过日本②

在世界品牌实验室（World Brand Lab）发布的2023年度（第二十届）“世界品牌500强”榜单中，美国占据193，居于首位；法国、中国、日本和英国为世界品牌大国第二阵营。中国品牌入选数（48个）首次超越日本（43个），位居全球第三，其中表现亮眼的有国家电网、腾讯、海尔、华为、华润、中国人寿、五粮液、中国南方电网、青岛啤酒、中化、恒力、徐工、盛虹和国贸控股。“世界品牌500强”的评判依据是品牌的世界影响力——品牌开拓市场、占领市场并获得利润的能力。世界品牌实验室按照品牌影响力的三项关键指标，即市场占有率、品牌忠诚度和全球领导力，对世界上约八千个企

---

① 当然，不同登记辖区内的企业名称以及在企业名称与商标之间也可能发生使用和权利上的冲突，需要建立、完善一定的制度和机制加以解决。例如，1999年《关于解决商标与企业名称中若干问题的意见》规定，处理商标与企业名称冲突的原则是维护公平竞争和保护合法在先权益人的利益。

② 参见《世界品牌500强发布》，世界品牌实验室网站，https://www.worldbrandlab.com/world/2023/#gab，访问日期：2024-03-11。

业进行综合评分，最终推出最具影响力的500强；衡量企业的全球领导力时，尤其侧重ESG（环境、社会和治理）评价。

二、企业名称登记管理的主要内容

根据《企业名称登记管理规定》和相关法规的规定，我国企业名称登记管理的主要内容包括：

（1）企业名称经登记机关登记注册后受法律保护，在规定的范围内享有专用权。企业名称登记机关是国家市场监督管理总局和县级以上地方各级市场监督管理局。登记机关对企业名称实行分级登记管理，不含行政区划的企业名称由国家市场监督管理总局进行登记管理。国家市场监督管理总局可以授权省级企业登记机关从事不含行政区划名称的企业名称登记管理工作。

（2）省、自治区、直辖市人民政府市场监督管理部门建立、管理和维护本行政区域内的企业名称申报系统，并与全国企业名称规范管理系统、国家市场监督管理总局企业名称申报系统对接。

（3）一个企业只能使用一个名称。企业名称的组成部分依次为行政区划名称、字号、行业或经营特点、组织形式。字号应当由两个以上汉字组成。行政区划是指企业所在地的县级以上地方行政区划名称；使用市辖区名称应当同时冠以其所属市的行政区划名称，开发区、垦区等名称不得单独使用。跨省、自治区、直辖市经营的企业，其名称可以不含行政区划名称。行业或者经营特点根据企业的主营业务和国民经济行业分类标准标示，国民经济行业分类标准中没有规定的，可以参照行业习惯或者专业文献等表述。跨行业综合经营的企业，其名称可以不含行业或者经营特点。

（4）企业名称中不得含有其他企业或者法人的名称，但有投资关系或者经过授权的企业，其名称中可以含有另一个企业的名称或者其他法人、非法人组织的名称；企业名称也可以使用自然人投资人的姓名作字号。

（5）企业名称冠以“中国”“中华”“中央”“全国”“国家”等字样的，由国家市场监督管理总局依法审核，提出审核意见并报国务院批准；企业名称中含有“中国”“中华”“全国”“国家”等字样的，该字样应是行业的限定语。外商投资企业名称中含有“（中国）”字样的，其字号应当与企业的外国投资者名称或者字号翻译内容相一致，并符合法律法规的规定。

县级以上地方行政区划名称、行业或者经营特点不得作为字号，如“黄山市”“汽修”等，但其另有含义，且社会公众可以明确识别，不会认为与地名、行业或者经营特点有特定联系的，可以作为字号，如“黄山”“蜂园”等。

（6）企业名称应当使用规范汉字，不得使用汉语拼音字母（外文名称中除外）和数字，民族自治地方的企业名称可以同时使用本民族自治地方通用的民族文字；企业可以将企业名称翻译成外文使用，但翻译不得违反法律法规的规定。

（7）企业名称中不得含有有损国家尊严或利益、损害社会公共利益或者妨碍社会公共秩序、可能对公众造成欺骗或误解的文字，不得含有或变相使用政党名称、党政军机关名称、群众组织名称及其简称、特定称谓和部队番号等，不得使用外国国家（地区）、国际组织名称及其通用简称、特定称谓，不得含有淫秽、色情、赌博、迷信、恐怖、暴力以及民族、种族、宗教、性别歧视的内容，不得违背公序良俗或者可能有其他不良影响。

企业名称不得使用与国家重大战略政策相关的文字，使公众误认为与国家出资、政府信用等有关联关系；不得使用“国家级”“最高级”“最佳”等带有误导性的文字。

企业的名称不得与同行业在先、有一定影响的他人名称（包括简称、字号等）相同或者近似。

（8）企业分支机构名称须冠以其所从属企业的名称，并标明“分公司”“分厂”“分店”等；控股企业的名称可以在组织形式前使用“集团”或者“（集团）”字样；境外企业分支机构名称还应当中标明该企业的国籍及责任形式。

（9）企业名称可以转让，转让方与受让方应当签订书面合同，依法向企业登记机关办理企业名称变更登记，并通过国家企业信用信息公示系统向社会公示企业名称转让信息。

（10）因企业名称发生争议的，当事人可以向人民法院起诉或者请求为涉嫌侵权企业办理登记的企业登记机关处理。经双方当事人同意，企业登记机关可以对企业名称争议进行调解，调解不成的，企业登记机关应当自受理之日起 3 个月内作出行政裁决；当事人对企业名称争议裁决不服的，可以依法申请行政复议或者向人民法院提起诉讼。

（11）企业登记机关发现已登记的企业名称不符合法律法规的规定的，应当及时纠正。上级登记机关可以纠正下级登记机关已登记的不适宜的企业名称，其他单位和个人也可以请求登记机关予以纠正。企业应当自收到企业登记机关的纠正决定之日起 30 日内办理企业名称变更登记。

（12）随着市场经济不断向深入发展，企业字号与商标中的文字相同或近似，造成对市场主体及其商品或者服务的来源产生混淆或混淆的可能性，从而构成不正当竞争的情形日益增加。为此国家工商行政管理局于 1999 年发布《关于解决商标与企业名称中若干问题的意见》（已失效）提出，处理商标与企业字号的混淆，适用维护公平竞争和保护在先合法权利人利益的原则。在先权利人可以自其商标注册之日或者企业名称登记之日起 5 年内向市场监督管理机关请求处理，但恶意登记注册的不受此限。案件发生在同一省级行政区域内的，由省级市场监督管理局处理；跨省级行政区域的，由国家工商行政管理局（后名称变更为国家市场监督管理总局）处理。可见，实践已经提出了完善这方面制度建设的要求，需要建立全国范围的企业名称和商标交叉检索制度，对法人企业实行集中统一登记制度，以从根本上解决这一问题。

（13）随着因特网及网站的兴起，经济生活中多了一种企业经营方式。网站属于营业或资产的范畴，并不等于企业或其分支机构，但其作为企业经营和竞争的手段日趋重要，以因特网为依托的企业也正为自己找到恰当的定位，经过市场洗礼而迅速崛起。为了规范网站及其名称和经营行为，维护网站登记管理及社会经济秩序，保护网站所有者和消费者的合法权益，国务院于 2000 年公布《互联网信息服务管理办法》（2024 年已修订）；国家工商行政管理局授权北京市工商行政管理局对全国的网站名称和经营性网站进行登记管理，北京市工商行政管理局遂于2000年制定了《网站名称注册管理暂行办法》和《经营性网站备案登记管理暂行办法》。后改由各地市场监督管理部门分别进行此项工作。

《互联网信息服务管理办法》规定：互联网信息服务分为经营性和非经营性两类，国家对经营性互联网信息服务实行许可制度，对非经营性互联网信息服务实行备案制度；从事经营性互联网信息服务，应当向省、自治区、直辖市电信管理机构或者国务院信息产业主管部门申请办理互联网信息服务增值电信业务经营许可证（ICP许可证）。按照北京市工商行政管理局颁布的《经营性网站备案管理办法》，每个经营性网站只能申请一个网站名称；网站的所有者应当拥有独立域名，或得到独立域名所有者的使用授权；网站备案名称以通信管理部门批准文件核准为主要依据。

第五节 企业登记管理的主要制度

一、企业登记管辖和登记事项

（一）企业登记机关

我国的企业登记机关是市场监督管理部门。市场监督管理部门是国家为行使市场监督管理职能而设置的机构，其具体组织形式是国家市场监督管理总局和地方各级市场监督管理局。

（二）企业登记管辖

企业登记管辖，是指市场监督管理部门按级别和地域分工负责企业登记管理的制度。

我国的企业登记管理实行登记机关分级管辖基础上的地域性（全国性和地方性）登记管理。企业登记包括设立登记、变更登记、注销登记、公告、证照管理，原则上由企业所在市、县（区）的市场监督管理局管辖。全国性的公司或其分支机构、股份有限公司、企业集团、外商投资企业、进出口公司等，则依其审批机关级别、隶属关系和规模等，分别由国家市场监督管理总局或地方各级市场监督管理局管辖。

确定登记管辖，划分不同级别、不同地方的市场监督管理部门在企业登记方面的权限，对于市场监督管理部门科学有效地行使企业登记管理职权，企业顺利而自觉地履行设立登记及其他登记，市场主体和公众方便地了解相关企业的真实信息，维护社会交易安全等，都具有重要的意义。

（1）国家市场监督管理总局负责外商投资企业的登记管理，并可以根据外商投资企业发展状况，向具备条件的地方市场监督管理局授予其外商投资企业登记管理的职责。

（2）省级市场监督管理局负责登记的企业包括省级以上人民政府或其授权的机构履行出资人职责的公司，以及该公司投资设立并持有50%以上股权或者股份的公司。股份有限公司的登记管理由包括省级市场监督管理局在内的地市级以上地方登记机关负责。

案例

国家市场监督管理总局公布“全国被授予外商投资企业登记管理权的市场监管部门名单”①

根据《中华人民共和国外商投资法实施条例》，外商投资企业的登记注册，由国务院市场监督管理部门或者其授权的地方人民政府市场监督管理部门依法办理。国务院市场监督管理部门应当公布其授权的市场监督管理部门名单。2020 年 8 月 4 日，国家市场监督管理总局公告“全国被授予外商投资企业登记管理权的市场监管部门名单”，公布了 31 个省、自治区、直辖市和新疆生产建设兵团被授予外商投资企业登记管理权的数百个地方市场监督管理部门。今后根据授权情况变化会对名单进行更新，公众可登录国家市场监督管理总局网站查询。

（3）市（地区）、县（区）市场监督管理（分）局负责登记本辖区内除国家市场监督管理总局和省级市场监督管理局负责登记以外的其他企业，以及国家市场监督管理总局和省级市场监督管理局授权登记的企业。有关具体登记管辖由省级市场监督管理局规定。县级市场监督管理部门的派出机构可以承担个体工商户等的登记管理职责。

（三）企业登记的范围

依法应当办理企业登记的主体，就组织形式而言包括公司、非公司企业法人及其分支机构，个人独资企业、合伙企业及其分支机构，农民专业合作社（联合社）及其分支机构，个体工商户；按性质和投资来源，则有国有企业、集体企业、股份合作企业、联营企业、在境内设立的港澳台商投资企业和外商投资企业、实行企业化经营的教科文卫体等事业单位、从事经营活动的科技性社会团体、外国企业分支机构、事业单位和科技性社会团体的经营单位、外国（地区）企业常驻代表机构；等等。

我国法将个体工商户与个人独资企业相区分，而实际上个体工商户就是个人业主制企业，对个体工商户实行的登记管理，与国外商事登记法中关于 sole proprietorship 的营业登记相当。对非营业性的外国（地区）企业常驻代表机构的登记，属于对有关企业的法律主体资格和能力进行审核确认，外国（地区）企业常驻代表机构虽然不是法人，但其登记在一定程度上具有法人登记的性质，而不具有营业登记的性质。

（四）企业主要登记事项

1. 企业名称

企业名称应当符合有关企业法律、法规和《企业名称登记管理规定》及相关规章的要求，经依法登记而取得使用权，受法律保护。

2. 企业的住所

企业的住所是依法将某企业的法律关系集中于一地的地址，又称法定地址。其意义在

---

① 参见《市场监管总局关于公开〈全国被授予外商投资企业登记管理权的市场监管部门名单〉的公告》，中国政府网，https://www.gov.cn/zhengce/zhengceku/2020-08/10/content_5533676.htm，访问日期：2024-03-16。

于确定企业作为法律主体存在的空间状态，有利于企业从事活动及参加各种法律关系，也有利于政府和公众对企业的管理监督。企业以其主要办事机构所在地为住所，例如，董事会办公所在地具有企业管理经营中心的职能。合伙企业、个人独资企业和个体工商户在法律上不是独立主体，因此合伙企业不登记住所，《市场主体登记管理条例》要求登记合伙人的住所；个人独资企业和个体工商户则以承担无限责任的投资人或经营者的住所为住所。

兹不完全列举现行法中有关企业住所的法律意义如下：（1）在民事诉讼中，住所地是确认地域管辖和诉讼文书送达的标准。[①]（2）在合同关系中，如果合同的履行地不明确，住所地是确认合同履行地的标准之一。[②]（3）在市场监督管理中，住所地通常与行政管辖的范围相一致。（4）在涉外民事关系中，住所地是认定适用何种法律（准据法）的依据之一。（5）在税收法律关系中，住所地是确定所得税、营业税等主要税种征纳的依据之一。

3. 经营场所

经营场所是企业从事生产经营活动的地点，如工厂所在地。与住所不同的是，一个企业可以有多个经营场所，而我国法律上只允许一个企业拥有一个住所，登记一个主要经营场所；合伙企业和企业分支机构只有经营场所，而没有住所。

《中华人民共和国市场主体登记管理条例实施细则》（以下简称《市场主体登记管理条例实施细则》）规定，合伙企业的经营场所和合伙人的住所为登记事项，显然，二者都不能替代将合伙企业的法律关系集中于一处的合伙企业的营业地址；同时规定公司等企业法人的登记事项中不包括经营场所，其实对于企业法人来说，登记其经营场所比如工厂，对其生产经营地点及活动进行监督管理，从法律上说也是十分必要的。

4. 法定代表人

这是法人企业的登记事项，非法人企业登记时则为负责人或事务执行人。负责人的概念在外延上包括法定代表人，法定代表人也即法人的负责人，其职务范围内的行为就是法人的行为。法定代表人以企业法人名义从事的活动即为法人的行为，概由法人担责，无须授权。这对企业法人的利益和交易安全都是不利的。由于这个原因，其他国家和地区都没有法定代表人的概念和制度，只有法定代理人、授权代表、执行董事等执行人的概念或制度。合伙企业的合伙人在合伙事务范围内互有代理权，负责合伙事务，所以《市场主体登记管理条例》规定对各合伙人都要进行登记；同时，合伙企业不妨确定一个或数个合伙人执行合伙事务，这也是登记事项。个人独资企业和个体工商户的投资者或经营者是企业或营业的当然负责人，所以只需对其进行登记即可。企业分支机构包括分公司的负责人，则与企业内部机构负责人如销售科长等性质无异，属于职务代理人的范畴。

企业法人的法定代表人由董事长、执行董事或经理担任，实际从事企业的经营管理，性质上也是企业高级管理人员。适应市场经济的要求，市场监督管理部门比照《公司法》对董事、监事和经理任职资格的限制，规定，有下列情形之一的，不得担任法定代表人，

① 参见《中华人民共和国民事诉讼法》（以下简称《民事诉讼法》）第二章第二节“地域管辖”和第89条。

② 参见《民法典》第511条第3项。

企业登记机关不予登记：无民事行为能力或者限制民事行为能力；因贪污、贿赂、侵占财产、挪用财产或者破坏社会主义市场经济秩序被判处刑罚，或者因犯罪被剥夺政治权利，执行期满未逾 5 年；担任破产清算的公司、非公司企业法人的法定代表人、董事或者厂长、经理，对破产负有个人责任，自破产清算完结之日起未逾 3 年；担任因违法被吊销营业执照、责令关闭的公司、非公司企业法人的法定代表人，并负有个人责任，自该企业被吊销营业执照之日起未逾 3 年；个人负债数额较大，到期未清偿；有法律、行政法规规定不得担任法定代表人的其他情形。①

《公司法》第 10 条第 2、3 款规定：担任法定代表人的董事或者经理辞任的，视为同时辞去法定代表人；法定代表人辞任的，公司应当在法定代表人辞任之日起 30 日内确定新的法定代表人。第 11 条第 2 款规定，公司章程或者股东会对法定代表人职权的限制，不得对抗善意相对人。这是维护交易安全的必然要求。

5. 注册资本或出资额

对法人企业而言，注册资本代表着出资人或股东的义务以及其承担责任的界限，具有重要的法律意义。个人独资企业和合伙企业也是典型的资本企业，但出资人对企业债务承担责任并不以其投入企业的资本为限，“注册”资本对于出资人承担责任无甚法律意义，因此，对个人独资、合伙等非法人企业的相应登记事项为出资额，而不是注册资本。对企业的分支机构来说，企业拨给用以营运的资金同该分支机构和企业本身对其债务承担责任没有任何关系，所以，该等资金既非资本，也非出资，相应的登记事项为资金数额或营运资金。

6. 企业类型

企业类型是指企业的法律形态或法律组织形式，原先企业登记中的“经济性质”一项已被企业类型所取代。在企业登记管理中，结合企业股本或投资来源、所有制性质和法律组织形式等因素划分企业类型，以完整地反映国民经济的结构。根据 2023 年国家统计局和国家市场监督管理总局印发的《关于市场主体统计分类的划分规定》，企业划分为内资企业、外商投资企业、港澳台投资企业、外国（地区）企业、集团和其他等大类；具体登记类型包括有限责任公司、股份有限公司、国有企业、集体企业、股份合作企业、联营企业、事业单位营业、社团法人营业、普通合伙企业、特殊普通合伙企业、有限合伙企业、个人独资企业、外国（地区）公司分支机构、外国（地区）企业常驻代表机构、内资集团、外资集团、农民专业合作社、个体工商户等 135 种。

7. 经营范围

这是法律上对企业的能力和活动范围的认可及限定。在市场经济条件下，法律上对企业经营范围的控制趋于宽松，大致控制其经营的行业类别和性质，并允许企业在不违背其基本宗旨的情况下从事经营范围之外的某些辅助性的、零星的活动，如采购和偶尔转售用于职工生活的农副产品、日用消费品等。控制的宽松也表现为除法律上有特别限制外，允许企业自由变更经营范围。

---

① 参见《市场主体登记管理条例》第 12 条。

8. 出资人或发起人

法治的一项基本要求或原则是每个人对自己的行为负责，通常为过错责任，所以企业和公司法治的一个趋势是追究企业法人责任时穿透至其实际控制人，即在背后控制或操控企业法人的人须对自己的控制或操控行为负责。实际控制人通常是出资人、股东或发起人，因此《市场主体登记管理条例》要求登记有限责任公司的股东、股份有限公司的发起人、非公司企业法人的出资人的姓名或者名称。此举除了可以明确出资主体及其权利义务，也有利于在必要时查明企业法人的实际控制人。

（五）备案事项

为了给市场主体提供清晰的指引，改变备案规定分散的状况，适应企业登记便利化要求，《市场主体登记管理条例》对备案事项作了集中规定。备案是指存档备查，相对于登记，市场主体有义务向登记主管机关报告相关事项或提供相关信息，但无须登记主管机关批准。备案制度有助于政府掌握企业的情况，有利于保护企业及相关利害方的合法权益。

根据《市场主体登记管理条例》的规定，就下列事项应当向登记机关办理备案：章程或者合伙协议；经营期限或者合伙期限；有限责任公司股东或者股份有限公司发起人认缴的出资数额，合伙企业合伙人认缴或者实际缴付的出资数额、缴付期限和出资方式；公司董事、监事、高级管理人员；农民专业合作社（联合社）成员；参加经营的个体工商户家庭成员姓名；市场主体登记联络员、外商投资企业法律文件送达接受人；公司、合伙企业等市场主体受益所有人相关信息；法律、行政法规规定的其他事项。①

受益所有人的概念与实际控制人类似：实际控制人是指能够实际支配公司行为的人，受益所有人则是指这种控制的最终受益人。实际控制包括决定企业的法定代表人、董事、监事或高级管理人员、执行合伙人的任免，决定重大经营、管理决策的制定或者执行，决定财务收支，长期实际支配、使用重要资产或者主要资金等。实际控制人与受益所有人可能是一致的，即实际控制人就是受益所有人；二者也可能不一致，比如通过协议、亲属关系等方式实施控制，表面上控制着企业的大股东、董事长、法定代表人、合伙人等的背后还存在隐蔽的控制人即受益所有人。境外投资者或者国内投资者在海外设立的企业通过可变利益实体（variable interest entities，简称 VIE）架构控制境内的企业，从而享有该企业运营的利益，就属于一种协议控制，企业登记机关、证券和金融监管部门以及公众往往难以掌握其控制关系。受益所有人信息管理制度由中国人民银行会同国家市场监督管理总局制定。

二、企业登记的类型

（一）设立登记

1. 企业名称保留

设立企业需要先确定企业名称。拟设立企业的申请人自主申报企业名称，企业名称

---

① 参见《市场主体登记管理条例》第 9 条。

申报系统对申请人提交的企业名称自动比对，企业名称中不含行政区划以及含有“中国”“中华”“中央”“全国”“国家”等字样的，申请人须同时在国家市场监督管理总局的企业名称申报系统和企业名称数据库中进行查询、比对和筛选，选取中意且符合名称管理规定的企业名称。

原先公司和其他企业的名称预先核准和保留规定不一，2020 年修订的《企业名称登记管理规定》，统一了企业名称保留制度，从而便于市场主体知法、守法，也有利于登记管理和相应的司法。

《企业名称登记管理规定》规定：企业登记机关对通过企业名称申报系统提交完成的企业名称予以保留，保留期为 2 个月。设立企业依法应当报经批准或者企业经营范围中有在登记前须经批准的项目的，保留期为 1 年。[①] 企业登记机关可以向申请人出具名称保留告知书。申请人应当在保留期届满前办理企业登记。

保留期内的企业名称具有专有性，可以对抗第三人的不法使用或侵犯，但不得将保留的企业名称用于经营活动，不得转让。

2. 经营性网站和非经营性网站备案登记

根据前述《经营性网站备案登记管理暂行办法》的规定，经营性网站所有者取得 ICP 许可证的，在各地市场监督管理局在线申请备案，完成在线提交程序后，于 30 日内以邮寄或当面递交等方式向市场监督管理部门提交相应的书面申请及证明材料。对于符合备案条件的申请，市场监督管理部门自受理申请 5 个工作日内，将该网站备案的主要内容予以公告，公告期为 30 日，公告期满无异议的，向备案网站发放统一制作的经营性网站备案电子标识，备案信息向社会公开，可供公众查询。

非经营性网站由工业和信息化部主管。根据工业和信息化部《非经营性互联网信息服务备案管理办法》的规定，拟设立非经营性网站者，通过工业和信息化部备案管理系统在线履行备案手续，省级通信管理局收到备案材料后，应在 20 个工作日内完成审核，通过后予以备案，并发放备案电子验证标识和备案编号，通过工业和信息化部备案管理系统公布有关备案信息。

3. 登记规范

设立企业，应当符合相关企业法关于拟设立企业类型的资本、组织机构、承担责任方式、财务会计等方面的实体性要求。

企业设立实行实名登记，申请人须经登记机关核验身份信息。

国家市场监督管理总局根据企业类型分别制定登记材料清单和文书格式样本，通过政府网站、登记机关服务窗口等向社会公开，以免群众“跑冤枉路”，登记机关能够通过政务信息共享平台获取的市场主体登记相关信息更不得要求申请人重复提供。

申请设立企业，应向登记机关提交申请书，申请人资格文件、自然人身份证明，住所或者主要经营场所相关文件，公司、非公司企业法人、农民专业合作社（联合社）章程或者合伙企业合伙协议，法律、行政法规和国务院市场监督管理部门规定提交的其他

---

① 参见《企业名称登记管理规定》第 18 条。

材料。企业设立分支机构，应当向分支机构所在地的登记机关申请登记。法律、行政法规或者国务院决定规定设立市场主体须经批准的，应当在批准文件有效期内向登记机关申请登记。

登记机关应当对申请材料进行形式审查。对于申请材料齐全、符合法定形式的，予以确认，当场登记。不能当场登记的，应当在 3 个工作日内予以登记；情形复杂的，经登记机关负责人批准，可以延长 3 个工作日。登记申请不符合法律、行政法规的规定，或者可能危害国家安全、社会公共利益的，登记机关不予登记并说明理由。登记机关予以登记的，签发营业执照，营业执照签发日期为企业成立的日期；对外国企业常驻代表机构颁发代表机构登记证。港澳台企业在境内设立代表机构的，参照《外国企业常驻代表机构登记管理条例》办理登记，取得相应的登记证。

(二) 变更登记

企业变更登记，是指因合并、分立而存续的企业的登记事项发生变化，企业组织形式转换，或者其他重要事项如名称、住所、经营场所、法定代表人、经营范围、注册资本或出资额、经营期限、分支机构等原来登记的事项发生变化所应进行的企业登记。

企业应当自作出变更决议、决定或者法定变更事项发生之日起 30 日内向登记机关申请变更登记；变更登记事项属于依法须经批准的，申请人应当在批准文件有效期内向登记机关申请变更登记。企业变更依法应当公告的，如公司注册资本减少等，则应自公告之日起 45 日后申请登记。

企业变更住所、主要经营场所或经营场所跨登记机关辖区的，应当在迁入新的住所等之前向迁入地登记机关申请变更登记，并提交新的住所等使用相关文件；迁出地登记机关无正当理由不得拒绝移交企业档案等相关材料。企业跨原登记机关管辖地增设或者撤销分支机构的，应向原登记机关申请变更登记，登记后向分支机构所在地的登记机关申请设立登记或者注销登记。股份有限公司以公开发行新股方式或者上市公司以非公开发行新股方式增加注册资本，从而变更注册资本的，应当提交国务院证券监督管理机构的核准或者注册文件。企业章程修改未涉及登记事项的，应当将修改后的章程或者章程修正案向原登记机关备案，修改章程需要相关决议、决定的，还应提交该决议、决定；公司董事、监事、高级管理人员发生变动的，也应向原登记机关备案。

企业变更登记事项涉及营业执照或登记证书变更的，登记机关应当换发营业执照或有关登记证书。

2024 年《国务院关于实施〈中华人民共和国公司法〉注册资本登记管理制度的规定》(以下简称《公司法注册资本登记管理制度实施规定》) 进一步规定了涉及公司资本相关调整的公示制度。其第 4 条规定，公司调整股东认缴和实缴的出资额、出资方式、出资期限，或者调整发起人认购的股份数等，应当自相关信息产生之日起 20 个工作日内通过国家企业信用信息公示系统向社会公示。

(三) 歇业

《市场主体登记管理条例》变更了歇业的概念。原先我国法律上所谓歇业，是指终止营业或者永久停止经营。该条例新增歇业制度，将歇业的含义变更为在一定期间内暂停经营，之后仍可恢复营业。

企业因自然灾害、事故灾难、公共卫生事件、社会安全事件等原因经营困难，但仍有经营意愿和能力的，可以歇业一段时间，与职工协商歇业期间劳动关系处理等有关事项，在歇业前向登记机关办理备案，登记机关通过国家企业信用信息公示系统向社会公示其歇业期限、法律文书送达地址等信息。送达地址可以不同于并代替住所或者主要经营场所。

歇业期限最长不得超过 3 年。企业在歇业期间开展经营活动的，视为恢复营业，应当主动于 30 日内在国家企业信用信息公示系统上公示终止歇业。备案的歇业期限届满，或者歇业满 3 年，视为自动恢复经营。企业决定不再经营的，应当办理注销登记。

（四）撤销登记

鉴于实践中出现了虚假登记尤其是“冒名登记”问题，社会反响很大，《市场主体登记管理条例》增加了撤销登记的规定。对于提交虚假材料或者采取其他欺诈手段隐瞒重要事实取得企业登记的，受虚假登记影响的自然人、法人和其他组织可以向登记机关提出撤销登记的申请，登记机关也可依职权主动进行调查。

登记机关受理撤销登记申请的，应当及时开展调查。经调查认定存在虚假登记情形的，登记机关予以撤销登记。相关主体和人员无法联系或者拒不配合的，登记机关可以将相关登记时间、登记事项等通过国家企业信用信息公示系统向社会公示，公示期为 45 日。相关主体及其利害关系人在公示期内没有提出异议的，登记机关撤销该虚假登记。

同一登记包含多个登记和备案事项，其中部分事项被认定为虚假，撤销虚假的登记或备案事项不影响企业存续的，登记机关可以仅撤销该虚假登记或备案事项，也即部分撤销。

因虚假登记被撤销的，其直接责任人自登记被撤销之日起 3 年内不得再次申请企业登记。对此登记机关通过国家企业信用信息公示系统予以公示。

但如果撤销登记可能对社会公共利益造成重大损害，或者撤销登记后无法恢复到登记前的状态，以及有法律、行政法规规定的其他情形，登记机关可以不予撤销登记；登记机关或者其上级机关认定撤销登记决定错误的，可以撤销该决定，恢复原登记状态，并通过国家企业信用信息公示系统公示。

（五）注销登记

企业注销登记是指企业因依法被撤销、终止经营或营业、宣告破产等原因而解散，依法清算完毕后，由登记机关办理的消灭企业法律主体资格的登记。

从我国的实际情况看，需要强调企业解散后依法进行清算，以保证其从某市场领域正常退出，维护债权人利益和社会经济秩序，尽力避免企业倒闭后陷于无人问津、责任人逃匿、财产流失等非正常状态而不得已将其注销的情况。《市场主体登记管理条例》规定，企业经清算或者全体投资人承诺已清结包括职工工资、社保缴费、各项税款在内的债权债务后方可办理注销登记。这是符合市场经济及法治精神的一项重要发展。

企业经过清算的，清算组应当自清算结束之日起 30 日内向登记机关申请注销登记；市场主体申请注销登记前，应当依法办理分支机构注销登记。

《市场主体登记管理条例》增加了注销登记的简易程序：企业未发生债权债务或者已清结各项债权债务包括职工工资、社会保险费用、应缴税款等，全体投资人书面承诺其真实性并对此承担法律责任的，可以适用简易程序注销登记。企业应将注销登记申请和全体投资人的承诺书通过国家企业信用信息公示系统公示，公示期为 20 日，公示期内无相关部门、债权人及其他利害关系人提出异议的，企业可于公示期届满之日起 20 日内向登记机关申请注销登记。个体工商户按照简易程序办理注销登记的，无须公示，由登记机关将个体工商户的注销登记申请推送至税务等有关部门，有关部门在 10 日内没有提出异议的，直接予以注销登记。

企业注销依法须经批准的，或者市场主体被吊销营业执照、责令关闭、撤销，或者被列入经营异常名录的，不适用简易注销程序。

人民法院裁定强制清算或者裁定宣告破产的，有关清算组、破产管理人可以持人民法院终结强制清算程序的裁定或者终结破产程序的裁定，直接向登记机关申请办理注销登记。

企业办理注销登记时，应当交回纸质营业执照正、副本。当事人拒不缴回或者无法缴回的，登记机关在完成注销登记后，通过国家企业信用信息公示系统公告营业执照作废。经登记机关注销登记，企业即告终止或消灭。

第六节　企业登记监督管理

一、企业登记监督管理的含义

企业登记监督管理，是指市场监督管理机关基于企业登记而对企业依法实行的监督管理。登记机关监督企业按照规定办理设立、变更、注销等登记，按照登记事项和企业章程、合同从事经营活动，遵守国家法律、法规和政策；制止和查处不法经营行为，保护市场主体的合法权益。对于登记中隐瞒真实情况、弄虚作假或者未经登记擅自营业，不法改变主要登记事项或者超出登记的经营范围从事活动，不按照规定办理注销登记，伪造、涂改、出租、出借、转让、出卖营业执照或其副本，抽逃、转移资金，隐匿财产逃避债务以及从事非法经营活动，等等，登记机关可根据情况分别给予责令改正、罚款、没收非法所得、责令关闭停业、吊销营业执照等处罚。

除由登记机关在日常登记工作中对企业进行监督管理外，《市场主体登记管理条例》还对企业证照和登记档案管理等制度作了规定。

二、登记机关的义务

企业登记管理遵循依法合规、规范统一、公开透明、便捷高效的原则。按照优化营商环境和企业登记便利化的要求，登记机关应当优化登记流程，提高登记效率，推行当场办结、一次办结、限时办结等制度，实现集中办理、就近办理、网上办理、异地可办等。国家市场监督管理总局和国务院有关部门推动登记信息与其他政府信息的共享和运用，提升政府服务效能。

登记机关应依法履行职责，不得对不符合规定条件的登记申请予以登记，包庇违法登记，或以拖延、刁难、推诿、舞弊等行为损害登记申请人或企业的合法权益。登记机关处理登记违法行为，必须查明事实，依法处理，并将处理决定书面通知当事人。登记机关及其工作人员违反法律法规未履行职责或者履行职责不当的，直接负责的主管人员和其他直接责任人员应依法承担行政责任和刑事责任，权益受到损害的当事人亦有权依法对登记机关提起行政诉讼。

随着市场经济和法治的发展，国家企业信用信息公示系统不断完善，登记机关将企业登记、备案信息通过国家企业信用信息公示系统向社会公示。这是我国市场监督管理机关转变职能，由单纯的限制、禁止向加强为社会提供服务的方向发展，以在市场经济条件下有效维护交易安全的一项标志和重要举措。

三、登记机关的监管职责

登记机关根据各类企业的信用风险状况实施分级分类监管；应当采取随机抽取检查对象、随机选派执法检查人员的方式，对企业登记事项进行监督检查，并及时向社会公开监督检查结果。必要时可以委托会计师事务所、税务师事务所、律师事务所等专业机构开展审计、验资、咨询等相关工作，依法使用其他政府部门所作的检查、核查结果或者专业机构的专业结论。

登记机关查处涉嫌违反登记管理规定的行为，可以行使下列职权：进入市场主体的经营场所实施现场检查；查阅、复制、收集与市场主体经营活动有关的合同、票据、账簿以及其他资料；向与市场主体经营活动有关的单位和个人调查了解情况；依法责令市场主体停止相关经营活动；依法查询涉嫌违法的市场主体的银行账户；法律、行政法规规定的其他职权。

四、企业年度报告公示制度

我国实行多年的企业年度检验制度自 2014 年 3 月起改为企业年度报告公示制度。按照《市场主体登记管理条例实施细则》的规定，企业应当于每年 1 月 1 日至 6 月 30 日，通过国家企业信用信息公示系统报送上一年度年度报告，向社会公示。个体工商户可以通过纸质方式报送年度报告，并自主选择是否向社会公示。

登记机关可以对企业年度报告公示内容进行抽查，经检查发现企业年度报告隐瞒真实情况、弄虚作假的，可依法予以处罚，并将企业法定代表人、负责人等信息通报公安、财政、海关、税务等有关部门。对于未按规定期限公示或者报送年度报告的企业，由登记机关列入经营异常名录，可处以 1 万元以下的罚款。

五、企业证照管理

企业证照主要是指企业营业执照，有正、副本之别。二者都是市场监督管理机关核发的，其内容和法律效力完全相同。二者的不同之处是：正本是悬挂式的，必须置于企业住所或营业场所的醒目位置；副本则为折叠式的，主要是供企业在其活动中提供证明之用。此外，证照的正本为一份，副本则可以有多份，可由企业根据生产经营的需要向市场监督管理机关申请核发。

营业执照载明企业名称、法定代表人（执行事务合伙人、个人独资企业投资人、经营者或者负责人）姓名、类型（组织形式）、注册资本（出资额）、住所（主要经营场所、经营场所）、经营范围、登记机关、成立日期、统一社会信用代码。

适应网络和大数据时代企业登记管理现代化的要求，我国也采用了电子营业执照。电子营业执照与纸质营业执照具有同等法律效力。

企业应当将营业执照置于住所（主要经营场所、经营场所）的醒目位置。从事电子商务经营的企业应当在其首页显著位置持续公示营业执照信息或者其链接标识。未按规定将营业执照置于住所（主要经营场所、经营场所）醒目位置的，由登记机关责令改正；拒不改正的，处 3 万元以下的罚款。电子商务经营者未在首页显著位置持续公示营业执照信息或者相关链接标识的，由登记机关依照《电子商务法》处罚。市场主体被吊销营业执照的，登记机关将吊销情况标注于电子营业执照中。

任何单位和个人伪造、涂改、出租、出借、转让营业执照的，由登记机关没收违法所得，处 10 万元以下的罚款；情节严重的，处 10 万元以上 50 万元以下的罚款，吊销营业执照。

六、企业登记档案管理

企业登记档案是登记机关在登记、备案过程中形成的具有保存价值的文件，包括有关记录性文字、图表和声像等。登记机关对其依法分类，有序收集管理，推动登记档案电子化、影像化。

企业登记档案是对各行业及个别企业动态的真实、客观的反映，它既可以为国家的决策和有关部门开展工作提供可靠的数据和资料，又可以为国家机关、企业和专业人士提供企业信息与资信的查询服务。《市场主体登记管理条例实施细则》规定了可以查询登记管理档案的主体和查询时应当提交的材料：查询主体包括公安机关、国家安全机关、检察机关、审判机关、纪检监察机关、审计机关等国家机关，以及律师、企业（企业只能查询自身登记管理档案）；查询时应当提交的材料包括公函、查询人员的有效证件、授权委托书、律师执业证书、律师事务所证明及相关承诺书等。

问题与思考

1. 什么是企业登记管理？

2. 什么是企业法人登记？
3. 什么是营业登记？
4. 如何理解企业登记的效力？
5. 企业登记管理的意义是什么？
6. 现代企业登记管理制度是怎样形成的？
7. 中国近代企业登记管理制度的沿革情况如何？
8. 我国现行企业登记管理制度的由来和现状是怎样的？
9. 企业设立有哪些立法原则？如何理解其各自的含义和意义？
10. 关于企业设立登记有哪些主要规定？
11. 关于企业分支机构登记有哪些主要规定？
12. 企业变更有哪些类型？
13. 简述企业合并的含义。
14. 关于企业变更登记有哪些主要规定？
15. 企业终止或解散有哪些事由？
16. 清算的概念和意义是什么？
17. 关于企业注销登记有哪些主要规定？
18. 企业名称的意义和特征是什么？
19. 关于企业名称登记管理有哪些主要规定？
20. 我国关于企业登记管辖是如何规定的？
21. 企业主要登记事项有哪些？其含义分别是怎样的？
22. 企业登记监督管理的含义和内容是什么？
23. 关于企业年度报告有哪些规定？
24. 关于企业证照管理有哪些规定？
25. 关于企业登记档案管理有哪些规定？

第四章

企业法人财产权

本章摘要

企业法人财产权问题是在公有制基础上发展商品货币关系或市场经济所引起的。在私有制主导的社会里，法律和社会心照不宣地维护着企业所有者与企业意志高度统一基础上的二者法律人格的分离，并随时纠正这种高度统一因各种原因造成的失衡，以利于交易和投资的开展。在国有企业作为政府机关附属物的情况下，也不存在企业法人财产权的问题。就更广泛的意义而言，企业出资者和实际利用他人的资本谋生者，都期冀有一道法律屏障将出资者与企业相隔离，以规避风险和尽数牟利。这种客观要求反映到人们的意识中，便形成主张企业法人对企业财产享有或不享有所有权的种种观点。随着改革开放的深化，市场经济的机制和规律日益显现，我们有必要从有利于企业和经济的发展、进步出发，尊重社会经济和财产权关系发展的客观规律，超然于某种社会阶层或集团的功利，阐明企业法人同其出资者或股东之关系的原理，并得出适当的结论。尤其对于国有企业和国有主体控制的企业来说，它关系到社会或人民、国家、企业、企业经营者和职工间的基本定位问题，对于我国的企业改革和社会经济发展，具有重大的理论意义和实践价值。

关键术语

法人财产权　企业法人财产权　企业所有权　企业私有权　“双重所有权”观点　商品所有权观点　信托所有权观点　“总分式”所有权观点　经营管理权观点　《苏俄民法典》《苏联和各加盟共和国民事立法纲要》　占有权观点　用益权观点　“虚有权”　法律所有权观点　经济所有权观点　法人所有权观点　经营权观点　公司财产权　股权　股东权　“企业本体论”　共益权　社员权　自益权　资本民主　股份民主　“法人拟制说”“法人实在说”“有机体说”“组织体说”“法人否认说”“受益者主体说”“管理者主体说”“无主财产说”“目的财产说”　无限责任法人　“空壳”公司　皮包公司　“刺破公司面纱”　“否认法人人格”　“刺破法人面纱”　封闭性公司(closed company)　“少数人控制公司”　“个人控制公司”(personal holding company)　“直索责任”(Durchgriff)　法律规避行为　避税

第一节　企业法人财产权问题的由来

一、问题的提出

企业法人财产权问题由国有企业财产权性质问题所引发，成为社会主义国家在经济和法律上的一个重大理论问题，同时也具有重要的实践意义。它是在公有制基础上发展商品货币关系或市场经济所引起的。

在私有制占主导地位的国家或社会，企业、公司或法人的财产权不成其为问题，因为，尽管企业、公司或法人在表面上可以像自然人一样行事，取得并行使包括所有权在内的民事权利和其他权利，但企业、公司或法人本身及其支配的资产，都是属于股东或“老板”的。这在人们的观念和法律上是不言而喻的，法律、法官、民众都能心照不宣地维护企业所有者与企业意志高度统一基础上的二者法律人格的分离。在企业或公司有违诚信道德、任意利用其法人“面具”或“画皮”谋利而有损他人利益时，置法人“独立”人格的面具于不顾而直接追究其所有者或控制人的责任，也是公认的准则。所以，西方国家的法律都没有也无须对企业、公司或法人的财产权及其性质作出规定，只需规定其像自然人一样具有权利能力即可。

在国有企业作为政府机关附属物的情况下，也不存在企业财产权的问题。例如，在苏俄实行军事共产主义或“总局制”时期，企业均听命于政府，无权自主、自由地参加民事流转，更无权出租、转让企业的生产资料和固定资产，超出企业日常管理范围的事项都要由政府决定。企业既然没有什么权利，也就不会提出它应当享有何种财产权的问题。

企业法人财产权问题，始于 20 世纪 20 年代初苏俄实行新经济政策时，其法学界关于国有企业的地位以及其财产权性质的讨论。① 当时苏俄从军事共产主义转向新经济政策，要求国有企业实行独立核算，在商业的基础上开展活动。配合新经济政策的实施，苏俄于 1922 年制定了第一部《苏俄民法典》，其第 58 条规定，所有权是所有人对其财产“在法律规定的范围内，所有人有占有、使用和处分的权利”②。之后苏联于 1927 年颁布的《国营工业托拉斯条例》第 5 条更是规定，国有企业对国家拨给“它的财产有占有、使用和处分的权利”③。企业由国家设立或属于国家，却在商品关系的支配下从事活动，获得了某种独立性，且无须像私人企业那样受制于具体的老板，于是在私有制条件下很清晰的企业法权关系发生了模糊和崩溃，给学者造成困惑。苏俄法学家便结合当时的经济政策和法律规定，就国有企业的法律地位和财产权问题开始了延续至中国改革开放以后的历史性大讨论。

---

① 以下有关讨论背景及观点，参见［苏］O. C. 约菲：《苏联民法思想的发展》，载中国人民大学法律系民法教研室编：《外国民法论文选》，119～130 页，北京，1984。

② 《苏俄民法典》，王增润译，35 页，北京，1950。

③ 转引自［苏］O. C. 约菲：《苏联民法思想的发展》。

可以说，这场讨论引发了一个“永恒”的话题。凡在所有权和商品货币关系起作用的地方，社会上就存在着两种截然相反的要求：企业的投资者和实际利用他人的生产资料谋生者，都需要一道法律屏障，将投资者同企业隔离开来——投资者借以规避市场风险，实际依赖企业谋生者则希望借此尽可能将企业的盈余合法或不法地留归自己，阻断投资者的任意索取和干预。而当它们逾越一定的商业道德和所有制关系所决定的法权界限，或者出资者以企业法人行为作借口而损害他人利益，或者非所有者过度占取劳动价值时，法律就会毫不犹豫地令其所有者走上前台，或者所有者自己走出来主张对企业的所有者权益。这两种要求反映到人们的意识中，便形成了主张企业法人对企业财产享有或不享有所有权的种种观点。因此有必要从有利于社会经济的发展、进步出发，尊重客观规律，超然于某种社会阶层或集团的功利，阐明企业法人同其出资者或股东之关系的原理，并得出适当的结论。

二、有关企业法人财产权的主要观点

（一）苏联法学界提出的主要观点

苏联法学界关于国有企业财产权的讨论，在某种程度上奠定了我国有关法人财产权讨论的基础。苏联法学界在讨论中提出大致以下三类观点。

1. 企业私有权或所有权观点

在苏俄实行新经济政策时，西方和“白俄”法学家首先提出了这种观点。他们把新经济政策解释为“复辟”资本主义，认为既然国有企业在经济上独立于国家，实行经济核算，它们便成了原先为国家所有的企业财产的“私人所有者”。一般法学家中也有受这种观点影响者，他们论证道：《苏俄民法典》确认的所有权概念，实际上是对私人所有权的定义，国有企业既然享有民法典规定的占有、使用、处分等所有权的全部权能，便应对企业的财产享有“独立经营主体”的私有权或所有权。

由于这种观点在政治和意识形态上不合时宜，它在苏联理论界和法学界没有产生多少影响。

2. “双重所有权”观点

这是在国有企业财产权的讨论中流传最广、最有争议的一种观点，其表现形式多样，在我国也一度有相当的市场。

（1）商品所有权观点。这是一种国家与企业分享所有权的观点。它认为，参加商品关系的主体必须是自己所持有商品的所有者，所以，国有企业对企业有权处分的、作为商品流通的财产享有所有权，企业中国家不允许其作为商品流通的厂房、机器设备等财产属于国家所有。

（2）信托所有权观点。这种观点借鉴英美法系的信托制度，把国家与企业的财产关系表述为分等级的“两层楼”式的所有权关系，认为国家委托国有企业管理一定的国家财产，国家对该财产享有信托人的所有权，企业对该财产享有受托人的所有权。

（3）“总分式”所有权观点。这种观点认为，国家对整个全民财产享有所有权，同时各国有企业分别对国家交给它经营管理的财产享有所有权。

3. 经营管理权观点

随着苏联计划经济体制的建立，在 20 世纪 30 年代末，苏联法学界逐渐确立了一种经典性观点，即国家是全民财产的统一和唯一的所有权人，全民财产的所有权不能属于个别的机关和企业。以此为基础，苏联著名法学家 A. B. 维涅吉克托夫提出了国有企业经营权观点。自 40 年代末期起该观点在苏联法学界占据主流地位，并为官方所认可。

A. B. 维涅吉克托夫的代表作是于 1948 年出版的《社会主义国家所有制》一书。在该书中，维氏论证了国有财产的统一性及分散利用的必要性。基于这种必要性，企业应当对国家固定给其经营管理的财产享有相应的法律上的权利。这一观点被写进于 1961 年制定的《苏联和各加盟共和国民事立法纲要》和于 1964 年制定的第二部《苏俄民法典》，上升为法律制度。其表述是：国家是全民财产的统一和唯一的所有权人，国有企业在法律规定及其财产用途的范围内，对国家交给它经营管理的财产享有占有、使用和处分的权利。

经营管理权观点在苏联还得到推广，被适用于国有企业以外的其他领域：不同所有权主体和同一所有制内部的不同单位成立的联合组织，以及集体所有权主体、社会团体等单独设立的企业或组织，都被认为对其财产享有经营管理权。

（二）我国法学界提出的主要观点

在我国改革开放伊始，在扩大企业自主权的序曲声中拉开了国有企业改革的帷幕，我国法学界即在苏联法学界讨论的基础上，继续就企业法人财产权问题展开讨论。在讨论中，学者重复了苏联提出的各种观点，同时也在其基础上有所深化，并就我国国有企业与现代的股份公司和有限公司开展类比研究。其中，在双重所有权的框架下提出的观点最为丰富多彩。

1. 若干“双重所有权”观点

我国学者提出的“双重所有权”观点，也包括上述商品所有权观点和信托所有权观点，此外还有以下四种主要观点。

（1）占有权观点。[①] 这种观点认为，国家对全民财产享有所有权，国有企业对企业财产享有“占有权”。所谓占有权是一种相对所有权，属于物权性质。

（2）用益权观点。[②] 这种观点借鉴《法国民法典》中的用益权制度，认为国有企业的财产权是一种依法设立的用益权，在用益权存续期间，企业按照自己的意志对企业财产使用、收益，国家不得过问。此时国家所有权纯为最终收回财产或其价值的权利，因而与《法国民法典》中相对于用益权的空虚所有权是一样的，是一种“虚有权”。

（3）法律所有权和经济所有权的观点。[③] 这种观点认为，在国家与国有企业的关系中，国家只是名义上享有所有权，所有权的各项权能均为企业实际享有，所以，这是一

---

① 参见江平、康德琯、田建华：《国家与国营企业之间的财产关系应是所有者和占有者的关系》，载《法学研究》，1980（4）。

② 参见李开国：《国营企业财产权性质探讨》，载《法学研究》，1982（2）。

③ 参见赵万一：《论所有权的权能》，载《法学季刊》，1985（2）。

种法律上的单纯所有权；企业则享有经济所有权，直接对企业财产行使所有权的权能并取得经济利益。使国家保持单纯所有权、企业享有经济所有权，便可以既保证企业的自主权又保证国家利益的实现。

（4）法人所有权观点。① 这种观点借鉴了有限公司和股份公司的财产权结构，认为国家投资设立企业时，国家的所有权转换为出资权或股权，企业则取得法人所有权，同时国家保留对企业财产的终极所有权，可于企业终止时取回清算后剩余的财产。因此，法人所有权是一种相对所有权。

毋庸讳言，受到世界性的私有化浪潮和冷战以“东方”全面告负的现实的影响，持法人所有权观点者之中，不乏或明或暗地持企业私有权观点者，希望借此在中国推动并实现像苏联、东欧剧变后实行的那种消灭公有制的“改革”。

2.“经营权”观点

改革开放以来，我国法学界主要是民法学界有一种倾向，就是在诟病苏联计划经济体制的同时，一方面否定经济管理机关在国民经济和国有财产体系中享有经营管理权，另一方面力图在微观上将企业的经营权和管理权分开，以示与苏联的国家所有权和经营管理权理论及其制度划清界限。《民法通则》第 82 条就是这种倾向的写照，它规定：“全民所有制企业对国家授予它经营管理的财产依法享有经营权，受法律保护。”换言之，另一半“管理”全民财产的权利（力）不属于企业，或者说不属于民法范畴，民法可以“不管”。

其实，“经营权”无非就是在坚持国家所有权的基础上赋予国有企业的经营管理权。无论在概念上还是在实践中，经营与企业的管理都密切相关、不可分割。经营与管理在概念上也是包容、交叉的。按照通常理解，经营是指筹划决策及其贯彻实施，既包含管理的意义，又可视为一种高级的管理；管理则泛指对各种事务的处理和执行。在实践中，企业作为民事主体，其占有、使用、依法处分一定的国有财产都涉及管理问题，如生产管理、销售管理、安全保卫等，而且这种管理不能脱离国家作为“老板”的事实，在人、财、物诸方面均需同国家机关的管理相衔接并发生交互作用。因此，经营与管理无论在宏观、微观上还是在观念上都是不可分的，应当对经营管理权作总括、完整的抽象，方可避免理论上的片面，进而危及实践。在此基础上，并不妨碍人们从不同角度对经营管理权进行考察、研究，否则，现实生活中的一种生动、活泼的事物，反映到概念上就不再是一个整体，从而限制了法学家同经济学家、政治家们一道，用联系、动态的眼光，在高于实践的水平上为改革提供应有的指导。

3. 关于公司财产权和股权的讨论

法人所有权观点的提出，引发了我国法学界关于公司财产权及其与股东权之关系的讨论，标志着我国法学界关于企业法人财产权的讨论突破了国有企业的范畴。这对各种资合企业、公司具有普遍意义，并为我国建立现代企业法律制度作了理论准备。讨论中提出如下主要观点。

---

① 众多的文章、书籍以各种方式表述了这一观点，在此不能一一列举。最早对企业法人的相对所有权作较为系统的论述的是梁慧星先生的《论企业法人与企业法人所有权》，载《法学研究》，1981（1）。

（1）公司是唯一所有权主体的观点。[①] 这种观点认为，就20世纪的股份公司而言，所有权与经营权已经彻底分离，大公司变为由“经营者控制”，股权则从所有权变成债权，股份公司成为公司财产所有权的唯一主体，由它对公司财产进行占有、使用、收益和处分。股东无意介入企业的决策和经营管理，只关心股息和红利，因此，公司不再也不应受股东控制。

（2）股东与公司双重所有权观点。[②] 这种观点认为，现代股份公司的两权分离，并没有改变股东的所有权，而是表现为公司的财产为公司所有、公司为股东所有的双重所有权结构，因为股东的所有权不可能被经营者剥夺，相反，大股东们牢牢地控制着公司，“两权分离”只是在事实上（不是在法律上）剥夺了小股东对公司的支配权。

（3）股东所有权观点。[③] 这种观点认为：公司的“法人所有权”是一种虚构，现代股份公司及其财产仍为股东所有及控制，公司本身对公司财产只是具体地支配。股份公司的股东权和无限公司的股东权在本质上都是所有权，只是由于一些所有者可能退出了直接生产经营领域，加上财产采取股份的形式，人们才在观念上把人与人之间的关系当成了公司之间的关系和人与公司之间的关系，从而产生了类似于商品拜物教的虚幻。

三、“双重所有权”观点若干评析

（一）大陆法系和英美法系的所有权概念

在历史上，形成了两种不同的所有权概念，分别对应着有很大差异的两种现实财产权体制。为了澄清和说明双重所有权观点，首先必须明确大陆法系和英美法系在财产权概念和体制上的基本差别。

一种是罗马法传统的所有权概念，现为大陆法系国家所采纳。它把所有权视为一种概括、抽象的对物的排他性支配权，特点是“一物一权”，一个物上只允许存在一个所有权（包括共有权）。所有权包含所有权人的自由处分权，将所有权的权能通过设定限制物权的方式转移给他人时，所有权人并不丧失对其所有物的所有权。另一种是中世纪日耳曼习惯法的“所有权”概念，它为当代英美法系所承继。这个概念是指各种对物进行直接占有、支配的权利，特点是一个物上可以并存多个权利，所有权是相对的、具体的。对某物的全面支配，是各种具体支配权的组合，因此，总体权利与具体权利之间没有质的差别。土地出租收取地租的人、事实上耕种土地的人、信托的受托人和受益人等，都可以被认为是所有人。“双重”或“多重”所有权的观念，即来源于此。[④] 中国近现代民商法、中华人民共和国成立以后的法学和法律制度，在类型上可归于大陆法系。

应当认为，较之罗马法和大陆法系来说，日耳曼习惯法和英美法系。的所有权概念是与发育不完全、不彻底的所有权相联系的。原始的所有权，是氏族社会瓦解过程中出

---

① 参见郭锋：《股份制企业所有权问题的探讨》，载《中国法学》，1988（3）。

② 参见王利明：《论股份制企业所有权的二重结构》，载《中国法学》，1989（1）。

③ 参见孙志平：《对股份及股份公司财产关系的再认识》，载《中国法学》，1988（3）。

④ 参见史尚宽：《物权法论》，1～3页，台北，1957；《国际比较法百科全书·财产法在结构上的变化》，载《外国民法论文选》，191～193页。

现的团体共同所有权，即氏族大家庭所有权和村社所有权，它们是以血缘关系和人身依附为特征的。梅因曾发现，村社共同体成员相互之间的关系与财产所有权是联系在一起的，共有财产权在观念上和事实上都不可分割的塞尔维亚和克罗地亚的村社、共有财产权的分割在观念上和事实上被经常重新集中分配财产的做法所限制的俄国村社、共有财产权在观念上可不受限制地分割但事实上受到根深蒂固的习惯的限制的印度村社等，分别代表着所有权从团体共同所有权向个人所有权发展过程中的不同阶段。① 直到公元3世纪，罗马帝国范围内的商品经济高度发达，社会上平等的基础空前扩大，才在历史上第一次形成了抽象的以绝对支配为特征的所有权概念，即“对所有物的完全支配权”(plena in re potestas)，后以“dominium”一词概括其含义。② 这种所有权，以具有独立人格的自然人为其典型主体。个人所有权的进一步发展，呈现出在所有权外部，在人身依附逐渐削弱情况下的权利分化和分层结构。简言之，就是法律在承认某一主体享有所有权的同时，令其承受一定的“负担”，以适当照顾他人的利益，或者方便他人行使权利，如役权、用益权、家子经营权等。③

欧洲中世纪的封建所有权，是在日耳曼人征服西欧、向西欧社会注入原始遗风的基础上，对具有浓重原始团体特征的封建所有制关系的反映。④ 在这种所有权制度下，土地的管理支配权属于马尔克村社或封建领主，实际的耕种劳作则由马尔克自由农民或农奴承担。它把具有隶属关系的不同性质的权利都称为“所有权”⑤，把整体支配权与具体权能相提并论，其实所谓“双重所有权”就是所有权和永佃权。从概念本身的逻辑看，日耳曼习惯法的所有权概念尚处于法发展的低级阶段，实际上没有一般的所有权概念，因为，认为对物或多或少可以直接支配的人都享有某种“所有权”，那么也就否定了所有权。正如许多原始部落只有具体的树和水果的概念，而没有“树”和“水果”的概念一样。由于历史原因，英国法较多地接受了日耳曼习惯法的内容，并保留了它的形式。

欧陆国家则在商品经济发展的过程中，复兴罗马法，在对罗马法进行了长达7个世纪的学术研究之后，以19世纪的法典创制为标志，自觉地吸收了罗马法有关所有权的概念。当然，英美普通法在近现代也已资本主义化，其中不乏合理的成分可供我们借鉴。例如，它不拘泥于“物权法定”的框框，使人们可以根据社会的发展和实际需要，以契约形式设定物权，以达到对财产的充分、有效利用。但如果有意无意地引进其不严格的所有权概念，确立“双重所有权”“相对所有权”等观念和制度，则会模糊和混淆所有权与物权的概念，妨碍我们正确地认识并创建现代企业产权关系。

---

① 参见［英］梅因：《古代法》，147～153页，北京，商务印书馆，1959。

② 参见周枏：《罗马法原论》，上册，299页。

③ 参见周枏：《罗马法原论》，上册，360～382页；下册，616～617页。

④ 中国古代的经济和法律关系，未曾发展出像罗马帝国时代那种平等、独立个体对财产的支配权。它与我们讨论的两种所有权概念没有直接关系，故不予详述。

⑤ 也即在同一土地上，并存着地主的“高级所有权”和佃农的“低级所有权”，佃农只要交租，就可以依其“所有权”对抗高级的所有权，低级所有权甚至可以再转让以收租；但低级“所有权人”不交租时，高级“所有权人”可以收回土地，土地出卖时后者有先买权；高级“所有权人”还对土地的耕作方式有一定的控制权。在欧洲和古代中国都有这种现象，在中国称为“田底权”与“田面权”、“地骨”与“地皮”、“大苗”与“小苗”、“大租”与“小租”等。参见李志敏：《中国古代民法》，101页，北京，法律出版社，1988。

（二）现代股份制企业财产权的本质

现代企业法人制度的真谛在于，把所有权人的财产作量的分割，使之在交易中仅以分出去投入某企业、公司营运的那部分财产承担有限责任，即使该企业、公司破产也不会殃及出资者的其他企业或财产，从而减少投资经营的风险，鼓励其投资积极性。其具体表现就是，通过法人制度，赋予公司或企业法律上的人格，使之享有权利能力和行为能力，可以独立的名义参加民事流转、起诉、应诉和承担法律责任，从而便于所有权与经营权分离，也方便政府对其监督管理。企业、公司出资者依法戴上这个“面具”，就能放心大胆地活动。同时通过法律上的设计，使出资者的意志与企业公司的意志高度统一，出资者或前台唱戏或幕后操纵，经营失败了也不必“跳楼”。他（她）的一项生意失败了，其他生意可能还很兴旺；即使所有的生意都失败了，也不妨暂作休整，再伺机东山再起。这一切，当然不是让财产所有人丧失其所有权，或者使其投资经营的企业、公司“法人”对其财产享有所有权。

在英美法上，按照《大英百科全书》的解释，股东与企业、公司的财产各自独立，这是“从技术上说”的[①]，因为事实上，企业、公司在盎格鲁-撒克逊传统的国家是被作为所有权或财产权的客体，被频繁地卖来卖去的。在大陆法系国家，德国的主要法学流派也一直认为，企业是一种法律客体，它是用来确定隐蔽在企业背后的法律主体的一个概念。[②] 作为交易标的，企业被认为是一项概括性的财产，是能够从一个主体转让给另一个主体所有的某种物。[③] 由此不难理解，为什么在西方国家的公司法中，都不规定公司对公司财产享有所有权，而是规定公司享有权利能力，可以取得和行使所有权。以德国《有限责任公司法》为例，其第 13 条规定，公司可以“取得”所有权和其他不动产物权，而不是对公司财产“享有”所有权。公司当然是为股东“取得”所有权，它在活动中取得、行使权利（力），设定并履行义务，都应当是股东共同意志和利益的体现。股东得根据其意志任意解散、终止公司，终止后公司的剩余财产归股东所有，则是各国公司法的通例，也说明了股东对公司的所有者地位。在转投资和国有财产投资经营的情况下，所投资公司法人的股东享有的是所有者权益，而非所有权。这是所有权的延伸，并不否定股东所有权的理论和制度。

近年公司法治实践中出现的民营银行公司发起人自担剩余风险安排（也即“生前遗嘱”）、“穿透式监管”和追究“实质受益人”等的趋势，更在认定实际控制人的基础上归根溯源至具有最终所有者权益承担者地位的某个自然人、某个稳定的集体、某个国家或某个国家的某级政权，彻底揭示了公司的所有权归属。

对于股东是不是现代股份制企业的所有者，应该将有限责任公司的股东与股份有限公司的股东区别对待，在股份有限公司中还需要将控制股东与广大无心无力或有心无力控制公司的小股东区分开来。有限责任公司的股东与合伙企业的合伙人没有什么区别，

① 转引自周枏主编：《民法》，61 页，北京，知识出版社，1981。
② 参见［德］托马斯·赖泽尔：《联邦德国的企业法理论》，载《法学译丛》，1989（1）。
③ 参见《国际比较法百科全书·财产法在结构上的变化》，载《外国民法论文选》，193～194 页。

这两类企业都不公开招股，企业的所有权、控制权、经营权、义务和责任均统一于一个或几个企业主。按照德国企业委员会的说法，这些企业是有个性的，因此不同于无个性的、由雇佣经理领导的、有着“官僚体制”的股份有限公司。[①] 无论是所有者自己经营，还是聘请经理经营，关键是出资者都不放弃对企业的控制和直接决策。有限责任公司和合伙企业都有自己的财产，不同的是，在前者，法律对所有人的所有权作了量的分割，在后者则没有。因此，对于所有权与经营权的分离不显著的有限责任公司来说，公司财产的所有权在法律上和实际上都是由股东享有的。

对于股份有限公司，尤其是大的股份有限公司公司而言，广大小股东不可能也不愿意参与公司决策，他们事实上已经丧失或放弃了对其投资于公司的财产的所有权。从法律上说，他们享有的股东权在名义上与大股东的股东权是一样的，也是所有权的表现形式，但在实际上已成为一种请求取得股息、红利和在公司解散时分配公司剩余财产的权利，其共益权或社员权因“股份民主”而丧失殆尽。公司法人及其财产的所有权，系由大股东通过股东会，主要是董事会等组织机构控制着。当然，股份有限公司和法人持股对个别股东意志的限制，也是生产和经济社会化的表现，只不过这种社会化在当今任何一个国家都还没有达到否定资本所有权的程度。所以，股份有限公司原则上也是股东所有，同时“股份民主”和两权分离已在事实上（不是法律上）剥夺了小股东对公司的支配权。

案例

老板恶意“跑路”与企业倒闭后老板诚信担责[②]

2009 年年初美国金融危机来袭，我国发生了老板“跑路”、丢弃企业、员工受害的情形，但也有相反的案例，老板恪守所有者的诚信和责任，在公司倒闭两年后，兑现倒闭前承诺发给员工的薪资和遣散费。

川石光电科技股份有限公司曾是我国台湾地区照明灯具行业的领军企业，但是，2009 年金融风暴发生时，适逢公司开发新产品失利，企业被迫停工关门，员工一夕失业，公司一时筹不足应发的资遣费。员工们愤怒地示威抗议，并将公司告上法院。

公司于 2009 年 6 月倒闭，公司的叶姓董事长恳请员工给他时间，一定设法补足员工应得的资遣费。两年后的 2011 年 8 月，他请儿子出面，召回员工向他们发放资遣费，连在场维护秩序的警察都惊呼：“怎么可能？老板逃跑的多得是，哪有两年过去还回来还钱的！”而这个似乎不可能的故事，就像电视剧中的情节一样在生活中实实在在地发生了。

（三）“双重所有权”小结

“双重所有权”观点把所有权视为其各项权能的简单相加，看成一种静态的平面结构，认为所有权人必然要直接行使所有权的权能，直接行使所有权权能的人也必须是某种所有

① 参见［德］托马斯·赖泽尔：《联邦德国的企业法理论》，载《法学译丛》，1989（1）。

② 参见《老板不落跑》，载《中国时报》，2011-08-31。

权人。然而，所有权并不是静态的，它的权能或内容在不同所有制、不同的生产和交换条件下呈现动态、立体的结构。因此，在“双重所有权”的名义下，无论赋予企业何种“所有权”，这种权利总是从他人的所有权中派生的，在企业的层次上，不可能有所有权。

法学家提出的各种“双重所有权”观点，论据不一定相同，但在认识上均囿于“静态、平面”的所有权。有的学者虽然主张在国家与国有企业的关系中，只有国家唯一地享有所有权，但是也把所有权视为一种简单的平面结构。例如，“委托经营权”观点认为国家所有权中应当增加一项“委托经营权能”，以便通过法律强制性地建立委托经营关系，由国家将这项权能交给企业，成为企业的一项法定权利。① 然而无论在理论上还是实践中，所有权的权能都是不可能也无必要穷尽的，因为所有权本身包含了实现其自身的各种可能性。本来意义上的委托经营关系，如股东与董事、公司与经理的关系等，是一种委任、雇佣性质的商品关系，受委托获得的权利不可能对授权者具有排他性，正如经理的权利不能对抗董事会一样，即使把受委托获得的权能解释成“法定”物权也是没有实际意义的。

“单纯所有权”和“经济所有权”的说法，是马克思提出来的。马克思把大土地出租者的所有权称为单纯的所有权，并把租用土地、按资本主义方式从事经营的农业资本家的权利称作经济所有权。② 在德文中，所有制和所有权是用同一个词（Eigentum）表示的，翻译成中文时，系根据上、下文进行判断，将其译为所有制或所有权。③ 马克思所称的土地“经济所有权”，根据上、下文是同劳动相对立的“资本主义所有权”关系，所以，实际上他是在生产关系的意义上谈论资本主义所有制关系，而不是在法律意义上使用所有权的概念。这里的“经济所有权”，在法律上表现为土地经营权。我国已有论者提出了类似观点，但是他们把经济所有权与经营权混淆起来，没有看到二者应是经济内容与法律形式的关系。④

现在，在某些大陆法系国家如德国，在法学上也有经济所有权的概念，它是指人们对他人所有的物的价值取得补偿的权利，或者其他依据某种权利可以取得收益的权利，例如，出租人对房屋的添附取得所有权，但承租人有权就其价值获得补偿，承租人的这种权利就是经济所有权。有鉴于此，享有经济所有权的人“肯定不是所有人”⑤，经济所有权的本意并不是所有权。

大陆法系国家的“相对所有权”概念，也不是用来指“两层楼”式的“上级”所有权和“下级”所有权。在法律和法学上，所有权是绝对权，债权是相对权，所有权人不依靠其他主体协助，即可对任何第三人主张自己的权利。如果转移所有权未能满足法定的形式或条件，譬如转移不动产没有履行登记程序，则取得“所有权”的人只能对抗转让该权利的对方，而不能对抗任何善意的第三人。这就是所谓的“相对所有权”。可见，

① 参见赵万一：《论委托经营权》，载佟柔主编：《论国家所有权》，北京，中国政法大学出版社，157～182页。

② 参见《马克思恩格斯全集》，第26卷第3册，511页，北京，人民出版社，1974。

③ 参见［德］彼得·卡伊：《关于解释马克思所有制概念的一些资料》，载北京图书馆马列著作研究室编：《马恩列斯研究资料汇编》（1981年），北京，书目文献出版社，1985。

④ 参见金立琪、徐明：《论土地经营权》，载《中国法学》，1989（1）。

⑤ 《国际比较法百科全书·财产法在结构上的变化》，载《外国民法论文选》，192～195页。

这是就物权转让的效力而言的，并不形成法律上的一种权利，不像学者在企业法人财产权的意义上提出的种种“相对所有权”那样违背“一物一权”的法律原则和理念。

关于现代股份制企业，尤其是股份公司的“双重所有权”，其依据是资本所有权同资本的经营职能或实际占有使用权的分离。但是只要把所有权的概念贯彻到底，这两种权利的分离就不是所有权与所有权的分离，从属于所有权的那个权利并不具有所有权的性质或特征。此外，“双重所有权”观点把拥有所有权看作民事主体参加民事流转的前提，认为若否认法人所有权，就从根本上否认了法人的独立人格。① 这也不符合实际和法的逻辑，因为古今中外的法律一般都不禁止人们利用他人的财产从事生产经营，没有自己财产的人也可以成为民事主体，对一定的人或物享有权利。代理人、经纪人可以参加民事流转，实行租赁经营的企业也可以是法人。如果人们只能以自己的财产从事经济活动，那么这是不符合商品关系和市场经济发展要求的。因此，股份制企业在服从法律和所有权人意志的前提下，自主经营，以其经营管理的财产独立承担责任，就可以成为法人。在这里，成为法人的前提是对出资者或股东的财产进行经营的权利，而不是拥有所有权。

第二节　我国法人财产权法律规定的出台及含义

一、法人财产权法律规定的出台

改革开放以来我国关于国有企业和公司法人财产权问题的讨论，既是苏俄时代开始的关于社会主义国有企业财产权问题讨论的延续，同时又结合市场经济的需要，对现代公司财产权进行讨论。其结果具有普遍意义，为我国建立现代企业制度奠定了法理基础。

1993 年，党的第十四届三中全会作出的《中共中央关于建立社会主义市场经济体制若干问题的决定》，首次从方针政策的角度对法人财产权作出表述。以此为依据，同年颁布的《公司法》从法律上对公司法人财产权作了规定。该法第 4 条规定：公司股东作为出资者按投入公司的资本额享有所有者的资产受益、重大决策和选择管理者等权利。公司享有由股东投资形成的全部法人财产权，依法享有民事权利，承担民事责任。公司中的国有资产所有权属于国家。

1994 年，国务院发布《国有企业财产监督管理条例》②，对国有企业法人财产权也作了规定。该条例第 27～29 条规定：国有企业享有法人财产权，依法独立支配国家授予其经营管理的财产，政府和监督机构不得直接支配企业法人财产；不得以任何形式抽取注入企业的资本金，不得调取企业财产，不得以任何名义向企业收取任何费用。国家对企业承担的财产责任以投入企业的资本额为限。企业以其全部法人财产独立承担民事责任。③ 这就首次在概念和法的层面，使国有企业法人与公司法人的财产权及其法律主体

① 参见王利明：《论股份制企业所有权的二重结构》，载《中国法学》，1989（1）。

② 2000 年国务院颁布了《国有企业监事会暂行条例》，《国有企业财产监督管理条例》同时废止。

③ 参见《中国法律年鉴》，278 页，北京，《中国法律年鉴》社，1995。

地位得到统一。

“法人财产权”的法律规定由此出台，明确了基本含义，成为具有中国特色的一个概念。这是在社会主义公有制下实行市场经济，明晰企业法人财产权关系所必需的。社会主义公有制下国有企业暨国有资产投资、参股的企业，不可能像在私有制下那样，在人们对产权关系“心照不宣”、由私人财产权利益驱动而促使企业有效经营管理的状态下运行。公有制较之私有制更需要能够使主体的责、权、利明确一致的法治。而且，这个概念对于“资合”法人企业，包括发达国家的公司法人，在某种程度上也是适用的。它对于我们把握企业法人财产权及其出资者财产权的性质，界定企业法人与其出资者或股东的关系，具有普遍意义。

随着法律、法规的推陈出新，有关法人财产权的法律规定也出现了一些新的进展，但总体上而言，在性质和方向上均与此前的规定没有根本性差异。

2003 年国务院颁布《企业国有资产监督管理暂行条例》（2019 年第二次修订），其中第 4 条规定：企业国有资产属于国家所有。国家实行由国务院和地方人民政府分别代表国家履行出资人职责，享有所有者权益，权利、义务和责任相统一，管资产和管人、管事相结合的国有资产管理体制。该条已被 2008 年颁布的《企业国有资产法》第 3 条、第 4 条的规定所取代，即：国有资产属于国家所有即全民所有，国务院代表国家行使国有资产所有权；国务院和地方人民政府依照法律、行政法规的规定，分别代表国家对国家出资企业履行出资人职责，享有出资人权益。

2005 年修订后的《公司法》第 3 条第 1 款第一句规定：公司是企业法人，有独立的法人财产，享有法人财产权。第 4 条规定：公司股东依法享有资产收益、参与重大决策和选择管理者等权利。

2007 年颁布的《物权法》第 67 条（《民法典》第 268 条）规定：国家、集体和私人依法可以出资设立有限责任公司、股份有限公司或者其他企业。国家、集体和私人所有的不动产或者动产投到企业的，由出资人按照约定或者出资比例享有资产收益、重大决策以及选择经营管理者等权利并履行义务。第 68 条（《民法典》第 269 条）规定：企业法人（《民法典》称为“营利法人”）对其不动产和动产依照法律、行政法规以及章程享有占有、使用、收益和处分的权利。

二、法人财产权法律规定的含义及争议

（一）法人财产权法律规定本身的含义

就现行《公司法》第 3、4 条的文义而言，立法者赋予法人财产权以下含义。

第一，企业法人的出资者或股东可依所有者身份，对企业享有所有者权益，并对企业施加控制。在会计上，所有者权益仅及于企业净资产，并不涵盖整个企业财产，但从法人财产权的角度看，其客体必须是概括性财产，否则，企业法律关系和法律制度都将无法实际运作。换言之，在法人财产权关系中，企业法人的出资者或股东对其投入企业的资本及形成的全部资产享有所有者权益，不但享受企业带来的利益，也要承担其损害。

至于 2005 年《公司法》修订后删除原第 4 条中“公司中的国有资产所有权属于国

家”的内容，很多学者认为这是赋予公司“法人所有权”的力证。其实不然，这样做只是为了使法条合乎投资经营的逻辑。因为如果公司中的国有资产是指公司租借、保管的国有资产，没有这句话也不会改变它的国有性质；而如果“公司中的国有资产”是指国有财产投资的股本，事实上无法将其与一定的实物形态相对应，只能由其具体的出资人或股东基于国有财产的利益和要求，通过股权参与形成公司的意思，并以公司的名义行使股东投资形成的公司法人财产权。所以，不能认为《公司法》删去这一不科学的提法，就使股东对其资本和所投资企业的财产丧失了所有者或所有者权益承担者的地位。

案例

所有者权益承担者不等于所有者

A、B两个自然人投资设立了有限责任公司C，C又设立了有限责任公司D。C是D的股东或出资者及所有者权益承担者，但不是所有者。C、D的所有者都是A和B。

在国有财产投资经营的情况下，所有者是国家，任何股东或出资者都不是所有者，而只是所有者权益承担者。

第二，企业作为有独立民事主体地位的法人，对法律上明确由企业法人支配的资产（包括负债形成的资产），享有占有、使用、处分的权利，并就其行为承担法律责任；出资者和股东作为所有者或所有者权益承担者，不直接对企业法人的行为承担责任。

对于法人应当承担有限责任，在我国不存在争议。在市场经济条件下，在投资者与债权人的关系中，法律的天平倾向于投资者，当二者的利益发生矛盾冲突时，法律允许投资者仅以其投入企业的资本间接地承担责任，企业债务超过其投资额且企业清偿不能的部分，就成了债权人的损失。其理由，无非是使投资者可以事先确定其投资风险，为其设置一层法人独立人格的面纱（the veil of incorporation），作为防止债权人直接追索的屏障，从而减少投资风险，鼓励社会的投资活动。总的来说，投资者是社会经济活动中积极、活跃的因素，债权人（如贷款者、食利者和在交易中提供信用者）是消极、被动的一方，其风险相对较小，一般不会发生生活无着落和“跳楼”的情况。所以，在现代市场经济国家，客观上都要求立法者以适当牺牲债权人的利益为代价，促进经济的发展。[①]

---

① 除这项基本功能外，有限责任制还有另外三项价值：一是在风险既定和可预测的情况下，股东不必为避免可能发生的风险而亲自参加企业的经营管理，从而促使所有权与经营权的分离以及合理的劳动分工；二是股东责任与企业责任的分开、投资风险的限制和可预测，使股份或投资的转让成为可能，从而促成了资本和证券市场，有利于资源的优化配置；三是企业法人的独立人格和间接有限责任，令债权人同企业而不是个别股东从事交易并发生权义、责任和诉讼关系，从而可以减少社会的交易成本和费用。当然，有限责任制也方便了股东利用企业法人的独立人格规避法律责任，基于非诚实信用的动机把风险转移给债权人或消费者。在发生侵权责任如产品责任的情况下，有限责任制也会使受害者遭受的物质损害、人身伤亡等损失无法得到充分赔偿。尽管如此，有限责任制因其客观必要性而不可能被否定，在我国法学界，也未见有人主张废除此制。实践中出现了产品责任保险和其他责任保险制度，以及“刺破公司法人面纱”（piercing of the corporate veil）或“否认法人人格”的法律原则，以弥补有限责任制的不足。笔者还主张，我国应像许多大陆法系国家一样，引进无限责任法人制度，以确立并补强出资人或股东承担无限责任的企业的法律人格暨市场主体地位。

第三，根据所有权或私有权的原则，财产的孳息或收益应归财产的所有者所有。直至全部生产资料都归社会所有即实现共产主义之前，这一原则在任何国家的法律上都将是有效的，不容被废弃。既然明确了出资者或股东对于企业法人及其资产的所有者或所有者权益承担者的身份，则企业资产及其经营的任何收益，在依法或依约分配给个别出资者或股东、企业管理者、职工，用以向国家纳税或向债权人偿债之前，均应属于全体出资者或股东，因而企业法人财产权中不应包括收益权。企业法人作为股东投资经营某项事业的法律形式或手段，由其作为收益主体也是没有意义的。

《民法典》暨之前的《物权法》规定企业法人或营利法人对其财产享有收益权，是把对资本孳息的法定权利与任何主体获得某种收益混为一谈了。"收益权"作为所有权的一项权能，是指物的孳息的法定归属权，而不是任何主体的某种"收益"，譬如职工获得劳动报酬就不是收益权。除法律特别规定或合同合法约定外，物的孳息归物的所有权人所有。这是当今社会得以维系和运作的一项基本法律原则或制度。

反之，并不是说除所有者以外的任何主体都不能从物的孳息或收益中获得任何利益，因为孳息或收益是可以依法或依约在不同主体间进行分配的。在市场化、社会化条件下，对物的利用也是社会化的，所有权人在依法亲自劳作、授权他人或投资企业利用物的时候，要根据法律或契约，向他人交付或分配其所有物的部分孳息或收益，如向国家纳税，向雇员和经理人员付酬，支付银行贷款的利息等。但对于国家、雇员和经理人员、银行等取得利益的行为或权利，不能认为是基于所有权的孳息或收益权。仅从字面上看，收益、受益、获益、得益等用语，似乎并无实质差别，但是在法律的概念和原则上，必须把作为所有权基本权能的"收益权"与一般意义上取得"收益"的权利区别开来，不能将其与非所有权人的种种获益行为或权利相混淆，以免给正趋于健康发展的企业产权关系和整个经济关系造成伤害。

（二）法人财产权法律规定出台以后的有关争议

法人财产权的政策和法律规定出台以后，学者除了就其含义是否为双重所有权下的"法人所有权"、企业法人是否应有"收益权"等重复已有的争议外，并就其他有关问题进行讨论，发表了各种见解。

1. 关于产权的含义和性质

"法人财产权"规定的是企业产权关系，对法人财产权的理解还涉及产权的概念。产权概念在中国的广泛使用，始自改革开放，源于英美法上的 property right。如上所述，英美法系的所有权和财产权概念不甚严格，加上经济学家对法律概念的运用较具随意性，导致人们对产权的含义有种种不同的认识，大致有以下五种。

（1）财产所有权说。此说认为："产权，是指财产所有者在法律规定的范围内对财产的占有、使用、处分并借此取得收益的权利，是排除他人干涉实现的权利，它是物权的一种。"① 因此，"产权是财产所有权，股权是产权的另一种表现形态"②。

---

① 吴敬琏主编：《社会主义市场经济全书》，1290 页，北京，新华出版社，1993。

② 北京市法学会学术研究部编：《法学信息》（44），7 页。

（2）物权说。此说认为："产权是指财产所有权和与财产所有权有关的财产权"，是对有形财产的权利，也就是物权。① 这是概括的物权说，既包括自物权（所有权），也包括他物权。另有一种"他物权"说，认为"产权是以所有权为基础，从所有权中分离出来，不能脱离所有权而单独存在的财产权利"④。

（3）与人身权对应的财产权说。这种观点赋予产权最广泛的含义，认为："所谓产权，即财产关系的法律表现，是建立在一定的生产资料所有制基础上的财产归属和运用的行为权利的总称……它与人身权相对应。在现代市场经济中，产权由物权、债权、股权、知识产权等多种权利构成一个权利体系。"②《中国经济法律百科全书》持同样意见，并把继承权也包括在产权之内。③

（4）财产功能说。这种观点不强调产权的法律性质定位，而注重它在财产运动过程中的功用，认为："产权是权利主体间的责、权、利的安排，是因财产存在而产生的与这些财产的利用相联系的人们之间的一组被认可的行为性关系。"④

（5）资产经营或企业法人财产权利说。此说把产权与企业经营联系在一起，认为产权是以所有权为基础、与经营性资产相联系的一种财产权利，产权的主体是出资者和企业，出资者的产权表现为股权，企业的产权表现为经营管理权或法人财产权，企业对出资者投入企业的资金及其增值以及企业在经营中负债形成的财产，拥有占有、使用、初级收益和处分的权利。⑤

讨论产权的概念，不能脱离其本来的含义，同时也要考虑我国已有的概念体系。英美法上的 property 一词，既表示财产，又表示财产所有权和相对于债权的财产权，知识产权（intellectual property）也是一种"产权"。产权经济学则大体上是在"物权"的意义上使用"产权"一词，例如，科斯认为："产权安排确定了每个人相应于物时的行为规范，每个人都必须遵守他与其他人之间的相互关系，或承担不遵守这种关系的成本。"⑥按照产权经济学的观点，有产权的人可以排斥无产权的人对产权标的物的占有、使用，这是产权拥有者在利害冲突的基础上，通过有偿使用、产权转让、损害赔偿、法院强制等途径达到资源优化配置的前提。⑦ 由于在英美法上，财产法是与合同法平行的，因而产权的本意是指与债权相对的绝对权、对世权，其范围涵盖大陆法系的物权和知识产权。所以，本书同意以上第二种"物权说"，不仅指他物权。

2. 关于法人财产权的其他争议

（1）法人财产权是否包括债权和知识产权。

由上所述，法人财产权就是法人"产权"，是一种由投资经营企业的行为而派生的他物权。为什么说法人财产权是一种物权，而不是泛指法人的各种财产权利呢？这是因为，

---

① 参见国家国有资产管理局编：《国有资产产权管理》，上册，4～6 页，北京，经济科学出版社，1994。

② 王河见：《构造市场经济与所有制及产权的新型关系》，载曾牧野等主编：《市场经济与产权制度改革》，广州，广东人民出版社，1995。

③ 参见刘瑞复主编：《中国经济法律百科全书》，159 页，北京，中国政法大学出版社，1992。

④ 余能斌、李国庆：《国有企业产权法律性质辨析》，载《中国法学》，1994（5）。

⑤ 参见北京市法学会学术研究部编：《法学信息》（44），7 页。

⑥ ［美］R. 科斯：《财产、权利与制度变迁》，204 页，上海，上海三联出版社，1994。

⑦ 参见郁光华：《关于财产法体制的经济分析》，载《法学家》，1995（4）。

我国关于法人财产权的政策及法律规定，本是在建立现代企业制度过程中旨在明晰企业"产权"关系的产物，其词语和概念直接来源于英美法上的财产权或"产权"，而与我国民法学中一直使用的广义的财产权概念之间没有任何直接联系。也只有把它理解为企业法人对股东投资形成的财产的支配权，才不至于冲淡和抹杀它对企业改革的意义。因此，那种认为法人财产权是一种综合性的权利，其内容包罗万象，既包括所有权和他物权也包括债权和知识产权的说法是不确切的。

债权本身是一种相对权，知识产权则是智力成果权。在此意义上，它们与法人财产权是平行的。当债权和知识产权以价值形式被记在资产负债表上，以企业资产的形式表现出来时，它们可以作为企业法人财产权的客体。但是，债权作为一种相对权、对人权，它本身不属于"产权"的范畴。在我国，通常认为知识产权是一种平行于物权的无形财产权、一种智力成果权，是不同于物权的另一种绝对权、对世权，故而也不宜将它列入"产权"范畴。知识产权中的"产权"二字，既有绝对权之意，同时又是在广义财产权——相对于人身权的意义上使用的。将不同性质的权利混为一谈，会冲淡企业财产权的物权性或支配性，从而削弱其理论意义和实践价值。

只要明确了财产权的两种不同含义，从大陆法系的概念出发，把法人财产权理解为英美法系在物权意义上使用的 property right，也就十分清楚了。虽然大陆法系严格区分物权和债权，但它也不否认企业既可以作为主体，也可以作为客体，以概括性的财产或权利的面貌出现，而成为债权的标的。企业主与企业的分离，使企业能够作为一项概括性的财产或权利被转让或买卖，这时，"构成一个企业的事实上或法律上的要素是什么通常是无关紧要的，这正是企业的特征"①。在企业法人的全部财产作为其支配标的时，情形也是一样。这时，构成标的局部成分的债权和知识产权等，已不具有独立的意义。

（2）法人财产权是否就是经营权。

有一种意见认为，法人财产权是支配意义上的权利，不是归属意义上的权利，而且其权能所有者或不包括收益权，所以，法人财产权也就是经营权。②

应当认为，把法人财产权理解为经营权，原则上并不错，因为规定法人财产权的目的并非要剥夺企业投资者或股东的所有者或所有者权益承担者的地位，使经营者或企业本身取而代之，而是要在投资者或股东与企业之间建立一种物权关系，使企业以主体的身份享有物权或他物权。《民法通则》在其"财产所有权和与财产所有权有关的财产权"一节中，已经把全民所有制企业的经营权定性为一种物权。在实践中，如果能够把公司或企业的经营权当作一种物权，并且付诸实施，那么，法人财产权与经营权确实没有什么区别，也没有必要再创造一个"法人财产权"概念。但在事实上，尽管《民法通则》等法律、法规试图把经营权规定为一种物权，政府和国家立法却一直是将国有企业的经营权作为一种管理权限来对待的。这从《全民所有制企业法》和《全民所有制工业企业转换经营机制条例》（以下简称《转机条例》）对企业经营权作精心分解，把生产经营决策权、投资决策权、产品销售权、物资采购权、产品和劳务定价权、进出口经营权、资

---

① 《国际比较法百科全书·财产法在结构上的变化》，载《外国民法论文选》，194 页。

② 参见余能斌、李国庆：《国有企业产权法律性质辨析》，载《中国法学》，1994（5）。

产处置权、劳动人事和工资奖金分配权、拒绝摊派权等“授予”企业，同时由主管部门保留对企业的必要控制这种做法上可以看得很清楚。也就是说，当时实际上并没有从“产权”——物权关系的角度界定企业与国家的关系，企业仍要由政府主管部门放权，主管部门当然也可以根据需要或者主观随意地把权利收回去。权限的分割不可能预见到实践中的各种复杂情况，且国有企业的性质和规模大小千差万别，它们所需权利的内容和大小亦各不相同，由法律对其作具体界定是不可能的。而且，法律、法规从未对公司法人的财产权有过明确规定，在普遍推行公司制度、公司股东又往往是国有主体的情况下，从法律上统一公司和国有企业的财产权性质，以法人财产权的概念取代原先的经营权概念，就是十分必要的。

根据国有资产管理部门的有权解释，把经营权这种由所有权派生但又独立于所有权的财产权与法人制度相结合，就形成了法人财产权。① 法人财产权在保留经营权的实质内容和性质的基础上，强调企业法人的法律人格和主体地位。投资者或股东无论是自然人还是法人，虽然并不因为投资于企业而丧失其投资的所有权或其他物权，但是企业法人一旦成立，它与投资者或股东之间便形成不同的法律主体：一个是所有权主体或出资主体，另一个是他物权主体，投资者或股东必须根据法律和企业法人的章程对企业法人施加控制，而不能对其任意干预。这样，在肯定企业经营权的同时，又强调经营权的载体是独立的法人，未尝不是一种理论和实践的有益探索。

第三节 法人财产权与相关概念

一、法人财产权与法人“所有权”、股东权

既然投资者或股东在向企业、公司投资以后仍然享有所有者的地位和权益，可以对企业、公司施加控制，那么企业法人对企业的财产就不能享有所有权。

尽管《中共中央关于建立社会主义市场经济体制若干问题的决定》《公司法》等政策、法律或法规已对法人财产权作出了这样的定位，学理上仍存在不同意见，例如，有人认为，“只有肯定公司所有权，才能为公司产权的彻底明晰化奠定基础”②。所谓“公司所有权”，是指股东投资后，就放弃了对自己的出资及其所形成财产的所有权，而由公司成为唯一的所有权主体。这种观点在法学界有一定的普遍性，被称为“所有权转换”。其理论基础是德国学者拉特纳（Rathenau）提出的“企业本体论”，即公司、企业一旦成立，就超然于股东、投资者而独立存在，尽可能摆脱股东、投资者而追求自身利益和社会赋予它的职能。在英美，也有人主张经营者不依据持股而控制公司、企业，企业法人似乎是自在、自为的。然而，现代的企业或公司无论怎样被股东或出资者以外的利益主

---

① 参见国家国有资产管理局政策法规司编：《国有资产管理 200 题》，162 页，北京，中国经济出版社，1994。

② 孔祥俊：《论现代公司的产权结构——兼评我国公司法对公司产权的规定（下）》，载《政法论坛》，1994（4）。

体包括经营者、职工、银行、公众和社会团体、政府等（不排除这些主体本身也可以是股东）所支配，企业或公司归根到底仍然并且应当处于股东或出资者的控制、监督之下，社会和法律不能允许企业或公司的行为违背股东或出资者的共同利益。其基本的制度保障，就是企业、公司法确保股东或出资者的共同意志与其所投资企业法人意志的高度统一，现代企业、公司法加强对小股东保护的趋势，也正是对资本和财产内在法则的反映，是对其在实践中出现异化的一种自发的纠正。

正因为如此，可以说，股权或股东权是投资者、股东实现资本所有权的形式或手段。股权或股东权分为共益权和自益权两个方面。共益权是股东依法参加公司事务的决策和经营管理的权利，包括参加股东会、在股东会上讨论和表决公司事务、查阅公司账簿和其他文件、依法提案和提起诉讼等权利；自益权是股东出于自身利益，依法从公司取得利益、财产或处分自己股权的权利，主要为利润分配请求权、剩余财产分配权和股份转让权等。此外，还可以按股权行使的条件，将股东权分为单独股东权和少数股东权。单独股东权是指只持有一股股份的股东也可以单独行使的权利，如自益权；少数股东权是指须持有一定份额股份的股东方可行使的权利，如请求召开临时股东会的权利。

关于股权或股东权的性质，学说上有不同的见解。有的认为它是基于股东地位的综合性权利，既非物权，也非债权；有的认为它是股东地位的表现，并非股东的权利；也有的认为它是一种附条件的债权。股权或股东权无疑是一种权利、一种综合性的权利，而从股权或股东权的性质和内容看，不论共益权或社员权、自益权，无不是股东或出资者因投资于企业或公司而对企业、公司及其资产所享有的所有者权益，所以，它是投资者实现资本所有权的一种手段，是其投资以后对企业或公司及其资产享有所有者权益的一种表现形式。正因为如此，德国的主要法学流派才一直认为企业是一种法律客体。这不是偶然的。①

根据股权或股东权，可以产生债权。例如，在利润分配方案确定以后，会产生股东请求公司支付股息或红利的权利；又如，公司或董事的行为侵犯股东权益，被依法认定为侵权行为后，可以产生股东对公司的损害赔偿请求权。但股权或股东权本身并不是债权，也不是典型的物权，而是由物权派生的包含支配权能的一种权利。

在公司的决策中，贯彻资本或股份民主也即资本多数决、少数股权服从多数股权的原则，所以，持有少数股权的小股东和对公司没有控股权的股东，便失去了参与公司决策和经营管理的兴趣。他们往往不愿意，或者即使愿意也难以参加股东会，因而实际上丧失了股权中最能体现所有权的共益权。换言之，现代的公司或企业实际上（不是形式上）属于有权对其施加控制或重大影响的大股东所有，不愿意或不可能将自己的意志贯彻于公司行为之中的股东，实际上丧失了对企业或公司及其资产的所有权，而仅保留着类似于附条件债权的自益权。

二、法人财产权与法人及其有限责任

自改革开放至法人财产权法律规定出台，法学界往往自觉或不自觉地认为，只要让

---

① 参见［德］托马斯·赖泽尔：《联邦德国的企业法理论》，载《法学译丛》，1989（1）。

国有的企业、公司享有法人财产权，就可以放手任由其像私营企业那样经营、自生自灭，以促使其自负盈亏、自我约束、自我发展。其结果是“扬短避长”，扬了国有企业所有者或“老板”不易到位之短，避了国有企业可以实行规范化、规模经营之长，在一定程度上妨碍了企业的改革和发展，损害了几十年苦心经营起来的、尚不十分完善的企业科学管理。这就涉及如何准确地理解法人的本质及有限责任制度的问题。

(一) 关于法人的本质

自中世纪罗马法复兴，学者就对法人的本质进行探讨和解释，并提出多种观点。教科书通常把有关学说分为“法人拟制说”“法人实在说”“法人否认说”三种。①

法人拟制说为德国法学家萨维尼（Savigny）所主张，认为只有自然人是真正的权利与义务主体，自然人之外没有什么法律上的主体可言，法人的权利与义务主体资格是法律所拟制的。其中，以萨氏的学生普赫塔（Puchta）为代表的一派认为，法人是观念上的无形权利与义务主体；普赫塔之后以温德海得（Windscheid）为代表的一派则认为，法人是从法律上把人或财产的集合拟制为一个单独的人格。

法人实在说认为，法人并不是法律创造出来的，它是社会上客观存在的实体。其中以基尔克（Gierke）为代表的“有机体说”认为，在自然人的意志之外，存在着团体意志，法人是具有团体意志的社会有机体，社会在个人生活之外还存在着团体生活；由法国学者米修（Michond）等人主张的“组织体说”也认为，法人是一种客观实在，但它是适合作为法律上权利主体的组织体，社会有机体未必都可以取得法人资格。

法人否认说则否认法人的真实存在，认为在自然人和财产之外，不存在其他实体。其中，耶林（Jhering）持“受益者主体说”，认为法人财产的真正主体是从中实际享有利益的人；“管理者主体说”则认为，法人财产的真正主体是其当前的管理者；“无主财产说”或“目的财产说”则认为，对于基于一定目的而集合起来的财产，并无为其确定主体的必要，不妨认为它是无主财产。

这些学说各从一定的角度说明了法人的本质，都有一定的道理。按照马克思主义关于经济基础与上层建筑之关系的理论，任何组织都是一种客观存在，它可能为法律所认可，也可能因不法而由法律给予否定的价值判断或予以取缔，或者虽然适法但不为法律所规范和保障。这正是“法人实在说”的主张。例如，在我国改革开放以后，股份合作企业在由群众自发创造出来之初，就是一种虽属客观存在、适法但是不受法律调整的组织体。法律对某种组织体加以认可和规范，赋予其独立或相对独立的人格，对该组织及其成员和相关当事人的权益加以保障，也就形成了法人。

然而，在法人背后又确实站立着法人所代表的真正主体。法律上之所以赋予某种组织独立人格，无非是为了方便投资于法人或创建法人的主体更好地实现其利益，在必要情况下，自可随时解除对某一法人独立人格的认定，让它背后的主体暴露到前台，承受法律上的责任或损益。这就印证了“拟制说”和“否认说”的正确性。

因此，法人是一种合法而客观存在的组织体。它是一种主、客观的统一——客观的

---

① 参见史尚宽：《民法总论》，120、121页；郑玉波：《民法总则》，119～121页，台北，三民书局，1979。

组织体与法律认可并拟制的主观人格相统一。将以上经典学说结合起来，取长补短，方可很好地解释法人现象，说明法人的本质。而我国有的论者认为，只有法人实在说才“正确地反映现代法人本质”，法人拟制说和法人否认说则“与现代潮流格格不入”①，似乎不遵循和贯彻法人实在说就不能建立现代企业法人制度。殊不知，各国法律上有逐渐采行“法人拟制说”的倾向，略举其主要表现：一是避免对公司和股东重复征税渐成国际共识和惯例，尚未这样做的国家，包括发达国家，也正在或将要进行这方面的改革。根据这种制度，在计算股东应缴纳的所得税时，应根据其投资的企业或公司已经缴纳的所得税进行调整，这样，不管投资、再投资的环节有多少，最终的法律主体被定位为自然人②，企业或公司的纳税主体资格和能力是虚拟的。二是“刺破公司面纱”或否认法人人格的做法或制度，其前提也是法人拟制说。三是“实际控制人”“实质受益人”或“穿透式监管”，在企业、公司及其司法实践，以及证券、银行和保险等的监管中，不拘泥于名义的出资人或股东及其出资比例，也不论经过多少道转投资，层层揭露追溯，直至作为该企业法人的实际控制人或受益人的某个自然人或集体③，或者某级政府、某个国家。

进一步说，法人实体说和法人拟制说的分野在于是将企业看作一个黑箱还是一个白箱，关键是“实体说”的含义究竟如何。这个问题也涉及法学方法论和不同法律部门的侧重点。对于刑法而言，企业在犯罪和作出行为的时候，显然是能够形成意志并具有决定能力的。这不仅是基于共同性行为和企业组织结构中的决策权集中化的考虑，也是基于在企业决策中，如何判断谁是始作俑者，从而在刑事责任上作出适当的判断是极为困难的。对于民法而言，侧重于法人作为一个整体对外的民事行为，也是因为对企业内部民事责任的划分难以提出明确的标准。

然而，现代企业、公司法和经济法与这些传统法律部门不同，对企业组织关系的调整是其重心之一。由此，将法人看作黑箱的观念逐步被抛弃，法律日益侧重于组织管理关系与财产关系的融合，对企业进行“手术刀式的解剖”，从而将法律责任制度引申到企业内部，将企业内部组织和治理、管理关系外部化、透明化。于是，出现了“刺破公司面纱”、董事资格审查、自我交易限制、由政府推行职工持股计划等法律制度。诸如此类，都代表着法学方法论的转变。这种转变与企业组织的发展密切相关。

因此，拘泥于法人实体论或拟制论，对于传统法律部门而言，其实质在于用来判断法人是否具有独立的意志。就企业财产权制度而言，法人实体论试图解决法人能否独立处分企业财产及是否享有收益权的问题。这是问题的要害所在。它对于中国一贯以来难以解决的内部人控制问题、国有资产流失问题而言，存在诸多弊端。事实上，关于企业对其资产是否具有财产权，以及这种财产权的性质是什么，在私有制主导的条件下是无须讨论的。在我国出现这一概念，与公有制主导的经济体制紧密相关。

事实上，法人是否享有所有权对于其处分企业财产并不构成妨碍，同样，也不妨碍

① 孔祥俊：《论现代公司的产权结构——兼评我国公司法对公司产权的规定（下）》，载《政法论坛》，1994（4）。

② 国家或政府作为法律上的实体是实在的，但其并非纳税主体，故此处不涉及国家或政府的法律地位问题。

③ 主要是实行合作制原则的集体或组织，比如村或合作联社，也可能是某个政党。

其获得收入。但是，如果坚持法人财产权就是法人所有权的观点，在实践中就会造成经理人对企业的控制，国家对国有资产的共益权就无从落实，对企业的监管就只能薄弱成外部监督，从而弊大于利。

任何法律制度都不可能是完美无缺的，良法的精髓在于在不同利益发生矛盾的时候，能够恰当、及时地确定采取某种社会成本最低而收益最大的规则，而不是以某种抽象、形而上学的价值观念作为确定或选择规则的准据。对法人财产权的理解恰恰说明了这一点。

（二）法人财产权与公有制企业法人

法人财产权固然是公有制条件下企业和公司法中最重要的理论和实践问题之一，但是也应该看到，它不是唯一重要的问题。法人财产权是一种抽象的规定，千差万别的企业只要是法人，它在名义上就拥有同企业投资者或股东的财产相分离的法人财产，享有法人财产权。而在不同类型的企业中，法人财产权的实现机制是不一样的。法人财产权制度的作用是强化企业相对于它的出资者或股东的“面具”地位，使之在市场经济的舞台上自如地表演。具体到每一类、每一家企业，其所有者与企业及经营者的关系、其管理运行的方式或机制，都会有所差别。法人财产权与这些因素之间没有直接的必然联系。市场经济发达国家的企业法律制度也不能保证各类、各个企业都能高效运作及永久存续。

问题在于，对于私营企业来说，它是靠私人利益的驱动促成所有者对经营者的监督和企业的有效管理，而且这种私人自治范畴内的利害关系并不需要法律和政府直接过问，任何损益都由当事人自行承担。因而对于私有制企业来说，法人和法人财产权仅仅服务于出资者的利益及为其设置“面具”，企业和其经营者并不能用它对抗出资者的所有者地位及其（共同）意志，即法人财产权对于私营企业实际上是不适用的。而公有制企业的所有者角色很难稳定地落实为自然人，不像私人投资的企业或公司那样，可以由所有者对其利益施以直接关注，从而使企业形成自主经营、自负盈亏、自我发展、自我约束的内在机制。在此情况下，董事、经理、厂长等经营者很容易借法人的名义获得对企业的支配控制权，作为所有者的代理人或雇员天然地只负盈、不负亏，所有者权益往往要靠经营者的素质、良心、奉献精神乃至体力和精力来维护。这样的企业很难具有自负盈亏、自担风险、自我发展、自我约束的动机。所以，公有制企业的最大问题是在企业获得法人资格、法人财产权，最大限度地拥有行为自主权的情况下，如何对经营者加以有效的约束。当然，从广义上说，这个问题也是法人财产权制度所要解决的问题，但是法人财产权毕竟是抽象的，它无法容纳企业法人治理和经营管理的具体制度。

换言之，对于国有企业而言，存在企业独立自主及如何接受股东约束的双重问题，法人财产权只能解决一方面的问题。至于国有资产投资经营决策、监督管理、国有股权如何行使等，都不可能由这一制度得到解决。苏联的“经济机关”（国有企业）概念侧重于解决纵向的层级约束问题，忽略了国有企业的相对独立性，法人财产权解决了这一问题。但是，如果不能从根本上解决国有企业的治理及监督管理问题，经济体制不能适应政府在市场经济下当好老板的要求，那么法人财产权势必会落空。最终改革要么走向私有制，人为地放弃公有制和国家所有权，要么走回计划经济下纵向约束的老路。

发达国家中与我国的公有制企业类似并可资借鉴的是私营部门大企业的法人治理机制。当企业的组织和经营达到一定的规模时，即使其所有者是自然人，也很难再依靠所有者的直接关注促使企业及其经营者兢兢业业地从事生产经营，为所有者谋取利益。尤其是在日本、德国等国家，有许多法人持股的私营大企业，它们在组织上与公有制企业更为接近。这样的企业要在风云多变的市场中立足、取胜，不可能再依靠个性化的所有者监督和经营者选任，无法依赖个别老板和经营者在能力、素质、体质和精力方面的较量，而必须转向有组织的经营管理，建立科学、高效的企业组织管理制度，从而保证组织低耗、高效、规范运转，能够高水平地处理大量、复杂的事务。有学者称之为“现代官僚管理体制”①，或曰企业官僚体制。发达国家的跨国公司和其他大企业，正是依靠这种体制，科学管理、整体作战、规模经营，在经营管理中注重使每一职位都做到责、权、利相统一，甚至令作为非股东的中、下层管理者和普通职工也怀有“我的公司”的自豪感。

（三）法人与有限责任

在我国，企业法人依法承担有限责任，企业法人成员依据章程和法律履行了出资义务之后，便不再对企业及其债权人承担任何责任。企业法人以其全部财产，包括负债形成的财产，对企业法人的债务承担责任，对于不能清偿的部分，债权人不得向企业法人的出资者请求偿还，企业法人也不得以任何借口将其债务转移给它的出资者；企业法人破产并清算之后，对未能清偿的债务可以免责。这是法律上允许企业法人人格独立，将其人格与企业出资者的人格相分离的必然结果。

《民法典》第58、60条为法人规定了四项必要条件，即：依法成立；有必要的财产或者经费；有自己的名称、组织机构和住所；能够独立承担民事责任。其核心，一是独立人格，二是法人的独立责任，实质上就是法人的出资者或股东承担有限责任，用法人这个“面具”或屏障，将其遮挡、保护起来。《民法通则》第48条还对国有企业的有限责任作出了规定，即“全民所有制企业法人以国家授予它经营管理的财产承担民事责任”。《全民所有制企业法》、党的十四届三中全会的决定和《公司法》，也都把有限责任确认为企业法人的基本特征。因此可以认为，有限责任是我国企业法人制度和企业法人财产权制度的一项重要内容。

在大陆法系国家或地区，存在着无限责任的法人。日本明文规定无限公司和两合公司是法人。这种现象可以说明两个问题：一是法人存在的基础是它拥有独立于法人出资者或股东的名义。一个组织或团体，只要具有不同于其出资者或股东的名称，可依该名称从事活动及接受政府管理，就可以被称为法人。法人独立于它的出资者或股东的人格，并独立承担责任，是法人制度的进一步发展，或曰法人的高级形式。二是法人的有限责任并非必然和神圣不可侵犯。法人本是为了方便组织或团体从事活动、促进财产和经济的流转而设置的制度，如果法人被利用来妨碍他人的活动，损害他人及公众的利益，影

① 王平：《建立法人财产权制度不能解决经营机制问题》，载《改革》，1994（3）。

响正常的经济秩序，则不妨取消法人这个“面具”，揭掉套在不法者头上的法人“面纱”。

以有限责任规避责任，在实践中可谓司空见惯。为了承担有限责任，个人可以让亲属作挂名股东，也可以出钱购买他人的名义，令其充当挂名股东。应当指出，在发达国家或地区，规避法律的行为是普遍存在并为法律所许可的。之所以如此，是因为在道德上和法律上，规避法律（如出钱购买“股东”名义、避税等）原则上被认为是正当的。自然人和大企业都可利用公司合法地规避法律或投机，设立“空壳”公司或“皮包”公司，甚至做一笔生意就设一个公司。大公司签约几乎无例外地都是以其下属的一个只有少量财产和人员的子公司的名义为之，其目的，轻者为回避风险，重者为转移利润或逃避税收乃至违法行骗，一旦遇有不利情形，以有限责任规避之。在我国，迄今在观念和司法上仍对规避法律的行为持否定态度，因此，应如何对待有限责任这一法人和法人财产权制度的重要内容，是值得深思的。

滥用法人的人格和有限责任还表现为，某人，譬如董事，可以借助公司之名为自己谋取私利，或从事隐匿财产、转移利润等违法行为，却将自己的个人行为主张为公司的行为，从而推卸个人责任；他（她）也可以将公司的行为主张为某人的个人行为，以转移公司应承担的责任。在我国的实践中，随着经济发展、公司普及，个人借助企业法人及其有限责任来推卸责任，母公司借助子公司法人及其有限责任来推卸责任等情况，已经越来越多，大有与发达国家“比肩”的趋势。在中国，有限责任制曾经的一个典型问题是，公有的企事业机关单位在创办企业、公司时，任意性太强，以致有限责任制在操作中往往陷入两难境地：承办和经营企业的人侵吞公有财产时，不能令出资的单位承担责任，更不能追究经营者个人的民事责任，以致债权人的利益受到侵害，作为出资者的主办单位本身也深受其害。出资者作为管理水平不高的公有单位，没有自然人那种切身利害关系促使其监管经营者，结果造成公有财产的流失。这个问题在各级国有资产监督管理委员会普遍设立和运作之后得到了缓解。

此外，西方国家在实践中发展起来的“刺破公司面纱”或“否认法人人格”的做法，为任何情况下的法人人格及有限责任的滥用，或者适用法人制度和有限责任制会导致不公正的任何情形，提供了一种最终救济手段。随着我国市场经济的发展，人们对公司、所有权和公司行为的认识日益加深，相关概念和理念也被引入我国，立法和实践对于股东滥用股东权利、法人的独立地位和有限责任，以及股东、实际控制人、董事、监事和高级管理人员利用关联关系损害公司、其他股东和债权人等的利益，即可掀开公司法人面具追究实际行为人的责任这一点，已成为共识和惯常的做法，反映出我国的公司法制和法治迈入了一个更高的阶段。①

问题与思考

1. 企业法人财产权问题产生的原因是什么？
2. 在关于企业法人财产权的讨论中提出了哪些主要观点？

---

① 参见《公司法》第21、22和23条。

3. 企业私有权或企业所有权观点的含义是什么？
4. 在企业法人财产权的讨论中提出了哪些主要的“双重所有权”观点？
5. 经营管理权和经营权观点的主要内容是什么？
6. 关于公司财产权和股权关系的讨论提出了哪些主要观点？
7. 对“双重所有权”观点应作何基本评价？
8. 我国关于法人财产权的法律规定是如何出台的？
9. 法人财产权的法律规定及其含义是什么？
10. 应如何理解产权的含义和性质？
11. 法人财产权是否应包括债权和知识产权？
12. 法人财产权与经营权的关系如何？
13. 如何正确理解法人及其有限责任的本质和意义？

第五章
公司法概述

本章摘要

“公司”虽为舶来概念，却有着一个贴切的中文称谓，意为众人共同从事或主持其事务。公司概念的最基本的含义，正是指不同主体为实现共同目的及从事共同事业之结社。这种通常为经济目的的结社在现代受到法的调整和规范。对公司可依多种标准作不同的分类，尽管以公司资本结构和股东对公司及其债务承担责任的方式为标准的分类是对公司的基本分类，但并不排斥其他分类，包括按所有制对公司进行分类，在理论上和实践中都具有一定的意义。由于公司本质上是不同利益主体协作和制约的产物，因而它除了促进私人投资经营外，在我国还具有一项重要的价值，就是促使部门、地方和公有企事业单位等在平等互利的基础上实现合作：一方面否定“条块分割”的行政性企业制度，另一方面使投资各方在利益协调的基础上实行民主、科学的决策。公司的权利能力不是基于自然的出生，而是因依法律规定的条件和程序成立而产生的。因此，依法订立章程、确定名称和住所、公司设立登记、准予成立并赋予法人资格等，对于公司具有重要的意义。大陆法系与英美法系的资本概念不尽相同，而在资本遵循的原则方面，我国从否定授权资本制、采取严格的法定资本制，走向资本法定条件下的注册资本认缴登记制和有限的授权发行。作为有关公司的一般规定，本章也对公司董事、监事、经理的任职资格和义务，公司职工权益保障及参与民主管理等有所介述。作为一种社会组织，公司也存在“由生到死”的过程，即公司成立、变更、解散、清算和注销。

第一节　公司的语源和特征

《公司法》第 2 条规定：“本法所称公司，是指依照本法在中华人民共和国境内设立的有限责任公司和股份有限公司。”因此，《公司法》对公司并没有作概括的定义，只是规定它调整两种形式的公司。

公司的概念较为复杂，具有很强的包容性。

一、公司的基本含义和基本特征

（一）公司的语义和基本含义

在汉语中，“公”含有无私、共同的意思，“司”则是指主持、管理，二者合在一起就是多人无私地从事或主持其共同事务的意思。然而，“公司”概念非我国所固有。有的公司法著作称“公司”语出庄子①，并有其他一些文章、书籍对此加以引用。然而，经查这种说法并无原文依据。《庄子》中的有关原话是：“……丘山积卑而为高，江河合水而为大，大人合并而为公”②。此处的“公”，系用以解释包容、协调天地阴阳万物的“道”，非指世俗人事。《庄子》中更没有“公”“司”二字之合用。

目前所知文献中最早出现的“公司”字样，是康熙二十三年（1684 年）福建总督王国安上奏康熙皇帝，报告在厦门扣押了郑成功政权属下要员刘国轩和洪磊的两艘大船，内载“公司货物”若干。其原文为：“册开公司货物铅贰万陆千肆百捌拾斤、苏木壹拾贰万斤、锡肆万斤”，“开明公司货物乳香壹千玖百斤”③。

有学者认为，这里的“公司”，可能是郑成功时期为表达荷兰东印度公司的称谓，吸收公司一词的拉丁文字头“com”（含有公共、共同的意思）的含义而创造的一个中文新词。而且，郑成功地方政权在与荷兰东印度公司的武装冲突和贸易竞争中，可能对其加以借鉴，建立了以公司为名的贸易组织或民间会社组织。历史脉络在一定程度上印证了此说。后来，“公司”之名由发源于闽南等地区的民间会社天地会传承下来，例如，乾隆时天地会首领罗芳伯在婆罗洲创建“兰芳公司”；太平天国时期，闽南和上海的小刀会（天地会的支流），也打出了“义兴公司”的旗号。④

19 世纪上半叶，华夏的门户被打开，西方国民涌入中国经商，国人渐次在商事组织的意义上使用“公司”一词。对此所作的解释，目前所见最早为清代学者魏源（1794—1857）对西洋人的“公司”所作的描述。他生动地写道：“西洋互市广东者十余国，皆散商无公司，惟英吉利有之。公司者，数十商辏资营运，出则通力合作，归则计本均分，其局大而联”⑤，是将商人间的合资、合力经营定义为公司。其时，关于公司的译名还很乱，如前述英国东印度公司的办事处以及荷兰东印度公司设于雅加达的办事处，都被称为“公班衙”，是为英语和荷语中“公司”一词（英 company，荷 compagnie）之音、义结合的译名。⑥ 它与西语中“公司”的发音相似，而当时中国人称西洋商船的货长和东印度公司的官员（亦为货长出身）为“大班”，故该词又有“大班之衙门”的意思。此外，还有“公班牙、公班卫、公班壹、甘巴尼、康邦宜”等多种关于公司的称谓。⑦

---

① 参见武忆舟：《公司法论》，11 页。

② 《庄子·杂篇·则阳》。

③ 转引自罗炤：《寻找“公司”的源头》，载《中华工商时报》，1995－08－11。

④ 参见罗炤：《寻找“公司”的源头》，载《中华工商时报》，1995－08－11。

⑤ 魏源：《筹海篇四》。

⑥ 参见《辞海》（缩印本），280、625 页。

⑦ 参见刘正埮等编：《汉语外来词词典》，113、121 页，上海，上海辞书出版社，1984。

从语言文字发展的一般规律看，以“公司”一词指称商事组织，应不是魏源的发明。由于魏源思想开放，作为林则徐等沿海大吏的幕僚处理经济事务，他不但十分了解当时东南沿海的工商和外贸活动，而且自己也实际从商，故以学者的眼光，对人们所称的公司加以记述和解释。在商事组织的意义上使用“公司”一词，大致年代应为19世纪初或更早一些（18世纪末），据说这也是由海外天地会的工商界人士传回祖国的。对外来事物的称呼最初通常都是混乱的，“公司”，因其名实相符、意义贴切并颇具中国特色，而在各种称谓中脱颖而出，沿用至今。

魏源对公司概念的解释，对后来清朝于1904年1月颁布的《公司律》和早年的公司法著作都产生了影响。《公司律》规定，凡凑集资本共营贸易者为公司；王孝通称：“公司者，多数之人以共同经营营利事业之目的，凑集资本，协同劳力，互相团结之组织体也。”①

公司概念的最基本的含义，恰如其语义和人们最初对它的质朴理解，正是指不同主体为实现共同目的及从事共同事业之结社。这种通常为经济目的的结社在现代受到法的调整及规范。

（二）公司的基本特征

由公司的这一基本含义，可以引出公司的如下基本特征。

1. 公司是一种团体或组织

无论是从公司在西欧中世纪和古罗马的萌芽还是从近现代公司制度的形成和现状看，公司本质上都是一种相对于自然人的团体或组织。

（1）公司一般是由两个或两个以上具有不同利益的主体联合而成的。对于由单个利益主体设立或控制的组织，晚近在各国法律上允许其采取公司形式，我国《公司法》也对一人公司和国有独资公司作出了规定。虽然这些公司的股东是单一的，但公司作为组织体，有一定的财产、组织机构、人员、固定的住所等特征，并没有被否定；而且，现代公司的资本或股份的流动性趋于增强，在这种流动中，公司的单一股东随时可能变为多数股东。

（2）公司的人格和财产在不同程度上同其成员的人格和财产相分离。就股份有限公司这种高级的公司形成而言，公司的人格和财产同其成员的人格和财产在形式上原则上是分离的，公司与其股东作为法律上各自独立的主体，互不承受他方的权利与义务。在无限公司和两合公司等较低级的公司形式中，这种分离是相对的，无限责任股东必须对公司的债务承担责任。

（3）公司具有“永续”性。在符合法律规定条件的前提下，公司成员的变更不影响公司的存在和活动，即它的存续不受自然人生命和能力的限制。这也是公司作为组织体的一种反映。

2. 公司必须依法设立

在现代社会，公司都是依法设立，即依照法律规定的条件和程序设立的。历史上允

---

① 王孝通：《公司法》，1页，上海，商务印书馆，1912。

许自由设立公司的情形已不复存在。

（1）公司依法设立的含义。在民商法分立的大陆法系国家，公司通常是依商法典或单行的公司法设立的；在民商法合一的大陆法系国家或地区，公司通常是依民法典或单行的公司法设立的。在我国，公司通常是依照《公司法》设立的。

公司除依公司法（在国外或者依商法典或民法典）设立外，还有两种依法设立的情形：

一种情形是依特别法或行政命令而设立。如我国的三大政策性银行、各级政府的投资控股或资产经营公司等，是依国务院或地方政府的行政命令和专门规章设立的；国外的特殊公司、法定机构等传统上都是依专门的法律或条例设立并运作的，在组织上不受公司法或民商法的调整。现在出现了依民商法暨普通公司法设立、其特殊职能通过法人治理和相关规制法加以实现的趋势。

另一种情形是，公司的设立及运作必须同时适用公司法和其他企业法或行业管理法，甚至应以其他法律为主。在我国，设立商业银行，应同时适用《公司法》和《商业银行法》；设立普通保险公司，则应同时适用《公司法》和《保险法》。在国外，以公司形式设立银行、保险公司等金融企业，新闻、出版、广播电视组织和学校、医院等，首先必须适用银行法、保险法、新闻出版法等其他法规，其次才适用公司法或民商法典。

（2）公司必须遵守法定的组织形式。在我国和其他大陆法系国家，投资者设立公司时，须在法律规定的公司形式中任选其一，而不得采取法律没有规定的公司形式或自行创设某种公司形式。变通或规避法律也只能在既定的公司形式下进行，否则公司的法律地位不确定，不受法律保护，甚至构成不法行为。

（3）公司依法设立而获得独立或相对独立的法律人格。公司依法设立后，法律承认其具有独立或相对独立的人格。我国《公司法》第 3 条规定，“公司是企业法人”。也就是说，依该法设立的公司都是经营性的法人，具有独立于股东的人格，仅以公司资产对公司债务承担有限责任。在其他国家或地区，公司也可能是股东须对公司债务负无限责任的法人。例如，日本公司法明文规定公司是法人，无限公司（日本称为“合名公司”）和两合公司（日本称为“合资公司”）也都是法人，其法人的人格与股东的人格和财产不能截然区分。同时，承担有限责任的公司法人可能因股东不法操纵而被否定人格或揭掉其法律的“面纱”，显现其人格相对性的一面。

3. 公司必须在既定的合法目的下从事活动

公司是为了一定的合法目的而设立的组织体，其权利能力须受法律许可的公司目的及范围限制，否则，其行为乃至组织本身构成不法，如从事走私活动、未经许可制售枪械弹药等，公司或相关行为人须依法承担责任，甚至依法解散公司。

《公司法》将公司界定为企业法人，依该法设立的公司具有经营性，从事生产、流通、服务等企业活动。所谓经营性，包括营利性经营和政策性、公益性经营等情况，或者兼而有之。所以，公司并不必然是营利性的。各国都存在着政策性、公益性经营的公司，主要是一些特殊的国有公司、从事公用事业和公共服务的公司，如前述我国依行政命令和专门规章设立的公司，还有城市公共汽车公司、地铁公司、电力公司、自来水公司，以及外国采取公司形式的公立医院和公共博物馆等。设立和经营这些公司的目的，主要是满足公众的需求和实现政府的政策，即使由于主、客观条件的限制没有盈利也须维持经营。

案例

国家开发银行股份有限公司

国家开发银行股份有限公司是我国三大政策性银行之一，旨在以市场化方式实现国家的发展战略和政策。它贯彻国家宏观经济政策，筹集和引导社会资金，支持国家基础设施、基础产业、支柱产业和高新技术等领域的发展和国家重点项目建设；向城镇化、中小企业、“三农”、教育、医疗卫生和环境保护等社会发展“瓶颈”领域提供资金支持；配合国家“走出去”战略，积极拓展国际合作业务。

企业法人在大陆法系的学说中属于社团法人，社团法人是相对于财团法人而言的。社团法人是人的集合体，是以人为主导、由一人以上组成的具有法律上权利与义务主体资格的社会组织。财团法人则是财产的集合体，也具有法律上的权利与义务主体资格。它是以捐助或托付的财产为基础，聘请或委任人员按财产的既定目的加以经营管理的团体或组织，又称“捐助法人”或“基金法人”。社团法人中除了从事生产、流通、服务等经济事业的企业法人外，还包括政策性、公益性或兼有营利性的法人，如从事文化教育、科学研究、新闻出版等事业的法人。在发达资本主义国家，非政府或非营利机构（NGO、NPO）、各种基金、学校、医院、会计师事务所和律师事务所等，都可以采取公司形式。也就是说，按照国际惯例，公司可以从事各种合法事业，而不限于生产经营活动。在我国在实践中也早已出现了足球俱乐部公司、教育集团公司、医疗集团公司等。

二、公司与事业

从团体或组织体的意义上说，“事业”一词在我国有特定的含义。它是指与企业相区别的非经营性组织，特点是不以营利为目的，经费可能不来源于自身经营，通常是由中央或地方政府的预算提供、从事教科文卫等非直接经济活动，或者兼有经营性或企业性的组织，如学校、研究院所、广播电视台、通讯社、报刊、政府设立从事特定活动的非政府机构等，被称为事业单位。但在日本，从团体和组织的意义上说，“事业”等于企业，是指各种经营性的主体，包括个体经营。概念使用上的细微差别是：企业是指营利性的事业，政策性、公益性经营的国有企业和其他非营利性的企业，则称为事业。但这种区别并不十分严格。事业当然可以采取公司的组织形式。

随着我国市场化改革的深入及进一步与国际接轨，从事各种活动的组织，尤其是可以实行企业化经营的非经济组织（多为“事业”单位），越来越多地采取公司的组织形式，一些中央部门和地方政府派驻港、澳的办事机构，曾经也都依当地法律登记为公司，如司法部与中国国际贸易促进会在香港设立了“中国法律服务（香港）有限公司”。

三、公司与法人

按照我国的立法、司法和法学界通行的理论，凡在我国合法登记的公司都是法人，其经营管理和财产责任是独立的，并以公司资产对公司债务承担有限责任。然而，从中外法人制度的实际情况看，公司与法人的关系是比较复杂的。

1. 法人制度的性质和作用

法人制度的实质和根本作用在于赋予一定的组织、机构不同于其成员的人格，如某公司法人、某地方政府、国务院、国家主席、女王等，以方便其从事活动、参加法律关系，具有充当管理或被管理以及参加诉讼的主体资格，以免其成员以自身的名义从事活动而造成角色混乱和行为不便，达到“铁打的军营流水的兵”的效果。至于法人的外部支配关系、内部的组织和运作方式、其财产的独立性和财产权的行使机制，不受一般法人制度调整。例如，依我国《民法典》，国家机关也是民法上的法人，而实际上，每一个具有法人资格的国家机关都不是独立的，它们依法处于一定的权力支配体系中，其活动经费或财产则不足以对其行为造成的各种后果承担全部民事责任。在其他国家或地区，如前所述，公司与其成员不完全分离的无限公司、两合公司等，也可以具有法人地位。如此是为了方便其参与民事流转、接受政府管理和承担民事责任，而非摆脱股东的控制。

2. 公司与法人的关系

从公司和法人的关系看，公司概念反映的是公司的组织关系；法人概念则是外在的，它是从形式上、从外部赋予公司或其他组织某种独立的名义。换言之，在组织和财产关系上千差万别的公司和组织，都可以具有法人地位；而法人资格并不能也不在于为某一公司或组织谋取其内部组织关系上的自主权和独立的财产责任。例如，依公司法和国际惯例，母公司与子公司、孙公司之间虽然存在着支配或控制关系，但并不妨碍它们在民事流转中是平等的法人，通俗地说就是“二级法人”或“多级法人”。对于国有的企业和公司来说，法人制度只能解决其以自己的名义参加民事流转和承担民事责任的问题，而不能解决行政机关和控制股东对其不恰当操控的问题。因此，正确地把握公司与法人的关系，有助于我们参考国际上通行的做法，解决实践中出现的种种问题。

四、公司概念的引申含义和特殊用法

公司概念的复杂性还表现在，在法律上和实践中，往往引申其基本含义而使用这一概念。公司概念的扩大使用是客观事实，但这不应被普遍化，否则公司和公司制度就会失去应有的规定性，从而丧失其意义。

1. 基于公司是不同主体和资本联合性的组织，将其引申为具有某种类似的权益制衡机制或机构的组织

如单纯的国有企业，尤其是一个财政主体投资设立的企业，其股东只有一个，本不符合公司的基本规定性，但通过引进董事会、监事会或某种委员会的集体决策机制，就

将其称为公司或国有独资公司。又如，国际上通行的公司设立全资子公司的做法，子公司的股东实际上只有母公司一家，而且它在经营上必须服从母公司的政策乃至母公司对某项交易的具体指示，但由于它是按公司法设立和运作的，在形式上也可能将母公司的几个股东登记为自己的股东，故而各国法律通常都认可其为公司。进一步的发展，则是允许自然人一人依公司法设立有限公司和股份公司。

2. 由多数公司的企业性或经营性，将“公司”引申为企业的同义语

这种引申一般表现在市场经济发达社会的日常用语和法学著作中。在市场经济发达的国家或地区，普通合伙、有限合伙、隐名合伙、合作社等各种企业，乃至自然人的独资企业和非企业团体，都可以被称为“公司”。无论大陆法系或英美法系都是如此。我国香港特别行政区甚至在法律上允许自然人的独资企业和合伙商号的名称中含有“公司”或“company”的字样，只是不允许其含有“有限”的字样。

五、小 结

综上所述，公司的概念将性质迥异的企业和组织囊括其中，并可在许多引申的意义上使用。而通常所称公司，是指依形式意义上的公司法设立和运作的企业组织。本书论述的公司法具体内容，主要涉及我国《公司法》及相关法规调整的作为企业法人的公司，类似于发达国家的私法或民商法上的公司。但由于公有制在我国经济中占有重要的地位，国有和集体所有财产的投资经营与公司治理受公有财产和政府运行规律的制约，形成特有的机制，故而不能将我国的普通营利性公司等同于发达国家的商事公司。

第二节 公司的种类

按照法律的规定或学理的标准，可以将公司分为不同的种类。各种划分在理论上和实践中都具有一定的意义。

一、以公司适用法律的性质和范围为标准的分类

这是对公司的最基本的分类，是按照公司适用法律的性质和范围，将公司分为依《公司法》及其相关法规设立的公司和依特别法、专门法规或行政命令设立的公司。前者一般而言为私法或民商法上的公司，或称商事公司、普通公司，但在国际上的私有化或民营化风潮中，特殊企业也越来越多地采取普通公司的形式，因为这类公司依法需要登记注册，故而在英国又被称为注册公司。后者则为特殊公司，属于法定公司或法定机构的范畴。

(一) 由《公司法》及相关法规调整的公司

这类公司的特征是具有商事性，需要进行工商登记管理。其类型在大陆法系主要是

按公司资本的结构和股东对公司债务承担责任的方式，分为有限责任公司、股份有限公司、无限公司、两合公司和股份两合公司等。在英美法系则有两种基本的分类标准：一是按股东承担责任的方式，将其分为无限责任公司、股份责任有限公司和保证责任有限公司；二是按筹资和经营是否具有开放性，将其分为非开放公司和开放公司。

合作社的性质虽然与公司有很大差别，但基于多数合作社的经营性或企业性，发达国家一般也将其归为私法上的一种公司或企业。瑞士、意大利等国家就把合作社规定在民法中，作为公司的一种。由于合作社的股金在社员入社或退社时会发生变动，法国法形象地称它为“可变资本公司”（société *à* capital varible）。发达国家常见的相互保险公司也是一种合作性质的公司。

（二）依特别法、专门法规或行政命令设立的公司

依特别法、专门法规或行政命令设立的公司则为特殊公司。这类公司在世界上普遍存在，其在公司中虽然不占多数，但往往具有重要的地位。它们是关系国计民生的企业或重要的公用事业，近年虽然也要在市场暨营利的基础上从事活动，但其依法或经政府授权从事政策性、公益性经营且可能承担一定管理职能的特性，并未根本改变。

1. 发达国家的特殊公司概况①

如前所述，在英国有皇家特许公司和法定公司这两类特殊公司。在日本的这类公司中，由国家控股的叫作“特殊公司”，经政府特许设立的私营公司则为“民营公益事业”。特殊公司由国家投资或持股，如日本改革后的几个国有铁道公司、日本烟草产业股份公司和日本电信电话股份公司等。

2. 对特殊公司的法律调整

发达国家在设立特殊公司的法律、法规或政令中，通常对所要设立的公司的名称、资本来源和构成、业务范围及其基本要求、组织机构及其高管的产生、财务会计制度等，直接予以规定。

例如，日本于 20 世纪 50 年代颁布《东北开发股份公司法》，决定设立东北开发股份公司。该法规定，公司的总裁和副总裁由首相任命，理事会和监事会的成员则由首相在股东大会选出的候选人中选定，公司向社会募股，其中国家的出资是后配股，且公司不适用反垄断法中关于限制企业持有其他企业股份的规定。其于 20 世纪 80 年代关于改革日本专卖公社和日本电信电话公社的《日本烟草产业股份公司法》和《日本电信电话股份公司法》也是如此：这两部法规定了公司股份的设置，并规定政府对日本电信电话股份公司有义务保有 1/3 以上的股份。

依特别法或专门法规设立的公司，通常由政府控股，即使政府不控股或完全由私人投资，有关公司也必须执行国家的政策。

为使特殊公司或企业在市场的基础上从事活动，将其改为普通公司的形式，其特殊性就不再表现在适用法律方面，而只保留特殊的职能。在这方面，新加坡的做法比较典

① 参见史际春：《国有资产管理国际惯例》，载《国际惯例书库》，第 3 卷。

型。该国将诸多的法定机构改制为商事公司，如新加坡电信、新加坡港务集团、新加坡能源、新加坡传媒、新加坡工程集团等；还依公司法设立了政府控股公司，如淡马锡控股公司、新加坡科技控股公司、国家发展部控股公司、太平保健控股公司和政府投资有限公司等，参股控股各行业的国有公司、企业，后者被称为“政联公司”（Government-Linked Company，简称 GLC）。在政府控股公司中，以淡马锡控股公司最为著名。该公司全称淡马锡控股（非开放）有限公司［Temasek Holdings（Private）Limited］，由新加坡财政部也即政府全额出资。其董事会成员和总裁由财政部部长牵头、其他政府部长和专家组成的提名委员会提名。根据 1991 年新加坡宪法修正案的规定，法定机构、政府控股公司的董事和总裁的任免都必须由总统批准。由此反映出政府控股公司的特殊性实质上与法定机构没有什么差异，实为形式上适用普通公司法的特殊公司或企业。

二、以公司资本结构和股东对公司及其债务承担责任的方式为标准的分类

按此标准，形成了我国《公司法》和大陆法系民商法或私法上基本的公司法律形态，以及英美法系国家或地区对商事公司的另一种分类。

（一）有限责任公司

这是我国《公司法》规定的两种公司形式之一，又称有限公司。《公司法》第 3、4 条规定，有限责任公司的股东以其认缴的出资额为限对公司承担责任，公司以其全部财产对公司的债务承担责任。

1. 有限公司的特点

有限公司具有以下基本特点：

（1）有限公司的股东对公司债务间接地承担有限责任。这是有限公司区别于无限公司、两合公司等较低级公司形式的特点。有限公司的股东仅对公司负缴付出资的义务，除此之外不对公司及其债务承担财产责任。因此，股东对公司债务（也即对公司的债权人）不直接负责，而是由股东投资设立的作为独立法律主体的公司以其实际资产对公司的债务承担有限责任。

（2）有限公司由数量不多且相对稳定的若干特定股东组成。《公司法》规定，有限责任公司由 1 个以上 50 个以下股东出资设立。在其他大陆法系国家或地区，有的国家对有限公司的股东人数不作具体规定，例如，德国《有限责任公司法》规定，有限公司“由一人或数人设立”。

（3）有限公司的资本可以分为均等的份额，也可以不分成均等的份额。有限公司的资本构成通常被称为“出资”，即使分为均等的份额也不称为股份（无限公司亦同），股东的权利与其“出资份额”（相当于日文中“持分”的概念）相联系。但如果将有限公司的资本划分成均等份额，称之为股份，并将股东的出资称为“持股”，也并无不妥。在英美法系，公司的资本通常都分为“股份”（shares）。

（4）有限公司的筹资和经营具有“封闭性”或非开放性。这是有限公司区别于股份有限公司的特点。有限公司不得发行股票，股东出资的转让须受法律和公司章程的限制。

鉴于其不具有“公众性”或“开放性”，法律对其设立的条件和监管相对来说也不严格。英美法系的“非开放公司”也有这个特点。

2. 英美法系的非开放公司和保证责任有限公司

在英美法系国家或地区的公司法中，没有与我国和大陆法系公司法中相同的有限公司形式。在筹资和经营的封闭性方面，其非开放公司与有限公司类似，另有股东对公司债务承担有限责任的保证责任有限公司。

（1）非开放公司（private company）。

非开放公司又称“封闭（性）公司”“闭锁公司”“私公司”“私人公司”等。这里的“私公司”“私人公司”是与“公开公司”相对应的，其意只在于表明公司的封闭性与非开放性，不同于我国通常在所有制意义上理解的“私”或“私人”的概念。

非开放公司在由若干特定股东合资经营、股东转让出资须受限制、不公开招股、实行非开放性经营等方面，与有限公司相同。在股东的人数上，英国现行法规定一个自然人也可以注册公司；美国多数州早就允许设立一人公司，美国《示范商事公司法》对公司股东的人数也没有最高限制。

然而，非开放公司与有限公司是有实质区别的。非开放公司的概念并不强调股东的责任和公司的资本构成。如英国注册公司的三种形式，即无限责任公司、股份责任有限公司和保证责任有限公司，都可以是非开放公司。同时股份责任有限公司也可以采取开放公司的形式。换言之，在非开放公司中，既有股东承担有限责任（包括保证责任）的公司，也有股东承担无限责任的公司。

美国《示范商事公司法》只规定了一种有限责任的公司，包容了相当于我国和其他大陆法系国家的非上市的股份有限公司。这样做，从立法技术上讲有一定的合理性：大陆法系国家的非上市股份有限公司除必须将资本分为等额的股份外，在股份的流动性不强、股东具有特定性和数量不多等方面，与有限公司几乎是一样的；而且，公司法关于公司的许多共通性规定，对各种公司都是可以适用的。

美国法上有一个 close corporation 的概念，可以直译为“封闭性公司”，意译则为“少数人控制公司”或“个人控制公司”（personal holding company）。鉴于这种公司的人合性质，法律上视股东对公司的操控方式或程度，要求股东直接承担义务或责任。① 美国《示范商事公司法》有一个附件，即《封闭性公司示范附加规定》，与其一并作为范本使用。而20世纪80年代以后，美国各州兴起了一种“有限责任公司”（Limited Liability Company，简称LLC）。1994年美国全国统一州法委员会还制定了《统一有限责任公司法》（ULLCA）。这种公司干脆取消资合的性质或要求，不设董事会，股东相互代理执行公司事务，无须缴纳公司所得税，但又可以享有有限责任的便利。这反映了英美法的灵活性。

日本于21世纪初追随美国的企业法制改革，“全面导入美国的体制”，在2005年的《公司法》中，引进LLC，将有限公司人合化，改称“合同公司”，并将其与无限公司、两合公司合称为“份额公司”。也就是说，资合或资合兼人合性质的非开放的有限公司在

① See *Black's Law Dictionary*, eighth edition, West Publishing Co., p. 365, St. Paul, 2004.

日本已不复存在，取而代之的是美式的有限责任公司。但是日本法的形式主义不可能在一夜之间消失，合同公司既然是法人，就要缴法人所得税。这样还是达不到美式有限责任公司（LLC）避免对股东和公司重复征税的效果。于是，日本又引进美国的有限责任合伙（LLP）制度，于2005年制定了《有限责任事业组合契约法》，允许投资人选择采用“日本版”的LLP——有限责任事业组合，也即美式的有限责任合伙：合伙企业本身不再是法人，无须缴纳法人所得税，同时合伙人可以对其他合伙人非正常经营引起的债务承担有限责任。①

（2）保证责任有限公司。

保证责任有限公司是指在公司章程中规定，每个股东在公司清算时对公司的债务以其所保证的金额为限承担责任的公司。股东承担保证责任的公司是英国及其前殖民地和英联邦国家注册公司中的一种，在股东责任的承担上比较特殊。在其他国家，只有保证责任的合作社，而无保证责任的公司。

在保证责任有限公司中，股东对公司承担的责任也是有限的，但这种限度不是当然地基于股东的出资，而是基于股东的允诺或担保。

与一般承担有限责任的公司不同，保证责任有限公司可以有股本，但在实践中通常没有股本，也不需要设立交易账，因为这种公司多为非营利性的团体或机构，如医院、学校、宗教或慈善组织、相互保险公司、科研机构、文艺团体、体育组织等的法律形式。没有股本的这类公司在清算时，股东是以章程中确定的保证金额为限，对公司债务承担责任。在有股本的保证责任有限公司，股东除以其出资额承担责任外，如果保证或担保的金额高于出资金额，且公司清算时的资产不足以清偿公司债务，则股东尚须在保证的金额内负补充责任。

3. 有限责任公司优劣略说

有限公司是大陆法系公司制度中最晚出现的一种公司形式。它将合伙的当事人相互信任、企业的设立和组织简单、活动便捷等优点，和股份有限公司的股东与公司的人格分离、股东承担有限责任、股东的变动不影响企业存续等优点结合起来，成为当今适合于中、小企业的一种企业法律形式。一人公司、合同公司等的出现，更将此发展到极致。

有限公司优点的相对面，则为其固有的弊端：它往往被人们用作投机和规避法律责任的手段。有限公司设立容易，股东又可承担有限责任，这固然可以鼓励投资，促进经济发展，但法律上对其监管不易、不严，在市场经济发达的地方，有限公司被大量用来设立“空壳”公司或“皮包”公司，甚至做一笔生意就设一个公司。自然人和大企业都可以利用有限公司合法地规避法律或投机，乃至违法行骗，遇有大量负债、亏损或其他不利情形，则以有限责任规避之，从而损害交易对方的利益和整个社会的经济秩序。

（二）股份有限公司

股份有限公司又称股份公司。《公司法》第3、4条规定，股份有限公司的股东以其

---

① 参见日本经济产业省经济产业政策局产业组织课：《日本版LLC制度等》，日本经济产业省网站，http://www.meti.go.jp/policy/economic_organization/llc_seido.htm，访问日期：2006-03-24。

认购的股份为限对公司承担责任，公司以其全部财产对公司的债务承担责任。其中，股票在证券交易所交易的股份有限公司又称“上市公司”。

1. 股份有限公司的特点

股份公司在股东以其出资对公司债务间接地承担有限责任这一点上，与有限公司是一样的。但是股份公司与有限公司和其他公司相比，其股东的人数可能较多，公司资本必须分为等额的股份，可以自由转让，也可以向公众募股，上市公司的股份还可以在交易所上市流通。随着股份的流动，股东随时处于变动之中。因此，股份公司具有开放性甚至公众性特点。鉴于股份公司的开放性，法律对股份公司的设立条件和监管的规定要比对有限公司和其他公司的较为严格，例如：《公司法》规定，发起人应当在股份有限公司成立前按照其认购的股份全额缴纳股款；向社会公开募集股份的股款缴足后，应当经依法设立的验资机构验资并出具证明。此外，上市公司的一些足以影响他人判断其业绩、决定是否买卖其股份的信息，如会计报表、重要的商业行为等，依我国法律和国际惯例都应公开，否则公司及其相关行为人须承担法律责任。

2. 英美法中的开放公司

这种公司与我国和大陆法系公司法中的股份有限公司相似，又译为“公公司”“公开公司”“公共公司”等。开放公司可以公开募股，可以自由转让股份。在现实中，开放公司基本上与我国和大陆法系国家的股份公司一样，也是由有限责任股东组成的公司；但在一些英联邦国家如澳大利亚，开放性的无限责任公司也没有完全绝迹。与非开放（封闭性）公司相比，开放公司受到的监管较为严格。

3. 股份有限公司优劣略说

（1）股份公司是一种募集、积聚资本的有效手段和途径。马克思在《资本论》中对此曾评价道：假如必须等待积累去使某些单个资本增长到能够修建铁路的程度，那么恐怕直到今天世界上还没有铁路。但是，集中通过股份公司转瞬之间就把这件事完成了。[①]加之股份公司的组织管理制度稳定，在现代市场经济社会中，股份公司已成为多数大企业的组织形式，在经济中起着主导作用。世界上著名的大企业或跨国公司，如日本丰田汽车、我国的联想公司等，都是股份公司。

（2）股份的流动性，为股份公司的经营和活动提供了一种社会评价和监督的机制。股东购买股份以后，原则上不能退股，但可以将其股份转让或在交易市场上出售。决定投资者是否出售或购买某一公司股份的因素，主要是由公司经营状况决定的公司盈亏水平。公司盈利水平高，购买该公司股份的人就多；反之，人们就会转让、抛售其股份。此即所谓对公司经营状况“用脚投票”。这种股东期望持股获利和股份流通的机制，也可以起到促使公司董事和其他管理人员谨慎、勤勉地从事经营管理的功效。

股份流通的衍生物是证券市场。证券市场为企业提供了筹资、融资的渠道，股票和债券可用于企业的合并、收购和借贷抵押，是现代社会中重要的信用工具。通过证券市场的企业股权转让或收购，股权价格由市场决定，可以避免估价的主观性，也容易被交

---

① 参见《马克思恩格斯全集》，2版，第43卷，670页，北京，人民出版社，2016。

易当事人和社会所接受。

（3）股份公司的弊端。在市场经济条件下，股份公司也为少数个人或企业利用公众的积蓄或小额资本营利或投机提供了便利。设立股份公司、发行股份，可以获得创业利润甚至骗取公众钱财。在股市正常运作的情况下，分散的小股东也无力、无兴趣参与公司的决策，他们购买股票主要是为了投机，但在股票市场上不是“大户”的对手，遭受损失在所难免。实际控制着公司的大股东，则可以按照自己的利益和愿望控制和攫取小股东的财产。

股份转让或交易的价格，又不直接取决于该股份公司的经营和盈利状况。某种股份的市场供求情况、银行利率高低、银根的松紧或社会游资的多少、其他一切可能影响企业经营的因素对投资者或公众心理的影响，以及利用这些因素进行的市场投机活动等，都会使股票的价格发生波动。持股者过高的盈利期望或股价过分地下跌，造成股价与公司的经营状况脱节，还会对公司的经营和公司经营者的心理造成人为的压力，甚至导致公司无法正常运作。

（三）无限公司

无限公司又称“合名公司”是指由两个以上的股东组成，全体股东对公司的债务承担无限连带责任的公司。

1. 无限公司的由来

从无限公司的定义可见其就是普通商事合伙。1807 年的《法国商法典》首创“合名公司”的名称，因为无限公司必须在公司名称中冠以一个或若干个股东的姓名。

近代中国继受了大陆法系传统，清朝于 1904 年颁布的《公司律》中就有无限公司的规定，当时称为“合资公司”；1914 年北洋政府颁布公司条例，正式定名为无限公司，并为国民政府时期制定的公司法所沿用。新中国成立后因在法学和立法、司法上将法人同其自身独立承担责任以及其成员的有限责任相联系，不承认无限责任法人，并认为公司都应该是法人，所以《公司法》中没有规定无限公司，而在《合伙企业法》中作出了相应的规定，是为普通合伙企业。

2. 无限公司制度及其与合伙的异同

无限公司与合伙的区别主要在于是否为企业或是否具有商事性。如前所述，公司和合伙在法语中是同一概念。依法国法，公司（包括合伙）除隐名的之外都是法人。这样，合伙与无限公司的区别仅在于适用法律的不同：民事合伙暨公司适用民法，可能不具有商事性或不是企业；商事合伙暨公司适用商法或公司法，采取无限公司或两合公司的形式。日本公司法规定无限公司是法人。而一些国家如德国、瑞士等不承认无限公司是法人，英美法系国家或地区一般也规定合伙包括商事合伙不是法人。

换言之，作为商事企业的合伙与无限公司没有什么区别。它们在法律上具有法人资格的，都可能须依法缴纳法人所得税或公司所得税等；不具有法人资格的，则由合伙人或股东分别作为纳税人。而在内、外部组织关系和成员责任方面，具有法人资格的合伙和无限公司在国外也只是“合名”，为维护交易安全而刻意淡化其独立名义，合伙人或股东要承担无限连带责任；不具有法人资格的合伙和无限公司也可以其“合名”从事民事活动，乃至起诉、应诉。在我国依照《民法典》和《合伙企业法》，合伙企业可以起字号，不必采取“合名”形式，只有合伙企业的财产不足以清偿债务时，债权人方可向合伙人追索。由此可见，其虽不是法人但法人性更胜于国外的无限公司法人。

无限公司的股东通常为若干个自然人，一般国家的法律对其股东人数不作具体限制。有限责任的公司或法人作为无限责任股东时，并不限于以其对无限公司或合伙企业的出资为限承担责任，而须以其全部法人财产承担责任，直至破产。在这种意义上，法人股东承担的无限责任以其自身的全部财产为限，从而又是有限的。因此，晚近国外由有限责任法人充当无限责任股东或合伙人的情形得到普遍发展，不仅是市场化投资经营和交易发展的必然，而且不违背企业组织及其责任制度的基本法理。我国《合伙企业法》规定，除国有独资公司、国有企业、上市公司以及公益性的事业单位、社会团体不得成为普通合伙人外，自然人、法人或其他组织都能成为普通合伙企业和有限合伙企业的合伙人，即是顺应这一趋势和原理的规定。

3. 无限公司的若干优点

在当今社会，投资者设立中、小企业固然乐于采取有限公司（包括 LLC）的形式，无限公司因其股东责任过重而较少被采用，但它在组织和经营上也有自身的优点，这些优点正是无限公司、合伙相对于有限公司所具有的优点。

一个优点是，无限公司和合伙建立在当事人相互信任基础上，所以法律对其出资和内部组织关系不作详细规定，对公司的监管也不如对有限公司严格，对于投资者来说十分便利。例如，对于无限公司，股东会、董事会、监事会或监事等不是法定必设机构，股东依法可以退股等。这也正是日本公司法将有限公司改成合同公司的重要原因之一。

另一个优点是，对小企业来说，由于企业的资产少，信用等级低，如果采有限公司形式，就难以得到外界的信任和贷款，即使相对人同意交易或贷款，也会要求公司提供担保或由股东作为保证人，从而使公司的“有限”责任名存实亡；如果采无限公司形式，由于其股东是公司债务的法定保证人，尤其当股东的财力、能力和信用卓著时，公司反而较易与他人成交或取得贷款。

（四）两合公司

两合公司，是指由一个以上的无限责任股东和一个以上的有限责任股东所组成，无限责任股东对公司债务负无限连带的清偿责任，有限责任股东仅以其出资额为限对公司债务承担责任的公司。其中，无限责任股东是公司的实际经营管理者，有限责任股东则是不参与经营管理的出资者。所谓“两合”，就是指经营资本与经营管理劳务的结合，或者指无限责任股东与有限责任股东的结合。

1. 两合公司概述

两合公司由康枚达发展而来。北洋政府 1914 年颁布的公司条例中，创设了两合公司的名称。英美法系中没有两合公司的称谓，与之相当的是有限合伙。如前所述，我国在观念上和法律上（不是事实上）不承认无限责任法人，并认为公司都应该是法人，所以，在立法技术上，也是把两合公司作为有限合伙规定在《合伙企业法》中，而不是将其纳入《公司法》。2006年修订《合伙企业法》时，还加入了特殊普通合伙（LLP）的规定，各合伙人对合伙债务原则上承担无限连带责任，但对其他合伙人的过错或不法导致的债务不负连带责任，以适应有关专业服务机构的合伙人避免承担过度风险，利于其发展壮大和异地发展业务的要求。特殊普通合伙限定了合伙人对合伙企业债务承担无限责任的范围，客观上需要增加对客户和第三人的补充保护制度，因此《合伙企业法》要求这种合伙从业务收入中提取一定比例的资金，建立执业风险基金，并办理职业保险。①

两合公司的无限责任股东是自然人，有限责任股东则可以是法人或政府。但在发达国家，由有限责任法人充当无限责任股东的情况越来越普遍，即当事人为减少或规避风险，先成立一家有限责任的公司，然后由其充当无限责任的股东或合伙人。在由有限责任的公司或法人作为两合公司的无限责任股东（普通合伙人）的情况下，《德国商法》将其称为“有限责任两合公司”或“复合两合公司”（GmbH & Co. KG）。在美国，有限合伙的有限责任合伙人和无限责任合伙人都可以是法人，这样的合伙被称为“复合有限”（Incorporated Limited or Limited Inc.）合伙。这样的两合公司，既可以享受法律上对合伙的要求不甚严格的便利，又可以享受有限责任的好处。我国在实践中，有限合伙的无限责任合伙人也越来越多地由有限责任的公司充当。

2. 两合公司制度及其与合伙的异同

在两合公司中，无限责任股东占主导地位，因此在法律上，除涉及有限责任股东外，两合公司可以适用无限公司的规定。英美法系的有限合伙，也是由承担有限责任和无限责任的两种出资人组成的，但有限合伙不是法人，两合公司则与无限公司一样，一些国家或地区规定其是法人。

隐名合伙也是从康枚达契约发展而来的，因此，它在出资和经营上与两合公司和有限合伙具有相似性。与有限合伙一样，隐名合伙是由不参与经营管理的一方当事人向从事经营管理的另一方当事人出资，并依约分享经营的利润。关于其是否应分担亏损，各国的法律规定不一。但是，隐名合伙人的存在并不反映在法律上，甚至隐名合伙人和合伙都不为人所知，也就是说，隐名合伙实际上只是一种委托经营的契约。隐名合伙的经营者一方可以是自然人，也可以是合伙或公司企业。

在英美法的普通合伙和有限合伙中，都可以有不参与经营及不公开身份的隐名合伙人。

3. 两合公司优劣略说

与无限公司相比，两合公司和隐名合伙的经营者可以从不参与经营的出资者处获得资金，从而成为私募和风险投资的一种有效法律形式。在美国与高科技相关的创业资本的主要组织形式就是有限合伙。两合公司的缺点，则是出资者基于信任将资金交给经营者后，便由经营者支配，出资者很难再加以控制。

---

① 参见《合伙企业法》第二章第六节“特殊的普通合伙企业”和第三章“有限合伙企业”。

（五）股份两合公司

股份两合公司，是指由一个以上的无限责任股东和一个以上的有限责任股东所组成，公司的资本分为等额股份的公司。这种公司与两合公司很相似，也是由无限责任股东为主导，无限责任股东是公司的设立者和实际控制者。但在公司的资本须分成等额的股份，有限责任股东可以召开股东会、担任公司的监事等方面，它又不同于两合公司，而与股份有限公司相像。

股份两合公司发源于法国，最初是规避法律的产物。18 世纪末，在法国设立两合公司不需政府核准，设立股份有限公司则必须由政府审批。人们为免去政府许可的麻烦，便以两合公司的形式设立股份公司，将无限责任股东加入其中。不久法国制定商法典，将这种公司形式规定下来，称为股份两合公司。后来德国、日本制定的公司法，均将其规定为公司的一种形式。

然而，股份两合公司的无限责任股东凭借个人的信用和经营能力，难以像股份公司那样，向公众募集大量的股份，而且其对公司的经营和债务所负的责任相对于有限责任股东的来说显得过重，故而这种公司形式自问世以后一直未得到广泛发展，被投资者选择采用的较少。有鉴于此，日本于 1950 年修改商法时废除了股份两合公司这种组织形式。法国和德国仍保留着这种公司组织形式。

三、以公司的信用基础为标准的分类

这主要是一种学理上的分类，是按照公司在市场经济活动中取得信用所依赖的基础，将公司分为资合公司、人合公司和资合兼人合的公司。

（一）资合公司

资合公司，是指以资本的结合作为公司信用基础的公司。这种公司在市场交往中是以资本的实力取信于人，至于股东是否有能力或信誉，他人可以不必过问。因此，资合公司依赖规范的法人治理，其经营和存续受个别股东的影响较小，是现代典型的公司法人形式。资合公司以制度化的股份公司为典型，实践中存在的家族式股份公司和国外只有一个自然人股东的股份公司，事实上难以实行规范化、制度化的管理，因而属于人合的性质。有限公司也可能在不同程度上具有资合公司的特点。

在《公司法》中，对股份公司和有限公司有注册资本和法定公积金等的规定，目的就是维持其资信基础。

（二）人合公司

人合公司，是指以股东的能力、财力、声望和信誉等作为公司信用基础的公司。人合公司在市场交往中不以资本为信用的基础，法律上对其资本和治理等的要求较低，原则上允许股东通过协议和章程自治。所以，人合公司与其股东不完全分离，其典型形式为无限公司。

（三）资合兼人合的公司

资合兼人合的公司，是指同时以公司资本和股东个人信用作为公司信用基础的公司，其典型形式为两合公司和股份两合公司。在这两种公司中，有限责任股东的出资为公司提供了较稳定的资本，无限责任股东则以其能力和信用从事经营活动，从而将资本信用和人的信用结合在一起。

有限公司除股东可以依法承担有限责任外，其余在公司的经营依赖股东间的互相信任关系、所有权与经营权一般不分离、公司资本的流动性较弱、小的有限公司在对外交往尤其是在获得银行贷款时要靠股东的信用等方面，与合伙和无限公司相像，一般而言也属资合兼人合的公司。当然，组织健全、治理和运行规范的有限公司就是资合公司。无限公司亦然，如普华永道、毕马威、德勤等国际知名会计师事务所。实践中也存在着许多事实上完全人合的有限公司，日本更是已将有限公司人合化为合同公司。

四、以公司组织关系为标准的分类

公司的组织关系有外部和内部之分。外部组织关系是指不同公司之间在组织上的相互联系，内部组织关系是指某一公司内部的控制关系。

（一）母公司和子公司

不同的公司相互之间存在控制与被控制、依附与被依附的关系，这是实践中普遍存在的现象，譬如企业集团中处于不同地位的公司相互间的关系。在这种表现于公司外部的组织关系中，处于控制和被依附地位的公司是母公司，处于被控制和依附地位的则是子公司。子公司再设立或控制的更低层次的公司相对于母公司来说，则为孙公司、曾孙公司等。所以，更准确地说，母公司和子公司的关系应为控制公司和附属（或从属）公司的关系。母公司或控制公司为子公司或附属公司规定经营方针，甚至对其具体的经营和交易活动作出指示。

母公司或控制公司控制其子公司或附属公司，可以采取独资设立、控制多数股份、掌握实际得以控股的股份，或其他任何可以控制子公司或附属公司的业务、人事或财务等的方法。对于股份公司来说，视其股份的分散程度，通常只需掌握其不到半数，甚至只需不到5%的股份，就可以对其加以控制。

案例

爱使股份有限公司始末

爱使股份有限公司（以下简称爱使公司）的前身是延中实业股份有限公司，为上海市首批股份制试点企业和股票上市的八家公司之一，也是我国股权分置改革之前证券市场上不多的几家“三无概念股”公司之一。所谓“三无概念股”公司，是指无国家股、无法人非流通股、无外资股（B股）的公司，股票基本上全流通。因此，它们一直是证券市场购并、重组的对象。1996 年上海延中实业股份有限公司入股控制爱使公司，持有该公司股票占总股本的 4.99%；1998 年大港油田及其关系企业入股控制爱使公司，持有该公司股票占总股本的 10.01%；2000 年天天科技有限公司和北京同达志远网络系统工程有限公司入主爱使公司，两公司合并持有爱使公司股票占总股本的 5%，成为公司的第一大股东。2014 年，由于煤炭行业不景气，主业为煤炭的爱使公司股份以近 12 亿元收购了“游久时代”公司，同时剥离煤炭业务，转型为一家游戏公司，并更名为上海游久游戏股份有限公司。然而，由于该公司主营业务规模小、盈利能力弱而处于亏损状况，上海证券交易所于 2022 年作出“关于上海游久游戏股份有限公司股票终止上市的决定”。媒体惊呼“老八股”又少了一只。

在实践中，企业集团中的上级公司与下级公司、跨国公司总部与设立在世界各地的公司、控股公司与被其控股的公司等，通常都是母公司和子公司或者说控制公司与附属公司的关系。

母公司或控制公司与控股公司是不同的概念。母公司或控制公司的概念只说明公司间的组织关系，而不反映公司的经营性质；控股公司的概念则除兼指控制公司外，还特指专门或主要从事控股活动（不排除兼营某种具体业务）的公司。

母公司或控制公司与子公司或附属公司之间虽然有控制与被控制的组织关系，但依国际惯例和《公司法》，它们在参与外部的交易和管理关系时，都具有法人资格。《公司法》第 13 条第 1 款规定：“公司可以设立子公司。子公司具有法人资格，依法独立承担民事责任。”所以，子公司有独立的名称、章程和组织机构，有法定的资本，可以自己的名义对外交往，并以公司的资产对公司债务承担有限责任。

（二）关联公司（企业）

这一概念与母公司和子公司的概念密切相关。母公司与子公司之间，同属于一个母公司或控制公司的各个子公司或附属公司之间，相互投资或连锁控制的几个公司之间，都属于关联公司（企业）。

关联公司（企业）结成的企业集团，可能会妨碍和削弱竞争，因此，关联公司（企业）是反垄断法调整的一个方面，如经营者集中（也称企业结合）控制。又由于母公司、子公司和关联公司（企业）都是法人，为了防止它们利用各自的法人资格，勾结起来从事不当交易、不当经营行为或不当输送利益，损害小股东、债权人的利益及社会经济秩序，在税法、市场暨证券监管上也须对其相互关系加以监控。例如，对于其相互间交易的转移价格（transfer price，又称内部调拨价），我国和发达国家都严加监管，以免其不当地转移利润及逃避税收。

（三）总公司和分支公司

这是从公司内部组织关系上进行的划分，分公司、支公司只是公司的分支机构，并不是公司。

总公司又称“本公司”，是相对于其分支机构而言，有权管辖公司的全部内部组织，如各个分部门、分公司、科室、工厂、门市部等的总机构。

《公司法》第 13 条第 2 款规定：“公司可以设立分公司。分公司不具有法人资格，其民事责任由公司承担。”分支公司也需依法设立及登记，但其作为公司的一种分支机构，不具有法人资格，设立比较方便，程序比较简单。

其特征是：（1）分支公司没有独立的名称，须以总公司的名义进行活动，以及在总公司的名称后面加上“分公司”“支公司”字样。（2）分支公司没有自己的章程和独立于总公司的组织机构，它作为公司的组成部分在一定范围内开展活动。（3）分支公司没有独立的财产，其从事活动的财产由总公司拨付，依法列入总公司的资产负债表。（4）分支公司在经营活动中产生的债权、债务关系由总公司承担，并由总公司以其全部资产对该债务负清偿责任。

分支公司的这些特点，使之可以依托总公司的实力和信用进行活动，从而易于获得交易相对人和社会的信任。银行和保险公司等社会对其信用度要求较高的企业，通常即采取设立分支公司而非子公司的方式拓展业务和活动空间。例如，《商业银行法》第 22 条规定：商业银行对其分支机构实行全行统一核算，统一调度资金，分级管理的财务制度。商业银行分支机构不具有法人资格，在总行授权范围内依法开展业务，其民事责任由总行承担。

五、以公司股本的来源和性质为标准的分类

公司的股本有不同的来源，依出资主体及其财产的性质，可以将公司分为国有或公营公司、合作制或集体所有制公司、私营或民营公司、外商投资公司和混合公司等。

（一）国有公司

国有公司，是指由有权以国有财产投资的机构、部门、企事业等单独或联合投资的公司，其中国有资产或股份的管理和经营，既要适用《公司法》，又要遵守有关国有资产管理的法规。一个财政主体设立的国有独资公司和几个财政主体联合投资的有限责任公司，当然是国有公司。从资本控制的角度讲，国家在公司中的股份和表决权超过 50%的，就是国有公司。另外，国家参股未达 50%，但国家实际上得以控制或施加重大影响的公司，也属于国有公司。例如，我国《企业国有资产法》将国有资本控股公司和国有资本参股公司都作为国有企业①；德国将政府参股达 25%以上，其他股东均为小股东的公司，视为国有；日本国有企业中的特殊公司，即使政府投资未达半数，也都由国家控制。②

依国际惯例，所谓“国家所有”，仅指中央或联邦所有，地方所有如州有、省有、市有、镇有等，只称“地方公有”或“公有”，而不称国有。所以，在日本，有“公营事业”和“公营公司”的概念。从理论上说，公营事业和公营公司应包括“国有事业”和“国有公司”即“中央”投资或控股的公司在内，而实际上，所谓“公营事业”和“公营

① 《企业国有资产法》将国务院和地方人民政府作为出资人的企业称为国家出资企业，相应地，《公司法》将国务院和地方人民政府作为出资人的公司称为国家出资公司，国家出资企业或国家出资公司当然是国有企业。国务院和地方人民政府不直接作为出资人的国有企业不属于这两个法的调整范围。

② 参见史际春：《国有资产管理国际惯例》，载《国际惯例书库》，第 3 卷。

公司”，仅指地方政府投资或控制的公司或企业、地方与“中央”合营的公司或企业，以及政府与民间合营、政府出资占多数的公司或企业。

我国在法律和理论上明确国家所有权是全民所有制的法律表现形式，国家所有权由国务院和地方分别代表国家行使，地方和政府部门都是国家的组成部分，它们依法或经授权管理一定范围内的国有财产。因此，在我国没有地方所有的公司或企业，地方设立、控制的公司或企业与中央管辖的企业一样，都属于国有公司或国有企业。

（二）合作制或集体所有制公司

合作制或集体所有制的主体，如村、集体所有制企业、股份合作企业等，可以依《公司法》投资设立公司。鉴于合作制或集体所有制主体本身实行合作制原则，从所有制意义上说，由其投资或控制的公司，可以归为合作制或集体所有制的公司。有关集体所有制企业法规的精神也是如此。①

案例

华西村股份有限公司

华西村股份有限公司是华西村控股的上市公司，截至 2024 年，其第一大股东江苏华西集团公司持股 29.34%，社会公众股东持股 70.66%。华西村自 20 世纪 90 年代起，在全国率先成为“别墅村”“轿车村”“电脑村”等，成为中国农村工业化、城市化的模范。

在发达国家，合作制或集体所有制的公司有三种情形：一是习惯上将合作社称为公司，或在法律上将合作社规定为一种公司。二是由职工所有或控股的职工股权制企业，依法采取公司的形式。三是合作性质的相互保险公司，相互保险公司由参加相互保险的众多投保人组成，其合作性质表现在：公司的权力机构是投保人代表大会，决议时采取一人一票的表决方式，公司没有股本，不是根据出资额而是根据投保人与公司约定的方式进行分配。

（三）私营或民营公司

私营公司，是指由私人或私营部门投资或控制的公司。在我国，“私营”的概念是在私有制的意义上使用的。“民营”的概念则是指非由国家机关、国有或集体所有制企事业单位主导的企业，包括由自然人主导的个人经营、合作经营或集体经营，不排除企业仍为国有，如联想集团被认为是国有民营的典范。

在实行私有制的国家或地区，私营和民营属于同等概念，非国有和非公营的公司都是私营或民营公司，合作制和集体所有性质的公司往往也被归入私营或民营部门。

（四）外商投资公司

外商投资公司是依中国法律在中国境内设立的中国公司，而非外国公司。我国在企

① 例如，依《城镇集体所有制企业条例》第 4 条的规定，企业中集体所有财产投资的比例不低于 51%的（特殊情况下经审批部门批准，该比例可以适当降低），就是集体所有制企业。

业登记管理上固然已将港、澳、台商投资企业与外商投资企业并列，单独划为一类，而鉴于港、澳、台商投资属于境外投资，二者在适用法律上仍然有很多相同之处。

(五) 混合公司

混合公司是指不同所有制或不同国籍的主体联合投资经营的公司，兹不赘述。

六、以公司国籍为标准的分类

确定法人和公司的国籍，在我国是以注册登记地为标准。据此，可以将公司分为中国公司和外国公司。凡依照中国法律在中国境内登记成立的公司，是中国公司；凡依照外国法律在中国境外登记成立的公司，则是外国公司。外国公司在中国从事经营活动，须设立分支机构，以该外国公司的身份进行活动及承担民事责任。

我国采取依注册登记地确定公司国籍的法律原则，可以使在我国设立公司的中外投资者一律受我国法律的管辖，使之不容易规避法律，并可在平等互利的基础上，保护外国公民和法人的合法权益，有利于引进外资和促进对外经济技术交流。英美法系国家也是采取这一原则确定公司的国籍。

另外，在学说和国外的法律上，还有依公司住所地、公司投资地或主要活动所在地、股东的国籍等确定公司国籍的学说和做法。法国、德国、意大利、瑞士等大陆法系国家，是依公司住所地确定公司的国籍。

七、以公司的投资和经营活动是否局限于一国为标准的分类

依此标准，可以将公司区分为普通的国内公司（在一国投资经营的公司）和跨国公司。

跨国公司，又称“多国公司”“国际性公司”“全球性公司”等，是指以一个或几个国家为基地或母国，制定并服从统一的经营方针或战略，在两个或两个以上的国家设有分支机构、子公司或附属公司的企业或企业集团。

跨国公司的总公司或母公司曾经多为发达国家的大企业，它们着眼于全球市场，从世界范围考虑公司的业务经营和扩张，以最大限度地获取利益。随着我国经济实力的增强，企业市场化、全球化快速发展，也出现了联想、华为、海尔、中国银行、字节跳动等中资跨国公司。发达国家跨国公司的活动，对于发展中国家引进外资、发展本国经济具有重要的意义。在我国设立的外商投资企业中，有许多是著名跨国公司的子公司或附属公司，如一汽大众、上海通用、广州 P&G 公司等。但是，跨国公司作为一个企业集团，实行服从母公司利益的一体化管理，我国在引进外资、与跨国公司打交道时，必须注意维护国家和中方合作伙伴的利益，并防止其在税收、交易、外汇、信贷、市场竞争、劳动保护和环境保护等方面，规避或违反我国的法律。

八、以公司股东和资本是否具有联合性为标准的分类

公司本质上是不同利益主体及其资本的联合，但在现代，也存在着单个利益主体投

资经营或控制的公司，出现了“一人公司”现象。

（一）实质上具有联合性的公司

实质上具有联合性的公司，是指符合法律的一般要求，具有社团性或团体性，实际上拥有多数股东的公司，又称“实质上的公司”或“团体性公司”。例如，按照《公司法》设立的公司，除由一个自然人作股东的有限责任公司外，有多个股东或者由法人或政府作为股东且有代表不同利益的股东或董事参与公司决策和运作的，就是实质上的公司。

（二）形式上具有联合性的公司

形式上具有联合性的公司，是指表面上符合法律关于多数股东的要求，依法登记成立，但实际上真正的股东只有一人的公司，简称“形式上的公司”。

这样的公司，在《公司法》规定“一人公司”以前，也可能是完全合法的。例如，有限公司或股份公司可能为一个股东所控制，其他股东实际上不参与决策和经营管理，控制股东本身也缺乏不同利益主体的联合和制约。

在市场经济社会中，形式上的公司往往是规避或利用法律的产物。由于投资者既希望享受有限责任的待遇，又不愿因只有“一人”而被另眼相待，因而本应设立为自然人独资、合伙或无限公司、“一人公司”的企业，却通过这种方式被设立为形式上具有联合性的有限公司和股份公司。

（三）“一人公司”

1. “一人公司”的概念及实践

“一人公司”有广义和狭义之分。广义的“一人公司”，既包括公司被一个自然人、法人或单个财政主体所控制的各种情况，如我国实践中一直存在的国有独资公司、一个外商独资的外资公司、“一股独大”的股份公司等，也包括上述各种“形式上的公司”。狭义的“一人公司”，则仅指一个自然人设立的有限公司或股份公司，或者有限公司或股份公司成立后因股权变动及股东人数变化，致使股东只剩一个自然人的情形。

在公司制度发展的早期阶段，对狭义的“一人公司”一直抱持警惕甚至排斥的态度。但随着经济以及公司制度本身的发展，国际上渐渐出现了在法律上承认狭义“一人公司”的趋势。这种趋势表现在两个方面：第一，公司股东发生变动，不足法定人数或仅剩一人时，允许公司不当然解散，股东也不当然对公司债务承担无限责任，但公司可依利害关系人的请求而解散，并使股东对公司债务负直接责任。第二，进一步允许自然人一人设立股东承担有限责任的公司。1926 年，列支敦士登《自然人和公司法》首开“一人公司”先例，规定各种公司都可以由一个自然人或法人设立，并以一个股东维持其存续。其后美国于 1949 年由密歇根州肇始，各州逐渐允许设立一人公司；德国于 1980 年、法国于 1985 年也修改法律，允许设立一人有限公司；日本则于 1990 年修正商法和有限责任公司法，认可有限公司和股份公司都可以由一个自然人设立及维持；德国、法国于 1994 年立法创设简化股份公司（法文为 Société par action simplifiée，缩写为 SAS），其中，法国更于1999年通过《创新与科研法》，允许由一个自然人设立简化股份公司。①

在我国，依法设立且当事人无意规避法律的广义“一人公司”，从来都可以合法地存在及从事活动。这是法律顺应客观需要，对公司的团体性或社团性，经由股东及其资本的联合性，引申为更广泛意义上的人员和资金联合的结果。

至于狭义的“一人公司”，在2005年《公司法》修订之前，我国是不允许其合法存在的。公司成立后如果情况发生变化，股东人数不再符合法定的有限公司或股份公司股东人数的最低要求，就必须依法变更企业形式或者解散。2005年《公司法》修订后，已允许一个自然人设立有限责任公司，但对一个自然人能够设立的一人公司的数量及转投资作了限制；2023年修订的《公司法》进一步规定一个自然人也可设立股份有限公司，并取消了对一个自然人能够设立的一人公司的数量及转投资的限制。

2. 关于“一人公司”的学理解释

由于狭义的“一人公司”似乎背离了公司的联合性或团体性，在其他国家遂出现了以下主要学说②，试图对“一人公司”现象及其性质加以解释。

（1）立法政策说。这一学说认为，法律上承认一人公司的合法性，是因为实践中出现了许多形式上的公司，公司在运作中其股东人数会经常变化，难免发生少于法定最低股东人数乃至只有一个自然人的情况，故为了有利于公司的运作及存续，维持经济生活的稳定，法律便对没有社团实体的一人公司予以承认。

（2）特别财产说。这一学说认为：一般公司享有权利能力的前提是多数股东的联合；而一人公司享有权利能力的前提则是单独股东将其一定的财产依法设定为公司的财产，并以该特别设定的财产作为其对公司债权人的担保。一人公司的特别财产是一种股东承担责任的形式，类似于破产财团，公司不因此而成为财团法人。

（3）潜在社团说。这一学说认为：公司的股份是可以转让的，一人公司的单独股东如果将其持有的部分股份转让给他人，或将其全部股份转让给多数人，或者有转让的意图，该一人公司的社团法人性质就随时可能恢复。因此，一人公司是典型公司法人的一种特例，当公司在运营中出现一人公司情形时，仍应承认它的社团法人性质。但如果一人公司的单独股东无意出让其任何股份，打算永久维持一人公司的状态，使之不可能具有社团法人性质，则应否定该一人公司的存在。

（4）股份社团说。这一学说认为，股份公司的股东资格已被物化为股份，故而只要公司的资本分为多数股份，即使只有一个股东，该公司也不失其社团法人性质。

（5）营利财团说。这一学说认为，股份公司实质上是一种股份式的财团，其股份由一人持有是正常现象，因此，从股份公司的本质上说，一人公司也是正常、合理的，应为法律所许可。

3. 关于“一人公司”的评价

法律是现实社会关系的产物及其反映，上述立法政策说和潜在社团说对“一人公司”现象作出了比较客观的解释和评价，特别财产说也有一定的道理，其他学说则流于形式主

---

① 参见［法］保罗·勒嘉钕，孙涛编译：《向所有人开放的简化股份公司（SAS）》，载《法学家》，2000（4）。

② 参见柯菊：《一人公司》，载《台大法学论丛》，第22卷，1994（2）。

义。允许股东承担有限责任的狭义“一人公司”存在，是因为在市场经济充分发展的情况下，一人公司不可避免。但狭义的“一人公司”是公司法上的一种特例，它不反映公司这种社会现象的本质，不代表公司和公司法的发展方向，也不会成为公司实践中的普遍现象。

在允许一人公司设立及存在的国家，法律上都对它加以一定的限制，以抑制其弊端滋生。像列支敦士登这样的小国，本身只有很小的经济活动空间或市场，它首开一人公司的先例及放松对公司的管制，不过是吸引他国国民到该国去设立公司的一种“生财之道”，因而不具有典型意义。由于一人公司不具有普遍性，因而欧盟公司法第 2 号指令规定，在成员国法律规定公司成立后股份归于一人时法院得判决其解散的国家，可维持该做法。① 第 12 号关于一人公司的指令则适用于有限公司，仅在允许一人股份公司的国家可适用于股份公司。②

发达国家对一人公司的设立多采取措施维持公司有必要的财产作为对债权人的担保。一种做法是规定公司资本的最低限额，并加强股东应负的充实资本的责任。例如，日本在承认一人公司合法性的同时，引入了最低资本金制，规定股份公司的最低资本金为 1 000 万日元。另一种做法是禁止自然人设立多个一人公司，如法国就有这样的规定，并禁止自然人的一人公司设立一人子公司。

此外，在一定条件下，一人公司可依利害关系人的请求而解散。依英国、意大利、瑞士、比利时等国家的法律，公司股东人数不足法定人数时，股东须从一定时间开始对公司的债务直接承担责任，或者可由利害关系人请求其解散。法国和德国对股份公司也有类似的规定，如，当事人如果规避德国法上关于一人公司在设立时股东须就尚未履行的金钱出资提供担保的规定，假装以数人设立公司，而后将股份转归一人的，则在 3 年内一旦发生这种情况，一人股东须在 3 个月内缴纳未缴纳的出资或提供担保，或将一部分股份转让给他人，否则公司依法当然解散。

在一人公司出现弊端或发生任何滥用权利的情形时，也可以由法院判令股东或行为人对公司债务直接承担责任。此即所谓“刺破公司法人面纱”或“否认公司法人资格”。我国《公司法》第 23 条第 3 款即规定，只有一个股东的公司，股东不能证明公司财产独立于股东自己的财产的，应当对公司债务承担连带责任。

第三节　公司法的概念和意义

公司法是规定公司的法律地位及调整其内、外部组织关系的法。

狭义的公司法，在我国仅指《公司法》及其相关法规，在范围上相当于发达国家或地区民商法上的公司法或商事公司法。但由公有制的背景所决定，我国的公司法不仅调整私人设立、治理公司的行为，而且调整不同的国有主体、集体或合作制主体投资经营的行为。在相当一段时间内，公司法还承担着国有企业改革、完善国有企业法人治理的

---

① 参见刘俊海译：《欧盟公司法指令全译》，19 页，北京，法律出版社，2000。
② 参见刘俊海译：《欧盟公司法指令全译》，219 页。

功能。所以，我国的《公司法》及相关法规，与其他国家或地区的民商法或私法上的公司法还是有性质差别的。

广义的公司法，还包括设立及调整特殊公司的法律、法规等，如国务院有关设立政策性银行、主权财富基金（中央汇金公司、中国投公司）等的法规、决定和相应的规章，相当于发达国家或地区的特殊企业（法定公司或机构）法。

公司法又有形式意义上的和实质意义上的区分。形式意义上的公司法，是指以“公司”命名的法律、法规或法律、法规中以“公司”为名的内容，例如，我国《公司法》和日本的《公司法》，德国的《有限责任公司法》及其商法典中规定无限公司、两合公司等的编章。实质意义上的公司法，则是指调整公司组织关系的各种法律规范的总称。

我国《公司法》第1条规定：“为了规范公司的组织和行为，保护公司、股东、职工和债权人的合法权益，完善中国特色现代企业制度，弘扬企业家精神，维护社会经济秩序，促进社会主义市场经济的发展，根据宪法，制定本法。”

由公司制度的特点和《公司法》的立法宗旨所决定，我国公司法具有以下基本作用。

一、有利于建立和完善我国的现代企业制度

公司是现代企业的主体，我国以公司制度为核心建立并完善现代企业制度，规范企业及股东的财产权关系，通过公司特有的股东相互制约和企业经营者对投资者暨所有者负责的机制，以及公司的筹资、集资等功能，使企业成为高效的商品生产经营者。《公司法》及相关法规可以为此提供基本的法律保障。

二、有利于转变政府职能

我国旧有企业制度的根本弊端，是在国家所有权下，按“条条块块”即中央各部门和各级地方确定企业的隶属关系，使企业成为政府机关的附属物，从而丧失了自主权和主动精神，与市场格格不入。在这种体制下，部门和政府也习惯于以行政手段对企业发号施令，各级行政首长则对所管辖范围内任何企业的任何事宜拥有任意的决定权。要改变这种状况，仅靠扩权、放权和在法律上规定企业的权利是不够的，尚须从企业制度及其机制本身入手进行改革。由于公司本质上是由多元主体投资的，不受部门和地区的限制，这样可以促使各部门和地区在平等互利的基础上实现合作，从而一方面否定“条块分割”的行政性企业制度，另一方面使投资各方在利益协调的基础上实行民主、科学的决策，实现全民财产利用、决策的分散化和民主化。由此，便为从根本上转变政府职能，使政府不再直接插手企业的经营管理，只承担为企业提供社会服务、实行调控监管的职能奠定了基础；也为政府在公司法等法律的规范下，学会在市场经济下当好“老板”创造了必要的条件。

三、有利于维护公司利害关系人的利益和社会经济秩序

公司制度既着重维护投资者的利益和公司的正常经营，也具有保障债权人、职工利

益和维护社会经济秩序的功能。例如，《公司法》对公司减资程序以及公司的公积金和利润分配等作了规定，以使公司在设立和存续中维持必要的资信，从而保障债权人的利益和社会经济秩序的稳定；还设置了保护职工合法权益、职工开展工会活动等条款，从而与劳动法和工会法相衔接。

四、有利于培育健康的市场经济文化

公司和公司制度为各种主体自由结社从事经济活动提供了可能，并以此构建整个市场经济体制。它一方面使公有财产的利用和决策民主化，另一方面鼓励个人或私人资本的联合及社会化，在发展中必将形成以股东为本并兼顾职工、社区和政府利益的共同体及相应的公司文化。我国实行社会主义市场经济，公司是对原有“官工”“官商”式企业制度的否定，同时也不主张唯利是图。随着其普及和完善，现代健康的市场经济文化也将在中华大地上孕育并产生出来。

第四节　公司社会责任

经济的迅猛发展，引发出资源和环境保护、安全和体面的劳动、消费者权益保护等问题，人们对企业从中所起的作用毁誉参半。2005 年修订后的《公司法》第 5 条规定：“公司从事经营活动，必须遵守法律法规，遵守社会公德、商业道德，诚实守信，接受政府和社会公众的监督，承担社会责任”，在世界上首次将公司社会责任入法，引起广泛关注。2023 年修订《公司法》，在第 20 条进一步规定：“公司从事经营活动，应当充分考虑公司职工、消费者等利益相关者的利益以及生态环境保护等社会公共利益，承担社会责任。国家鼓励公司参与社会公益活动，公布社会责任报告。”

一、公司社会责任的概念

当代公司社会责任（Corporate Social Responsibility，简称 CSR）是 20 世纪的劳工运动、消费者运动和环境保护运动等社会运动共同作用的产物，其直接成因及真正问世，则发端于美国的社会责任运动。①

公司社会责任中的“公司”泛指企业，不限于《公司法》规定的公司，主要是指营利性企业，所以，将 CSR 译为企业社会责任更为贴切，实践中也普遍称为企业社会责

---

① 20 世纪 90 年代初，为美国著名服装制造商 Levi-Strauss 加工产品的海外血汗工厂被西方媒体曝光，引起舆论哗然。为了挽回公司形象，Levi-Strauss 拟订并公布了一项公司社会责任守则（也称生产守则）。耐克、沃尔玛、迪斯尼等大公司也随之仿效，制定了自己的生产守则。由此在美国和其他发达国家引发了许多倡导公司社会责任的非政府组织和公众的参与，形成企业社会责任运动，将其由企业自我约束（self regulation）转化为社会性规制，并随着经济全球化而波及全球。当然就理论而言，企业自我约束也属于社会性规制的范畴。参见冯宗智：《社会责任不等于认证》，飞诺网，http：//info. feno. cn/2007/1208/c000036460. shtml，访问日期：2007－10－20。

任。在市场经济条件下，即使是普通国有企业、公用企业等，也要以营利为基础；政策性企业、社会企业等分别在政策和企业公益性宗旨的范围内承担社会责任，同时也应像营利性企业一样地承担社会责任。对这些企业，人民、社会要求其比一般营利性企业承担更多、更高的道义责任。

由于出资者或股东是企业的所有者或所有者权益承担者——企业损益的天然、法定和第一性的承担者，因而他们是以公司名义承担的社会责任的实际承担者。①

案例

微软公司与比尔·盖茨的社会责任

微软公司承担社会责任也即微软的股东，尤其是以比尔·盖茨为主的大股东或控制股东承担社会责任，比尔·盖茨也不得不经微软公司董事会或股东会决定而让微软公司去赞助公益事业。而出资者或股东以自己的名义承担社会责任的，则与企业无关，如比尔·盖茨以其自己或比尔与美琳达·盖茨基金会（Bill & Melinda Gates Foundation，盖茨夫妇基金会）的名义从事捐助等活动，就与微软公司（和微软公司的其他股东）没有关系。

公司的人格是法律拟制的，公司的行为取决于其机关的意思或经营决策，因此，英国于 2006 年大修公司法，新增第 172 条，要求董事在决策时，除了追求股东的整体利益外，还应考虑雇员、供应商、客户、债权人的利益，以及公司经营对社区和环境的影响。② 在此意义上，公司的控制股东、实际控制人等，也负有同样的责任。

公司“社会”责任，表明它是一种社会规制（social regulation），而不是法律的调整或规制（legal regulation）。Responsibility 是指公司作为社会的企业公民，对社会应有一种承担或担当，要对社会负责任。

世界可持续发展商业委员会对公司社会责任的定义是企业作出的一种持续承诺：按照道德规范经营，在为经济发展作贡献的同时，既改善员工及其家人的生活质量，又帮助实现所处社区甚至社会的整体生活质量的改善。③ 总部设在美国的社会责任国际（SAI）的主要任务是推动企业改善劳动条件，旨在维护“工作场所的人权”④。欧盟委员会推动欧洲公司社会责任框架的绿皮书将公司社会责任概括为公司在经营中不仅遵守法律，而且在自愿的基础上表达对社会、环境和利益相关者的关切。⑤

---

① 实际上，所谓企业的营利性，也是指为股东营利，追求股东利益最大化，而不是指企业自身赢利。因此，非营利机构也是可以盈利的，只是其举办者不营利而已。

② See Companies Act 2006，http：//www. legislation. gov. uk/ukpga/2006/46/pdfs/ukpga _ 20060046 _ en. pdf (the Official Home of UK Legislation)，visited on October 28，2010.

③ See http：//www. wbcsd. org/templates/TemplateWBCSD5/layout. asp？type=p&MenuId=MTE0OQ (the website of the World Business Council for Sustainable Development)，visited on October 20，2007.

④ http：//www. sa-intl. org/index. cfm?fuseaction=Page. viewPage&pageId=472 (the website of SAI)，visited on October 20，2007.

⑤ See GREEN PAPER-Promoting a European framework for corporate social responsibility (presented by the Commission)，http：//eur-lex. europa. eu/smartapi/cgi/sga _ doc? smartapi! celexplus! prod! DocNumber&lg = en&type _ doc = COMfinal&an _ doc=2001&nu _ doc=366 (the website of EUR-Lex)，visited on December 13，2007.

中国学者一般认为，公司社会责任是指企业在赚取利润的同时，主动承担对环境、社会和利益相关者的责任。2006 年中国企业发布的首个专门的公司社会责任报告《国家电网公司 2005 社会责任报告》将公司社会责任定义为“企业对所有者、员工、客户、供应商、社区等利益相关者以及自然环境承担责任，以实现企业与经济社会可持续发展的协调统一。”① 需要指出的是，这个定义把企业的所有者与其他利益相关者混为一谈，不当地将企业置于独立于股东的地位，也削弱了股东作为公司社会责任的实际承担者或责任主体的地位和义务。

综上所述，公司社会责任在本质上是特定的经济和社会条件对企业的客观要求，表现为社会对企业的期待，是企业对社会应承担的道德义务，包括守法、做好企业本身和对社会的其他道义承担。

二、公司社会责任的内容

（一）守法责任

在我国现阶段，强调公司必须守法应该成为弘扬、落实公司社会责任的根本。守法责任是公司应当承担的最低道德责任，是公司处理其与股东、利益相关者和社会之间关系的底线。越过守法责任这一基本底线而呼吁企业承担社会责任是没有意义的，如果法律都无法发挥作用，希望通过倡导社会责任就能唤起企业的良知，显然是不现实的。企业必须守法，以此承担、履行其作为社会公民对社会应负的起码责任。

公司社会责任的基础性内容已经在我国现行法律体系中得到体现，包括有关职工权益、安全卫生健康、环境责任、社区责任等，覆盖了从生产到消费、从知识产权到商业诚信、从核心劳工标准到职工福利、从保护女工的特殊权益到对特殊社会人群的保护等诸多方面。而一旦规定到法律中，相关内容就成为企业应承担的法律义务，其本身不再属于社会责任范畴。由此可见，法与道德密不可分，法以道德为基础，并将最低的道德要求上升为法的规范。

（二）“做好自己”的责任

企业存在的价值首先是把企业做好。大而强、小而棒、产品广受欢迎等，这些都是一个好企业的表征。诚如彼得·德鲁克的名言：“企业首先是做得好，然后是做好事。”② 对于企业来说，怎样为社会提供好的产品或服务是最为核心的问题。如果企业连这一点都做不到，不敬业，不专业，甚至违法乱纪，不择手段捞钱，它根本就不应该在社会中存在，也就谈不上承担什么社会责任了。对于一个社会而言，衡量其发展水平的最基本的标准是生产力，而企业生产力是构成社会生产力的基本单位，对于一个社会、国家来说，没有企业的不断涌现、做好做强，就无法为种种社会目标提供物质条件，从而影响

---

① 国家电网公司网站，http://www.sgcc.com.cn/gsjs/sgcc2005.pdf，访问日期：2007-10-20。

② 转引自李义平：《企业的社会责任不能无限扩张》，人民网，http://theory.people.com.cn/GB/49154/49156/4719063.html，访问日期：2006-08-18。

整个社会生产力的提高，并制约社会的发展。而企业做得好，也会带动就业岗位的增加、税费的增长、社会保障供给条件的改善等社会目标的实现。

企业要做得好，其根本机制是投资者也即股东的利益驱动和约束。维护和保证股东的利益，是公司做好自己和承担社会责任的基础。公司追求股东利益最大化不能当然保证公司其他利益相关者的利益最大化，但是公司如果不追求股东利益最大化，其他任何利益相关者的利益也无从谈起。除股东利益之外，公司对雇员、债权人、客户、消费者、政府乃至整个社会的责任分配和先后顺序，不仅是一个法律问题，而且是在特定经济社会发展、思潮、由文化和传统决定的公司治理和社会环境下，各方博弈的过程和结果。

强调公司“做好自己”和对股东负责，在中国具有重要的意义。在计划经济时代，企业几乎成为政治组织，革命高于生产，社会因此饱受短缺之苦。好不容易转向市场经济，而计划经济的惯性——畏惧竞争、做事不专业、产品或服务不能精益求精，仍是中国企业的普遍弱点，更有经营者做了几天“保姆”就时刻想取代“主人”、缺乏受人之托忠人之事的信托观念，妨碍着中国企业建立和完善现代企业制度的进程。这些也是股东的老板地位不受尊重、财产权不那么神圣的表现。反过来，种种有违市场经济要求的畸态，其成本或代价必然是由消费者和社会承担的。结果是，一方面，长期以来，中国的企业——既包括国有及国有控制企业，也包括私营、集体等民营企业——在自身做得并不尽如人意的情况下，背负了很多本来不应由它们承担的社会负担；另一方面，又没有很好地承担起它们应负的社会责任，比如在产品市场中对客户和消费者负责、在资本和资金市场中对股东和债权人负责、在人力市场中对雇员负责、在公共管理中对政府和社会负责等，陷入原本不该承担的责任要承担、本该由企业做的事又没有做好的境地。特别值得一提的是，在我国的企业（包括私人企业）与政府的关系还没有真正理顺的情况下，过度强调公司的社会责任，还可能给政府不恰当的干预、包办和官商勾结提供一个方便的借口，这一点需要我们在倡导公司社会责任时予以警惕。

因此，公司“做好自己”、为股东谋利，也是其积极地对社会承担责任。公司的社会责任是有国界和阶段性的。中国是一个人口大国，企业能够“做好自己”，从而为更多的人创造就业机会，为社会和消费者创造价值，正是其在中国现阶段履行的一项重要的社会责任。做好企业本身，多依法纳税，从而使国家有更充裕的财力用于社会事业、改善经济结构、提高人民福祉，其意义也比企业自己对社会的偶尔、有限的捐赠更为深远。另外，人类面临的很多难题，如新能源、节能环保和特效医药等，都需要企业积极地开发，以应发展所需。企业能够生产出社会真正需要的、多样化的产品，众多企业形成合力，消费者选择权及其整体福利的实现才能有保证。这也是社会主义市场经济的追求及其应有之义。

（三）道德义务与社会责任

在社会高度分工又高度合作的现代市场经济背景下，公司因其外部性不可能两耳不闻窗外事、只顾自己和股东，它必然要对社区、社会承担起诸多责任，而调控这些角色责任的，除了法律的基本要求外，更多地要靠道德的鼓励和约束。

社会对企业的种种要求，不必要也不可能都转换为法律上的义务。譬如很难要求一个努力做好自己的企业在它实际盈利之前承担分外之事，更不用说要求那些根本就做不好自己的企业了。如果以法律强制企业普遍履行的话，企业生存的市场环境或营商环境也就被破坏殆尽了。企业的法律义务也是社会对企业的要求，由于其已由法律保障实施，因而人们今天所理解和期待的公司社会责任，主要的、更多的是道德责任。在公司初级阶段，社会对它的道德要求多与法律义务相重合，此外别无所求，或者有所求也是枉然，故这时其实还不存在真正的公司社会责任。随着企业生存、发展的外部条件发生变化，当社会公众对企业构成的压力已经足够大，并可能影响企业和股东赚钱牟利，国家也因势利导，通过税收等手段鼓励、引导企业在守法经营之外承担更多的“分外”责任时，企业的社会责任更多地与道德义务相重合，这才是真正意义上的公司社会责任。

公司道德义务的内容是无限丰富的，如超出法律要求的劳动标准和工资福利、消费者保护、节能减排，帮助弱势群体，助学、救灾，等等。

因此，在强调公司社会责任以守法责任为关键的同时，要以道德作为公司社会责任实现的主导。一个只靠法律及其强制实施而无其他更高的有效行为准则的社会，将无法利用人类的潜能来建设和谐社会。执法和司法只能涉及公司的法定义务，当社会在博弈、互动中确立了体现多数社会成员共同利益的主流价值观时，就为公司提出了相应的道德准则并约束其遵守，否则公司会遭遇社会的否定性评价，最终影响公司本身的利益和生存。

三、对《公司法》“社会责任条款”的理解

法律的规定未必就形成法律义务，《公司法》第 20 条实际上是以法律条文发出了一个道德号召。因为除《公司法》和其他法律、法规为公司规定的法律义务外，该条规定并没有也不应当在“守法”之外为公司增加任何具体的法律义务。首先，除“守法”外，将公司社会责任的责任主体、义务对象、权利主体和责任内容等交由道德的软性规制，有百利无一害。如果将其纳入法的硬性约束，则有对企业和社区、社会伤筋动骨之虞。其次，与公序良俗、诚实信用等道德入法的条款不同，社会责任条款本身无法用以在具体案例中作为判断合法或不法的依据。最后，社会责任也不应该概括性地法律化，以免将高标准的道德要求变为对企业的普遍强制性要求，为政府和社会对企业的不当或过分的要求提供法律依据，从而损害正常的投资和企业经营活动，乃至对市场经济造成致命的伤害。

一些学者把《公司法》第 20 条规定的“社会责任”解释为公司的法律义务，是希望以此强化公司的社会责任，或者说不这样就会削弱社会责任条款实施的力度。其实这是对道德力量的轻视，也夸大了法律的作用。对于需要靠内心认知和舆论的推动、约束实现的社会规范，以法硬性推行只能适得其反，既实现不了，又会对企业和社会造成不必要的创伤。而道德以柔克刚，其软力量在适合其作用的领域绝不亚于法律强制的“硬”力量。

第五节　公司的设立和成立

一、公司设立和成立的概念

设立公司，需由拟设立公司的出资者或发起人依照法律规定的条件和程序，进行一定的准备工作，如达成共同筹组公司的协议（“股东协议”）、订立公司章程、认购股份及缴纳出资或股款、确定董事会等公司机关、向公司登记机关申请公司设立登记等。这些行为就是公司设立行为。从事并完成公司设立行为，不等于公司已经成立或已依法设立。只有经公司登记机关登记，发给营业执照，公司始为成立。如果法律规定设立公司须经有关主管部门批准，则还需在事前或事后经依法审批。

在学说上，通常将公司“设立”和“成立”的概念加以区分：公司设立和登记是公司成立的两个前后联系的阶段，公司设立是公司设立行为的总称。公司成立则是指公司依法获准设立，实际取得法律上的主体资格，可以自己的名义从事活动的事实。①

《公司法》对公司“设立”和“成立”的概念，原则上也作了区分。例如，《公司法》第 44 条规定，有限公司设立时的股东为设立公司从事的民事活动，在公司不能“成立”时，其法律后果由公司设立时的股东承受。当然，法律条文并未在措辞上对二者作严格区分，在某些场合，对“成立”也用“依照本法设立”等措辞表达（如《公司法》第 7 条）。

《公司法》对有限公司和股份公司的设立条件及程序作出了规定，并于第 33 条第 1 款规定：依法设立的公司，由公司登记机关发给公司营业执照。公司营业执照签发日期为公司成立日期。

二、公司设立行为的主体

在我国，凡为公司设立行为的人，都是公司的出资人，在公司成立时即成为公司的股东。在有限公司，公司设立人与公司成立时的股东是一致的；在股份公司，则在筹划设立公司的发起人之外，可能还有不从事设立行为、因在设立过程中认购股份而在公司成立时取得股东资格的人。

在英美法系国家和一些大陆法系国家，公司的设立人不一定是股东。公司的设立人或发起人（promoter）是指筹划设立公司、履行公司设立行为的人；公司成立时的股东，则称为“incorporator”，译为“公司创办人”或“公司章程署名者”，因为他们须在公司章程上签名，是法定的公司初始股东。据此，一些人可以专事办理设立公司的手续，设立“空壳”公司以供出售，购买者只需在公司章程上签名，即可方便地取得一家公司，以将其投入实际运营，或借以规避法律责任、从事投机或诈骗活动等。

---

① 参见武忆舟：《公司法论》，75～76 页。

三、公司设立行为的性质

关于公司设立行为的性质，学者通常认为其属于共同法律行为，即当事人各方的意思表示及所追求的目的相同的法律行为。也有学者认为，公司设立行为是契约行为，即当事人的意思表示各异但相互对应的法律行为。还有人认为，设立行为中有一些并非法律行为，如当事人选择住所、缴纳股款的行为等；或者主张设立行为是当事人为设立公司而为的单独行为的联合或偶然竞合。①

这些说法从不同角度说明了公司设立行为的性质。公司设立行为包括当事人设立公司的一系列活动，对其性质不可一概而论。如股东协议具有契约的性质，订立章程则属当事人的共同行为。另外，当前许多国家，包括我国，已允许设立一人公司，设立这种公司的行为，显然属于个别的单独行为或单方行为，并不具有多数人意思表示一致或联合的性质。

四、公司设立的两种方式

在我国和大陆法系国家，在公司设立上有发起设立和募集设立的区分。

1. 发起设立

发起设立，是指由拟设立公司的人或发起人认缴公司的全部股份或出资额，不向他人招募资本的一种公司设立方式。依该设立方式，公司设立人或发起人只要认足了股份或出资额，即可登记成立公司。这种设立的程序较为简单，所以又称“单纯设立”。设立有限公司（以及大陆法系国家或地区的无限公司和两合公司），只能采取发起设立的方式；设立股份公司，则既可以采取发起设立的方式，也可以采取募集设立的方式。

2. 募集设立

募集设立，是指由拟设立公司的人或发起人认购公司应发行的部分股份或资本，其余部分可向他人或社会募集的公司设立方式。募集设立是股份有限公司（以及德国、法国等国家的股份两合公司）可以选择的一种设立方式。由于其程序比较复杂，如需要制订和公布招股说明书，发起人需要同银行签订代收股款协议，需要召开成立大会等，因而又称“复杂设立”。

在英美法系国家或地区，没有发起设立和募集设立的概念。与我国和其他大陆法系国家的有限公司不同，其非开放公司的设立，也可以有发起人，并且发起人可以与公司设立时的股东不一致；法律上对注册资本没有最低数额限制，股东每人认购一股股份，公司即可登记成立；成立后可以发行股份，只是不得公开募股。这实际上是一种募集设立的方式，类似于《公司法》颁布以前试行的《股份有限公司规范意见》规定的“定向

① 参见武忆舟：《公司法论》，75～76 页。

募集方式”。当时我国规定的定向募集方式，是指未由发起人认购的部分股份，不向社会公开发行，而是向其他法人和本公司内部职工发行，目的是稳妥地进行股票交易的试点，以免社会募集公司和股票市场发展过快而失控。

第六节 公司的名称和住所

一、公司的名称

公司的名称如同自然人的姓名，是公司具有法律主体资格的必要条件。因此，公司的名称必须在公司章程和营业执照中予以确定，并依法进行登记。

我国和其他国家的法律都要求公司的名称能够基本上反映公司的法律地位，故而在确定公司名称时，应当遵守《公司法》和相关法规对公司名称的要求。

《公司法》第 7 条规定：依照《公司法》设立的有限责任公司，应当在公司名称中标明有限责任公司或者有限公司字样；依照《公司法》设立的股份有限公司，应当在公司名称中标明股份有限公司或者股份公司字样。其中关键的字样是“有限”二字，它关系到公司承担责任的方式，对于保护交易相对人的利益和保障社会交易安全具有重要的意义。反之，对于无限公司、两合公司等股东须承担无限责任的公司，其他国家则在法律上不允许其名称中标注“有限”的字样。

此外，在我国公司的名称还应当符合《企业名称登记管理规定》《企业名称登记管理规定实施办法》《市场主体登记管理条例》的有关要求。

二、公司的住所

《公司法》第 8 条规定：“公司以其主要办事机构所在地为住所。”所谓办事机构所在地，是指决定和处理法人事务的法人机构所在地。依我国法律的规定，一个公司只能有一个住所，该住所必须处于该公司登记机关所辖的区域之内。在公司有几个办事机构的情况下，应根据公司章程和公司实际运作情况，在统辖公司全部事务和分支机构的办事机构所在地办理公司登记。经登记确定的公司住所具有法律效力。登记后公司的主要办事机构发生变更的，如果不依法办理变更登记，则公司不得以其住所变更对抗他人。

公司设立分公司的，分公司也有营业场所，并需要在营业场所所在地的公司登记机关办理登记。但分公司不是法人，且我国法律不允许公司有多个住所，故而分公司的营业场所所在地不具有住所的地位或效力。日本法律规定，只有公司主要办事机构所在地是公司住所。有的国家如泰国的法律，则允许将公司分支机构营业场所所在地视为住所。

第七节 公司章程

一、公司章程的意义

订立章程是公司设立的基本步骤，诸如确定公司的名称和住所、明确各股东或发起人及其出资或认股的份额、产生公司的机关等，都可以包括在公司章程的范畴中。没有章程，就不能设立公司。对于有限公司和股份公司，各国法律对其章程及条款都有较严格的要求。在一些大陆法系国家，法律上对无限公司和两合公司的章程也有明确的要求，如日本《公司法》第575条～第577条就对份额公司的章程及其应载明的事项作了具体规定。①

我国《公司法》第5条规定："设立公司应当依法制定公司章程。公司章程对公司、股东、董事、监事、高级管理人员具有约束力。"这一规定表明：首先，公司章程是确定股东之间及公司内部关系的准绳，具有公司发起人或股东间合同的性质，对股东和由股东利害关系派生的股东会、董事会、监事会等公司机关及其成员均具有约束力。其次，公司章程是规范公司与第三人的关系和政府对公司进行监督管理的依据。为了维护第三人的利益和社会交易安全，公司的住所、法定代表人、注册资本、经营范围、股东或发起人的姓名等章程的主要内容，须向社会公开，以使章程记载的内容具有对抗第三人的效力。市场监督管理机关等也根据依法登记的章程，对公司进行管理监督。

在英美法上，根据公司章程条款的不同意义，将其分为法律效力有别的两部分。

一部分是公司章程大纲（memorandum of association 或 articles of incorporation），包括公司的名称、住所、股东的有限责任、拟发行的资本或股份、经营范围和股东签名等内容，称为公司外部宪章（external constitution）。这部分章程内容是公司对社会和政府的承诺，事关社会交易安全，法律对其有强制性规定，当事人必须严格遵守，公司申请设立时应将其提交给政府主管机关。

另一部分是公司章程细则（articles of association 或 by laws），包括股份的持有及权益、股份的转让、股东会和董事会的召开及其程序、董事会的权限、公司财务和审计、公司清算等条款，相当于股东相互间的契约及公司与股东间的契约，被称为公司内部宪章（internal constitution）。其效力弱于公司章程大纲，二者的内容有抵触时，须以大纲的规定为准；而且在设立股份责任有限公司时，可不必向政府主管机关提交章程细则，因为如果股东对这种公司的内部关系没有特别约定的话，可以适用法律规定的标准细则。

英美法不认为公司章程对非股东的经理等有约束力，因为他们不是公司的成员，雇员的权利义务依其与公司的契约而定。

---

① 参见王保树主编，于敏、杨东译：《最新日本公司法》，309、310页，北京，法律出版社，2006。

二、公司章程的内容

在学理上和一些大陆法系国家的法律上，把公司章程的内容分为必要记载事项和任意记载事项，必要记载事项中又分绝对必要记载事项和相对必要记载事项两种。

绝对必要记载事项，是指依法必须在章程中记载的条款，缺少其中任何一项，章程即为无效，公司登记机关不予登记。公司的名称、住所、经营范围、注册资本、股东或发起人的姓名或名称等，一般都是公司章程的绝对必要事项。英美法的公司章程大纲的条款，都属于这种性质。

相对必要记载事项，是指在章程中未记载时不影响章程效力的条款。如果缺乏这种条款，仅该未记载的事项不发生效力，或者可以适用法律的具体规定；章程中对此加以记载时，所记载的条款产生法律效力。英美法的公司章程细则，即属于相对必要记载事项的性质。

任意记载事项，是指法律上没有规定或要求，完全由当事人根据需要，在不违反法律和社会公共道德的前提下，在章程中记载某些事项的条款。如记载常年法律顾问的聘请、物资的采购和产品销售、公司债的发行、任意公积金的提取等条款。

《公司法》第 46 条和第 95 条分别列举了有限公司和股份公司的章程应记载的事项。根据这两条的规定，公司的名称和住所，经营范围，注册资本，股东的姓名或者名称，股东的出资额、出资方式和出资日期，法定代表人的产生、变更方法等，是有限公司章程的绝对必要记载事项；股份公司章程的绝对必要记载事项还应当包括公司设立方式，已发行的公司股份数、设立时发行的股份数和面额股的每股金额，发行类别股时每一类别股的股份数及权利义务，发起人的姓名或者名称、认购的股份数和出资方式，公司的通知和公告办法，等等。此外，如股东的权利与义务、有限公司股东转让出资的条件、股东会和董事会的职权、监事会的职权、股份公司董事会的召集和决议方式、公司利润分配办法、公司的解散事由和清算办法等事项，或因法律上已有较明确的规定，或为资本关系的当然法则，当事人可不必在章程中特别约定，故应属相对必要记载事项。这两条也明确规定，股东会可以决定在章程中记载其认为需要规定的其他事项，是为任意记载事项。

第八节　公司的权利能力和行为能力

一、公司的权利能力

（一）公司权利能力的概念

公司的权利能力，是指公司作为法律上的主体，从事法律所允许的活动，享有权利（力）和承担义务的资格。在市场经济条件下，公司的权利能力主要表现为依自己的意思从事经营和流转活动的能力，但无论在中国或外国，公用事业公司、国有控股公司或国有资产经营公司等，依法或经授权也可能拥有经济管理方面的能力或职能。此外，公司在接受政府管理、劳动和社会保障等关系中，也享有行政法和劳动法等方面的权利能力。

公司权利能力的内容包括从事所允许的经营和流转活动、经授权的管理活动，依法取得及行使所有权、他物权、债权、知识产权、厂商名称权和名誉权等。由于公司的所有者权益承担者是股东，因而公司的所有权只是形式上的，实质上它是为资本所有者取得和行使所有权。

公司的权利能力始于公司成立，终于公司终止。公司解散以后在清算期间，公司清算组在清算必要的范围内，仍拥有处理公司未了结业务、清理债权债务、清缴所欠税款、参与民事诉讼等权能。只有在办理了注销登记，并公告其终止时，公司的权利能力才完全消灭。

（二）公司权利能力的特点

公司作为法人或组织体，与自然人相比，其权利能力具有以下特点。

1. 公司不能承受专属于自然人的权利与义务

这是公司因自身性质而在能力上受到的限制。自然人基于出生，享有一些作为生命体所必需的权益，如生命权、健康权、人身自由权等，公司无法享有；另外，肖像权、亲属身份权、继承权等，也不能由公司享有。但是，公司可以享有非专属于自然人的名称权、名誉权和荣誉权等人身权。

2. 公司的权利能力受其设立宗旨和经营范围的限制

这是公司基于自身目的而在能力上受到的限制。自然人的权利能力是普遍的、平等的，而公司的权利能力是由法律特别赋予的，不同公司的设立宗旨不同，其权利能力的大小和范围也不同。

公司的设立从自由设立发展到依国家特许、许可设立和依准则设立以后，发达国家多规定公司必须在其目的范围内活动，并产生出相应的法律原则。而这一原则自产生以后，出现了逐步放宽的倾向。例如，日本《民法》第 43 条规定："法人依照法令的规定在章程或捐助行为所定目的的范围内享有权利承担义务。"其 1903 年的判例也曾认为公司负责人超出公司目的范围的行为无效。但之后在 1912 年，该国的判例就对目的范围作抽象解释，认为凡直接或间接地为完成公司章程目的所进行的行为，都包括在目的范围之内。

现以英美法上的越权原则及其发展，对公司的权利能力是否应受其目的或经营范围限制的问题，略作评介。

英美法上的越权原则（Ultra Vires Doctrine），是指公司的活动不能超越其章程中目的条款（the object clause）规定的范围，否则即使该行为是合法的，也因为其超越了目的条款的授权，传统上认为其无效，不具有法律上的强制执行力。公司不得经由股东会或董事会追认该行为的效力，交易对方既不得请求履行有关合同，也不得请求该公司赔偿损失，而只能追索其已交付的款物。其理论上的解释是，股东通过目的条款了解和控制公司的活动及资金运用，与公司从事交易的人，被推定已注意到该公司的目的。因此，目的条款和越权原则可用以保护公司股东和债权人的利益。

这种做法对公司及其股东较为有利，因为公司的越权行为是公司一方主动进行的，对公司一般较为有利，股东因越权行为遭受损失时，可以要求公司或行为人承担责任，公司在对其不利时则可以越权行为作为借口，逃避应负的法律责任。对公司的交易对手来说，要求其每进行一项交易都必须了解对方公司的章程及目的条款，实属不便，而对方公司的某种行为是否在其目的范围之内，也不易判断，一旦对方发生越权情形，其遭受损失时，又不能获得法律上的救济，因而是不公平的。所以，客观实际决定了法律上对越权原则的解释和适用不得不逐渐放宽，具体表现为以下两个方面：

一是对公司的目的作放宽解释，只要公司董事认为某项业务有利于公司，且法律上并无明文禁止，从事该业务即不导致公司越权。[①] 例如，美国《示范商事公司法》第3.02条除列举公司的15项权能外，规定公司“拥有像个人一样的为该公司经营或事务所需或有利之任何行为的权力”[②]。

二是对善意的第三人进行保护，放弃推定与公司从事交易的人已注意到公司目的条款的理论。英国《1972年欧洲共同体法》生效后，一个善意的第三人与某公司从事由该公司董事决定进行的交易，即推定该交易是在公司目的的范围之内[③]，该第三人可以要求公司履约或承担责任，除非公司可以证明该第三人了解公司的目的条款，或者证明该交易是某董事在其他董事不知情的情况下擅自所为。

经过改革，越权原则或公司不得超越其权利能力从事活动的理论，在外部仅适用于与公司从事交易者为恶意的场合，这样就不会动辄由于公司越权而损害第三人的利益，公司也难以借口越权而逃避责任在公司内部，股东仍可根据这一原则，与公司的董事会、负责人等机关进行交涉，要求其承担损害赔偿的责任。

这样，在保护股东和债权人的利益、维护社会经济秩序和公司的正常运作之间力求保持平衡，以适应现代市场经济的需要，其做法具有借鉴意义。

关于公司的权利能力是否等同于公司的经营范围，公司超越经营范围的活动是否无效，在我国立法和司法上也经历了一个变化过程。在1999年《合同法》颁行以前，法律和司法上严格要求公司暨企业法人应当在经营范围内从事活动，凡超出经营范围的即属不法而无效。按照市场经济所要求的当事人充分自由、自治和维护社会交易安全的需要，《合同法》第49条规定了表见代理，并在第50条规定“法定代表人、负责人超越权限订立的合同，除相对人知道或者应当知道其超越权限的以外，该代表行为有效”（该条移植为《民法典》第504条，措辞有所变化，但意思相同）。据此，最高人民法院《关于适用〈中华人民共和国合同法〉若干问题的解释（一）》第10条规定：“当事人超越经营范围订立合同，人民法院不因此认定合同无效。但违反国家限制经营、特许经营以及法律、行政法规禁止经营规定的除外。”最高人民法院的这一司法解释体现出与国际惯例的接轨。在实践中，公司登记的经营范围无须再逐一列明具体的经营事项，而是“法律、行政法规、国务院决定禁止的，不得经营；法律、行政法规、国务院决定规定应经许可的，

---

① 参见［英］R. E. G. 佩林斯等：《英国公司法》，54页，上海，上海翻译出版公司，1984。

② The American Bar Foundation, Model Business Corporation Act, 3rd edition (2002), http://www.lexisnexis.com/documents/pdf/20080618091347_large.pdf, p. 23, 2018-04-28.

③ 参见［英］R. E. G. 佩林斯等：《英国公司法》，49、50页。

经审批机关批准并经工商行政管理机关登记注册后方可经营；法律、行政法规、国务院决定未规定许可的，自主选择经营项目开展经营活动”①。概括性的经营范围降低了公司超越经营范围从事活动的可能，扩张了公司的权利能力，趋向于与国际上依公司的目的或宗旨确定或限制其权利能力的惯常做法接轨。2005 年修订之后的《公司法》取消了原先关于“公司应当在登记的经营范围内从事经营活动”的规定，而在第 12 条规定，“公司的经营范围由公司章程规定，并依法登记。公司可以修改公司章程，改变经营范围，但是应当办理变更登记。公司的经营范围中属于法律、行政法规规定须经批准的项目，应当依法经过批准”（2023 年修订后的《公司法》变更为第 9 条，措辞有所改动，但意思不变），同样体现了现代公司权利能力发展的规律和趋势。

3. 公司的权利能力须受公司法和其他法律、法规的一般或特殊的限制

为了保证公司的正常运行和活动，维护他人及社会的利益，公司法对公司的权能有所限制，适用于各种公司或某类公司。其他法律、法规对某些活动或行为的限制，可能对公司和自然人是一并适用的。

（1）公司法的具体限制。

公司法上对公司权利能力的具体限制很多，诸如有限公司和发起设立的股份公司不得向社会公开募股，未经批准上市的股份公司的股份不得在证券交易所流通，等等。兹就有关转投资限制问题作一简要评析。

转投资是指公司以其法人财产向其他公司、企业投资的行为。《公司法》第 14 条规定：公司可以向其他企业投资，取消了 2005 年修订前关于除投资公司外的公司转投资不得超过净资产 50%的限制；但是应当遵守法律关于公司不得成为对所投资企业的债务承担连带责任的出资人的规定。也就是说，公司转投资的数额由公司自行决定，法律上对其不作限制。公司投资固然是市场经济的必然要求，企业形成集团可以降低交易成本、产生规模效应，因此，转投资是不应当也不可能禁止的，然而，转投资导致虚增资本，有碍公司资本维持，也不利于交易安全，有必要将其限制在一定的范围内，如以净资产的 50%作为转投资限制就可将虚增资本限制在某公司实际资本的 1 倍以内，取消该限制，则使公司通过转投资无限虚增资本成为可能。

对于双向转投资，即两个公司相互投资、持股，《公司法》原先也未作限制。双向转投资除会导致企业资本虚增外，还会引起虚假出资或抽逃资本以及董事会利用公司相互投资而控制本公司股东会的问题。如公司可以通过安排子公司向自己投资而抽逃其对子公司的出资，损害子公司的债权人及其他股东的权益；母公司的董事会还可以通过控制子公司作为母公司的股东，控制本公司的股东会，实现自我控制或变相的自我持股，达到强化大股东地位、排挤少数股东的效果。我国 1992 年的《股份有限公司规范意见》中曾规定，一个公司拥有另一个企业 10%以上股份的，后者就不能购买前者的股份，这就是对双向转投资或“逆向持股”的限制。应当说，企业相互持股与单向转投资一样，也是市场经济发展的必然产物，有其存在的合理性，不应加以禁止或过分限制，但是放任

---

① 北京市工商行政管理局：《企业登记制度改革新措施》，北京市工商行政管理局网站，http://www.baic.gov.cn/qideng/wszc/2004b/009/17.doc，访问日期：2004－09－17。

自流也会滋生弊端。可以借鉴德国、日本等国家的做法，将控制与被控制作为限制双向转投资的标准，即一个公司对另一公司绝对控股的，就一般地限制逆向持股；而在相对控制的情况下，则不必限制逆向持股，通过加强对小股东和债权人的保护，就可以将相互投资或逆向持股控制在利大于弊的限度之内。2023 年修订《公司法》，对上市公司采纳了这一做法，于第 141 条规定，上市公司控股子公司不得取得该上市公司的股份；上市公司控股子公司因公司合并、质权行使等原因持有上市公司股份的，不得行使所持股份对应的表决权，并应当及时处分相关上市公司股份。

《公司法》原先限制公司作为对所投资企业的债务承担连带责任的出资人也即无限责任股东，“主要考虑到如果允许投资的公司承担无限责任，则有可能直接导致公司的破产或利益受到重大损失，进而损害公司股东和债权人的利益。在我国现阶段部分公司信誉不佳、公司经营情况不透明、信息不畅通的情况下，为了保护债权人的利益，维护市场秩序，不宜允许公司对所投资企业债务承担无限责任”①。正如前述，事实上依现行法，公司可以参与组建无限不连带或无限连带责任的联营企业；国际上包括中国在内，更是出现了由有限责任法人充当无限责任合伙人或股东的趋势，并不存在什么弊端。可以认为，这不仅是市场化投资经营和交易发展的必然，也不违背企业法人及其有限责任的基本法理，因为法人作为无限责任股东时，仍是以其全部法人财产承担有限责任。因此，对公司转投资不得成为承担连带责任的出资人的限制，既没有必要，也无法实施。2023 年修订的《公司法》，将原则上禁止改为原则上允许，即其第 14 条规定：“公司可以向其他企业投资。法律规定公司不得成为对所投资企业的债务承担连带责任的出资人的，从其规定。”

（2）法律、法规的其他限制。

在其他法律、法规中，有不得买卖和取得土地所有权、土地使用权转让限制、非银行和金融机构不得发放贷款等多种限制性规定，对于公司也是适用的。公司的活动还必须一般地遵守法律、国家政策、商业道德和公序良俗，不得损害社会公共利益及扰乱社会经济秩序，并接受政府监管和公众监督，承担社会责任。

二、公司的行为能力

（一）公司行为能力的特点

公司的行为能力，是指作为法人的公司在法律上有独立的意思能力，可以根据自己的意思从事活动，取得权利（力）及承担义务，并就其活动承担法律上的后果。

由于公司的主体资格是法律特别赋予的，因而其行为能力和权利能力的范围是吻合的，二者在发生和消灭的时间上也是一致的。

有限公司和股份公司作为法人，其行为能力的基本特点是必须通过公司的机关及其授权人员的职务行为，为公司取得、行使权利（力）及设定、履行义务。能够代表公司从事活动的机关，主要是公司的董事会和法定代表人，其代表权是法律赋予的，不需要

① 安建主编：《中华人民共和国公司法释义》（2005 年版），35～36 页，北京，法律出版社，2005。

另行特别授权。监事会在一定条件下也可以代表公司进行活动。公司的经理、个别董事或监事，以及其他管理人员或雇员，则可以在公司授权的范围内代理公司从事活动，包括职务代理和非职务代理。

在公司机关成员或公司的其他人员以公司的名义从事活动，公司内部对其职责规定或授权不明的情况下，公司是否应对他们的行为承担责任，不能一概而论。此时应根据有关人员的行为是否超越职责范围、交易相对人对其越权是否知情、行为人的主观动机、公司对行为人的行为是否予以认可等情况，确定公司和行为人所应承担的责任，也可参照适用《民法典》关于无权代理和表见代理的规定。

（二）公司承担法律责任的能力和诉讼能力

公司承担其机关或其他人员从事职务活动或以公司的名义从事活动的后果，意味着公司既可能承受其利益，也可能承受应受法律制裁的不利后果，即依法承担民事责任、行政责任或刑事责任。因此，公司的行为能力，从法律责任关系的角度看，表现为民事责任能力、行政责任能力、刑事责任能力和诉讼能力。

1. 公司的民事责任能力

公司的民事责任能力，是指公司因违约、侵权和不履行法定义务等行为而应承担民事责任的能力。如公司就其产品质量承担违约或侵权的损害赔偿责任；上市公司因虚假信息披露等致使投资者遭受损失的，应当承担赔偿责任等。

2. 公司的行政责任能力

公司的行政责任能力，是指公司违反法律的规定而应接受行政处罚的能力。《公司法》中有许多公司应承担行政责任的规定，责任形式有罚款、撤销公司登记、吊销营业执照、没收违法所得等。

3. 公司的刑事责任能力

关于公司的刑事责任能力或犯罪能力，在学理上颇有争议，各国法律的规定也不尽相同。在古罗马法上，有“社团无犯罪能力”（Societas delinauere non-potest）的原则。自 19 世纪中期以后，英美法上开始规定公司或法人可以犯罪，并处以刑罚。例如，英国 1889 年的《解释法》（Interpretation Act）规定，犯罪人包括法人在内；美国 1890 年的《谢尔曼法》规定，垄断或图谋垄断、限制州际或国际贸易的行为属于“重罪”，对犯此罪的公司须处以高额罚金；美国各州的刑法，原则上也都认为公司或法人有犯罪能力。大陆法系国家或地区如法国、德国等国家，法律上一般不认为公司或法人可以犯罪，但学说上也提出了法人具有犯罪能力的主张。

我国法学界对法人犯罪问题也有争议。主张法人可以犯罪者，主要是认为法人具有意思能力和行为能力，故而可以对其行为追究刑事责任。主张法人不具有犯罪能力者，则认为法人的人格是法律赋予的，法人只能在法律规定的宗旨和范围内合法存在，否则，即丧失法律上的人格；或者认为法人要通过自然人形成公司的意思及代表公司从事活动，因而法定代表人或法人其他成员的行为触犯刑律的，自应处罚行为人而不应处罚法人。

应当认为，公司与法人既有联系，又有区别。公司不仅仅是具有合法主体资格的法人，同时它也是一种客观存在的组织，实际上可能从事各种活动，所参与的法律关系则不限于正常法律关系，也可能参加各种法律责任关系。当其行为触犯刑法时，即构成犯罪，其理应承担相应的刑事责任。而作为法律赋予一定权利能力和行为能力的法人，公司的行为如果超出法人的目的范围，其法人地位或资格便不复存在，也就不可能对“法人”施以刑罚。简言之，公司与法人之间存在着基础与上层建筑的关系，公司作为客观存在是可能犯罪的，而作为法律上合目的性的一种合法性认定或价值肯定，法人是不可能犯罪的。这一原理也适用于其他任何组织或团体。

案例

乌鲁木齐铁路运输中级人民法院（以下简称乌铁中院）涉嫌单位受贿罪[①]

2006 年，新疆昌吉州中级人民法院第一次开庭审理此案。公诉机关指控，2000 年至 2005 年，被告乌铁中院接受相关中介机构请托，为其谋取利益，索取、收受 451 万余元人民币，通过被告财务存入以乌铁中院法官协会名义开设的账户或直接将现金使用，构成单位受贿罪。此案引起了法学界的困惑：一是作为司法机关的法院是否能够作为刑事被告；二是如果该法院被判有罪，它是否应当被解散或撤销，是否能够继续行使司法审判职能。被告辩护律师在庭审中提出，虽然刑法在有关单位受贿罪的规定中，对国家机关的范围并未排除司法机关，但立法机关、司法机关按国际惯例应当享有豁免权。庭审之后，昌吉州人民检察院变更起诉书，取消了单位受贿罪一项，仅对若干自然人追究滥用职权罪、玩忽职守罪、受贿罪、挪用公款罪等。其实，按照以上原理，法院作为客观存在的组织是可以犯罪的，即刑法上的“单位犯罪”，而它作为司法机关和机关法人则是不可能犯罪的。这样理解的话，则本案引发的困惑尽可释然了。

我国立法业已明确公司具有犯罪能力。例如，《刑法》第 160 条“欺诈发行证券罪”和第 179 条“擅自发行股票、公司、企业债券罪”规定，单位犯前款罪的，对单位判处罚金，并对其直接负责的主管人员和其他直接责任人员，处 5 年以下有期徒刑或者拘役。

公司犯罪的特点有二：一是只能对其处以罚金刑，不可能处以自由刑和生命刑；二是要同时追究造成犯罪的直接主管人员和其他责任人员的刑事责任。

4. 公司的诉讼能力

与公司的民事、行政和刑事责任能力相对应，公司可以作为民事诉讼的当事人，充当原告或被告；也可以作为行政诉讼的原告和刑事诉讼的被告人。随着法治的发展，我国也必将像发达国家一样，政府主管税收、金融、反垄断等的机关得依法就其职权范围内的事项起诉管理对象，令公司充当被告，但未来在司法上究竟将此纳入“民事公诉”或“行政公诉”，尚不得而知。在生产销售伪劣商品、侵犯知识产权和财产权等案件中，公司依法也可以作为刑事自诉人，充当刑事诉讼的原告。

---

① 参见《乌铁中院涉嫌受贿被审引发震荡》，人民网，http：//society. people. com. cn/GB/1063/4587512. html，访问日期：2006－07－13。

第九节　公司资本及其立法原则

一、公司资本的概念

（一）我国公司法上的资本概念

1. 资本

公司的资本，包括公司的资本金、公积金和其他未分配的盈余。公司法中所称资本，通常是指公司的注册资本，有时也指公司的资本金。

2. 注册资本

《公司法》原先规定了严格的法定资本制，股东认缴并实际缴付全部股本后，公司始得成立，因此，注册资本是指在公司登记机关登记的全体股东实缴的出资额或实收股本总额。[①] 2005 年《公司法》修订，允许有限公司和发起设立的股份公司分期缴付股本，对募集设立的股份公司则仍采严格的法定资本制。2013 年修改《公司法》，进一步取消了公司注册资本最低限额以及有限公司、发起设立的股份公司首次出资的最低限额。2023 年《公司法》第 47 条第 1 款规定，有限责任公司的注册资本为在公司登记机关登记的全体股东认缴的出资额；第 96 条第 1 款规定，股份有限公司的注册资本为在公司登记机关登记的已发行股份的股本总额。

可见，公司的注册资本与股东实际缴付的出资、股本或公司实有的资本金可能是不一致的。只有在股东实际缴付了认缴的出资或股本以后才允许公司登记的情况下，二者才是一致的。

3. 资产

公司的资产，是指公司拥有或者控制的能以货币计量的经济资源，包括各种财产、债权和其他权利。以资产的流动性为标准划分，可以将公司的资产分为流动资产、固定资产、长期投资、无形资产、递延资产和其他资产六类。流动资产是指可以在一年或者超过一年的一个营业周期内变现或者耗用的资产，包括现金及各种存款、短期投资、应收及预付款项、存货等。固定资产是指使用年限在一年以上，单位价值在规定标准以上，并在使用过程中保持原来物质形态的资产，包括房屋及建筑物、机器设备、运输设备、工具器具等。长期投资是指不准备在一年内变现的投资，包括股票投资、债券投资和其他投资。无形资产是指企业长期使用而没有实物形态的资产，包括专利权、非专利技术、商标权、著作权、土地使用权等。递延资产是指不能全部计入当年损益，应当在以后年度内分期摊销的各项费用，包括开办费、租入固定资产的改良支出等。其他资产是指除以上各项目以外的资产。

---

① 参见 1993 年《公司法》第 23 条第 1 款和第 78 条第 1 款。

资产是公司对债权人承担责任的物质基础。公司资产与公司的注册资本及资本是不一致的。公司资产中包含由负债形成的资产，所以，其价值通常高于注册资本；但资产也可能被损耗、消耗、转让或浪费殆尽，以致公司无法继续生存，公司债权人的利益和社会经济秩序也会因此受到影响。

4. 净资产

公司的净资产，是指公司全部资产与全部负债的差额。净资产属于公司股东的实际权益，也是反映公司经营状况的重要指标，包括实收资本、资本公积、盈余公积、未分配利润等。经营良好的公司，其净资产可能数倍、数十倍于公司的注册资本。公司经营不善的，则可能资不抵债，净资产为零或负数。

（二）英美法系国家关于资本的一些概念

1. 授权资本（authorized capital stock 或 authorized share capital）

授权资本在美国又称设定资本或设定股本（stated capital），是指公司章程中规定的授权公司最高可以发行或筹集的公司资本金或股本的总额。该金额也是在公司登记机关登记的公司注册资本。

在公司章程或法律授权公司于成立以后发行无面额股的情况下，在公司章程中无法确定注册资本或法定资本的具体金额，而只能在资产负债表中加以表示。此时注册资本包括公司发行的面额股的票面金额、无面额股发行计入资本的金额和其他转增股本的金额。

2. 名义资本（nominal capital）

由于英美法系国家对注册资本没有最低限额，股东也不必认缴及缴付注册资本，公司即可成立，股东对公司债务所负的间接责任也与注册资本额无关，因而英美法上的授权资本或注册资本没有什么实际作用，在这个意义上将其称为名义资本。

3. 发行资本或发行股本（issued share capital）

这是指公司实际已向股东发行并由股东认购的股本额或股份票面金额。该资本具有实质意义，股东以之为限对公司负责，也即对公司债务或公司的债权人间接承担责任。在授权资本制下，不要求注册资本都被发行，因此发行资本一般都小于注册资本。而在我国，公司章程确定的资本应当全部认足，所以，发行资本或认缴的出资等于注册资本。

4. 实收资本或实收股本（paid-up capital 或 paid-up share capital）

这是指股东实际已缴付的出资或股本，构成公司实际的资本金。股东认购股份以后，可能一次缴清，也可能在一定期限内分批缴清，因此，实收资本可能等于或小于发行资本。在我国认缴制下也存在这一概念。

5. 未收资本或未收股本（uncalled capital 或 uncalled share capital）

其又称催缴资本或催缴股本，是指股东已认缴而未缴，公司可以向该股东催缴的出资或股本。我国《公司法》2023 年修订时也在第 51 条第 1 款规定：“有限责任公司成立后，董事会应当对股东的出资情况进行核查，发现股东未按期足额缴纳公司章程规定的出资的，应当由公司向该股东发出书面催缴书，催缴出资。”

6. 保留资本或保留股本（reserve capital 或 reserve share capital）

这是指经公司股东会决议，保留未收资本的部分或全部不予催收，直至公司清算时再向有关股东催收的出资或股本。

二、公司资本“三原则”

为使公司拥有、维持其运作及从事活动的必要的资本，公司法上形成了一系列相关规定，大陆法系在学理上将其概括为公司资本“三原则”。由于股份公司是典型的资合公司，因而“三原则”集中体现在股份公司制度中。但有限公司也在一定程度上具有资合性质，且英美法上没有大陆法系的股份公司和有限公司的区分，所以，资本“三原则”对于有限公司也是适用的。

（一）资本确定原则和授权资本制

1. 资本确定原则

该原则又称法定资本制，是指公司设立时，必须在章程中确定资本总额，且股东应认足或募足甚至缴足。其目的是使公司在成立时就有相当的财产基础。

近代大陆法系国家的公司法确立了这一原则。但因公司章程中规定的注册资本额在实践中往往不容易，也不必在公司成立时全部认足缴清，严格贯彻资本确定原则，可能导致筹资过程中资金闲置及公司不能及时成立，影响经济的运转，故而大陆法系国家现已参照英美法系国家的授权资本制，对这一原则有所修正。

我国《公司法》原先采行严格的法定资本制，规定有限公司和股份公司均应在缴足出资或股款并经法定的验资机构验资后，才能向公司登记机关申请设立登记。于 2005 年修订后，《公司法》对有限公司和发起设立的股份公司改采分期缴付出资的法定资本制，对募集设立的股份公司则仍要求于设立登记时一次缴清注册资本。2013 年修改后《公司法》对有限公司和发起设立的股份公司改采认缴登记制：设立时股东只需认缴注册资本，而无须实际缴付，何时缴付由股东暨公司根据实际情况自行决定。2023 年修订后《公司法》增加了股东认缴的出资额须在公司成立之日起 5 年内缴足的规定。由于公司设立时必须确定资本额并予登记，并由股东全数认缴，即使在没有实际缴付的情况下，股东也必须就其认缴的资本额对债权人承担责任，所以认缴登记制仍属法定资本制，遵行着资本确定原则。

2. 授权资本制

授权资本制是英美法实行的资本原则，是指只要公司在章程中记载注册资本额和设立时发行的股本或股份额，股东不必认足注册资本，公司即可成立的原则。对于未发行或未缴足部分的股本，允许公司或股东于公司成立以后发行或缴足。所谓“授权”，既指公司章程中设定的资本额或注册资本是对公司得发行股本额的一种授权，也指授权公司董事会或股东会根据公司的经营需要随时决定发行或收缴资本。

授权资本制下对发行资本没有最低额要求，股东只需象征性地认股以确定各自的持股比例，公司即可成立，由此，设立公司和买卖“壳公司”十分方便，有利于开展投资经营和交易等市场活动。在授权资本的范围内发行资本，任由公司自行决定，又无须变更公司章程及履行相应的登记程序，筹资与公司的经营需求吻合，也不会造成无谓的耽搁和资金闲置、浪费。由此授权资本制将公司作为投资经营工具的这一本质揭示无遗，其优点概括而言就是实事求是。我国现行《公司法》汲取了授权资本制的精髓，认缴的注册资本就是发行了的资本，除了股份公司的章程或者股东会可以“授权”董事会在3年内决定发行不超过已发行股份50%的股份外，股东或公司可以自行决定5年内何时实际缴付已认缴的出资额也是一种“授权”。当然，英美法的授权资本是指可发行、可不发行的注册资本最高额。如前所述，我国仍采法定资本制，《公司法》中的“授权”资本并不同于授权资本制下的授权资本。

然而，英美法的授权资本制也为“空壳”公司、“皮包”公司的流行大开方便之门，在股东承担有限责任、社会信用不彰、市场监管不力的情况下，不利于保护债权人利益，也会影响社会交易的安全。鉴于资本确定原则和授权资本制各有利弊，德国、日本和我国等大陆法系国家对二者加以折中，发展出折中的授权资本制。

3. 折中授权资本制

这是指在公司章程中规定注册资本额或公司发行股份的总数，或同时规定第一次发行的股本或股份数，在股东认足或缴足一定比例的股本后，公司即可成立，成立后仍可根据实际需要发行一定数量的股本或股份的原则或制度。

德国1937年的《股份和股份两合公司法》首先对资本确定原则加以修正，规定公司章程可以授权董事会在5年内发行不超过公司已发行股本1/2的新股；现行《股份法》则允许在股东认足公司第一次发行的股份，缴付应以现金支付的票面金额及其溢价1/4的金额，并缴清全部实物出资后，公司即可成立。日本1950年修改商法时也作了类似的规定，即公司成立时，只要发行不少于公司拟发行股份总数的1/4，由股东认足，并缴清股款及交付出资的实物，其余部分可由董事会视公司将来需要资金的情形，一次或分次发行。现行日本《公司法》第34、37条规定，股份公司设立时发行股份的总数，不得少于公司章程规定的拟发行股份总数的1/4（但拟设立的股份公司为非公开公司的不在此限），并应由认股人即时缴足。

在折中授权资本制下，公司设立时可根据实际需要发行资本，从而弥补资本确定原则的缺点；同时，公司在成立时实际拥有必要的资本，可以在一定程度上克服授权资本制的弊端。我国于2013年修改《公司法》以后，虽然资本总额在公司设立时需由股东认足，但对有限公司和发起设立的股份公司允许股东或公司自行决定出资之缴付，法律不作强制要求，也有“折中”或“授权”的效果；2023年修订《公司法》，进一步采取了如同上述德国《股份和股份两合公司法》授权董事会发行新股的规定。可见，折中授权资本制仍遵守资本确定原则，而非弃之不用。

（二）资本维持原则

资本维持原则又称“资本充实原则”或“资本拘束原则”，是指公司法中采取一定的制度，旨在使公司成立以后尽可能实际保有与其注册资本或资本金相当的资产，以保护债权人的利益和社会交易安全。

我国《公司法》第 53 条第 1 款规定，有限公司在公司成立后，股东不得抽逃出资；第 105 条第 2 款规定，股份公司的发起人、认股人缴纳股款或者交付非货币财产出资后，除未按期募足股份、发起人未按期召开成立大会或者成立大会决议不设立公司的情形外，不得抽回其股本；第 148 条规定，面额股股票的发行价格可以按票面金额，也可以超过票面金额，但不得低于票面金额；第 162 条规定，公司一般不得收购本公司股份；第 210 条规定，公司应当依法提取法定公积金，在公司弥补亏损和提取法定公积金之前，不得向股东分配利润等。这些规定都体现了资本维持的原则。

英美法上也实行资本维持原则，例如，根据英国公司法，公司原则上不得购买本公司的股份，子公司一般不得成为其母公司的股东，公司一般不得用资本金支付股息等。[①] 美国《示范商事公司法》中也有类似的内容。

(三) 资本不变原则

资本不变原则，是指公司的注册资本或资本金确定以后，非依法定程序，不得任意减少或增加。公司随意减少资本，固然会损害债权人和社会的利益，而公司不必要地增加资本，也会加重股东的负担和责任，减少可供向股东分配的利润，从而损害股东的利益。因此，法律上要求公司增减资本履行一定的程序，对减少资本的规定更为严格。

例如，根据《公司法》第 66 条和第 116 条的规定，增加或者减少注册资本属股东会的特别决议事项，应当经有限公司代表 2/3 以上表决权的股东通过，或经股份公司出席股东会的股东所持表决权的 2/3 以上通过，方为有效。第 224 条第 2 款规定：公司应当自股东会作出减少注册资本决议之日起 10 日内通知债权人，并于 30 日内在报纸上或者国家企业信用信息公示系统公告。债权人自接到通知之日起 30 日内，未接到通知的自公告之日起 45 日内，有权要求公司清偿债务或者提供相应的担保。同时，依照该法第 34 条第 1 款和第 260 条第 2 款规定，作为主要登记事项，公司增加或者减少注册资本，应当依法向公司登记机关办理变更登记。

大陆法系和英美法系国家的公司法都遵循资本不变原则。以上关于资本变动须经股东会特别决议和减资公告的规定，就是我国公司法对国际通行做法的借鉴。

第十节　外国公司及其分支机构

一、外国公司的确认

(一) 外国公司的确认概说

依照外国法律在中国境外登记成立的外国公司，关于其成立的有效或无效、其能力

---

① 参见［美］斯蒂芬·加奇，屈广清、陈小云译：《商法》，2 版，257 页，北京，中国政法大学出版社，2004。

和法律地位，以及公司的组织机构、财务会计制度等，适用的都是外国法。因此，一个外国公司要在中国境内从事生产经营活动，必须确定其国籍及适用何国的法律，并对其作为法律上权利与义务主体或法人的资格予以承认或不予承认。这在公司法上被称为外国公司的确认，又称外国公司的“承认”、“认可”、“许可”或“认许”。

各国公司法中一般都有关于外国公司的规定，对有关其确认、在本国开展营业的方法及监督制度等作出规定。我国公司法也对外国公司及其分支机构作了专章规定。

（二）外国公司国籍的确定

关于外国公司国籍的确定，国际上有不同的做法及学说。

1. 设立准据法说

依此说，公司是依据哪个国家的法律设立的，就认定其属于该国的公司，是该国的公司法人或非法人公司。对于该公司事实上的经营场所或主要办事机构是否设在该国，在所不问。由于公司设立的准据法一般就是公司登记成立地法，因而这种做法或学说与设立行为地说基本上是吻合的。

2. 股东国籍说

该说主张依公司股东的国籍或占多数出资额的股东的国籍确定公司的国籍：凡主要股东或占多数出资额的股东是外国人的，为外国公司，反之则为本国公司。依此学说确定公司国籍的弊端有三：一是会使公司的国籍不固定，尤其对股份公司而言，其股份可以自由转让，股东具有很大的流动性，股东国籍构成处于不断变动之中，难以借此认定公司的国籍。二是公司东道国的主权可能受损。如果一个公司在东道国登记成立，从事经营，但由于其主要股东或多数股东是外国人，该公司就会处于东道国的法律管辖之外。三是不利于公司开展经营活动，在东道国注册经营的外国公司，其生产经营活动及合法权益不能受到东道国法律的充分保护。有鉴于此，现在多数国家均不以股东国籍确定公司的国籍。

然而，尽管股东国籍一般而言对于确定公司国籍不具有直接法律意义，但它在经济、政治和人们的思想观念诸方面仍不乏相当的意义。如中德合资经营企业、美商独资公司、英资公司等，就是以股东国籍或身份为依据的。

3. 设立行为地说

该说主张依公司的注册登记地确定公司的国籍。公司适用哪国法律登记成立，登记成立所在国家即为公司的国籍，故而与设立准据地说的结果通常是一致的。需要指出的是，美国是联邦制国家，其公司法属于州法，美国所谓的外国公司（foreign corporation），除包括在外国登记成立的公司外，相对于某州的本（州）国公司（domestic corporation），也包括在美国其他州设立的公司。此说为英美法系国家和其他一些国家所采用，在国际上应用较广。

4. 住所地说

这是依公司住所所在地确定公司的国籍。而各国法律对公司住所有不同的规定，包括营业中心地、总公司所在地、事实上的总公司所在地、公司主要办事机构所在地等。根据住所地说，凡法定住所设在国外的公司是外国公司，设在本国的则为本国公司。此说的主要弊端在于公司可以通过变更住所暨国籍的做法规避某国法律的管辖。欧陆国家确定公司国籍多采住所地说。

我国确定公司国籍是采设立准据法和设立行为地说。《公司法》第 243 条规定："本法所称外国公司，是指依照外国法律在中华人民共和国境外设立的公司。"也即凡依照外国法律在中国境外登记成立的公司是外国公司，属于外国法人或非法人公司；凡在我国境内依据中华人民共和国法律登记成立的公司，不论外国股东和外国资本占多大比例，均为中国公司，是中国企业法人。由于主权国家的立法及其效力仅及于本国领域，因而如果外国公司不到本国境内开展投资或持续性经营活动，而仅与本国发生贸易、通信等契约关系，则本国法律对该外国公司的组织和经营一般不具有拘束力。因此，我国《公司法》对外国公司的法律规定，不是对所有外国公司及其行为的规范，而是对到中华人民共和国境内投资、设立分支机构从事经营活动的外国公司所作的必要规定。只有那些到中国境内设立分支机构从事营业的外国公司，才是我国《公司法》所要调整的外国公司。

（三）外国公司进入中国从事生产经营活动的许可

外国公司进入中国从事持续性活动，可以采取在中国设立办事处、分支机构、独资子公司、中外合资或合作企业等形式，无论采取何种形式，依法都必须经中国政府许可或批准。外国公司经许可在中国境内从事活动的，必须遵守中国的法律，不得损害中国的国家利益和社会公共利益；其合法权益受中国法律的保护。

各国对待外国投资及其企业公司，都在不同程度上既利用、鼓励、保护又引导、限制、监管。市场经济发达国家通常没有调整外国人投资的专门法规，对外国投资原则上适用内国企业公司法、竞争法等，并以资本规模、投向、技术档次、环境保护、劳动等要求引导或限制之；发展中国家则多制定了专门的外国投资法，作为引进外资的基本法，辅以公司法等其他法律对外国人投资设立企业公司进行调整。发达国家一般来说对外国投资的方式和范围限制较少，市场准入的条件较宽，但对有关国防、军事、通信、交通、重要传媒以及关键行业等，也限制或禁止外国资本进入。近年以美国为代表的西方国家出于政治目的，泛化国家安全概念，针对特定的国家、企业或产品实施单方面的管制或制裁。发展中国家或地区一般鼓励外国资本或外国公司向有利于国民经济发展的部门，如高科技产业部门，以及能够改善国际收支、扩大出口的部门投资；禁止向国防、军事工业以及支配国家经济命脉的部门投资，限制向本国已有一定基础、需要重点保护的行业投资。我国曾对外商投资采取制定中外合资、合作、外资等专门的企业或公司法，配合产业政策和政府审批的方式进行调整。但在 1994 年 7 月 1 日《公司法》生效之前，对于外国公司在中国境内设立分支机构从事生产经营活动的法律规定不完善，散见于国务院及其有关部门颁布的行政法规和规章之中。2019 年《外商投资法》通过，废止了中外合资、合作和外资等三部外商投资企业法，对外商投资和外国企业在华经营统一适用《公司法》。加上相应的市场准入和监管法治，完善了外商投资及其组织形式的法律制度，具有重要的实践价值和理论意义。

二、外国公司分支机构的法律地位

外国公司分支机构，是指外国公司依照我国《公司法》的规定在我国境内设立的分公司、分行、分所等经营或办事机构。《公司法》第 247 条规定：“外国公司在中华人民共和国境内设立的分支机构不具有中国法人资格。外国公司对其分支机构在中华人民共和国境内进行经营活动承担民事责任。”

外国公司的分支机构具有以下主要特征。

（一）外国公司分支机构是外国公司的组成部分

外国公司分支机构是外国公司在中国境内设立的活动机构，是外国公司的权利能力和行为能力的跨国延伸。二者的关系是总公司或本公司与分公司、支公司的关系。外国公司分支机构没有独立的法律地位，不具有中国法人资格，具体表现为：分支机构没有自己独立的公司名称和章程，而是以其所属外国公司的名义进行活动；分支机构不设董事会等完整的治理机构，而是由外国公司指定代表人或代理人负责其管理；分支机构没有资本和独立的财产，它从事经营活动的资金是由外国公司拨付的；分支机构不实行独立核算，其经营收入和业务开支等纳入总公司统一核算；外国公司对其分支机构在中国境内进行的活动承担民事责任和其他法律责任。

外国公司在我国设立分支机构的前提条件是其已在我国境外依照外国法律登记成立，为合法的公司，并向我国主管机关依照《公司法》的规定申请设立分支机构。在外国尚未登记成立为公司的，不得在我国设立外国公司分支机构。至于外国公司的组织形式，按当事人的能力依其本国法的原则，可以为我国法律虽未规定但外国法律上允许的无限公司、两合公司、保证责任有限公司等。

（二）外国公司分支机构依照中国《公司法》在中国境内设立

外国公司分支机构的设立，是依照中国法律对外国公司的法律人格予以确认并准予其在中国境内开展活动的结果，是外国公司在中国境内从事经营活动的形式和途径。因此，外国公司分支机构必须依中国法律在中国境内设立。

（三）外国公司分支机构必须遵守中国的法律

经批准设立的外国公司分支机构，在中国境内从事生产经营活动和其他活动，必须遵守中国的法律，接受中国法律的管辖和国家有关主管部门的监督管理。不允许其有治外法权，其活动不得损害中国的社会公共利益，其合法权益受中国法律的保护。

三、外国公司分支机构的设立

外国公司分支机构的设立，是指外国公司依照东道国法律规定的条件和程序，为其在东道国的持续性活动取得许可的行为。不同国家的经济实力和对外经济贸易政策不同，对外国公司分支机构设立的许可和管理办法也不尽相同。

发达国家对外国公司到本国设立分支机构一般实行准则主义，即依照东道国法律直接办理登记，即可设立分支机构开展活动，即对外国公司实行“概括确认主义”。例如，在日本根据《公司法》第 817、933 条的规定，外国公司拟持续在日本进行交易时，须确定驻日本代表人，并就其公司进行登记和公告；外国公司的登记，按照在日本成立的同类或者最相类似公司的分公司的登记及公告的规定。有些国家则实行“许可主义”或“核准主义”，要求外国公司事先向东道国政府主管机关办理审批或许可手续，经批准后方可办理设立分支机构的登记注册手续，即对外国公司采取“个别确认主义”或“特别确认主义”。多数发展中国家，包括我国即采取后一做法，如我国《公司法》第 244 条第 1 款规定：外国公司在中华人民共和国境内设立分支机构，应当向中国主管机关提出申请，并提交其公司章程、所属国的公司登记证书等有关文件，经批准后，向公司登记机关依法办理登记，领取营业执照。

（一）外国公司在中国境内设立分支机构的条件

欲在中国境内设立分支机构的外国公司，必须已经依照某国法律登记成立，并合法存续。至于外国公司为何种组织形态，是股份有限公司、有限责任公司、无限公司、两合公司，还是英美法系的股份责任有限公司或保证责任有限公司等，依其本国法而非我国的企业和公司法进行确认。

外国公司在中国境内设立分支机构，应当在中国境内指定负责该分支机构的代表人或者代理人，并向该分支机构拨付与其所从事的经营活动相适应的资金。对外国公司分支机构的经营资金需要规定最低限额的，由国务院另行规定。例如，国务院 2006 年发布的《外资银行管理条例》（2019 年修订）规定，外国银行分行应当由其总行无偿拨给不少于 2 亿元人民币或者等值的自由兑换货币的营运资金。

（二）外国公司在中国设立分支机构的审批

外国公司在中国境内设立分支机构，应当向中国主管机关提出申请，并提交其公司章程、所属国的公司登记证书等有关文件。其中申请书的内容应当包括分支机构所属公司的名称、国籍、住所、法定代表人、业务范围、公司形式，所设分支机构的形式、业务范围、经营方式、拟向其拨付的营运资金数额、设立地区、经营场所等。其他有关文件主要包括由该外国公司所在国或所在地区有关主管机关核发的营业执照或其副本，与该外国公司有业务往来的金融机构出具的资信证明书，该外国公司代表人或代理人资格证明书，该外国公司申请人的授权委任书，该外国公司委任分支机构代表人或代理人的授权书和负责人的简历，该外国公司最近两年或若干年经注册会计师审计或验证的财务会计报告，该外国公司在中国营业的计划书等。

根据《公司法》的规定，外国公司分支机构的审批办法由国务院另行规定。在实践中，受理外国公司设立分支机构审批申请的主管机关，依外国公司拟设立分支机构业务性质的不同而有所不同，例如，外国投资性公司设立分支机构应报商务部审批①，外国

---

① 参见商务部发布的《关于外商投资举办投资性公司的规定》（2015 年修正）。

保险公司在中国境内设立分公司由国家金融监督管理总局审批[①]，等等。

（三）外国公司在中国设立分支机构的设立登记

外国公司设立分支机构的申请获得批准后，应当由该外国公司指定在中国境内负责该分支机构的代表人或者代理人，向公司登记机关依法办理登记手续，领取营业执照。

外国公司分支机构应当在其名称中标明该外国公司的国籍及责任形式，以便有关主管机关对其进行管理监督，也便于交易相对人和公众了解其性质、法律地位、组织形式、国籍和财产责任形式等。此外，外国公司的分支机构还应当在本机构中置备该外国公司章程。

经批准设立的外国公司分支机构在中国境内从事业务活动，必须遵守中国的法律，不得损害中国的社会公共利益，其合法权益受中国法律保护。

四、外国公司分支机构的撤销

一般企业公司终止或解散的原因，对于外国公司分支机构也是适用的。外国公司分支机构可能因自身或其本公司发生企业公司终止或解散的一般原因而终止，例如，因违法活动或其所属的外国公司破产等原因终止；也可能是某外国公司自行撤销其设在中国的分支机构。

外国公司因完成了在我国从事投资和经营的预定目标；或无意在我国继续投资经营，拟将在我国的分支机构的营业向其本国或他国转移；或其分支机构发生严重亏损，无力继续经营；或其分支机构在我国遭受不可抗力，无法继续经营的，该外国公司自可撤销该分支机构，向我国主管机关提出申请，经获准后予以撤销。但外国公司分支机构系由其本公司直接控制，外国公司的能力以及其在境外的活动并不受中国法律管辖，为防止外国公司通过撤销其分支机构来将财产转移出境，以致难以追索其未缴的税费和未清偿的债务等，以保护我国债权人、雇员和国家等的合法权益，《公司法》第249条规定："外国公司撤销其在中华人民共和国境内的分支机构时，应当依法清偿债务，依照本法有关公司清算程序的规定进行清算。未清偿债务之前，不得将其分支机构的财产转移至中华人民共和国境外。"

外国公司分支机构被撤销或获准撤销后，应当按照《公司法》关于公司清算的规定，成立清算组，制订清算方案，报我国主管机关确认。外国公司分支机构在清算期间，不得基于非清算目的处分其财产，在偿还债务之前不得将分支机构的财产以任何方式移至中国境外。分支机构的财产能够清偿其债务的，按顺序分别支付清算费用、职工工资、社会保险费用和法定补偿金，缴纳所欠税款，清偿其债务。其财产不能清偿所欠债务时，应由设立该分支机构的外国公司承担全部责任。如果该外国公司在其本国被宣告破产，则对其分支机构享有债权的我国债权人和其他债权人有权申报债权，参与清算财产的分配。

外国公司的责任形式不同，其在中国境内所设分支机构的清算也不尽相同。外国公

---

① 参见《外资保险公司管理条例》（2019年修订）。

司为有限公司或股份公司的，其对所设分支机构的财产不足以清偿的债务应继续承担清偿责任，如其本身的全部资产都不足以清偿债务，则应依法宣告破产。外国公司为无限公司或两合公司的，则在其分支机构及本公司的财产均不足以清偿债务时，公司的无限责任股东尚须承担无限连带责任。

外国公司分支机构向原公司登记机关办理完注销登记手续、被缴销营业执照后，方可将其剩余财产转移至中国境外。

第十一节　公司董事、监事、高级管理人员的资格和义务

一、公司董事、监事、高级管理人员的任职资格

（一）概说

随着我国市场化改革的深化，企业的设立和经营管理越来越具有社会自治的性质，尤其对于不同主体（包括国有主体）“自由结社”的公司，其经营管理人员的选任日益脱离党政直接操作或政府的直接控制。因此，依照发达国家通行的做法，通过法律对经营管理人员的任职资格加以规定或限制，一并适用于各种公司，是十分必要的。《公司法》就对公司董事、监事和高级管理人员的任职资格作出了规定。根据《公司法》的规定，高级管理人员是指公司的经理、副经理、财务负责人，上市公司董事会秘书和公司章程规定的其他人员。

（二）《公司法》关于董事、监事和高级管理人员任职资格的规定

《公司法》第 178 条对董事、监事和高级管理人员的任职资格作出了规定，有下列情形之一的，不得担任公司的董事、监事和高级管理人员。

（1）无民事行为能力或者限制民事行为能力。

（2）因贪污、贿赂、侵占财产、挪用财产或者破坏社会主义市场经济秩序，被判处刑罚，执行期满未逾 5 年；或者因犯罪被剥夺政治权利，执行期满未逾 5 年；或者被宣告缓刑的，自缓刑考验期满之日起未逾 2 年。这些人信用败坏，如果允许其担任公司的重要职务，公司的财产和经营就可能受到侵害，股东和债权人的利益也缺乏保障，因此，要对其从事专业或管理活动施加某种限制或加以禁止。

（3）担任破产清算的公司、企业的董事或者厂长、经理，对该公司、企业的破产负有个人责任的，自该公司、企业破产清算完结之日起未逾 3 年。这些人不称职，或不通业务，或主观武断，甚至徇私舞弊，导致企业亏损甚至倒闭、破产后，往往扔下烂摊子又去经营其他企业。禁止他们担任公司要职，可以维护公司和股东的权益，以法律手段为贤达人士在企业、公司中发挥才干打开方便之门。

（4）担任因违法被吊销营业执照、责令关闭的公司、企业的法定代表人，并负有个人责任的，自该公司、企业被吊销营业执照、责令关闭之日起未逾 3 年。现代市场

经济是法治经济，企业、公司必须依法经营，其高级管理人员应具有较强的法律意识。我国产品质量法、环境保护法、食品安全法、药品管理法、矿产资源法、土地管理法、海关法等法律、法规，均规定了对企业、公司违法经营的停业处罚。对企业、公司因违法被吊销营业执照、责令关闭负有个人责任的法定代表人，其法治观念淡薄，在一定时间内不允许其担任公司的董事、监事或者经理，可以促使他们学法、知法、用法，依法经商办企业。

（5）个人因所负数额较大债务到期未清偿被人民法院列为失信被执行人。这种人的个人信用不好，陷入债务困境后，可能利用职务之便侵吞或挪用公司财产。禁止其担任公司的董事、监事或经理，防患于未然，是十分必要的。

公司违反上述规定选举、委派董事、监事或者聘任高级管理人员的，该选举、委派或者聘任无效。董事、监事、高级管理人员在任职期间出现上述所列情形的，公司应当解除其职务。

同时，根据《公司法》第 76 条和第 130 条的规定，公司董事和高级管理人员不得兼任监事。

有了这些规定，利害关系人也可以发动争议诉诸法律寻求救济。

二、董事、监事、高级管理人员的义务

（一）概说

《公司法》第 179 条规定，董事、监事、高级管理人员应当遵守法律、行政法规和公司章程。第 180 条第 1、2 款规定：董事、监事、高级管理人员对公司负有忠实义务，应当采取措施避免自身利益与公司利益冲突，不得利用职权牟取不正当利益；董事、监事、高级管理人员对公司负有勤勉义务，执行职务应当为公司的最大利益尽到管理者通常应有的合理注意。

董事、监事、高级管理人员在公司中的地位及权利来源不尽相同：董事、监事是股东的代表者，其权利来源于全体股东，不同股东提名或委派的董事、监事对相关股东更负有信托义务。董事在公司经营中处于中心地位，监事的职责是对公司的经营和财务进行监督。高级管理人员的权利则来源于董事会，属于“打工”一族。董事、监事、高级管理人员尽管在公司中承担的角色不同，但都应对公司也即股东的共同利益负责，忠实、勤勉地履行自己的职责。勤勉义务又称注意义务或善管义务。

在英美法上，董事的忠实义务和注意义务都是其受信托义务的体现，董事的受信托义务源于其在公司中受托经营管理他人财产的地位。公司所有的董事，包括非执行董事，均负有该项义务。① 董事除了对公司（全体股东）负有受信托义务，首先对委派他的股东负有信托义务。在英美法上，董事注意义务与忠实义务之间的区别主要有：（1）忠实义务的核心是董事不得为了自己的个人利益而牺牲公司利益，或者放弃公司的最佳利益而追

① 参见［美］斯蒂芬·加奇，屈广清、陈小云译：《商法》，2 版，286 页。

求私利；而勤勉义务的核心是董事作为负责公司经营决策的管理人，必须以诚信的方式和应有的注意从事公司经营决策和业务监管，不得怠于履行职责。（2）忠实义务对所有的董事原则上适用统一的标准，而注意义务对于经营（执行）董事和非经营（执行）董事、内部董事和外部董事等可以适用不同的标准。（3）在违反忠实义务时，董事的责任原则上不得免除；而董事违反注意义务的责任可以经股东会批准予以免除或限制，并可通过董事责任保险机制转移赔偿风险。（4）诉讼上，涉及违反忠实义务时，董事承担较重的举证责任；在涉及违反注意义务的场合，董事行为受经营判断规则的保护，原告需承担较重的举证责任。（5）从英美法系公司法的发展趋势看，对忠实义务的规制由过去的绝对禁止转向程序化规制，对注意义务的规制逐步由经营判断规则转向注意义务的实体内容规制。①

《公司法》从完善我国公司治理出发，参照外国相关立法，规定了董事对公司所负的忠实义务和勤勉义务。公司的监事和高级管理人员在法律和公司章程的范围内被授予监督或者管理公司事务的职权，也应当承担忠实义务和勤勉义务。同时，依《公司法》第180条第3款，公司的控股股东、实际控制人不担任公司董事但实际执行公司事务的，鉴于其行为和实际地位，理应与董事、监事、高级管理人员一样负有忠实义务和勤勉义务。这是借鉴了发达国家和地区公司法中的“事实董事”概念，即一个董事习惯于按照他人［比如他（她）的父亲或母亲］的指示行事，就将该他人视为事实董事，令其作为实际或实质的行为人承担责任。

（二）忠实义务

忠实义务，是指公司董事、监事、高级管理人员应当忠实履行职责，当其自身利益与公司利益发生冲突时，应当维护公司利益，不得利用其在公司中的地位牺牲公司利益为自己或者第三人牟利。对此，两大法系均主要从自我交易规制、禁止篡夺公司机会或竞业禁止等方面规范董事、监事、高级管理人员的义务。

忠实义务的表现形式和具体内容各异，我国《公司法》借鉴其他国家或地区的做法，对公司董事、监事、高级管理人员的忠实义务作了如下规定。

（1）不得因自己的身份而受益。《公司法》第181条第1、3项规定，董事、监事、高级管理人员不得利用职权贿赂或者收受其他非法收入，不得侵占公司的财产、挪用公司资金；该条第4项规定，不得接受他人与公司交易的佣金归为己有。禁止这些赤裸裸的贪腐、侵占行为，是法律和道德的最低要求。

（2）不得擅自利用或处置公司财产。《公司法》第181条第2项规定，董事、监事、高级管理人员不得将公司资金以其个人名义或者以其他个人名义开立账户存储。2023年修订前的《公司法》还规定，董监高未经股东会或者董事会同意，不得将公司资金借贷给他人或者以公司财产为他人提供担保。这些行为有违董事、监事、高级管理人员的忠实义务，会给公司带来不可预测的风险。

（3）自我交易的规制。按照《公司法》第182条第1款的规定，董事、监事、高级

---

① 参见张开平：《英美公司董事法律制度研究》，172～173页，北京，法律出版社，1998。

管理人员未经董事会或股东会决议，不得与本公司订立合同或者进行交易。董事、监事、高级管理人员与本公司订立合同或进行其他交易时，其个人利益与公司的利益处于相冲突的地位。在不能一概禁止董事、监事、高级管理人员与公司交易的情况下，为了保护公司的利益，这种交易应当按照公司章程的规定，经董事会或股东会同意方可进行。以此延伸，依《公司法》第 182 条第 2 款规定，董事、监事、高级管理人员的近亲属，董事、监事、高级管理人员自己或其近亲属直接或者间接控制的企业，以及与董事、监事、高级管理人员有其他关联关系的关联人，他们与公司订立合同或者进行交易，也适用有关自我交易的规定。

（4）与公司间不当竞争的规制。按照《公司法》第 183、184 条的规定，董事、监事、高级管理人员不得未经董事会或股东会决议，利用职务便利为自己或者他人谋取属于公司的商业机会，以及自营或者为他人经营与所任职公司同类的业务。商业机会是公司在经营中赢得客户和获取商业利润的机会。如果公司董事、监事、高级管理人员利用职务便利为自己或为他人争夺、抢占本属于公司的商业机会，就可能损害公司的利益；自营或为他人经营与所任职的公司同类的业务，则形成利益冲突，使之处于与公司的商业竞争之中。《公司法》对此不是绝对禁止，董事、监事和高级管理人员经董事会或股东会同意即可这样做。

（5）不得泄露公司秘密。《公司法》第 181 条第 5 项规定，董事、监事、高级管理人员不得擅自披露公司秘密。公司秘密的外延大于商业秘密，还包括虽不构成商业秘密但对公司的经营和竞争具有重要意义的其他秘密，如开发计划、经营决策等，如果泄露则可能危及公司的发展和生存。

（6）其他违反忠实义务的行为。对董事、监事和高级管理人员违反对公司忠实义务的行为难以列举穷尽，因此，《公司法》第 181 条第 6 项作为一项兜底条款，规定其不得有其他违反忠实义务的行为。

根据《公司法》第 186 条的规定，董事、监事、高级管理人员违反忠实义务所得的收入应当归公司所有，即公司对此不当、不法收入享有“归入权”。

（三）勤勉义务

勤勉义务，是指公司董事、监事、高级管理人员履行职责时，必须以一个具有相当学识和经验的人通常所具有的，与自己担负的职责相称的合理注意，善意、谨慎地处理事务。这是衡量董事、监事、高级管理人员是否尽职及在行使职务中有无过错的标准，对于确定其决策和管理责任具有重要的意义。

但对董事、监事、高级管理人员的勤勉义务，法律上不可能具体地规定，而只能采用抽象的标准，在司法实践中结合个案具体分析判断。例如，德国《股份法》第 93 条第 1 款规定，董事会成员应在其执行业务时，尽通常及认真的业务执行人之注意。[①] 美国《示范商事公司法》第 8.30 条和第 8.42 条规定，董事和拥有自由裁量权的高级职员在

---

① 参见杜景林、卢谌译：《德国股份法·德国有限责任公司法·德国公司改组法·德国参与决定法》，42 页，北京，中国政法大学出版社，2000。

履行职责时，应当：（1）怀有善意；（2）要以一个正常、谨慎的人在类似处境下应有的注意履行职责；（3）采用他有理由相信是符合公司最佳利益的良好方式行事。①

在实践中判断某个董事、监事、高级管理人员是否有过错，不外乎适用民法上的专业（专家）注意义务、普通善良管理人注意义务和主观注意义务等标准。例如，对执行董事、CEO，应当适用商业判断规则，如果有理由相信其在特定市场条件下作出的某项决策或判断合乎其职责要求，就认为其适当地履行了职责，而不必对其行为后果（包括负面后果）承担责任，反之，其就应当对其行为的不良后果承担法律责任。这是高于一个普通成年人所应承担的“善良管理人”注意义务的专业责任。对具有会计、法律、经济、工程等专业资格的董事、监事或高级管理人员，以相关专业人员通常应有的认识和董事、监事、财务主管、技术主管等的职责要求来衡量其是否尽到了必要的注意，也属于专业责任。主观标准是指处理公司事务时只需尽到与处理自己事务时相同的注意即可。美国判例法将此表述为一个正常、谨慎的人在类似情况下处理自己事务时所应尽的注意。对不具有专业资格和经验的外部董事则不妨采用该标准来衡量其是否有过错。

《公司法》的历史不长，对董事、监事、高级管理人员的问责仍处于起步阶段，其勤勉义务的落实，尚有待公司法暨司法实践不断发展、完善。忠实义务和勤勉义务也不能截然划分，例如，董事、经理在决策和经营活动中考虑公司的社会责任，兼顾利益相关者的义务，就融合并超越了这两种义务。

（四）其他义务

《公司法》除对公司董事、监事和高级管理人员的忠实义务、勤勉义务作出规定外，还对上述人员列席股东会以及协助监事会工作的义务作出了规定。

根据《公司法》第 187 条，股东会要求董事、监事、高级管理人员列席会议的，董事、监事、高级管理人员应当列席并接受股东的质询。

《公司法》第 80 条第 2 款规定，董事、高级管理人员应当如实向监事会提供有关情况和资料，不得妨碍监事会或者监事行使职权。这是为了保证监事会（监事）能够充分了解董事、高级管理人员执行公司职务的有关情况，从而正确、有效地行使监督职能。

三、对董事、监事、高级管理人员责任的追究

公司治理的核心问题之一是规范董事、监事和高级管理人员的行为，促使他们尽忠职守，公司得以在各种利益的有效制衡中良好地运转。《公司法》规定了董事、监事和高级管理人员负有忠实义务和勤勉义务，而要保证其适当地履行义务，则有赖于其责任承担和追究的机制。除《公司法》对其违法、犯罪行为规定的行政和刑事责任外，股东直接诉讼和派生诉讼，是对公司董事、监事和高级管理人员追究责任的最有力、最有效的方式。

---

① 参见虞政平编译：《美国公司法规精选》，75 页，北京，商务印书馆，2004。

（一）股东直接诉讼

1. 股东直接诉讼的概念和特点

股东直接诉讼是指股东为维护自身利益而直接向公司或董事等提起的诉讼。股东直接诉讼有如下特点：（1）其依据是股东作为出资人也即所有者权益承担者的地位；（2）股东以其自身名义向法院提起诉讼，以维护自己的利益；（3）被告是公司或其大股东、董事、监事及高级管理人员等。

2. 股东直接诉讼的类型

（1）股东会、董事会决议的无效、撤销和不成立之诉。《公司法》第 25 条规定，公司股东会、董事会的决议内容违反法律、行政法规的无效。第 26 条第 1 款规定：股东会、董事会的会议召集程序、表决方式违反法律、行政法规或者公司章程，或者决议内容违反公司章程的，股东可以自决议作出之日起 60 日内，请求人民法院撤销，但股东会、董事会的会议召集程序或者表决方式仅有轻微瑕疵，对决议未产生实质影响的除外；未被通知参加股东会会议的股东自知道或者应当知道股东会决议作出之日起 60 日内，可以请求人民法院撤销；自决议作出之日起 1 年内没有行使撤销权的，撤销权消灭。还有一种情况是股东会、董事会的决议不成立或者不存在，《公司法》第 27 条规定，有以下情形之一的，公司股东会、董事会的决议不成立：未召开股东会、董事会会议作出决议；股东会、董事会会议未对决议事项进行表决；出席会议的人数或者所持表决权数未达到公司法或者公司章程规定的人数或者所持表决权数；同意决议事项的人数或者所持表决权数未达到公司法或者公司章程规定的人数或者所持表决权数。

股东会、董事会决议被人民法院宣告无效、撤销或者确认不成立的，公司根据该决议与善意相对人形成的民事法律关系不受影响；决议被宣告无效、确认不成立或者撤销后，公司应当向公司登记机关申请撤销根据该决议已办理的变更登记。

（2）股东请求查阅之诉。《公司法》第 57 条规定，有限责任公司股东可以要求查阅公司会计账簿、会计凭证。第 110 条规定：股份有限公司股东有权查阅、复制公司章程、股东名册、股东会会议记录、董事会会议决议、监事会会议决议、财务会计报告等。有限责任公司的股东、股份有限公司连续 180 日以上单独或者合计持有公司 3%以上股份（公司章程对此比例有较低规定的，从其规定）的股东，要求查阅公司会计账簿、会计凭证的，应当向公司提出书面请求，说明目的。公司有合理根据认为股东查阅会计账簿、会计凭证有不正当目的，可能损害公司合法利益的，可以拒绝提供查阅，并应当自股东提出书面请求之日起 15 日内书面答复股东并说明理由。公司拒绝提供查阅的，股东可以向人民法院提起诉讼。以上规定也适用于股东要求查询、复制公司全资子公司相关材料的情形。

（3）对董事、高级管理人员等的损害赔偿之诉。《公司法》第 190 条规定，董事、高级管理人员违反法律、行政法规或者公司章程的规定，损害股东利益的，股东可以向人民法院提起诉讼。依该条文义，任何股东，只要具备股东身份，无论其持股时间和数量如何，都可以在普通民事诉讼时效期间提起该诉。《公司法》第 192 条规定，公司的控股股东、实际控制人指示董事、高级管理人员从事损害公司或者股东利益的行为的，与该董事、高级管理人员承担连带责任。

除上述法有明文的股东直接诉讼外，应当进一步以“有权利就有诉权、有义务就有责任和救济”的法治要求理解股东直接诉权，即只要行为及其结果关涉股东合法权益，就应允许股东提起诉讼，既可以是确认之诉、侵权之诉，也可以是赔偿之诉，以此达到优化公司治理和保护股东合法权益的效果。比如公司的控股股东、实际控制人从事损害公司或者股东利益的行为的，其他股东理应可对其提起诉讼。

（二）股东派生诉讼

1. 股东派生诉讼的概念和意义

派生诉讼（derivative suit）是英美法的称谓，大陆法的相应称谓是代表诉讼，也称代位诉讼，是指公司的合法权益受到控制股东、董事、监事和经理人员等的侵害，而公司怠于诉诸法律追究其责任或行使其他权利的，股东为维护公司利益，可以自己的名义向侵害人提起的诉讼。股东派生诉权由英美衡平法所创设，英国于1828年出现派生诉讼的案例，并由美国最高法院在1857年确立了此项权利。此后，法国、德国、日本等大陆法系国家也先后引进了这项制度。

股东为公司的所有者权益承担者，在公司的权益受到侵害时，其利益也必然受到损害。但由于公司是独立于股东的法律主体，公司是否及如何追究行为人的法律责任要由公司乃至股东共同决定，对此个别股东无权决定或干涉。当侵害公司利益者为控制股东、董事或高级管理人员时，公司的股东会或董事会受其把持，公司很可能怠于行使诉权，从而损害少数股东的合法利益。正是针对这种情况，产生出股东派生诉讼制度，亦为《公司法》所借鉴采用。

2. 股东派生诉讼和直接诉讼的区别

股东派生诉讼与直接诉讼在诉讼结果和适用程序上有所不同，二者的主要差别如下：

（1）被侵害的权利性质不同。直接诉讼中受侵害的权利一般而言属于股东自益权，而派生诉讼中被侵害的权利属于公司的权利，一般而言也即股东的共益权。

（2）提起诉讼的权利主体不同。直接诉讼由股东以自身的名义、为了自己的利益提起；派生诉讼本应由公司提起，但公司因利益冲突怠于起诉，而由符合条件的股东代为提起诉讼，股东为形式上的原告，诉讼损益的承担者则是公司。

（3）诉讼程序规则不同。直接诉讼适用普通民事诉讼程序，而派生诉讼适用的是一种特殊的集团诉讼程序。在《公司法》于2005年修订之前，我国民事诉讼法中并无此种程序规定。

（4）诉讼的法律后果不同。在直接诉讼中，股东是诉讼结果的直接承担者；而在派生诉讼中，公司是判决结果的直接承担者，股东不能从判决中直接受益，只能通过公司受益而间接获益。

3.《公司法》关于股东派生诉讼的规定

（1）提起派生诉讼的股东资格。为防止个别股东任意提起派生诉讼，影响公司的正常运作，根据《公司法》第 189 条的规定，有限责任公司的股东以及股份有限公司连续 180 日以上单独或者合计持有公司 1%以上股份的股东，才有权提起股东派生诉讼。

（2）提起派生诉讼的前置条件。《公司法》第 188 条规定了董事、监事、高级管理人员执行职务违反法律、行政法规或者公司章程的规定，给公司造成损失的，应当承担赔偿责任。发生这种情况的，根据《公司法》第 189 条的规定，符合条件的股东可以书面请求监事会向人民法院提起诉讼；监事有《公司法》第 188 条规定的情形的，前述股东可以书面请求董事会向人民法院提起诉讼。监事会或者董事会收到股东书面请求后拒绝提起诉讼，或者自收到请求之日起 30 内未提起诉讼，或者情况紧急、不立即提起诉讼将会使公司利益受到难以弥补的损害的，提起书面请求的股东就有权为了公司的利益以自己的名义直接向人民法院提起诉讼。

（3）诉讼事由。股东派生诉讼除主要针对董事、监事和高级管理人员违反义务给公司造成损害的行为外，其他人如大股东、实际控制人、债务人等侵犯公司合法权益的，按照派生诉讼的道理，原则上股东也可以按照上述条件和程序向人民法院提起诉讼。

由于股东派生诉讼中的原告股东不能从诉讼中直接获得利益，并且要为诉讼负担较大的诉讼成本和风险，因而如何激励股东为了公司的利益向侵害人提起诉讼，就是实现股东派生诉讼制度目的的关键。我国可借鉴美国、日本等国家的经验，对股东派生诉讼案件按非财产诉讼的标准收取诉讼费用，而不是根据诉讼标的额收取诉讼费；并建立原告股东胜诉后，由公司补偿其诉讼费用的制度等。

《公司法》2023 年修订，增加了双重或多重代表诉讼的规定，即其第 189 条第 4 款：公司全资子公司的董事、监事、高级管理人员侵犯公司全资子公司合法权益造成损失的，有限责任公司的股东、股份有限公司连续 180 日以上单独或者合计持有公司 1%以上股份的股东，可以适用上述规定请求全资子公司的监事会、董事会向人民法院提起诉讼或者以自己的名义直接向人民法院提起诉讼。该条没有明确规定包括直接诉讼，而按照《公司法》第 190 条规定的精神，直接诉讼理应包括全资子公司的董事、监事、高级管理人员损害母公司股东利益的情形。

（三）董事责任保险

随着股东诉讼制度的建立和股东诉讼的常态化，对公司董事、监事和高级管理人员的问责力度不断加大，其履职风险也相应提高，可能削弱其职责担当及积极性，从而影响公司的治理及其竞争力。因此，劳合社（Lloyd's of London，又称译劳埃德保险社）于 20 世纪 30 年代在美国推出董事和高管责任险（directors and officers liability insurance policy，简称 D&O insurance），60 年代以后在西方国家得到普遍发展，公司可以为董事购买责任保险，当董事因过失或失当行为被追究个人赔偿责任时，可由保险公司代为偿付。

2002 年，中国证券监督管理委员会和国家经济贸易委员会发布《上市公司治理准则》，其第 39 条第一句规定，经股东大会批准，上市公司可以为董事购买责任保险。同时，有关保险公司也推出了董事责任保险。这是我国首次引进董事责任保险制度。2023

年《公司法》修订时，也增加了董事责任保险条款，其第 193 条第 1 款规定，公司可以在董事任职期间为董事因执行公司职务承担的赔偿责任投保责任保险。

公司为董事购买责任保险，可使董事免除积极担当、履职的后顾之忧，但也可能引发董事道德风险。因此，2002 年《上市公司治理准则》第 39 条第二句即规定，董事因违反法律法规和公司章程规定而导致的责任除外；《公司法》第 193 条第 2 款规定，公司为董事投保责任保险或者续保后，董事会应当向股东会报告责任保险的投保金额、承保范围及保险费率等内容。所以，公司是否为董事购买责任保险属于股东会决定的事项，购买责任保险的，并由股东会和保险公司对董事行为及其免责范围进行监督。原则上，董事违反忠实义务和有重大过失是不能免责的，如有侵占公司财产、通过关联交易掏空公司、违反竞业禁止义务甚至构成犯罪的行为等，都属于道德风险而不能免责的事项。

由于董监高责任的性质和范围相当，因而董事责任保险也适用于监事和高级管理人员，公司当然也可以为监事和高级管理人员购买责任保险。该保险产品原本就称作 D&O insurance，如中国平安财产保险股份有限公司的该产品名为“平安董事、监事和高级管理人员责任保险”。

第十二节　公司职工权益保障及参与民主管理

公司职工除同时又是股东外，一般不是公司成员，因而关于其权益保护并不是公司法固有的内容。职工参与则不然，它是公司法人治理的内在组成部分，但参与应以不损害所有者支配为限，不能超越资本关系所允许的度。《公司法》对此有若干必要的规定。

一、职工的劳动与社会保障权利

《公司法》第 16 条规定：公司应当保护职工的合法权益，依法与职工签订劳动合同，参加社会保险，加强劳动保护，实现安全生产；应当采用多种形式，加强公司职工的职业教育和岗位培训，提高职工素质。

二、职工依法组织工会的权利

《公司法》第 17 条第 1 款规定：公司职工依照《工会法》组织工会，开展工会活动，维护职工合法权益。公司应当为本公司工会提供必要的活动条件。公司违反集体合同，侵犯职工劳动权益的，工会可以依法要求企业承担责任；因履行集体合同发生争议的，工会可以向劳动争议仲裁机构提请仲裁，对仲裁裁决不服的，可以向人民法院提起诉讼。

三、职工参与公司民主管理的权利

《公司法》第 17 条第 2 款、第 3 款规定，公司依照宪法和有关法律的规定，建立健全以职工代表大会为基本形式的民主管理制度，通过职工代表大会或者其他形式，实行民主管理。公司研究决定改制、解散、申请破产以及经营方面的重大问题、制定重要的规章制度时，应当听取公司工会的意见，并通过职工代表大会或者其他形式听取职工的意见和建议。当然，民主分为不同的层次：最高形式的民主，是少数服从多数的民主决策和民主管理；较低层次的民主，则是“参事、议事”和参与监督，但没有决定权的民主参与和民主管理。除了股份合作制或集体所有制的公司，公司职工享有的是后一种低层次的民主，公司职工（代表）大会也不是公司或企业的权力机关。比如公司拟解散或申请破产，可以听取职工的意见，但无须经其同意，因为职工不是公司的所有者，而且投资经营是股东的权利而非义务，即使公司经营得很好，解散公司也是股东的自由，资不抵债申请破产更是无奈之举，法律不应也不可能强制股东维持其公司的存续。

根据《公司法》的规定，公司董事会成员中可以有公司职工代表；职工人数 300 人以上的公司，除依法设监事会并有公司职工代表的外，其董事会成员中应当有公司职工代表；国有独资公司的董事会成员中也应当有公司职工代表。职工人数达到一定规模的私人企业也应当设职工董事。这是借鉴德国的职工参与法，但这一制度对于中国来说比较陌生，实践中大多流于形式。对于中国的私人老板和私人公司来说，他们更能够接受的是职工持股制——职工持股但不控股，将职工参与同资本关系很好地结合起来，让职工与老板、公司皆能欣然接受，又不改变企业的所有制性质。更重要的是，这在性质上比德国式职工不持股的参与制先进得多。董事会成员中的职工代表由公司职工通过职工（代表）大会或者其他形式民主选举产生。

公司设监事会的，监事会成员中应当包括股东代表和适当比例的公司职工代表，其中职工代表的比例不得低于 1/3，具体比例由公司章程规定。监事会成员中的职工代表由公司职工通过职工（代表）大会或者其他形式民主选举产生。

四、党在公司中的活动和“党管企业”

中国共产党作为执政党，组织、领导国家政权，参与其运行，全面领导国家和社会，根据宪法法律和党章开展活动。《中国共产党章程》第 30 条第 1 款规定：企业、农村、机关、学校、医院、科研院所、街道社区、社会组织、人民解放军连队和其他基层单位，凡是有正式党员三人以上的，都应当成立党的基层组织。[①] 因此，党也要在公司中开展活动。《公司法》第 18 条规定：在公司中，根据《中国共产党章程》的规定，设立中国共产党的组织，开展党的活动。公司应当为党组织的活动提供必要条件。

---

① 参见《中国共产党章程》（中国共产党第二十次全国代表大会部分修改，2022 年 10 月 22 日通过），载《人民日报》，2022 - 10 - 27。

党在公司中的活动和作用分两种情形。一是自身建设和政治作用。这是一般情形，存在于数量上占绝大多数的非国有企业中。公司作为企业和市场主体，在市场竞争中通过提供产品或服务追求营利目标，党作为政治组织一般而言不直接过问企业的经营和业务，而是通过党的自身活动，将党的大政方针精神、优良道德风尚带入企业，发挥党组织成员遵纪守法、爱岗敬业的模范作用。

二是除上述一般情形外，党还要对企业的经营和治理发挥直接领导作用。国有企业是中国特色社会主义的重要物质基础和政治基础，也是中国共产党执政的重要基础。国有企业的出资人是包括中央和地方在内的国家，党和国家政权高度融合，因此党要直接管国有企业——“党管企业”，企业中的党组织要与企业法人治理相结合，参与企业经营管理。《公司法》第170条规定：国家出资公司中中国共产党的组织，按照《中国共产党章程》的规定发挥领导作用，研究讨论公司重大经营管理事项，支持公司的组织机构依法行使职权。2023年《公司法》修订时引入了《企业国有资产法》中的“国家出资公司”概念，但仅指国有独资公司和国有资本控股公司，不包括非公司制的国有独资企业和国有资本不控股的国有资本参股公司。

需要注意的是，党不是公司的组织机构或公司法人的机关，公司党组织研究讨论而非直接决定公司的重大经营管理事项，这是权责一致的必然要求。党组织在国有企业的经营管理中起引领和核心作用，要将自己的工作与董事会、监事会、经理层、工会等的工作结合在一起，但不能代替它们的工作和决策。

第十三节《公司法》关于公司变更、终止、清算的规定

一、公司的变更

（一）公司合并

1. 概说

公司合并时，合并各方原有的权利与义务转移给合并后存续或者新设的公司，涉及公司股东、债权人乃至公司职工的合法权益，所以，各国公司立法都对公司的合并规定了一定的限制或程序，以保护公司、股东、债权人的合法权益，维护正常的社会经济秩序。

公司合并一般无须政府批准，但出于维护市场公平竞争的需要，各国反垄断法都有控制合并的规定。这方面的法律制度主要是合并的申报制度，即达到一定规模的企业合并需要向反垄断主管机关进行申报，如果其可能产生或加强市场支配地位并损害竞争，反垄断主管机关可以不准合并或附条件准予合并。

2. 公司合并的具体程序

（1）由董事会或者执行董事提出合并方案。公司合并的，要先由合并各方的董事长、执行董事或其授权人员进行初步洽谈，明确合并意向，然后制订合并方案，并经各方的

董事会讨论通过。

（2）公司股东会对公司合并作出特别决议。公司合并应当由股东会作出特别决议，批准合并方案。有限公司股东会作出公司合并的决议，应当经代表 2/3 以上表决权的股东通过；股份公司股东会作出公司合并的决议，应当经出席会议的股东所持表决权的2/3以上通过。由于公司与其绝对控股的子公司实质上为同一主体，所以《公司法》第 219 条规定，公司与其持股 90%以上的公司合并，被合并的公司不需经股东会决议，但应当通知其他股东，其他股东有权请求公司按照合理的价格收购其股权或者股份；除公司章程另有规定，公司合并支付的价款不超过本公司净资产 10%的，也可以不经股东会决议。这两种情形下公司合并不经股东会决议的，应当经董事会决议。而国有独资公司不设股东会，所以国有独资公司合并应当由履行出资人职责的机构决定。根据《公司法》第 89 条的规定，对股东会公司合并决议投反对票的有限公司的股东可以请求公司按照合理的价格收购其股权。

（3）签订公司合并协议或合同。《公司法》第 220 条规定：公司合并，应当由合并各方签订合并协议，即合并合同。合并协议大致包括下列主要内容：合并协议各方的名称、住所、法定代表人；合并后公司的名称、住所、法定代表人；合并后公司的注册资本；合并形式；合并协议各方债权、债务的承继方案；职工安置办法；违约责任；解决争议的方式；签约日期、地点；合并协议各方认为需要规定的其他事项。

（4）公司股东会批准合并合同。股东会批准合并合同，应当采取特别决议的方式，合并合同经参与合并的各个公司的股东会批准后生效。

（5）编制公司资产负债表和财产清单。资产负债表是反映公司资产及负债状况、股东权益的公司主要的会计报表。财产清单应包括公司动产、不动产等有形财产和专有技术、知识产权等无形财产，以及有价证券、债权等各种财产的情况。

（6）通知、公告债权人及债权人异议程序。这是保护公司债权人的程序。《公司法》第 220 条规定：公司应当自作出合并决议之日起 10 日内通知债权人，并于 30 日内在报纸上或者国家企业信用信息公示系统公告。债权人自接到通知之日起 30 日内，未接到通知的自公告之日起 45 日内，可以要求公司清偿债务或者提供相应的担保。

（7）实施合并。合并各方应根据合并合同的规定，合并资本或股份，并移交财产。合并后存续或新设的公司应召开股东会，新设公司为募集设立股份公司的，召开成立会议，选举公司董事会和监事会成员，通过合并后存续公司的章程修改或新设公司的章程。

（8）办理登记手续。合并后消灭的公司应向公司登记机关办理注销登记手续；合并后存续的公司应向公司登记机关办理变更登记手续；合并后新设的公司应向公司登记机关办理设立登记手续。上述登记之日，为公司合并完成之日。

3. 公司合并的效力

（1）公司设立、变更、消灭的效力。新设合并的法律后果是一个新的公司成立，取得法人资格；参与合并的各个公司消灭，丧失法人资格。吸收合并的法律后果是，存续的公司发生变更，被吸收的公司消灭，丧失法人资格。

（2）股东转换公司股份或出资的效力。参与合并各方公司的股东可以其持有的股份或出资，按合并合同的约定，换取合并后存续或新设公司的股份或者出资，从而成为合并后存续或新设公司的股东。

（3）公司权利与义务概括转移的效力。无论吸收合并还是新设合并，参与合并各方公司原有的权利与义务均概括地转移给合并后存续或新设的公司，由后者全部承受。《公司法》第221条规定："公司合并时，合并各方的债权、债务，应当由合并后存续的公司或者新设的公司承继。"合并后存续或新设的公司对参加合并的各方公司原有的权利与义务，没有选择部分承受或不承受的权利。

《公司法》对公司合并无效的问题未作规定，《反垄断法》中对此有所涉及。韩国《商法》第529条（合并无效之诉）规定：合并无效之诉，限于各公司股东、董事、监事、清算人、破产财产管理人或者不承认合并的债权人，只能以诉讼主张。合并无效之诉应自合并登记之日起6个月内提起。[①] 公司合并如果违反反垄断法的规定，未依法履行申请程序或者被政府反垄断主管机关禁止，其合并无效，反垄断主管机关可以发布禁令，或提起公司合并无效的民事诉讼，以恢复原参加合并的公司，并可以对违法的公司或行为人处以罚款或罚金。我国《反垄断法》第58条规定了违法合并的法律责任，也可供《公司法》适用时参考："经营者违反本法规定实施集中，且具有或者可能具有排除、限制竞争效果的，由国务院反垄断执法机构责令停止实施集中、限期处分股份或者资产、限期转让营业以及采取其他必要措施恢复到集中前的状态，处上一年度销售额百分之十以下的罚款；不具有排除、限制竞争效果的，处五百万元以下的罚款。"

（二）公司分立

公司分立的程序和公司合并的程序基本相同，现将二者对比简述如下。

（1）由董事会或者执行董事提出分立方案。分立方案主要包括分立后存续或新设公司的名称、住所，对原公司的财产、债权债务的划分，原公司股东持有公司股份或者出资的划分，不同意公司分立的股东由公司向其收购股份的处理办法，分立后存续或新设公司的经营范围等。

（2）公司股东会对公司分立作出特别决议。决议的方式与公司合并的决议方式相同；国有独资公司的分立，也应当由履行出资人职责的机构决定。与公司合并决议相同，对股东会公司分立决议投反对票的有限公司的股东，也可以请求公司按照合理的价格收购其股权。

（3）签订分立协议或合同，并经股东会批准。合同的内容以分立方案为基础协商确定。分立协议对于公司分立后债务的分担意义重大，但《公司法》未对分立协议的内容作出相关规定，一般而言，公司分立协议应包括下列主要内容：分立协议各方拟定的名称、住所、法定代表人；分立后公司的注册资本；分立形式；分立协议各方对拟分立公司财产的分割方案；分立协议各方对拟分立公司债权、债务的承继方案；职工安置办法；违约责任；解决争议的方式；签约日期、地点；分立协议各方认为需要规定的其他事项。

（4）编制公司资产负债表和财产清单。

（5）通知、公告债权人。根据《公司法》的规定，公司应当自作出分立决议之日起

---

① 参见吴日焕译：《韩国商法》，136页，北京，中国政法大学出版社，1999。

10日内通知债权人，并于30日内在报纸上或者国家企业信用信息公示系统公告。与公司合并不同的是，公司合并时债权人享有异议权，可以要求公司清偿债务或者提供相应的担保；而对公司分立前的债务，除公司在分立前与债权人就债务清偿达成的书面协议另有约定外，应由分立后的公司承担连带责任。

（6）实施分立，即公司根据分立协议分割财产和债权、债务，划分股东的出资额或所持股份。分立后存续或新设的公司应召开股东会或成立会议，选举公司的机关，通过存续公司章程的修改或新设公司的章程。

（7）办理登记手续。分立后存续的公司应向公司登记机关办理变更登记手续；分立后新设的公司应向公司登记机关办理设立登记手续。

公司分立与公司合并的法律后果大体相同：一是公司设立、变更、消灭的效力；二是股东取得分立后存续或新设公司的股份或出资的效力；三是原公司的权利与义务转移给分立后存续或新设公司承受的效力。所不同的是，公司合并时，合并各方的债权、债务应当由合并后存续的公司或者新设的公司承继，合并各方对此不能通过协议另行约定。公司分立时，公司分立前的债务原则上由分立后的公司承担连带责任，债权人可以在诉讼时效内向任一公司主张权利，请求偿还债务；同时，根据意思自治原则，只要债权人同意，并与公司在分立前就债务清偿达成书面协议，可以免除其他分立后的公司的清偿责任。

（三）公司组织形式转换

1. 公司组织形式转换的概念和形式

公司组织形式转换又称公司组织变更，是指公司在存续的情况下，由一种类型的公司变更为其他类型的公司。公司组织形式转换的意义与公司合并、分立一样，都是为了调整公司的组织结构，以适应市场需要，在竞争中求得生存和发展。公司组织形式转换的，无须对公司进行清算，公司的法律主体资格延续，营业不因转换而停顿。

与公司合并和分立一样，法律对公司组织形式的转换没有特别限制，只受法律规定的某种公司成立条件的限制。在其他国家或地区，无限公司、两合公司、有限公司、股份公司和股份两合公司之间，均可相互转换。在我国，由于《公司法》只规定了有限公司和股份公司两种公司形式，因而《公司法》只规定了有限公司和股份公司的相互转换。

2. 公司组织形式转换的程序及条件

根据《公司法》的规定和实践中的做法，公司组织形式转换的具体程序及条件如下。

（1）由公司的董事会或执行董事提出公司组织形式转换的方案。方案的主要内容包括：转换前后公司的名称和法定地址，公司需要增加或减少股东的人数及办法，公司资本拟增加或减少的数额及办法，原公司股东的出资额或股份相互转换的办法，以及满足《公司法》规定的股份公司或有限公司设立的法定条件和程序的有关事项。根据《公司法》第12条第1款的规定，有限公司变更为股份公司，应当符合该法规定的股份公司的条件。股份公司变更为有限公司，应当符合该法规定的有限公司的条件。

（2）股东会对公司组织形式变更作出特别决议。根据《公司法》第66条和第116条的规定，有限公司股东会会议作出变更公司形式的决议，应当经代表 2/3 以上表决权的股东通过；股份公司股东会作出变更公司形式的决议，应当经出席会议的股东所持表决权的 2/3 以上通过。

（3）出资额或股份的核定及认缴。出资额或股份的核定，是指将股东对原公司的出资额或持有的股份变更为对转换组织形式后的公司所持股份或出资额的核定。这种核定，在原公司的全体股东作为转换后公司的股东，既不增加股本也不吸收新股东时，比较容易，只需将原股东的出资额除以每股金额或将原股东的持股比例换算为出资份额即可。公司组织形式转换后增减股东或股本的，对原股东出资额或股份的核定则比较复杂。在这种情况下，需要对原公司的资产进行评估，以公司净资产按原股东的出资比例计算出各股东享有权益的金额，在原股东或新、老股东之间进行必要的股份或出资转让行为，或者将依法减少股本而注销的股份或出资向有关股东退股后，再据以核定各股东的持股数或出资额。

《公司法》对有限公司变更为股份公司时如何折合股份作了规定，根据《公司法》第 108 条的规定，有限公司变更为股份公司时，折合的实收股本总额不得高于公司净资产额。也即有限公司的资产，在计入股份公司的股本时，应当减去其负债的部分，也就是计入股份公司股本的有限公司的资产，应当是有限公司的净资产，而不是资产总额。有限公司的原股东所持有的出资总额，应当是由这些净资产折合而成的股份总额。

有限公司变更为股份公司，需要发行股份的，应根据其是否向社会公开募集，而分别按照发起设立或募集设立的条件和程序办理。

（4）完成资本变动。公司组织形式转换时增减注册资本或发行股份的，需按照股东协议和公司章程完成相应的资本变动或缴清股款、出资，以便进行变更登记。

（5）召开股东会或成立大会。公司组织形式转换中增减股东的，在以上程序完成后，应召开转换后的第一次股东会或成立大会，股东会或成立大会的主要任务是通过公司章程的修改和选举公司的董事会、监事会。

（6）办理变更登记。由新选举产生的公司董事会向公司登记机关办理变更登记，公司登记机关登记之日为公司组织形式转换完成之日。

（7）关于通知、公告原公司债权人及其异议程序的问题。该程序的目的是保护公司债权人的利益，防止因公司变更而减少作为其债权担保的公司财产。由于股份公司和有限公司及其股东承担责任的形式和性质相同，其组织形式相互转换时，主体资格前后延续，并不中断或改换，因此，根据《公司法》第 224 条、第 228 条的立法精神，转换中只要不减少公司的注册资本，就无须履行通知、公告债权人及其异议的程序。当然，公司组织形式转换完成后，如果能够将其转换及有关事宜通知或公告债权人，以保持公司转型前后债权、债务关系的连续性，亦无不妥。公司转换中减少注册资本的，则应依《公司法》第 224 条的规定，履行通知、公告债权人及债权人异议的程序。

3. 公司组织形式转换的效力

公司组织形式转换的效力，主要是公司在其法人资格存续的情况下转换组织形式或公司类型。因此，公司组织形式转换并不发生其债权债务在转换前后的公司之间转移或承受的问题。《公司法》第 12 条第 2 款规定，有限公司变更为股份公司的，或者股份公司变更为有限公司的，公司变更前的债权、债务由变更后的公司承继。同时，公司组织形式转换，发生股东以其对原公司的出资或持有的股份换取转换后的公司股份或出资的效力。

（四）公司的其他变更

公司的其他变更，是指公司在法人资格存续、营业不中断的情况下，对公司成立时登记事项中的一项或者数项的变更，包括公司名称、住所、注册资本、实收资本、经营范围、法定代表人姓名、股东的姓名或者名称及出资额、章程、组织机构等的变更。其中，法律关于公司注册资本增加或减少的实体性和程序性规定，形成了一定的制度。

1. 公司注册资本的增加

公司增加注册资本，以扩大公司的经营规模，对于提高公司资信有积极的意义。一般来说，公司增加资本只会影响股东当前的收益，不会危及其长远利益和债权人的权益，因而无须履行通知、公告债权人及债权人异议的程序。

有限公司增加注册资本有三种情形：一是在不吸收新股东加入的情况下增加注册资本，可以为公积金转增资本，也可以为股东增加投资。由公积金转增资本的，要按股东的出资比例将增加的资本金分为各股东新增的出资额。由股东增加投资的，既可以按原有出资比例增加，也可以由股东自由认缴。《公司法》第227条规定：有限责任公司新增资本时，股东有权优先按照实缴的出资比例认缴出资；但是，全体股东约定不按照出资比例优先认缴出资的除外。二是吸收新股东认缴公司拟增加的资本。三是将前两种方法相结合，既以公积金转增资本或由老股东增加向公司的投资，又吸收新股东认缴拟新增的股本。

股份公司增加注册资本的，主要采取发行新股的方式。发行新股可以仅限于原股东的范围，由发起设立的发起人优先认购新股，或向各个股东配售发行的新股，或以公积金转增资本而向股东派送新股；也可以向社会公开发行新股，或同时向原有股东发行一定种类和数量的新股。股份公司也可以采取增加每股面额的方式增加注册资本，一般是在将公积金转增资本时，增加股份的面值，如将每股面额由1元增至2元，股份总数和股东的持股比例不变。但我国在公司实践和监管中形成了每股1元的做法，有利于防止公司或大股东任意变更股票面值而损害小股东权益，所以，事实上不可能采取增加每股面额的方式增加注册资本。

有限公司增加注册资本时，股东认缴新增资本的出资的，适用《公司法》关于设立有限公司缴纳出资的规定。股份公司为增加注册资本发行新股的，应当符合《公司法》和《证券法》对股份公司发行新股的规定；股东认购新股，也应当适用《公司法》有关设立股份公司缴纳股款的规定。

公司增加注册资本的程序如下：（1）由董事会提出增加公司注册资本的方案。（2）股东会就增加公司注册资本作出决议。根据《公司法》的规定，有限责任公司股东会作出增加注册资本的决议，应当经代表2/3以上表决权的股东通过；股份有限公司股东会作出增加注册资本的决议，应当经出席会议的股东所持表决权的2/3以上通过。国有独资公司增加注册资本的，应由履行出资人职责的机构作出决定。（3）认缴出资或股款。(4) 办理变更登记。公司登记机关变更登记后，公司增加注册资本即告完成。

2. 公司注册资本的减少

公司减少注册资本，主要原因在于公司需要缩小生产经营规模或生产经营范围，如果不减少注册资本，就会造成资金浪费、公司生产经营成本上升或资本利润率下降。其目的仍是适应市场需要调整公司的生产经营，以求公司的生存和发展。

减资按照公司净资产减少与否，可以分为实质性减资和形式性减资。实质性减资是指减少注册资本的同时，将一定金额返还给股东，从而也减少了净资产。形式性减资是指减少注册资本额，注销部分股份，公司净资产并不流出。这种减资往往是亏损企业的行为。

公司注册资本减少，对公司债权人来说意味着公司偿债能力的减弱，所以，《公司法》要求公司减少注册资本时，应当经过通知、公告债权人和债权人异议的程序。

公司注册资本减少的程序如下：(1) 由董事会提出减少注册资本的方案，并编制资产负债表和财产清单。(2) 股东会就减少注册资本作出决议。《公司法》对股东会减少注册资本的决议方式的要求，与公司增加注册资本时对决议方式的要求相同。(3) 履行通知、公告债权人和债权人异议的程序。公司应当在股东会对减少注册资本作出决议之日起 10 日内通知债权人，并于 30 日内在报纸上或者国家企业信用信息公示系统公告。债权人自接到通知之日起 30 日内，未接到通知的自公告之日起 45 日内，有权要求公司清偿债务或者提供相应的担保。公司不清偿债务或不提供相应担保的，不得减少注册资本。(4) 办理变更登记。经公司登记机关变更登记后，公司减少注册资本即告完成。

二、公司的清算和注销

(一) 概说

公司解散事由出现后进行的清算有两种情形：一是公司财产能够抵偿其债务的，通过非破产清算程序，以公司财产抵偿债务分配剩余财产后，公司人格终止；二是公司财产不能偿还全部债务的，由债权人或者债务人申请进入破产还债程序，通过破产清算程序终止公司人格。《公司法》将公司破产解散与因其他原因解散加以区分：公司被依法宣告破产的，依照有关企业破产的法律实施破产清算；因其他原因解散的，依《公司法》的规定进行清算。经过清算，公司的一切法律关系终结。在办理公司注销登记后，公司即丧失法人资格。

根据《公司法》的规定，除因公司合并或者分立需要解散的以外，在其他情况下，公司应当自解散事由出现之日起 15 日内成立清算组，开始清算。董事为公司清算义务人，清算组由董事组成，但是公司章程另有规定或者股东会决议另选他人的除外。

公司逾期不成立清算组或者成立清算组后不清算的，债权人或股东等利害关系人可以申请人民法院指定有关人员组成清算组进行清算。人民法院应当受理该申请，并及时组织清算组进行清算。公司依法被吊销营业执照、责令关闭或者被撤销的，作出吊销营业执照、责令关闭或者撤销决定的部门或者公司登记机关，可以申请人民法院指定有关人员组成清算组进行清算。这样做，对避免公司解散后陷入瘫痪状态及资产流失，保障清算及时、顺利进行，维护公司债权人和股东的权益，都具有重要意义。

公司未在法定期限内成立清算组或者虽成立了清算组但未进行清算，导致公司财产贬值、流失、毁损或者灭失的，债权人有权请求股东、董事、控股股东或实际控制人在造成损失的范围内对公司债务承担赔偿责任。前述人员怠于履行义务，导致公司主要财产、账册、重要文件等灭失，无法进行清算的，债权人有权请求其对公司债务承担连带清偿责任。

（二）清算组及其成员的义务

（1）遵守法律法规、公司章程和股东会有关清算的决议，忠于职守，依法履行清算义务，维护公司股东和债权人的合法权益。其具体内容包括：对债权人通知和公告的义务，正确编制资产负债表、财产清单、收支报表等各种账册和清算报告的义务，依法妥善保管、合理作价变卖及分配公司财产的义务等。

（2）在清算期间，只能从事与清算有关的活动。《公司法》第 236 条第 3 款第一句规定："清算期间，公司存续，但不得开展与清算无关的经营活动。"

（3）清算组成员不得利用职权收受贿赂或其他非法收入，不得侵占公司财产。

（4）清算组成员因故意或者重大过失给公司或者债权人造成损失的，应当承担损害赔偿的义务和责任。

清算组成员有违反法律或者行政法规、丧失执业能力或者民事行为能力、严重损害公司或者债权人利益等情形之一的，人民法院可以根据债权人、股东的申请或者依职权更换清算组成员。

（三）清算组的职权

根据《公司法》第 234 条的规定，清算组在清算期间行使下列职权：

（1）清理公司财产，分别编制资产负债表和财产清单。清算组成立后，应立即对公司的一切财产，包括动产、不动产等有形财产和知识产权等无形财产进行清理，登记造册。在实践中，清算组编制的资产负债表和财产清单应提交公司监事会审查，清算终结时应提交公司股东会或人民法院确认。

（2）通知、公告债权人。通知、公告债权人，可以使债权人及时向清算组申报债权，也使之得以对公司解散或清算提出异议。清算组未依法履行通知和公告义务，导致债权人未及时申报债权而未获清偿的，债权人有权请求清算组成员承担赔偿责任。

（3）处理与清算有关的公司未了结的业务。清算中的公司应停止对外营业活动，而原有未了结的业务，例如公司清算前签订但尚未履行完毕的合同，应当由清算组负责处理，公司应当履行合同约定的义务及享有合同约定的权利。

（4）清缴所欠税款以及清算过程中产生的税款。清算组对公司所欠国家的税款，应加以清理，并依法向国家缴纳。

（5）清理债权、债务。清算组应对公司的债权、债务进行清理登记，收取债权，清偿债务。

（6）分配公司清偿债务后的剩余财产。公司的剩余财产，是指公司的财产在支付清算费用、职工工资、社会保险费用和法定补偿金，缴纳公司所欠的税款，清偿公司债务后余下的财产。公司的剩余财产，应依法在股东之间进行分配。

（7）代表公司参与民事诉讼活动。在清算期间，由清算组代表公司起诉或者应诉，以维护公司的合法权益。

（四）公司清算的程序和注销

（1）根据《市场主体登记管理条例》的规定，清算组应当自成立之日起 10 日内将清算组成员、清算组负责人名单通过国家企业信用信息公示系统公告。

（2）通知和公告债权人。清算组应当自成立之日起 10 日内通知债权人，并于 60 日内在报纸上或者国家企业信用信息公示系统公告。债权人应当自接到通知之日起 30 日内，未接到通知的自公告之日起 45 日内，向清算组申报其债权。债权人申报债权，应当说明债权的有关事项，并提供证明材料。清算组应当对债权进行登记。在申报债权期间，由于公司的债务还处于不明确之中，为了维护公司债务清偿的公平性，在申报债权期限结束之前，清算组不得对债权人进行清偿。

（3）制订清算方案并报股东会或人民法院确认。清算组在清理公司财产、编制资产负债表和财产清单后，应当制订清算方案，并报股东会或者人民法院确认。国有独资公司的清算方案，应报履行出资人职责的机构确认。

清算组在清理公司财产、编制资产负债表和财产清单后，发现公司财产不足以清偿债务的，应当依法向人民法院申请宣告破产。公司经人民法院裁定宣告破产后，清算组应当将清算事务移交给人民法院指定的破产管理人。

（4）清偿债务。清算组在其制订的清算方案得到确认后，应以公司财产分别支付清算费用、职工的工资、社会保险费用和法定补偿金，缴纳所欠税款，清偿公司债务。

（5）向股东分配剩余财产。公司在清偿债务后的剩余财产，依法分配给股东。有限公司按照股东的出资比例分配，股份公司按照股东持有的股份比例分配。公司财产在清偿公司债务之前，不得分配给股东，否则公司及有关人员应承担法律责任。

（6）清算终结。《公司法》规定，公司清算结束后，清算组应当制作清算报告，报股东会或者人民法院确认。

（7）公司注销。公司清算组应当自公司清算结束之日起 30 日内向原公司登记机关申请注销登记。

为与《市场主体登记管理条例》协调一致，《公司法》2023 年修订时增加了公司无须清算的简易注销程序和强制注销的规定。

《公司法》第 240 条规定：公司在存续期间未产生债务，或者已清偿全部债务的，经全体股东承诺，可以按照规定通过简易程序注销公司登记；通过简易程序注销公司登记，应当通过国家企业信用信息公示系统予以公告，公告期限不少于 20 日。公告期限届满后，未有异议的，公司可以在 20 日内向公司登记机关申请注销公司登记。股东承诺不实的，应当对注销登记前的债务承担连带责任。

《公司法》第 241 条规定：公司被吊销营业执照、责令关闭或者被撤销，满 3 年未向公司登记机关申请注销公司登记的，公司登记机关可以通过国家企业信用信息公示系统予以公告，公告期限不少于60日，期限届满后未有异议的，公司登记机关可以注销公司登记；但以此方式注销公司登记的，原公司股东、清算义务人的责任不受影响。

问题与思考

1. 公司的语源如何？
2. 公司有何本质特征？
3. 公司概念是如何泛化的？
4. 公司有哪些种类？
5. 什么是“一人公司”？对其应如何评价？
6. 如何理解我国公司法的宗旨和意义？
7. 什么是公司的社会责任？
8.《公司法》的适用范围如何？
9. 如何理解公司的权利能力？
10. 何谓英美法上的越权原则？
11. 公司的行为能力和责任能力有何特点？
12. 公司资本的概念和意义如何？
13. 公司资本遵循哪三项法律原则？
14. 什么是外国公司的确认？
15. 外国公司分支机构的法律地位如何？
16.《公司法》对公司董事、监事和高级管理人员的任职资格是如何规定的？
17. 董事、监事和高级管理人员应当承担怎样的法律义务？
18.《公司法》对公司的变更、终止、清算和注销作了哪些规定？

第六章

有限责任公司

本章摘要

有限责任公司设立简单、运作方便，又具备法人企业的各种要素，因而成为现代企业的主要形式之一。作为我国改革开放标志的中外合资经营企业，也是改革开放后国人最早见识的一种成熟的公司，就是有限责任公司。有限责任公司也是国有企业在现代企业制度建设中实行股份制改革的首选公司形式，自然人投资经营的有限责任公司也十分普遍。

有限责任公司和股份有限公司在股东及其地位、权利与义务，设立和出资，组织机构，运作机制等方面具有诸多共性，将二者截然区分在法律上和在教学、研究上都是不可能的。因此，本章的内容除为有限责任公司所特有或文中特别指明者外，对股份有限公司也是适用的。

关键术语

股东协议　中外合资经营企业　出资　出资比例　出资证明书　股东名册　股东会　董事会　经理　监事会　监事　外部监事会　异议股东的股权收购请求权

第一节　有限责任公司的设立

一、有限责任公司的设立条件

根据《公司法》和有关法律、法规的规定，设立有限责任公司应当具备下列条件。

(一) 股东符合法定人数和法定资格

《公司法》第 42 条规定，有限责任公司由 1 个以上 50 个以下股东出资设立，允许一个法人或一个自然人投资设立一人有限责任公司（股份有限公司亦同），或由国务院或地方政府授权的机构设立国有独资公司。有限责任公司的股东除符合法律规定的数量要求外，还应当具备相应的身份和资格。

(1) 有限责任公司的法人股东。根据《公司法》和其他有关法律、法规的规定，除未经授权或中共中央、国务院明文禁止的党政机关及其编制序列的事业单位以及人民团体不得开办公司外，其他法人或机构包括公司或企业、事业单位、社会团体、经授权的国家机关、外国法人或机构等，原则上都可以投资设立有限责任公司。但依《商业银行法》第43条的规定，除国家另有规定外，商业银行在中华人民共和国境内不得从事信托投资和证券经营业务，不得向非自用不动产投资或者向非银行金融机构和企业投资，也即商业银行不得充当这些规定范围内的有限责任公司的股东。

（2）有限责任公司的自然人股东。自然人股东应具有民事权利能力，包括中华人民共和国公民（含港澳台居民）、外国人、海外华侨、无国籍人等。投资经营企业、为企业登记的，原则上应为完全民事行为能力人，但在发生继承、赠与等情况下，无民事行为能力人和限制民事行为能力人也不妨充当公司的股东。而且，法律也不禁止无民事行为能力人或限制民事行为能力人通过监护人或代理人等，投资有限责任公司而成为股东。党政干部或者国家工作人员不得经商办企业，包括行政编制人员、党政机关编制序列的事业单位人员和人民团体的人员，以及国有企业领导班子成员和企业中对国有资产负有经营管理责任的其他人员等，都不得充当有限责任公司的自然人股东。

（3）有限责任公司的国有股股东。将国有财产投资于有限责任公司（股份责任公司亦同）时，需要由某一具体的机关或企业、事业单位或团体等作为股东或出资人；同时，对该国有财产拥有管辖权的中央或某地方政府及其有关机关，如财政部门、审计机关等，须依法承担抽象的国有财产所有权职能，当好国有财产的“总老板”，对各掌管着一定国有财产或股份的机关和企业、事业单位或团体等进行监督管理，督促其依《公司法》等当好具体股东或出资人。

自改革开放以来，我国积极探索国有资产管理和经营的合理形式。当前，我国对国有财产实行国务院统一领导下的分级管理，中央和地方政府分别代表国家授权各级国有资产监督管理部门或者其他部门、机构，对国有企业、公司行使出资人职责或承担国家所有权具体职能，充当国有企业、公司的具体“老板”。国有企业、事业单位或团体和经（中央或地方）授权的机关等均可依法设立或投资于公司（独资、控股、参股等），依照“谁投资，谁拥有产权”的原则，对所投资的公司享有股东权益并承担相应的义务。

（二）股东认缴出资

有限责任公司设立时，股东需按照股东协议和章程认缴出资，其认缴的出资额也即公司注册资本。取消了注册资本最低限额和首次出资最低比例后，法律、行政法规和国务院决定对有限公司注册资本实缴、注册资本的最低限额另有规定的，从其规定。①

---

① 法律、法规另有规定的，例如：《商业银行法》规定，商业银行无论采取何种公司形式，设立全国性商业银行的注册资本最低限额为10亿元人民币，设立城市商业银行的注册资本最低限额为1亿元人民币，设立农村商业银行的注册资本最低限额为5 000万元人民币。《保险法》规定，设立保险公司（国有独资有限公司或股份公司）的，其注册资本最低限额为人民币2亿元。《证券法》规定：证券公司（包括有限责任公司和股份有限公司），其经营证券经纪，证券投资咨询，与证券交易、证券投资活动有关的财务顾问业务的，注册资本最低限额为5 000万元人民币；经营证券承销与保荐、证券融资融券、证券做市交易、证券自营和其他证券业务之一的，注册资本最低限额为1亿元人民币；经营上述业务中两项以上的，注册资本最低限额为5亿元人民币。

（三）股东协议和公司章程

“公司的基础是合同”，所谓“合同”就是股东协议，协议各方即公司设立时的股东或发起人，在协议中明确各方共同投资经营的意思表示、拟设立公司的名称、宗旨、主营业务、各方出资比例、董事或董事长人选、经理人选或聘用等基本事项，在此基础上制定公司章程及设立公司。

有限责任公司的章程由全体股东共同制定。一人公司的章程由股东制定；国有独资公司章程由履行出资人职责的机构制定。公司章程一经制定，即产生法律效力，出资人应当按照公司章程履行认缴、缴付出资和负责筹办公司的义务。

《公司法》第46条规定，有限责任公司章程应当载明下列事项：

（1）公司的名称和住所。

（2）公司的经营范围。

（3）公司的注册资本。

（4）股东的姓名或名称。股东为自然人的，在章程中记载其姓名；股东为法人的则记载该法人的名称。

（5）股东的出资额、出资方式和出资日期。根据《公司法》和相关法律、法规的规定，有限公司的股东可以用货币和可以用货币估价并可依法转让的非货币财产作价出资，包括实物、知识产权、土地使用权、股权、债权等，但不得以劳务、信用、自然人姓名、商誉、特许经营权或者设定担保的财产等作价出资。股东的出资额是指各个股东认缴和实缴的以不同标的出资的价值，以货币单位表示。公司注册资本、股东出资数额或者发起人的认购额、出资或者认购的时间及方式发生变化的，应当修改公司章程并向公司登记机关依法申请办理变更登记。

（6）公司的机构及其产生办法、职权、议事规则。《公司法》及其他法律、法规对此有强制性规定的，公司章程应予遵守；对法无明文规定或允许当事人自行约定的，股东可以在公司章程中协商确定。

（7）公司法定代表人的产生、变更办法。有限责任公司可以在章程中规定公司法定代表人由代表公司执行公司事务的董事或经理担任。

（8）股东会认为需要规定的其他事项。

适应市场经济条件，为坚持中国共产党对国有企业的领导，落实“党管企业”的政治要求，国有及国有控制公司、企业的章程还须加入“党建工作”的内容，以将党组织及其功能内嵌到企业法人治理中。相关内容包括：党委在企业中发挥领导核心和政治核心作用；符合条件的党委成员可以通过法定程序担任董事、监事或高级管理人员；党委可以研究讨论企业重大经营事项和重大问题并向企业提出意见、建议；等等。

（四）有公司名称，建立符合有限责任公司要求的组织机构

有限责任公司的组织机构包括股东会、董事会、监事会等，但由于有限责任公司的具体形式、股东人数、经营规模、资本来源不同，法律、法规要求其建立的组织机构也不尽一致。例如，根据《公司法》的规定，有限责任公司的股东人数较少或者规模较小

的，可以只设一名董事，不设董事会；可以只设一名监事或不设监事，不设监事会。又如，因一人公司和国有独资公司的股东是单一的，故其不设股东会。

（五）有公司住所

公司住所为公司主要办事机构所在地，有限责任公司设立登记时，登记机关要求提供证明公司对其住所享有使用权的文件。

二、有限责任公司的设立程序

有限责任公司的设立程序，包括订立股东协议、必要时编制可行性报告及报请政府主管部门审核批准、股东共同制定公司章程、股东认缴出资、申请设立登记等。其中有些属于《公司法》关于有限公司设立程序的一般规定，有些则属于相关法规的特别规定，需要由公司设立人或股东根据拟设公司的具体形式酌情适用。

1. 订立股东协议

股东协议，是指股东就拟设公司的主要事宜达成的协议。其主要内容包括公司经营的宗旨、项目、范围和生产规模，公司注册资本，各方出资额、出资时间和出资方式，公司的组织机构和经营管理，盈余分配和风险分担的原则等。股东协议是公司的基础性法律文件或法律关系，凸显公司是建立在契约之上的。当然，一人公司不存在订立股东协议的问题，一人公司的基础是一个投资者的独自决定。

2. 制定公司章程

股东应当按照《公司法》和相关法律、法规的要求制定公司章程，并在章程上签名、盖章。

3. 报请政府主管部门审核批准

除一般采准则主义外，仍有一些有限责任公司的设立及其经营事项须经政府审批。比如申请设立商业银行有限责任公司和保险有限责任公司的，应当经国家金融监督管理机构审查批准，获得批准后颁发经营许可证，方得凭该许可证向市场监督管理部门办理登记，领取营业执照。

4. 股东认缴出资

股东认缴出资，是指股东承诺按一定的比例和金额购买公司的股本，由此获得股东身份并承担股东的权利与义务。在法定资本制下，各股东应当认足公司的全部注册资本，这是有限公司设立的前提和必经程序。而在实行授权资本制或折中授权资本制的情况下，股东只需认足公司第一期发行的资本或股东首次认缴的出资达到公司注册资本的一定比例，公司即可依法设立。

我国改变了原先严格法定资本制所要求的实缴制，股东只要认缴其约定的出资额，公司即可成立，所认缴出资也依其自行约定的出资方式和期限缴纳。《公司法》第 49 条规定："股东应当按期足额缴纳公司章程中规定的各自所认缴的出资额。股东以货币出资的，应当将货币出资足额存入有限责任公司在银行开设的账户；以非货币财产出资的，应当依法办理其财产权的转移手续。股东未按期足额缴纳出资的，除应当向公司足额缴纳外，还应当对给公司造成的损失承担赔偿责任。”

5. 选举或确定公司的机关

这是指按照《公司法》和其他法律、法规的规定，根据公司的具体形式、股东人数、经营规模和资本来源等，选举或确定公司的股东会、董事会（执行董事）、监事会（监事）等公司机关。

6. 申请设立登记

由全体股东指定的代表或者共同委托的代理人或股东本人向公司登记机关报送公司登记申请书、公司章程等文件，申请设立登记。

三、有限责任公司的期限问题

当事人设立公司时，可以在股东协议和章程中约定公司存续的期限，各国法律对此通常不作强行规定。只要事业经营的主、客观条件允许，股东又有经营的意愿，公司不妨永久存续，这对当事人和社会都有利无弊。所以，公司存续期限只是当事人对其经营及合作意愿的一种表达，对于国家对公司的管理而言意义甚微。如法国《商事公司法》第 2 条规定，任何公司都必须确定不超过 99 年的期限，但是只需通过修改公司章程即可续展；意大利民法典第 2328 条、第 2497 条要求股份公司和有限公司的章程中都必须规定公司的存续期限，不允许当事人约定无限期存续，但实践中公司章程通常使用某种遥远的日期如“持续到 2100 年 12 月 31 日”，以规避法律的要求。[①] 我国《公司法》对公司存续期限未作规定，原先关于中外合资经营企业合营期限的规定也已废止。

第二节　有限责任公司股东的出资

一、出资的概念和意义

出资首先是与股本对应的一个概念，通常是指资本不分为等额股份的有限责任公司的股东或者出资人对公司的直接投资及所形成的相应资本份额。但出资的概念也可泛指各种公司包括股份有限公司的股东对公司的直接投资，如《公司法》第 48 条第 1 款所称“出资”，也适用于股份有限公司及其股东。《公司法》第 98、99 条等也多处将股份有限公司发起人缴付认缴的股本称为“出资”。

反之，出资作为股东在公司股本中占有的份额，在不十分严格的场合被称为股份亦无不可，如“股份”制企业也包括有限责任公司，转让有限责任公司的出资或出资额通常也被称为“股份”转让等。鉴于有限责任公司的非开放性，其出资原则上不能流通，

---

① 参见［英］梅因哈特，李功国等编译：《欧洲十二国公司法》，179、180、189、284、291 页，兰州，兰州大学出版社，1988。

所以，不在乎出资额或“股份”是否均等，这是有限责任公司与股份有限公司在出资、出资额、出资份额、股份等方面的关键区别所在。

案例

国务院清理变相股份流通

2012 年上半年，按照国务院的决定，由中国证监会牵头，对各类交易场所进行清理整顿。除依法设立的证券交易所或国务院批准的从事金融产品交易的交易场所外，任何交易场所均不得将任何权益拆分为均等份额公开发行，不得采取集中竞价、做市商等集中交易方式进行交易，严禁变相的股份流通。

二、股东出资的方式

（一）出资方法

大陆法系的公司法中有限责任公司股东出资的方法，概括起来大体有三种制度。

（1）出资均等主义。这是指股东认缴出资时，可以只认缴一份，也可以认缴多份，但每份出资额应当均等，相当于股份。

（2）出资可不均等主义。这是指股东各认缴一份出资，所认缴的出资额可以不同，如 A 出资 1/2、B 出资 1/3、C 出资 1/6。

（3）出资均等与不均等结合主义。这是指每一股东只能认缴一份出资，每一份出资额可以不等，但必须是某数的整倍数。

《公司法》对出资方法未作强行规定，当事人可以自行决定采取何种出资方法。

（二）出资额和出资比例

出资额通常就是指股东的出资份额或出资比例，也可以指每个股东出资的具体金额。《公司法》对有限责任公司股东的出资额未作具体限定。

出资比例是指各个股东或出资人的出资额占公司资本总额的比例，亦即以分数或百分数表示的出资份额。

《公司法》对股东出资比例没有法定的要求。按照国际上通行的做法，一般要根据本国市场开放或准入的程度及相应的政策、法规，在诸如电信、银行、保险、运输等对国民经济影响较大的行业中，限制外国资本在公司、企业中的份额。我国也不例外。例如，在国家发展和改革委员会和商务部发布的《外商投资准入特别管理措施（负面清单）（2021 年版）》中，就对玉米育种、出版物印刷、核电站、航空客运、基础电信业务等规定了中方控股的要求。①

① 参见《外商投资准入特别管理措施（负面清单）（2021 年版）》，中国政府网，https://www.gov.cn/zhengce/zhengce ku/2021-12/28/5664886/files/5b1aecc9c9704b05b7a930eb6fd74e29.pdf，访问日期：2024-02-27。

（三）出资的形式

2005年全国人大常委会对《公司法》修订稿审议过程中，有些常委委员、全国人大代表和地方、部门、企业、专家提出，在实际生活中，股东向公司出资的财产形式呈现多样化，如以依法取得的采矿权出资，通过“债转股”形式以债权出资等，法律、行政法规中难以对此一一列举，最好采用概括的办法，以适应实际需要。从我国的实践和其他国家的规定看，可以作为股东出资的财产，应当是公司生产经营所需要、可以用货币评估作价并可以独立转让的财产。同时，为保证公司资本的确定性，防止以价值不确定的财产向公司出资可能带来的风险，法律、行政法规可以根据实际情况，对不得作为出资的财产作出规定。[①] 据此，现行《公司法》采用列举和概括相结合的办法，在第48条第1款规定：“股东可以用货币出资，也可以用实物、知识产权、土地使用权、股权、债权等可以用货币估价并可以依法转让的非货币财产作价出资；但是，法律、行政法规规定不得作为出资的财产除外。”

（1）货币出资。货币出资是指用现金的方式出资。其特点是价值量准确，无须作价，简便易行，不受限制。因公司的具体情况而异，货币出资可以是注册资本的全部或一部分。

股东的货币出资一般应当是自有资金。为了保证公司有足够的现金来满足公司经营的需要，一些国家的法律对现金出资应占有限责任公司注册资本的比例作了规定。在我国《公司法》也曾规定，全体股东的货币出资金额不得低于有限责任公司注册资本的30%。2013年修改《公司法》，顺应当事人自治和投资便利化的要求，废除了此项货币出资比例限制。

《公司法》规定，股东以货币出资的，应当将货币出资足额存入有限责任公司在银行开设的账户。

（2）实物出资。实物出资又称有形资产出资，是指用建筑物、机器设备、原材料、运输工具等作价出资。《公司法》规定，以实物出资应当评估作价，核实财产，不得高估或低估作价。

股东对出资的实物必须拥有排他性的合法支配权，不得以租赁或不拥有合法他物权的他人财产作为自己的出资，不得以虽为已有但已对他人设置担保的实物出资。

（3）知识产权出资。知识产权是基于创造性智力成果和工商业标记依法产生的权利，包括著作权、专利权、商标权等。现行《公司法》用“知识产权”取代了原先《公司法》中所称的“工业产权和非专利技术”，因为作为一种典型的非货币财产权的著作权，尤其是计算机软件和集成电路布图设计等可以在工业上应用的版权，也是可以被用于公司出资的。

现行《公司法》也删除了原先关于“以工业产权、非专利技术作价出资的金额不得

---

① 参见全国人大法律委员会副主任委员洪虎于2005年8月23日在第十届全国人大常委会第十七次会议上所作的《全国人民代表大会法律委员会关于〈中华人民共和国公司法（修订草案）〉修改情况的汇报》，中国人大网，http：//www.npc.gov.cn/zgrdw/common/zw.jsp？label=WXZLK&id=343119，访问日期：2008-01-17。

超过有限责任公司注册资本的百分之二十，国家对采用高新技术成果有特别规定的除外”的规定。这样就加大了知识拥有者与物质财富拥有者合作经营的可能性，扩展了其讨价还价的空间。

以知识产权出资的，应当依法办理向公司转移权利的手续，并提交证明其有效状况、技术水平、实用价值、作价依据、产权转让的有效文件和完整的技术资料。股东将某项知识产权作价出资后，不得再以其作为投资，或作价转让给其他公司、企业或者个人。

（4）土地使用权出资。股东以土地使用权出资的，必须依法评估作价，核实财产，并依法办理土地使用权转移手续。

（5）其他可以用货币估价并可依法转让的非货币财产出资。除《公司法》已列举的股权、债权外，其还包括可用货币估价并可以依法转让的用益物权等。当然，债权出资主要限于法定或约定的债转股，不得以对第三人的债权出资，因为其作为请求权能否实现及实现金额尚处于不确定状态。

《市场主体登记管理条例》第 13 条第 2 款规定，出资方式应当符合法律、行政法规的规定，但是股东不得以劳务、信用、自然人姓名、商誉、特许经营权或者设定担保的财产等作价出资。

（四）出资义务的履行及其责任

大陆法系国家关于有限责任公司股东出资采取了公司设立时一次缴清和分期缴纳这两种不同的立法例。如前所述，现行《公司法》允许股东认缴的资本自公司成立之日起 5 年内缴足，是一次缴清还是分期缴纳和缴清期限均由设立者在此期限内自行确定。《公司法注册资本登记管理制度实施规定》第 2 条规定：2024 年 6 月 30 日前登记设立的公司，有限责任公司剩余认缴出资期限自 2027 年 7 月 1 日起超过 5 年的，应当在 2027 年 6 月 30 日前将其剩余认缴出资期限调整至 5 年内并记载于公司章程，股东应当在调整后的认缴出资期限内足额缴纳认缴的出资额；公司生产经营涉及国家利益或者重大公共利益，国务院有关主管部门或者省级人民政府提出意见的，国务院市场监督管理部门可以同意其按原出资期限出资。

设立时的股东未按照公司章程的规定实际缴纳出资，或者实际出资的非货币财产的实际价额显著低于所认缴的出资额的，设立时的其他股东与该股东在出资不足的范围内承担连带责任。

同时，公司注册资本也即股东认缴的出资是其对公司债权人的一种担保，所以，《公司法》第 54 条规定，公司不能清偿到期债务的，公司或者已到期债权的债权人有权要求已认缴出资但未届出资期限的股东提前缴纳出资。

公司成立后，董事会应当对股东的出资情况进行核查，发现股东未按期足额缴纳公司章程规定的出资的，应当由公司向该股东发出书面催缴书，催缴出资；董事会未及时核查股东出资情况，给公司造成损失的，负有责任的董事应当承担赔偿责任。

股东未按期缴纳出资，公司向其发出书面催缴书的，可以载明缴纳出资的宽限期，宽限期自公司发出催缴书之日起不得少于 60 日；宽限期届满，股东仍未履行出资义务的，公司经董事会决议可以向该股东发出书面失权通知，自通知发出之日起，该股东丧失其未缴纳出资的股权；因此丧失的股权应当依法转让，或者相应减少注册资本并注销该股权，6 个月内未转让或者注销的，由公司其他股东按照其出资比例足额缴纳相应出资。股东对失权有异议的，应当自接到失权通知之日起 30 日内向人民法院提起诉讼。

公司成立后，股东理所当然不得抽逃出资，否则应当返还抽逃的出资，给公司造成损失的，还应对公司承担赔偿责任，对此负有责任的董事、监事、高级管理人员与该股东承担连带责任。

三、设立时股东暨设立中公司的责任

公司在设立过程中，发起人或设立时的股东为设立公司须从事必要的活动，而此时公司尚未成立，厘清这一阶段设立时的股东暨设立中公司和成立后的公司承担的责任，就是十分重要的。根据《公司法》第 43、44 条的规定，有限责任公司设立时的股东可以签订设立协议或在股东协议中明确其各自在公司设立过程中的权利义务。设立时的股东为设立公司从事民事活动，其法律后果由成立后的公司承受；公司未能成立的，其法律后果由公司设立时的股东承受；股东为 2 人以上的，对此享有连带债权、承担连带债务。设立时的股东为设立公司以自己的名义从事活动产生的民事责任，第三人有权选择请求公司或者公司设立时的股东承担。

设立时的股东从事设立公司的活动，造成他人损害的，公司或者无过错的股东承担赔偿责任后，可以向有过错的股东追偿。

四、股东出资证明书和股东名册

（一）出资证明书

《公司法》第 55 条第 1 款规定：有限责任公司成立后，应当向股东签发出资证明书。出资证明书是确定并记载股东与公司这两个主体之间发生投资与被投资关系的凭证及法律形式，在公司成立之前，公司的主体资格尚未取得，所以，出资证明书须在公司成立以后才能向股东签发。

出资证明书的法律意义在于：一方面，它表明公司设立人已履行了认缴出资的义务，已成为该有限责任公司的股东；另一方面，股东依出资证明书记载的事项享有相应的权利，并承担相应的义务和责任。出资证明书是有限责任公司股东出资或持股的证券形式，在性质上属于股单，是一种证据证券，不能流通。

依照《公司法》的规定，出资证明书记载以下事项：公司名称；公司成立日期；公司注册资本；股东的姓名或者名称、认缴和实缴的出资额、出资方式和出资日期；出资证明书的编号和核发日期。出资证明书由法定代表人签名，并由公司盖章，股东依据出资证明书行使对公司的权利。

（二）股东名册

《公司法》第 56 条规定，有限责任公司应当置备股东名册，记载下列事项：（1）股东的姓名或者名称及住所；（2）股东认缴和实缴的出资额、出资方式和出资日期；（3）出资证明书编号；（4）取得和丧失股东资格的日期。记载于股东名册的股东，可以依股东名册主张行使股东权利。

股东名册反映公司的信用和集资情况，股东和债权人可以自行或者委托律师或其他人查阅。公司备置股东名册，便于公司接受查询、向股东发放股利、登记股东出资的转让、与股东进行联络及接受有关部门的监督。

备置公司股东名册的法律意义主要有三个方面：一是对股东身份具有确定的效力，在册登记的股东有权对公司行使股东权利；二是对股东关系具有推定的效力，如果无相反证据，公司以股东名册上当前记载的股东为其股东；三是公司对在册登记股东的免责效力，公司依法对股东名册上记载的股东履行了通知送达、公告、支付股利、分配公司剩余财产等义务后，即可免除其相应的责任。

第三节　有限责任公司的组织机构

一、股东会

（一）股东会的组成

有限责任公司的股东会由全体股东组成。股东不论出资多少，都有权参加股东会。

（二）股东会的性质和职权

股东会，是指依照公司法和公司章程的规定，对公司经营管理和各种涉及股东利益的事宜拥有最高决策权的公司权力机构。

公司的一切重大事宜或问题，都应当由股东会按照少数股权服从多数股权的原则作出决议，在此基础上形成公司法人的意志。由于有限公司的股东人数较少，在组织和功能上可以与董事会重合，对其不妨采“可设可不设”的原则。我国原《有限责任公司规范意见》第 22 条规定，有限责任公司可以不设股东会。依现行《公司法》的规定，一人公司、国有独资公司因只有一个股东而不设股东会。

股东会作为公司的最高权力机关，原则上应有权决定公司的任何事务。《公司法》第 59 条对股东会的职权作出了以下列举：（1）选举和更换董事、监事，决定有关董事、监事的报酬事项；（2）审议批准董事会的报告；（3）审议批准监事会的报告；（4）审议批准公司的利润分配方案和弥补亏损方案；（5）对公司增加或者减少注册资本作出决议；（6）对发行公司债券作出决议，也可以授权董事会对发行公司债券作出决议；（7）对公司合并、分立、解散、清算或者变更公司形式作出决议；（8）修改公司章程；（9）公司章程规定的其他职权。

（三）股东会行使职权的方式

有限责任公司的股东会可以通过召开会议和书面会商这两种方式行使职权。

由于有限责任公司具有人合性、封闭性的特点，有些有限责任公司的规模较小、股东人数也比较少，股东有可能对某些事项进行沟通和协商后就能取得一致意见，而无须以召开会议的方式作出决议。德国《有限责任公司法》第 48 条第 2 款即规定，全体股东以书面方式对应作出的规定或对书面表决表示同意的，无须举行大会。[①]《公司法》第 59 条第 3 款也规定，对《公司法》和章程中规定的由股东会行使的职权所包含的事项，股东以书面形式一致表示同意的，可以不召开股东会会议，直接作出决定，并由全体股东在决定文件上签名或者盖章。在实践中，有限公司和股份公司的董事会往往也采取书面会商方式作出决议，随着电子技术和通信技术的发达，书面会商与通信会商已难以区分，除公司章程另有规定外，公司股东会、董事会、监事会召开会议和表决都可以采用电子通信方式，《公司法》第 24 条对此已有明确规定。

除以书面或电子通信方式作出决定外，现场召开股东会会议是股东会行使职权的主要方式。

（四）股东会会议的召集、议事规则和表决程序

1. 股东会会议的召开

股东会的会议分为定期会议和临时会议。股东会的定期会议，是指按照公司章程的规定，定期按时召开的会议。定期会议一般每年或每半年召开一次，每年至少召开一次，并应于每一营业年度结束后的一定时间内召开。定期股东会可以讨论、决议股东会权限范围内的任何议题，年度结束后召开的股东年会的主要任务，则是审议决定公司的利润分配方案及批准公司的年度报告和财务报告。

股东会的临时会议，是指可于需要时随时召开的股东会会议。公司在运作中会不时遇到一些较重大的问题，如果不及时作出决策，就会影响公司的正常活动，并损害股东的利益。在此情形下，可以由董事、监事、少数股东等在定期股东会之外召集或请求召集临时股东会会议，例如：德国《有限责任公司法》第 49 条规定，除明示确定的情形外，在为公司利益而有必要时，应召集股东大会；特别是在由年度资产负债表或由在营业年度进行期间编制的资产负债表得出，股本已经损失一半时，必须不迟延地召集大会。[②] 该法还规定持有全部股东表决权或者出资额合计至少相当于 1/10 的股东，有权在说明目的与理由之后，要求召集股东会。《公司法》第 62 条规定，有权提议召开临时股东会的人是：（1）代表 1/10 以上表决权的股东；（2）1/3 以上的董事；（3）监事会。一经有效提议，股东会临时会议即应当召开。

有限责任公司首次股东会会议由出资最多的股东召集和主持。《公司法》原先规定，有限责任公司设立董事会的，股东会会议由董事会召集，董事长主持，董事长因特殊原因不能履行职务的，由董事长指定的副董事长或者其他董事主持。在实践中，如果董事会不召集股东会会议或者董事长不主持会议也不指定他人主持会议，股东会会议就无法召开。因此，现行《公司法》规定：有限责任公司的股东会会议由董事会召集，董事长

---

① 参见杜景林、卢谌译：《德国股份法・德国有限责任公司法・德国公司改组法・德国参与决定法》，194 页。

② 参见杜景林、卢谌译：《德国股份法・德国有限责任公司法・德国公司改组法・德国参与决定法》，194 页。

主持；董事长不能履行职务或者不履行职务的，由副董事长主持；副董事长不能履行职务或者不履行职务的，由过半数董事共同推举一名董事主持。董事会不能履行或者不履行召集股东会会议职责的，由监事会召集和主持；监事会不召集和主持的，代表1/10以上表决权的股东可以自行召集和主持。上述规定采用了一种递进、替补式的方法，规定了公司各机关和符合法定条件的股东在特定情形下的股东会会议召集权，在程序上保证了股东会会议能够及时、有效地召集和主持，以防止公司重要的权力机构陷入瘫痪，从而将股东通过股东会行使权力落到实处。

《公司法》第64条第1款规定："召开股东会会议，应当于会议召开十五日前通知全体股东；但是，公司章程另有规定或者全体股东另有约定的除外。"因此，公司章程和全体股东可以另行规定或约定通知时间。通知的方式既可以是口头的，也可以是书面的。通知时应将会议议题同时通知全体股东，以便股东事先了解会议议题而有所准备，从而提高会议的决策水平，保证股东有效地行使其股东权。

2. 股东会的表决权依据、表决程序或方式

《公司法》第65条规定："股东会会议由股东按照出资比例行使表决权；但是，公司章程另有规定的除外。"一般而言，股东行使表决权的依据是出资比例，这体现了资本企业的本质，也是世界各国通行的做法。但如果公司章程有特殊规定，例如，双层股权结构下创始人一股享有多数表决权，对某些事项按股东一人一票进行表决等，则依公司章程的规定进行。这是公司自治原则在股东表决权确定依据上的体现。

在股东会的议事方式和表决程序上也体现了这一原则。《公司法》第66条规定："股东会的议事方式和表决程序，除本法有规定的外，由公司章程规定。股东会作出决议，应当经代表过半数表决权的股东通过。股东会作出修改公司章程、增加或者减少注册资本的决议，以及公司合并、分立、解散或者变更公司形式的决议，应当经代表三分之二以上表决权的股东通过。"因此，股东会对一般事项的表决，可依表决权的简单多数或更高比例的多数表决通过，法律没有强行性要求。而对修改公司章程、增资减资等特别事项的表决，则应当经代表2/3以上表决权的股东通过。因为上述事项对公司及股东的意义重大，要求经代表2/3以上表决权的股东通过，能够较好地保护多数股东的利益，避免控制股东利用简单多数的办法决定上述重大问题。这一要求是强制性规定，不能通过公司章程或其他方式予以改变，但可高于这一比例，实践中有许多有限责任公司的章程规定，对某些重要事项必须由全体股东一致同意，方可作出决议。

股东会会议应当对所议事项的决定作成会议记录，出席会议的股东应当在会议记录上签名或者盖章。

一人公司的股东就股东会职权范围的事项作出决定时，应当采用书面形式，并由股东签名或者盖章后置备于公司。

二、董事会

（一）董事会的性质和职权

董事会是公司的经营决策机关和股东会的常设执行机关。

1. 董事会的组成

董事会由股东会选举产生的董事和由其他方式产生的董事组成，向股东会负责。

董事既可以由股东担任，也可以推举非股东担任。《公司法》规定：除依法设监事会并有职工监事的外，职工人数 300 人以上的有限责任公司董事会成员中应当有职工董事；其他有限责任公司董事会成员中可以有公司职工代表。董事会中的职工代表由公司职工通过职工代表大会、职工大会或者其他形式民主选举产生。任何公司也不妨推举既非股东也非职工的人担任董事。但由于公司是资本企业的典型形式，迄今在任何国家或地区，股东或股东的代表在董事会中均居于主导地位，否则市场经济和资本主义就被颠覆了。

董事既可以是自然人，也可以是法人。法人担任董事时，必须指定具有完全民事行为能力的自然人作为其代表或代理人参加董事会。《公司法》上没有法人董事的概念，但实践中事实上存在“董事单位”也即法人股东，根据其出资比例提名或委派一名或数名自然人董事。董事按照公司章程和董事会的决议行事，个别董事不得自行其是。董事不称职或有违反法律或公司章程的行为时，其选任人和股东会可以随时予以解任。

关于董事的任期，各国规定不同，原则上由公司章程规定。在我国，《公司法》第 70 条规定：董事任期由公司章程规定，但每届任期不得超过 3 年。董事任期届满，连选可以连任。董事任期届满未及时改选，或者董事在任期内辞任导致董事会成员低于法定人数的，在改选出的董事就任前，原董事仍应当依照法律、行政法规和公司章程的规定，履行董事职务，以维护公司经营管理机构的稳定性和连续性。

关于董事会的组成人数，各国规定不一。《公司法》第 68 条规定：有限责任公司董事会成员为 3 人以上。董事会成员人数以奇数为宜，以便董事会的决议能以简单多数通过。

董事会设董事长一人，可以设副董事长。董事长、副董事长的产生办法由公司章程规定。股东人数较少或者规模较小的有限责任公司，可以只设一名董事，不设董事会。这样有利于企业及时决策、灵活经营和降低经营管理成本。董事长、副董事长、董事都可以兼任公司经理，其职权由公司章程规定。

2. 董事会的职权

关于董事会的职权，各国法律的规定不尽相同。有的国家概括地赋予董事会广泛的职权；有的国家的法律对董事会的职权不作具体规定，而是提供示范章程供公司参考选用①；有的国家规定董事会与股东会分权，以法列举董事会的职权，股东会不得干预或直接行使这些职权，凸显董事会中心主义即大股东中心主义；有的采用排除的方法，赋予董事会行使由股东会行使的权力之外的经营管理和决策权。

《公司法》第 67 条对董事会职权列举如下：（1）召集股东会会议，并向股东会报告工作；（2）执行股东会的决议；（3）决定公司的经营计划和投资方案；（4）制订公司的

① 例如，英国 2018 年修订的《示范非开放股份责任有限公司章程》第 3 条规定：“根据本章程，董事会对公司的经营管理负责，为此目的董事可以行使公司的各种权力。”参见 http：//www.gov.uk/government/publications/model-articles-for-private-companies-limited-by-shares/model-articles-for-private-companies-limited-by-shares ＃general-authority，访问日期：2024－01－05。

利润分配方案和弥补亏损方案；（5）制订公司增加或者减少注册资本以及发行公司债券的方案；（6）制订公司合并、分立、解散或者变更公司形式的方案；（7）决定公司内部管理机构的设置；（8）决定聘任或者解聘公司经理及其报酬事项，并根据经理的提名决定聘任或者解聘公司副经理、财务负责人及其报酬事项；（9）制定公司的基本管理制度；（10）公司章程规定或者股东会授予的其他职权。但鉴于股东的公司所有者或所有者权益承担者的地位，董事会的任何职权都不得对抗股东会的决议即股东的共同意志；为维护交易安全，公司章程对董事会职权的限制也不得对抗善意相对人。

（二）董事会的议事方式和表决程序

（1）董事会会议的召集。公司的董事会会议，由董事长召集和主持；董事长不能履行职务或者不履行职务的，由副董事长召集和主持；副董事长不能履行职务或者不履行职务的，由过半数的董事共同推举一名董事召集和主持。

（2）董事会会议的议事方式和表决程序。《公司法》第73条第1款规定："董事会的议事方式和表决程序，除本法有规定的外，由公司章程规定。"因此，公司可以在章程中对董事会的议事方式和表决程序自行作出规定，例如，可以规定以巡回表决或者通讯方式进行磋商、表决。

董事会的表决基础是人，董事以一人一票的表决权进行表决。由于各国的实践都是按出资比例确定各股东提名或委派的董事人数，因而董事会的表决实质上仍是资本多数决；同时小股东依股东协议或公司章程可能不参加董事会，所以，董事会的表决或决议实际上又是大股东意志的表达。参照《公司法》第125条第2款关于股份有限公司的董事决策责任的规定，有限责任公司的董事也应当对董事会的决议承担责任。当董事会的决议违反法律、行政法规或者公司章程、股东会决议，致使公司遭受严重损失的，参与决议的董事应当对公司承担赔偿责任。但经证明在表决时曾表明异议并记载于会议记录的，该董事可以免除责任。

董事会应当对所议事项的决定作成会议记录，出席会议的董事应当在会议记录上签名。

三、经　理

（一）经理的法律地位

经理又称经理人，是公司中负责公司的具体业务和行政工作的高级职员，是辅助董事会等机关进行工作的行政负责人。

《公司法》规定，有限责任公司可以设经理。这改变了《公司法》原先关于有限责任公司应当设经理的强制性规定，赋予公司对这一事项的自主决定权。因此，经理并非有限公司的必设机关。在国外，公司法中对经理通常不作规定，因为经理是雇员或公司任意设置的辅助业务执行机构。经理对内有业务管理权，对外有代表权或职务代理权。

在传统的公司架构中，董事会和董事既负责经营决策，也实际从事经营管理活动。随着经济向社会化、专业化方向发展，多由股东出任的董事会在公司经营管理方面往往力所不及，辅助董事会执行业务的经理便应运而生了。经理设置的普遍化，使公司经营管理更加专门和专业，从而能够提高公司的经营管理水平和竞争能力，并适应公司所有权与经营权分离的发展趋势。社会化生产经营在客观上也要求公司设置一个对企业日常运作全权负责的职位，这就是美国式首席执行官（Chief Executive Officer，CEO）的由来。CEO并非法定，其实质是在企业内部或内部人中确立一个“一把手”，并往往由董事或董事长兼任以加强其权威，通过这种方式，排除个别董事（包括董事长）、股东的不当干预或指挥。为适应在企业内部树立“权威”的需要，实践中我国的许多公司也设立了CEO。

一般规模的公司设经理、副经理，较大的公司则可以设总经理、副总经理、经理等。公司设分公司或同时经营数种业务时，可以在每一分公司或就每一种业务设置经理人员。需要注意的是，《公司法》中“经理”的含义同实践中“经理”的含义并不完全相同。《公司法》中的经理是指对公司日常经营管理工作负总责的管理人员，实践中一般称为总经理、总裁或CEO；实践中的负责公司某一部门具体管理工作的所谓经理或部门经理，一般是在总经理领导下，协助总经理负责日常管理工作的中级管理人员，不是公司法规定的“经理”，不享有公司法规定的经理职权。

《公司法》规定：有限责任公司的经理由董事会决定聘任或者解聘。经理对董事会负责。股东人数较少或者规模较小的有限公司，可以由董事兼任公司经理。

（二）经理的职责

《公司法》中规定：有限责任公司（股份有限公司亦同）的经理根据公司章程的规定或者董事会的授权行使职权。经理列席董事会会议，可以在会上向董事会报告公司的日常经营管理情况，也便于其了解董事会会议的讨论情况，掌握董事会的决策意图，贯彻执行董事会的决议。

《公司法》于2023年修订时，取消了对经理职权的列举，使经理职权不再法定化，使经理回归雇员的本质，从而适应市场和资本的内在要求，进一步理顺了公司资本关系和劳动关系。同时，公司可根据需要对经理权限作必要的规定，例如规定经理有权审批的最高金额，财务总监对董事会或监事会负责而不对经理负责，等等。总之，凡公司日常经营上的事务，均可由经理办理；涉及投资、生产和财务等决策的事宜，则不宜由经理处理。这也是公司内部实现合理、有效权责制衡的要求。

四、监事会或监事

（一）监事会的设置

监事会是由股东会选举产生、负责对公司的经营和财务实行监督的公司机关，代表股东暨所有者行使监督职能。将监事会作为公司中专司监督职能的机关，是一些大陆法系国家或地区的公司法所实行的一种制度，英美法系公司法以董事会作为公司经营决策管理和监督的中心，没有在公司中设置专门监督机关的制度或做法。法国等大陆法系国家的公司法，传统上也没有监事会制度；在建立了监事会制度的国家或地区，监事会只适用于股份有限公司，对有限责任公司则不作强行要求。因此，在公司中设监事会，并非各国公司制度和公司实践的一种通例。

例如：德国《有限责任公司法》规定，有限公司一般只设董事，不设监事会，但也可以在章程中规定设立监事会。另根据德国《参与决定法》，职工在 2 000 人以上的有限责任公司必须设立监事会（aufsichtsrat），由资方代表、企业雇员和工会代表共同组成。① 按德国的模式，监事会是股东会常设的决策及监督机关，相当于我国和日本等国家公司法规定的董事会和监事会的双重地位。

依《公司法》的规定，有限责任公司设监事会，其成员为 3 人以上。监事会应当包括股东代表和适当比例的公司职工代表，其中职工代表的比例不得低于 1/3，具体比例由公司章程规定。监事会中的职工代表由公司职工通过职工代表大会、职工大会或者其他形式民主选举产生。监事会设主席一人，由全体监事过半数选举产生。监事会主席召集和主持监事会会议；监事会主席不能履行职务或者不履行职务的，由过半数监事共同推举一名监事召集和主持监事会会议。监事的任期每届为 3 年。监事任期届满，连选可以连任。监事任期届满未及时改选，或者监事在任期内辞任导致监事会成员低于法定人数的，在改选出的监事就任前，原监事仍应当依照法律、行政法规和公司章程的规定，履行监事职务。

董事、高级管理人员是公司中被监督的对象，因此依法不得兼任监事。

2023 年《公司法》修订时，引进英美法系的做法，增加了第 69 条，规定：有限责任公司可以按照公司章程的规定在董事会中设置由董事组成的审计委员会，行使《公司法》规定的监事会的职权，不设监事会或者监事；公司董事会成员中的职工代表可以成为审计委员会成员。当然，英美法系相当于大陆法系有限责任公司的非开放股份责任有限公司一般为中小企业或小公司，这类公司不仅不设监事会，其董事会通常也不设审计委员会，在董事会中设提名与薪酬委员会、审计委员会等是开放性大股份公司的做法。相应地，《公司法》第 83 条规定：规模较小或者股东人数较少的有限责任公司，可以不设监事会，设一名监事，行使监事会的职权；经全体股东一致同意的，也可以不设监事。

（二）监事会的职权

《公司法》赋予有限责任公司的监事会和董事会中的审计委员会以下主要职权：

（1）检查公司财务。也即对公司的各种财务账目、报表等会计资料进行检查，审查其是否健全、真实和准确，是否符合公司财务会计准则，并将检查意见向股东会报告。

（2）对董事、高级管理人员执行职务的行为进行监督，对违反法律、行政法规、公司章程或者股东会决议的董事、高级管理人员提出解任的建议。

（3）当董事、高级管理人员的行为损害公司的利益时，要求董事、高级管理人员予以纠正。

（4）提议召开临时股东会会议，在董事会不履行《公司法》规定的召集和主持股东会会议职责时召集和主持股东会会议。

---

① 参见杜景林、卢谌译：《德国股份法·德国有限责任公司法·德国公司改组法·德国参与决定法》，332、333 页。

（5）向股东会会议提出提案。

（6）董事、监事、高级管理人员执行职务违反法律、行政法规或者公司章程的规定，给公司造成损失的，有限责任公司的股东可以书面请求监事会或董事会对相关董事、监事、高级管理人员提起诉讼，要求其承担赔偿责任。

（7）监事可以列席董事会会议，并对董事会决议事项提出质询或者建议。

（8）发现公司经营情况异常，可以进行调查；必要时，可以聘请会计师事务所等协助其工作，费用由公司承担。

（9）可以要求董事、高级管理人员提交执行职务的报告。

（10）公司章程规定的其他职权。

（三）监事会的议事方式和表决程序

《公司法》第 81 条规定：监事会每年度至少召开一次会议，监事可以提议召开临时监事会会议。监事会的议事方式和表决程序，除《公司法》有规定的外，由公司章程规定。监事会决议的表决应当一人一票，经全体监事过半数通过。监事会应当对所议事项的决定作成会议记录，出席会议的监事应当在会议记录上签名。

第四节　有限责任公司的股权转让

由于有限责任公司兼具资合与人合的因素，注重股东之间的联系和稳定，因而与公司股东的关系不紧密的人，不能随意向公司出资而成为公司的股东。故而大陆法系国家的法律对有限责任公司股东出资的转让都有限制，英美法系国家对非开放公司也有相当的限制。

一、股权的对内转让和对外转让

股东向公司的其他股东转让其全部或者部分股权的，既不会影响公司的资合性质，也不会造成人合的矛盾，因此，公司法对此无限制，只要转让方和受让方就转让的股权份额、价格、时间等事项达成协议即可，其他股东无权干涉。

限制股东向有限责任公司股东以外的人转让股权，是为了防止新的股东加入而影响公司原股东之间的关系。

2023 年修订《公司法》，取消了股东向股东以外的人转让股权应当经其他股东过半数同意的规定，因为同意的过程困难且复杂，徒增股东之间的矛盾，影响公司的运行，其实践效果不佳。修订后的《公司法》第 84 条规定：有限责任公司的股东之间可以相互转让其全部或者部分股权。股东向股东以外的人转让股权的，应当将股权转让的数量、价格、支付方式和期限等事项书面通知其他股东，其他股东在同等条件下有优先购买权。股东自接到书面通知之日起 30 日内未答复的，视为放弃优先购买权。两个以上股东主张行使优先购买权的，协商确定各自的购买比例；协商不成的，按照转让时各自的出资比例行使优先购买权。公司章程对股权转让另有规定的，从其规定。

在认缴制下，已认缴出资的股东可能尚未实际缴付，在这种情况下转让股权，已认缴尚未缴纳的出资未届出资期限的，《公司法》第 88 条规定：由受让人承担缴纳该出资的义务；受让人未按期足额缴纳出资的，转让人对受让人未按期缴纳的出资承担补充责任。未按照公司章程规定的出资日期缴纳出资或者作为出资的非货币财产的实际价额显著低于所认缴的出资额的股东转让股权的，转让人与受让人在出资不足的范围内承担连带责任；受让人不知道且不应当知道存在上述情形的，由转让人承担责任。

股东对其他股东转让的股权享有优先购买权，意味着只有当公司的其他股东不愿购买、无力购买或其出价低于非股东的出价时，非股东始得购买所转让的出资。规定优先购买权的目的在于保护老股东对公司的控制权，由老股东通过行使优先购买权间接地选择是否接受新股东，以保障有限公司的人合性。

这些规定并非强制性规范，股东可以根据实际情况在公司章程中另行规定转让办法。但是，按照《公司法》第 88 条的宗旨，其“另行规定”应以不导致公司僵局及不损害一些股东的合法权益为限。

股东依法转让其股权后，公司应当注销原股东的出资证明书，向新股东签发出资证明书，并相应修改公司章程和股东名册中有关股东及其出资额的记载。对公司章程的该项修改不需再由股东会表决。

二、强制执行股权时的股权转让

股权作为财产权，可以作为强制执行的标的。当债务人拒绝向债权人自动履行具有强制执行效力的已经生效的法院判决、裁定或法律规定由人民法院执行的其他法律文书所确认的债权时，其所拥有的公司股权可以作为强制执行的标的。

1998 年最高人民法院《关于人民法院执行工作若干问题的规定（试行）》规定：对被执行人在有限责任公司中被冻结的投资权益或股权，人民法院可以在征得全体股东过半数同意后，予以拍卖、变卖或以其他方式转让；不同意转让的股东，应当购买该转让的投资权益或股权，不购买的，视为同意转让，不影响执行；人民法院也可以允许并监督被执行人自行转让其投资权益或股权，将转让所得收益用于清偿对申请执行人的债务。

由于股权转让可能涉及其他股东的购买及非股东的加入，因而在股东被强制执行股权时，应当给其他股东一个合理的考虑期限，以体现公平原则。例如，有学者认为：为保障有限公司股东的债权人的权益，应允许股东的债权人对股东的出资申请强制执行，而又顾及有限责任公司具有非开放特性，赋予公司及其他全体股东以指定受让人行使优先受让权的权利。①

《公司法》第 85 条作了类似的规定：“人民法院依照法律规定的强制执行程序转让股东的股权时，应当通知公司及全体股东，其他股东在同等条件下有优先购买权。其他股东自人民法院通知之日起满二十日不行使优先购买权的，视为放弃优先购买权。”从而在债权人利益和公司股东利益之间求得平衡。

---

① 参见柯芳枝：《公司法论》，553 页。

三、异议股东的股权收购请求权制度

异议股东的股权收购请求权，是指对公司重大交易事项表示异议的股东，得请求公司以公平的价格买回其出资的股本，从而退出公司的权利。随着资本多数决原则的普遍适用，中、小股东不能阻止其有异议的公司决策已被人们视为理所当然，该原则甚至成了大股东排挤、压迫小股东的手段。在此情况下，平衡同意股东与异议股东利益的股权收购请求权就成了保护中、小股东的手段之一。

英美法系和大陆法系的公司法多确认异议股东的股权收购请求权，只是在股权收购请求权适用的公司种类和具体事项上可能有所不同。

在我国，于 2005 年《公司法》修订前，只有 1997 年《上市公司章程指引》和 1994 年《到境外上市公司章程必备条款》（已废止）这两个规范性文件对异议股东的股权收购请求权作了一些原则性规定。例如，1997 年《上市公司章程指引》第 173 条规定：“公司合并或者分立时，公司董事会应当采取必要的措施保护反对公司合并或者分立的股东的合法权益。”1994 年《到境外上市公司章程必备条款》第 149 条第 1 款规定：“……反对公司合并、分立方案的股东，有权要求公司或者同意公司合并、分立方案的股东，以公平价格购买其股份。”

现行《公司法》引进了异议股东的股权收购请求权制度，其第 89 条第 1、3 款以及第 161 条第 1 款规定，有限责任公司和非公开发行股份的股份有限公司有下列情形之一的，对股东会该项决议投反对票的股东可以请求公司按照合理的价格收购其股权：（1）公司连续 5 年不向股东分配利润，而公司该 5 年连续盈利，并且符合本法规定的分配利润条件的；（2）公司合并、分立、转让主要财产的；（3）公司章程规定的营业期限届满或者章程规定的其他解散事由出现，股东会通过决议修改章程使公司存续的。公司的控股股东滥用股东权利，严重损害公司或者其他股东利益的，其他股东也有权请求公司按照合理的价格收购其股权。

《公司法》第 89 条第 2 款、第 4 款和第 161 条第 2、3 款规定：自股东会决议作出之日起 60 日内，股东与公司不能达成股权收购协议的，股东可以自股东会决议作出之日起 90 日内向人民法院提起诉讼；公司按异议股东的要求收购的股权，应当在 6 个月内依法转让或者注销。

公司收购股东的股权会引起注册资本的减少及实收资本的变更，因此，公司依据《公司法》关于异议股东的股权收购请求权的规定收购其股东的股权的，应当进行减少注册资本及相应实收资本的变更登记。

四、股权的继承

《公司法》第 90 条规定：“自然人股东死亡后，其合法继承人可以继承股东资格；但是，公司章程另有规定的除外。”

有限责任公司股东的出资或股权作为财产权理应可以继承。由于股东身份（资格）

是基于股东的财产权产生的，一般来说，其身份权应当随财产权一同转让；另外也考虑到被继承人作为公司的股东，其死后如果无遗嘱另作安排，由其法定继承人继承其股东资格有合理性，也符合我国传统。但由于有限责任公司具有人合性特点，因而也应当允许股东通过公司章程对股东资格是否可以继承的问题另行约定，因为继承人毕竟不是原股东本人，其他股东在继承发生后不一定愿意与继承人合作。

问题与思考

1. 有限责任公司的设立条件有哪些？
2. 有限责任公司的设立程序如何？
3. 怎样理解出资的概念和内容？
4. 我国法律关于有限责任公司股东出资义务的履行及其责任有哪些规定？
5. 有限责任公司股东会的性质、地位和职权如何？
6. 有限责任公司董事会的性质、地位和职权如何？
7. 有限责任公司经理的性质和地位如何？
8. 有限责任公司监事会的性质、地位和职权如何？
9. 我国法律对于有限责任公司股东转让出资是如何规定的？
10. 什么是异议股东的股权收购请求权？

第七章

股份有限公司

本章摘要

一般而言，与有限责任公司相比，股份有限公司具有较强的资合性和社会性，我国许多大、中型公司均为股份有限公司，其中的一些在国内外上市，成为国民经济的中坚力量。在公司设立、股本设置及其转让方面，股份有限公司较之有限责任公司也更具技术性且较为复杂。由于股权分散，控股股东中有许多为国有暨公有主体，因而，股份有限公司的法人治理结构及其完善就成为我国建立现代企业制度改革中的一个典型问题。其关键是在保证董事会作为公司的权威、迅捷、高效的经营决策中心的前提下，通过保护小股东的合法权益和完善基于股东共同利益的公司监督机制，对控制董事会暨公司的大股东施加有效的约束和监督，以防其为所欲为而致公司关系中的公平和效率丧失殆尽，同时可以防止和减缓公有财产关系中的腐败现象。就代表股东整体利益对公司经营进行监督而言，应该说英美法系的“外部董事＋注会审计”制和德国式的“监事会→董事会”二级制较为合理、有效，但基于传统和现行法律的规定，我国对公司内部监督及法人治理结构的改进，主要是在董事会和监事会平行的二元制加独立董事的框架内进行的。在完善公司内部监督机构及其机制的基础上，通过证券监督管理、产业政策和市场监管等方面的严格、科学的管理，股份有限公司尤其是上市公司正在内资企业中率先建成现代企业制度。

关键术语

证券经营机构　承销　包销　代销　股份　股票　记名股　无记名股　面额股　额面股　无面额股　无额面股　普通股　特别股　优先股　国家股　国有股　法人股　国有法人股　社会公众股　人民币普通股　A股　个人股　内部职工股　外资股　人民币特种股　B股　境外上市外资股　H股　N股　同股同权　同股同利　溢价发行　创业利润　创立大会　成立大会　新股　股票回购　公示催告　临时股东会　特别股东会　表见代表　公司秘书　公司注册代理人　董事会秘书　二元制　二级制　职工参与　上市公司　信息披露　招股说明书　上市报告书　财务会计报告　定期报告　年度报告　中期报告　临时报告　重大事件公告　上市公司收购公告　股票上市交易的暂停　股票上市交易的终止

第一节 股份有限公司的设立

一、股份有限公司的设立条件

(一) 发起人符合法律规定的条件和人数

与有限责任公司相比，股份有限公司的筹资和经营具有开放性，股东人数较多，流动性也较大，因此，设立股份有限公司的发起人往往只是公司成立时股东的一部分。为防止发起人在公司设立过程中徇私舞弊，损害其他认股人和公众的利益，维护社会经济秩序，法律对其的要求较之发起设立有限责任公司的股东来说更为严格。

发起人就其性质来说，是设立中公司的机关，他们对外代表设立中的公司，对内履行公司设立行为；其相互关系类似于合伙，依发起人协议和法律确定其各自及相互的权利义务。依照《公司法》，发起人既可以是自然人，也可以是法人。作为自然人的发起人，必须具有完全的民事行为能力。

传统上大陆法系国家对股份有限公司股东人数的要求，高于对有限责任公司股东人数的要求，现在则已普遍允许设立一人股份有限公司。英国原先要求开放公司的股东为7人以上，1980年修改公司法时改为与非开放公司一样只需2人，2006年公司法则允许一个自然人可以设立任何类型的公司，包括开放公司；美国《示范商事公司法》允许一人设立公司。当然，由于股份的发行和流通，股份公司或开放公司成立后在运作中一般不会只有一名股东。

《公司法》第92条规定，设立股份有限公司，应当有1人以上200人以下为发起人。规定发起人数额上限属中国特色，目的是增强判定是否公募的可操作性，200人以下推定为发起设立或非公募，超过200人则推定为募集设立。大多数国家的公司法对发起人的国籍不作限制，不论是本国人还是外国人，都可以发起设立股份有限公司。《公司法》未限制发起人的国籍，但对发起人的住所作了限制性规定，从而间接地对发起人的国籍作了某种限制。《公司法》规定，应当有半数以上的发起人在中华人民共和国境内有住所。所谓在中华人民共和国境内有住所，就自然人而言，是指其户籍所在地、身份登记记载的居所或者其经常居所在中华人民共和国境内；就法人而言，是指其主要办事机构所在地在中华人民共和国境内。

(二) 发起人认购和募集的股本达到法定资本最低限额

大陆法系国家对股份有限公司的资本一般都规定了最低限额；英美法系国家或地区则实行授权资本制，法律上一般不规定公司资本的最低限额。外国关于股份有限公司资本的最低限额，一般也高于对有限责任公司的要求。例如，德国要求股份有限公司股本的最低名义数额为5万欧元，有限责任公司则为2.5万欧元。

我国2013年修改《公司法》时，对有限责任公司和股份有限公司均取消了注册资本最低限额的要求，可谓大陆法系公司法改革中最为激进的做法。当然，法律、行政法规以及国务院对股份有限公司注册资本的最低限额另有规定的，仍须从其规定。

如前所述，2013 年《公司法》修改，将有限责任公司和发起设立的股份有限公司改为注册资本认缴登记制，而对募集设立的股份有限公司仍然采用严格的法定资本制或实收资本制。《公司法》2023 年修订，又将发起设立的股份有限公司改回严格的法定资本制或实收资本制，其第 96、98 条规定：股份有限公司的注册资本为在公司登记机关登记的已发行股份的股本总额，在发起人认购的股份缴足前，不得向他人募集股份；发起人应当在公司成立前按照其认购的股份全额缴纳股款。对于根据认缴登记制成立的股份有限公司，《公司法注册资本登记管理制度实施规定》第 2 条规定，发起人应当在 2027 年 6 月 30 日前按照其认购的股份全额缴纳股款。

（三）股份发行、公司筹办事项等符合法律规定

这是指设立股份有限公司的，其股份发行、筹办事项要符合法律规定。发起人应制订公司章程，采用募集方式设立的，所订章程还应经成立大会通过；应依法确定公司名称，建立符合股份有限公司要求的组织机构；有公司住所；等等。

二、股份有限公司设立的程序

设立股份有限公司，发起设立的，其程序与有限责任公司设立的程序类似；募集设立的，则较为复杂，要经过招股和召开成立大会等特有的程序。

（一）订立发起人协议

订立发起人协议，是指由发起人协商订立设立股份有限公司的股东协议，其性质和内容与设立有限责任公司的股东协议基本相同。《公司法》第 93 条规定："股份有限公司发起人承担公司筹办事务。发起人应当签订发起人协议，明确各自在公司设立过程中的权利和义务。"发起人协议包括以下主要内容：发起人的姓名或名称、住所、国籍；组建公司的名称、住所；公司的宗旨、经营范围；公司设立的方式、组织形式；公司注册资本、股份总额、类别、发起人认购股份的数额、形式及期限；发起人的权利义务；违约责任；适用法律及争议的解决；协议的生效与终止；订立协议的时间、地点；其他需要载明的事项。协议由各发起人签名，法人作为发起人的，还应加盖法人的公章。

（二）发起人共同制订公司章程

《公司法》第 95 条规定，股份有限公司章程应当载明下列事项：公司名称和住所；公司经营范围；公司设立方式；公司注册资本、已发行的股份数和设立时发行的股份数，面额股的每股金额；发行类别股的，每一类别股的股份数及其权利和义务；发起人的姓名或者名称、认购的股份数、出资方式；董事会的组成、职权和议事规则；公司法定代表人的产生、变更办法；监事会的组成、职权和议事规则；公司利润分配办法；公司的解散事由与清算办法；公司的通知和公告办法；股东会认为需要规定的其他事项。

（三）报请政府主管部门审核批准

法律、行政法规规定必须报经批准的，应当在股份有限公司设立登记前依法办理批准手续，主要包括银行、保险公司等。

（四）发起设立的步骤

发起设立，是指由发起人认购设立公司时应发行的全部股份而设立公司的方式。以上程序完成后，以发起设立方式设立股份有限公司的，发起人尚须履行或经过三个步骤。

（1）以书面形式认足公司章程规定其认购的股份，所有发起人认购的股本总额应等于公司的注册资本额。

（2）按照公司章程缴纳出资。股份有限公司实行资本实缴制，发起人应当在公司成立前按照其认购的股份全额缴纳股款。股份有限公司发起人的出资方式与有限责任公司股东的出资方式相同。发起人不按照其认购的股份缴纳股款，或者作为出资的非货币财产的实际价额显著低于所认购的股份的，应当按照发起人协议承担违约责任，其他发起人与该发起人在出资不足的范围内承担连带责任。

（3）选举董事和监事，组成董事会和监事会，以便公司能够顺利成立。

（五）募集设立的步骤

募集设立，是指由发起人认购设立公司时应发行股份的一部分，其余股份向特定对象募集或者向社会公开募集而设立公司的方式。《证券法》对“公开发行证券”作了界定：（1）向不特定对象发行证券的；（2）向特定对象发行证券累计超过 200 人的（不包括依法实施员工持股计划的员工人数）；（3）法律、行政法规规定的其他发行行为。所谓“特定对象”，在实践中主要是法人和机构投资者，如某些企业法人、各类投资基金、保险基金等。

《公司法》施行前的《股份有限公司规范意见》，将股份有限公司的募集设立分为定向募集设立和社会募集设立。定向募集与向特定对象发行或募集是一个意思，是指公司发行的股份，除由发起人认购一部分外，其余部分不向社会公开发行，而向特定的法人和自然人发行。1993 年《公司法》制定时，取消了定向募集设立的做法。而在 2005 年修订《公司法》的过程中，“证监会提出，为了避免公开募集设立方式的风险和弊端，建议删去公开募集设立方式，但可以采用向机构投资者等对投资风险具有较强的判断、承受能力的特定对象募集股份的定向募集设立方式。国务院法制办、国资委、工商总局、人民银行等部门则认为，现行公司法已经规定了股份有限公司的公开募集设立方式，保留这一方式，有利于拓宽投资渠道，方便公司设立，促进经济发展。法律委员会研究认为，允许股份有限公司采用公开募集和定向募集的方式设立，有利于适应投资者选择不同投资方式的需求，鼓励投资创业；同时，应当加强监管，防范风险。考虑到在证券法修订草案中，已对采用公开募集方式和定向募集方式发行股份设立股份有限公司的行为作了规定，建议在公司法中保留股份有限公司的公开募集设立方式，并增加定向募集设立方式”①。

采用募集设立方式时，在申请公司设立登记之前，同发起设立的股份有限公司一样，需要经过订立发起人协议、发起人共同制订公司章程和必要时报请政府主管部门审核批准的程序。除此之外，还须履行或经过以下步骤。

1. 由发起人认购不低于法定数额的公司章程规定发行的股份

《公司法》第 97 条第 2 款规定：以募集设立方式设立股份有限公司的，发起人认购的股份不得少于公司章程规定的公司设立时应发行股份总数（注册资本）的 35%；但是，法律、行政法规另有规定的，从其规定。其余股份，则可以向社会公开募集或者向特定对象募集。法律规定发起人必须认购一定数额的股份，是为了加重发起人对公司的责任，防止出现利用募集设立公司进行集资欺诈的行为，并增加广大投资者和债权人对公司的信心。

2. 公开或向特定对象募集股份

向特定对象募集或发行，不涉及公开招股说明书，发起人或设立中的公司与特定对象间的邀约、承诺、认购和成交等，原则上只需适用合同法和公司法的一般规定即可。而公开募集或发行股份涉及社会公众利益，关系到经济和金融秩序的正常与稳定，所以，法律上对其有较为严格的规定。《公司法》《证券法》规定了向社会公开募集的条件、程序及方式。“非公开发行证券”采用广告、公开劝诱或变相公开方式的，向包括发起人在内的特定对象募集累计超过 200 人的，都视为公开发行，以防发起人规避证券监管，扰乱市场秩序。

（1）须经国务院证券监督管理机构注册。发起人以募集方式设立股份有限公司公开发行股票的，应当向国务院证券监督管理机构递交募股申请和下列文件：公司章程；发起人协议；发起人姓名或者名称，发起人认购的股份数、出资种类及验资证明；招股说明书；代收股款银行的名称及地址；承销机构名称及有关的协议。依照《证券法》的规定需要聘请保荐人的，应当报送保荐人出具的发行保荐书；法律、行政法规规定设立公司必须报经批准的，还应当提交相应的批准文件。经国务院证券监督管理机构注册后，发起人方得实施募集行为。

（2）公告招股说明书并制作认股书。招股说明书也称招股章程，它是发行人对非特定人发出的认购股份的要约邀请和申请募股的必备文件。根据《公司法》第 154 条第 2、第 3 款的规定，招股说明书应当附有发起人制订的公司章程，并载明下列事项：发行的股份总数；面额股的票面金额和发行价格或者无面额股的发行价格；募集资金的用途；认股人的权利义务；股份种类及其权利义务；本次募股的起止日期及逾期未募足时认股人可以撤回所认股份的说明。公司设立时发行股份的，还应当载明发起人认购的股份数。发起人在公告招股说明书时，应当一并制作认股书。认股书上应当载明招股说明书的内容，由认股人填写认购股数、金额、住所，并签名、盖章。

（3）由证券公司承销股份发行。依《公司法》第 155 条的规定，公司向社会公开募

---

① 全国人大法律委员会副主任委员洪虎于 2005 年 10 月 22 日在第十届全国人大常委会第十八次会议上所作的《全国人民代表大会法律委员会关于〈中华人民共和国公司法（修订草案）〉审议结果的报告》。

集股份，不得自行售股，而应当与依法设立的证券公司签订承销协议，由证券公司承销。股份承销采取代销或者包销方式。代销是指证券公司代发行人发售证券，在承销期结束时，将未售出的证券全部退还给发行人的承销方式。包销是指证券公司将发行人的证券按照协议全部购入，或者在承销期结束时将售后剩余证券全部自行购入的承销方式。

（4）签订代收股款协议。《公司法》第156条规定，公司向社会公开募集股份，应当与银行签订代收股款协议。代收股款的银行应当按照协议代收和保存股款，向缴纳股款的认股人出具收款单据，并负有向有关部门出具收款证明的义务，由此起到一种第三方监管的效果。

3. 缴纳股款

发起人和其他认股人应当一次缴清所认购股份的股款，不得分期缴纳。股款缴足后，经依法设立的验资机构验资并出具证明；公司发行股份募足股款后，应予公告。

4. 召开成立大会

成立大会又称创立大会或创设会，是指募集设立公司时，于公司成立前应由全体认股人参加的会议，相当于拟设公司的第一次"股东会"。《公司法》第103条第1款规定，发起人应当自股款缴足之日起30日内召开公司成立大会。

成立大会的任务是讨论决定公司设立过程中有关公司成立的重大事项；公司一旦成立，成立大会即被股东会所取代。成立大会召开之前，公司设立事宜均由发起人操办，因此，凡是认购公司发行的股份并缴足股款的人，都有权参加成立大会，以审议发起人的行为及其制订的公司章程等文件，讨论、决议公司成立的各种事宜。《公司法》规定，成立大会应当有持有表决权过半数的认股人出席，方可举行。

依《公司法》的规定，发起人应当在成立大会召开15日前将会议日期通知各认股人，如果认股人较多或者地址不详，也可以将会议日期予以公告。

成立大会行使下列职权：（1）审议发起人关于公司筹办情况的报告。报告的事项包括公司章程，认股人名册，已发行股份的金额，实收股款金额，以非货币财产出资的出资人姓名或名称及其财产的种类、数量、价格，应归公司负担的设立费用，等等。（2）通过公司章程。发起人制订的公司章程经成立大会核准或修改审定后，才能对认股人发生效力。（3）选举董事和监事。成立大会上选举董事和监事，组成董事会和监事会后，即取代作为设立中公司机关的发起人。（4）对公司的设立费用和发起人非货币财产出资的作价进行审核。审核时，发现设立费用有假冒和滥用情况的，可予以核减，发起人作为出资的非货币财产估价过高或者过低的，可予以增减，或者令其补交股款；发起人的行为对公司造成损失的，可以责令发起人赔偿损失。（5）发生不可抗力或者经营条件发生重大变化，直接影响公司设立的，可以作出不设立公司的决议。如果成立大会决议不设立公司，则公司不得成立。

成立大会对上述事项作出决议，应当经出席会议的认股人所持表决权过半数通过。

（六）申请设立登记

以发起设立方式设立股份有限公司的，发起人缴足所认购股份的股款后，也可以召开成立大会，其召开和表决程序由公司章程或者发起人协议确定；组成董事会和监事会后，由董事会向公司登记机关报送公司章程以及法律、行政法规规定的其他文件，申请设立登记。

以募集设立方式设立股份有限公司的，依《公司法》第106条的规定，董事会应于成立大会结束后30日内，向公司登记机关申请设立登记，报送公司登记申请书、成立大会的会议记录、公司章程、验资证明，法定代表人、董事、监事的任职文件及其身份证明，发起人的法人资格证明或者自然人身份证明、公司住所证明等。以募集方式设立股份有限公司公开发行股票的，还应当向公司登记机关报送国务院证券监督管理机构的注册文件。

三、股份有限公司发起人的义务和责任

在股份有限公司设立过程中，发起人的行为对公司设立的成败，以及公司成立后的经营活动都有重要的影响。除下述情形或特点外，发起人的权利义务、发起人在设立过程中从事活动的后果等与有限责任公司设立时股东的相同。

（一）公司不能成立时发起人应承担的责任

公司不能成立，是指发起人筹办公司半途而废，或在筹办各种设立事务后，公司最终没有成立。公司不能成立的原因可能是各种各样的，但无论发起人对公司不能成立是否有主观上的过错，其都应该连带地对此承担责任。

公司不能成立的原因可能有：（1）发起设立的发起人没有缴足其所认缴股份的股款；募集设立的公司发行的股份超过招股说明书规定的截止期限尚未募足或缴足的，或者发行股份的股款缴足后，发起人在30日内未召开成立大会的。（2）募集设立时，成立大会决议不设立公司的。（3）公司的设立不符合《公司法》规定的条件而不能成立的。

公司不能成立时，发起人应当承担的责任包括：（1）对设立行为所产生的债务和费用负连带责任。“债务”包括合同之债和侵权之债；“费用”是指为设立公司支付的各项费用，比如租用房屋费用、购买办公用品费用、支付验资费用、承销股票费用等。（2）对认股人已缴纳的股款，负返还股款并加算银行同期存款利息的连带责任。公司不能成立的，发起人对认股人已缴纳的股款应当返还，并加算银行同期存款利息。上述“连带责任”，是指债权人或认股人可以要求发起人中的任何一个或几个予以清偿、返还，被要求的发起人不得拒绝。

（二）发起人为设立公司以自己的名义从事活动的民事责任

在这种情况下，第三人有权选择请求公司或者发起人承担民事责任。

（三）发起人对公司或第三人的损害赔偿责任

根据《公司法》的规定，在公司设立过程中，发起人因履行公司设立职责致使公司或他人利益受到损害的，应当承担赔偿责任。与公司不能成立时发起人应承担的责任不

同的是，这种责任承担的前提是公司已经成立，由设立过程中有过错的发起人对其给他人造成的损害承担赔偿责任。在这种情况下，公司或者无过错的股东承担赔偿责任后，可以向有过错的股东追偿。发起人因过错给公司造成损害的，公司成立后可以要求有过错的发起人承担赔偿责任。

（四）发起人及股东的出资责任

与有限责任公司股东的出资义务和出资责任相同，股份有限公司的发起人及股东也对公司资本的充实承担责任。根据《公司法》的规定，发起人未按照公司章程规定实际缴纳出资，或者实际出资的非货币财产的实际价额显著低于所认缴的出资额的，其他发起人与该发起人在出资不足的范围内承担连带责任。

股东未按期足额缴纳出资的，除应当向公司足额缴纳外，还应当对给公司造成的损失承担赔偿责任。有关股份有限公司成立后董事会应当对股东的出资情况进行核查、书面催缴书及其宽限期、股东失权、股东不得抽逃出资、董事责任或董监高的连带责任等，与前一章所述有限责任公司股东的出资义务及其责任相同。

第二节　股份有限公司的股份和股票

一、股份有限公司的股份和股票的概念

（一）股份的概念

根据《公司法》第 142 条的规定，股份有限公司的资本划分为股份，面额股的每股金额相等；无面额股只表示股份的数量或股东持股数，其金额或所代表的资本则因每次发行价格的不同而有不同。因此，股份是股份有限公司资本的基本构成单位，公司面额股总数乘以每股金额，以及无面额股发行计入资本的金额，构成公司股本总额；同时，股东以其所持股份数确定其在公司中权利义务的大小，股份又是股东权或股东地位的表现形式。

（二）股票的概念

股份有限公司的股份采取股票的形式，股票是公司签发的证明股东所持股份的凭证、股份有限公司股份的表现形式。

股票又是资本有价证券，可以转让和流通，属于流通证券，意味着股份可以转让和流通，亦即股份流通证券化。这是股份有限公司区别于有限责任公司的重要特征之一。

股票又是一种要式证券，其形式必须符合法律的要求。股票可以采取纸面形式，也可以采取国务院证券监督管理机构规定的其他形式。原《股票发行与交易管理暂行条例》中称，发行人可以发行簿记券式股票，也可以发行实物券式股票，两者都属于纸面形式。实物券式股票是指发行人按照证监会规定的统一格式印制的书面股票；簿记券式股票是指发行人按照证监会规定的统一格式制作的、记载股东权益的股票名册，由证监会指定

的机构保管。

纸面形式的股票，应在票面上记载公司名称、公司成立日期或股票发行的时间、股票种类、票面金额及代表的股份数、股票的编号，并由公司法定代表人签名，公司盖章。发起人的股票，应当标明发起人股票字样。随着计算机技术和互联网的发展，股票交易电子化，对股票进行数据化处理，股票就以电子形式存在于中国证券登记结算有限责任公司的系统暨股东的股票账户中。因此，可在交易所交易的股份有限公司如上市公司的股票，均采用电子股票的形式。电子形式的股票，也应在证券公司的股东账户中，记载公司名称、股票种类及股份数等事项。

股份有限公司成立后，即向股东正式交付股票。《公司法》规定，公司成立前不得向股东交付股票。因为公司在登记成立前，其股票所代表的权利具有或然性，该股票如果在市场上流通，一旦设立中的公司由于种种原因不能成立，所有因该股票所产生的交易都会受到影响，当事人的权利也得不到保障。而公司一旦成立，则应当立即向股东交付股票，以确认股东地位，方便股东行使权利。

二、股份和股票的分类

由于股票是股份的表现形式，所以，股票的类型与股份的类型是一致的。股份和股票依不同的标准，可以划分为不同的类型。

（一）记名股和无记名股

《公司法》规定，股份有限公司发行的股票，应为记名股票。记名股是在票面上记载股东姓名或者名称的股份。记名股的持有人，只有其本人或其委托的代理人，才能够行使股东权。记名股转让时，须由股东背书或以法律规定的其他方式转让。记名股可以挂失，股东可以依法向公司申请补发股票。

《公司法》2023 年修订，删除了股份有限公司可以发行无记名股票的规定。无记名股是指票面上不记载股东姓名或者名称的股份。无记名股的持有人，凭股票即可行使股东权；转让时，只需交付给受让人，即可发生转让的法律效力。

（二）面额股和无面额股

面额股又称额面股，是指每股股份有确定的金额或在股票上标明金额的股份。无面额股又称无额面股，则是不规定每股股份的金额或在股票上不标明金额的股份。

按照国外的通例，公司发行无额面股的，因股份或股票没有面额，所以，是将无额面股的每股实际发行价格乘以所发行的股份数，列为公司的股本或资本金。我国《公司法》规定，采用无面额股的，应将其发行所得股款的 1/2 以上计入注册资本。

（三）普通股和特别股

普通股是股份有限公司发行的标准股份或股票。持有普通股的股东，根据法律或章程的一般规定享有权利或承担义务，不享有或不承担特别的权利义务。特别股是其所代表的权利义务大于或小于普通股的股份或股票，就股利或分配而言可以分为优先股和劣后股，就表决权大小而言可以分为高（superior）表决权股、低（inferior）表决权股和无表决权股。

劣后股又称后配股，其股东只能后于普通股股东参加公司利润或剩余财产的分配。例如，有的国家在私有化或民营化过程中，将国有企业改组为股份公司，把公司的部分股份出售给私人或公众，规定国家股为后配股；同时，国家仍对企业的经营方针和重大事项拥有决定权或否决权。

最普遍、最常见的特别股，则是优先股。优先股是股东在分配股利或公司剩余财产时享有优先权的股份或股票。作为代价，优先股通常也是无表决权股，股东不享有在股东会上参与决定公司事务的表决权。公司对优先股按约定的固定利率支付股利；在支付了优先股的股利后，普通股股东才可以参与公司利润的分配。

优先股还可以是可转换的优先股，即股东可以根据该优先股发行时确定的条件，在条件成就时，选择将其转换为一定数量的普通股。不附有这种转换条件的，则为非转换的优先股。可转换优先股的股东，对按规定条件将其股份转换或不转换成普通股，拥有选择权。

需要指出的是，在市场经济发达的国家，特别股、优先股与普通股相比有哪些“特别”“优先”之处以及其发行与否、如何发行，属于公司和股东自治的范畴，并不是政府决定的，也无须政府审批。因此，特别股和优先股的种类是不可穷尽的。某种特别股、优先股的特别之处或“优先”条件，受制于企业经营的需要、资本市场的供求和买卖双方的意愿，当它被设计出来后，只要有人购买，“一个愿打，一个愿挨”，一种不同于以往的股份类型也就“问世”了。

其典型情形是创业者将公司股份分为高投票权股和低投票权股，高投票权股由创业股东及经营股东所持有，每股拥有 2 至 10 票甚至更多的投票权；低投票权股则为非经营股东或普通股东持有，其投票权只有高投票权的若干分之一或者没有投票权。通过这种方式，一些公司在获得巨额股权融资之后，其创始人仍得以控制公司，比如谷歌、阿里等，从而有利于企业稳定经营及持续发展，并有效抵御敌意收购。这样的公司也称双重股权结构或“同股不同权”的公司。①

股份有限公司的股份原则上可以自由转让，上市公司的股份则可自由流通。但股东协议、公司章程、交易所或证券监管部门也可能对股份的转让、流通作出限制，从而形成转让或流通受限股。

《公司法》原先对特别股未作明确规定，仅规定“国务院可以对公司发行本法规定以外的其他种类的股份，另行作出规定”。2023 年《公司法》修订，则在第 144～146 条对特别股作了具体规定。例如，第 144 条规定，公司可以按照公司章程的规定发行下列与普通股权利不同的类别股：（1）优先或者劣后分配利润或者剩余财产的股份；（2）每一股的表决权数多于或者少于普通股的股份；（3）转让须经公司同意等转让受限的股份；（4）国务院规定的其他类别股。除公开发行前已发行的外，公开发行股份的公司不得发

① “同股不同权”是一种俗称，而就同种股份具有同等权利而言，双重股权结构并未违反同股同权的公司法原则。

行高投票权股和低投票权股，也不得发行转让受限股；同时，在监事或者审计委员会成员选举和更换时，表决权大于或小于普通股的股份与普通股的每股表决权数相同。也就是说，允许创始人和核心骨干等通过复数表决权股实行双层股权结构，但又对此施加若干限制，以在保护创业者、稳定公司经营和中小股东保护之间求得平衡。

（四）国家股、法人股、个人股和外资股

这是按出资及持股主体不同而对股份所作的划分。

国家股，是指有权代表国家投资的机构或部门向股份公司出资形成或依法定程序取得的股份。原先国家股不能在证券二级市场上流通，从而将 A 股市场的股份按能否在证券交易所交易被区分为非流通股和流通股，即股权分置。这样做扭曲了资本市场定价机制，制约了资源配置功能的有效发挥；使公司股价难以对大股东、管理层形成市场化的激励和约束，公司治理缺乏共同的利益基础；资本流动存在非流通股协议转让和流通股竞价交易两种价格确定方式，使资本运营缺乏市场化操作基础。为此，中国证监会、国资委、财政部等五部门提出了《关于上市公司股权分置改革的指导意见》，中国证监会颁布了《上市公司股权分置改革管理办法》，国资委作出了《关于上市公司股权分置改革中国有股股权管理有关问题的通知》，财政部印发了《上市公司金融类国有股股东参与股权分置改革审批程序的有关规定的通知》等一系列文件，据此进行股权分置改革，由各相关股份有限公司通过召开相关股东会议并通过决议采取一定的方式平衡非流通股股东与流通股股东的利益，从而解除对非流通股的限制，取消了非流通股和流通股的流通制度差异。

法人股，是指企业法人以其依法可支配的资产投入公司形成的股份，或具有法人资格的事业单位和社会团体以国家允许其用于经营的资产向公司投资形成的股份。法人股也可按所有制分为国有法人股和社会法人股。

国家股和国有法人股统称为国有股。在对国有股的流通限制取消之后，国家股、国有法人股、国有股虽然已不再具有区分于其他股份的形式的、外在的、流通体制上的意义，但是区分国有股仍具有内在的、实质的法律意义，表现在其取得、持有和处分必须遵守国有资产管理的相关法律和制度。

个人股包括两种：一种是社会公众个人以合法财产投入公司形成的股份；另一种是本公司职工以不同于普通公众股的条件所获得的本公司股份，即内部职工股。由于占股本总额比例不大的内部职工股并不能改变公司的性质，允许职工以非市场价取得股份对其他股东也不公平，加上内部职工股往往流向社会，扰乱证券市场秩序，因而随着国家体改委于 1994 年发出《关于立即停止审批定向募集股份有限公司并重申停止审批和发行内部职工股的通知》，内部职工股逐渐退出了历史舞台。内部职工通过公开市场购买本公司股份，或以任何方式取得本公司不具有特殊权利义务的普通股的，则不具有内部职工股的特定法律意义。近年股份有限公司实行职工持股制的情形愈益普遍，即部分职工持有公司股份，将其利益与公司经营和业绩挂钩，形成一种激励和约束，以提高其主观能动性和积极性。这种股份没有表决权，或者通过工会等形成集体意志参与表决，不能自由转让，持股人离开公司通常即告失效，所以既不是普通个人股，也不同于上述内部职

工股，被称为虚拟股。

外资股，是指外国和中国港、澳、台地区的企业、其他组织或个人向境内股份有限公司投资而形成的股份，其中又有境内上市外资股和境外上市外资股之分。

（五）A股、B股、H股等

这是按投资的币种、主体或地点形成的一种股票或股份的分类。

A股的正式名称是人民币普通股。它是由境内的公司发行，供境内机构、组织或个人以人民币认购和交易的普通股（或股票）。

B股又称境内上市外资股，它以人民币标明面值，以外币认购和买卖。其投资人原先只限于境外的自然人、法人或其他组织，定居在外国的中国公民以及中国证监会规定的其他投资人。中国证监会于2001年作出了允许境内居民以合法持有的外汇开立B股账户，交易B股股票的决定，自此，境内居民个人可以依法进行B股投资。[①] B股曾起到了方便境外资本投资境内股市的作用。随着“沪股通”和“深股通”的出现，拓宽了境外资本进入沪深股市的渠道，B股存在的意义就趋于削弱了。

H股，即注册地在内地，上市地在香港的外资股。取香港的英文字首，在港上市外资股就叫作H股。依此类推，纽约的第一个英文字母是N，新加坡的第一个英文字母是S，在纽约和新加坡上市的股票就分别叫作N股和S股，等等。这一类股份或股票属于境外上市外资股，特点是其有关上市和公司治理要适用并符合上市地的法律，尤其是上市事宜主要不适用中华人民共和国的法律。

案例

1. 阿里巴巴公司的“合伙人制度”

阿里巴巴集团控股有限公司（Alibaba Group Holding Limited）在美国纽约证券交易所上市，采取了“合伙人制度”，以确保公司董事会多数成员由经营股东暨高管层提名。

所谓合伙人制度，不同于双重股权制度，其“合伙人”也不是通常合伙或合伙企业的合伙人，只是借用了这个名称。合伙人须在公司服务满一定的年限，对公司发展有积极贡献，高度认同公司文化，愿意为公司使命、愿景和价值观竭尽全力，持有公司股份并接受限售要求。合伙人的提名和任免在合伙人内部进行，无须股东会审议或通过。

合伙人的职权就是提名董事及控制董事会。合伙人提名的董事须占董事会人数一半以上，董事会成员中因任何原因由合伙人提名的董事不足半数时，合伙人有权任命替补的董事；股东会如果否决合伙人提名的董事，合伙人有权任命临时董事，直至下一年度股东会召开。阿里合伙人还与大股东达成了表决权拘束协议。这些都明确规定在公司章程中，凸显出公司关系的当事人意思自治性质，公司法不过是为投资经营及其组织和治理提供的一种指引和框架。

---

① 双重股权结构下的高投票权股和低投票权股也称A、B股：在证券市场公开发行的是A类股，经营股东持有的是B类股。

2. 亚洲互动传媒有限公司（アジア・メディア・カンパニー・リミテッド）

该公司2007年在东京证券交易所上市，成为中国境内第一家在东京证券交易所上市的公司暨民营企业，主营通过互联网和有线电视提供电视节目信息指南、代理电视广告业务。遗憾的是，由于公司原CEO在未经董事会同意的情况下非法占用资金，公司股价骤跌，给日本投资者造成了不少损失，公司财务也不再符合东京证券交易所的要求，因而上市仅一年多，东京证券交易所便于2008年将其摘牌、退市。

三、股份或股票的发行

（一）股份或股票发行的概念

股份或股票的发行分为两种情况：一种是经批准拟成立的股份有限公司初次发行股份或股票，为了成立公司而筹措股本，这是股份有限公司设立或成立的必要条件和必经程序；另一种是已经成立的股份有限公司，为了增加公司的资本或股本而发行新股。发起设立的股份有限公司成立以后或者有限责任公司转换为股份有限公司公开募股的，称为首次公开发行（IPO，Initial Public Offering）；其中又有首次公开发行股票并上市和首次公开发行股票且不上市之分。中国证监会于2023年发布了《首次公开发行股票注册管理办法》。

（二）股份或股票发行的原则

《公司法》第143条第1款规定："股份的发行，实行公平、公正的原则，同类别的每一股份应当具有同等权利。"

（1）公开原则。这是指公司发行股份或股票时，应将有关发行情况和公司的基本情况向社会公开。《公司法》曾将公开原则作为股票发行的原则之一，而在2005年的修订中删除了这一规定，原因是向特定对象募集股份的，并不需要向社会公开公司的有关资料。但这并不否定公司公开募集股份时，仍必须将可能影响投资者作出是否购买其股票的决定的一切信息公之于众。《证券法》第3条业已规定：证券的发行、交易活动必须遵循公开原则。公开的内容，包括本次股份或股票发行的种类和对象、发行条件、发行价格、招股说明书、公司章程、有关财务会计报表等。公开的方式，包括向社会公告，将有关文件置备于公司和有关发行机构营业地，上市公司还应将其资料存放于证交所和国务院证券监督管理机构，以供公众查阅。只有实行公开原则，才能在公开募集股份中保护投资者和社会公众的利益，以便投资者恰当地决策，并对发行的公司实行有效监督，维护社会经济秩序。

（2）公平原则。《公司法》第143条第2款规定："同次发行的同类别股份，每股的发行条件和价格应当相同；认购人所认购的股份，每股应当支付相同价额。"这就是股份发行中贯彻公平原则的含义。也就是说，同一次发行的同一类别的股份或股票，不允许针对不同的主体规定不同的发行条件和发行价格。而不同次发行的同种类股票，投资者暨持股者的权利固然相同，但发行价格可因市场条件差异而有不同；如果为不同种类的股票，如普通股和特别股、A 股和 H 股等，则无论是否为同一次发行，其发行条件和价格都可能不同，这并不违反“同股同权、同股同利”。阿里巴巴曾寻求在香港交易所上市，但因其合伙人制度有悖“同股同权”原则而受阻，香港为增强资本市场竞争力、吸引创新型科技型公司到港上市，2018 年香港交易所终于修改上市规则，允许拥有不同投票权架构的公司上市，不同投票权既可采用股权形式比如双重股权结构，也接受合约（协议）安排比如“合伙人制度”或董事会控制机制。

（3）公正原则。这是指在股份或股票的发行中禁止内幕交易、欺诈等不公正行为，对投资者应一视同仁，公平对待。

（三）股份或股票发行的价格

根据《公司法》第 148 条的规定，面额股股票的发行价格可以按票面金额，也可以超过票面金额，但不得低于票面金额。低于票面金额发行，意味着公司不能募足公司章程中规定的注册资本金额或公司拟新增的股本额，这是贯彻资本确定原则和资本维持原则所不允许的。

股份或股票可以超过票面金额发行，即溢价发行。这是由二级市场股票交易价格形成的规律所决定的。该规律可以表示为：

$$股票价格=\frac{股票面额\times 预期的股本年收益率}{交易当时银行存款年利率}$$

也就是说，股票持有人可以接受的股票转让价格，不会低于这样一笔金额：如果将该金额存入银行，其利息应不低于继续持有该股票所可能获得的股利。例如，面额为 1 元的某只股票，如果其预期的年收益为 0.3 元（股本收益率为 30%），而当时银行的 1 年期存款利率为 2%，则该股票至少可以卖 15 元。同时，供求规律对股票交易价格的形成也起着重要的作用。这样，公司在发行股份或股票时，就可以根据公司的盈利状况和银行利率水平，并参考二级市场的股价指数，决定其是否溢价发行或以何种价格溢价发行；如果溢价发行，则公司可以获得一笔超过票面金额的溢价金额，这对于设立中的公司来说就是所谓的“创业利润”。

公司发行无面额股，无票面金额约束，但也要根据公司经营情况、财务状况、利率和汇率、经济形势及股市状况等，确定其作价方案和定价。

可见，股份或股票发行的价格，一方面，要受公司资本或股本的制约，发行价不得低于股票面值所代表的股本金额，同一次发行的股份价格是公司确定的一个固定的价格；另一方面，股份发行的价格也受股份或股票转让、交易价格的影响，后者是前者定价时要考虑的因素。但是，股份或股票的发行价与交易价之间又没有直接联系。交易价格随行就市，因人们对公司经营状况和其他市场因素的不同预期以及市场供求状况而处于变动之中。股份或股票的转让或交易价格则可能低于股票面值或发行价格，它与公司的资本或股本没有直接关系；某一公司如果濒临倒闭或破产，其股票就会一文不值，人们避之唯恐不及。

（四）新股发行

股份有限公司发行新股，主要是为了增加资本，扩大公司资本的总量和规模。此外，公司也可能因其他特殊目的发行新股，如把公司盈利或者公积金的全部或部分转为新股，按原有股份比例配送给股东，把公司发行的可转换债券转换为股票，等等。

1. 新股发行的条件

根据《证券法》第12条的规定，公司首次公开发行新股，应当符合下列条件：（1）具备健全且运行良好的组织机构；（2）具有持续经营能力；（3）最近3年财务会计报告被出具无保留意见审计报告；（4）发行人及其控股股东、实际控制人最近3年不存在贪污、贿赂、侵占财产、挪用财产或者破坏社会主义市场经济秩序的刑事犯罪；（5）经国务院批准的国务院证券监督管理机构规定的其他条件。

上市公司非公开发行新股，应当符合经国务院批准的国务院证券监督管理机构规定的条件。

2. 新股发行的程序

《公司法》第151条～第156条对新股发行的程序作出了如下规定。

（1）股东会就拟发行的新股种类及数额、新股发行价格、新股发行的起止日期和向原有股东发行新股的种类及数额、发行无面额股所得股款计入注册资本的金额等作出决议。公司发行新股，可以根据公司经营情况、财务状况和市场行情，确定其作价方案。当然，发行面额股的价格也不得低于票面金额。

公司章程或者股东会授权董事会在3年内决定发行不超过已发行股份50%的股份的，该等决议应当经全体董事2/3以上通过，但以非货币财产作价出资的仍应由股东会决议。

（2）公开发行新股经股东会决议或经董事会作出上述决议后，应当经国务院证券监督管理机构注册，公告招股说明书。

（3）公司公开发行新股，应当由依法设立的证券公司承销，签订承销协议；还应当同银行签订代收股款协议，代收股款的银行应当按照协议代收和保存股款，向缴纳股款的新股购买人出具收款单据，并负有向有关部门出具收款证明的义务。

（4）公司发行新股募足股款后，应予公告。

四、股份或股票的转让

（一）股份或股票转让概说

股份的转让或买卖、交易一般不受限制，这是股份有限公司作为典型的资合公司和开放公司的重要特点。

《公司法》第158条规定，股东转让其股份，应当在依法设立的证券交易场所进行或者按照国务院规定的其他方式进行。这里“依法设立的证券交易场所”包括证券交易所和场外交易场所两种。证券交易所是依法设立的为股票、债券、基金份额等有价流通证券提供集中竞价交易场所的组织，我国目前有三家证券交易所，即上海证券交易所、深圳证券交易所和北京证券交易所。场外交易场所是依法设立的供包括有限责任公司股权、非上市公司股份、实物资产等在内的产权进行非集中竞价交易的场所，主要包括柜台交易和产权交易场所两种。我国刚建立股份有限公司制度时，股份交易主要采取柜台交易方式；现在未上市股份有限公司的股票交易主要是通过各地产权交易场所以中心挂牌或者协议的方式进行，比如北京产权交易所、上海联合产权交易所、广东联合产权交易中心等。

案例

上海股权托管交易中心①

上海股权托管交易中心是一个面向特定投资者进行股份转让和实施定向增资的非公开市场。它于2010年成立，2012年开业，是上海市人民政府批准设立的一家区域性股权市场运营机构，也是中国多层次资本市场体系建设的一个部分。

上海股权托管交易中心的主要职能包括：为非上市的中小企业提供改制挂牌、非公开发行、股票登记托管、股票转让、价值挖掘、宣传营销等金融服务；为投资者提供股票买卖、报价、清算交割等综合性服务；对挂牌、展示企业的规范运作、信息披露及股票转让各方行为进行自律性监管。

上海股权托管交易中心的股份转让系统（E板）为股份有限公司提供股票转让、非公开发行、重组并购等服务；科技创新板（N板）为科技型、创新型中小型股份有限公司量身定制，帮助企业与资本市场有效对接，孵化培育科创企业；展示系统为各类中小微企业的展示、宣传提供服务，包括完整信息披露和基础信息披露两个层次。

（二）记名股份的转让

记名股票为要因证券，其转让须严格依照法律和公司章程的规定进行，例如：德国《股份法》第68条规定，“记名股票可以背书转让。对于背书的方式、持有人的权利证明及其返还义务，准用《票据法》的相关规定；章程可以使转让受公司的同意的拘束。同意由董事会给予。但章程可以规定由监事会或股东大会决议同意的给予。章程可以规定据以拒绝同意的理由。记名股票移转于他人的，应向公司进行申报。应提示股票，并应证明移转。公司将移转记载于股东名册”②。

我国股份有限公司的股票均为记名股票。《公司法》第159条规定：股票由股东以背书方式或者法律、行政法规规定的其他方式转让。记名股票以背书方式转让的，须为实物券式股票，由转让人（持票人）作成背书，即在股票上签署本人姓名（名称），背书转让不须由受让人签名。若为簿记券式股票，以无纸化的形式通过证券交易所的计算机系统交易，其转让就无法采取背书方式，通常是将股票交由证券交易所托管。在此情况下，每一股东的持股数表现为证券交易所中央电脑内的电子信息，并在股东账户簿或账户卡

① 参见《上海股权托管交易市场启动　俞正声敲响开市锣》，载《新民晚报》，2012-02-15。

② 杜景林、卢谌译：《德国股份法·德国有限责任公司法·德国公司改组法·德国参与决定法》，28页。

上记载股东持有某种股份的总数及其增减情况。记名股票转让后，由公司将受让人的姓名或名称及住所记载于股东名册，未经记载的，不得以其转让对抗公司；但基于公司正常运作的需要，在股东会召开前 20 日内或者公司决定分配股利的基准日前 5 日内，不得进行股东名册的变更登记。法律、行政法规或者国务院证券监督管理机构对上市公司股东名册变更登记另有规定的，从其规定。

（三）无记名股份的转让

无记名股票为不要因证券，其转让比记名股票方便，由股东将该股票交付给受让人后，即发生转让的效力。我国没有这种股票。

（四）对股份转让的限制

《公司法》基于维持公司正常运作，维护公司、股东、公众和债权人利益的需要，对股份有限公司的发起人、股东、董事、监事、经理或公司本身转让或买卖股份，规定了一些特殊的限制。

（1）股份有限公司公开发行股份前已发行的股份，自公司股票在证券交易所上市交易之日起 1 年内不得转让。这是因为公司公开发行股份前的股东，其地位类似于公司的发起人，规定其持有的股份自上市交易之日起 1 年内不得转让，有利于保护广大公众的利益，防止内幕交易、市场操纵等不公正交易行为的发生。

同时，从我国实际情况看，股份有限公司的股票在证券交易所上市交易后，其价格往往比上市前的股票价格要高，因而出现了低价抢购公司公开发行前的股份即所谓原始股，在公司上市后抛售赚取差价的现象，产生大量的不正当交易，扰乱了证券市场的秩序，也会影响公司的正常运营。《公司法》因而作了这样有针对性的规定。①

（2）公司董事、监事、高级管理人员应当向公司申报所持有的本公司的股份及其变动情况，在就任时确定的任职期间每年转让的股份不得超过其所持有本公司股份总数的 25%；所持本公司股份自公司股票上市交易之日起 1 年内不得转让。上述人员离职后半年内，不得转让其所持有的本公司股份。公司章程可以对公司董事、监事、高级管理人员转让其所持有的本公司股份作出其他限制性规定。由于公司的董事、监事、高级管理人员分别负责公司的经营决策、内部监督和日常经营管理，对公司的内幕信息十分了解，这一限制，一方面是为了防止担任这些职务的高级管理人员利用内幕信息从事股票交易，并削弱其造假抬高股价出手变现的动机；另一方面是为了将公司经营状况同这些人员的利益联系起来，促使其兢兢业业地工作。

（3）公司原则上不得收购本公司的股份。公司收购自己的股份，可以使公司方便地利用其掌握的公司内部信息操纵其股票的交易，扰乱证券市场秩序，也将使被收购股份所代表的资本实际上处于虚置的地位，违反了公司资本充实原则。因此，各国公司法一般都对公司拥有自己的股份进行限制：原则上禁止，特殊情况下允许。

《公司法》第 162 条规定，公司不得收购本公司股份，但是下列情形除外：1）减少公

---

① 参见安建主编：《中华人民共和国公司法释义》（2005 年版），201 页。

司注册资本；2）与持有本公司股份的其他公司合并；3）将股份用于员工持股计划或者股权激励；4）股东因对股东会作出的公司合并、分立决议持异议，要求公司收购其股份；5）将股份用于转换公司发行的可转换为股票的公司债券；6）上市公司为维护公司价值及股东权益所必需。公司因上述第一项、第二项原因收购本公司股份的，应当经股东会决议。公司收购本公司股份后，属于第一项情形的，应当自收购之日起10日内注销；属于第二项、第四项情形的，应当在6个月内转让或者注销；属于第三项、第五项、第六项情形的，可以按照公司章程或者股东会的授权，经2/3以上董事出席的董事会会议决议，公司合计持有的本公司股份数不得超过本公司已发行股份总数的10%，并应当在3年内转让或者注销。

上市公司收购本公司股份的，应当依照《证券法》的规定履行信息披露义务。上市公司因上述第三项、第五项、第六项规定的原因收购本公司股份的，应当通过公开的集中交易方式进行。

《公司法》第163条规定：公司不得为他人取得本公司或者其母公司的股份提供赠与、借款、担保以及其他财务资助，公司实施员工持股计划的除外。为公司利益，经股东会决议，或者董事会按照公司章程或者股东会的授权作出决议，公司可以为他人取得本公司或者其母公司的股份提供财务资助，但财务资助的累计总额不得超过已发行股本总额的10%。董事会作出决议应当经全体董事的2/3以上通过。违反以上规定给公司造成损失的，负有责任的董事、监事、高级管理人员应当承担赔偿责任。

（4）对股票质押的限制。公司的股份作为一种权益，股票作为一种特殊的种类物，是可以用作质押的，但是公司不得接受本公司的股票或股份作为质权的标的，因为质权的设立以债权人可以取得质押标的物为前提，而根据《公司法》的规定，除法定情形外，公司不得拥有本公司股份。当公司的债务人无力清偿到期债务时，公司有权对债务人质押的股票变卖受偿或者将其归为己有，这就与上述规定相冲突。同时，如果允许公司接受他人持有的本公司股票作为质押，就等于允许其用自己的资金为债务人提供担保，或者收回投资、减少公司资本。

（5）对特定主体买卖股票的限制。基于证券交易的公平和公正原则，为了防止内幕交易、操纵证券市场行为的发生和保护中小股东的利益，法律禁止或限制某些主体买卖股票。

1）对上市公司董事、监事、高级管理人员和大股东买卖所持本公司股份的限制。根据《证券法》第44条的规定，持有上市公司5%以上股份的股东、董事、监事、高级管理人员，将其持有的该公司的股票在买入后6个月内卖出，或者在卖出后6个月内又买入，由此所得收益归该公司所有，公司董事会应当收回其所得收益。上市的证券公司因购入包销售后剩余股票而持有5%以上股份，以及有国务院证券监督管理机构规定的其他情形的除外。

为维护证券市场秩序，中国证监会还于2024年制定了《上市公司股东减持股份管理暂行办法》和《上市公司董事、监事和高级管理人员所持本公司股份及其变动管理规则》，对上市公司大股东（持股5%以上的股东和实际控制人）、董监高减持股份，以及股东减持其持有的公司首次公开发行前发行的股份加以限制，比如：大股东计划通过证券交易所集中竞价交易或者大宗交易方式减持股份的，应当在首次卖出的15个交易日向证券交易所报告并披露减持计划；大股东通过证券交易所集中竞价交易减持股份，或者其他股东通过证券交易所集中竞价交易减持其持有的公司首次公开发行前所发行股份的，3 个月内减持股份的总数不得超过公司股份总数的 1%；等等。

2）对收购公司的投资者所持股票转让的限制。《证券法》第 63 条规定：通过证券交易所的证券交易，投资者持有或者通过协议、其他安排与他人共同持有一个上市公司已发行的有表决权股份达到 5%时，应当在该事实发生之日起 3 日内，向国务院证券监督管理机构、证券交易所作出书面报告，通知该上市公司，并予公告；在上述期限内，不得再行买卖该上市公司的股票，但国务院证券监督管理机构规定的情形除外。投资者持有或者通过协议、其他安排与他人共同持有一个上市公司已发行的有表决权股份达到 5%后，其所持该上市公司已发行的有表决权股份比例每增加或者减少 5%，应当依照上述规定进行报告和公告，在该事实发生之日起至公告后 3 日内，不得再行买卖该上市公司的股票，但国务院证券监督管理机构规定的情形除外。在报告期限内和作出报告、公告后 2 日内，不得再行买卖该上市公司的股票。在上市公司收购中，收购人持有的被收购的上市公司的股票，在收购行为完成后的 18 个月内不得转让。

3）对证券服务机构和有关人员所持股票转让的限制。根据《证券法》第 42 条的规定，为股票发行出具审计报告或者法律意见书等文件的证券服务机构和人员，自接受委托之日起至上述文件公开后 5 日内，不得买卖该股票；实际开展上述有关工作之日早于接受委托之日的，自实际开展上述有关工作之日起至上述文件公开后 5 日内，不得买卖该股票。

4）对证券内幕信息的知情人和非法获取内幕信息的人所持证券转让的限制。《证券法》第 53 条第 1 款规定，证券交易内幕信息的知情人和非法获取内幕信息的人，在内幕信息公开前，不得买卖该公司的证券，或者泄露该信息，或者建议他人买卖该证券。①

5）持有特定对象某类股票之转让限制。例如，根据中国证监会发布的《可转换公司

---

① 《证券法》第 51 条规定：证券交易内幕信息的知情人包括：(1) 发行人的董事、监事、高级管理人员；(2) 持有公司 5%以上股份的股东及其董事、监事、高级管理人员，公司的实际控制人及其董事、监事、高级管理人员；(3) 发行人控股或者实际控制的公司及其董事、监事、高级管理人员；(4) 由于所任公司职务或者因与公司业务往来可以获取公司有关内幕信息的人员；(5) 上市公司收购人或者重大资产交易方及其控股股东、实际控制人、董事、监事和高级管理人员；(6) 因职务、工作可以获取内幕信息的证券交易场所、证券公司、证券登记结算机构、证券服务机构的有关人员；(7) 因职责、工作可以获取内幕信息的证券监督管理机构工作人员；(8) 因法定职责对证券的发行、交易或者对上市公司及其收购、重大资产交易进行管理可以获取内幕信息的有关主管部门、监管机构的工作人员；(9) 国务院证券监督管理机构规定的可以获取内幕信息的其他人员。第 52 条规定：证券交易活动中，涉及发行人的经营、财务或者对该发行人证券的市场价格有重大影响的尚未公开的信息，为内幕信息。下列信息皆属内幕信息：(1) 公司的经营方针和经营范围的重大变化；(2) 公司的重大投资行为，公司在 1 年内购买、出售重大资产超过公司资产总额 30%，或者公司营业用主要资产的抵押、质押、出售或者报废一次超过该资产的 30%；(3) 公司订立重要合同、提供重大担保或者从事关联交易，可能对公司的资产、负债、权益和经营成果产生重要影响；(4) 公司发生重大债务和未能清偿到期重大债务的违约情况；(5) 公司债券信用评级发生变化；(6) 公司新增借款或者对外提供担保超过上年末净资产的 20%；(7) 公司放弃债权或者财产超过上年末净资产的 10%；(8) 公司发生重大亏损或者重大损失；(9) 公司生产经营的外部条件发生的重大变化；(10) 公司的董事、1/3 以上监事或者经理发生变动，董事长或者经理无法履行职责；(11) 持有公司 5%以上股份的股东或者实际控制人持有股份或者控制公司的情况发生较大变化，公司的实际控制人及其控制的其他企业从事与公司相同或者相似业务的情况发生较大变化；(12) 公司分配股利、增资的计划，公司股权结构的重要变化，公司减资、合并、分立、解散及申请破产的决定，或者依法进入破产程序、被责令关闭；(13) 涉及公司的重大诉讼、仲裁，股东大会、董事会决议被依法撤销或者宣告无效；(14) 公司涉嫌犯罪被依法立案调查，公司的控股股东、实际控制人、董事、监事、高级管理人员涉嫌犯罪被依法采取强制措施；(15) 国务院证券监督管理机构规定的其他事项。

债券管理办法》，上市公司向特定对象发行的可转换公司债转股的，所转换股票自可转换公司债发行结束之日起 18 个月内不得转让，向特定对象发行的可转换公司债不得采用公开的集中交易方式转让。

五、记名股票被盗、遗失或者灭失的处理

依照《公司法》第 164 条的规定，记名股票被盗、遗失或者灭失，可以适用《民事诉讼法》的公示催告程序进行处理。

（一）依公示催告程序宣告股票无效

民事诉讼法规定的公示催告程序如下：

（1）可以背书转让的票据（也适用于记名股票）持有人，因票据被盗、遗失或者灭失，可以向票据支付地的基层人民法院申请公示催告。申请人应当向人民法院递交申请书，写明票面金额、发票人、持票人、背书人等票据的主要内容和申请理由、事实。

（2）人民法院决定受理申请的，应当同时通知支付人停止支付，并在 3 日内发出公告。这是为了催促利害关系人申报权利。公示催告的期间，由人民法院根据情况决定，但不得少于 60 日。

（3）支付人收到人民法院停止支付的通知后，在公示催告程序终结前，应当停止支付。公示催告期间，转让该股票的行为无效。

（4）利害关系人应当在公示催告期间向人民法院申报。人民法院收到利害关系人的申报后，应当裁定终结公示催告程序，并通知申请人和支付人。申请人或者申报人可以向人民法院起诉。

（5）没有人申报的，人民法院应当根据申请人的申请，作出判决宣告股票无效。判决应当公告，并通知支付人。自判决公告之日起，申请人有权向支付人请求支付。

（6）利害关系人因正当理由不能在判决前向人民法院申报的，自知道或者应当知道判决公告之日起 1 年内，可以向作出判决的人民法院起诉。

（二）申请补发股票

依照公示催告程序，人民法院宣告该股票无效后，股东可以向公司申请补发股票。

第三节 股份有限公司的组织机构

一、股东会

（一）股份有限公司的股东

1. 概述

与有限责任公司一样，股份有限公司股东的资格亦可经由原始取得或者继受取得。

所不同的是，股份有限公司的资合性质最为典型，它不重视股东个人的信用，除法律有特别规定外，其股份可以自由转让与买卖，因而股东的流动性很强，公司及其股东会实际上被股东地位较为稳定的少数大股东所控制，广大小股东尤其是公众个人股东没有条件也没有兴趣出席公司的股东会，他们只关心自益权及在维护自身权益的情况下行使相关的查阅权、质询权和诉权等。

2. 小股东保护问题

股份有限公司股东的权利与有限责任公司股东的权利一样，不外乎共益权和自益权，但是因为股份有限公司小股东的共益权实际上丧失殆尽，大股东因缺乏制约极易操控公司，这不仅可能损害其他股东、公司和债权人的利益，而且可能破坏现代企业应有的法人治理结构，所以，小股东保护问题在股份有限公司比在有限责任公司更为突出和重要，法律固然应当维护资本暨股份民主的基本原则，允许大股东依照法律的实体和程序要求实现对公司的控制，但是也要防止大股东基于控制地位损害小股东的合法权益，如与公司进行关联交易而损害公司及小股东利益、不依法召开股东会、阻挠或限制小股东参加股东会及发表意见、限制或妨碍小股东知悉公司经营情况、拖延或拒不分红等，通过一定的制度刻意保护小股东权益，以防大股东对公司和小股东的操控超越一定的生产力所决定的财产关系所允许的度。这也正是当前世界范围内的一种趋势——对大股东操纵和董事会中心主义的发展导致的私有财产权暨所有权关系遭到破坏的一种纠正。

保护小股东体现在公司法的诸多制度之中，如前述及以下股东会召集权、提案权、质询权、表决权排除、累积投票权、异议权等，最重要的则归结为诉权，即诉诸法院请求保护其作为股东得享有的各项合法权益的权利，包括直接诉讼和派生诉讼。

股东派生诉讼的理论基础是股份民主和公司具有独立于股东的法律主体地位，即公司的意志就是多数股东的意志，少数股东不可能以公司的名义对董事等经营管理者提起诉讼，而多数股东亦可追认董事等的任何行为就是公司的行为。所以，从实质上说，“公司”利益受损就是小股东利益受损，因为如果大股东的利益也受到损害的话，是不会有任何障碍妨碍他、它（们）以公司的名义追究侵害人的责任的。晚近发达国家的学说和判例更是依据董事和大股东等对小股东负有信义或信托义务、法定义务、不得滥用权利（力）、应当诚实守信等，认为小股东可对不法损害公司利益的董事和大股东等直接提起诉讼。因此，所谓“派生”，实质上不过是一种学理解释，无非是支持小股东直接追究侵害其合法权益者的责任。当然，派生诉讼与直接诉讼仍有不同，尤其是从技术上说二者是有区别的，已如前所述。基于派生诉讼应当出于公司利益或者全体或大多数股东的利益，美国法还注重防止原、被告私自和解而损害其他股东的合法权益，如果被告因私自和解向原告支付了金额，则其他股东也可以向私自和解的股东提起派生诉讼。

在亚洲金融危机中，人们发现了英美法以股东为本、注重保护小股东的理念和制度的价值及其较之大陆法在有关理念和制度方面的优越性。在英美法的股东派生诉讼中，原则上股东只要确实受到损害，就可以提起该诉，不受持股份额和持股时间长短的限制，而大陆法系国家或地区通常都对股东提起代表诉讼（派生诉讼）有持股份额（譬如5%或10%）和期限（譬如3个月、6个月或1年）的要求。

就我国的实践而言，在《公司法》2005年修订之前，关于小股东保护的指导思想和规定不尽如人意。虽然原《公司法》在第 111 条专门规定了股份有限公司股东的诉权（“股东大会、董事会的决议违反法律、行政法规，侵犯股东合法权益的，股东有权向人民法院提起要求停止该违法行为和侵害行为的诉讼”），但该条规定的究竟是直接诉讼抑或派生诉讼，不甚明确。因此，有关行政规章和司法解释试图建立股东派生诉讼制度，比如：《到境外上市公司章程必备条款》第 7 条规定，股东可以依据公司章程起诉公司的董事、监事、经理和其他高级管理人员；中国证监会 1997 年制定的《上市公司章程指引》中也有类似条款，其第 40 条进一步确认，公司的控股股东行使表决权时，不得作出有损公司和其他股东合法权益的决定。在 1994 年最高人民法院《关于中外合资经营企业对外发生经济合同纠纷，控制合营企业的外方与卖方有利害关系，合营企业的中方应以谁的名义向人民法院起诉问题的复函》中，则称在有限公司的控股股东与公司交易对手有直接利害关系、拒绝召开董事会以公司的名义起诉该交易对手的情况下，非控股股东可以对该交易对手行使诉权，人民法院依法应当受理，从而将派生诉讼的被告扩大到与公司交易的第三人。

2005 年《公司法》修订以后，明确规定了股东直接诉讼和股东派生诉讼制度。虽然在审判实践中仍可能存在问题，但加强保护小股东的理念已经凸显出来，实践的开展和完善也就指日可待了。

（二）股东会的性质和决议

1. 股东会的性质和职权

与有限责任公司的股东会一样，股份有限公司的股东会是公司的权力机构，由全体股东组成。2023 年修订《公司法》，将“一人公司”适用于股份有限公司，因而只有一个股东的股份有限公司无须设股东会，该股东一人的意志即相当于股东会决议。根据《公司法》的规定，该法对于有限责任公司股东会职权的规定，以及“一人股东”作出决定的形式，适用于股份有限公司。

2. 股东会的形式和召开

股东会不是常设机构，分为股东年会和临时股东会两种。

股东年会也称股东常会或普通股东会，日本称为定期总会，是公司于每个会计年度结束后依法必须召开的股东会。《公司法》第 113 条规定，股东会应当每年召开一次年会。有的国家的公司法还规定了股东年会两次会议间隔的最长期限，例如，美国《示范商事公司法》第 7.03 条规定，如果年度会议没有在公司财政年度结束以后的 6 个月内或在上一年度会议后 15 个月内之中较早的时间举行，经任何有权参加年度会议的公司股东申请，公司主营办事处所在地的法院可即时命令召开股东会议。[①]

临时股东会，也称特别股东会，日本称为临时总会。临时股东会是在两次普通股东会之间，遇有特殊情况，临时召开的讨论决定公司一些重大事项的股东会。对于特别股东会的召集事由，各国规定不尽相同。我国《公司法》第 113 条规定，有下列六种情况

① 参见虞政平编译：《美国公司法规精选》，48 页。

之一的，应当在2个月内召开临时股东会会议：(1) 董事人数不足本法规定人数或者公司章程所定人数的2/3时；(2) 公司未弥补的亏损达股本总额1/3时；(3) 单独或者合计持有公司10%以上股份的股东请求时；(4) 董事会认为必要时；(5) 监事会提议召开时；(6) 公司章程规定的其他情形。

《公司法》第114条规定：股东会会议由董事会召集，董事长主持；董事长不能履行职务或者不履行职务的，由副董事长主持；副董事长不能履行职务或者不履行职务的，由过半数的董事共同推举一名董事主持。董事会不能履行或者不履行召集股东会会议职责的，监事会应当及时召集和主持；监事会不召集和主持的，连续90日以上单独或者合计持有公司10%以上股份的股东可以自行召集和主持。单独或者合计持有公司10%以上股份的股东请求召开临时股东会会议的，董事会、监事会应当在收到请求之日起10日内作出是否召开临时股东会会议的决定，并书面答复股东。因此，《公司法》对董事会违反义务不召集股东会，规定了相应的救济措施，即监事会和少数股东的股东会召集权。

《公司法》第115条第1款规定：召开股东会会议，应当将会议召开的时间、地点和审议的事项于会议召开20日前通知各股东；临时股东会会议应当于会议召开15日前通知各股东。发行无记名股票的，应当于会议召开30日前公告会议召开的时间、地点和审议事项。规定股东会召集的通知程序，是为了便于股东按时参加会议，提高股东会会议的出席率及开会效率，也为了防止董事会或控股股东利用突袭手段控制股东会会议，通过不利于中小股东的议案。

《公司法》第115条第2款规定："单独或者合计持有公司百分之一以上股份的股东，可以在股东会会议召开十日前提出临时提案并书面提交董事会。临时提案应当有明确议题和具体决议事项。董事会应当在收到提案后二日内通知其他股东，并将该临时提案提交股东会审议；但临时提案违反法律、行政法规或者公司章程的规定，或者不属于股东会职权范围的除外。公司不得提高提出临时提案股东的持股比例。"此即各国公司法中通行的股东提案权制度。所谓股东提案权，是指股东向股东会提出议题或议案的权利。这项规定或制度，使少数股东得以将其关心的问题提交股东会讨论，实现其对公司决策和经营的参与、监督，有助于提高少数股东在股东会中的主动地位，以免其消极、被动地议事、表决而沦为陪坐者和受气者。

根据《公司法》的规定，股东会不得对上述两种通知中未列明的事项作出决议。公开发行股份的公司，应当以公告方式作出召开股东会会议的通知。

《公司法》对股东会有效召开的法定人数未作规定，这不是立法的疏忽或立法者不察，而是为大股东控制公司提供方便，以利于公司经营和运作的稳定。这既不符合国际通行的做法，也不适应通过股东的合作、制约以健全股份公司法人治理的改革要求。因此，有关法规曾要求应有代表有表决权的股份总数1/2以上的股东出席，公司才可以召开股东会；达不到的，应经过必要的程序，即公司应当在5日内将会议拟审议的事项、会议日期和地点以公告形式再次通知股东，经公告通知，公司方得召开股东会。①

为使股东在股东会召开期间停止流动，并防止股票非正常的临时转移，致使竞选董

① 参见1994年《国务院关于股份有限公司境外募集股份及上市的特别规定》第22条。

事或者监事的人操纵股东会，《公司法》第159条规定：股东会会议召开前20日内或者公司决定分配股利的基准日前5日内，不得变更股东名册。但是，法律、行政法规或者国务院证券监督管理机构对上市公司股东名册变更登记另有规定的，从其规定。

另外，对于无记名股票谁持有谁就享有该股票所代表的股东权利，因此，在允许无记名股票的国家和地区，无记名股票持有人向公司交存股票，是其出席股东会并行使表决权的必要条件。

3. 股东会的决议及表决

股东会的决议分为普通决议和特别决议。普通决议是对公司一般事项和任免董事、监事及决定其报酬事项等所作的决议，只需经出席会议的股东所持表决权过半数通过即可生效。特别决议是股东会就《公司法》中规定的修改公司章程，增加或者减少注册资本，以及公司合并、分立、解散或者变更公司形式等所作的决议，应当经出席会议的股东所持表决权的2/3以上通过。

股东出席股东会会议，所持普通股每一股有一表决权，类别股依其类别决定表决权的大小或有无，公司持有的本公司股份没有表决权。股东行使其表决权，有直接投票制和累积投票制两种。直接投票制是指在行使股东会表决权时，针对某一项决议，股东只能将其持有股份代表的表决票数一次性直接投在这些决议上，这是通常的表决方式。累积投票制则是为了保护小股东权益而采取的一种投票方式，依《公司法》的规定，是指股东会选举董事或者监事时，每一股份拥有与应选董事或者监事人数相同的表决权，股东拥有的表决权可以集中使用。举例而言，假设某公司要选3名董事，公司股份共100股，股东为2人，其中大股东持有67股，另一名股东持有33股。若按直接投票制度，每一股有一个表决权，则控股67%的大股东除能够确保自己提名的2位董事当选外，还可任意否决他所不喜欢的另一名股东提名的董事当选。但如果采取累积投票制，另一名股东可以将其总共99票表决权集中投给自己提名的1名董事，确保其当选。

累积投票制的独特作用在于：一方面，它通过投票数的累积计算，扩大了股东表决权的数量；另一方面，它通过限制表决权的重复使用，限制了大股东对董事、监事选举过程的绝对控制力。① 累积投票制形成于19世纪的美国，20世纪时为其他发达国家的公司法所普遍采用。2002年1月，中国证监会和国家经济贸易委员会出台的《上市公司治理准则》第31条曾就累积投票制作过尝试性规定，规定控股股东控股比例在30%以上的上市公司，应当采用累积投票制，但由于其与2005年修改前的《公司法》不符，在推行中遇到了阻力。现行《公司法》允许依照公司章程的规定或者股东会的决议实行累积投票制，虽然没有强制规定股份有限公司在董事、监事选任上必须实行累积投票制，但也

---

① 也有学者认为，相对于累积投票制保障少数股东选任董事的机会，以防多数派股东把持董事选举而控制全部应选席次的优点，其也可能导致董事会因为少数股东派的董事参与决策而产生意见分歧，阻碍公司的日常运作，董事会无法在和谐、互信及效率的环境中执行职务。加上采用累积投票制，必须进行繁复的计算程序，容易引发有关纷争，增加程序成本。这些都属于累积投票制的缺点。参见林国全：《股份有限公司董事之资格、选任与解任》，载《台湾本土法学杂志》，2002，总第36期。在累积投票制下，应选席次愈少，对小股东愈不利，为避免小股东取得董事席次，进而取得公司经营权的潜在危机，实务中大股东可能以变更章程降低董事人数、分期改选董事、董事不足额选任等方式削弱累积投票制的效果。参见刘连煜：《累积投票制与应选董事人数之缩减》，载《法令月刊》，1995（1）。

为其实施扫清了法律障碍。

股东可以委托代理人出席股东会会议，代理人应当向公司提交股东授权委托书，并在授权范围内行使表决权。

《公司法》第119条规定：股东会应当对所议事项的决定作成会议记录，主持人、出席会议的董事应当在会议记录上签名。会议记录应当与出席股东的签名册及代理出席的委托书一并保存。有的国家对此规定得更为严格，例如，德国《股份法》第130条规定：股东会的任何决议，均应以公证方式对讨论形成的笔录作成证书。董事会应在大会后不迟延地将笔录及其附件的公证誊本提交商业登记。①

案例

"罢董"事件反映了股东的老板意识觉醒

2012年2月7日，由股东大成基金提议，重庆啤酒股份有限公司召开临时股东大会，审议免除董事长黄某贵董事职务的议案，为防发生意外，会场外还配备了警车，成为引起市场广泛关注的一个事件。罢免议案经股东大会投票最终未获得通过。股东本是老板，依法提议罢免董事长本来很正常，何以成为事件？原因无非是公司往往被内部人、大股东或实际控制人操控，股东尤其是中、小股东事实上丧失了"老板"权利和相应的意识，以至于股东大会审议罢免董事长的情形在A股市场上十分罕见。因此，有媒体称，重庆啤酒股份有限公司"罢董"事件是股东意识的觉醒。②

二、董事会

（一）董事会的性质和法律地位

现代公司的重要特征之一是"董事会中心主义"。企业需要一个及时、高效、权威的决策中心，这是董事会中心主义的社会经济基础。也正因为如此，董事会中心主义是企业和社会发展的必然。例如，美国《示范商事公司法》第8.01条规定："公司所有权利均应由董事会或经其授权统一行使，且公司所有的商业经营与事务管理亦均必须集中在董事会的统一指导下，但应遵循公司章程或依股东协议中所作的限制性规定。"③ 但董事会中心主义的结果，则是公司被少数大股东或内部人把持，小股东无法对其施加有效的约束和监督，导致公司效率和竞争力的降低。纠正董事会中心主义的弊端，就是要在法律上强化小股东、职工、债权人和公众等对它的监督和约束。董事会中心主义和加强小股东权益保护是并行不悖的。

需要指出的是，在大陆法系国家，德国模式公司法的董事会是由监事会而不是股东会产生的，它对监事会负责，重要的经营活动还要受监事会直接控制，重要的经营决策

① 参见杜景林、卢谌译：《德国股份法·德国有限责任公司法·德国公司改组法·德国参与决定法》，65页。

② 参见《重啤"罢董"事件是股东意识觉醒》，载《新民晚报》，2012-02-07，A19版。

③ 虞政平编译：《美国公司法规精选》，67页。

是由监事会作出的，所以，这种模式下的大股东控制并不表现为董事会中心主义，而是监事会中心主义。法律上既规定董事会负责公司的经营，又使它受到来自监事会暨股东方面的有效控制和监督，从而使所有权和经营权的分离、制约较为平衡。这种优越性，令传统上不属于德国法体系的欧洲国家在一体化过程中也逐渐采取德国的做法，或将其作为一种法律上可选择的模式。例如，法国原《商事公司法》第 118 条规定，公司可自行在章程中规定采用或不采用德国式的“监事会—董事会”模式，采用者仍受法国公司法中有关股份有限公司的规范调整，但第 89 条～第 117 条规定的董事会制度除外。① 日本《公司法》则进一步发展了其 2002 年商法典修正中形成的“股份公司机关设置的选择制”，于第 326 条～第 328 条规定了股份公司选择设置董事、董事会、监事、监事会、会计参与、会计检查人或委员会等机关所应遵守的规则。②

英美法系的公司法中不存在监事会，代表股东利益对经理层的监督也是在董事会框架下进行的，具体表现为外部董事和董事会中的提名和薪酬委员会、审计委员会，以及董事会之外的股东诉讼等。我国近现代公司法继受了日本传统的董事会与监事会平行的二元模式，根据《公司法》第 67 条、第 120 条的规定，董事会对股东会负责，为公司的执行和经营决策机构，依法对公司进行经营管理。而我国在 2023 年修订《公司法》时，引进了董事会一元制模式，即有限责任公司和股份有限公司均可选择在董事会中设立审计委员会，从而不设监事会或监事的做法。③

（二）董事会的组成

《公司法》规定，股份有限公司的董事由成立大会或者股东会以出席会议的股东所持过半数的表决权同意选举产生，并由全体董事组成董事会。与有限责任公司一样，董事任期由公司章程规定，但每届任期不得超过 3 年。董事任期届满，连选可以连任。董事任期届满未及时改选，或者董事在任期内辞职导致董事会成员低于法定人数的，在改选出的董事就任前，原董事仍应当依照法律、行政法规和公司章程的规定，履行董事职务。

《公司法》第 128 条规定，规模较小或者股东人数较少的股份有限公司，可以不设董事会，设一名董事，行使董事会的职权。

《公司法》规定，股份有限公司董事会成员为 3 人以上。董事会成员中可以有公司职工代表。职工人数 300 人以上的公司，除监事会中有公司职工代表的外，其董事会成员中应当有公司职工代表。董事会中的职工代表由公司职工通过职工代表大会、职工大会或者其他形式民主选举产生。

董事会设董事长一人，可以设副董事长。董事长和副董事长的产生办法由公司章程规定。

董事长召集和主持董事会会议，检查董事会决议的实施情况。副董事长协助董事长工作，董事长不能履行职务或者不履行职务的，由副董事长履行职务；副董事长不能履

---

① 参见李萍译：《法国公司法规范》，73 页。

② 参见于敏、杨东译：《最新日本公司法》，202、203 页。

③ 参见《公司法》第 69 条、第 121 条。

行职务或者不履行职务的，由过半数的董事共同推举一名董事履行职务。

（三）董事会的职权

根据现行《公司法》，该法关于有限责任公司董事会职权的规定，适用于股份有限公司董事会。与有限责任公司一样，股份有限公司的公司章程也可以规定除《公司法》规定的以外的其他董事会职权。

（四）董事会会议

股份有限公司的董事会会议也分为定期会议和临时会议。《公司法》第 123 条规定，董事会会议每年度至少召开 2 次，每次会议应当于会议召开 10 日前通知全体董事和监事。

在定期会议之外，基于公司生产经营管理的需要，可以召开临时董事会会议，以就有关事项及时作出决策。根据《公司法》的规定，代表 1/10 以上表决权的股东、1/3 以上董事或者监事会，可以提议召开临时董事会会议。董事长应当自接到提议后 10 日内，召集和主持董事会会议。由于每个公司的情况不同，《公司法》还授权公司可以另定召集临时董事会会议的通知方式和通知时限。董事会会议的召开必须达到法定人数，根据《公司法》第 124 条的规定，董事会会议应有过半数的董事出席方可举行。否则，会议的召开及其作出的决议无效。

董事会会议应由董事本人出席；董事因故不能出席，可以书面委托其他董事代为出席，委托书中应载明授权范围。之所以不能委托董事以外的其他人代为出席，是因为董事会审议决定的是公司的经营事项，可能涉及公司的商业秘密。在委托书中，应写明所委托的董事的姓名及其出席的具体会议、授权其发表意见及表决的事项等，并签名、盖章。

《公司法》规定，董事会决议应当经全体董事的过半数通过。董事会决议的表决，实行一人一票。董事会应当对会议所议事项的决定作成会议记录，出席会议的董事应当在会议记录上签名。董事应当对董事会的决议承担责任。董事会的决议违反法律、行政法规或者公司章程、股东会决议，致使公司遭受严重损失的，参与决议的董事对公司负赔偿责任。但经证明在表决时曾表明异议并记载于会议记录的，该董事可以免除责任。

针对实践中董事会运作不规范的情况，有关部门曾要求境外上市公司率先规范运作。董事会的决议违反法律、行政法规和公司章程，投赞成票的董事应承担直接责任；对经证明在表决时曾表明异议并记载于会议记录的投反对票的董事，可以免除责任；对在表决中投弃权票或未出席也未委托他人出席的董事不得免除责任；对在讨论中明确提出异议但在表决中未明确投反对票的董事，也不得免除责任。①

---

① 参见国家经济贸易委员会、中国证监会 1999 年颁布的《关于进一步促进境外上市公司规范运作和深化改革的意见》。

三、经理

与有限责任公司“可以”设经理不同，《公司法》第 126 条规定，股份有限公司设经理，即经理是股份公司的必设机关，由其主持公司的生产经营管理工作，组织实施董事会的决策。经理由董事会聘任或者解聘，对董事会负责。公司董事会可以决定由董事会成员兼任经理；股份有限公司只设一名董事的，该董事当然可以兼任公司经理。

四、监事会

（一）监事会的性质及设置

从国外的情况看，与有限责任公司不同的是，德国、日本等大陆法系国家传统上规定监事会是股份有限公司的必设机关，而英美法系国家则均不在董事会之外另设监督机关。

股份有限公司的监事会设置，分为监事会与董事会并列的二元制和由监事会产生董事会的二级制两种。所谓并列的二元制，是指由股东会选出董事会和监事会这两个平行的机关，日本和我国《公司法》规定的监事会，属于这种模式。所谓二级制，又称德国模式，是指由股东会选出监事会作为决策和监督机关，相当于一个常设的小型股东会，再由监事会选任董事，组成董事会，董事会向监事会报告工作，对监事会负责。这种监事会相当于英美法系的董事会。德国式体制的要义，是股东在公司中的利益代表只有一个中心，即监事会。监事会握有董事会的人事大权，并有权就公司经营和财会等各种事项进行全面监督，同时它不直接插手公司的经营管理。德国《股份法》第 111 条第 4 款规定：“不得将业务执行措施移转于监事会。但章程或监事会可以规定，特定种类的行为只有在经其同意时才可以实施。监事会拒绝同意的，董事会可以请求，由股东大会对同意进行决议。股东大会同意的决议，需经至少包括所投票数的3/4 的多数的同意。章程既不能规定另一个多数，也不能规定其他的要件。”[①] 在实践中，德国的公司即普遍利用该款法律规定，为监事会或监事介入公司经营提供依据。如果监事会不同意董事会的某项动议，没有实权的董事会要获得股东大会 3/4 多数的投票权以通过决议，从而推翻监事会的决定，这几乎是不可能的。

从基于股东共同利益进行监督的实践效果看，二元制基本上不起作用，而二级制和英美法系不设监事会的做法较佳。因为在二元制下，由于董事会在公司经营管理中的核心地位和主导作用，监事会在信息上不对称，监事会成员作为内部人又在“饭碗”上受制于董事，所以名义上与董事会平行的监事会难以切实、有效地对董事和经理实行监督。事实上，在股东人数较少的有限责任公司（包括股东不多的股份有限公司），只需在法律暨司法上保障股东能相互监督即可，监事会或监事对其本来就是一种形式主义的要求。对于投资社会化、股东众多的股份公司来说，由于我国近代以来形成了董事会作为公司

---

① 杜景林、卢谌译：《德国股份法・德国有限责任公司法・德国公司改组法・德国参与决定法》，54 页。

经营管理中心的传统，观念和法律上难以接受监事会高于董事会、董事会服从监事会的做法，因而采纳德国的二级制模式是不可行的。鉴于有效监督的关键在于监督者既要能代表股东的共同利益，又不能受制于被监督者，与被监督者之间不能有利害关系，借鉴英美法系外部董事或独立董事的经验，以及日本在二元制模式改革中关于监事会中应有外部监事的规定，我国2023年修订《公司法》时缓和了股份有限公司必须设监事会的要求，允许股份有限公司在二元制的监事会和英美法的董事会一元制之间任选其一。

《公司法》第130条规定：除董事会中设审计委员会或由于规模较小或者股东人数较少只设一名监事外，股份有限公司设监事会，监事会成员为3人以上。监事会应当包括股东代表和适当比例的公司职工代表，其中职工代表的比例不得低于1/3，具体比例由公司章程规定。监事会中的职工代表由公司职工通过职工代表大会、职工大会或者其他形式民主选举产生。监事会设主席一人，与有限责任公司不同的是，股份有限公司的监事会可以设副主席。监事会主席和副主席由全体监事过半数选举产生。监事会主席召集和主持监事会会议；监事会主席不能履行职务或者不履行职务的，由监事会副主席召集和主持监事会会议；监事会副主席不能履行职务或者不履行职务的，由过半数的监事共同推举一名监事召集和主持监事会会议。董事、高级管理人员不得兼任监事。

（二）监事会的任期及职权

根据《公司法》的规定，股份有限公司监事的任期和监事会职权，与《公司法》对有限责任公司监事会和监事的相关规定相同。监事任期为3年，任期届满后连选可以连任。公司不设监事会、只设一名监事的，由该监事行使《公司法》规定的监事会职权。此外，与有限责任公司一样，监事会或者监事行使职权所必需的费用，由公司承担。

（三）监事会会议及决议

《公司法》第132条规定：监事会每6个月至少召开一次会议。监事可以提议召开临时监事会会议。

监事会的议事方式和表决程序，除《公司法》有规定的外，由公司章程规定。监事会按一人一票表决，决议应当经全体监事过半数通过。监事会应当将对所议事项的决定作成会议记录，出席会议的监事应当在会议记录上签名。

第四节　上市公司

一、上市公司的概念

根据股份有限公司的股票是否在证券交易所交易，可以将其分为上市公司和非上市公司。上市公司是指其股票在证券交易所上市交易的股份有限公司。由于上市公司的股东人数众多，股票公开挂牌交易，其运作及股票交易活动会对广大公众投资者的利益和证券市场秩序带来重大影响，因而需要从法律上对股票上市条件、交易规则，对上市公司组织机构的特殊要求以及信息披露制度等作出规定。

公司上市与证券法相衔接，《公司法》于2005年修订后，有关股份有限公司申请股票上市的条件、股票上市的程序以及股票上市的暂停和终止等内容都被纳入《证券法》，《公司法》只对上市公司的组织机构和信息公开等作了相关规定。

二、上市公司组织机构的特别规定

（一）上市公司需经股东会决议的重大事项

《公司法》第116条规定了股份有限公司股东会会议的一般决议事项和特别决议事项，也适用于上市公司。由于上市公司股东人数众多，股本规模大，重大的资产变动会产生较大的风险，因而给公司的长期经营和广大股东的长远利益带来影响，据此，《公司法》第135条规定，上市公司在1年内购买、出售重大资产①或者向他人提供担保的金额超过公司资产总额30%的，也应当由股东会作出决议，并经出席会议的股东所持表决权的2/3以上通过。

（二）上市公司的独立董事

1. 独立董事的概念及意义

独立董事又称外部董事、独立非执行董事，是独立于公司的管理层，不存在与公司有任何可能严重影响其作出独立判断的交易和关系的非全日制工作的董事。独立董事不像内部董事那样直接受制于公司的控股股东，也不直接受制于公司的高级管理层，因此，有利于在董事会决策时基于自身独立判断表达意见。由于公司尤其是国有公司被大股东或内部人控制的情况严重，董事会中往往缺乏有效的制衡，因而虽然《公司法》规定了董事的忠实和勤勉义务，并曾规定监事会或监事是公司必设机关，但实践中监事会功能弱化，董事义务和责任虚化，大股东和内部人等通过关联交易输送利益、侵占公司财产、内外勾结操纵股价等“掏空公司”，不一而足，损害了公司及中小股东的利益，并危及企业改革的前程。在此背景下，我国在上市公司中引入了独立董事制度。

独立董事是美国在20世纪的公司实践中逐渐产生的，即一些人除担任董事职务外并不在公司任职，不是公司内部人。纽约证券交易所于1977年首先建立独立董事制度，要求每一个到该交易所上市的公司“在不迟于1978年6月30日以前设立并维持一个全部由独立董事组成的审计委员会，这些独立董事不得与管理层有任何会影响他们作为委员会成员独立判断的关系”。我国香港联交所于1993年提出对独立非执行董事的要求，即

---

① 中国证监会《关于上市公司重大购买、出售、置换资产若干问题的通知》（已失效）规定，“上市公司重大购买、出售、置换资产的行为”是指上市公司购买、出售、置换资产达到下列标准之一的情形：（1）购买、出售、置换入的资产总额占上市公司最近一个会计年度经审计的合并报表总资产的比例达50%以上；（2）购买、出售、置换入的资产净额（资产扣除所承担的负债）占上市公司最近一个会计年度经审计的合并报表净资产的比例达50%以上；（3）购买、出售、置换入的资产在最近一个会计年度所产生的主营业务收入占上市公司最近一个会计年度经审计的合并报表主营业务收入的比例达50%以上。上市公司在12个月内连续对同一或相关资产分次购买、出售、置换的，以其累计数计算购买、出售、置换的数额。

每家上市公司董事会至少要有 2 名独立的非执行董事。在英美法系国家或地区，公司实行授权资本制，不设监事会，法律上对公司也没有最低注册资本等要求，因此，在公司及其法制实践中，相应地发展了独立的会计师审计、公司秘书、独立董事等行之有效的公司治理制度或机制。到 20 世纪 90 年代，公司中设独立董事的做法在英美法国家或地区日益普遍、规范。

中国证监会《上市公司独立董事管理办法》（以下简称《独董管理办法》）第 2 条规定，上市公司独立董事是指不在上市公司担任除董事外的其他职务，并与其所受聘的上市公司及其主要股东、实际控制人不存在直接或者间接利害关系，或者其他可能影响其进行独立客观判断关系的董事。其功能在于：第一，董事会可以利用独立董事提高董事会的形象和整体水平，独立董事通过其专业性和权威性，能在某些方面弥补董事会成员构成的不足；第二，独立董事能对大股东推荐的董事长起到牵制和平衡作用，有利于形成规范的工作程序；第三，我国上市公司存在着大股东或实际控制人滥权以及老板不到位的现象，建立独立董事制度，有助于规范和完善公司法人治理，促进上市公司建立现代企业制度。

2. 我国上市公司独立董事制度的相关规定

按照美国的做法，独立董事的职能主要是审计、内部董事和高级管理层人选提名并决定其薪酬，而不参加公司的经营决策和管理，行使职能的方式往往是参加董事会下设的审计委员会、提名委员会和薪酬委员会。

1988 年，我国 H 股公司率先按照香港联交所的要求设立独立董事。1997 年，中国证监会发布《上市公司章程指引》，称“公司根据需要，可以设独立董事”。1999 年，国家经贸委和中国证监会联合发布《关于进一步促进境外上市公司规范运作和深化改革的意见》，要求境外上市公司增加外部董事的比重，设两名以上独立董事（独立于公司股东且不在公司内部任职的董事），独立董事发表的意见应在董事会决议中列明，公司的关联交易须由独立董事签字后方能生效，两名以上的独立董事可以提议召开临时股东会，独立董事也可以直接向股东会、证监会和其他部门报告情况。之后，一些 A 股、B 股上市公司也逐步实行独立董事制度。2001 年中国证监会发布《关于在上市公司建立独立董事制度的指导意见》，要求在 2002 年 6 月 30 日前，董事会成员中应当至少包括 2 名独立董事，2003 年 6 月 30 日前董事会成员中应当至少包括 1/3 的独立董事。截至 2020 年底，沪深 A 股上市公司共有独立董事 13 222 名。[①]

按《独董管理办法》的规定，上市公司独立董事占董事会成员的比例不得低于 1/3，独立董事中至少要有一名会计专业人士。独立董事的独立性，表现在其不得与所担任独立董事的公司间存在利害关系，比如不得是在上市公司或者其附属企业任职的人员及其配偶、父母、子女、主要社会关系，不得是直接或间接持有上市公司已发行股份 1%以上或者是上市公司前 10 名股东中的自然人股东及其配偶、父母、子女，不得是在直接或间接持有上市公司已发行股份 5%以上的股东或者在上市公司前 5 名股东任职的人员及其

---

① 参见黄清：《独立董事在中国特色现代公司治理中的定位》，腾讯网，http：//new.qq.com/rain/a/20210531A010 TX00，访问日期：2021－06－12。

父母、子女，不得是最近一年内曾经具有《独董管理办法》所列举不得担任独董情形的人员，以及法律、行政法规、中国证监会规定、证券交易所业务规则和公司章程规定的不具备独立性的其他人员。

上市公司应当在董事会中设置审计委员会，其中独立董事应当过半数，由独立董事中的会计专业人士担任召集人；可以根据需要在董事会中设置提名、薪酬与考核、战略等专门委员会；提名委员会、薪酬与考核委员会中独立董事应当过半数，并担任召集人。

独立董事除履行一般董事的职权外，经全体独立董事过半数同意，还可行使认可应当披露的关联交易，聘请中介机构对上市公司具体事项进行审计、咨询或者核查，提议召开董事会会议和临时股东会会议，公开征集股东权利等职权；并通过独立董事专门会议或者独立董事占多数且担任召集人的董事会提名委员会、薪酬与考核委员会，就董事提名或任免、高级管理人员聘任或解聘、董事和高级管理人员的薪酬等，向董事会提出建议；以及通过独立董事占多数且担任召集人的董事会审计委员会，审核公司财务信息及其披露、监督及评估内外部审计工作和内部控制情况，经审计委员会全体成员过半数同意后，提交董事会审议。

独立董事的任期与公司其他董事的相同，但其连任时间不得超过 6 年。独立董事连续两次未出席董事会会议，也不委托其他独立董事代为出席的，由董事会提议股东会解除其独立董事职务。

独立董事的津贴的标准由董事会制订方案，经股东会审议通过，并在公司年报中进行披露。此外，独立董事不得从其所任职公司及其主要股东、实际控制人或有利害关系的单位和人员处取得其他利益。

独立董事制度是我国企业改革中进行的一项探索，对改善上市公司治理业已发挥一定的作用。然而，由于独立董事制度移植自外国，是舶来品，因此还存在“水土不服”的问题，主要表现为独立董事任职的内在驱动和约束不足。美国的独立董事仅仅是外部董事，不要求其与公司不存在利害关系，他们一般都是股东，投资收益是其参与公司治理和监督的驱动力，同时也是公司如果被内部人控制甚至“掏空”“搞砸”的直接受害者。独立董事制度传播到新加坡等地后，则要求独立董事具有较高的社会地位和声誉，起到一种独立董事与其所任职公司一荣俱荣、一损俱损的效果，以独立董事的“面子伤不起”作为其在公司治理中发挥监督作用的内在驱动和约束。而我国引进独立董事制度后，出现了独立董事“职业化”的趋势，既不允许持有较大比例股份的股东担任独立董事，要求其不得持股或者只能持有所任职公司极小的股份，绝大多数独立董事也没有社会名望，无法以其声誉作为其忠实勤勉履职的保证，不存在“伤不起的面子”，起不到像新加坡等地的独立董事那种以声誉作为履职“担保”的作用。因此，相对微薄的报酬不足以作为利益驱动，作为外部约束的证券监管则无法促使独立董事深入充分了解公司相关信息和运行状况并在此基础上履行职务，从而导致独立董事制度的形式大于实质，背离了以此促进和完善上市公司治理的初衷。由上所述，建立健全独立董事与其所任职公司及职务间的实质性利害关联，是我国独立董事制度进一步发展完善的关键所在。

（三）董事会秘书

1. 董事会秘书的概念

董事会秘书是具有中国特色的一个概念或做法，源自英美法系公司法上的公司秘书。按照英美法系公司法的惯常做法，公司必须配备秘书，但公司秘书并不是公司的雇员，而是依法为公司提供秘书服务的第三人，其地位与公司依法聘任的注册会计师相仿。秘书既可以由自然人担任，也可以由公司担任，但必须是公司注册地的公民或居民，其职责主要是在政府和公司间上传下达，参加董事会和股东会并进行记录，对某些文件进行认证，对股票的转让进行记录，保存公司的账簿和登记簿等。公司秘书既对公司承担契约义务，也直接对政府和法律负责，如果违反法定义务，则可能受到政府的处罚乃至承担刑事责任。

由于境外上市公司的主要上市地香港、纽约都属于英美法系，为适应这些地方的法律要求，有关上市公司必须设置“公司秘书”。但在引进公司秘书制度过程中，公司秘书成了“董事会秘书”，由为公司提供秘书服务的第三人变成了公司雇员，仅具公司秘书的外表，而丧失了公司秘书在英美法中原本具有的对公司遵纪守法施加一种外部制衡和约束的功能，例如：1993 年国家体改委发布的《到香港上市公司章程必备条款》规定，董事会秘书为公司的高级管理人员；1994 年国务院证券委员会和国家体改委发布的《到境外上市公司章程必备条款》（已失效）也强调董事会秘书是公司的高级管理人员，由董事会委任，其主要职责是保管文件、向国家有关部门递交文件、保证股东名册妥善设立、确保有关人员及时得到有关记录和文件。

2. 我国关于上市公司董事会秘书的若干规定

1997 年 12 月，中国证监会发布《上市公司章程指引》（2025 年修订），要求所有上市公司都必须配备董事会秘书，在我国上市公司中建立了董事会秘书制度，确立了董事会秘书在上市公司中的地位和作用。根据《上市公司章程指引》，董事会设董事会秘书。其主要职责是：负责公司股东会和董事会会议的筹备、文件保管以及股东资料管理，办理信息披露等事宜。公司董事或者其他高级管理人员可以兼任公司董事会秘书。公司聘请的会计师事务所的注册会计师和律师事务所的律师不得兼任公司董事会秘书。董事会秘书由董事长提名，经董事会聘任或者解聘。董事兼任董事会秘书的，如果某一行为需由董事、董事会秘书分别作出，则该兼任董事及公司董事会秘书的人不得以双重身份作出。

《公司法》于 2005 年修订时，对实践中的董事会秘书做法在法律上加以认可，在第 124 条规定，上市公司设董事会秘书，负责公司股东会和董事会会议的筹备、文件保管以及公司股东资料的管理，办理信息披露事务等事宜；第 217 条规定，公司高级管理人员包括董事会秘书，从而将上市公司董事会秘书是高级管理人员这一中国特色的做法上升为法律制度。

（四）关联董事表决回避

董事与董事会会议决议事项所涉及的企业有关联关系的，应当回避董事会会议对该事项的表决。这也是董事忠实义务的一种体现。因为如果董事与董事会会议表决事项所涉及的企业存在关联关系，董事个人与公司存在利益冲突，该董事就有可能在该项表决中牺牲公司的利益而为自己或他人谋求利益。因此，《公司法》第139条规定：上市公司董事与董事会会议决议事项所涉及的企业或个人有关联关系的，该董事应当及时向董事会书面报告。有关联关系的董事不得对该项决议行使表决权，也不得代理其他董事行使表决权。该董事会会议由过半数的无关联关系董事出席即可举行，董事会会议所作决议须经无关联关系董事过半数通过。出席董事会会议的无关联关系董事人数不足3人的，应当将该事项提交上市公司股东会审议。

同时，根据该条规定，董事会表决与董事有关联关系的事项，应当有过半数的无关联董事出席，方可举行董事会会议，而董事会会议对该类事项作出决议须经无关联关系董事过半数通过，以此保证无关联关系董事对此类关联交易事项的监督，以及有关董事会决议能够公正、合理地体现上市公司利益。

三、上市公司股票的交易及其暂停与终止

2005年，《公司法》和《证券法》同时修订，《公司法》中有关股票上市和交易的条款都并入《证券法》中。现行《公司法》第165条规定："上市公司的股票，依照有关法律、行政法规及证券交易所交易规则上市交易。"

根据《证券法》第46、47条的规定，申请证券上市交易，应当向证券交易所提出申请，由证券交易所依法审核同意，并由双方签订上市协议；还应当符合证券交易所上市规则规定的上市条件，上市条件应当对发行人的经营年限、财务状况、最低公开发行比例和公司治理、诚信记录等提出要求。根据《证券法》的规定，上市公司的股票交易应当采用公开的集中交易方式或者国务院证券监督管理机构批准的其他方式进行。上市公司应当依法披露信息，禁止内幕交易和其他不正当交易，对上市公司的收购应当符合法律规定的程序，等等。《证券法》、有关证券监督的行政法规以及证券交易所的业务规则中关于上市公司股票交易的规定，都是上市公司股票进行交易时应当遵守的规则。

上市公司股票的自由、正常交易是一种常态，但是当出现了特定情形时，再任由上市公司股票在市场中自由交易就会出现各种弊端。《证券法》规定：上市公司发生证券交易所规定的终止上市情形的，由证券交易所按照业务规则终止其股票上市交易；证券交易所决定终止股票上市交易的，应当及时公告，并报国务院证券监督管理机构备案。

案例

A股上市公司欺诈发行退市第一股

丹东欣泰电气股份有限公司（以下简称欣泰电气）2014年在深圳证券交易所创业板上市。2016年6月，中国证监会向其发出《行政处罚和市场禁入事先告知书》，认定其报送的IPO申请文件中相关财务数据存在虚假记载；上市后披露的定期报告中也存在虚假记载和重大遗漏，其中"2013年年度报告""2014年半年度报告""2014年年度报告"

中存在虚假记载，“2014年年度报告”中存在重大遗漏。同年7月，中国证监会正式认定欣泰电气属欺诈发行，深交所对其启动强制退市程序，2017年8月，欣泰电气股票终止交易，成为A股上市公司欺诈发行退市第一股。

四、上市公司信息公开

上市公司基于证券市场的信用而生存发展，因此，它的任何可能对投资者作出买卖或不买卖其股票的决定具有影响的信息都应依法公开，以取信于投资者、债权人、公众和政府。《公司法》第166条规定，“上市公司应当依照法律、行政法规的规定披露相关信息”，包括其财务状况、经营情况及重大诉讼，每会计年度内半年公布一次财务会计报告等。

上市公司应当披露的信息包括（但不限于）：招股说明书；财务会计报告；定期报告，包括年度报告、中期报告；临时报告，包括重大事件公告和上市公司收购公告。

（一）定期报告

（1）中期报告。《证券法》规定：上市公司应当在每一会计年度的上半年结束之日起2个月内，向国务院证券监督管理机构和证券交易所报送中期报告，并予公告。中期报告的内容应当包括：公司财务会计报告和经营情况；涉及公司的重大诉讼事项；已发行的股票、公司债券变动情况；提交股东会审议的重要事项；国务院证券监督管理机构规定的其他事项。

（2）年度报告。《证券法》规定：上市公司应当在每一会计年度结束之日起4个月内，向国务院证券监督管理机构和证券交易所报送年度报告，并予公告。年度报告的内容应当包括：公司概况；公司财务会计报告和经营情况；董事、监事、高级管理人员简介及其持股情况；已发行的股票、公司债券情况；公司的实际控制人；国务院证券监督管理机构规定的其他事项。其中的年度财务会计报告，应当经符合《证券法》规定的会计师事务所审计。

（二）临时报告

1. 重大事件公告

凡发生可能对上市公司及其股票交易价格产生较大影响的重大事件，投资者尚未得知时，上市公司应当立即将有关该重大事件的情况向国务院证券监督管理机构和证券交易所报送临时报告，并予公告，说明事件的起因、目前的状态和可能产生的法律后果。

《证券法》第80条第2款对重大事件作了列举：公司的经营方针和经营范围的重大变化；公司的重大投资行为，公司在1年内购买、出售重大资产超过公司资产总额的30%，或者公司营业用主要资产的抵押、质押、出售或者报废一次超过该资产的30%；公司订立重要合同、提供重大担保或者从事关联交易，可能对公司的资产、负债、权益和经营成果产生重要影响；公司发生重大债务和未能清偿到期重大债务的违约情况；公司发生重大亏损或者重大损失；公司生产经营的外部条件发生的重大变化；公司的董事、1/3以上监事或者经理发生变动，董事长或者经理无法履行职责；持有公司5%以上股份的股东或者实际控制人持有股份或者控制公司的情况发生较大变化，公司的实际控制人及其控制的其他企业从事与公司相同或者相似业务的情况发生较大变化；公司分配股利、增资的计划，公司股权结构的重要变化，公司减资、合并、分立、解散及申请破产的决定，或者依法进入破产程序、被责令关闭；涉及公司的重大诉讼、仲裁，股东会、董事会决议被依法撤销或者宣告无效；公司涉嫌犯罪被依法立案调查，公司的控股股东、实际控制人、董事、监事、高级管理人员涉嫌犯罪被依法采取强制措施；国务院证券监督管理机构规定的其他事项。

公司的控股股东或者实际控制人对重大事件的发生、进展产生较大影响的，应当及时将其知悉的有关情况书面告知公司，并配合公司履行信息披露义务。

2. 上市公司收购公告

上市公司收购公告有两种情况及不同的意义：一种是为了稳定证券市场秩序和上市公司的正常经营，在上市公司收购过程中依法进行公告，以防股市被操纵或发生重大波动、被收购公司的运作受到干扰；另一种是收购完成后将股东和公司变动的情况进行公告。

（1）收购过程中的公告。

其中又分上市收购中的公告和协议收购的公告。

第一，上市收购中的公告。《证券法》规定：通过证券交易所的证券交易，投资者持有或者通过协议、其他安排与他人共同持有一个上市公司已发行的有表决权股份达到5%时，应当在该事实发生之日起3日内，向国务院证券监督管理机构、证券交易所作出书面报告，通知该上市公司，并予公告；在上述期限内，除国务院证券监督管理机构规定的情形外，不得再行买卖该上市公司的股票。投资者持有或者通过协议、其他安排与他人共同持有一个上市公司已发行的有表决权股份达到5%后，其所持该上市公司已发行的有表决权股份比例每增加或者减少5%，应当同样进行报告和公告。投资者持有或者通过协议、其他安排与他人共同持有一个上市公司已发行的有表决权股份达到5%后，其所持该上市公司已发行的有表决权股份比例每增加或者减少1%，应当在该事实发生的次日通知该上市公司，并予公告。

通过证券交易所的证券交易，投资者持有或者通过协议、其他安排与他人共同持有一个上市公司已发行的有表决权股份达到30%时，继续进行收购的，应当依法向该上市公司所有股东发出收购上市公司全部或者部分股份的要约，并公告上市公司收购报告书，收购报告书应当载明：收购人的名称、住所，收购人关于收购的决定，被收购的上市公司名称，收购目的，收购股份的详细名称和预定收购的股份数额，收购期限、收购价格，收购所需资金金额及资金保证，公告上市公司收购报告书时持有被收购公司股份数占该公司已发行的股份总数的比例。

第二，协议收购的公告。《证券法》第71条第2款、第3款规定：以协议方式收购上市公司时，达成协议后，收购人必须在3日内将该收购协议向国务院证券监督管理机构及证券交易所作出书面报告，并予公告。在公告前不得履行收购协议。

（2）收购完成后的公告。

《证券法》第 76 条第 2 款规定，收购行为完成后，收购人应当在 15 日内将收购情况报告国务院证券监督管理机构和证券交易所，并予公告。

信息披露义务人未按照规定披露信息，或者公告的证券发行文件、定期报告、临时报告及其他信息披露资料存在虚假记载、误导性陈述或者重大遗漏，致使投资者在证券交易中遭受损失的，信息披露义务人应当承担赔偿责任；发行人的控股股东、实际控制人、董事、监事、高级管理人员和其他直接责任人员以及保荐人、承销的证券公司及其直接责任人员，应当与发行人承担连带赔偿责任，但是能够证明自己没有过错的除外。

依法披露的信息，应当在证券交易场所的网站和符合国务院证券监督管理机构规定条件的媒体发布，同时将其置备于公司住所、证券交易所，供社会公众查阅。

问题与思考

1. 股份有限公司的设立条件有哪些？
2. 简述股份有限公司的设立程序。
3. 简述股份和股票的概念。
4. 对股份和股票可以作哪些分类？
5. 股份或股票发行的原则、条件和程序如何？
6. 股份或股票转让应遵守哪些主要法律规定？
7. 股份有限公司的组织机构应如何完善？
8. 股票上市的条件和程序是什么？
9. 上市公司信息披露制度的主要内容有哪些？
10.《证券法》关于股票上市交易终止是如何规定的？

第八章

国有企业法

本章摘要

计划经济传统的国有企业是指由中央或地方一个财政主体或一个国有企、事业单位所设立，隶属于某主管部门或主管单位，适用《全民所有制企业法》的企业。随着国有企业改革的深化，我国国有企业的概念日益与国际接轨，它是指中央或地方政府经由投资暨资本联系所控制或可施加重大影响，对其全部或部分拥有所有者权益的企业。在改革开放中，我国针对国有企业改革提出了“建立现代企业制度”的命题。从法律关系的角度看，在实质方面，现代企业必须具备所有者支配和企业及其资本经营的市场化、契约化这两个一般要素；而对于国有企业或由公有主体主导的企业来说，要建立现代企业制度，还需要第三个特殊要素，就是国家要有一套高效、廉洁的文官制度，以科学、有效地实现公有财产经营管理中各级各种角色的设置、约束、激励，使所有者的意志和利益得以在各层级所有者权益承担者与企业之间有效地传导。此外，孜孜以求一个摒弃了愚昧、野蛮、迷信、身份和超经济强制的现代社会，则是现代企业的根本要素。经过多年发展，公司已经成为我国国有企业的主要形式，《公司法》对国家出资公司（国有独资公司、国有资本控股公司）作了专门规定。在普通公司立法中对国有企业作专门规定，是对传统商事公司立法或制度的一种突破。

关键术语

国有企业　国营企业　国营事业　绝对控股　相对控股　外派监事会　稽查特派员　公法人企业　“单列资产”　直营事业　特殊法人　第三部门　法定机构　国家参与制企业　单纯国有企业　国有资本参股企业　单一主体投资国有企业　多元主体投资国有企业　国有企业法人　非法人国有企业　竞争性国有企业　非竞争性国有企业　《工业七十条》　“鞍钢宪法”　承包经营责任制　厂长（经理）负责制　“老三会”　党委会　职工代表大会　工会　企业管理委员会　“一长制”　CEO（Chief Executive Officer，首席执行官）　债转股　企业重整制度

第一节　国有企业法概述

一、国有企业的概念和特征

（一）国有企业的概念

国有企业的概念比较复杂。广义而言，国有企业是指中央或地方政府得对其施加支配性影响的企业；较为狭义的或顾名思义而言，国有企业是指中央或地方政府经由投资暨资本联系所控制，对其全部或部分拥有所有者权益的企业；再狭义一些，依国际惯例，国有企业仅指中央或联邦投资或参与控制的企业，不包括地方投资经营或参控的企业；在我国还有一个特定的、最狭义的国有企业概念，即由中央或地方的一个财政主体或一个国有企事业单位设立，适用《全民所有制企业法》的非公司制企业。在市场化改革中，国有企业的概念已悄然发生变化，《全民所有制企业法》的作用和适用趋于弱化，国有企业与公司制已经融为一体。

新中国成立以来的传统，是把“国有企业”称作“国营企业”，1982 年颁布的《宪法》在未经修改之前，其第 16 条的规定可以作为历史见证。在经济体制改革中，将国有财产的所有权和经营权分开，出现了由企业或个人承包、租赁经营国营企业，以及国有资产实行中外合资、合作和内资股份制经营的情形。鉴于“国营”的概念不符合企业改革的要求，且已名不副实，所以，从 20 世纪 80 年代中期起，学者主张将国营企业改称为国有企业。[①] 后来这一意见逐渐为政策、法规所采纳。法律上首先改变国营企业称谓的是 1986 年的《民法通则》，其中采用了“全民所有制企业”的概念；接着于 1988 年正式制定了《全民所有制企业法》，专对“全民所有制”工业企业进行调整。1993 年八届全国人大一次会议对《宪法》进行修改，正式采纳了“国有企业”“国有经济”的提法。1993 年 3 月 29 日，八届全国人大一次会议通过《中华人民共和国宪法修正案》，根据该修正案第 8 条的规定，原来《宪法》第 16 条“国营企业在服从国家的统一领导和全面完成国家计划的前提下，在法律规定的范围内，有经营管理的自主权。国营企业依照法律规定，通过职工代表大会和其他形式，实行民主管理”的规定修改为：“国有企业在法律规定的范围内有权自主经营。国有企业依照法律规定，通过职工代表大会和其他形式，实行民主管理。”

另外，长期以来，国有企业在我国具有特定的含义。它是指在计划经济时期设立或者虽于改革开放以后成立但是适用《全民所有制企业法》，而非适用《公司法》、“三资”企业法等的企业；适用《企业国有资产法》的称为国有独资企业；适用《公司法》的国有资本独资企业则为国有独资公司。在市场经济发展中，经济联合和股份制得到广泛发展，不同的财政主体和国有企业纷纷投资合营新的企业，原国有企业也越来越多地实行股份制和中外合资、公私合营的改组。对于在此情况下应如何界定国有企业，我国目前

① 参见史际春：《论经营管理权》，载佟柔主编：《论国家所有权》，北京，中国政法大学出版社，1987。

在政策、法规和实践中已体现出与国际惯例接轨的趋向。

按照国际惯例，在某一企业的资本中，国有资产投资或持股份额超过50%的，该企业就是国有企业。例如，德国财政统计上将公共机构（联邦、州、市镇等各级政府）拥有多数资本或多数投票权的企业划为公共企业①，即国有企业；韩国1984年颁行的《国有企业管理法》第2条明文规定，国有企业包括政府投资企业和“政府投资达到或超过50%的企业”。此外，为某一由政府参股或倡导设立的企业制定特别法本身，就是贯彻国家或政府关于该企业的特殊意志，因此，适用这类特别法的企业，即使政府出资不到50%，通常也被认定为国有企业。

除遵循把国家所持股份和表决权超过50%的企业划为国有企业的原则外，发达国家或地区也把国家参股未达50%，但国家实际上可加以控制的企业归入国有企业。除前文所述德国和韩国的情况外，美国1935年的《公用事业控股公司法》规定，任何公司已发行的有表决权的股票中如果有10%以上为另一公司掌握时，该公司即为另一公司的子公司，另一公司则为该公司的母公司或控股公司。② 欧洲共同体委员会《关于企业透明度条例》对此作了更加明确的表述，其第2条规定，凡“政府当局可以凭借它对企业的所有权、控股权或管理条例，对其施加直接或间接的支配性影响”的企业，都是公共企业。③ 根据这一条，即使国家不拥有一个企业的多数股本或投票权，但如果国家派往企业的代表在企业的领导、管理和监督部门的成员中居于多数，也推定国家对该企业可以施加支配性影响，从而认定其为国有企业。

关于国有资产控股或控制的企业，原国家国有资产管理局在1994年发布的《股份有限公司国有股权管理暂行办法》中，要求国有企业进行股份制改组时，要保证国家股或国有独资（公司）企业在原国有企业中的控股地位。国有股权控股分为国有股权持股比例超过50%的“绝对控股”，以及在股权分散的情况下，国有股权持股比例高于30%、低于50%，国家对企业具有控制性影响的“相对控股”。在《审计法》中，也把对“国有资本占控股地位或者主导地位的企业、金融机构的资产、负债、损益以及其他财务收支情况，进行审计监督”，与国有企业及国有金融机构的审计并列规定。④ 随着改革的深化和国企建立现代企业制度，国有企业与“国有公司”的概念已趋于融合。

从原则上说，国有企业应该包括国家或政府根据资本联系，可以对其实施控制或控制性影响的各种企业。从操作上说，除国有独资和国有资产出资超过50%的企业外，对于国有资产出资不到50%者，有两种情况也应认定为国有企业。一种情况是几个股东对企业的出资份额大体相当，且都不超过50%，这时可将第一大股东是国有主体的企业认定为国有企业；另一种情况是国有主体通过任何安排能够实际支配企业的行为或者足以对其产生重大影响。《企业国有资产法》所称的“国有资本参股公司”即属这两种情况，因为如果国有主体对所参股的企业连实际控制或重大影响都不具有的话，原则上就不应

① 参见［德］迪特尔·格罗塞尔：《德意志联邦共和国经济政策及实践》，222页，上海，上海翻译出版公司，1992。

② 参见张忠军：《国有公司的法理学思考》，载《法律科学》，1995（5）。

③ 参见欧洲共同体文件1980L195/35、1985L229/20。

④ 参见《审计法》第22条。

对该企业投资参股，否则不啻用国有财产赞助私人牟利。不过，对中外合资的公司，考虑到涉外经济关系的特点，且中外合营伙伴间的利益制衡在一定程度上抵消了公有制的固有倾向，因此，即使国有资产在企业资本中占多数比例，也不宜称为国有企业，而只需依法将其国有资本纳入国有资产管理的范畴即可。但如果外资仅是财务投资，只是为了获取资本回报，不过问、不参与企业的决策和经营管理，例如，外国基金和公众对国有主体控股的股份公司投资的，则仍可按一般原则，将这种股份公司划为国有企业的范畴。

在其他国家还有一个与国有企业相关的“公共企业”的概念，其含义较广，也较为模糊。按照德国的通常理解，公共企业除指由联邦和地方政府以及国有企业拥有或参股的企业外，还包括直接承担政策和法律规定的义务，具有一定的垄断性或非竞争性的为私人所有或控股的企业，如政府特许的交通和供电企业，它们有义务应客户的要求与之签订合同，并遵守经政府批准及公布的收费标准。日本则通常把中央和地方政府直接经营或控制的国有企业、地方公营企业和依特别法成立的企事业法人，称为公共企业；政府与民间依民商法设立的公司，以及政府特许经营的民营公益性企业，则不属于公共企业的范畴。因此，公共企业的概念强调的是企业的公共性，而不强调企业的归属，但由于公共事业主要是由政府兴办或发起兴办，故而公共企业与国有企业的概念在外延上基本上是吻合的，主要包括中央和地方政府所有或以控股、参股等各种方式控制的企业。

综上所述，较为确切地说，国有企业的概念一方面要能说明企业与国家之间存在着资本联系，即以投资与被投资形式表现出来的所有权关系（不是静态的物的支配关系）；另一方面应表明企业受国家控制，完全不受中央或地方政府经由资本联系所控制的企业不应算作国有企业。

（二）国有企业的特征

由以上的概念分析可以看出，国有企业具有以下基本特征。

（1）国有企业的资本全部或部分地来源于国家，也即国家是企业的“老板”或企业主。至于国家在企业股本中占有多少份额，该企业才算是国有企业，这一方面要视国家需要占有多少份额才能控制企业而定，也取决于一国政策和法律的具体规定。譬如在日本，受民商法调整的公私合营企业被称为“第三部门”，政府对其投资达到25%以上，但因法律和政策上将其与民营企业同等对待，不加特别的优待或限制，所以，不被列为公共企业或国有企业。[①]

（2）国有企业在不同程度上受中央或地方政府的控制，其行为必须符合或不违背政府的意志和利益。这也是国家或国有主体投资经营企业的目的所在。与一般投资者一样，中央或地方政府以及其他国有主体投资于企业时，也应追求盈利或某种政策目标，若其投资以后即不再关心投资收益和资产的利用，就等于是把钱财交给他人掌管、谋利，自己的利益也操纵在他人手里，无异于把钱财馈赠与他人。反之，国家或国有主体投资以后，就不再或不能对其投资的企业施加决定性影响的话，该企业也就不应该再被视为国

① 参见中国社会科学院工业经济研究所、日本总合研究所：《现代日本经济事典》，586、587、591页。

有企业了。譬如国有企业如果被外商收购控股，成为境外公司的子公司，就不再是国有企业，中国政府对其就只剩下社会管理者和在国有资产管理的意义上对中方股东进行管理的身份了。前面曾说到，日本不把“第三部门”当作公共企业，原因就在于此。显然，若非出于一定的经济目的或其他目的，政府或国有主体是不会投资于一家民营或私有的企业，而不再关心自己的投资的。

（3）国有企业及其运行与国有资产管理制度相联系。既然国家和具体国有主体必须对其投资的企业施加所有者的影响，则国有企业制度包括国有主体投资的公司，必然要同国有资产管理、运营的制度联系在一起。也就是说，国有企业不可能也不应该完全没有行政性，这在欧美发达国家也不例外。

案例

美国进出口银行

美国进出口银行是旨在促进和扶持美国的商品、服务出口的政策性国有企业。其前身是1934年依哥伦比亚特区法律设立的华盛顿进出口银行，后来适用《1945年进出口银行法》并依该法改为联邦注册，1968年改称现名。该行行长和7名董事会成员均由总统提名并经参议院批准。董事中5名为专职董事，不得有3人以上为同一党派；另外2名是商务部长和美国贸易代表，属不具有表决权的当然董事。

国有企业的行政特性，使得它容易遭受政府的不适当管控。这种特性，又往往导致企业本身的官僚作风和经营亏损，使国家财政背上包袱，并引起公众的不满。这是当代各国，包括西方国家在内，要对国有企业进行改革的主要动因。由以公有制为主导的国情和历史因素所决定，我国还有一个不同于西方国家的国情，就是国有企业多数存在于竞争性领域，在改革中又不可能人为地使之完全退出竞争性领域。而发达资本主义国家的国有企业多存在于非竞争性领域，它们无论在数量上还是在国民经济中所占的地位和份额，都不可与我国的国有企业相提并论。因此，如何在保持国家和国有投资主体对企业实施控制的同时，使竞争性的国有企业能够在市场经济环境中畅快地追求利润，并造福于社会，这是我国国有企业改革仍待解决的重要问题。

（4）国有企业法及其适用具有政策性。《全民所有制企业法》具有过渡性质，在国有企业建立现代企业制度的探索中，需要将国有财产投资、经营性国有资产管理与公司法和行政体制等“无缝”衔接，这就使对国有企业的法律调整表现出浓郁的政策性和政府主导性。譬如在改革中对国有企业实行承包租赁及相应的财会措施，外派监事会或稽查特派员，进行破产重组，实施经营者薪酬制和审计，设立国资委以明确出资人，采行“党管干部”“党管企业”的方式及其改革等，都是实践先行。即使在发达国家，鉴于国家作为政权承担者和社会管理者等多重身份，国有企业在适用法律中也不乏政策性和政府主导性，国有企业法的政策性是各国普遍存在的，如法国政府与大型国有企业签订相当于承包合同的“企业合同”，美国政府普遍地采取由私人承租或承包国营事业及相应的做法，各国在私有化中确定出售国有企业的方式和范围以及私有化以后企业的经营方式等，基本上都由政府“自由裁量”进行操作。其中除改革和探索的因素外，政府投资经营与市场的衔接及相应的公共行政的授权性为其根本原因。

二、国有企业的分类

按照法律的规定和学理的标准，可以将国有企业作不同的分类。各种划分在理论上和实践中都具有一定的意义。

(一) 国有企业分类概述

法律上对一般企业的分类，是以企业资本的构成和企业及其投资者承担责任的特点为基本标准。从我国和国际上的情况看，对国有企业的基本法律分类，则是以国家对企业的控制程度为标准。这样做，同时也能反映企业及其投资者或股东（主要是国家）对企业债务承担责任的方式或特点。

西方学者一般把国有企业分为三类：第一类是政府及其部门控制的没有独立人格的企业，其财务在一定程度上与政府预算有直接联系；第二类是公法人企业，系指依照专门的法律设立和经营的国有企业；第三类是政府控制的商事公司，即依照私法设立和经营，政府作为股东，依民商法暨公司法参与其决策和经营的企业，例如，在沃尔夫·弗里德曼所著的《国际比较法百科全书·公有企业（政府企业）》一书中，就作了这样的分类。① 关于前两类企业，由于各国的传统、管理模式和政策的不同，其分类没有固定模式，可因国别不同而有很大的差异，但总的来说它们属于非竞争性或政策性经营的企业；后一类国有企业则可以适用普通企业法和一般的企业分类，政府除对企业及其公派人员实行廉政监督等之外，对企业的设立和运作通常不作特殊规定。随着我国经济体制改革不断深化，企业制度逐渐与国际惯例接轨，西方学者关于国有企业的一般分类，与我国国有企业的情况也逐渐接近，故而值得我们借鉴。

(二) 若干发达国家对国有企业的分类

1. 德国国有企业的分类

德国在法律上把国有企业分为公法上的国有企业和私法上的国有企业两大类。② 公法上的国有企业，是指依照国家的专门法律或行政命令设立的，隶属于政府或相对自主经营的国有企业。私法上的国有企业，是指按照私法（民商法）上的公司法设立和经营管理的国有企业，多采股份有限公司和有限责任公司的形式，即国家在私法的范围内通过掌握股份、委派董事、聘任经理等方式控制的国有企业。

公法上的国有企业，依其不同的法律地位或独立于政府的程度，又可以分为四类。第一类是具有独立法人地位，拥有自主经营管理权的公法自主机构。这类企业主要是金融和信贷机构，它们有自己的章程和注册资本，有独立于政府的股东会、董事会、管理

---

① 参见［德］沃尔夫·弗里德曼：《各国公有企业的法律形式》，载《法学译丛》，1991（1）。
② 参见［德］迪特尔·格罗塞尔：《德意志联邦共和国经济政策及实践》，222、223页。

委员会等组织机构。德国联邦中央银行、复兴信贷银行、财政负担平衡银行、住宅建设信贷银行、农业信贷银行和市政储蓄所等，属于公法自主机构。第二类是自主化的特殊资产。这类企业不是独立的法人，但其资产独立于政府预算，实行单独核算，在人事和经营上有自主权。它们主要包括城镇的公用事业，私有化改革前的联邦铁路也属此类。第三类是组织上和财务上均不独立的市镇直控企业。这类企业的收支纳入市镇财政预算，实际上是政府的一个部门，主要为小城镇的公用事业、屠宰、园艺、公墓、机关食堂等单位。第四类是所谓“经济联合体”，这是德国特有的一个概念，是指毗邻的城镇或州联合投资经营的交通、水电等公用事业企业。

2. 日本国有企业的分类①

日本将国有企业分为直营事业、特殊法人和第三部门，其中直营事业和特殊法人统称“公共企业”。

直营事业是指中央和地方政府直接经营管理的企业。其中，中央直接经营的领域为邮政、造币、印刷、国有林业、酒类专卖等“五现业”，有关机构原则上实行企业化经营，独立核算，但实行不同于一般会计的特别会计。地方政府直接经营的企业又称“公营事业”，其经营领域不受限制，可以从事一切有益于地方的活动。其中自来水、工业用水、铁路运输、汽车运输、地方铁路、电力、煤气七项为地方“法定事业”，适用《地方公营企业法》。地方公营医疗事业在财务方面与法定事业相同。公营事业设专职管理人员，实行独立核算。

特殊法人是指依专门法律设立的经营法人，在日本包括公社、公团、事业团、公库、金库、特殊银行、营团、特殊公司和其他特殊法人。在 20 世纪 80 年代的民营化改革以前，日本有日本国有铁道公社、日本专卖公社、日本电信电话公社“三公社”。公社的预算均置于国会的直接控制之下。实行民营后，“三公社”改为由国家控股的股份公司，公社作为中央国有企业的一种形式已不复存在；但地方仍有公社，如承担保障房建设管理职责的住宅公社。

公团是涉及国计民生的政策性开发机构，曾经有水资源开发、森林开发、石油、日本住宅、道路等公团，在民营化中也改为公司或倾向于商业化经营。比如日本道路公团解散，转制为 6 家高速公路经营管理公司；日本石油公团与金属矿业事业团合并为石油天然气・金属矿产资源机构（JOGMEC），性质上为独立行政法人。鉴于许多应由政府承担职责来兴办或从事的事业不适合以政府组织形式运营，又因涉及国计民生或国家利益，不宜采取非政府组织即社会团体的形式，行政法人制度在日本应运而生。日本的行政法人相当于我国承担政府职能或任务的事业单位及政策性企业。

事业团是承担某种政府职能或任务的特殊法人，如日本科学技术振兴事业团、日本运输施设整备事业团、私立学校振兴—共济事业团等，在独立行政法人化改革中多改组成为行政法人，如日本运输施设整备事业团与铁道建设公团合并为日本铁道建设・运输施设整备支援机构（JRTT），为中国人熟悉的还有日本国际协力事业团改为日本国际协力机构（JICA）、日本贸易振兴事业团改成日本贸易振兴机构（JETRO），等等。

---

① 参见中国社会科学院工业经济研究所、日本总合研究所：《现代日本经济事典》，586～592 页。

公库是由日本中央政府投资、专对特定对象发放政策性低息贷款的金融机构，如国有金融公库、住宅金融公库、中小企业金融公库、农林渔业金融公库等。公库的独立核算程度也比较低，其预算和决算要置于国会的控制之下。

特殊银行法人包括日本开发银行和日本进出口银行两家，其性质与公库类似，系由政府全额出资，任务是对特定对象发放政策性低息贷款。特殊银行的预算和决算由国会控制，但其从事业务时与公库相比有较大的自主权。

金库包括农林中央金库和商工组合中央金库两家。农林中央金库专事向所属的农林渔业合作社贷款；商工组合中央金库专事向所属的中、小企业团体贷款，其贷款无须提供担保。金库除由政府投资外，主要由其所属的团体投资。农林中央金库中的政府投资虽然已全部偿还，但仍维持着执行国家政策的公共企业的地位。

特殊公司是指特殊法人中采取股份公司形式的企业，如日本航空公司、改革后的日本烟草产业株式会社、日本电信电话株式会社等。特殊公司多由国家和民间共同投资：有的由政府持股过半；有的政府投资未达半数，但仍由政府控制；还有一些公司中虽然没有政府的直接投资，但是由其他公共企业投资。

除以上特殊法人外，日本还有其他形式的特殊法人，包括“基金”“协会”“振兴会”、国立研究所等。

“第三部门”是指由国家和地方政府、民间企业共同投资设立的企业，政府在其中的投资超过25%。对这类企业，法律和政策不加专门的扶持、监督或限制，而由民商法调整。其领域涉及观光娱乐、流通、交通辅助设施、土地开发等。

另外，日本有两种非公共企业，国家并未对其投资，但其因在较大程度上受到国家的控制监督而具有类似国有企业的地位。其中一种是“认可法人”，系由民间倡议设立，经国家特别批准成立的法人。其组织形式不采取民法上的法人形式，如日本银行（中央银行）、日本红十字会等。另一种是国家授权私人经营的电力、煤气、地方铁路、公路运输、航空等企业，它们在价格、经营方式和经营领域等方面，要受政府的控制。

3. 新加坡国有企业的分类①

根据政府资本参与企业的形式和程度的不同，新加坡的国有企业可以分为三类。

第一类是法定机构，它们依专门立法而设立、运作，兼有行政管理职能。其主要任务是从事公共设施的开发建设，被称为“半国营企业”。这类机构有裕廊集团、建屋发展局、经济发展局、金融管理局等。法定机构执行国家的发展政策，较多地受到国家的直接控制，如裕廊集团隶属于新加坡贸工部，与其他法定机构一样，需要由其所属部为其制定经营目标和发展政策，任免其董事会的成员。

第二类是政府根据公司法设立的控股公司，以控股、参股众多的政联公司。其中淡马锡控股公司国际知名，堪称政府控股公司的典范，另有前述新加坡科技控股公司、国家发展部控股公司、太平保健控股公司和新加坡政府投资有限公司等。

第三类是政府控股公司拥有全部或部分股份的政联公司。政府控股公司对政联公司

---

① 参见陈乔之等：《新加坡的宏观经济管理》，212～224页，广州，广东人民出版社，1992；史际春等：《企业国有资产法理解与适用》，58～60页，北京，中国法制出版社，2009。

持有的股份从 5%到 100%不等。这类企业由国有资本间接介入，不受国家直接管控，也不享受国家补贴，适用民商事法律和与一般私人企业相同的会计制度。

4. 美国国有企业的租赁和承包经营形式①

美国的国有企业有政府直接控制、政府参股和出租或承包经营等形式。

美国联邦政府对其直接控制的国有企业、公司，也采取由主管部、局任命其董事会或主要负责人，确定对企业提供贷款、补贴的数额和方式，规定企业提供的产品和劳务的价格等做法。美国进出口银行就是这样一家政府企业。

美国对国有的企业、机构普遍采取由私人承租或承包的方式经营。政府对出租的企业保留所有权，由承租的私人企业向政府支付租金；在出租期间，政府还向经营者提供流动资金，方法是提供预付款、按生产进度给予政府贷款，以及由政府担保向商业银行贷款等。美国政府还将公用事业发包给私人经营，资金由政府提供。采取这种经营方式的主要是城市和州政府的环境卫生、供水、废水处理、公共急救、医院、公园和其他公共场所管理、公路管理等政府单位；甚至把消防、监狱等机构也委托给私人经营管理。

美国对于联邦政府参股的企业，不采取主管部门直接管理的办法，而主要是由政府采取项目招标的方式，选择一个或几个政府参股的企业作为主承包商，再由主承包商主持将订货或承包任务分包给其他企业，并由主承包商就项目的完成对国家承担责任。开发一项新产品、新技术如新一代战斗机等军事项目时，联邦政府往往同时向数家接受研制任务的参股企业提供研究资金，然后根据研究成果择优选择主承包商，从而使企业承担部分开发研制风险，在企业间引进竞争机制。

5. 法国和意大利的国有企业类型②

法国的国有企业从国家的控股方式和资本构成上看，也有直接控制和间接控制、全资控制和参股控制之分。

按照管理的需要，法国还明确地把国有企业分为竞争性国有企业和非竞争性（垄断性）国有企业。非竞争性国有企业提供的产品或劳务不存在市场竞争或不允许其有竞争，所以，对其实行较大程度的直接控制，需要由部长会议任命企业的董事长，企业的预决算和经营计划需要由主管部门批准，企业的投资权受政府的控制和限制，企业的产品和劳务实行国家定价，等等。竞争性国有企业则无论在设立和组织上是依据公法抑或私法，它们在生产经营和投资方面都享有较大的自主权，并且根据民商法和竞争法参与市场竞争。制造业、化工、冶金等行业的国有企业，多属于竞争性国有企业。

意大利国有企业的类型与新加坡相似，基本上分为国家参与制企业和非国家参与制企业两大类。

国家参与制企业系统的结构是：由国会参与决定和任命主要控股公司的负责人，审

---

① 参见史际春：《国有资产管理国际惯例》，载《国际惯例书库》，第 3 卷；史际春等：《企业国有资产法理解与适用》，56、57 页，北京，中国法制出版社，2009。

② 参见史际春：《国有资产管理国际惯例》，载《国际惯例书库》，第 3 卷；史际春等：《企业国有资产法理解与适用》，57、58 页。

批其预算和经营规划；政府设立国家参与部，相当于国家控股总公司，主要职责是通过控股公司管理其管辖范围内的国有股份，提名或任命各控股公司的负责人，指导、监督、协调各控股公司的活动；政府经济规划部际委员会和产业政策部际委员会负责国家参与制企业的重大决策，协调参与部与其他政府部门的关系；国家审计院负责监督国家控股公司的经济和金融活动。参与部之下则为参与制企业集团，各集团的总部分别是国家控股公司，国家控股公司通过按行业组织的次级控股公司，控制直接从事生产经营的基层参与制企业。

国家控股公司是从事资本经营活动的投资公司，依照专门的法律设立，资本全部属于国家，主要职责是指导、协调各子公司的投资、经营和生产活动，向子公司提供必要的财政支持、信用担保和其他服务，选任子公司的主要负责人；次级控股公司由国家控股公司控制半数以上的股份，它们可以是股份有限公司，既可以从事投资及持股活动，也可以直接从事生产经营活动；基层参与制企业则由次级控股公司控股或参股，它们直接从事生产经营活动，多为股份有限公司或有限责任公司。基层参与制企业与次级控股公司均按照民商法参与市场竞争。

非国家参与制企业，则是中央或地方政府直接投资经营的国有企业，包括中央政府投资经营的烟草、公路和邮政企业，市镇政府投资经营的供水、供电、公共交通、污水处理等公用事业企业，以及作为独立法人的国家电力公司、国家保险公司、国有的商业和信贷银行等企业。

（三）我国国有企业的分类

国有企业分类的标准有很多，按照其行业，可以分为国有的工业企业、金融企业、商业企业、农业企业、林业企业、建筑业企业、交通运输企业、邮政企业、电信企业；按照其提供的服务是否具有公用性，可以分为国有的公用事业企业和非公用事业企业；按照其参与市场竞争的程度，可以分为竞争性国有企业和非竞争性国有企业等。2015 年国务院国资委、财政部、国家发展和改革委员会《关于国有企业功能界定与分类的指导意见》，则将国有企业分为公益类和商业类两大类。借鉴国际上对国有企业的分类，在此主要从法学和法律关系的角度，对我国国有企业作若干分类。

1. 普通国有企业和特殊国有企业

我国一直以来并无“法定”机构或企业的概念和做法，所以正如西方国家自 20 世纪 80 年代开始的改革之后的情形，划分国有企业之普通抑或特殊，主要是以企业职能是否特殊为标准，当然职能特殊的企业仍可能较多地适用法律的特殊规定、政策和行政的规范。

普通国有企业的特征是具有营利性或竞争性，它们直接从事生产经营活动，在改革开放中摆脱了行政桎梏，成为市场活动中同时也是国有经济的一支活跃的力量。按照国内外国有企业改革的共同趋势，国家放弃对这类企业及其经营的直接行政管理，仅在普通企业法的范围内以所有者或出资人身份对其保持控制或重大影响，任由其依照普通企业法，与一般市场主体一道参与市场竞争。

特殊国有企业承担涉及国计民生、国家安全等特殊任务或者政策性职能，如铁路总公司、邮政集团公司、建设兵团、政策性银行、军工和航天企业等，也包括地方公用事业企业、投资开发平台等。

这种分类的意义在于，普通国有企业以营利和资本的增值为目的，依法参与市场竞争，国家不对其直接施加行政约束，一般不要求其承担政策性义务，也终将不给予其特别的扶持、资助或优惠。特殊国有企业则在较大程度上受到政策、公众利益及国家为其规定的特殊任务的约束，不能单纯地以营利为目的从事活动，政府在不同程度上以行政或政策手段对其施加直接影响，在企业发生政策性亏损或执行政策对企业利益有减损时，财政也会给予弥补或以其他方式予以调整。

2. 单纯国有企业和国有资本参与的企业

按照企业的资本是否全部来源于国有资产，可以将国有企业分为单纯国有企业和国有资本参与的企业。在我国，国有企业在改革开放之前都是单纯国有企业，尤其是按条块分割的、作为行政机关附属物的企业。目前，单纯国有企业还包括依《公司法》设立的国有独资公司和股东均为国有主体的其他公司。国有资本参与的企业则为国家授权投资的机构、部门或国有企事业单位与集体、个人和外商合资经营的各种类型的企业。

这种分类的意义在于，从公有制与市场经济接轨，使国有资产纳入市场运行，以市场为基础对其进行配置的要求出发，应当着力对传统的单纯国有企业进行改革，使之多数成为多元主体出资的普通企业，尤其是国有主体与非国有主体合资经营的、“混合所有制”的国有资本参与的企业。换言之，在市场经济条件下，由国有资产投资设立新的企业时，如果没有特别的政策或公益性考虑，应当优先设立国有控股、参股的普通企业或公司，而尽量不要设立单纯的国有企业。当然，在我国公有制占主导地位的情况下，由不同财政主体或国有单位联合投资经营企业，对于公有财产利用、决策的分散化和民主化，也是具有重要意义的。但是无论如何，不同所有制的资本联合经营的企业，依靠所有者对其资本保值、增值的关心而促使企业有效经营的内在动力，要比单纯国有资本的企业大得多。

3. 传统国有企业和国有公司制企业

这是我国国有企业的一种特殊分类。传统国有企业适用《全民所有制企业法》，当前需要着重根据法律和政策，落实其法人财产权和现代企业法人的经营、激励、监督机制，比如建立董事会，条件成熟的应尽快改制，以成为市场化生产经营和投资的主体；对于适用《公司法》及相关法律、法规的国有企业，则要求从政府到企业，都按照现代企业制度的要求，使公司制依法运行，得以发挥其平衡和制约各方面权益之长处，并根据实践中出现的问题不断加以完善。

4. 单一主体投资的国有企业和多元主体投资的国有企业

按照企业的投资者是一个还是多个主体，可以将国有企业分为单一主体投资的国有企业和多元主体投资的国有企业。投资主体既可以是中央和地方各级政府、其他有权投资设立或参与企业的机关，也可以是企事业单位和个人。

单一主体投资的国有企业，属于《全民所有制企业法》或国有独资公司制度调整的范围，其制度简单，权益制衡因素较小，投资主体比较容易对企业施加直接控制。这既是国有企业传统上滋生弊端的根源，也是在市场经济条件下对某些行业和国有控股公司等国有企业实行国有独资的理由。

不同主体联合投资的国有企业，既包括单纯国有主体或国有资产投资的企业，也包括其他所有制主体参股的国有主体控股公司。即使是前者，由于我国的财政和国有资产是分级管理或管辖的——这也是国际惯例，因而不同国有主体均具有相对独立的利益，它们在国有资产管理权限、义务和责任方面都是不同的，相互间存在着利益上的矛盾甚至冲突。当它们合资经营企业时，需要在对立、协调的基础上形成统一意志，共同经营、共担风险及共享利益。在中国这样一个人口众多、幅员辽阔而发展不平衡的大国，在市场和资本关系的客观规律作用下，承认每一个国有主体的相对独立利益，是一个不可回避且必须承认其重要价值的一个课题。原先为适应“条条块块”下“主管部门—企业”的经典模式而制定的《全民所有制企业法》，无法胜任对不同主体投资经营企业时的内外部组织关系进行调整，而需要将其纳入公司法调整的范畴。

5. 国有企业法人和非法人国有企业

依《全民所有制企业法》和《公司法》等法律的规定，我国的国有企业都是法人，但不排除国有企业也可以是非法人企业。如国有主体也可以合伙经营或联营，按各自的出资比例或者协议的约定，以各自的财产承担民事责任或者连带责任。

6. 营利性、竞争性的国有企业和政策性、非竞争性的国有企业

按照企业是否以营利为要旨，和一般民营企业一样参与市场竞争，可以把国有企业分为营利性、竞争性的国有企业和政策性、非竞争性的国有企业。这种分类主要具有经济学上的意义，但它与国有企业的法律形式和法律关系的确定，也有直接的联系。在改革中，国有企业要面向市场自主经营，这是没有疑问的。但是人们也越来越认识到，对国有企业的改革，并不能“一刀切”，而需要分门别类，为其确定不同的发展方向和经营模式。

对于采矿、铁道等具有自然垄断性的国有企业，航天、军工、石油等关系国计民生的国有企业，供电、供水、城市公共交通、邮政等具有公用性的国有企业，开发、进出口信贷及担保等政策性经营的国有企业，为了保证国家和社会的利益，主要需由中央或地方政府直接或直接授权有关机构投资经营这类企业，其竞争必然也要受到限制。在法律上，这类企业多为特殊企业，其职能、价格等受到相关法律、政策或政府的直接规制。

对于大多数竞争性的国有企业，则可以放手由具体的国有企事业单位或其他财政主体，或者由政府控股、参股的企业投资经营，任其在不违法的前提下逐利。在法律适用上，可由《全民所有制企业法》《公司法》对其作一般规范，国家无须直接过问其经营活动，此外辅之以一般的国有资产管理监督、廉政监督、行业监管、市场监督和司法监督即可。

（四）关于公益性和商业性

公益性是指具有公共利益性质。公益性可以是一种主观追求，比如邮政和电信、电力的普遍服务；也可能是客观上符合或者有利于公共利益，比如以营利性方式提供水电、道路和公交等公用服务。商业性是指采取有偿提供产品或服务、注重商业推广的方式经营，竞争性或非竞争性企业都可以是商业性的，比如政策性银行也应以商业性方式经营。

公益性与商业性并非对立，国有企业都具有公益性：首先，即使是营利性国有企业，其利润也不是用于私人消费或投资，而是用于扩大再生产或纳入公共财政、用于公共目的，如修桥铺路、社会保障等，以此也可遏制乃至缩小贫富差距；其次，国有企业天然地承担社会责任，企业社会责任是企业在守法的基础上对利益相关者和社区、国家承担公众所期待的更高道义责任，国企和国资的所有者是全体人民，法律上的所有权人是国家，而每个公民都是全民和国家的一分子，所以即使国有企业遵纪守法了，民众仍有权对其“指手画脚、说三道四”，而对私营企业，只要其遵纪守法了，公众就无权再予置喙，或者“说了也白说”，企业可不予理会；最后，国有企业还可直接追求国家利益或实现国家职能如主权基金及其投资、印钞造币、战略储备等，以及提供公共产品和准公共产品，如高铁、保障房、非商业性邮政电信和运输等。

而公益性国有企业在市场经济条件下都要尽可能商业性运营，不计成本是不可持续的。何况就具体国有企业而言，其公益性和商业性是不可分割的，比如铁路、民航、电力、电信、邮政等在商业性经营的同时都承担着公益性任务。所以，将国有企业划分为公益类和商业类或者说公益性国有企业或商业性国有企业，并不十分科学，既不符合实际，也不具有可操作性。

三、我国国有企业法及其现状

按照对企业法定义的套路，国有企业法是指调整国有企业内、外部组织关系的法，也可以有形式的和实质的、狭义的和广义的之分。

形式的国有企业法，是指以国有企业为名，调整国有企业关系的专门法律，在我国就是《全民所有制企业法》和《公司法》中关于全民所有制工业企业、国家出资公司、国有独资公司等的规定。实质的国有企业法，则泛指各种调整国有企业组织关系的法。它既包括全国人大及其常务委员会制定颁行的法律，如《全民所有制企业法》《企业国有资产法》，也包括国务院及其部门制定的法规、规章和地方性法规；既包括调整单纯国有企业，尤其是传统国有企业的法律、法规，也包括调整国有公司、国有企业联营、国有商业银行、国有保险公司等企业关系的法规规章；既包括直接调整上述企业关系的法律规范，也包括相关的法人制度、国有经营性资产管理制度等。

狭义的国有企业法，是指调整普通国有企业的法律规范，尤其是调整单纯全民所有制企业的法。它与形式意义上的国有企业法不完全相当，在规范上不限于某个单行法律、法规的规定，而是调整普通国有企业的法的总称。除系统的或专门规定国有企业的法律、法规外，还包括相关法律、法规和有关规章制度。广义国有企业法的概念，则涵盖了调整普通国有企业和特殊国有企业的各种法律规范，在外延上与实质国有企业法的概念是一致的。但它相对的是人们一般所称的国有企业法，除包括普通企业法范畴内有关全民所有制企业、公司、银行、保险公司、国有主体同其他主体合资和合作、法人制度、国有资产管理等法律法规外，还涵盖调整特殊国有企业的有关法规、规章和规范性文件。

新中国成立以后的一段时期内，由于法律虚无主义和人治传统的影响，我国对国有企业没有立法，完全用政策和行政手段进行调整。即使与苏联、东欧国家相比，这种情况也是不正常的。行政手段的调整表现为中央和地方党政的各种规定、指示、命令、通知等。

改革开放以后，从最高领导到普通百姓都深感法制的重要，从“国营工厂法”起草到《公司法》的颁行，我国逐步建立了国有企业的法制。《全民所有制企业法》《公司法》《企业国有资产法》是现行关于国有企业的核心法律。

我国的国有企业法大致由以下六个方面构成。

(1)《宪法》的有关规定。《宪法》是规定我国各项社会经济制度的基本法，它对国有企业也作出了原则性的规定。《宪法》第 7 条规定，国有经济，即社会主义全民所有制经济，是国民经济中的主导力量。国家保障国有经济的巩固和发展。这是实行社会主义制度的经济宣言。国有经济要以国有企业的活动支撑，《宪法》在第 16 条作出的相应规定是：国有企业在法律规定的范围内有权自主经营；并依照法律规定，通过职工代表大会和其他形式，实行民主管理。

(2)《全民所有制企业法》及其配套法规。沿袭着传统体制的国有企业，由扩大经营自主权开始，进行改革探索，《全民所有制企业法》及其配套法规在其调整中仍具有一定的作用。随着改革的深化，其适用范围越来越小，直至消失。

(3)《公司法》及其相关法规和有关国有企业改制的法规。公司法和商业银行法、保险法调整各种所有制主体包括国有主体的投资经营活动；而针对国有企业改革和国有主体活动的法规和规章，也是我国国有企业法的组成部分，如《国有资产评估管理办法》、《国务院关于股份有限公司境外募集股份及上市的特别规定》（已失效）等。

(4)《企业国有资产法》及其相关法规、规章。这是国家关于如何通过政府行使国有资本所有权和出资人权利，并与《公司法》和《全民所有制企业法》相衔接的法律。其核心是国务院和地方分别授权国资委或其他机构承担国有资本出资人职能。相关法规、规章如各级国资委颁布的规章和规范性文件等。

(5) 有关特殊国有企业的法规。如前所述，我国的特殊企业法不甚发达，这方面主要是国务院有关设立和管理诸如政策性银行、中央汇金投资有限公司、中国投资有限公司、有关军工和航天等特殊企业的决定和规章等；此外，《邮政法》、《铁路法》和《中国人民银行法》等也具有某种特殊企业法的性质。

(6) 与国有企业法密切相关的其他法律、法规。有些法律、法规，从理论上说并不属于国有企业法，如破产法、社会保障法等，但其中也有许多内容与国有企业法不可截然分开。如在《企业破产法》正式颁布之前，《企业破产法（试行）》专门适用于国有企业，其中就有关于企业整顿、企业与主管机关的关系、企业经营责任等规定。另外，企业职工养老保险、失业保险等社会保障制度，与国有企业及其财务制度的关系十分密切。

第二节　建立现代企业制度与国有企业改革

一、现代企业制度的要素

在改革开放中，我国针对国有企业改革提出了“建立现代企业制度”的命题。这就要求我们在把握现代企业制度一般规律的基础上，找出国有企业建立现代企业制度的诸要素，以此指导改革实践。党的十四届三中全会通过《中共中央关于建立社会主义市场经济体制若干问题的决定》，把现代企业制度表述为“产权清晰、权责明确、政企分开、管理科学”十六个字。而从法律关系的角度看，现代企业制度表现为实质和形式两个方面。

从实质方面看，能够及时、有效地应对复杂多变的市场，选择合适的市场经营领域进退自如，进能盈利，退能将损失降到最低程度的现代企业，必须具备两个要素。

第一，所有者支配，即企业切实为其投资者所控制，并服从其意志和利益进行运作。在所有权、财产权、私有制、私有权仍将长期存在的条件下，不能实现所有者支配或者说“无主”的企业是没有其存在合理性的，否则企业的一时兴旺红火也是不合逻辑的偶然现象。我国国有企业长期以来的一个主要弊端就是忽视了它的全民或国有性质，过分强调职工是企业的“主人”，以至于在企业财产及其剩余价值究竟归谁——国家、企业抑或劳动集体所有的问题上模糊不清。企业改革，从某种程度上说就是要在国有企业关系中引进资本因素，使劳动服从于资本，强调企业从普通职工到厂长（经理）之于全民和国家的“打工者”地位，换言之，要适当淡化职工的“主人翁”的地位和意识。当然，在企业为本企业员工出资的情况下，“所有者支配”也要求企业切实为其员工所控制。

第二，企业及其资本经营的市场化、契约化，使所有者得以从供略大于求的劳动力市场上自由挑选合意的企业经营者，从而保证企业的有效经营管理及其投资的保值、增值。现代企业的一个特点是“所有”与“经营”可以分离，所有者可以事必躬亲直接经营其企业，正如比尔·盖茨曾长期亲自担任微软的CEO，但是如果他（她）不愿意、不能够或者没有专业才能经营企业，则可以从职业企业家阶层提供的经营者后备军中，选择一个最适合经营其企业暨财产的经营者劳动力，并且可以根据其意愿随时更换。否则，如果企业都必须由所有者亲自经营，或者所有者难以控制其企业经营者的选任和去留的话，这样的企业是不能适应市场经济环境的。

以上是现代企业的两个一般要素，换言之，对于私有制及其主导的企业来说，只要满足以上两个要素，即可确立现代企业制度。然而，对于国有企业或由公有主体主导的企业来说，要建立现代企业制度，还需要第三个特殊要素，就是国家要有一套高效、廉洁的文官制度。这是因为国有暨公有财产的重要特点之一，就是“产权不明晰”。它没有天然的人格化的产权主体，对于任何公有主体的个别成员（自然人或个别机构、团体）而言，企业及其财产或者说产权的客体既是我的又不是我的，既是你的又不是你的，涉及企业所有和经营的各种角色包括出资者、股东、董事、监事、经理等，都是由法律或制度设置及模拟出来的，而不是天然的。譬如在国有企业中担当出资者或股东角色的人，本身并不是真正的老板，而是和经理一样都是某种“代理人”，都是给国家和人民打工的。如果缺乏一套高效、廉洁的文官制度，以科学、有效地实现对公有财产经营中各种角色的设置、约束、激励，使所有者的意志和利益得以在各层级所有者代表与企业之间有效地传导的话，这就必然会导致国有企业暨公有财产经营中的角色不清和普遍错位、漠不关心、扯皮拖拉，甚至化公为私、分光吃光等。

而且，现代企业是存在于现代社会之中的。所谓现代社会，简言之是建立在信用、契约、科学和法治的基础之上，摒弃了愚昧、野蛮、迷信、身份和超经济强制，不再有唐诗中所描绘的宫市使以劣绢“系向牛头充炭直”等现象的社会。孜孜以求造就一个现代文明的社会大环境，当然也是我国现代企业制度建设的一个更为基本的条件，或者说现代社会是现代企业的最基本的要素。

从形式方面看，则除自然人独资企业外，合伙企业、有限责任的公司、国有独资企业等，都可以满足现代企业的实质要件，成为现代企业的有效组织形式。

二、我国国有企业建立现代企业制度的改革

只要能够在国家所有权人的支配和约束下，适应市场环境实行科学管理，其行为不违背人民的根本利益，这样的国有企业也就达到了现代企业的境界。因此，对于国有企业而言，国有加上现代企业制度的实质要件，即构成现代企业制度，采取何种法律组织形式则是比较次要的因素。除个人独资企业以外的各种企业组织形式，都可以作为现代国有企业的组织形式。

个人独资企业之所以不能作为现代企业的组织形式，是因为这种企业形式天然地具有身份性质，它与企业出资者或老板个人的能力、信用、道德、家庭和亲属关系、健康和生命等不可分割地联系在一起，法律上亦不要求其分开。合伙则既可以是依赖身份关系的家族性经营等，也可以完全摒弃身份和血缘的羁绊，按照科学管理和市场经济的要求建立优良的企业文化，例如，拥有数千乃至万余合伙人的安达信、永道、德勤等国际性大会计师事务所，就是合伙作为现代企业的典范。在各种公司形式中，股份有限公司的组织管理制度比较稳定，信用度较高，一般而言不取决于自然人的能力和信用。有鉴于此，在现代市场经济社会中，股份有限公司是各行业大企业的基本组织形式，在经济中起着主导作用。有限责任公司和其他公司如果不以家族身份等而以制度为主导的话，则也都可以成为现代企业的组织形式。

现代企业不同于传统企业的一个根本方面在于层级组织、大规模的纵向一体化，从而使生产、销售、市场开拓和技术开发被纳入统一的管理，解决了分散的市场下个别契约谈判的效率低下，进而要求组织管理的科学化、制度化。然而，中国国有企业的改革，历经了扩放权—市场化—承包制—股份制的改革思路，在股份制改革中，那些由政府或其他国有主体充当股东或控股的（国有）公司，与未改制的国有企业相比，在行为和运作方式上一度竟没有什么差别。政府或其他国有主体，或者仍以行政的或其他超越企业和公司法架构的方式操纵企业，或者怠于、疏于行使股东权利或“老板”职权而致企业经营管理不善，造成国有资产即全民和纳税人利益的流失。也就是说，在公有制主导的条件下，股份制或公司化并不必然能为我们带来现代的企业及其经营管理，其根本原因就在于国有暨公有财产固有的缺乏天然利益主体的特点，而公司制本身并不能保证在公有制内部实现角色明晰、权责分明、将行为与行为人的利害密切相关联的效果。因此，凡国有和国有主体控制的企业、公司，无论采取何种法律形式，客观上都要求其在利益和意志传导的每一个环节，建立有效的责任机制。

国有企业是国家所有权在投资经营领域的具体表现形式。只要出资者、股东、资

本、股份、资产、财产等的“国有”属性不变，鉴于国家作为所有者主体的特殊性，就需要建立一定的责任机制，以实现对各种经营管理角色的合理设置、约束、激励，保证担任股东、董事、厂长（经理）、监事等角色者，能够为国家所有者暨全民利益以最大善意行事。在国有主体和国有财产投资经营领域，股份制或公司制与责任制并非相悖或矛盾的。

国有主体及其主导的企业在市场化条件下从事生产经营管理，将国有财产投入市场化运营时面临着一个两难的课题，即市场运作和竞争，要求其享有充分的自主权，以便能够灵敏地对市场信号作出反应，通过适当的市场行为，国有财产得以和私有制及其主导的财产一样保值、增值；然而，国有财产主体的非人格化特点，使得在政府及其部门不再直接以所有者身份支配企业行为的市场化条件下，国有财产普遍缺乏所有者利益驱动及其对企业的有效传导，即“老板”缺位，以致国有财产流失、经营者频发道德危机。责任机制不健全，这个问题得不到适当解决，违反经济规律的后果严重到一定程度，就会危及改革前程。

此外，国有企业建立现代企业制度的三个实质性条件，都涉及市场结构、市场机制和国家所有权实现方式的完善问题。任何一种企业法人治理结构，如果没有市场机制的间接控制及保证实施监督的充分信息，都不能单独奏效。国有企业改革的关键之一在于面向市场的激励和约束——包括政府和企业两个方面。这需要借助各种形式的责任机制，并有赖于责任机制所内在要求的法治保障，主要是公司法的完善和普遍实现，使从作为出资者的股东、承担所有权监督管理职能的政府等国有主体到经营者和企业底层的员工，有一套权责分明，管理科学、高效的经营体系。这是公有财产暨国有企业有效管理经营的永恒法宝。

第三节　国有企业与政府的关系

一、国家作为所有者与国有企业的关系

国家与国有企业的关系具有三重性：二者的关系首先是具体国有主体作为“老板”与其所出资企业之间的关系；其次是国家作为所有者或国有资产的“总老板”与任何占有、管辖一定国有财产的国有企事业机关单位之间的财产暨管理关系；最后是作为社会经济管理者的政府与从事社会经济活动的被管理者的企业之间的关系。就企业和公司法而言，涉及的主要是第一层次和第二层次的关系。

根据《企业国有资产法》等法律、法规，我国对国有财产实行国务院统一领导下的分级管理，遵循“谁投资，谁拥有产权”的原则。中央和地方各级财政主体根据各自的财权自主、独立地决定设立或投资于企业（单独投资、控股、参股等），国有企事业单位也可依法投资，分别对所投资的企业或者公司享有股东权并承担投资损益。

国务院代表国家行使国有资产所有权，并由国务院，省、自治区、直辖市人民政府，设区的市、自治州级人民政府分别设立国有资产监督管理机构（2003 年成立的国有资产

监督管理委员会），由本级政府授权，担当本级政府管辖的国有企业和国有资本的最高一级出资人，依公司法作为所有者、权益承担者。国务院或者地方人民政府也可以授权其他部门、机构代表本级政府对国有企业履行出资人职责，比如国务院履行中国烟草总公司的出资人职责，承担中国投资有限责任公司（中投公司）的出资人职责的主体是财政部。

自《企业国有资产法》2009年实施以后，各级国资委不再承担代表国家所有权进行监督管理的“总老板”职能，该职能重新回归同级政府及其财政部门，由其依法监督各具体国家机关和国有企事业主体管好、用好所占有的国有资产，督促它们在投资于企业的情况下依法当好具体“老板”或股东。

现代企业制度在国有企业管理领域的真正精髓在于：政府一方面不能放弃国有资产“总老板”职能，有权也有义务监督管理各国有企事业机关团体在投资于企业的情况下依法履行股东职责，防止国有资产的流失、浪费和贪污腐败；另一方面，又要放手由国有企业的出资者或股东依法投资经营，不得凭借行政权力对其不充当具体股东的任何国有或国有控股企业任意指手画脚。关键是“总老板”与具体出资人的职能不应由同一主体承担，以免形成其自己监督自己的利益冲突。

此外，和世界上任何国家一样，国务院和地方政府还通过其职能部门，承担市场、价格、质量、劳动、环境等公共管理者职能，一并适用于包括私营企业和国有企业在内的各种企业和其他经营主体。

二、政府作为社会经济管理者与企业的关系

按照市场经济的要求，政府有义务对经济进行调控、监管，为企业经营创造良好的社会环境，提供必要的服务。早在《转机条例》中，就将此概括为如下四个方面（第43条～第46条）：

（1）摒弃主要依靠行政手段调控经济的做法，建立运用产业政策、科技政策、利率、税率、汇率、价格政策和竞争政策等经济、法律手段的现代市场调控体系。

（2）建立和完善养老保险、待业保险、医疗保险、工伤保险和生育保险等社会保险体系。

（3）发展和完善与企业有关的公共设施和公益事业，减轻企业的社会负担，并为企业提供其他服务。

（4）保障企业依法行使经营权和财产权，不干预其机构设置、编制和正常的生产经营活动，不向其摊派人力、财力、物力，协调其与其他单位的关系，帮助其解决实际困难。

以上内容，在之后的《企业国有资产监督管理暂行条例》和《企业国有资产法》中都得到了体现，比如：《企业国有资产法》第6条规定，国务院和地方人民政府应当按照政企分开、社会公共管理职能与国有资产出资人职能分开、不干预企业依法自主经营的原则，依法履行出资人职责；第14条第2款规定，“履行出资人职责的机构应当维护企业作为市场主体依法享有的权利，除依法履行出资人职责外，不得干预企业

经营活动”。这些都说明，经过多年的改革与实践，政府作为社会经济管理者（被形象地称为“婆婆”）的职能应当与其作为国有企业“老板”的职能分开，已经成为一种共识。观念和做法的进一步变革，则要对国有企业老板的职能再作“总老板”（国家所有权代表职能）和“具体老板”（出资人或股东的职能）的区分，不能有意无意地将二者相混淆。

第四节　国有企业法人治理

所谓法人治理（corporate governance），又称公司治理、公司管治等，是对企业法人内外部结构及其运作机制的一种概括。① 现代企业法人治理的要义，是在所有者与企业及其经营管理者之间求得平衡，既要保持在企业的运筹中体现所有者的意志，将其利益的实现放在首位，又要令企业得以面向市场灵活应对，保持企业经营管理者的积极性和企业的活力，并适当兼顾相关主体的利益。我国现行国有企业法人治理结构，是由“主管部门—企业”模式下的厂长（经理）负责制发展演变而来的。

一、厂长（经理）负责制与苏联的“一长制”

厂长（经理）负责制源于苏俄十月革命后的国有企业实践，当时苏俄针对国有企业实行集体管理制的弊端，提出了“一长制”的设想，并逐步付诸实施。

十月革命后不久，苏俄公布了《工人监督条例》。该条例由列宁起草，规定凡有职工5人以上，或每年资金周转在1万卢布以上的工商、金融、农业等各类私人企业，必须接受工人监督，或者受工人选出的工人委员会或工厂委员会的监督，企业主必须服从职工代表的决定。② 对此，企业主采取怠工、停业等手段进行抵制，工人便自己组织起来管理企业，工人监督因此变成了工人管理。实行国有化时，政府向企业委派领导人，但是没有改变工人委员会的集体领导制。一般情况下委员会中工人占2/3，由企业工人选举产生；技术人员占1/3，由工会指定。③ 工人监督制度切实赋予政治上翻了身的工人以主人翁地位，将其劳动和管理的热情调动了起来，但是工人的文化水平毕竟不高，缺乏必要的管理知识和经验；工人委员会的集体领导制又不能确保企业及时地作出决定，而且在执行决定时没有专人负责，往往陷入扯皮、拖拉，出现多头领导、无人负责、纪律松懈、效率低下等局面。“一长制”的思想和实践在此情况下应运而生。

1918年，在全俄中央执行委员会会议上，正式使用了“一长制”（единоначапие）一

---

① 有关概念和讨论发端于美国，内容涉及企业法人的内部管理、机构、运作、监督及效率，以及企业间相互持股、关联交易、资本市场等。以美国法律协会于1992年通过的 Principles of Corporate Governance：Analysis and Recommendations 的最后文本为标志，从而将其推广到包括中国在内的其他国家。

② 参见《工人监督条例草案》，载《列宁全集》，3版，第33卷，24页，北京，人民出版社，2017。

③ 有关苏（俄）联“一长制”和我国厂长（经理）负责制的沿革情况，参见黄卓：《国营工业企业法律制度》，载《经济法讲义与经济法专题讲座》，第2分册，北京，中国政法大学本科生院，1983。

词；会议赞同列宁在《苏维埃政权的当前任务》一文中表述的关于任何大机器工业都要求无条件地服从统一意志的思想①，作出决议，将“一长制”确认为苏维埃组织管理的原则。列宁的“一长制”主张，是与专家的权威结合在一起的。他认为：“在关于集体管理制的议论中，往往充斥着一种最无知的情绪，即反对专家的情绪……我们应当借助于被我们推翻了的那个阶级出身的人来从事管理……同时，我们应当从本阶级队伍中征集自己的管理人员。”②“一长制”还同纪律和责任制密不可分。列宁在《〈苏维埃政权的当前任务〉一文初稿》中提道，应“对各项执行的职能建立最严格的责任制和无条件地在劳动中有纪律地、自愿地执行各项必要的指令和命令，以便使经济机构真正像钟表一样工作……必须从既有辩论、开群众大会、执行命令，同时又有批评、检查、纠正这种混合方式，过渡到机器企业极其正规的工作过程”③。同时，“一长制”建立在集体决策和民主管理的基础之上，要“……实行集体讨论和决定”④，而且领导者是由群众选举出来的，群众也有权对其实行监督，罢免不称职者。

1920年的俄共（布）第九次代表大会，遂作出在企业实行“一长制”的决议，并在企业的上级管理机关实行人数为1～5人的少数人集体领导制。其具体做法为：或是由工人担任经理、技术专家协助；或是由技术专家担任经理，工人担任政治委员；或是由管理型专家担任经理，工人担任副经理。

虽然作出了决议，可是工会仍然参与企业管理。列宁对此也有评论，例如，列宁在《关于工会在新经济政策条件下的作用和任务的提纲草案》一文中提道：“……工会对企业管理进行任何直接干预都必须认为是绝对有害的，不能允许的”⑤。工人干预和集体领导是革命及其惯性的产物，要从轰轰烈烈的革命热情和行动，转到冷峻的专家管理，这是很不容易的。1929年，苏联政府还发出《关于确立一长制的指示》，规定企业全体职工必须无条件地服从企业经理的日常业务指令，党和工会组织不得介入企业管理。至20世纪30年代“苏式”计划经济体制建立，企业成为工业管理的基本环节和集中计划管理下的经济核算单位，始在企业中全面确立“一长制”。

相比之下，新中国成立后，我国国有企业组织管理的规范化经历了较苏联更为曲折的过程。从1953年在一些地区试行企业管理“一长制”，到1984年六届全国人大二次会议决定实行厂长（经理）负责制，用了整整一代人的时间。在厂长（经理）负责制实施之初，媒介宣传都强调其不是“一长制”，以示它与苏联的国有企业组织管理制度之间不存在渊源关系。然而，厂长（经理）既非在企业党组织的领导下工作，也不受职工代表大会或其他某种委员会的控制，而是以企业党组织的政治保证和监督，以职工的民主参与为辅佐，由厂长（经理）对企业的生产经营管理全权指挥、全面负责。因此，厂长（经理）负责制其实就是“一长制”。

---

① 参见《苏维埃政权的当前任务》，载《列宁全集》，3版，第34卷，179～180页，北京，人民出版社，2017。

② 《列宁全集》，3版，第38卷，290页，北京，人民出版社，2017。

③ 《列宁全集》，3版，第34卷，143～144页。

④ 《列宁全集》，3版，第37卷，175页，北京，人民出版社，2017。

⑤ 《列宁选集》，4版，第4卷，623页，北京，人民出版社，2012。

二、我国厂长（经理）负责制的由来

新中国成立之初，国有企业中的集体领导制是党组织的领导，不同于苏俄的工人委员会集体领导。国营、公营企业的厂长（经理）在地方党委的领导下开展工作，企业的独立性很小。当时由于学习苏联，很快也提出要在企业中实行“一长制”。先是自1950年下半年起，在东北一些企业中试行“一长制”，接着从1953年实行第一个“五年计划”开始，为了改进企业的生产经营秩序和提高管理水平，将这项制度在全国普遍推行。在“一长制”下，企业的厂长（经理）由上级主管部门任免，负责企业管理工作，名义上享有对企业有关生产经营事宜的决定权；企业的党委书记由当地党委委任，其作用是保证和监督，做思想政治工作。

然而，尽管社会经济逐步转入正轨，但是在“左”的政治路线和观念的影响下，推行非政治化的“一长制”异常艰难。直至1955年，实行“一长制”的企业仍旧很少，其主要原因是：许多厂长（经理）害怕违反党的集体领导制，其自身一般也不是经营管理或技术方面的专家，因此，遇事不敢做主、负责，事无巨细都推诿至党委，由党委讨论，作出决定后分工执行。结果是党委疲于应付大小事务，受集体议决方式的牵制而工作效率低下，不能适应现代化生产的需要。也有一些企业强调厂长（经理）的作用，但对刚刚从阶级压迫下解放出来的工人群众来说，其观念上难以接受某个权威对其行为进行指挥、约束和管理，厂长（经理）的指挥被认为是“命令主义”，个人负责则是“独断专行”。由此导致的后果，与列宁当年提议实行“一长制”时苏俄的情况非常相似，善务虚而不尚务实，企业纪律松弛，效率低下。

针对这种情况，中共中央曾于1955年特别强调“一长制”的贯彻推行，指出不能把党的政治领导与“一长制”对立起来，要求党组织把确立“一长制”作为一项政治任务来抓，企业的所有人员都应该严格遵守纪律和秩序。然而，中央的这一务实的路线未及实施，政治形势就向“左”直转。1956年在中共八大上，对“一长制”的利弊作了分析总结，对其在整顿生产秩序，克服企业管理中无人负责的现象，建立责任制方面的作用，予以肯定；但是总的来说，对“一长制”持否定态度，认为厂长（经理）在企业中是全权负责人，党组织只能对生产和行政工作起监督、保证作用，这是把党组织置于从属地位，犯了照搬苏联经验的教条主义错误。因此，这次会议作出决定，在企业中实行党委领导下的厂长（经理）负责制，凡企业的重大问题都应当经党委集体讨论、共同决定，日常工作则由专人分工负责。

中共八大虽然否定了源自苏联的“一长制”，但它毕竟对这一制度采取了“两分法”，提出实行党委领导下的厂长（经理）负责制也还是有针对性的。在接踵而至的“反右”“大跃进”等政治运动中，“一长制”被全盘否定。受其影响，企业党委在“政治挂帅”中包揽，甚至直接处理企业的各项工作，还倡导生产的无人管理、职工“自我管理”，造成了规章制度废弛、劳动纪律松懈和生产经营秩序混乱。针对由此造成的无序状况，中共中央于1961年制定《工业七十条》，在该条例中重申党委领导下的厂长（经理）负责制，强调厂长（经理）是企业生产行政工作系统的中心，党委应当积极支持以厂长（经理）为首的行政指挥系统行使职权。但在不久后，《工业七十条》和“一长制”一同被批判，形成事实上的“书记一长制”，导致书记不在时党委集体就难以讨论问题。

这样，在“文化大革命”过后百废待兴的情况下，中共中央于 1978 年颁布《关于加快工业发展若干问题的决定（草案）》（简称《工业三十条》），恢复党委领导下的厂长（经理）负责制，确定了“党委集体领导，职工民主管理，厂长行政指挥”的原则。

从新中国成立以后国有企业组织管理体制沿革的情况看，直至六届全国人大二次会议决定逐步实行厂长（经理）负责制，我国一直是由党的基层组织在企业中扮演领导角色，以党代企。这实际上是无人负责的集体领导，或者是书记只做决定、不担责任的“书记一长制”。党组织陷于企业的各种政治性、生产经营性乃至生活性事务，既违背了经济工作和企业运作的规律，党组织的政治作用也必然遭到削弱。即使在计划经济下，企业也应是生产经营主体，它在经济核算和交易、协作中具有自己相对独立的利益，执政党则是一个全国性的政治组织，由党直接具体管企业，企业就不可能把生产经营作为自己工作的中心。

厂长（经理）负责制是我国国有企业在改革开放中，其组织管理和运作迈向非政治化，进而过渡到市场化过程中所不可逾越的一个环节。根据六届全国人大二次会议的政府工作报告，实行厂长（经理）负责制的初衷，是由国家委托厂长（经理），对国有企业的生产指挥、经营管理全权负责。《全民所有制企业法》正式颁布时，删去了《国营工业企业法》草稿中有关“厂长受国家委托”而行使职权的字样，但仍然遵循着厂长（经理）是国家在企业中的全权代表的思路。

从逻辑上说，在国有企业中，由国家或政府选任一个人，作为国家在企业的全权代表，似无不妥。既然是国有企业，其所有者代表自不应由职工任免；而企业中如果存在着一个常设的领导集体，则无论它是由职工组成的还是党的组织，实践证明都不符合管理的内在规律，因而是行不通的。集体决策的效率较低，势必产生拖延和人际关系内耗的弊端，而企业决策的执行者时时受制于这样一个集体或其任何一个成员，企业针对生产经营管理中随时可能出现的变数适时应对，尤其是对外部市场环境及时作出反应的能力，也就丧失殆尽了。

在市场经济条件下，如果政府主管部门还是像在“下达—执行”指令性计划时期那样，对企业及其厂长（经理）施加行政控制，企业的自主权就无法落实；如果法律上规定的企业法人地位及其相应的权利得到落实，则意味着政府不再对企业实施直接控制，而企业中并不存在能够与国家授予厂长（经理）的“全权”相抗衡的任何其他权（利）力。不受有效制约的权（利）力，必然导致权（利）力的滥用和腐败，这是一个普遍规律。仅靠厂长（经理）的人格、觉悟或对职工的思想教育，显然不足以维护国家所有者亦即全民在企业中的权益。在保证党的方针、政策和国家法律、法规在企业的贯彻执行方面，企业党组织的作用是有限的，因为它虽属全国性政党的组成部分，但企业党组织的成员也是企业集体的一分子，与企业有着切身利害，而且其监督与否和监督的效果如何，并不与任何利益和行政上、法律上的后果挂钩。在厂长（经理）的行为直接损害职工利益的情况下，由于职工代表大会不是代表所有者的企业权力机构，职工及其代表大会的组织力量远弱于厂方的行政力量，因而《全民所有制企业法》规定的职工代表大会制度也难以对厂长（经理）加以有效约束。

三、厂长（经理）负责制和新老“三会”

由厂长（经理）负责制和“老三会”——党委会、职工代表大会、工会构成的传统国有企业法人治理，固然来之不易，但在利益关系错综复杂的市场经济条件下，已不能适应国有企业有效经营管理的需要。

我国国有企业存在问题的症结在于，没有一种既能够使企业经营者放手大胆经营，又能够有效地监督、约束其行为，确保“老板”到位，保障所有者权益得以实现的方法或制度。迄今人们找到的解决问题之道，就是公司制的法人治理，集中体现为股东会、董事会和监事会制度，被称为“新三会”。其适用的法律，主要就是《公司法》。

《公司法》原先对国有独资公司的监督机构未作规定，1999 年修改《公司法》，增设了外部监事会制度。根据《商业银行法》第 18 条的规定，国有独资商业银行设立监事会，其成员由中国人民银行、政府有关部门的代表、有关专家和本行工作人员的代表组成，职责是对国有独资商业银行的信贷资产质量、资产负债比例、国有资产保值增值等情况和高级管理人员的行为进行监督。这与《公司法》关于国有独资公司的规定是吻合的，有关监事会的组成和工作，适用《国有重点金融机构监事会暂行条例》，该条例对非国有独资公司的重点金融机构如交通银行等，也是适用的。2000 年的《国有企业监事会暂行条例》，则一般地适用于包括国有独资公司在内的国有重点大型企业和地方国有重点企业。

这种外部监事会，与二元制和二级制的监事会均不相同，它不是公司或企业法人的机关，而是外在于公司或企业法人的外部机构，主要由代表所有者的外部人组成并由其主导，是专职的企业监督机构。2023 年修订前的《公司法》第 70 条规定：外部监事会主要由国有资产监督管理机构委派的人员组成，并有公司职工代表参加；监事会成员不少于 5 人。随着国有企业改革的深入和董事会制度普遍适用于国有企业，外部监事会作为转型时期应对“老板”不到位的特殊做法，其必要性消失，《国有企业监事会暂行条例》于 2022 年废止，随后修订的《公司法》遂取消了国有独资公司外部监事会的规定。

“新三会”适应国有企业建立现代企业制度的要求，在国有企业、公司法人治理中取得了主体地位。但“老三会”并未因“新三会”的出现而消灭，党委会一如既往在企业中起着政治保障作用。而根据《公司法》第 17 条规定：公司职工依法组织工会，开展工会活动，维护职工合法权益；公司依照宪法和有关法律的规定，建立健全以职工代表大会为基本形式的民主管理制度，通过职工代表大会或者其他形式，实行民主管理。

案例

中国电信股份有限公司的法人治理结构

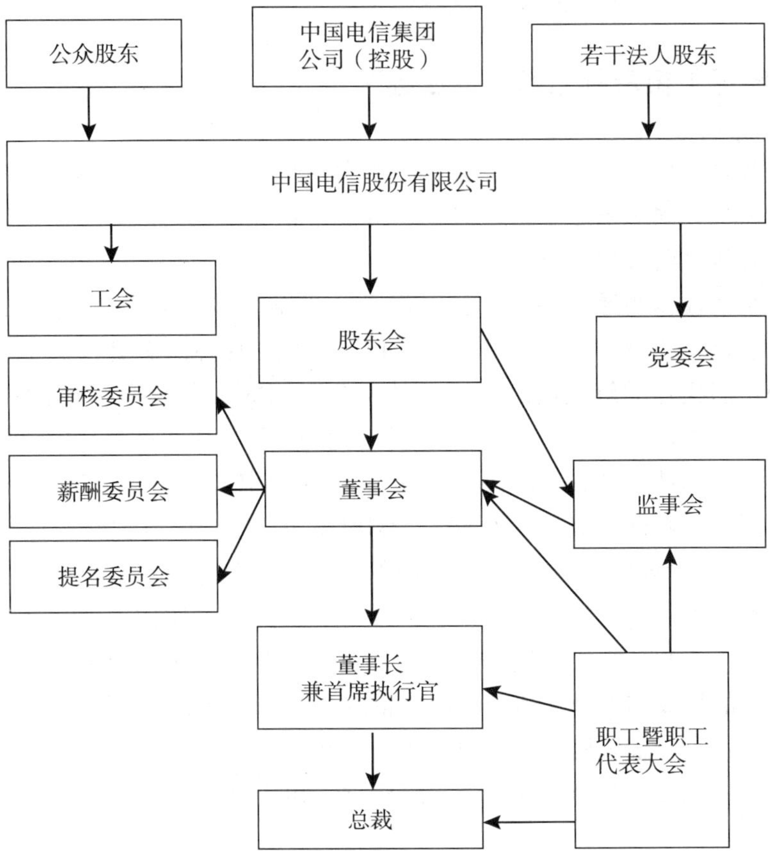

第五节　国家出资企业、国家出资公司和国有独资公司

一、国家出资企业、国家出资公司与国有独资公司的概念

《企业国有资产法》首创“国家出资企业”的用语，是指由国务院或者地方人民政府授权的机构履行出资人职责的国有企业，以区别于一般由国有企事业单位出资的国有企业，并将其列举为四种，即：国有独资企业、国有独资公司、国有资本控股公司和国有资本参股公司。所以国家出资企业属于国有企业，但其外延比国有企业小得多，数量上在国有企业中只占极小一部分。

国有独资企业就是适用《全民所有制企业法》的企业，如上所述，这类企业在改革中也向公司制度靠拢，越来越多地采用董事会、外部董事、监事会等做法，终将与国有独资公司没有实质区别。

国有资本控股公司和国有资本参股公司既可以是有限责任公司，也可以是股份有限公司。然而，依《公司法》第168条第2款，该法规定的“国家出资公司”仅指国有独资公司和国有资本控股公司，而不包括国有资本参股公司。之所以这样规定，是因为国有制在后者中不占主体地位，中国共产党在后者中的活动与在一般企业中相同，不宜适用《公司法》关于国家出资公司中的党组织“研究讨论公司重大经营管理事项”的规定。

国有独资企业不适用《公司法》，国有资本控股公司除与国有独资公司一样要由党组织在公司中发挥领导作用外，须一般地适用公司法的有限责任公司制度和股份有限公司制度，所以《公司法》在“国家出资公司组织机构的特别规定”一章，仅对国有独资公司作了必要的具体规定。

国有独资公司是指由国家单独出资，由国务院或者地方人民政府授权的机构履行出资人职责的有限责任公司。作为国有企业，在《公司法》中对其加以规定，是对传统公司立法或制度的一种突破。

二、国有独资公司的特征

(1) 国有独资公司是国有一人公司。国有“独资”公司意在强调投资主体为中央或某一级人民政府授权的机构，而不强调公司出资的国有属性。由一个普通的国有企业或其他国有单位充当股东的有限责任公司，不是国有独资公司；由几个国有出资人投资成立的有限责任公司，虽然其出资都为国有，但由于其股东并非一个而是多个，所以也不是国有独资公司。《公司法》原先规定国务院确定的生产特殊产品的公司或者属于特定行业的公司，应当采取国有独资公司的形式，现在取消了这一规定。央企最高一级的集团公司多采取国有独资公司的形式，比如中国航天科技集团有限公司；也有极少数仍是适用《全民所有制企业法》的国有独资企业，比如中国烟草总公司。

(2) 国有独资公司是有限责任公司的一种。一方面，国有独资公司的资本不分为股份，不是一人股份公司；另一方面，国有独资公司与一般的有限责任公司在股东性质、章程、组织机构、监管等方面有所不同。同时，国有独资公司的设立和组织适用《公司法》有关国有独资公司的专门规定，没有专门规定的，仍适用《公司法》关于有限责任公司的一般规定。

(3) 国有独资公司的出资人须经政府特别授权。根据国务院机构改革方案（2003年），国务院授权国资委履行出资人职责，省、市两级地方政府也授权本级国资委履行出资人职责。国资委的主要职责是：根据授权，依照《公司法》等法律和行政法规履行出资人职责，指导推进国有企业改革和重组，推进国有企业的现代企业制度建设，完善企业法人治理结构；建立和完善国有资产保值增值指标体系，制订考核标准，通过统计、稽核对所监管企业国有资产的保值增值情况进行监管；通过法定程序对企业负责人进行任免、考核并根据其经营业绩进行奖惩；负责组织所监管企业上缴国有资本收益、国有资本经营预决算编制和执行等工作；拟订国有资产管理的法律法规草案，制定规章制度，依法对地方国有资产管理工作进行指导和监督；承担国务院或地方政府交办的其他事项。

当然，经中央和地方特别授权的出资人不限于国资委，金融、烟草、文化等企业、公司的出资人职责就是由国资委以外的其他部门承担的。

三、国有独资公司的组织机构

国有独资公司在机构设置、权限职责划分和监督机制方面，不同于《全民所有制企业法》和《转机条例》中确立的厂长（经理）负责制，即厂长（经理）全权负责、管理委员会协助决策、职工代表大会民主管理、党组织保证监督的企业体制；也不同于一般有限责任公司和股份有限公司那样的股东会、董事会、监事会一应俱全的通常模式。在履行出资人职责的机构的指导、监督和考核下，国有独资公司依照《公司法》等法律法规的规定，由履行出资人职责的机构、董事会、经理、监事会等分别行使国有独资公司的决策权、经营管理权、业务执行权和监督权。

（一）履行出资人职责的机构

《公司法》规定，国有独资公司不设股东会，由履行出资人职责的机构行使股东会职权，包括：（1）制定国有独资公司的章程；（2）委派国有独资公司董事会成员，从董事会成员中指定董事长、副董事长；（3）可以授权公司董事会行使《公司法》规定的股东会的部分职权；（4）决定公司章程的制定和修改，公司的合并、分立、解散，申请破产，增加或者减少注册资本，利润分配；（5）《公司法》规定的其他应当由股东会行使的职权。

应当指出，作为各个国有独资公司暨国家出资企业的具体“老板”（出资人或股东）的履行出资人职责的机构，同时承担着一定的经营性国有资产“总老板”的监督管理职能，这两种角色是有利益冲突的。因此，我国国有资产监督管理体制或者说国家出资企业制度还有进一步探索和改革的必要。

（二）董事会

国有独资公司设董事会，董事会成员由履行出资人职责的机构委派，其中外部董事应当过半数。鉴于其国有和全民所有制的性质，国有独资公司应当实行职工民主管理，因此，与一般有限公司不同，《公司法》要求国有独资公司的董事会成员中应当有公司职工代表，职工董事由公司职工代表大会选举产生。董事会设董事长一人，可以设副董事长。董事每届任期不得超过3年。经履行出资人职责的机构同意，董事会成员可以兼任经理。

国有独资公司的董事和高级管理人员，未经履行出资人职责的机构同意，不得在其他有限责任公司、股份有限公司或者其他经济组织兼职。因此，在履行出资人职责的机构同意的情况下，国有独资公司的董事长、副董事长、董事和高级管理人员可以在其他公司或经济组织中兼职，但也不能违背竞业禁止的要求，以免其工作与本公司发生竞争或损害本公司的利益。之所以作这样的规定，是因为国有独资公司往往根据需要设立子公司或者分公司，包括与其他经济组织共同投资设立诸如有限责任公司、股份有限公司等，在这种情况下，国有独资公司作为法人股东需要委派代表参加被投资公司的董事会或被任命为经理；而国有资产监督管理机构也可能担任几个国有独资公司或其他企业的股东，应当允许某个国有独资公司的董事或经理担任相关企业的董事或经理。

国有独资公司董事会的职权，适用《公司法》关于有限责任公司董事会职权的规定，董事会可经履行出资人职责的机构的授权行使股东会的部分职权。因此，国有独资公司董事会可能比一般有限责任公司的董事会享有更多的职权。

（三）经理

国有独资公司设经理，其产生和职权与一般有限责任公司的经理相同。经理由董事会聘任或者解聘。

（四）监事会

《公司法》原先对国有独资公司的监督机构未作专门规定，1999 年《公司法》修改，规定在国有独资公司中设立监事会。这是外部监事会，原由国有资产监督管理机构委派，2018 年国务院机构改革，将该职能划入审计署；而一般有限责任公司的监事会或监事是公司的内部机构。2023 年《公司法》修订，取消了国有独资公司“监事会”，在第 176 条规定，“国有独资公司在董事会中设置由董事组成的审计委员会行使本法规定的监事会职权的，不设监事会或者监事”。按此规定，国有独资公司不再设外部监事会，可以和一般有限责任公司和股份有限公司一样设立作为内部机构的监事会或者监事。

案例

宝钢集团有限公司

2005 年，宝钢集团公司变更为宝钢集团有限公司，由适用《全民所有制企业法》转为适用《公司法》，成立了董事会，成为中央企业中第一家外部董事超过半数的国有独资公司。自此，由董事会对经理人员进行监督考核，国有资产监督管理委员会不再进行这项工作。这有利于建立规范的公司法人治理结构。2016 年，宝钢集团有限公司与武汉钢铁（集团）公司重组，宝钢集团有限公司更名为中国宝武钢铁集团有限公司，不久后被国务院国资委授权为“国有资本投资公司”，履行国有资本出资人职责，但在性质及组织形式上仍为国有独资公司。

问题与思考

1. 简述国有企业的概念。
2. 国有企业有哪些特征？
3. 对国有企业可以作哪些分类？
4. 简述我国国有企业法的现状。
5. 现代企业制度应当具备哪些要素？
6. 国家与国有企业之间的关系具有哪三重性质？

7. 政府作为国家所有权代表与企业的关系如何?
8. 政府作为社会经济管理者与企业的关系如何?
9. 厂长（经理）负责制的主要内容是什么?
10. 国有企业法人治理应当如何完善?
11. 试述“新三会”与“老三会”的内容以及其相互关系。
12. 试述国家出资企业的概念和《公司法》关于国有独资公司的主要规定。

第九章

合作制暨集体所有制企业法

本章摘要

合作制暨集体所有制企业，是指由企业成员或某一集体投资举办，按照合作制原则经营管理的企业。它源于合作运动，形式繁复多样，直接根源于社会成员的创造精神和利害关切，具有旺盛而恒久的生命力。我国在计划经济时期和“一大二公”的追求中，认为集体所有制“优于”合作制、集体企业“高于”合作社。这是“左”的观念和产物，应予摒弃。互助合作天然地具有集体所有的特点和倾向，各种“集体所有”则在改革中回归合作制，因此，合作企业与集体企业的概念是相同的、等价的。真正的合作建立在社会成员利害相关、自觉自愿的充分自治之上，其利害计算和纠纷等，也可以最大程度通过协商、少数服从多数和自愿的方式得到解决。因此，即使在西方国家，“合作的根子深入蔓延在古老的民众传统之中，但却往往不显声名”。可以说，在某种程度上，政策和理论的引导、指导，对于合作制暨集体所有制来说具有不亚于法律调整的重要性。20 世纪 50 年代对农业和手工业的社会主义改造完成以后，我国对于合作制暨集体所有制组织一直是将其分为城乡两大块。如果说在城乡、条块分割，及强调集中和不切实际地追求公有制程度的旧体制下，按城乡和“大”“小”对合作暨集体经济组织进行基本分类尚有其合理性的话，那么在今天中国社会经济已经发生巨大和深刻变化的情况下，这样做无论从理论上还是实践中来看，都没有多少道理了。本章根据合作暨集体经济组织的法律地位、特征及其财产权关系，将其分为农村社区性合作组织、合作制集体投资举办的企业和成员直接所有或控制的企业，在此基础上介述我国合作制暨集体所有制企业法的主要内容。

关键术语

合作制　合作经济　蒙德拉贡　“一大二公”　手工业生产合作社　合作商店　第二轻工业局　第二商业局　供销合作总社　社队企业　乡镇企业　农村信用合作社　城市信用合作社　农村集体经济组织法　农村集体经济组织　农村社区性合作组织　社区性合作制暨集体所有制企业　合作制集体投资举办的企业　成员直接所有或控制的企业　农民专业合作社法　农民专业合作社　股份合作（制）企业　职工股权制企业　消费合作社　住宅合作社　股金　集体积累　公共积累　入股自愿、退股自由　退股　合作社联社　县联社　职工个人股　集体共有股

第一节　合作制暨集体所有制企业法概述

一、合作制暨集体所有制企业的概念

合作制暨集体所有制企业，是指由企业成员或某一集体投资举办，按照合作制原则经营管理的企业。

我国长期以来流行的观点，一是认为集体企业只能是劳动者对企业财产不分份额地享有所有权，因此，传统的合作社和股份合作制企业不是集体企业，集体经济不包括资本主义社会的合作经济和社会主义条件下的股份合作经济。① 二是认为真正的集体企业只能是劳动集体或企业自身对企业财产享有所有权。三是在企业、公司和合作组织这三者的关系上，认为企业与合作社截然不同，二者绝不相通。② 经济学界对合作经济也有所谓的“窄”“宽”两种认识。“窄”派认为合作经济就是合作社经济③，这与上述第一种观点是一致的。“宽”派则在较广泛的意义上理解合作经济。有人认为，它包括劳动群众联合的各种集体所有制经济实体的活动和联系；还有人认为合作经济包括一切经济合作，中外合资经营也是合作经济④，因而中外合资经营企业和其他股份制企业也可归为合作企业或集体企业。苏联濒临解体前于 1990 年颁布的《苏联所有制法》，也采取了这种观点。

以上意见都有偏颇。根据合作经济的沿革和现状，它确实可以有广义和狭义之分，但广义不能广到一般的资本联合，狭义不能狭到仅指合作社经济。

近现代的合作制是作为资本主义私有制的异己物，由劳动者和小生产者互助合作、否定生产资料的资本性质而产生和存在的。按照马克思和恩格斯的思想，未来共产主义社会在生产资料社会所有制的基础上实行自由联合劳动的经济，也不妨称为合作经济。因此，广义的合作经济，应当指劳动者在民主自治的基础上实行联合的各种形式，包括合作社经济、合作制主导的其他经济形式，乃至共产主义高级阶段的经济。狭义的合作经济，则是指前两种现实的合作经济。它不限于合作社经济，但又不能把现实中的各种经济联合和经济合作都包括进去。

自然人互助合作、自治的合作社，固然是合作经济的“正宗”形式。而在此起彼伏的合作运动中，合作社适应市场经济环境不断吸收外来投资或对外投资，尤其是实践的社会主义试图把合作制作为从小生产向生产资料社会所有制过渡的媒介，在此过程中出现了各种各样的中间形态，如社区合作、集体或社区投资举办企业等，出现了企业和投资主体不甚吻合的情形。例如，我国的村、村民小组投资经营企业时，在企

---

① 参见康德瑄：《论合作经济与集体所有制的基本问题》，载《政法论坛》，1990（4）。

② 参见赵旭东：《集体企业法人研究》，载《中国法学》，1991（1）。

③ 参见杨坚白主编：《合作经济学概论》，8 页，北京，中国社会科学出版社，1990；《全国合作经济学术讨论会论文选》，552 页，蚌埠，安徽财贸学院编印，1984。

④ 参见《全国合作经济学术讨论会论文选》，553 页。

业中工作的可能都是村民，也可能只有部分村民，甚至全部是外来“打工者”；作为世界合作制典范的西班牙蒙德拉贡合作集团，也在我国举办了合资企业。合作制暨集体所有制企业的根本特点，在于实行互助合作、“一人一票”的民主、以按劳分配或按贡献分配为主的合作制原则，而如果出资、控制的主体实行合作制，或者将出资主体的权利限制在不影响企业集体实行合作制的范围内，也就把合作暨集体企业与一般的公司、合伙区分开来了。

因此，以资本联合为主导及实行股份民主的各种经济联合，包括中外合资、合作经营，以及国有主体之间及其与其他所有制主体之间的联合，都不是合作经济。国有经济是全民所有制，但它并非全体人民的“合作”经济，因为它是以国家所有权和政府作为中介或表现形式的，而不是劳动者在自治的基础上达成全国范围内的联合和集中。就这一点来看，合作经济其实比国有经济更具有社会所有制的性质。

中国的集体经济是合作化运动的结果，所以，也就是合作经济。但在计划经济时期，合作经济片面地追求所有制升级，认为合作经济是“半”社会主义性质的股份合作经济，只有不分任何份额的劳动者集体所有制经济才是地道的集体经济。在改革开放中，集体经济逐渐恢复其本来面目，即劳动者自愿联合、自主劳动、自主经营管理和以按劳（或按贡献）分配为主。当然，集体经济、集体企业在市场化推进中演变为私有制和私人企业的，就不再是集体经济和集体企业了。因此，认为集体所有制“优于”合作制，集体企业“高于”合作社，在此基础上区分合作经济和集体经济，是“左”的观念和产物，应予摒弃。

集体企业是集体经济的组织形式。既然集体经济与合作经济属于同一范畴，则与其对应的组织形式，从股份合作企业到社区集体企业，由于符合合作制原则或合作经济的特征，因而都属于集体企业，也就是合作企业。合作制和集体所有制、合作企业和集体企业，其内涵是相等的。

二、我国合作制暨集体所有制企业的由来以及其法的调整

早在20世纪初叶的五四运动前后，中国致力于社会改革的一些人士，就在西方和日本的影响下，试办消费合作社和信用合作社。20世纪20年代末南京国民政府成立后，更在全国推广各种形式的合作社，并于1934年颁布了《合作社法》。但这些运动，与当前中国的合作经济之间并无历史承继关系。

中国现在的合作制暨集体所有制企业，最早为20世纪50年代初期城市中的一些群众和机关办的合作社。1953年，机关由国家供给制改为工资制，机关办的企业遂独立出来，成为自负盈亏的合作社。20世纪50年代中期，对个体工商业者实行合作化，成立了手工业生产合作社和合作商店。这三部分合作社受政府设立的第二轻工业局和第二商业局（现改为合作联社）管理，曾经实行类似于国有企业的管理制度，因而被称为“大集体”企业。

从1958年开始，直至20世纪80年代末期，为适应发展经济和解决就业的需要，中国城镇中多次掀起了街道和机关、企事业单位兴办集体企业的热潮。这些企业由其创办

者如街道、机关、学校、部队、国有企事业单位等自行管理，实行自负盈亏，企业和职工都没有“铁饭碗”，所以被称为“小集体”企业。

在改革中，“大集体”企业逐步自负盈亏，有些还有职工入股，“小集体”企业也结成联社统筹协调，两者都逐步实行公司制，集体所有暨合作制的性质日益淡化、消失，城镇“大”“小”集体企业的区分已失去意义。

中国农村在20世纪50年代的合作化过程中，成立了为农民服务的供销合作社和信用合作社。这两类合作社当时受商业部和中国人民银行（现受中华全国供销合作总社、国家金融监督管理总局）管理，由政策、规章予以调整。

农村合作化的结果，是由互助组、农业生产合作社和高级农业生产合作社，迅速发展为以人民公社、生产大队和生产队“三级所有、队为基础”的人民公社制度，即土地、山林、大牲畜和重要农具分别归这三级组织所有，主要以生产队为核算单位从事农业生产。

一些生产大队和人民公社举办了制造、采矿等企业，从20世纪70年代开始，这些企业有了较大的发展，被称为“社队企业”。20世纪80年代初，人民公社制度解体，“社队企业”改称“乡镇企业”，后又称为“乡（镇）村集体所有制企业”。土地的人口重负和城市的拥挤，迫使农民自力更生，离土不离乡地从事工商业活动，加上村社自治的民主机制和完全面向市场，无任何“皇粮”可吃，便造就出中国曾经最有活力的企业之一——乡（镇）村集体所有制企业。随着《公司法》的实施和公司制度的普及，农村集体企业已表现为村或乡镇集体举办及控制的各类公司。

人民公社制度改革以后，绝大多数农村的土地改行家庭经营，全国许多地方的基层社区合作经济组织一度解散，有些是名存实亡或者组织很不完善。因此，农村土地的集体所有权在一些地方是由村或村民小组的社区合作组织行使，在很多地方则是由村民直接在自治的基础上通过村民委员会行使。在少数地方，农业生产还是由集体进行的。长时间以来，我国对于农村社区合作组织没有统一、具体的法规调整，而是适用《宪法》《民法典》《农业法》等的一般规定以及中央和地方的有关政策。直至2024年《中华人民共和国农村集体经济组织法》（以下简称《农村集体经济组织法》）颁布，才改变了这种局面。

由上所述，在我国的各类企业中，对合作制暨集体所有制企业的法律调整是最薄弱的，其原因如下：

首先，由于土地和农民问题在中国民主革命中占有重要地位，形成了合作运动以变革农村生产关系为主、合作暨集体经济关系主要由中国共产党的政策或者党政规范性文件调整的传统。从1982年到1986年，中共中央连续发了几个“一号文件”，推行、落实以家庭联产承包为主的农业生产责任制，并对合作经济的原则、以土地公有制为基础的地区性合作经济组织、供销合作社和信用合作社改革、农民的自愿联合、乡镇企业及其承包经营、农村雇工、农产品购销等作了规定，大大促进了农村和合作经济的改革与发展。与此同时，有关乡村和城镇集体企业、信用合作社等逐步转由法律和国务院的行政法规、部门规章调整，而农村社区合作、农业经营和供销合作社等，长时间以来是以党政政策直接调整为主的。例如，1993年中共中央、国务院发布《关于当前农业和农村经济发展的若干政策措施》，要求在原定的耕地承包期到期之后，再延长 30 年不变；1998 年党的十五届三中全会作出的《中共中央关于农业和农村工作若干重大问题的决定》，强调土地承包期必须再延长 30 年，然后将其体现在《土地管理法》《农村土地承包法》等法律中，并逐步落实。此外，供销合作社的改革和发展也有待法的调整和保障。

其次，对合作制暨集体所有制企业关系的法律调整薄弱，也印证了这类企业或组织固有的高自治度、对法律调整的依赖度较低的特性。从本质上说，互助合作根源于社会成员利害相关、自觉自愿基础上的充分自治，因此，其利害计算和纠纷等，也可以最大限度地通过协商、少数服从多数和自愿的方式得到解决。即使在西方国家，合作制已有近二百年历史，其企业组织暨产权关系发展得相当复杂，并有了发达的规范和制度，“合作的根子深入蔓延在古老的民众传统之中，但却往往不显声名”①。在我国，改革开放以来，集体所有制或合作制企业在国家和社会未予多少关爱的情况下，一夜之间从“丑小鸭”变为“白天鹅”，也是对此的一个很好的诠释。1990 年乡（镇）村集体所有制企业在实现利润、生产发展速度、销售利润率等方面，不知不觉地超过了国有企业。② 1992 年，全国乡（镇）村企业在就业人数上也超过国有企业，职工达到 1 亿人。③ 在产业升级和制度更新中，合作暨集体经济还以华西村、江苏阳光、江南模塑科技、法尔胜股份、横店集团等合作制主体控股的大型企业集团而令国人刮目相看。因此，也可以说，在某种程度上，政策、理论的引导和指导对于合作制暨集体所有制企业来说具有不亚于法律调整的重要性。

三、我国现行合作制暨集体所有制企业的类别

20 世纪 50 年代我国对农业和手工业的社会主义改造完成以后，对于合作制暨集体所有制企业一直是将其分为城乡两大块。

在农村这一块，改革开放以前分为人民公社、社队企业、供销合作社和信用合作社四种；改革开放以来通常是以农村土地集体所有权的主体为基本出发点展开分类。除供销合作社和信用合作社外，有的将农村集体经济组织分为地域型合作经济组织、乡镇企业型合作经济组织、农民专业合作社经济组织和综合型合作经济组织。地域型合作经济组织，即社区性合作经济组织，是以土地集体所有权为基础，由原人民公社的大队或生产队范围内的农户组成的集体经济组织。乡镇企业型合作经济组织就是乡（镇）村集体所有制企业。农民专业合作社经济组织，是指由农民在自愿的基础上实行资金和劳动的联合，从事某种专业生产或专项服务如养殖、植保、育种、农资供应、加工运销等的组织④，也即农民专业合作社。综合型合作经济组织，则是指非土地经营的多种经营组织，兼有以上两种组织的特点。也有学者将城乡集体经济组织中的股份合作组织单独分为一类，而将农村集体经济组织分为土地经营合作组织（农业合作社）、其他合作社（包括供

---

① 法国全国合作集团编：《法国的合作运动》，1 页，北京，中国商业出版社，1986。

② 参见《经济日报》，1991－08－15。

③ 参见《中华工商时报》，1993－02－03。

④ 参见杨坚白主编：《合作经济学概论》，312 页，北京，中国社会科学出版社，1990。

销合作社）和村社集体企业。[1] 在城镇这一块，则基本上是分为“大集体”和“小集体”两类。

如果说在强调集中和城乡、条块分割的传统计划经济体制下，按城乡和“大”“小”对合作暨集体经济企业进行基本分类尚有其合理性的话，那么在今天中国社会经济已经发生巨大和深刻变化的情况下，这样做无论从理论还是实践看都没有道理了。

首先，乡（镇）村和城市的发展，打破了工农、城乡间原来泾渭分明的界限，其相互间日益交融。例如，在工业发达的无锡地区，早在1990年年底就已有85.8%的农村劳动力转向非农产业，8 000多个乡镇企业同城市的大企业、科研单位、大专院校建立了经济技术合作关系，农民进城办厂开店，农村小城镇蓬勃发展，近一半的农民用上了自来水。[2] 国有企事业单位、城市居民甚至外商也在农村地区兴办企业。以城乡划分企业，界限已模糊，而且从企业的社会经济地位上看也不再有意义。

其次，城乡空间标准，原本就掺杂着所有制“等级”因素，例如：处于农村地区的“大集体”企业及其职工，也是城镇集体经济组织和城镇户口；乡村农民到城里办企业，也摆脱不了农村户籍和乡（镇）村企业“名分”的束缚。社会经济的进步，已逐渐消灭了企业和公民的这种“血统”出身标记。

再次，“社区性”标准的意义，已不再局限于“农”与“非农”的区分。一方面，农村劳动力日益向非农领域转移，农村人口的流动表明农业生产的社区性特征有所削弱；另一方面，农村走农民“离土不离乡”的发展道路，使乡（镇）村集体企业、供销合作社、信用合作社等都获得了社区集体所有的性质。因此，社区性或地区性已不再是农业生产的专有特征。

最后，在政社分离，普遍实行家庭承包经营的条件下，在一些社区性农业合作组织已不复存在的农村地区，只有村民委员会或村民小组在实行自治职能的同时，作为村民集体的代表进行土地的分配和调整工作。

在城乡各自的框架内对集体经济组织的既有分类，也存在着标准不一和方法不合理的问题。例如，关于农村集体经济组织的分类，对地域型合作经济组织是以土地经营的特点为标准，对乡镇企业型合作经济组织是以城乡差别为标准；之所以通常把供销合作社和农村信用合作社排除在一般农村集体组织之外，作为独立的类型，暗含的出发点则是它们与党和国家的特殊关系，以及以城乡界限确定其业务活动的范围。各种城镇集体经济组织在改革中则都应按照合作原则经营管理，所谓“大集体”“小集体”的划分也失去了原有依据，更无积极的意义。

有鉴于此，应当按法学的标准，通过分类揭示合作暨集体经济企业的法律地位、特征及财产权关系。以下按合作制暨集体所有制组织或企业法律关系的性质及其财产权行使的特点对其进行分类。

---

① 村社集体企业就是指乡（镇）村集体所有制企业。参见江平等：《民法教程》，144～146页，北京，中国政法大学出版社，1986。

② 参见《人民日报》，1991-04-12。

第二节　合作制暨集体所有制企业（组织）的基本法律分类

一、农村社区性合作组织

农村社区性合作组织是在村或村民小组的范围内设立的农村基层合作组织，其前身是人民公社时期的生产大队或生产队。农村现存的这种组织，多数就是由生产大队和生产队延续而来的，有些则是在生产大队和生产队自动解散以后，在村或村民小组自治的基础上重新建立起来的。当然，一些农村地区的基层合作组织可能名存实亡，甚至不复存在，村或村民小组集体不从事经营或经济活动，缺乏经济实力，无法为村民提供产供销及公益性服务。

农村现在普遍实行土地集体所有基础之上以家庭承包为主的双层经营体制，在设立了社区性合作组织的地方，它承担的职能是“统”“分”结合的双层经营中“统”的部分，为农民提供供销、水电管理、土壤改良、良种繁育购买、生产技术、植保、农机等各种服务；在农民自愿的基础上，也可以由其直接组织土地规模经营、林果生产、养殖，举办各种工商企业和公用、文教、社会保障和福利等各种事业。

农村社区性合作组织在宪法和法律中被称为“农村集体经济组织”，《宪法》第 8 条第 1 款，《民法典》第 55 条、第 96 条和第 99 条，《农业法》第 10 条第 3 款，以及专门的《农村集体经济组织法》等都有规定。农村社区合作组织严格地说并不是企业，如《农村集体经济组织法》第 6 条第 2 款规定，农村集体经济组织不适用有关破产法律的规定。曾经，各地对这种组织的称呼丰富多彩：有的称“经济合作社”“经济联社”，有的称“××实业公司”、“××企业公司”或“××农工商总公司”，还有极少数地方仍维持着生产大队和生产队的叫法。《农村集体经济组织法》施行后，依该法第 21 条的规定，农村集体经济组织的名称须予规范，名称中应当标明“集体经济组织”字样，以及所在县、不设区的市、市辖区、乡、民族乡、镇、村或者组的名称。同时，经过多年的改革开放，有一点是一致的，即农村基层合作组织不再以土地经营和集体生产为主要任务，其功能已转变为农业供销服务、对村经济进行管理协调、兴办企业、积累及管理集体资金、从事村政建设及举办村公益事业等综合性职能。在少数仍由集体经营土地的地方，也是在村合作组织之下专设较小的单位，对全村土地实行集中的企业化经营，而不再是家家户户出工不出力的集体经营。

农村集体经济组织的概念是特定历史阶段的产物，其特点是“政经不分”——将村民自治与集体经济、集体经营混为一体。事实上，农村集体经济组织主要承担村民自治的功能，并不直接从事生产经营及经济活动，而村、村民小组或乡镇农民集体举办或控制的经济组织都是“农村集体经济组织”，将“农村集体经济组织”特定化为社区合作组织已名不符实。一个农村集体不妨在自治的基础上设立多个经济组织，根据《公司法》《农民专业合作社法》等采取公司、合作社等组织形式，实际情形也是如此。“政经不分”下很难在经济组织的框架内处理集体成员界定和集体非经济事务决策等自治问题，“集体经济组织”模糊了农民集体的村社或社区性质，而农村集体设立或控制的各种企业、公司也是“集体经济组织”。所以，至少在观念上，应将村民自治或社区合作从“农村集体经济组织”中分离出来，拆分为另一个概念，从而使农村集体经济组织“实至名归”，单纯作为农村集体设立或控制的经济组织的概念。农村集体经济组织可以从事投资经营、资产管理等活动，在此意义上其可谓具有社区性质和村民自治功能的特殊企业，因而《民法典》将其归类为“特别法人”。

法律规定，农村的土地属于集体所有。但土地的集体所有与合作组织没有必然联系。在建立了社区合作组织的地方，它依法可以作为村或村民小组的代表，行使土地的集体所有权；在没有建立社区合作组织的地方，则由村民委员会行使土地所有权。由于性质和功能的不同，二者在社区的范围上可以是不一致的。例如，在土地由村民小组社区所有的情况下，并不妨碍在村的范围内成立农村集体经济组织，反之亦然。此外，农村集体经济组织是法人，社区集体则不是法人。农村集体经济组织在民事活动中不能以社区或集体的土地承担民事责任，这主要不是因为土地是限制流通物，而是因为农村集体经济组织并不是土地所有权的主体；在土地分散经营的情况下，设立农村集体经济组织也不以土地入股为必要条件。

社区合作组织或村民委员会行使土地所有权，主要是由其作为发包方，代表集体与村民签订承包经营合同，将集体所有的土地、山岭、草原、荒地、滩涂、水面等承包给农户经营，并为农户提供必要的生产服务。承包经营合同的内容，包括具体地块之界定，承包期限，农户依法纳税、缴纳村集体提留和乡统筹费等义务，社区合作组织或村民委员会应提供的具体服务，合同变更及解除的条件，等等。

由人民公社时期延续下来的农村社区合作组织，是法定设立的；改革开放以来出现的社区合作组织，则是由村民大会或村民小组会议按少数服从多数的原则，自愿决议设立的。这种合作组织一旦设立或存在，原先是凡其覆盖地域内16岁以上有劳动能力和意思能力的村民，均可自动成为组织的成员或社员；而依《农村集体经济组织法》第11条的规定，凡户籍在或者曾经在农村集体经济组织并与农村集体经济组织形成稳定的权利义务关系，以农村集体经济组织成员集体所有的土地等财产为基本生活保障的居民，均为该农村集体经济组织成员。这就将农村集体经济组织成员与土地集体所有权主体的成员或村民集体成员混为一谈了，凸显出该法规定的“农村集体经济组织”的社区集体或村民自治性质，实际上不属于“经济组织”，因为没有劳动能力或意思能力的人只能作为社区或集体成员，而不应作为经济组织的成员。可以享受合作或集体利益的人，包括具有本村或本村民小组户籍的所有村民，每一个村民包括婴儿和无意思能力的人都是土地集体所有权主体的成员，有权分得一份口粮田，享受集体的分红和福利等。农村社区合作组织的社区性，正表现于此。一些地方在社区合作的基础上实行股份合作，部分以股份的形式集资，或者将部分集体财产作股记入成员个人名下，对其适当分红，以增强其对集体的认同感。但成员持股与否及其多寡，均不影响其在村民自治中的“一人一票”或“一户一票”表决权。

鉴于农村社区合作组织的社区性质和“政经一体”的特点，其不由市场监督管理部门登记管理，《农村集体经济组织法》规定其登记管理机关是县级以上地方人民政府农业农村主管部门。

农村社区合作组织与村民自治的关系密切，农村集体经济组织成员（代表）大会实际上就是村民（代表）大会或村民小组（代表）会议，村、组自治机构和合作机构通常是“一套人马，两块牌子”。在实践中，原先许多社区合作组织自称为“公司”，其管理机构往往被称为“董事会”，也有称作管理委员会或理事会的；《农村集体经济组织法》按照合作组织的通例，规定成员（代表）大会作为权力机构，其下设理事会和监事会或监事，理事会相当于公司董事会，是农村集体经济组织的日常决策管理机构，理事长是法定代表人。

伴随着农业生产力的提高和城市化进程，乡村处于流动和转型过程中，村民自治和乡村治理的水平普遍不高，因而党的领导和政府的管理、帮扶至关重要，比如在此背景下产生了“驻村第一书记”制度。相应地，《农村集体经济组织法》26 条第 2 款规定，需由成员大会审议决定的重要事项，应当先经乡镇党委、街道党工委或者村党组织研究讨论；第 29 条第 3 款规定，乡镇党委、街道党工委或者村党组织可以提名推荐农村集体经济组织理事会成员候选人，党组织负责人可以通过法定程序担任农村集体经济组织理事长；第 12 条第 4 款和第 20 条第 2 款规定，农村集体经济组织的成员名册和章程应当报乡镇人民政府、街道办事处和县级人民政府农业农村主管部门备案；第 23 条、第 24 条规定，农村集体经济组织合并或分立的，应当经乡镇人民政府、街道办事处审核后，报县级以上地方人民政府批准；第 9 条第 1 款规定，国家通过财政、税收、金融、土地、人才以及产业政策等扶持措施，促进农村集体经济组织发展；第 52 条规定，国家鼓励政策性金融机构立足职能定位，在业务范围内采取多种形式对农村集体经济组织发展新型农村集体经济提供多渠道资金支持，鼓励商业性金融机构为农村集体经济组织及其成员提供多样化金融服务；第 47 条规定，农村集体经济组织应当依法接受县级以上地方人民政府农业农村主管部门和乡镇人民政府、街道办事处的审计监督；第 61 条规定，农村集体经济组织章程或者农村集体经济组织成员（代表）大会所作的决定违反该法或者其他法律法规规定的，由乡镇人民政府、街道办事处或者县级人民政府农业农村主管部门责令限期改正；等等。

农村社区合作组织以土地集体所有为基础，其设立、存续期间和解散都不得改变土地的集体所有权。农村社区合作组织因各种原因解散的，偿还了税收、债务和集资股金后剩余的财产，仍属于社区集体所有，可以将其用于自治和其他集体事业。

二、集体投资举办的企业

集体投资举办的企业可以分为两类：一类是投资主体具有社区性的合作制暨集体所有制企业，其规范性较强；另一类是企事业单位或机关团体举办的合作制暨集体所有制企业，其性质不十分明确，既不符合资本原则也不遵循合作制原则。

(一) 投资主体具有社区性的合作制暨集体所有制企业

这类企业是我国合作制暨集体所有制经济的主体，其中有的是由社区投资举办的，如乡村集体企业和城镇原二轻局、二商局或后来由合作社联社兴办的企业，现绝大多数为适用《公司法》的有限责任公司和股份有限公司；有的则是由劳动者入股集资的合作组织经过长期发展而与社区融为一体的，如农村的供销合作社、信用合作社。

关于后者的性质，在改革中曾有争论，大体上有三种不同的意见。第一，认为其属于全民所有制或地方国有制，因为国家历年来对其作过大量投资，且在计划经济时期，它已实行国营企业的组织和管理制度。第二，认为其属于“半官半民”，应为国家与集体联合所有制。第三，认为其应为集体所有制。① 第三种意见现已得到普遍认同，政策、法规也强调要按照合作制暨集体所有制经济的性质和特点办好这类企业。

当然，农村供销合作社、信用合作社和城镇范围联社的合作企业的内外部关系尚待进一步理顺，应当根据合作制的理论、历史和现状，认定此类组织为社区集体所有性质，以便采取适合其内在要求的组织机制和管理体制，促进其规范和发展。如果认定其为本组织成员集体所有，则会引起产权关系及相关的企业宗旨和管理上的混乱。因为这些企业的财产，并不属于当前的企业职工所有，而是历年企业劳动者的积累和整个社区贡献的结果。例如，在乡（镇）范围建立的供销合作社，其积累主要来源于本社区农民几十年来与其所做的交易，以及联社和地方政府用来源于社区的收入对其的投资。为了让当前的农户或职工关心集体，可以允许其以一定的金额入股，成为社员或集体成员。但由于这些企业不同于农村社区集体，农村社区集体的成员在血缘和财产关系上是有继承性的，而在供销合作社、信用合作社和原“大集体”等企业中则不具有这种属性，因而不能像农村社区集体实行股份合作那样，把一部分集体财产折股后无偿地分给集体成员。否则，没有经济及法权依据，将集体财产“化公为私”的做法，不仅不能增强集体成员对集体及其财产的认同感，反而会鼓励人们侵占本不属于他们的财产。

明确了这类组织的性质，也就决定了其必须采取“两权分离”的财产权结构和管理机制。控股或控制企业的所有者应有权决定其经营方向、经营方式、高级管理人员的人选、盈利的分配以及改组、联营、合并、解散、申请破产等基本事宜，企业作为法人则在市场中自主经营。

这类企业在市场经济条件下必然要与资本和公司相结合，其典范，在农村有华西村投资控股的江苏华西村股份有限公司，在城镇则是由一个濒临倒闭的二轻集体所有制企业脱胎而来、为青岛海尔集体资产管理协会控股的青岛海尔股份有限公司。

（二）企事业机关单位举办的合作制暨集体所有制企业

我国的公有制企事业机关团体，有着举办集体企业或合作制企业的传统，以此达到本单位家属和子女就业、为职工谋福利等目的。长期以来，国有企事业机关团体举办企业时，多以国有的土地、建筑物、机器设备和原材料等出资扶持，所办企业名为“集体”企业，实则属于国家所有。而且，一般企事业机关单位在性质、管理制度是否健全等方面差别较大，它们与自己举办的集体所有或合作制的企业之间的关系具有较强的任意性，

---

① 参见《城镇集体经济研究》（论文集），149、150页，北京，人民出版社，1981；沈以宏等：《供销合作社所有制性质考察与研究》，81页，北京，中国商业出版社，1988。

远不如社区及其代表机构与社区性主体投资的企业之间的关系那么规范。有鉴于此，从所有者与经营者之间的利益平衡、保护集体所有权和维护社会经济秩序出发，对于一般企事业机关单位举办的企业，应在法律上就其性质和地位作出符合财产权暨其投资经营规律的认定。

对于国有单位举办的“集体”企业的性质，应遵循资本原则，即“谁出资，谁所有”，同时考虑法律关于扶持集体经济或合作经济的特殊规定。原则上，国有的企事业单位、机关、团体等不能举办集体所有制企业，这是由国家所有权的性质和现代企业普遍遵循的资本原则所决定的。只有在法律作了特别规定的情况下，才能允许这样做。①

针对国有或集体所有制单位办企业中出现的企业产权纠纷，在由单位委派他人筹建企业，包括召集人员、集资、借款等的情况下，应当认为所建立的企业属于委派者所有，而非受托者所有，因为在企业筹建过程中，是以委托者的名义、并由委托者承担集资的债务和风险开展活动的。

随着市场经济的发展，资本关系在我国企业中已成为主导，国有单位办的这类企业在实践中或因“吃国企”而缺乏正当性和竞争力，被市场淘汰出局，或因靠自己而在竞争中脱颖而出，通过规范或改制摆脱了“母体”的“庇荫”。“国有办集体”作为特定历史时期的产物已经消亡。

三、成员直接所有或控制的企业

这是合作制暨集体所有制企业的典型形式，传统的、典型的合作社也属于此类，即群众自愿组织、集资，共同劳动、经营，按合作制原则民主管理，实行按劳或按贡献分配的组织。《城镇集体所有制企业条例》第 4 条第 2 款第 1 项所称企业财产属于“本集体企业的劳动群众集体所有”，就是这类企业的财产权关系形式。

典型的合作社保留着社员的股金，以股金账户与社员个人利益挂钩，但实际上存在且法律亦不禁止合作社不设社员股金，合作社的财产不分份额地为社员集体所有的情形。西方国家传统的工人生产合作社就是如此。在我国，原先比较常见的这类企业是由城镇区街家庭妇女、退休退职人员、待业人员、残疾人员等自筹资金组织起来的区街“小集体”企业。当然，即使是“小集体”，长期以来也受到区街行政管理、统负盈亏、摊派平调等做法的影响，使其合作性质大打折扣。在改革中，“小集体”和部分“大集体”企业走上了成员入股、民主自治的合作制发展道路，社会上又出现了农民集资或合股的合作企业、股份合作制的工商企业等，表明传统的合作制在新的起点上复苏。

成员直接所有、员工同时也是社员的组织固然是典型的合作企业，应当遵循所有者与劳动者（在消费合作社为消费者）、管理者同一的原则，限制不参加合作组织或不与之交易的人作为出资者，并要求每个员工入股成为社员或股东。但是典型的事物通常不具

① 例如，根据国务院 1990 年发布的《劳动就业服务企业管理规定》，经主管部门审查同意，由同级劳动部门认定，开办时从业人员中 60%以上为城镇待业人员、存续期间按一定比例安置城镇待业人员的，国有企事业机关单位可以主办或扶持设立集体所有制的劳动就业服务企业。当然，这种情况逐渐走进历史，不复存在。

有普遍性，逻辑上的纯粹在实践中是不存在的。员工所有的合作组织包括西方国家的合作社在发展中既吸收外来投资，也允许部分员工仅作为雇员，只要它仍为员工所控制，实行合作制的原则，则其自愿结合、民主自治的互助合作性质就没有变，对其法律调整的原则和制度也不会发生质的变化。这就是实践中出现的股份合作制企业，即由实行合作制的本企业员工集体所控制的公司。但由于它以合作制为主导，所以在性质上属于合作社而非公司的范畴。

传统的合作社法强调合作社的自助、互助性及非营利性，而事实上，经营性的合作社都只有盈利才能够生存，社员也分取盈余。互助合作性和营利性的分别，在经济不景气的情况下方能凸显出来：一般资本企业面对危机通常以裁员、关厂等措施加以应对；而合作企业的第一反应则是群策群力、同舟共济，自愿减薪甚至暂不取酬，共渡难关以求再生。所以，在合作制立法及法学上，不必纠缠于合作社或合作企业的互助合作性抑或营利性。一个组织只要适用合作制暨集体所有制企业法，其成员"入社自愿、退社自由"，实行依照合作制原则设计的法人治理结构，在资本结构和非股东员工的比例上不超过一定的度，就可以认定它是合作社和合作企业。而且，法律上规定的企业形态是给当事人提供的一种选择，实践中不必刻意追求企业的合作性质，当事人设立企业时，任由其选择公司、合伙企业、合作及集体所有制企业等，一个合作社或合作企业根据其经营发展状况和出资者的意愿，亦不妨依法变更为私人资本控制的公司或合伙企业。

所谓一定的度，一是多数成员入股，二是成员入股应当在企业出资或股本中占大多数，在此基础上由社员大会或员工股东会作为权力机构。超过这个度，也就不是合作社或合作制企业了。我国有关股份合作制企业的政策、法规已经体现了这样的指导思想。例如，原《国家体改委关于发展城市股份合作制企业的指导意见》要求在自愿的基础上鼓励职工人人入股，也允许少数职工暂不入股，职工个人股和职工集体股在企业股本中应占大多数；股份合作制企业实行职工股东会制度，职工股东会是企业的权力机构，实行一人一票的表决方式。原《上海市股份合作制企业暂行办法》规定，股份合作制企业的非股东在职职工不得超过在职职工总数的10%，职工股东持股总额不得低于企业股本总额的51%，股份合作制企业以外个人持股总额不得超过企业股本总额的10%，法人持股总额不得超过企业股本总额的39%，等等。①《农民专业合作社法》更是体现了上述精神。该法第4条规定，农民专业合作社应当遵循下列原则：（1）成员以农民为主体；（2）以服务成员为宗旨，谋求全体成员的共同利益；（3）入社自愿、退社自由；（4）成员地位平等，实行民主管理；（5）盈余主要按照成员与农民专业合作社的交易量（额）比例返还。

这类企业和集体投资型企业一样，其经营或活动范围可以包括工、农、科技、商业、金融、文教等各个方面，不过也有一些合作事业如供销合作、信用合作、消费合作等，需要由成员或社员与其发生交易才有意义，故而依其性质只宜由成员自愿合作、直接所有，而不宜为投资性的企业。但是由于历史的原因，更由于国人社会自治能力的欠缺及党和国家在合作运动中的主导作用，我国的农村供销合作社和信用合作社已经发展成为

① 参见2010年《上海市股份合作制企业暂行办法》第9条、第21条、第22条。

社区所有，“专供”社会成员自愿、互助、自治地合作，追求“我为人人、人人为我”境界的空间已很狭小，改革开放中出现的城市信用合作社、消费合作社、住宅合作社等也因缺乏政府支持和真正的自治而昙花一现。

在市场经济条件下，中小企业和小生产者的实力和资信较差，很难获得商业银行和资本市场的融资。因此，由其自愿结合，组成信用合作社，相互融资，由信用合作社向社员提供存贷款、结算、担保、外汇交易等服务，具有深厚的客观社会基础。我国于20世纪80年代试办城市信用合作社，初衷也是由城市集体企业、个体工商户等中、小企业参与，为它们以及城市居民提供金融服务。但是，各城市信用合作社几乎都是由四大国有银行发起创办，市联社由中国人民银行组建，在经营中背离了合作制原则和为中小企业及居民服务的宗旨，自愿入股、民主管理、一人一票表决、互利互助、自我约束、主要为入股社员服务等原则和宗旨形同虚设，以致成为违法乱纪、滋生金融风险的渊薮。国家为此不得不多次对城市信用合作社进行整顿，要求其通过规范改造，真正办成合作制金融组织，重点为营业区域内的小型企业、私营和个体经济服务，对个人、私营和个体企业的业务量应当占存、贷款等业务总量的80%以上。经过整顿，地（市）级城市的城市信用合作社多已纳入城市商业银行，设在县（市）的城市信用合作社则划归农村信用合作社县联社管理，城市信用合作社实际上已经“寿终正寝”。① 其结局也可谓合作（社）企业和合作运动在中国之命运的某种缩影。

消费合作社的特点是社员或居民自治，在经销的商品质量、价格上直接对社员和消费者负责。消费合作社是资本主义社会中较为普遍的一种合作组织形式，我国在20世纪50年代初也曾发展过城市消费合作社，但在1954年被并入国营商业。在20世纪80年代的改革中，一些地方试办了消费合作社。消费者在与经营者的关系中处于弱势地位，并不时为计划经济体制遗留的官商作风所困扰，原本消费合作社不失为消费者保护的一种手段和制度，但与城市信用合作社一样，消费合作社也受制于民众自治能力差以及“陌生人”合作之不易，加上超市和“网购”的强势存在，消费合作社在我国并未发展起来。

住宅合作也是消费合作的一种形式，它在许多国家都是解决居民住宅问题的途径之一。住宅合作的特点是社员共同集资，互助建房，将房屋平价出售或出租给社员，自力更生解决住房问题，而无盈利的动机和目的。地方政府或单位筹资建房、分房或卖房不属于住宅合作。从1998年开始，国家实行住房分配制度改革，商品房取代福利房、单位房成为中国民众解决住房问题的主要甚至唯一渠道。在人口流入城市尤其是大城市及投资炒作的背景下，商品房价格高涨成为困扰中国普通民众的一大难题，北京、上海、杭州等地一度出现了“个人合资建房”的思潮及实践。本质上，“个人合资建房”就是一种住宅合作。然而，除了合作和自治本身之不易，住宅合作受制于方方面面的政策和其他因素，包括土地政策、城市规划、建材供应、建筑施工、市政配套建设、税收等，现实

---

① 参见中国人民银行1988年发布的《城市信用合作社管理规定》、1997年发布的《城市信用合作社管理办法》、1998年发布的《整顿城市信用合作社工作方案》、1998年发布的《关于加强城市商业银行监管工作有关问题的通知》，国务院办公厅1998年发布的《关于组建城市商业银行工作中城市信用合作社公共积累归属问题的通知》等。

中的“个人合资建房”都以失败而告终。

第三节　我国合作制暨集体所有制企业法的主要内容

一、合作制暨集体所有制企业的设立

我国对农村社区性合作组织原先没有统一的法律调整。有的地方制定了法规、规章，当然适用于由原人民公社体制延续而来的农村合作组织，可谓法定设立。[①] 有的地方规定，农村社区性合作组织的设置和规模，在当地人民政府及上级主管部门的指导下，由本组织成员集体讨论决定，并由县以上各级农业委员会和乡镇农村合作经济管理办公室作为登记主管机关，对其进行审核，对符合条件准予登记的，经市、县（区）人民政府批准，由同级登记主管机关颁发农村社区合作经济组织登记证，这是许可主义设立方式。[②] 还有的地方规定，设立村经济合作社，经乡（镇）人民政府审核同意后向工商行政管理部门登记注册。[③]《农村集体经济组织法》颁布后，明确了村一般应当设立农村集体经济组织，村民小组和乡镇可以设立农村集体经济组织；经成员（代表）大会表决通过本农村集体经济组织章程，确认本农村集体经济组织成员，选举本农村集体经济组织理事会成员、监事会成员或者监事后，向县级以上地方人民政府农业农村主管部门申请登记，取得农村集体经济组织登记证书。

对于从事工商经营的合作制暨集体所有制企业，则和一般企业一样，直接依法律规定的条件办理设立登记。《乡村集体所有制企业条例》和《城镇集体所有制企业条例》规定的审批，在实践中已被准则主义所取代，依这两个法新设企业的情形也不复存在，现在都是依《公司法》、《农民专业合作社法》和《市场主体登记管理条例》向市场监督管理部门申请设立登记。

在城镇，股份合作制曾为国有企业和集体企业改制的一种重要方式，但因为自治的精神及传统的缺乏，以及在市场化进程中资本关系的强势发展，改制后的城镇股份合作制企业迅速变质，沦为一般的私人企业。只有极少数集体企业在与公司制后结合得以存续，比如海尔集团公司；也有公司制的资本企业因自觉自愿转为股份合作制而发展壮大，比如华为技术有限公司。

根据中国人民银行1997年发布的《农村信用合作社管理规定》，农村信用合作社的社员一般不得少于500人，县联社则要求本县（市）内的社员信用合作社达到8家以上，注册资本金一般不少于100万元人民币，应有具备任职资格的管理人员和业务操作人员，有符合要求的营业场所、安全防范措施和办理业务必需的设施。设立农村信用合作社的，应当先申请筹建，筹建完毕经批准后颁发“金融机构法人许可证”，并凭许可证到市场监

---

① 参见1990年《海南省农村社区合作经济组织暂行规定》。

② 参见1990年《广东省农村社区合作经济组织暂行规定》和1991年《广东省农村社区合作经济组织登记办法》。

③ 参见1992年《浙江省村经济合作社组织条例》。

督管理部门办理登记，领取营业执照。① 农村信用合作社及其分社和储蓄所必须以所在乡镇、集镇、村的名称命名，分社、储蓄所不具备法人资格，其民事责任由农村信用合作社承担。②

1997 年以前，农村信用合作社由中国人民银行委托中国农业银行领导和管理。③ 为了把农村信用合作社办成农民入股、社员民主管理、主要为入股社员服务的合作金融组织，中国农业银行按照商业银行的要求支持农村经济发展，于 1996 年酝酿将农村信用合作社的业务管理改由县联社负责，对农村信用合作社的金融监管则由中国人民银行（后转由中国银行保险监督管理委员会继而为国家金融监督管理总局）承担。农村信用合作社应当向所在县联社入股，县联社职工可以集中资金向县联社入股，其他法人和自然人不得向县联社入股。县联社根据所在县（市）名称命名，应有 8 家以上本县（市）内的农村信用合作社作为社员社，注册资本金一般不低于 100 万元人民币，需要具备任职资格的管理人员和业务操作人员，有符合要求的营业场所、安全防范措施和办理业务必需的设施。

2003 年国务院启动农村信用合作社深化改革试点，农村信用合作社及其联社逐渐改制为农村商业银行或农村合作银行，但农村信用合作社在一些地方依然存在。

鉴于供销合作社在我国已成为遍布农村和乡（镇）的特定组织，因而其基本上不存在设立的问题，只有在行政区划调整和改革中对其组织进行调整的问题。

二、合作制暨集体所有制企业的地位和治理机构

合作制暨集体所有制企业具备法人条件的，依法取得法人资格；不具备法人条件的，亦不妨成立为分厂、分店等法人分支机构或“合伙型联营”等非法人企业，以利社会交易安全。依《农村集体经济组织法》第 6 条第 1 款的规定，农村集体经济组织依法登记，取得《民法典》规定的特别法人资格。《城镇集体所有制企业条例》第 6 条规定集体企业一律取得法人资格、独立承担民事责任，《乡村集体所有制企业条例》第 10 条规定不排除设立非法人企业。这两个条例虽几乎不再适用，但毕竟反映着曾经的理念和实践，且现行有效，故对其有代表性的规定仍予必要的交代。《农民专业合作社法》第 5 条第 1 款规定，“农民专业合作社依照本法登记，取得法人资格”。

合作制暨集体所有制企业具备法人资格的，依其为投资型抑或成员直接所有型，在产权结构上不完全相同。公司是成熟的企业组织形式，包括合作制暨集体所有制在内的各种所有制主体投资经营企业的，都可以适用《公司法》，采取公司的形式，自不待言。投资型的公有制企业应当实行现代法人治理的“两权分离”，《乡村集体所有制企业条例》第 6 条按所有权和经营权“两权分离”的理论对投资者与企业的关系作了规定，即：乡村集体所有制企业实行自主经营，独立核算，自负盈亏；乡村集体所有制企业实行多种

① 参见《农村信用合作社管理规定》第 9 条～第 12 条。

② 参见《农村信用合作社管理规定》第 7 条、第 8 条。

③ 参见中国人民银行 1990 年发布的《农村信用合作社管理暂行规定》（根据 1997 年发布的《农村信用合作社管理规定》而被废止）第 6 条、第 11 条。

形式的经营责任制；乡村集体所有制企业可以在不改变集体所有制性质的前提下，吸收投资入股。相比之下，《城镇集体所有制企业条例》既规定了企业可以是集体联合经济组织范围内的集体所有和集体所有的财产占主导地位的社区性、投资型的集体企业，却又在第5条规定，集体企业应当遵循自愿组合、自筹资金，集体积累、自主支配等原则，从而混淆了投资型和成员直接所有这两种不同类型合作制暨集体所有制企业的性质和地位。

与此相关的是合作制暨集体所有制企业组织机构的设置。按照所有者支配的现代企业原理，投资型集体企业的权力机构应由外部出资者组成或控制，其中社区性集体企业的权力机构应当能够反映包括当前出资者在内的社区各方面的利益，成员直接所有或控制的企业则应为成员（代表）大会所控制。

《乡村集体所有制企业条例》针对乡、镇、村、村民小组投资的企业，规定企业财产属于举办该企业的乡或者村范围内的全体农民集体所有，由乡或者村的农民大会（农民代表会议）或者代表全体农民的集体经济组织行使企业财产的所有权。企业所有者依法决定企业的经营方向、经营形式、厂长（经理）人选或者选聘方式，依法决定企业税后利润的分配，有权作出关于企业分立、合并、迁移、停业、终止、申请破产等决议。企业实行厂长（经理）负责制；企业职工则有权参加企业民主管理，对厂长（经理）和其他管理人员提出批评和控告的权利，通过企业职工（代表）大会对企业经营管理提出意见和建议，评议、监督厂长（经理）和其他管理人员，维护职工的合法权益。①

《城镇集体所有制企业条例》则规定，职工（代表）大会是集体企业的权力机构，有权制订、修改集体企业章程；按照国家规定选举、罢免、聘用、解聘厂长（经理）、副厂长（副经理）；审议厂长（经理）提交的各项议案，决定企业经营管理的重大问题；审议并决定企业职工工资形式、工资调整方案、奖金和分红方案、职工住宅分配方案和其他有关职工生活福利的重大事项；审议并决定企业的职工奖惩办法和其他重要规章制度；以及行使法律、法规和企业章程规定的其他职权。城镇集体企业也实行厂长（经理）负责制，厂长（经理）由企业职工代表大会选举或者招聘，对企业职工（代表）大会负责，是集体企业的法定代表人。② 该条例对城镇集体企业的治理结构作如此规定，固然符合成员直接所有型的合作企业的性质，然而对于占大多数的投资型或由外部合作制主体控制的集体企业来说，就存在问题了。于是该条例又在第32条第2款、第3款补充规定：由集体企业联合经济组织投资开办的集体企业，其厂长（经理）可以由该联合经济组织任免；投资主体多元化的集体企业，其中国家投资达到一定比例的，其厂长（经理）可以由上级管理机构按照有关规定任免。由于法律的规定与社会发展现阶段的财产权关系及其内在要求脱节，就埋下了法律调整中的某种隐患，在合作制暨集体所有制企业的产权归属和政府主管部门究竟有无权力任免厂长（经理）方面引发许多不必要的纠纷，甚至激化到流血害命的程度。

---

① 参见《乡村集体所有制企业条例》第18条、第19条、第22条、第26条。

② 参见《城镇集体所有制企业条例》第9条、第28条、第31条、第32条。

典型的合作制组织的法人治理结构是社员（代表）大会和理事会、监事会制度，如前所述，农村集体经济组织作为社区合作组织，《农村集体经济组织法》按此对其法人治理结构作了规定。关于农村信用合作社和供销合作社，农村信用合作社原先实行社员（代表）大会和管理委员会制，前者是权力机构，后者则为执行和监督职能合一。[①] 1997年改革之后，农村信用合作社和供销合作社一样，也实行社员代表大会和理事会、监事会制度。根据《农村信用合作社管理规定》，社员代表大会分为年会和临时会议，行使下列职权：制订或修改农村信用合作社章程；选举或更换理事会、监事会成员；审议批准理事会、监事会工作报告；审议批准农村信用合作社年度财务预、决算方案，利润分配方案和弥补亏损方案；对农村信用合作社的分立、合并、解散和清盘事项作出决议；决定其他重大事项。章程的修改，农村信用合作社的分立、合并、解散和清盘，要经社员代表大会以全体代表的2/3以上多数通过，其他议案必须经社员代表大会以全体代表的1/2以上多数通过。理事会是社员代表大会的常设执行机构和经营决策机构，由5名以上（奇数）理事组成，理事均由社员担任。理事会设理事长一人，主持理事会工作；副理事长1～2人，协助理事长工作。理事长、副理事长由县联社提名，理事会选举产生。监事会是农村信用合作社的监督机构，由3名以上（奇数）监事组成，设监事长1人，监事由社员代表和职工代表组成，理事、主任、副主任和财务负责人不得兼任监事。农村信用合作社实行理事会领导下的主任负责制，主任为法定代表人，人选由县联社推荐并进行考核，由理事会聘任。农村信用合作社的理事长、副理事长、主任、副主任及其他主要管理人员不得在党政机关任职，不得兼任其他企事业单位的高级管理人员，不得从事除本职工作以外的其他任何以营利为目的的经营活动。[②] 供销合作社的治理结构与此相当。[③]

《农民专业合作社法》旨在促进农民之间自发、自愿的合作经营，其众多条文都体现了对合作成员自治的尊重、促进和维护。《农民专业合作社法》第29条规定，农民专业合作社成员大会由全体成员组成，是本社的权力机构，行使下列职权：（1）修改章程；（2）选举和罢免理事长、理事、执行监事或者监事会成员；（3）决定重大财产处置、对外投资、对外担保和生产经营活动中的其他重大事项；（4）批准年度业务报告、盈余分配方案、亏损处理方案；（5）对合并、分立、解散、清算，以及设立、加入联合社等作出决议；（6）决定聘用经营管理人员和专业技术人员的数量、资格和任期；（7）听取理事长或者理事会关于成员变动情况的报告；（8）章程规定的其他职权。《农民专业合作社法》第33条规定：农民专业合作社设理事长一名，可以设理事会。理事长为本社的法定代表人。农民专业合作社可以设执行监事或者监事会。理事长、理事、经理和财务会计人员不得兼任监事。理事长、理事、执行监事或者监事会成员，由成员大会从本社成员中选举产生，依照本法和章程的规定行使职权，对成员大会负责。理事会会议、监事会会议的表决，实行一人一票。

---

① 参见《农村信用合作社管理暂行规定》第32条～第35条。

② 参见《农村信用合作社管理规定》第20条～第24条。

③ 参见中共中央、国务院1995年《关于深化供销合作社改革的决定》。

案例

寿光市绿能瓜果菜专业合作社①

该合作社由寿光市德云绿色农业技术研究所、寿光市稻田镇有机农产品产销协会、寿光市绿能有机农业科技示范园和周边种植农户联合设立，始建社员 27 户，注册资金 238 万元，农民社员占 95%，涉及寿光市四个乡镇的 17 个自然村，并有处于考察期的临时社员 500 百余户。合作社按照《农民专业合作社法》的规定运作，打造一个集有机技术、有机农资研发与推广、有机生产、种植示范、技术服务、有机农资供应、农产品销售等多种功能于一体的技术型农民专业合作社。

寿光市是中国最大的蔬菜生产基地，被称为“中国蔬菜之乡”。该市大力发展各种农民专业合作社，提高了农民种植的组织化、集约化程度，增强了农民的抗市场风险能力，并通过合作社由农民取得农产品流通的增值，提高了农民收入，有助于实现公平分配，避免市场经济发展而导致两极分化。

三、合作制暨集体所有制企业的财产权关系

对于投资型集体企业，合作制主体作为出资人外在于企业，其经营管理和财产关系在形式上与国有企业无异，无论是否采取公司形式，企业本身并不涉及合作制原则。

在明晰产权的改革和投资主体为复数或多元化的情况下，曾经发生过集体企业中的国有财产处理问题。《城镇集体所有制企业条例》第 41 条规定，集体企业外的单位和个人的投资，归投资者所有，即它们可以作为非控股的股东。第 39 条则规定，企事业机关团体扶持设立集体企业的，应与其扶持设立的集体企业划清产权和财务关系，除可以将扶持资金作为对企业的投资外，也可以将其作为企业的借用款，由企业按约定的方法和期限归还。《劳动就业服务企业管理规定》第 14 条规定，集体企业的主办或者扶持单位对其提供给企业的设备、工具等生产资料和厂房，可以采用出租形式，向企业收取相当于折旧费的租金。原《北京市股份合作制企业暂行办法》第 18 条规定，原有企业改建为股份合作制企业时，国有资产可以由本企业职工出资购买，也可以实行融资租赁。

典型的合作企业资本由股金和积累资金构成。《农村信用合作社管理规定》和《农村信用合作社县级联合社管理规定》规定，农村信用合作社和县联社的注册资本金由社员的入股资金和公共积累转增的资金构成。② 为保证“一人一票”制度的实行，两规定都对单个社员的持股比例作出了限制：农村信用合作社单个社员的最高持股比例不得超过该社股本金总额的 2%，县联社每个社员的入股金额不得高于该社股金总额的 20%。③ 股

① 参见寿光市绿能瓜果菜专业合作社网站，http：//m. sglvneng. com/nd. jsp?id=101，访问日期：2024-07-01。

② 参见《农村信用合作社管理规定》第 15 条和《农村信用合作社县级联合社管理规定》第 14 条。

③ 参见《农村信用合作社管理规定》第 16 条和《农村信用合作社县级联合社管理规定》第 15 条。

金归于社员名下，不及于企业全部资本或财产，譬如不及于积累；可以分红，可以退股，但由合作社统一行使财产权，故而仍具有合作或集体所有的性质，称之为“个人所有”是不妥当的。[①]《农村信用合作社管理规定》第 19 条规定，社员经理事会同意后可以退股，年底财务决算之前退股的，不支付当年股息红利。《四川省供销合作社条例》（2023年）第 18 条规定：“基层供销合作社章程应当载明……社员入社和退社程序……”《农民专业合作社法》第 5 条第 2 款规定：“农民专业合作社对由成员出资、公积金、国家财政直接补助、他人捐赠以及合法取得的其他资产所形成的财产，享有占有、使用和处分的权利，并以上述财产对债务承担责任。”第 6 条规定：“农民专业合作社成员以其账户内记载的出资额和公积金份额为限对农民专业合作社承担责任。”第 42 条规定：“农民专业合作社可以按照章程规定或者成员大会决议从当年盈余中提取公积金。公积金用于弥补亏损、扩大生产经营或者转为成员出资。每年提取的公积金按照章程规定量化为每个成员的份额。”第 43 条规定：“农民专业合作社应当为每个成员设立成员账户，主要记载下列内容：（一）该成员的出资额；（二）量化为该成员的公积金份额；（三）该成员与本社的交易量（额）。”第 44 条规定：“在弥补亏损、提取公积金后的当年盈余，为农民专业合作社的可分配盈余。可分配盈余主要按照成员与本社的交易量（额）比例返还。可分配盈余按成员与本社的交易量（额）比例返还的返还总额不得低于可分配盈余的百分之六十；返还后的剩余部分，以成员账户中记载的出资额和公积金份额，以及本社接受国家财政直接补助和他人捐赠形成的财产平均量化到成员的份额，按比例分配给本社成员。经成员大会或者成员代表大会表决同意，可以将全部或者部分可分配盈余转为对农民专业合作社的出资，并记载在成员账户中。具体分配办法按照章程规定或者经成员大会决议确定。”

一个合作企业如果为其全体员工所有，即典型的合作社，其积累自应归企业或员工集体所有。但是对于有外部股东的多元化投资主体的企业来说，企业的资本包括公积金等积累都应归股东共有，而不能归企业或其员工集体所有。所以，《城镇集体所有制企业条例》第 37 条规定，集体企业的公共积累，归本企业劳动群众集体所有，如果将其适用于该条例第 4 条第 2 款第 2 项、第 3 项规定的两种投资型集体企业，则违背了现实财产权关系的客观规律。而且，我国在计划经济时期还形成了一个不合逻辑的教条，即集体企业的公共积累永远不能分割，即使企业解散后也不能将其返还给出资的个人，而只能交公处理。例如，1990 年颁布、1997 年修改的《农民股份合作企业暂行规定》中规定：企业税后利润中应有 60%以上用于扩大再生产（其中 50%作为不可分割的公共积累），企业终止后其公共积累或其剩余部分的处理，可以用于发展新企业，可以作为股份对外入股，可以用于支农建农，也可以用于建立职工保险、福利基金等，但不得分给职工个人。[②] 显然，如果企业终止了，其民事主体资格已不复存在，何以再去实施投资入股等行为呢？如果硬性将原企业积累或剩余财产作上述用途，或者上缴国家、集体，就无异于平调、侵犯个人的劳动成果和财产所有权。所以，对于成员直接所有的集体企业，只

---

① 例如，《城镇集体所有制企业条例》第 40 条规定，职工股金“归职工个人所有”。

② 参见《农民股份合作企业暂行规定》第 7 条、第 15 条、第 21 条。

要它还未发展为社区所有，就应按照世界上合作社法的通例，虽禁止企业存续期间分配公积金，但是允许企业解散后将剩余财产包括公共积累分派给包括自然人在内的原合作成员。后来的法规在这方面已有相当进步，例如，原《北京市股份合作制企业暂行办法》第43条规定，股份合作制企业因解散、被依法撤销、宣告破产或其他原因终止的，清算结束后的剩余财产按各股东的股份进行分配，其中职工集体共有股分得的财产交政府授权的专门机构，用于原企业职工的失业保险、养老保险等事项，专款专用。《农民专业合作社法》第44条也规定：在弥补亏损、提取公积金后的当年盈余，为农民专业合作社的可分配盈余。具体分配办法按照章程规定或者经成员大会决议确定。当合作社发生解散、清算及破产等事宜时，该法第52条第1款规定："清算组负责制定包括清偿农民专业合作社员工的工资及社会保险费用，清偿所欠税款和其他各项债务，以及分配剩余财产在内的清算方案，经成员大会通过或者申请人民法院确认后实施。"但同时又在第53条对此作出了特殊限定："农民专业合作社接受国家财政直接补助形成的财产，在解散、破产清算时，不得作为可分配剩余资产分配给成员，具体按照国务院财政部门有关规定执行。"实际上，根据这一条，也可以从反面推断出，对于非接受国家财政直接补助而形成的财产，在解散、破产清算时是可以作为可分配的剩余资产最终分配给成员个人的。

农村集体经济组织与集体财产的关系则比较特殊。农村集体财产属于村民或农民集体所有，在设立了农村集体经济组织的地方，由其代表村民或农民集体行使集体财产所有权，农村集体经济组织不是集体财产所有权的主体，不享有集体财产的所有权。《农村集体经济组织法》第36条规定：集体财产主要包括：集体所有的土地和森林、山岭、草原、荒地、滩涂；集体所有的建筑物、生产设施、农田水利设施；集体所有的教育、科技、文化、卫生、体育、交通等设施和农村人居环境基础设施；集体所有的资金；集体投资兴办的企业和集体持有的其他经济组织的股权及其他投资性权利；集体所有的无形资产；集体所有的接受国家扶持、社会捐赠、减免税费等形成的财产；集体所有的其他财产。集体财产依法由农村集体经济组织成员集体所有，由农村集体经济组织依法代表成员集体行使所有权，不得分割到成员个人。第36条第2款是指集体财产所有权是整体的，不得分割为个体所有权，但不排除村民或农民集体在实行合作制原则、不改变集体所有和社区合作的前提下实行股份合作。这也是实践中社区性合作组织或农村集体经济组织的一种行之有效的做法。

问题与思考

1. 怎样理解合作制暨集体所有制企业的概念？

2. 我国合作制暨集体所有制企业法的现状如何？

3. 如何按法律关系的性质和财产权行使的特点对我国的合作制暨集体所有制企业进行分类？

4. 简述农村社区性合作组织暨"农村集体经济组织"的概念和特征。

5. 简述社区性合作制暨集体所有制企业及其法律调整的特点。

6. 简述成员直接所有或控制的企业及其法律调整的特点。
7. 现行法规关于合作制暨集体所有制企业的设立有哪些主要规定?
8. 现行法规关于合作制暨集体所有制企业的地位和治理作了哪些主要规定?
9. 现行法规关于合作制暨集体所有制企业的财产权关系有哪些主要规定?

第十章

关联企业

本章摘要

关联企业，是指企业在资本、经济技术和管理等方面的关联达到了相当程度，以至于法律上对其关联性和交易加以控制的企业。法律上赋予公司等企业法人独立主体资格或地位，与出资人或股东的法律人格和财产责任相分离，有利于企业从事生产经营和流转活动，方便政府对市场主体的管理监督，并可消除投资者可能因决策失误和经营不善而倾家荡产的后顾之忧，鼓励投资，促进经济发展。然而，企业、公司作为投资谋利的手段或工具，与出资人或股东的利益息息相关、紧密相连，法律上又不得不对企业与出资人或股东、与其他企业或利害关系人之间可能存在的关联性加以控制，以防这种关联性被不适当或不法地利用，从而损害债权人、非控股股东、职工、国家或社会的利益。这就是关联企业、关系人和关联交易法律制度。认定关联企业的关键在于确定企业间是否存在控制和被控制的关系。从我国有关法律、法规和外国法的一般规定看，主要是从两个方面认定企业间是否存在控制关系：一是股权标准（客观标准），即一企业拥有另一企业的一定份额的资本或股权；二是实际标准（主观标准），即一企业对另一企业在经营、人事、购销、筹资、盈利分配等方面实际上拥有控制权。法律上基于不同理由，主要从以下方面对关联企业和关联交易进行调整：对企业关联程度的控制，包括对企业结合的控制、限制企业持股、拟控制其他企业的通知义务、限制董事或企业人员兼任、关联企业披露等；关联企业的连带责任表现为“揭开或戳破企业法人的面纱”，追究其背后的控制者或操纵者的责任；关联企业报表合并；对从属企业向控制企业上交盈余的控制；对关联交易的控制；对转让定价的控制等。

关键术语

关联企业　关系人　关系自然人　关系企业　关联方　关联人　潜在关联人　关联交易　关系人交易　关联方交易　控制关系　从属关系　控制企业　控股公司　从属企业　垂直控制　平行控制　相互持股　相互出资企业　相互参股公司　转投资　逆向持股　企业结合　美国《克莱顿法》　关联企业披露　异议权（right to dissent）　关联企业报表合并　关系报告书　（合并会计报表的）母公司理论　（合并会计报表的）实体理论

（合并会计报表的）所有权理论 国际会计准则 独立董事 转让定价 转移价格 美国《国内收入法典》 总利润原则 正常交易原则 独立企业原则

第一节 关联企业的概念、认定标准和类型

一、关联企业及其相关概念

关联企业也称关系企业，是指企业在资本、经济技术和管理等方面的关联达到相当程度，以至于法律上对其关联性和交易加以控制的企业。

企业法人是法律上拟制的交易主体，在市场经济条件下往往又是不同利益主体（股东）在对立、协作基础上的自由结社，企业的意志和利益与股东（主要是控制股东）的意志和利益高度统一，由此造成企业法律关系的复杂性及其法律调整的高度辩证法。

市场经济的精髓在于各市场主体得根据价格和供求的信号，追逐自身利益最大化，以此达到资源的流动和合理配置，整个社会经济也因此充满活力并富有效率。而这一切，都有赖于市场主体的独立性和建立在其独立性之上的独立决策。因此，法律上赋予公司等企业法人以独立主体资格或地位，与出资人或股东的法律人格和财产责任相分离，从而有利于企业从事生产经营和流转活动，方便政府对市场主体的管理监督，并可消除投资者可能因决策失误和经营不善而倾家荡产的后顾之忧，鼓励和促进投资及经济发展。然而，企业、公司作为投资谋利的手段或工具，与出资人或股东的利益息息相关、紧密相连，法律上又不得不对企业与出资人或股东、与其他企业或利害关系人之间可能存在的关联性加以控制，以防这种关联性被不适当或不法地利用，从而损害债权人、非控股股东、职工、国家或社会的利益。这就是关联企业、关系人和关联交易法律制度。

关联企业制度还是更广泛的关系人和关联交易制度的组成部分。所谓关系人，是指企业或公司、股东、董事、法定代表人、经理、企业的业务代表人，以及他们的配偶、直系亲属和其他近亲属等与之交易极易产生不法利益输送，法律上严格控制其交易或要求其回避交易的人。关系人又称关联方、关联人，包括关系自然人和关系企业，关系人之间的交易就是关联交易，又称关系人交易，我国有关法规称之为关联方交易。从这几个相关概念、名词看，关系人的用语突出感情和道德色彩，更能表达关联交易中很有可能发生的舞弊和违法行为。

关联交易并非一无是处。它的信用可靠、稳定，交易成本低，持续性强，是在市场经济发展中，市场主体为消弭市场信息不对称、规避市场风险，自然而然地逐渐发展起来的。德国、日本等发达国家鼓励产业资本与金融资本相融合，以大银行为中心形成企业集团，充分利用关联交易的优点；跨国公司在全球范围内配置资源，统筹生产经营，关联交易也构成国际贸易的重要组成部分。可以说，关联企业的出现，是社会化市场经

济导致企业组织管理关系发展的必然，是在平等民事主体的财产关系中不断引入组织管理关系的结果。

然而，关联交易固有的弊端也日益凸显，企业利用关联交易，人为地制造盈亏，转移利益和风险，逃避债务和规避各国税收、金融、竞争、市场监督管理等法规。我国在市场化改革中，关联交易也得到迅速发展。外商投资企业与其境外关系人之间、上市公司与其控股母公司间的交易，企业间转移财产等，日益显现其损害国家税收和小股东、债权人利益的效果，例如，大股东占用上市公司资金，利用配股机会转让大股东资产而套现，上市公司为大股东或关联企业提供贷款担保，通过原料采购和产品销售达到某些目的，等等。

案例

通过关联交易输送利益①

某上市公司将其 60 万吨重油催化裂化联合装置租给其大股东经营，年收租金 840 万元，以 3.665 亿元投资换取 2.29%的年资产收益，连设备的折旧费都不够，而同样一套装置，却使另一家公司的效益有了飞跃发展。

随着市场化改革的进展，我国已在税法、公司法、证券法、商业银行法、刑法中逐渐引进关联企业、关系人制度，对关联企业、关系人和关联交易及其控制予以法律调整。

应当指出的是，关联企业是在投资、交易中自然形成的，法律上对关联企业的调整，是对企业间现实存在的关联关系的认定，并为兴利避害对其作某些实体调整，而非为了在形式上赋予或不赋予某种关联企业的名义。诸如《企业集团登记管理暂行规定》（已失效）曾要求：企业集团制订专门的章程；母公司注册资本须在 5 000 万元以上并至少拥有 5 家子公司；母公司和其子公司的注册资本总和应在 1 亿元以上；等等。这样的规定，除以行政手段限制关联企业称为“集团”，人为妨碍市场化的投资和交易，并为滥用权力、滋生腐败提供条件外，对关联企业的控制实无任何积极意义。

案例

市场监督管理部门淡化企业集团登记管理的行政色彩

2012 年《国家工商行政管理总局关于支持上海“十二五”时期创新驱动、转型发展的意见》在沪发布。其中一项政策措施就是支持企业市场化兼并重组，简化企业兼并重组工商登记手续，允许以股权投资方式直接申请设立集团母公司。

二、关联企业的认定标准

认定关联企业的关键在于确定企业间是否存在控制和被控制的关系。从我国有关法

① 参见张志雄：《中国上市公司反思录之三》，载《财经》，2000（1）。

律、法规和外国法的一般规定看，主要是从两个方面认定企业间是否存在控制关系：一是股权标准或客观标准，即一企业拥有另一企业的一定份额的资本或股权；二是实际标准或主观标准，即一企业对另一企业在经营、人事、购销、筹资、盈利分配等方面实际上拥有控制权，则根据“实质重于形式”的原则，即使二者间不存在控股关系，也认定二者间存在着控制与被控制的关系。

例如，德国《股份法》采取的就是实际标准：凡企业间通过契约，一企业将自身领导权置于另一企业之下、有义务将其全部或部分盈利交给另一企业、承诺为另一企业的利益而经营本企业、将其全部或部分盈利与另一企业的盈利集中起来共同分配、将其经营场所出租或转让给另一企业，等等，相关的两个企业就属于关联企业。①

我国在企业和公司法、税法和会计制度中对关联企业的认定也采取实际标准，随着投资经营市场化的发展逐步得到确立。

国务院1991年颁布的《中华人民共和国外商投资企业和外国企业所得税法实施细则》（已失效）曾规定，关联企业是指与企业有以下之一关系的公司、企业和其他经济组织：在资金、经营、购销等方面，存在直接或者间接的拥有或者控制关系；直接或者间接地同为第三者所拥有或者控制；其他在利益上相关联的关系。国家税务总局1992年颁发的《关联企业间业务往来税务管理实施办法》（已失效）曾对关联企业规定了具体的股权比例，即关联关系主要是指企业与另一公司、企业和其他经济组织有下列关系之一：相互间直接或间接持有其中一方的股份总和达到25%或以上的；直接或间接同为第三者拥有或控制股份达到25%或以上的；企业与另一企业之间借贷资金占企业自有资金50%或以上，或企业借贷资金总额的10%是由另一企业担保的；企业的董事或经理等高级管理人员一半以上或有一名常务董事是由另一企业所委派的；企业的生产经营活动必须由另一企业提供的特许权利（包括工业产权、专有技术等）才能正常进行的；企业生产经营购进的原材料、零配件等（包括价格及交易条件等）是由另一企业所控制或供应的；企业生产的产品或商品的销售（包括价格及交易条件等）是由另一企业所控制的；对企业生产经营、交易具有实际控制的其他利益上相关联的关系，包括家属、亲属关系等。

财政部1997年颁发的《企业会计准则——关联方关系及其交易的披露》②，进一步从关系人的角度对关联交易作了详细的规定。根据该准则第4条～第7条的规定，所谓关联方或关系人，是指在企业财务和经营决策中，一方有能力直接或间接控制、共同控制另一方或对另一方施加重大影响，或者两方或多方同受一方控制。关联方关系主要指：(1) 直接或间接地控制其他企业或受其他企业控制，以及同受某一企业控制的两个或多个企业（例如，母公司、子公司、受同一母公司控制的子公司之间的关系）；(2) 合营企业；(3) 联营企业；(4) 主要投资者个人、关键管理人员或与其关系密切的家庭成员；(5) 受主要投资者个人、关键管理人员或与其关系密切的家庭成员直接控制的其他企业。这一对关联方关系的界定，也为其他相关规范性文件所采用，如中国证监会和国资委2003年

---

① 参见德国《股份法》第291条、第292条；卞耀武主编：《当代外国公司法》，234页，北京，法律出版社，1995。

② 财政部于2006年对具体会计准则作了全面更新，将本准则改称《企业会计准则第36号——关联方披露》。

发布的《关于规范上市公司与关联方资金往来及上市公司对外担保若干问题的通知》规定：本通知所称“关联方”按财政部《企业会计准则——关联方关系及其交易的披露》规定执行。但是，与企业仅发生日常往来而不存在其他关联方关系，虽然可能参与企业的财务和经营决策，或在某种程度上限制企业行为自由的资金提供者、公用事业部门、政府部门和机构，以及仅由于与企业发生大量交易而存在经济依存性的单个购买者、供应商或代理商，不视为关联方。

需要注意的是，该准则从“控制”中区分出“重大影响”，并对自然人作为关系人有明确的界定。同时，1997 年财政部颁发的《〈企业会计准则——关联方关系及其交易的披露〉指南》中规定，“重大影响”是指对一个企业的财务和经营政策有参与决策的权力，但并不决定这些政策。符合下列情况之一的，也应当认定对被投资企业具有重大影响：在被投资企业的董事会或类似的权力机构中派有代表；参与政策制定过程；互相交换管理人员；依赖投资方的技术资料等。当某一企业或个人拥有另一企业 20%或以上至 50%表决权资本时，虽然投资者拥有被投资企业的表决权资本没有达到控制该企业的表决权资本比例，通常认为投资者对被投资企业具有重大影响，则该被投资企业视为投资者的联营企业。所谓主要投资者个人，则是指直接或间接地控制一个企业 10%或以上表决权资本的个人投资者。

沪深两证券交易所的上市规则中，还曾规定潜在关联人，是指因与上市公司关联法人签署协议或作出安排，在协议生效后即成为关联法人或关联自然人的人。潜在关联人与上市公司及其附属公司进行资源或资产交换、提供产品或者劳务等交易的，也属于应受规制的关联交易。①

应当认为，税法和会计制度中的认定标准，对企业和公司法范畴内的关联企业确认也是适用的。因为以上种种关联性，均容易引致相关主体间交易的舞弊。而且，关系自然人的概念也是由关联企业派生的，两个概念密不可分，关联企业关系及其交易往往与自然人相联系。企业与关联的独立企业之间的交易固然应当受到控制，而关系自然人在法律上均为独立主体，企业与之交易甚至更容易导致有关股东和债权人等遭受损害的情形发生。比如某自然人作为控股股东同时控制甲、乙两企业，甲、乙间的交易属关联交易，该自然人与甲或乙的交易却不纳入关联交易的话，显然会滋生弊端，不符合关联企业和关联交易控制的初衷。因此，在企业和公司法中不妨直接采用会计准则中关于关联方（关系人）及其交易的概念和相应的认定标准。此外，政府、其他国有主体、特殊企业等作为关系人，以其具体的决定和行为与关联企业发生交易的，依国际上政府的企业行为一般地适用普通企业法和竞争法的趋势，也应适用有关关联企业和关联方交易的法律规定。

现行《公司法》也对关联关系和规制关联交易的原则和措施作出了基本规定。《公司法》第 265 条规定：“关联关系，是指公司控股股东、实际控制人、董事、监事、高级管

---

① 参见《深圳证券交易所股票上市规则》(2000 年修订本)。后来不再用潜在关联人的概念，而是规定，凡具有以下情形之一的法人或自然人，视同为上市公司的关联人：(1) 因与上市公司或其关联人签署协议或作出安排，在协议或安排生效后，或在未来 12 个月内，成为关联法人或关联自然人的人；(2) 过去 12 个月内，曾经是关联法人或关联自然人的人。参见《深圳证券交易所股票上市规则》(2008 年修订)。

理人员与其直接或者间接控制的企业之间的关系，以及可能导致公司利益转移的其他关系。但是，国家控股的企业之间不仅因为同受国家控股而具有关联关系”。

1. 对公司控股股东、实际控制人等的界定

《公司法》第 265 条对“控股股东”“实际控制人”和高级管理人员的含义或范围作出了界定。

“控股股东”，是指其出资额占有限责任公司资本总额 50%以上或者其持有的股份占股份有限公司股本总额 50%以上的股东，以及出资额或者持有股份的比例虽然不足 50%，但依其出资额或者持有的股份所享有的表决权已足以对股东会决议产生重大影响的股东。公司股权分散的，股东往往以低于 50%的表决权就可以实现对公司的控制，所以，判断股东是否对公司具有控制权或是否为控股股东，不能完全以其所持有股份是否达到某一比例为绝对标准。

依《公司法》第 265 条第 3 项的规定，“实际控制人”是指通过投资关系、协议或者其他安排，能够实际支配公司行为的人。原先《公司法》将股东排除在实际控制人之外，将实际控制人理解为不是通过行使表决权控制公司，而是通过其他手段，包括对控股股东的投资和控制、与公司签订知识产权特许协议以及利用人事关系、亲属关系等达到控制公司的目的，这样就削弱了认定实际控制人的意义。认定实际控制人是为了确定实际控制公司的人，必要时得追究其控制责任，而控股股东在绝大多数情况下就是实际控制人，当然实际控制人也可能是非控股股东，所以在实践中，比如证券监管中，是将事实上控制公司的人认定为实际控制人，而对其是否持有及持有多少公司股权在所不问，换言之，实际控制人也可能是股东，包括控股股东和非控股股东。2023 年修订《公司法》，纠正了这一错误。

2. 对“控制”的界定

根据《企业会计准则第 36 号——关联方披露》，控制是指有权决定一个企业的财务和经营政策，并能据以从该企业的经营活动中获取利益。控制可以通过各种方式实现，主要表现如下：

第一，通过一方拥有另一方过半数表决权资本的比例确定。表决权资本是指具有投票权的资本，包括以下三种情况：一方直接拥有另一方过半数的表决权资本；一方间接拥有另一方过半数表决权资本的控制权，例如，A 公司拥有 B 公司 80%的表决权资本，B 公司拥有 C 公司 70%的表决权资本，在这种情况下，A 公司对 C 公司间接地拥有过半数表决权资本的控制权；一方直接和间接拥有另一方过半数表决权资本的控制权。这是指母公司虽然只拥有某公司半数以下的表决权资本，但与子公司所拥有的表决权资本的合计，达到了拥有该公司过半数表决权资本的控制权。例如，A 公司拥有 C 公司 30%的表决权资本，拥有 B 公司 70%的表决权资本；B 公司拥有 C 公司 25%的表决权资本。在这种情况下，A 公司直接拥有 C 公司的 30%表决权资本加上通过 B 公司间接拥有 C 公司 25%的表决权资本的控制权，而得以控制 C 公司。

第二，虽然一方拥有另一方表决权资本的比例不超过半数，但通过拥有的表决权资本和其他方式达到控制。这主要有以下四种情况。

一是通过与其他投资者的协议，拥有另一方过半数表决权资本的控制权。例如，A公司拥有B公司35%的表决权资本，C公司拥有B公司25%的表决权资本，A公司和C公司达成协议，C公司在B公司的权益由A公司代表。在这种情况下，A公司实际上拥有了B公司60%表决权资本的控制权。

二是根据章程或协议有权控制另一方的财务和经营政策。例如，A公司拥有B公司20%的表决权资本，同时，根据协议，A公司负责B公司的经营管理。在这种情况下，虽然A公司仅拥有B公司20%的表决权资本，但由于A公司全面负责B公司的经营管理，其实际上能够决定企业的财务和经营政策。

三是一方拥有另一方表决权资本的比例虽然不超过半数，但根据章程、协议等能够任免董事会等类似机构的多数成员。

四是一方拥有另一方表决权资本的比例虽然不超过半数，但是在董事会或类似机构会议上有过半数的投票权。

3. 关联关系的主要形式

根据《公司法》对关联关系的界定，关联关系的主要形式包括：公司控股股东与其直接或者间接控制的企业之间的关系；公司实际控制人与其直接或者间接控制的企业之间的关系；公司董事、监事、高级管理人员与其直接或者间接控制的企业之间的关系；可能导致公司利益转移的其他关系。例如，同一控股股东或者实际控制人控制下的公司之间的关系，合营或联营企业之间的关系，主要投资者个人、关键管理人员或与之关系密切的家庭成员和公司之间的关系，受主要投资者个人、关键管理人员或与其关系密切的家庭成员直接控制的其他企业和公司之间的关系等。

当然，对关联关系的认定遵循实质重于形式的原则，正如《深圳证券交易所股票上市规则》（2024年修订）第6.3.3条规定的，中国证监会、证券交易所或上市公司可以根据实质重于形式的原则，认定任何与上市公司有特殊关系，可能造成上市公司对其利益倾斜的自然人、法人或者其他组织为关联人。法院当然也有这种认定权。

4. 国有企业间的关联关系

国家在内国法、公司法上并不是一个主体，而表现为在各自依法管辖的事务范围内能够代表中央或地方的一个个具体的国家机关。因此，不能因为不同企业同受“国家”控制或同为“国有”而认定其为关联企业。① 《公司法》第265条第4项规定，国家控股的企业之间不仅因为同受国家控股而具有关联关系。但是，如果不同的企业同受一个国家机关或国有企事业单位控制，则它们之间就具有关联关系，构成关联企业。按照《企业国有资产法》等法律、法规的规定，我国主要由国家和地方各级国资委代表同级政府行使“出资人”职责，因此，同受某一国资委管辖的企业都是关联企业，并不因为法律宣布它们不是关联企业就不是关联企业了。实质重于形式，尤其是外国的政府和法院处理相关案件时，不会认可中国《公司法》的这项规定，国有企业、公司认识不到这一点的话，走出国门时就可能受挫，从而不利于它们参与国际市场的交易

① 参见《公司法》第265条第4项。

和竞争。

实际上，国资委依法履行对同级财政管辖的国有和国有控制企业及其具体出资人（股东）的监督管理职责，属于“总老板”职能，国资委不应当作为具体股东参与企业的决策和管理，作为行政特设机构它也不适于作资本运作。只有修订法律，将国资委的定位从出资人改为经营性国有资产的“总老板”即监督管理者，才能实至名归，避免国资委的角色错位和同属一个国资委的企业事实上作为关联企业的尴尬。

三、关联企业的类型

由以上对关联企业的认定，可以将其分为两种基本类型，其相关控制方式和意义也有所不同。

（一）控制企业与从属企业

这种类型包括垂直控制和同受某企业控制的从属企业间的关系。

垂直控制可以是基于股权的绝对控股或相对控股，也可以是一方有能力控制另一企业的人事、财务或业务经营。垂直控制既可以是直接的，如母公司对子公司；也可以是间接的，如母公司对孙公司乃至更低层次的子、孙公司等。

同受某企业控制的任何两个从属企业，因控制企业的意志而发生关联，所以，也属控制企业与从属企业关系的范畴，如上海大众与一汽大众和其他大众子公司间的关系。

对企业间的控制与从属关系，主要是从反垄断、保护小股东和转让定价方面施加控制，包括控制企业关联程度、追究控制公司和相关主体的责任、限制控制公司与从属公司间的交易、合并其财务会计报告等控制措施。

（二）相互出资或施加影响的企业

这是平行的相互控制关系，与垂直控制一样，控制或施加影响的方式也可以是绝对或相对的股权控制，或者互相可以控制对方企业的人事、财务或业务经营。对这种关联关系的控制，主要在于维持企业资本，以维护债权人的利益；控制方式包括限制相互持股、限制表决权、禁止逆向持股等。

第二节 对关联企业的法律调整

法律上基于不同的理由，主要从以下方面对关联企业和关联交易进行调整。

一、对企业关联程度的控制

控制企业的关联程度，就是控制企业间关联的深度和普遍度，起到防止和减缓关联交易弊端的作用。这种控制包括对企业结合的控制、限制企业持股、拟控制其他企业的通知义务、限制董事或企业人员兼任、关联企业披露等。

（一）对企业结合的控制

这种控制主要是从竞争秩序的角度防止企业获得市场支配地位，但与关联企业和关联交易也有密切关系。《反垄断法》中将企业结合称为经营者集中。

企业结合包括合并和取得控制权两种情况。前者包括各种导致两个或者更多的独立企业被一个新企业所取代或者合并成一个新企业的行为，合并之后形成一个主体，不存在任何关联关系，也就不发生关联企业控制问题。后者包括一个或多个企业或个人通过股权或其他财产权利、合同、其他任何手段或者这些手段中的一种或多种，而获得对一个企业的控制权或决定性影响的行为。例如，《反垄断法》第 25 条规定，“经营者集中是指下列情形：（一）经营者合并；（二）经营者通过取得股权或者资产的方式取得对其他经营者的控制权；（三）经营者通过合同等方式取得对其他经营者的控制权或者能够对其他经营者施加决定性影响”。

在市场经济条件下，企业及其资本、资产、营业等与各种产品和服务一样，原则上可以自由交易，从而在市场基础上配置资源。所以，从竞争法的角度看，只要企业结合不会导致从实质上限制竞争，法律就不必过问；为了具有可操作性，则要求达到一定规模的结合应当接受政府主管部门的审查和监督。我国《反垄断法》的相关规定也体现了上述基本精神。《反垄断法》第 26 条第 1 款规定：“经营者集中达到国务院规定的申报标准的，经营者应当事先向国务院反垄断执法机构申报，未申报的不得实施集中。”第 27 条规定：“经营者集中有下列情形之一的，可以不向国务院反垄断执法机构申报：（一）参与集中的一个经营者拥有其他每个经营者百分之五十以上有表决权的股份或者资产的；（二）参与集中的每个经营者百分之五十以上有表决权的股份或者资产被同一个未参与集中的经营者拥有的。”

（二）限制企业持股

第二次世界大战后日本解散财阀，并在其反垄断法中禁止设立控股公司。近年为增强日本企业的国际竞争力，则修改禁止垄断法，放宽限制，原则上允许私人设立控股公司。

《公司法》2005 年修订前的第 12 条第 2 款规定，除国务院规定的投资公司和控股公司外，公司向其他公司的投资不得超过本公司净资产的 50%。其目的不是反垄断，而是使公司维持必要的资本，以维护债权人的利益。企业转投资可能造成企业虚增资本。假定尚无负债的某公司以其全部资本额的半数转投资设立两间子公司，后者即刻又以其全部资本额的半数分别设立两间子公司，如此转投资 2 次，该公司及其派生的 6 间公司的资本额就增加了 3/4，而增加的部分均属虚增资本。企业作为投资主体是现代市场经济的必然要求，企业形成集团可以降低交易成本，产生规模效应，因此，转投资是不应当也不可能禁止的。但是转投资有违资本维持原则，不利于交易安全，所以要对其作适当限制。净资产代表公司的实际资本，以其半数作为转投资限额，可以将虚增资本限制在某企业实际资本的 1 倍以内，杜绝了无限虚增的可能性。客观而言，这样的规定是合理的，但2005年修订《公司法》时删除了该第12条第2款的规定，现行《公司法》第14条规定，"公司可以向其他企业投资。法律规定公司不得成为对所投资企业的债务承担连带责任的出资人的，从其规定"。

1992年国家体改委等颁布的《股份有限公司规范意见》第24条曾规定，一个公司拥有另一个企业10%以上股份的，后者就不能购买前者的股份，这是限制"逆向持股"的规定，以限制企业相互持股的程度。相互持股除会导致企业资本虚增外，还会引起虚假出资或抽逃资本以及董事会利用公司相互投资而控制本公司股东会的问题。例如，两企业各向对方作相等数额的投资，双方因此增加的资本均为虚增。而如果允许逆向持股，企业就可以通过安排子公司向自己投资而抽逃其对子公司的出资，损害子公司的债权人及其他股东的权益。譬如某公司的全资子公司逆向拥有其20%的股权，就等于它从该子公司抽回了20%的资本；又如某母公司拥有子公司50%的股权，子公司逆向持有母公司20%股份的话，就等于母公司抽回了该子公司10%的资本。德国《股份法》第56条中有从属企业不得认购支配企业的股票的规定。日本《商法》第211条之二规定，除企业合并或受让其他公司的全部营业或者为公司行使权力所必需者外，子公司不得取得拥有其半数以上股本的母公司的股权。① 此外，在逆向持股达到绝对或相对控股的情况下，母公司的董事会还可以通过控制子公司作为母公司股东的表决权来控制本公司的股东会，实现自我控制或变相的自我持股，从而绕开本公司股东会，径行达到强化大股东地位、排挤少数股东的效果。

应当说，企业相互持股与单向转投资一样，也是市场经济发展的必然产物，有其存在的合理性，但是也会滋生弊端。法律对其控制的平衡点应为一企业对另一企业的绝对控股，即借鉴日本《商法》的规定，对达到绝对控股程度的则一般地限制逆向持股；而在相对控制的情况下，在发达的市场关系中由于股东与企业各方利益关系错综复杂，因而通过加强对小股东和债权人利益的一般性保护，就可将相互投资或逆向持股控制在利大于弊的限度之内。

按照德国《股份法》的规定，对企业相互持股的限制主要有两个方面：一是表决权行使的限制，二是有关通知的义务。德国《股份法》第20条、第328条规定，一企业拥有其他企业的股份超过1/4，就应立即将此通知该其他企业，并可在1/4的限额内行使表决权，但以公司资金新增资本产生的股权不受此表决权行使的限制。②

这里隐含着一个深层次的问题。对转投资与逆向持股的限制与否表面上看起来仅仅是针对关联交易本身的，但实际上，它们反映了在规制关联交易与促进企业及公司间交易关系、投资关系、扩大微观经济活力之间的冲突与协调。《公司法》取消了公司单向转投资限定，对双向转投资也曾经不作任何规定，在如何平衡各方利益、消除其弊端方面缺乏对策。2023年修订后的《公司法》第141条规定，"上市公司控股子公司不得取得该上市公司的股份。上市公司控股子公司因公司合并、质权行使等原因持有上市公司股份的，不得行使所持股份对应的表决权，并应当及时处分相关上市公司股份"，初步改变

---

① 参见卞耀武主编：《当代外国公司法》，131、618页。

② 参见卞耀武主编：《当代外国公司法》，116～117、251～252页。

了在逆向持股方面存在的“软约束”“弱规制”的状况。当然，该规定的适用范围尚窄，可将其扩大适用于各种公司，同时，增加对转投资作适度限制的规定也是必要的。

（三）拟控制其他企业的通知义务

在资本流动性日益增强的市场条件下，关联企业的形成未必是资本所有者自愿交易的结果，企业资本构成的变化和企业“易主”，往往是恶意并购或一些股东违背另一些股东意志的安排所造成的。因此，对通过资本市场形成关联企业的过程加以控制，不仅具有控制企业关联程度的意义，而且有利于维护资本市场和社会经济的秩序。法律上规定拟控制其他企业的通知义务，目的就在于此。

为表明控制与从属关系成立的潜在可能，也为了防止在企业股份流动中，因股权结构变动而干扰企业的正常经营管理，德国《股份法》规定，一企业获得他企业的股本达到一定比例，即有义务向后者发出通知。德国《股份法》第 328 条第 3 款则规定，相互参股公司应立即以书面形式相互告知参股数额及其他各项变动。①

我国证券法中关于公司收购的通知和公告的规定，固然有稳定股市的宗旨和作用，同时也有限制一企业对其他企业的控制、稳定被收购者的正常经营管理的作用。《证券法》为收购上市公司达一定比例股份的投资者规定了一系列报告、公告和发出收购要约的义务，这样可以令被收购者采取适当的反收购措施及稳住阵脚，最终渡过收购风波，平稳地存续或者被收购。但是在 2005 年《证券法》修订之前，对于违反该程序者，法律并未规定限制或在相当时间内限制行为人行使股权或表决权，仅规定了责令改正、没收违法所得和处以罚款的行政责任，这是不够的。它让违法行为人得以实现本欲达到的控制目的，而且收购结果往往是不可逆转的，从而令收购公告制度在许多情况下失去其意义。鉴于此，现行《证券法》第 196 条规定，收购人未按照本法规定履行上市公司收购的公告、发出收购要约义务的，责令改正，给予警告，并处以 50 万元以上 500 万元以下的罚款。对直接负责的主管人员和其他直接责任人员给予警告，并处以 20 万元以上 200 万元以下的罚款。

（四）限制董事或企业人员兼任

这是指对一人兼任多个企业的董事或管理人员加以限制，以防多数企业根据统一的意志行事，从而削弱竞争。例如，美国《克莱顿法》第 8 条规定，除银行、银行联合会、信托公司和受 1887 年《商业管理法》管辖的公共运输公司外，如果其中至少有一家公司的资产、盈余、未分配利润累计超过 100 万美元，则任何人不得同时担任两家或两家以上公司的董事。② 日本反垄断法第 13 条对于主体的范围规定得更宽一些，包括负责人和职员，称为限制企业干部兼任，既有抽象也有具体的控制标准：第一，不得因兼任而实际上限制一定交易范围的竞争；第二，不得利用不公正交易方法，强制与本公司有竞争关系的公司允许本公司干部兼任其负责人。③

---

① 参见卞耀武主编：《当代外国公司法》，252 页。

② 参见国家工商行政管理局条法司：《现代竞争法的理论与实践》，40、301 页，北京，法律出版社，1993。

③ 参见国家工商行政管理局条法司：《现代竞争法的理论与实践》，382、383 页。

我国《公司法》第183、184条规定，董事、高级管理人员未经董事会或者股东会决议，不得利用职务便利为自己或者他人谋取属于公司的商业机会，自营或者为他人经营与所任职公司同类的业务。这是从公司重要经营管理人员对公司的忠实和勤勉义务以及反不正当竞争的角度所作的规定，其直接目的尚不是控制企业的关联程度。基于避免官商不分、利用权力的不正当竞争和反腐败等目的，《公司法》还曾规定，国家公务员不得兼任公司的董事、监事、经理。但在国有企业中，具有公务员身份的人代表国有资本或由国有出资主体提名担任董事、监事、经理或其他高级管理人员，是正常的，也是国际惯例。因此现行《公司法》第175条规定："国有独资公司的董事、高级管理人员，未经履行出资人职责的机构同意，不得在其他有限责任公司、股份有限公司或者其他经济组织兼职。"这是直接针对董事或企业人员兼任所作的限制。

企业、个人和其他主体积极的投资经营活动对市场经济是至关重要的。在一个主体参与多项投资经营的情况下，一人担任多家企业的经营管理职务不仅不可避免，如一人担任几家公司的董事长，担任某企业经理又兼任其他数家公司的董事，等等，而且这是"老板到位"的重要表现，非此不能消除市场主体投资经营时的后顾之忧。有鉴于此，限制董事或企业人员兼任只需从反垄断和反不正当竞争两方面考虑，前者主要针对作为出资者的董事，如前述美国《克莱顿法》的规定；后者则主要针对作为雇员的经理人员，在公有主体投资的情况下也包括董事，如我国《公司法》的上述规定。此外，还应通过《反垄断法》对企业董事或人员兼任加以控制，这种控制可尽量宽松，和对企业结合的控制一样，应以兼任后对市场竞争构成损害作为限制标准。在竞争规制之外，对企业董事或人员兼任只需以关联方及其交易的一般规定加以认定和控制即可，而无须再作其他控制。德国《股份法》第100条规定，一人不得同时担任超过10个公司的监事①，而联邦司法部提出该法修正案，反而要求允许一个监事会主席最多可同时担任20个企业的监事②，这反映了仅从企业关系的角度对兼任的职位作简单的数量限制是没有意义的。我国《公司法》和《反垄断法》对此均未作规定。

(五) 关联企业披露

中国证监会要求上市公司在年度报告中披露其主要子公司、参股公司的经营情况及业绩，包括其控制的特殊目的主体的情况。③ 以披露的方法，通过注册会计师审计和证监会官方监管的公信及公示力，实现一种利害关系人和公众基于切身利益和法律的监督，也可以达到对企业关联程度实行控制的某种效果。推而广之，对于非公开发行股票及上市的公司、企业，也应通过提高企业登记管理的科学、真实和公信力，首先做到企业登记资料任由公众自由查阅、抄录，使企业的关联情况能够得到有效的披露。《证券法》通过第五章"信息披露"，对上市公司和公司债券上市交易的公司的若干重要事项专门规定了披露制度，其中关联交易就是必须重点披露的事项之一。

---

① 参见卞耀武主编：《当代外国公司法》，152、153页。

② 参见［德］托马斯·莱塞尔：《德国股份公司法的现实问题》，载《法学家》，1997（3）。

③ 参见中国证监会《公开发行证券的公司信息披露内容与格式准则第2号——年度报告的内容与格式》（2025年修订，2025年7月1日施行）。

二、关联企业的连带责任

关联企业各具法人地位，如果其能独立决策及从事活动，自应适用有限责任原则。而在其因控制或相互影响，某一关联方丧失或基本失去独立性，包括企业法人意志或财产的独立性，给从属企业或其少数股东、债权人造成损害时，则应由控制或施加影响的关联方承担责任。所以，关联企业的连带责任，表现为“揭开或戳破企业法人的面纱”，追究其背后的控制或操纵者的责任。

在《公司法》2005年修订之前，虽然实践中屡屡出现因关联关系而侵犯从属公司利益的情况，但因法律上对关联企业的连带责任没有规定而得不到救济。现行《公司法》第22条、第23条为弥补原来的不足，规定控股股东、实际控制人、董事、监事、高级管理人员利用关联关系损害公司利益，给公司造成损失的，应当承担赔偿责任；股东滥用公司法人独立地位和股东有限责任，利用其控制的两个以上的公司，逃避债务，严重损害债权人利益的，各公司应当对任一公司的债务承担连带责任。

三、关联企业报表合并

根据财政部1995年发布的《合并会计报表暂行规定》，凡设立于中华人民共和国境内，拥有一个或一个以上子公司的母公司，应当编制合并会计报表，以综合反映母公司和子公司所形成的企业集团的经营成果、财务状况及其变动情况。母公司在编制合并会计报表时，应当将其所控制的境内外所有子公司纳入合并会计报表的合并范围。编制合并会计报表的企业，应向财政、证券监管等政府主管部门报送合并会计报表。

合并会计报表并不否认关联企业的独立法律人格，但它以企业集团作为一个会计主体，使之具有法律强制力，要求企业集团反映其整体的财务和经营状况，抵消集团内部会计事项对企业个别会计报表的影响，令政府和投资者得以掌握企业间真实的关联关系，因此形成对关联企业和关联交易的一种必要和有效的控制。

合并会计报表始见于美国。1888年，美国新泽西州公司法就对合并会计报表的编制有所规定。第一次世界大战期间，美国强制母子公司合并纳税，大部分控股公司遂编制合并会计报表。1940年，美国证券交易委员会将编制合并会计报表规定为上市公司的法定义务。受其影响，英国、法国、德国、日本等发达国家也先后建立了合并会计报表制度。而随着企业经营的集团化和关联企业的发展，基于掌握集团整体经营情况之需，编制合并会计报表也成为企业自身的客观要求。在此情况下，为协调各国合并会计报表的编制，国际会计准则委员会于20世纪70年代中期颁发了国际会计准则第3号《合并财务报表》，并在1989年对合并财务报表制度作了修订，以国际会计准则第27号《合并财务报表和对子公司投资会计》取而代之。① 之后又有几次修订，称为《合并财务报表和

① 参见《会计》（1999年度注册会计师全国统一考试指定辅导教材），696～698页，北京，中国财政经济出版社，1999。

对附属公司投资的会计》。我国的合并会计报表制度，则是适应公司在国内外发行股票及上市交易、规范上市公司信息披露的要求而产生的。

国际上关于合并会计报表有三种理论，即母公司理论、实体理论和所有权理论。所谓母公司理论，强调母公司股东的利益，认为合并会计报表主要是为母公司的股东和债权人服务的，编制合并会计报表时采取的方法也多从母公司股东利益的角度考量，而对母公司股东以外的少数股东的利益有所忽视，例如，它将子公司少数股东的权益记为普通负债，将属于少数股东权益的净收益作为费用处理，等等。所谓实体理论，强调合并会计报表是为整个企业集团这一经济实体服务的，认为只要是集团成员企业的股东，都是整个经济实体的股东，不论其拥有多数股权抑或少数股权，都应一视同仁。例如，它将子公司少数股东的权益也视为股东权益，将属于少数股东权益的净收益合并为集团的净收益，等等。所谓所有权理论，强调的则是编制合并会计报表的企业因所有权而对其他企业的决策具有重大影响，按此理论，编制合并会计报表的企业将其所属企业的资产负债和当期实现的损益，按照一定的比例合并记入合并会计报表。然而在实践中，各国的合并会计报表准则并非单一遵照某种理论，而是以某种理论为主，同时结合实际情况而制定的。例如，母公司理论和实体理论都不能解决从属于两个以上的控制公司的子公司的合并会计报表编制问题，所有权理论就是在合并会计报表中针对此问题而提出来的。①

与国际会计准则和英美等国的做法一样，我国财政部发布的《企业会计准则第33号——合并财务报表》主要采取母公司理论，将母公司得以绝对控制的从属企业纳入合并报表的范围，具体包括：（1）母公司直接拥有或通过子公司间接拥有被投资单位过半数的表决权时，母公司应当将该被投资单位认定为子公司，纳入合并财务报表的合并范围。（2）母公司虽然只拥有被投资单位半数或半数以下的表决权，但母公司与其他被投资单位之间有下列情况之一的，视为母公司能够控制被投资单位，应当将该被投资单位认定为子公司，纳入合并会计报表的范围：第一，通过与被投资单位的其他出资者之间的协议，拥有该投资单位半数以上的表决权；第二，根据章程或协议，有权控制该被投资单位的财务和经营决策；第三，有权任免该被投资单位对董事会或类似机构的多数成员；第四，在该被投资单位的董事会或类似机构中占有多数表决权。但是，确有证据表明母公司不能控制被投资单位的，该被投资单位不属于子公司，不包括在母公司合并会计报表的范围内。

合并会计报表以母公司和纳入合并范围的从属公司本身的会计报表及其他有关资料为依据，合并各项目数额编制，包括合并资产负债表、合并利润表、合并现金流量表、合并所有者权益（或股东权益）变动表和附注。

四、对从属企业向控制企业上交盈余的控制

在关联企业中，从属企业往往有义务向控制企业上交盈余，使得从属企业的经营及

① 参见《会计》（1999年度注册会计师全国统一考试指定辅导教材），704～707页。

其少数股东和债权人的利益缺乏保障。针对这种情况，为了健全从属企业的财务和信用，德国《股份法》就盈余公积金和盈余上缴作出特殊规定：在控制企业和从属企业间有盈余支付合同的情况下，从属企业应当自合同存在的第一个5年营业年度内，每年在将盈余弥补上一年亏损后、支付盈余之前，首先将盈余用于补充法定公积金，直至包括资本公积金在内的法定公积金达到股本的10%或章程规定的更大份额；无论从属企业应向控制企业上交多少盈余，其上交金额至多只能为弥补亏损并提列法定盈余公积金后的余额。在盈余支付合同或支配合同执行期间，从属企业产生的任何年度的亏损，如果不能从合同期间提取的盈余公积金中得到弥补，控制企业应当予以补偿；此种盈余支付合同或支配合同终止的，控制企业对从属企业的债权人在该合同为终止登记并依法公告前发生的债权，在公告后6个月内，应依该债权人的请求提供担保，并在公告中明确指明债权人享有的这项权利。①

按德国《股份法》的规定，从属公司向控制公司交付盈余的，除非少数股东未出席就该盈余支付合同作出决议的股东大会，否则从属公司还应当按照股票面值的一定比例，给予少数股东相应的补偿。补偿额不得低于根据公司迄今的盈利状况和未来的盈利前景，在考虑适当扣除折旧、价格变动因素而不额外设立任意盈余公积金等因素的情况下，预计每股平均可分配的盈余。控制企业还有义务根据从属企业的少数股东的请求，以相当于以上赔偿额的金额购买其股份。②

德国的这些规定立场鲜明，且较为详细，具有可操作性，与之相比，我国相关立法对此问题尚无规定。例如财政部发布的《企业会计准则第36号——关联方披露》中列举的关联方交易，不包括从属企业向控制企业上交盈余这一类型。

五、对关联交易的控制

针对上市公司实践，我国证券监管机构在关联交易控制方面采取了一些措施，包括关联交易披露、对控制股东参与关联交易决策的限制和相应的监管等。

中国证监会在《公开发行证券的公司信息披露内容与格式准则第2号——年度报告的内容与格式》（2025年修订，2025年7月1日施行）中，要求上市公司在年度报告中披露报告期内发生的关联交易。若对于某一关联方，报告期内累计交易总额在3 000万元以上且占公司报告期末净资产值5%以上（科创板公司披露标准为报告期内累计关联交易额在3 000万元以上且占公司报告期末总资产或市值的1%以上），应按关联交易的不同类型分别进行披露。（1）与日常经营相关的关联交易，至少应披露关联交易方、交易内容、定价原则、交易价格、交易金额、占同类交易金额的比例、结算方式；（2）资产或股权收购、出售发生的关联交易，至少应披露关联交易方、交易内容、定价原则、资产的账面价值、评估价值、交易价格、结算方式及交易对公司经营成果和财务状况的影响情况，交易价格与账面价值或评估价值差异较大的，应当说明原因；（3）公司与关

① 参见德国《股份法》第300条～第303条；卞耀武主编：《当代外国公司法》，237、238页。

② 参见德国《股份法》第304条、第305条；卞耀武主编：《当代外国公司法》，238、239页。

联方共同对外投资发生关联交易的，应当至少披露共同投资方、被投资企业的名称、主营业务、注册资本、总资产、净资产、净利润、重大在建项目的进展情况；（4）公司与关联方存在债权债务往来或担保等事项的，应披露形成原因，债权债务期初余额、本期发生额、期末余额，及其对公司的影响。（5）公司与存在关联关系的财务公司、公司控股的财务公司与关联方之间存在存款、贷款、授信或其他金融业务的，应当至少披露每日最高存款限额、存款利率范围、期初余额、发生额、期末余额，贷款额度、贷款利率范围、期初余额、发生额、期末余额，授信总额、其他金融业务额度及实际发生额等情况；（6）其他重大关联交易。

中国证监会和沪深交易所有关完善上市公司法人治理结构的措施中，也涉及对关联交易的控制。例如，沪深交易所的上市规则对关联交易的审议程序和披露作了规定，要求上市公司董事会审议关联交易事项时，关联董事应当回避表决，也不得代理其他董事行使表决权。该董事会会议由过半数的非关联董事出席即可举行，董事会会议所作决议须经非关联董事过半数通过；出席董事会会议的非关联董事人数不足 3 人的，公司应当将交易提交股东会审议；上市公司股东会审议关联交易事项时，关联股东应当回避表决，也不得代理其他股东行使表决权。①

《公司法》及时总结、吸收实践经验，将实践中行之有效的做法上升为法律条文，除了在第 139 条中规定关联董事向董事会报告关联关系并在决议时回避表决，2023 年修订后进一步扩大了报告的范围：在第 182 条规定，董事、监事、高级管理人员的近亲属，董事、监事、高级管理人员或者其近亲属直接或者间接控制的企业，以及与董事、监事、高级管理人员有其他关联关系的关联人与公司订立合同或者进行交易，都要向公司董事会或股东会报告，并经董事会或股东会决议通过；在第 187 条规定，股东会要求董事、监事、高级管理人员列席会议的，董事、监事、高级管理人员应当列席并接受股东的质询。

六、对转让定价的控制

转让定价（transfer pricing），是指关联企业之间相互提供产品、劳务或财产而进行的内部交易作价。转让定价所定价格又称转让价格或转移价格。其最大特征是不受市场供求关系影响，并非交易双方通过市场竞争确定的价格，往往被作为企业集团内部经营管理和规避所得税、关税等的重要手段。转让定价固然会损害少数股东和债权人的利益，有关控制和救济已在前文作了介述，而此概念与控制关联交易的税法制度是相联系的。

美国是世界上最早确立关联企业转让定价调整制度的国家，因为它是联邦制大国，需要防止在各州间转让定价。在 1954 年美国《国内收入法典》中，就有了对国内关联企业间不合理地转让定价进行调整的规定。20 世纪 60 年代，美国又把该项规定的适用范围扩大到跨国关联企业之间的交易。英国、德国、法国等发达国家和其他国家遂纷纷仿

① 参见《上海证券交易所股票上市规则》（2024 年修订）和《深圳证券交易所股票上市规则》（2024 年修订）。

效美国，采行转让定价征税制度。① 我国在改革开放后的一个时期内，并未注意到转让定价的存在及其重要性，由于外商投资企业与境外关联企业之间转让定价的问题日益突出，深圳于1987年颁布了《深圳经济特区外商投资企业与关联公司交易业务税务管理的暂行办法》（2001年废止），成为我国最早的转让定价税务处理实践。1991年的《外商投资企业和外国企业所得税法》第一次在全国性法律中对转让定价的调整作了明确规定；1992年颁布的《税收征收管理法》，则把转让定价调整的主体范围扩大到包括内资企业在内的各种企业。② 2001年第九届全国人大常委会第二十一次会议修订《税收征收管理法》，确定了这项制度。2007年通过的《企业所得税法》，更以专章“特别纳税调整”对企业的转让定价、预约定价安排、成本分摊协议、受控外国企业、资本弱化以及一般反避税等事项作出了规定。

税法上对转让定价的控制，无非就是调整关联企业间对收入、费用的不合理的转移和分配，调整的原则主要有总利润原则和正常交易原则。总利润原则是指听任关联企业按内部价格进行交易，但在年终将该企业集团内各关联企业的利润汇总相加，再按一定的标准将其分配到各关联企业，据以征税。从理论上说，采用总利润原则可以避免逐笔审核计算转移价格是否合理，从而简化税收征管工作。但是由于各关联企业的业务性质、所处地区、商业风险、融资和劳动力成本等不尽相同，很难以一个能被各方接受的方式分配利润，所以其缺乏可操作性，只有个别国家和美国的个别州采用这种做法。③ 正常交易原则又称独立企业原则、公平独立原则、独立交易原则，是指把关联企业视为相互独立的企业，对其在相互交易中本应像独立企业间的交易那样由一方企业取得的利润，计为该企业的利润并据以征税。尽管采用此原则也存在一些操作性问题，譬如不同税务机关对某项交易是否符合正常交易定价的要求可能认识不一，正常交易价格也不止一个，对交易的逐笔审查必然导致税收征管成本的增加等，但是它由于能够较为真实地反映企业的经营状况，确定的所得额比较切合实际，能够为当事人及其所在有关当局接受，因而成为多数国家接受的国际性标准。④

我国税法上也采取正常交易原则调整转让定价。根据国家税务总局于2017年发布的《特别纳税调查调整及相互协商程序管理办法》，企业发生关联交易以及税务机关审核、评估关联交易均应遵循独立交易原则，选用合理的转让定价方法，对企业关联交易进行分析评估。转让定价方法包括可比非受控价格法、再销售价格法、成本加成法、交易净

---

① 参见王传纶、朱青：《国际税收》，161、162页，北京，中国人民大学出版社，1997。

② 1991年《外商投资企业和外国企业所得税法》第13条规定：“外商投资企业或者外国企业在中国境内设立的从事生产、经营的机构、场所与其关联企业之间的业务往来，应当按照独立企业之间的业务往来收取或者支付价款、费用。不按照独立企业之间的业务往来收取或者支付价款、费用，而减少其应纳税的所得额的，税务机关有权进行合理调整。”1992年《税收征收管理法》第24条规定：“企业或者外国企业在中国境内设立的从事生产、经营的机构、场所与其关联企业之间的业务往来，应当按照独立企业之间的业务往来收取或者支付价款、费用；不按照独立企业之间的业务往来收取或者支付价款、费用，而减少其应纳税的收入或者所得额的，税务机关有权进行合理调整。”在2001年修订的《税收征收管理法》中，原第24条被原文保留（调整为第36条）。

③ 参见王传纶、朱青：《国际税收》，164、165页。

④ 《经济合作与发展组织（OECD）税收协定范本》第9条即规定了此项原则：“两个企业之间的商业或财务关系不同于独立企业之间的关系，因此，本应由其中一个企业取得，但由于这些情况而没有取得的利润，可以计入该企业的利润，并据以征税。”［王铁军译：《OECD转让定价准则中的常用术语》，载《税收译丛》，1997（1）。］

利润法、利润分割法和其他符合独立交易原则的方法。《税收征收管理法实施细则》第55条规定，纳税人与关联企业之间的购销业务，未按照独立企业之间业务往来作价的，税务机关可以按照下列顺序和确定的方法调整其计税收入额或者所得额，核定其应纳税额：（1）按照独立企业之间进行的相同或者类似业务活动的价格；（2）按照再销售给无关联关系的第三者的价格所应取得的收入和利润水平；（3）按照成本加合理的费用和利润；（4）按照其他合理的方法。第56条规定，纳税人与其关联企业未按照独立企业之间的业务往来支付价款、费用的，税务机关自该业务往来发生的纳税年度起3年内进行调整；有特殊情况的，可以自该业务往来发生的纳税年度起10年内进行调整。通过一系列的规定，我国基本上形成了对关联交易中转让定价行为的法律控制机制。

七、我国《公司法》对关联交易的具体规制

公司法对关联交易的规制，主要是要求公司披露重大的关联交易，对公司与其关联方的交易加以限制以及相应的责任制度。

我国已经颁布的涉及关联交易信息披露的有关规定有《企业会计准则第36号——关联方披露》《公开发行证券的公司信息披露内容与格式准则》《上市公司章程指引》《股票上市规则》《上市公司治理准则》等。《公司法》第129条则规定，公司应当定期向股东披露董事、监事、高级管理人员从公司获得报酬的情况。

各国公司法中大多有关联交易的特殊批准和表决制度，如股东或董事的表决权排除就是其中之一。表决权排除是指排除与某一决议事项有利害关系的股东或董事在股东会或董事会上就该决议事项行使表决权的机会。《公司法》第15条规定，公司为其股东或者实际控制人提供担保的，该股东或实际控制人以及受实际控制人支配的股东，不得参加决议该担保的股东会的表决。《公司法》第139条规定，上市公司董事与董事会会议决议事项所涉及的企业或者个人有关联关系的，不得对该项决议行使表决权，也不得代理其他董事行使表决权。

公司法还对一些关联交易加以限制，即禁止某些关联交易或有条件地允许某些关联交易。例如，《公司法》第15条规定，公司向其他企业投资或者为他人提供担保，应当由董事会或者股东会决议。

公司法对董事、监事和高级管理人员等的忠实义务和注意义务的要求，也可以达到限制其从事不当关联交易的目的。

如前所述，《公司法》第22条规定，公司的控股股东、实际控制人、董事、监事、高级管理人员利用其关联关系损害公司利益，给公司造成损失的，应当承担赔偿责任。当然，如果关联交易损害债权人、股东和国家的利益，行为人也应依法承担责任。相应的救济方式包括：公司以自己的名义对关联方提起损害赔偿之诉；股东为公司的利益提起派生诉讼；股东直接对关联方提起损害赔偿之诉；债权人提起关联交易行为无效之诉、撤销之诉和要求关联方承担连带责任之诉；股东提起要求确认与关联交易相关的股东会或董事会决议无效之诉、撤销之诉等。

现行企业和公司法在关联企业、关联交易规制方面仍存在不足之处，主要是未能引

入在国外业已通行的“深石原则”（Deep-Rock Doctrine）。“深石原则”又称衡平居次（劣后）原则（the rule of equitable subordination），是指在控制公司不当操控从属公司的情况下，其对从属公司的债权不论有无优先权或别除权，都应劣后于从属公司的其他债权受偿。该原则源于美国联邦最高法院 1938 年审理的“泰勒诉标准电气石油公司案”（Taylor v. Standard Gas & Electric Co.），是关联企业发展的产物。

案例

泰勒诉标准电气石油公司案①

在该案中，法院在审查深石公司（Deep Rock Oil Corp.）的债权重组计划时发现，被告母公司标准电气石油公司对深石公司有巨额债权，而深石公司在成立之初即资本不足，其业务受被告控制，完全为了被告的利益而经营，且被告的债权均由与深石公司的业务往来而产生，如果批准该计划，有违公平合理原则，对深石公司的优先股股东不利，因此撤销该计划，判决被告母公司对深石公司的债权劣后于深石公司的优先股股东受偿。

该案不是基于母公司对子公司的控制，简单地通过“揭开公司面纱”否定母公司的债务，也不是一概要求母公司对子公司的债权劣后于其他债权人受偿②，而是在一般地认可关联企业及母公司得控制子公司的前提下，以控制公司的行为是否公平、合理为标准确定控制公司对从属公司的债权是否应劣后。由于它顺应了企业关系发展的客观要求，所以逐渐成为法律上处理母子公司间债权、债务关系的一项基本原则，并为其他国家或地区所接受。在我国现实经济生活中，控制企业滥用控制权的现象是较为严重的，如转移资产和利润、为自身需要而置从属企业的正常经营和利益于不顾等，损害其他股东和债权人的利益，因此，有必要在公司法中引进“深石原则”，与“揭开公司面纱”制度相辅相成，以实现母公司或控制股东与一般股东和债权人在市场关系中的平衡和公正。

问题与思考

1. 简述关联企业的概念。
2. 简述关系人或关联方的概念。
3. 何谓关联交易？
4. 关联企业的认定标准如何？
5. 关联企业有哪些类型？
6. 如何对企业关联程度进行控制？

---

① 参见［美］罗伯特·C. 克拉克，胡平、林长远、徐庆恒、陈亮译：《公司法则》，42 页，北京，工商出版社，1999。

② 这方面的做法在美国有自动居次或劣后（automatic subordination）、绝对居次或劣后（absolute subordination）等。

7. 我国应采取何种方式解决关联企业的连带责任问题?
8. 简述我国关于关联企业报表合并的主要规定及其意义。
9. 如何借鉴外国关于控制从属企业向控制企业上交盈余的制度?
10. 我国控制关联交易的主要规定有哪些?
11. 我国控制转让定价的主要制度有哪些?
12. 何谓“深石原则”?

第十一章
公司债和企业债券

本章摘要

公司债特指公司、企业依照法定的条件和程序，以发行具有流通性的公司或企业债券的方式，向社会公众募集资金而发生的金钱债权债务关系，而与公司、企业的一般债权、债务包括一般金钱之债相区别。较之一般借贷而言，发行公司债筹措资金具有利率低、借款期限长、数额大等优点，但其涉及社会公众利益，与社会经济和金融秩序的稳定密切相关，因而各国法律均对公司债的发行条件和程序作出较为严格的规定。我国《公司法》第九章为“公司债券”，规定了公司发行债券的债权债务关系；另有国务院 1993 年发布（2011 年修订）的《企业债券管理条例》等对公司债的发行和交易进行调整。所以，公司债之“公司”，涵盖依法得发行债券的各种法人企业，而非仅指《公司法》调整的公司。与股份和股票的关系一样，公司债和企业债券是内容和形式的关系，因此，二者的分类是一致的，可以根据不同的标准或者从不同的角度，将其分为记名公司债和无记名公司债，可转换公司债、不可转换公司债和带股票买入权的公司债，担保公司债和无担保公司债，参加公司债和非参加公司债，普通公司债和金融公司债，本币公司债和外币公司债等不同类别。企业债券是具有流通性的有价证券，可以依法转让。其转让应当在依法设立及经批准的证券交易场所进行。企业债券符合条件的，经批准可以在证券交易所上市交易，也可以在中国人民银行指定的证券经营机构的柜台进行转让。

关键术语

公司债　公司债券　企业债券　垃圾债券　记名公司债　实名制记账式债券　无记名公司债　无记名式债券　公示催告程序　公司（企业）债券存根簿　公司（企业）债券持有人名册　可转换公司债　不可转换公司债　带股票买入权的公司债　担保公司债　无担保公司债　信用公司债　参加公司债　非参加公司债　普通公司债　金融公司债　金融债券　本币公司债　外币公司债　大额可转让存单　外债登记　上市公司债　非上市公司债　有息公司债　无息公司债　本国公司债　外国公司债　息票　（可转换公司债券）赎回　（可转换公司债券）回售

第一节 公司债和企业债券概述

一、公司债的概念和特征

（一）公司债的概念

公司债，是指公司依照法定的条件和程序，以发行具有流通性的公司债券的方式，向社会公众募集资金而发生的金钱债权债务关系。

公司借贷主要有两个途径：一是向银行等金融机构或其他企业举债；二是依法定的条件和程序，向社会发行债券而筹集资金。两相比较，一般借贷的利率较高，并有借款期限较短、借款数额有限的特点，因而很难筹措到能在较长时期运用的较大量资金。发行债券筹措资金则不存在这些问题，这是其优点所在；当然与一般借贷相比，公司债也有举债条件和程序严格，中小企业和非公司制企业难以利用这种方式筹措资金等缺点。

发行公司债，固然有利于企业生产经营的发展，有利于将社会游资用于经济建设，但向公众借债，必然涉及社会利益，与社会经济和金融秩序的稳定密切相关，必须防止不法的企业或个人以公司债的名义发行“垃圾”债券骗取公众钱财，也要防止信用不佳的企业发行公司债而损害社会经济秩序，因而各国法律上均对公司债的发行条件和程序作了较为严格的规定。

（二）公司债的特征

1. 公司债与公司债务之异同

公司债在本质上属于公司债务，在公司资产负债表中记入负债栏，公司债和公司债务的债权人都享有民法上债权的一般权利。这是公司债与公司债务的共同之处。二者的不同之处在于以下几点。

（1）公司债与公司债务的产生原因不同。产生公司债的法律事实是公司通过发行公司债券，向社会公众募集资金；产生公司债务的法律事实，除发行公司债、公司签订契约外，公司侵犯他人权利也会形成债权债务关系。

（2）公司债与公司债务的权利主体不同。公司债的权利主体即债权人是不特定的公众，任何个人和组织只要认购或受让债券，都是公司债的债权人，并因债券的流通性而处于流动之中；而公司债务的债权人是特定的，例如，公司一般性借贷债务的债权人是特定的银行或其他金融机构，其他契约债务的债权人为特定的法人、其他经济组织或自然人，而公司侵权之债的债权人则为特定的被侵权人。

（3）公司债与公司债务的标的不同。公司债的标的是一种金钱给付；而公司债务的标的除金钱给付外，还包括其他作为或不作为，例如，公司作为出卖人在买受人给付货款后，有交付约定货物的义务；公司因产品质量而给对方造成损失时，负有包修、包换、包退和赔偿损失的义务等。

（4）公司债与公司债务的偿还办法不同。公司债就同次发行的同类公司债的偿还办法（包括偿还期限、偿还条件）具有同一性；而公司债务的偿还办法因具体的债权债务关系不同而不同。

（5）公司债与公司债务的债权凭证不同。公司债的债权凭证是公司债券，是资本有价证券、要式证券，具有流通性，可以在证券交易场所依法转让；而公司债务的债权凭证以契约或其他证据的形式存在，除其中的一部分表现为商品或货币有价证券（提单、仓单、汇票、支票、本票等）外，一般既非有价证券、要式证券，也不具有流通性。

2. 公司债与股份之异同

公司债与股份的相同点有：一是二者均为公司筹集资金的手段；二是公司债与表现为股票的股份都是资本有价证券、要式证券，且都具有流通性。但二者又有性质上的区别：

（1）公司债的债权人与公司之间是一种债权债务关系；而股份持有人则是公司的股东，对公司享有所有者权益并承担相应的义务。因此，公司债的债权人没有参与公司决策及经营的权利①，而股东有权参与公司的决策和经营管理。

（2）公司债的标的物为金钱，债权人用金钱购买公司债；而股份的标的是公司资本的份额，认缴股份的股东可以用金钱，也可以用实物、知识产权、土地使用权等可以用货币估价并可以依法转让的非货币财产作价出资。

（3）不论公司是否获得盈利或盈利多少，公司债的利率是固定的；而股份的红利率是不固定的，要视公司是否获得盈利及盈利多少而定。

（4）公司债期限届满，公司应向债权人归还本金；而对于股份来说，除公司解散后可向股东分派剩余财产等法定情形外，公司一般不得向股东退还其认缴的股本。

（5）公司解散时，公司债优先于股份得到分配，即公司债与其他公司债务得到清偿后，公司有剩余财产时，股份持有者才可参与分配。

综上所述，公司债的特征可以概括为以下四个方面：第一，公司债的债权人从总体上看是不特定的公众，但公司债也可以针对特定主体非公开发行。第二，公司债的债权凭证是有价证券、要式证券，具有流通性。第三，公司债是公司为筹集长期经营资金，向社会公众发行债券而产生的债务。第四，公司债是一种金钱债务。

二、企业债券的概念

与股票和股份的关系一样，公司债券或企业债券是公司债的表现形式，是债务证券化、流通化的一种形式。《公司法》第 194 条第 1、2 款规定：本法所称公司债券，是指公司发行的约定按期还本付息的有价证券。公司债券可以公开发行，也可以非公开发行。根据《企业债券管理条例》第 2 条和第 5 条的规定，企业债券是指法人企业依照法定程序发行、约定在一定期限内还本付息的有价证券，但是金融债券和外币债券除外。可见

① 在实践中，也有公司债与股份互相借鉴、渗透的现象。例如，从世界范围看，有所谓“参加公司债”，其债权人可以持券参加公司股东会；另有所谓的“利益公司债”，其利息要视公司是否获得盈利及盈利多少而定。

二者规定的债券并无不同，只不过适用《公司法》的企业发行的债券也可以称为公司债券，同时公司作为企业，公司债券的发行、转让和管理也要适用《企业债券管理条例》等法规和规章。

三、公司债和企业债券的分类

公司债券或企业债券是公司债的表现形式，由于公司债和企业债券是内容和形式的关系，因而对公司债的分类，实质上也就是对公司债券或企业债券的分类。公司债的类别一般都会在公司债券或企业债券的发行条件及有关文件记载的事项中加以体现。根据不同的标准或者从不同的角度，可以将公司债和企业债券划分为以下不同的种类。

（一）记名公司债和无记名公司债

根据公司债券是否记载债权人的姓名或名称，可以把公司债分为记名公司债和无记名公司债。记名公司债券，是指在债券上记载债权人姓名或者名称，并在置备的公司债券持有人名册上载明债券持有人的姓名或名称及债券编号等事项的公司债券；无记名公司债券，是指在债券及债券持有人名册上均不记载债券持有人的姓名或名称的公司债券。债券持有人名册又称债券存根簿，债券存根簿是《公司法》中原先的称谓，2023 年《公司法》修订后改称债券持有人名册。

公司债的这一分类有以下三个方面的意义：

（1）二者的发行程序有所不同。差别主要为二者发行时，在公司置备的债券持有人名册上所应记载的事项详略不同。发行记名公司债券的，应当在公司债券持有人名册上载明债券持有人的姓名或者名称及住所；债券持有人取得债券的日期及债券的编号；债券总额，债券的票面金额、利率、还本付息的期限和方式及债券的发行日期。发行无记名公司债券的，则只需在公司债券持有人名册上载明债券总额、利率、偿还期限和方式、发行日期及债券的编号，无须记载有关债券持有人的事项。

（2）二者转让的程序有所不同。记名公司债券，由债券持有人以背书方式或者以法律、行政法规规定的其他方式转让；转让后由公司将受让人的姓名或者名称及住所记载于公司债券持有人名册，否则其转让无效。而无记名公司债券的转让，由债券持有人将该债券交付给受让人后即发生转让的效力。

（3）二者被盗、遗失或灭失时的补救方法不同。以背书方式转让的记名债券被盗、遗失或灭失的，根据我国民事诉讼法的规定，债券持有人可以通过公示催告程序申请法院宣告其无效后，由公司补发债券；而无记名债券因不采用背书方式转让，其被盗、遗失或灭失时，不能采取公示催告程序宣告无效及由公司补发债券。

日本等国家的法律允许无记名债券与记名债券的相互转换，例如，依照日本《公司法》第 698 条的规定，公司债券的债权人除另有规定的情形外，可随时请求将其记名债券转换为无记名债券，或者将无记名债券转换为记名债券。

我国《公司法》原先规定，公司债券可以为记名债券，也可以为无记名债券。2023 年《公司法》修订，将此改为“公司债券应当为记名债券”（第 197 条）。与此次修订后只允许股份有限公司发行记名股票一样，公司债券实名制可以强化债券持有人自我约束、合规和证券监管，有利于维护证券市场秩序。

（二）可转换公司债、不可转换公司债和带股票买入权的公司债

这是以公司债与公司股份的联系为标准而对公司债进行的划分。

可转换公司债，是指公司债的债权人可根据自己的意志在一定期限内将公司债转换为公司股份的公司债。可转换公司债一经转换，原公司债债权人的资格即行丧失，而取得公司股东的资格，公司债所代表的公司负债，则转为公司股本。

不可转换公司债，是指不可转换为公司股份的公司债。这种公司债债权人只有定期得到还本付息的权利。由于不可转换公司债相对于可转换公司债而言，债权人没有选择将其债券转换成股份的权利，其固定利率一般要比可转换公司债的高。

带股票买入权的公司债，是指债券持有人有权在一定条件下从发行债券的公司买入较优惠股票的公司债。这种公司债的债券持有人作为公司债权人的身份并未丧失，但其可以另行投资以优惠价买入该公司的股票，成为公司股东，从而获得公司债权人和公司股东的双重身份。

《公司法》对带股票买入权的公司债未作规定，但根据《公司法》，股份有限公司经股东会决议，或者经公司章程、股东会授权由董事会决议，可以发行可转换为股票的公司债券；上市公司发行可转换为股票的公司债券，应当经国务院证券监督管理机构注册。发行可转换公司债，适应了公众在投资时，既想避免风险又想获得高收益的心态，使投资者在投资之初，可以选择风险小于股票的债券，在公司经营稳定且业绩较好时，又可以选择将其转换为公司股票，以获得比债券更高的收益；而且在转换期限内，投资者有自由选择将其债券转换或不转换为股票的权利，公司不得强制其转换，这对债券持有人来说较为灵活。

（三）担保公司债和无担保公司债

以公司债是否设置担保为标准，可以将公司债分为担保公司债和无担保公司债。

担保公司债，是指由保证人或提供财产抵（质）押作为偿债担保的公司债。发行担保公司债，使债权人获得还本付息的保障，有利于维护债权人的利益和金融秩序的稳定。我国在实践中，要求公司发行债券原则上应提供保证担保，保证人则可要求发行人以抵（质）押方式提供反担保。

无担保公司债，又称信用公司债，是指不设置任何担保而仅以公司信用作为公司债发行基础的公司债，俗称“垃圾债券”。发行无担保公司债，要求发行的公司规模较大，经济实力和偿债能力强，且信誉卓著。《证券法》等对于公司债发行的主体、程序和实体条件的规定较为严格，所以，在依法审批和监管的情况下，无担保公司债也有其存在的一定空间。

（四）参加公司债和非参加公司债

以公司债券持有人是否有权参与公司的决策和经营管理为标准，可以将公司债分为参加公司债和非参加公司债。

参加公司债，是指债权人有权参与企业的决策、经营管理或公司红利分配的公司债，包括参加公司债和利益公司债。参加公司债的债权人可持债券参加公司的股东会；利益公司债的债权人则可参与公司红利的分配，其利率不固定，视公司盈利多少而定。

非参加公司债，是指有固定利率，债券持有人不参与公司决策或经营，也不参与公司红利分配的公司债。《公司法》规定的公司债，均为普通的非参加公司债，实践中也不允许发行参加公司债。

（五）普通公司债和金融公司债

根据发行公司债的是一般公司还是银行，可以将所发行的债券分为普通公司债券和金融公司债券。金融公司债券是指依法在中华人民共和国境内设立的金融机构法人在全国银行间债券市场发行的、按约定还本付息的有价证券。金融机构法人包括政策性银行、商业银行、企业集团财务公司及其他金融机构。金融公司债券涉及银行业的经营和管理，对金融和经济秩序的影响也较普通公司债券更大、更为敏感，因此，其发行和管理适用不同的法规例如中国人民银行发布的《全国银行间债券市场金融债券发行管理办法》，而不适用《公司法》《证券法》中关于公司债券的规定。

（六）本币公司债和外币公司债

根据公司债是以人民币还是外币标明币值，可以将其分为本币公司债和外币公司债。我国目前正由严格的外汇管理体制向较为宽松的局部外汇管理体制过渡，作为经济发展不平衡的发展中大国，在相当长时期内仍要对外汇收支和经营等活动实行一定的管制，以保持国际收支平衡，维护本国币值和经济的稳定。基于此，外币公司债因与外汇管理密切相关，而与一般以人民币标示面值的公司债相区别。国家外汇管理局于 1997 年发布了《境内机构发行外币债券管理办法》（现已失效），对境内企事业单位、国家机关、社会团体、部队等发行以外币表示的企业债券和其他债券进行调整。其第 3 条规定，外币债券是指以外币表示的、构成债权债务关系的有价证券。外币的可转换债券、大额可转让存单、商业票据视为外币债券进行管理。但财政部代表国家发行外币债券和外资金融机构在境外发行外币债券不适用该规章。境内机构发行外币债券须接受外汇管理部门的管理监督，还应根据外债统计监测规定办理外债登记。

公司债除可按上述标准分类外，还有其他一些分类方法。例如，根据公司债是否在证券交易所挂牌流通，可以将其分为上市公司债和非上市公司债。上市公司债是指经批准在证券交易所挂牌买卖的公司债，其交易和转让过户等须按证券交易所的有关业务规则办理；非上市公司债则由当事人自行转让或在中国人民银行指定的证券经营机构的柜台进行转让。根据公司债是否于还本时付息，可以将其分为有息公司债和无息公司债。国外所谓无息公司债，实际上是在发行时以低于债券面值的价格折价发行，到期以面值价格还本，看似无息，实质上是以债券发行价格与面值的差额作为利息。根据发行公司债的是本国企业还是外国企业，可以将公司债分为本国公司债和外国公司债，例如，A 国公司在 A 国境内发行的公司债为本国公司债，B 国公司在 A 国境内发行的公司债则为外国公司债。

第二节　公司和企业债券的发行、转让和还本付息

一、公司和企业债券的发行

公司债券的发行，是指公司依据法定条件和程序向社会公众或特定主体销售公司债券的行为。《公司法》原先对公司债券的发行主体、条件、程序等都作出了规定，2005年修改后其只对发行公司债券的部分程序作出了原则性的规定，并规定公司发行公司债券应当符合《证券法》规定的发行条件。

（一）公司和企业债券发行的条件

1. 公司债券发行的主体条件

《公司法》曾将公司债券的发行主体限定为股份有限公司和股东均为国有主体的有限责任公司，现在取消了该限制。任何公司，包括有限责任公司，无论是否为国有主体投资的，只要符合《公司法》和《证券法》规定的条件和程序，经过审核注册后都可以发行公司债券。但可转换公司债券只限由上市公司发行。

2. 公司债券发行的治理和资信条件

根据《证券法》的规定，公开发行公司债券应具备以下条件：

（1）对公司法人治理的要求。《证券法》规定，发行公司债券应当具备健全且运行良好的组织机构，这是满足公司发行债券所需信用的必要条件。

（2）对发行债券的公司的效益要求。《证券法》规定，公开发行公司债券，其最近3年平均可分配利润须足以支付公司债券1年的利息。公司债券发行不仅需要有一定数量的净资产作为基础，还需要发行主体在经营上有良好的业绩。这是保证公司具有向债券持有人还本付息能力所必需的，也是保证社会闲散资金向经营效益较好的公司集中以优化资金配置所必要的。

（3）对发行公司债券所筹集的资金投向的要求。《证券法》规定，公开发行公司债券筹集的资金，必须按照公司债券募集办法所列资金用途使用，不得用于弥补亏损和非生产性支出。由于公司债券募集的资金用途受国家产业政策引导，这也意味着公司债券筹集的资金投向应合乎国家产业政策或者不违背国家产业政策。

（4）国务院规定的其他条件。

除上述规定外，上市公司发行可转换为股票的公司债券，还应当符合《证券法》关于公开发行股票的条件，并经国务院证券监督管理机构注册。

3. 对再次公开发行公司债券的限制

《证券法》第17条规定，有下列情形之一的，不得再次公开发行公司债券：

（1）对已公开发行的公司债券或者其他债务有违约或者延迟支付本息的事实，仍处于继续状态的。如果公司对前次所发债券到期不能支付本息或延迟支付利息，或者对其

他债务也存在违约情况，则表明其财务状况和资金状况不佳，有可能对其发行公司债券的偿付能力带来影响。因此，在这种情况下限制其发行新的公司债券，有利于保护债权人的利益。

（2）违反《证券法》规定，改变公开发行公司债券所募资金用途的。在其他国家或地区的公司立法中，也有类似的规定。

（二）公司和企业债券发行的程序

1. 由董事会制订发行公司债券的方案

董事会在制订发行公司债券方案的同时，还应当编制公司资产负债表及公司财产清单等财务会计报表，以备公司股东会对发行债券进行决议时审阅，并作为决策的依据。

2. 股东会对发行公司债券作出决议

发行公司债券，涉及公司负债问题，事关重大。所以，对于是否发行债券、发行债券的办法，包括发行债券的数额、种类、还本付息的期限和方式、债券利率等事项，都应当由股东会作出决议。按照公司法的规定，股东会也可授权董事会对发行公司债券作出决议。

3. 报经国务院授权的部门或者国务院证券监督管理机构注册

根据《证券法》的规定，公司依法对发行债券作出决议后，应当向国务院授权的部门或者国务院证券监督管理机构报送下列文件：（1）公司营业执照；（2）公司章程；（3）公司债券募集办法；（4）国务院授权的部门或者国务院证券监督管理机构规定的其他文件。同时，根据《证券法》的规定，依该法聘请保荐人的，申请人还应当报送保荐人出具的发行保荐书。

根据《证券法》的规定，国务院授权的部门或国务院证券监督管理机构依照法定条件负责公司债券发行申请的注册。其应当自受理发行申请文件之日起 3 个月内，依照法定条件和法定程序作出予以注册或者不予注册的决定，发行人根据要求补充、修改发行申请文件的时间不计算在内；不予注册的，应当说明理由。证券交易所等可以审核公开发行债券申请，判断发行人是否符合发行条件、信息披露要求，督促发行人完善信息披露内容。

4. 公告和置备公司债券募集文件

公司债券发行申请经注册后，发行人应当依照法律、行政法规的规定，在公开发行前公告公开发行募集文件，并将该文件置备于指定场所供公众查阅。发行人不得在公告公开发行募集文件前发行债券。公告公司债券募集文件，以说明公司的基本情况以及将以何种条件发行公司债券，便于社会公众在了解公司背景、同意债券募集条件的前提下自愿认购，从而使公司债券的募集过程公开、透明，以保证公司债券的发行符合公开、公平的原则，防止欺诈，同时也有利于社会公众对公司债券发行行为的监督和政府行政机关的监管。根据《公司法》的规定，公司债券募集办法中应当载明下列主要事项：（1）公司名称；（2）债券募集资金的用途；（3）债券总额和债券的票面金额；（4）债券利率的确定方式；（5）还本付息的期限和方式；（6）债券担保情况；（7）债券的发行价格、发行的起止日期；（8）公司净资产额；（9）已发行的尚未到期的公司债券总额；（10）公司债券的承销机构。

5. 募集债款

《公司法》规定，债券募集办法中应当载明公司债券的承销机构。依照《企业债券管理条例》第 21 条的规定，企业发行债券应当由证券经营机构承销，发行人不得自行从事债券销售活动，非证券经营机构和个人也不得经营企业债券的承销和转让业务。证券承销业务采取代销或者包销的方式。

案例

中国铁路总公司发行企业债券①

中国铁路总公司公开招标发行 2017 年第九期中国铁路建设债券，分为 5 年期和 10 年期两种，其中 5 年期的发行 150 亿元，10 年期的发行 50 亿元。两品种均采固定利率，票面利率根据招标结果确定，在债券存续期内固定不变。其中，5 年期品种的招标利率区间为 3.90%～4.90%，10 年期品种的招标利率区间为 3.90%～4.90%。本次招标将采用单一利率（荷兰式）招标方式。本期债券采用单利按年付息，不计复利，到期一次还本。

中国铁路建设债券是由国家发改委核准、由中铁总公司发行和偿付的企业债券，经国务院批准为政府支持债券，也即国家信用担保的债券。截至本期债券发行前，中国铁路总公司尚未到期的债券共计 14 765 亿元。

（三）公司和企业债券的形式及公司债券持有人名册

公司债券是要式证券，是公司向债券认购人出具的债务凭证和债券持有人向公司行使债权的依据。公司以实物券方式发行的，应当对表明公司与债券持有人之间债权债务关系的内容作出明确记载，以便债券持有人行使权利，并经公司法定代表人签字、公司盖章方为有效。《公司法》第 196 条规定，“公司以纸面形式发行公司债券的，应当在债券上载明公司名称、债券票面金额、利率、偿还期限等事项，并由法定代表人签名，公司盖章”；第 202 条第 2 款规定，发行可转换为股票的公司债券，应当在债券上标明可转换公司债券字样，并在公司债券持有人名册上载明可转换公司债券的数额。

公司发行公司债券的，应当置备公司债券持有人名册。公司债券持有人名册是公司发行公司债券的记录，是确定公司债券持有人、发行债券的规模以及公司与其发行的公司债券持有人之间权利义务关系的依据。其意义在于：一是便于公司股东、债券持有人查阅、监督及政府对公司的监督；二是便于公司需对债权人为有关通知或公告时，依法

① 参见《中铁总 15 日将招标 200 亿债券》，和讯网，http：//bond.hexun.com/ 2017－11－15/191640832.html，访问日期：2018－08－07。

通知或公告；三是便于公司掌握本公司债券的发行和转让情况；四是记名债券转让时，必须依法将受让人的有关事项记载于公司债券持有人名册。

根据《公司法》的规定，公司发行公司债券的，应当在公司债券持有人名册上载明下列事项：（1）债券持有人的姓名或者名称及住所；（2）债券持有人取得债券的日期及债券的编号；（3）债券总额，债券的票面金额、利率、还本付息的期限和方式；（4）债券的发行日期。

（四）记名公司债券的登记结算制度

为了规范公司债券发行转让过程中涉及的登记、存管、结算业务，保护公司债券持有人的利益，法律设置了证券登记结算制度。根据《证券法》的规定，证券登记结算机构是为证券交易提供集中登记、存管与结算服务，不以营利为目的的法人。证券登记结算机构履行下列职能：（1）证券账户、结算账户的设立；（2）证券的存管和过户；（3）证券持有人名册登记；（4）证券交易的清算和交收；（5）受发行人的委托派发证券权益；（6）办理与上述业务有关的查询、信息服务；（7）国务院证券监督管理机构批准的其他业务。在证券交易所和其他全国性证券交易场所交易的证券应当全部存管在证券登记结算机构，其登记结算采取全国集中统一的运营方式。

《证券法》的规定为证券登记结算机构建立证券登记、托管、结算等相关制度提供了法律基础。根据《公司法》的规定，公司债券的登记结算机构应当建立债券登记、存管、付息、兑付等相关制度，以维护公司债券持有人的合法权益。

（五）债券持有人会议和债券受托管理人

《公司法》2023年修订，增加了债券持有人会议和债券受托管理人制度，作为公司治理的组成部分及对公司的一种约束，更好地保障了公司债券持有人的利益。

《公司法》第204条和《证券法》第92条第1款规定：公开发行公司债券的，应当为同期债券持有人设立债券持有人会议，并在债券募集办法中对债券持有人会议的召集程序、会议规则和其他重要事项作出规定。债券持有人会议可以对与债券持有人有利害关系的事项作出决议。除公司债券募集办法另有约定外，债券持有人会议决议对同期全体债券持有人发生效力。通过该制度，分散的债券持有人得以集中统一的意志参与公司治理，成为公司兼顾作为利益相关者的债券持有人的意志和利益的制度保障。

《公司法》第205、206条和《证券法》第92条第2、3款规定，公开发行公司债券的，发行人应当为债券持有人聘请债券受托管理人，由其为债券持有人办理受领清偿、债权保全、与债券相关的诉讼以及参与债务人破产程序等事项。这些事项，单个公司债券持有人囿于信息、能力等，很难独力进行和完成。由公司为债券持有人共同聘请债券受托管理人，可以弥补这一不足。这也是公司应有的担当和法律负担。

债券受托管理人应当勤勉尽责，公正履行受托管理职责，不得损害债券持有人的利益。债券受托管理人与债券持有人存在利益冲突，可能损害债券持有人利益的，债券持有人会议可以决议变更债券受托管理人。债券发行人未能按期兑付债券本息的，债券受托管理人可以接受全部或者部分债券持有人的委托，以自己的名义代表债券持有人提起、参加民事诉讼或者清算程序。债券受托管理人违反法律、行政法规或者债券持有人会议决议，损害债券持有人利益的，应当承担赔偿责任。

二、公司和企业债券的转让

（一）公司和企业债券转让的场所

公司债券是可以转让的有价证券。与股票的交易和转让一样，根据《证券法》的规定，公开发行的公司债券，应当在依法设立的证券交易所上市交易或者在国务院批准的其他全国性证券交易场所转让。公司债券在证券交易所上市交易的，按照上海证券交易所和深圳证券交易所的交易规则转让。非公开发行的公司债券，可以在证券交易所、国务院批准的其他全国性证券交易场所、按照国务院规定设立的区域性证券市场转让，也允许通过柜台和报价系统等进行交易。

（二）公司和企业债券转让的方式

按照各国通行的做法，记名债券的转让应当采用背书的方式，并将受让人的姓名或名称及住所等事项记载于公司债券持有人名册，否则，不能以其转让对抗公司和第三人；无记名债券则只需向受让人实际交付债券，即可发生转让的效力。

《公司法》第 201 条规定："公司债券由债券持有人以背书方式或者法律、行政法规规定的其他方式转让；转让后由公司将受让人的姓名或者名称及住所记载于公司债券持有人名册。"

（三）公司债券的转让价格

债券有固定的利率和期限，能够还本，因而其转让或交易的价格，较之股票要稳定得多。我国对于公司债券的发行条件和程序的规定十分严格，在实践中几乎不存在还本付息没有任何保障的"垃圾债券"，因而债券交易价格的波动较小。尽管投机、银行利率或贴现率、债券供求状况、对经济状况和政府政策的预期等因素会对债券交易价格产生影响，但转让价格基本上是由债券面值、利率和实际还本期限这三个因素决定的。因此，《公司法》对其不作限制，规定公司债券的转让价格由转让人与受让人约定。

（四）公司债券的质押和继承

《企业债券管理条例》第 9 条规定："企业债券可以转让、抵押和继承。"其质押和继承适用《民法典》。

三、公司和企业债券的还本付息

《公司法》对公司债券的还本付息未作详细规定，仅规定公司债券募集办法中应载明债券的利率、还本付息的期限和方式等事项。因此，债券的还本付息，应依公司债券募集办法中的有关规定、债券和债券持有人名册上记载的事项以及有关法律、法规的规定办理。

（一）一般公司和企业债券的还本付息

关于公司债券利息支付的方式，一般以债券是否附息票而有不同。不附息票的债券一般在偿还本金的同时一次付清全部利息。我国在企业债券实践中，也有采用不附息票而分次支付利息的方式。息票为无记名式，可以和债券分离而单独主张权利，也可以和债券分离而转让。息票持有人在请求发行债券的公司给付利息时，只需交付息票，可不必提示与息票一起发行的债券。

公司债券本金应按债券募集办法或章程、债券持有人名册和债券上载明的期限偿还。公司债券持有人不得要求发行人提前偿还，只能采取转让债券的方法变现。然而，如果发行债券的公司违约，则债券持有人有权要求提前偿还债款。例如，日本《公司法》第739条规定了发行债券的公司在一定情形下应丧失期限利益，其第1款规定："公司债发行公司怠于支付公司债利息或者在应当定期偿还部分公司债的情形下怠于偿还时，可依公司债债权人会议的决议，以书面形式通知公司债发行公司应当在一定的期间内进行清偿的意旨，及于该期间内未清偿的，就该公司债的总额丧失期限利益的意旨。但该期间不得少于2个月。"这一规定对于约束发行债券的公司及时履行义务、维护公司债债权人的利益，具有积极的意义。我国《公司法》对公司债的期限利益丧失未作规定。而根据《证券法》第24条的规定，国务院证券监督管理机构或者国务院授权的部门对已作出的证券发行注册的决定，发现不符合法定条件或者法定程序，尚未发行证券的，应当予以撤销，停止发行。已经发行尚未上市的，撤销发行注册决定，发行人应当按照发行价并加算银行同期存款利息返还证券持有人；发行人的控股股东、实际控制人以及保荐人应当与发行人承担连带责任，但是能够证明自己没有过错的除外。不过，政府的监督或撤销债券发行毕竟是一种滞后的措施，而期限利益丧失则是从契约关系的角度规定债券发行人与债权人的权利与义务，可以通过债权人的请求权直接保护其利益，这是政府监管所不能替代的。

一般而言，发行债券的公司也不得提前要求债券持有人接受偿还，从而损及债权人的期限利益，但债券募集办法或章程中规定发行人可以任意购回债券的除外。

公司债券本金的偿还方法主要有三种：（1）期满还本。（2）分期偿还，即在债券募集办法或发行章程载明的期限内，分期偿还本金。分期偿还可以采取按号法和抽签法，每次对部分债券进行偿还。按号法是指按照债券号码的顺序决定还本的先后，这类债券称为顺序还本债券；抽签法是指按照经公证机关公证的抽签结果确定每期还本的债券号码。（3）任意还本，即按公司债券募集办法或章程的记载，发行人可以随时购回债券，但购回时必须提前一定期限通知债券持有人。这种偿还方法对发行债券的公司有利而对债券持有人不利，因而在购回债券时，购回价和债券面额的比价要适当提高。

（二）可转换公司债券的还本付息

可转换公司债券一经转换，即视为债券本息已得到偿还，而对未转换的债券及其金额仍需还本付息。可转换公司债券的持有人有选择将其债券转换或者不转换为股票的权利，债券持有人只要依据债券募集办法或发行章程作出转换的单方意思表示，发行人即应允许其转换。但可转换公司债券发行时，也可以设置到期强制性转股条款，或者设置转换期内有条件强制性转股的条款。

在可转换公司债转换期间，股市或发行人的股票价格可能发生较大幅度的波动，使得如按既定价格转换可能对发行人或债券持有人十分不利，因此形成了发行人赎回和债券持有人回售的制度。所谓赎回，是指公司股票价格在一段时期内连续高于转股价格达到某一幅度时，公司按事先约定的价格买回未转股的可转换公司债券；所谓回售，是指公司股票价格在一段时期内连续低于转股价格达到某一幅度时，可转换公司债券持有人按事先约定的价格将所持债券卖给发行人。这样可以避免发行人或债券持有人因股市行情变化、仍按既定价格转股而可能受到的损失。

公司债券还本付息后，公司债即因清偿而消灭。此外，公司债还可能因提存、抵销、免除以及债务更新（如短期债券改为长期债券等）等原因而消灭。

问题与思考

1. 如何理解公司债？
2. 简述企业债券的概念。
3. 对公司债和企业债券可以作哪些分类？
4. 什么是记名公司债和无记名公司债？
5. 什么是可转换公司债、不可转换公司债和带股票买入权的公司债？
6. 什么是担保公司债和无担保公司债？
7. 什么是参加公司债和非参加公司债？
8. 什么是普通公司债和金融公司债？
9. 什么是本币公司债和外币公司债？
10. 我国法律、法规规定企业发行债券应当具备哪些条件？
11. 我国法律、法规规定企业发行债券应当遵循何种程序？
12. 简述企业债券转让的方式。

第十二章
合伙企业法

本章摘要

合伙企业，是指二人以上按照协议成立共同经营关系，共负盈亏和风险，对外负无限责任的联合；它作为经营体或某项概括的营业，和一般企业一样也可以作为交易的客体。按照不同的标准，可以将合伙企业分为不同的类型。按照合伙人或合伙承担责任或其地位的不同，可以将合伙企业分为普通合伙企业与有限合伙企业、隐名合伙企业。《合伙企业法》原来没有规定有限合伙，但各地在创建“硅谷”的冲动中急于以地方立法的形式引进、创建有限合伙制度，促使《合伙企业法》作了相应修改。从立法技术来说，我国引进有限合伙有两种选择：一是在《公司法》中增加两合公司的规定；二是在《合伙企业法》中增加有限合伙的规定，或者制定专门的“有限合伙企业法”。由于知识经济发端于美国，有限合伙与之成功结合并得到最有效、最普遍运用的也是美国，受其影响，我国把有限合伙纳入了《合伙企业法》，这是不以个别人的意志为转移的结果。按照合伙人中有法人抑或单纯为自然人，可以将合伙企业分为个人合伙与法人合伙。本章主要根据2006年修订的《合伙企业法》，对我国的合伙企业法律关系进行介述。

关键术语

普通合伙企业　有限合伙企业　隐名合伙企业　个人合伙　个人合伙企业　法人合伙企业　普通合伙企业　特殊的普通合伙企业　普通合伙人　有限合伙人　合伙事务　合伙损益　入伙　退伙　自愿退伙　当然退伙　除名　无限连带责任　合伙企业的解散　合伙企业的清算

第一节　合伙企业的类型和特征

一、合伙企业的概念和类型

合伙企业，是指二人以上按照协议成立共同经营关系，共负盈亏和风险，对外负无限责任的联合。在有限合伙或有限责任合伙中，存在有限合伙人或者实际只承担有限责任的合伙人，但并不影响合伙对外要承担无限责任。根据2006年修订之前《合伙企业法》第2条的规定，合伙企业是指由各合伙人订立合伙协议，共同出资、合伙经营、共享收益、共担风险，并对合伙企业债务承担无限连带责任的营利性组织。这样定义的外延过窄，既不能涵盖有限合伙企业和存在有限责任合伙人的企业，也排除了人们可以选择合伙方式从事非营利事业。2006年修订后的《合伙企业法》第2条第1款规定："本法所称合伙企业，是指自然人、法人和其他组织依照本法在中国境内设立的普通合伙企业和有限合伙企业。"但这样规定，并未对合伙企业下定义，意义不大。同时，合伙企业作为经营体或某项概括的营业，也可以作为交易的客体。

按照不同的标准，合伙企业可以分为以下类型。

（一）普通合伙企业与有限合伙企业、隐名合伙企业

这是按合伙人或合伙承担责任或其地位的不同而对合伙企业所作的分类。

普通合伙企业是依法成立、各合伙人均承担无限责任的合伙企业，相当于无限公司；有限合伙企业则相当于两合公司。但我国《合伙企业法》未赋予它们法人地位。有限合伙由无限责任合伙人和有限责任合伙人共同组成，实际从事企业经营管理的合伙人必须就合伙企业债务对外承担无限责任；而仅对企业出资、不参与企业经营管理的合伙人仅以其出资额为限对合伙企业的债务承担有限责任。《合伙企业法》第2条第2款第一句、第3款对普通合伙、有限合伙作出了规定："普通合伙企业由普通合伙人组成，合伙人对合伙企业债务承担无限连带责任。""有限合伙企业由普通合伙人和有限合伙人组成，普通合伙人对合伙企业债务承担无限连带责任，有限合伙人以其认缴的出资额为限对合伙企业债务承担责任。"

有限合伙是适宜于科技成果商品化、商业创意实施等风险性项目和小型事业吸引投资的一种较好的法律形式。因为初创中的项目缺乏足够的资信发行股票或债券向公众筹措资金，有限合伙法律制度则为创业者凭借私人关系，向亲朋、熟人、信赖其品行和能力的企业、个人、基金等招资扫清了障碍，有限合伙人不必对有限合伙企业的债务负责，仅以自己所投资金额承担可预期的风险，企业获得盈利时则可以分享大部分收益，更可以伺机追加投资，从而能够灵活、有效地适应通过市场配置资源的要求。正因为如此，当代知识经济或"新经济"的"发动机"——风险资本或创业资本，主要采取了有限合伙这种古老的法律形式。《合伙企业法》于2006年修订之前，我国并无法律规定这种企业组织形式，但各地在创建"硅谷"的冲动中急于以地方立法的形式引进、创建有限合伙制度，例如2000年北京市制定《中关村科技园区条例》[①]，于第25条第1款、第2款规定：风险投资机构可以采取有限合伙形式。有限合伙的合伙人由有限合伙人和普通合伙人组成。投资人为有限合伙人，以其出资额为限承担有限责任；资金管理者为普通合伙人，承担无限责任。

就立法技术而言，我国引进有限合伙有两种选择：一种是在《公司法》中增加两合公司的规定；另一种是在《合伙企业法》中增加有限合伙的规定，或者制定专门的"有

---

① 《中关村科技园区条例》已被废止，为北京市2010年《中关村国家自主创新示范区条例》所取代。

限合伙企业法”。应当说，前一种选择比较合理、方便，因为有限合伙中的有限责任合伙人和无限责任合伙人都不必是自然人，也可以是法人，有限合伙企业本身则应当作为法人，这样有利于其以自身名义参与民事流转、自主经营和纳税。如果将其作为合伙或规定在《合伙企业法》中，就无法将其纳入法人范畴；而如果将其作为公司规定在《公司法》中，则一切都顺理成章，引入无限法人的概念也是因应客观要求和人们观念的变化而水到渠成之事。但由于知识经济发端于美国，有限合伙与之成功结合并得到最有效、最普遍运用也是在美国，受其影响，我国把有限合伙纳入了《合伙企业法》，这是不以个别人的意志为转移的结果。

从美国的实践看，对于有限合伙企业关系，法律基本上是任由当事人自治的。其主要做法是：第一，普通合伙人通常由创业投资机构（基金）的专业管理人员担任，有限合伙人往往为养老基金、人寿基金等机构投资者和外国投资人等。第二，企业通常由有限合伙人百分之百出资，普通合伙人即使出资一般也不超过1%。第三，在有限合伙人收回其投资前，普通合伙人不参与盈余分配，资本回收后普通合伙人可按其持股份额（不妨称“干股”）参与分红，比率通常为10%～30%，有限合伙人的相应持股份额暨分配比例则为70%～90%。[①] 第四，有限合伙企业订有存续期限，通常为7年～10年，可约定延长1年～2年，或者3年～4年。第五，为了减缓普通合伙人即经营者偏好的影响及道德风险，作为激励和约束，通常约定在企业达到经营目标后可增加其持股份额，并约定在一定情况下可予以撤换并购回其持有的股份。[②] 这些做法反映了美国一贯以股东为本的企业关系模式。

隐名合伙是外国法律上普遍承认的一种事实上的合伙，因通常构成经营关系而属于企业范畴。我国法律上未明确规定隐名合伙。但依照最高人民法院《关于贯彻执行〈中华人民共和国民法通则〉若干问题的意见（试行）》（1990年修改稿）（以下简称《最高院关于〈民法通则〉若干意见》）第46条、第47条的解释，个人合伙虽经工商行政管理部门错误地登记为集体所有制企业，但实际为个人合伙的，应当按个人合伙对待；对当事人之间没有书面合伙协议，但具备合伙的其他条件，有两个以上无利害关系人证明有口头合伙协议或者有其他证据证明的，可以认定为合伙关系。由此可见，隐名合伙和事实婚姻一样，反映了经济社会基础与法律上层建筑之间作为内容和形式的一般关系，客观上要求法律在其不违背社会秩序和公共道德的前提下予以承认和保护。如前所述，隐名合伙人承担有限责任只是某些国家的规定，而非定律，隐名合伙人不能与有限责任人画等号。从我国实践中对事实合伙和事实合伙人的有条件承认看，也不存在隐名合伙人的有限责任问题，凡被认定为事实合伙人的，就必须依法承担无限连带责任。当然，由于我国已经建立有限合伙制度，因而也不排除依法在一定条件下认定事实上的有限合伙和有限合伙人。

（二）个人合伙企业与法人合伙企业

这是按照是否有法人充当合伙人而对合伙企业所作的分类。

---

① 参见刘继：《美国的风险基金组织形式》，载《中国证券报》，1998-09-17。

② 参见张树中：《析美国创业资本组织结构》，载《中国证券报》，1999-05-28。

个人合伙企业是合伙人均为自然人的合伙企业。普通的自然人合伙集中体现了合伙的基本特征，是合伙的典型形式。《民法通则》对个人合伙作了专节规定；《合伙企业法》于 2006 年修订前是对其中构成企业的作了系统化、具体化规定；《民法典》没有规定个人合伙，仅规定合伙企业属于非法人组织，并以“合伙合同”专章对合伙企业的基础法律关系作了规定。

法人合伙企业是指法人之间的合伙型联营或有法人充当合伙人的合伙企业。法人作为无限责任合伙人时，不得仅以其对合伙的出资或投入合伙的财产承担责任，而必须以其全部法人财产承担责任，直至破产。从这个意义上说，法人合伙人对合伙债务承担的责任以法人自身的全部财产为限，从而又是有限的。因此，近些年由有限责任法人充当无限责任合伙人或股东的情形得到普遍发展，这不仅是市场化投资经营和交易发展的必然，也不违背企业组织及其责任制度的基本原理。

《合伙企业法》原先并无关于法人合伙的规定。但在《民法通则》和其他法律、法规中则不乏法人合伙的规定，比如：《民法通则》第 52 条规定，企业之间或者企业、事业单位之间联营，共同经营，不具备法人条件的，由联营各方按照出资比例或者协议的约定，以各自所有的或者经营管理的财产承担民事责任，依照法律的规定或者协议的约定负连带责任的，承担连带责任。《民法通则》第 53 条规定，企业之间或者企业、事业单位之间联营，按照合同的约定各自独立经营的，它的权利和义务由合同约定，各自承担民事责任。由此可见，法人合伙可以构成非法人实体或不构成实体，合伙人之间可以如普通个人合伙般承担无限连带责任，也可以各自承担无限的不连带责任。依照原先有关中外合作经营企业及相关法律、法规的规定，不具有法人资格的中外合作企业也构成法人合伙关系，合作各方的投资或提供的合作条件既可以为合作各方共有，也可以由各方分别所有，或者部分共有、部分分别所有；各方可以分别纳税，也可以依法统一纳税。《合伙企业法》修订后规定了法人合伙，将合伙企业的成员扩展到“自然人、法人和其他组织”。

法人原则上可以成为合伙人，包括普通合伙人和有限合伙人。但是《合伙企业法》第 3 条规定，“国有独资公司、国有企业、上市公司以及公益性的事业单位、社会团体不得成为普通合伙人”。这体现了立法者对这些组织的保护，避免它们在不完善的法人治理下，轻率地对合伙投资而致自己陷于倒闭境地。当然，如前所述，法人作为无限责任合伙人并不加重法人的责任，而仍然是有限责任法人，即股东以其认缴的出资额为限对公司承担责任，公司以其全部财产为限对合伙债务承担责任。

二、合伙企业的特征

合伙企业具有以下主要特征：

第一，合伙企业是人合企业。合伙企业是基于合伙人之间的相互信任而成立并维系的，其信用和经营状况取决于合伙人的信用、能力和健康状况等，而不是依资本的实力对外取得信用，资合企业的信用和经营一般不取决于企业成员自身的状况。但合伙企业也是一种资本企业，在此意义上它也具有资合性。

第二，合伙企业的人格同合伙人的人格不完全分离。依照《合伙企业法》的规定，合伙企业可以起字号，有自己的名称，并以该名义从事经营活动。但是，除有限合伙人外，原则上任一合伙人都可以对外代表合伙企业、以合伙企业的名义从事活动而与其他合伙人发生代理关系，合伙企业对合伙人执行合伙事务及对外代表合伙企业的权利分工不得对抗善意的第三人。合伙企业的债权人则可以向无限责任合伙人直接追索合伙企业的债务。

第三，合伙企业的财产与合伙人的财产不完全分离。合伙企业的财产仅相对独立于合伙人，依法也可以不形成合伙财产。除有限合伙人外，合伙人必须就合伙企业财产不足以清偿合伙企业债务的部分以其自身财产承担无限连带责任，或者对合伙企业债务分别以各自的财产承担无限责任。

第二节 普通合伙企业的设立及财产

一、普通合伙企业的设立

根据《合伙企业法》第 14 条的规定，设立普通合伙企业应当具备下列条件：有两个以上合伙人，合伙人为自然人的，应当具有完全民事行为能力；有书面合伙协议；有合伙人认缴或者实际缴付的出资；有合伙企业的名称和生产经营场所；法律、行政法规规定的其他条件。其中，书面合伙协议是最重要的一个成立要件。当事人依法订立的合伙协议或契约、合同，是合伙企业设立及确定合伙企业法律关系的依据。合伙协议或合伙合同对合伙目的和有关出资数额、合伙事务执行、盈余分配、债务承担、入伙、退伙、合伙终止等当事人间的权利与义务作出约定，形成合伙企业法律关系。《合伙企业法》第 4 条规定，合伙协议依法由全体合伙人协商一致、以书面形式订立；第 5 条规定，订立合伙协议、设立合伙企业，应当遵循自愿、平等、公平、诚实信用原则。

《合伙企业法》对合伙协议的必备条款作出了规定。其第 18 条规定，合伙协议应当载明下列事项：合伙企业的名称和主要经营场所的地点；合伙目的和合伙经营范围；合伙人的姓名或者名称、住所；合伙人的出资方式、数额和缴付期限；利润分配、亏损分担方式；合伙事务的执行；入伙与退伙；争议解决办法；合伙企业的解散与清算；违约责任。当然，这些未必都是绝对必要条款，如合伙人的出资方式、数额和缴付期限，利润分配、亏损分担方式，入伙与退伙，争议解决办法，合伙企业的解散与清算，违约责任等，均可依法确定，协议中未记载的，也不影响合伙企业的成立。第 19 条规定：合伙协议经全体合伙人签名、盖章后生效。合伙人按照合伙协议享有权利，履行义务。修改或者补充合伙协议，应当经全体合伙人一致同意；但是，合伙协议另有约定的除外。合伙协议未约定或者约定不明确的事项，由合伙人协商决定；协商不成的，依照本法和其他有关法律、行政法规的规定处理。

依照合伙协议或合同设立合伙企业的，应当符合有关个人合伙、法人联营、中外合作等法律、法规规定的条件。关于合伙人资格的问题，2006 年修订之前的《合伙企业法》第 10 条有一项规定，即法律、行政法规禁止从事营利性活动的人，不得成为合伙企业的合伙人。这一条规定对反腐败、防止利益冲突等固然具有积极的意义，但也有妨碍投资的充分发展之嫌。因为有限合伙可以将投资者与企业隔开，令投资者承担有限责任，又不允许其参与企业经营，而有限合伙人的出资不具有流通性，不会发生因转让或增加出资而扰乱证券及金融市场的问题，因而原则上任何人均可充当有限合伙人，可以放宽对担任有限合伙人的限制，从而鼓励社会投资和经济的发展。

按照《最高院关于〈民法通则〉若干意见》第 43 条的规定，公民按照协议提供资金或者实物，并约定参与合伙盈余分配，但不参与合伙经营、劳动的，或者提供技术性劳务而不提供资金、实物，但约定参与盈余分配的，视为合伙人。

设立合伙企业还应当遵照一定的程序。根据《合伙企业法》第 9 条的规定，申请设立合伙企业，应当向企业登记机关提交登记申请书、合伙协议书、合伙人身份证明等文件。合伙企业的经营范围中有属于法律、行政法规规定在登记前须经批准的项目的，该项经营业务应当依法经过批准。根据《合伙企业法》第 15 条的规定，普通合伙企业名称中应当标明“普通合伙”字样。

二、合伙企业的出资和合伙财产

（一）合伙企业的出资

《合伙企业法》修改后放宽了对合伙企业出资的内容和形式的要求。其第 16 条第 1 款规定：“合伙人可以用货币、实物、知识产权、土地使用权或者其他财产权利出资，也可以用劳务出资。”

不同的出资形式具有不同的特点，因此需要在法律上作出一定的制度安排。与货币相比，非货币出资具有一定的特殊性。《合伙企业法》第 16 条规定第 2 款，合伙人以实物、知识产权、土地使用权或者其他财产权利出资，需要评估作价的，可以由全体合伙人协商确定，也可以由全体合伙人委托法定评估机构评估。以劳务出资，实际上是资本所有者给非（资本）出资者以“干股”，因此，必须在全体合伙人充分讨价还价的基础上确定其金额或比例。对此，《合伙企业法》第 16 条第 3 款规定，合伙人以劳务出资的，其评估办法由全体合伙人协商确定，并在合伙协议中载明。合伙企业的出资虽然不如公司资本那样严格，但也具有法律效力。各合伙人按照合伙协议实际缴付的出资，为其对合伙企业的出资。合伙人未依约履行其出资义务的，应当依法对其他合伙人承担违约责任。

合伙人一般应当约定其各自对合伙企业的出资比例，这是确定各合伙人对合伙企业的权利与义务及其承担合伙债务比例的基本依据。但是在没有约定出资比例的情况下，依据修订之前的《合伙企业法》第 32 条和《最高院关于〈民法通则〉若干意见》第 44 条、第 45 条规定的精神，可以按照约定的或者实际的债务分担比例或盈余分配比例对此加以认定；没有债务分担比例或盈余分配比例的，可以视为各合伙人的出资比例均等。这样的规定有些简单化，对合伙企业的人合性和资本性（资合性）都不够尊重。修订之后的《合伙企业法》在第 33 条规定了“合伙协议约定—补充协商—按实缴出资比例—平均分配、分担”的“四步骤”模式，即“合伙企业的利润分配、亏损分担，按照合伙协议的约定办理；合伙协议未约定或者约定不明确的，由合伙人协商决定；协商不成的，由合伙人按照实缴出资比例分配、分担；无法确定出资比例的，由合伙人平均分配、分担”。补充协商和按实缴出资比例确定盈亏分担，分别是合伙企业人合性和资本性的表现。

根据《合伙企业法》第17条的规定，合伙人应当按照合伙协议约定的出资方式、数额和缴付期限，履行出资义务。以非货币财产出资的，依照法律、行政法规的规定，需要办理财产权转移手续的，应当依法办理。

（二）合伙企业的财产

合伙企业的财产，包括合伙人的出资和由出资形成的财产、以合伙的名义取得的收益和形成的负债、合伙经营的积累等。《合伙企业法》第20条规定：“合伙人的出资、以合伙企业名义取得的收益和依法取得的其他财产，均为合伙企业的财产。”在财产性质上，通常在成立合伙企业或合伙有字号、有独立名义的情况下，合伙财产由各合伙人按其出资比例按份共有，但也不排除合伙的特定财产依约由合伙人分别所有或者归某合伙人所有；在不成立合伙企业或合伙在法律上不构成独立名义的情况下，各合伙人对合伙财产既可以共有，也可以分别所有，或者部分共有、部分分别所有。

在合伙企业存续期间，合伙人对合伙企业财产所有权的行使要受合伙协议或合同以及合伙企业法律、法规的限制。各合伙人必须依法对合伙企业财产进行共同管理和使用，任何合伙人不得擅自使用、处分合伙企业财产。合伙企业解散前，如果未发生退伙的情形，合伙人不得请求分割合伙企业的财产。但为了维护交易安全，合伙人在合伙企业清算前私自转移或者处分合伙企业财产的，合伙企业不得以此对抗善意的第三人。《合伙企业法》第21条规定：“合伙人在合伙企业清算前，不得请求分割合伙企业的财产；但是，本法另有规定的除外。合伙人在合伙企业清算前私自转移或者处分合伙企业财产的，合伙企业不得以此对抗善意第三人。”依《合伙企业法》第25条的规定，合伙人以其在合伙企业中的财产份额出质的，必须经其他合伙人一致同意，否则其出质行为无效，或者作为退伙处理；由此给善意第三人造成损失的，该合伙人应当依法承担赔偿责任。

根据《合伙企业法》的规定，合伙人可以依法转让其在合伙企业中的全部或部分财产份额。合伙人之间相互转让的，应当通知其他合伙人；合伙人向合伙人以外的人转让的，须经其他合伙人一致同意，在同等条件下，其他合伙人有优先受让的权利。该法第22条规定：除合伙协议另有约定外，合伙人向合伙人以外的人转让其在合伙企业中的全部或者部分财产份额时，须经其他合伙人一致同意。合伙人之间转让在合伙企业中的全部或者部分财产份额时，应当通知其他合伙人。第23条规定：合伙人向合伙人以外的人转让其在合伙企业中的财产份额的，在同等条件下，其他合伙人有优先购买权；但是，合伙协议另有约定的除外。第24条规定，合伙人以外的人依法受让合伙人在合伙企业中的财产份额的，经修改合伙协议即成为新的合伙人，并依照《合伙企业法》和修改后的合伙协议享有权利，承担义务和责任。

第三节　普通合伙企业的内部关系

一、合伙事务的执行

根据《合伙企业法》第 26 条的规定，合伙人对执行合伙事务享有同等的权利。按照合伙协议的约定或者经全体合伙人决定，可以委托一个或者数个合伙人对外代表合伙企业，执行合伙事务。作为合伙人的法人、其他组织执行合伙事务的，由其委派的代表执行。

根据《合伙企业法》第 27 条的规定，合伙企业委托一个或者数个合伙人执行合伙事务的，其他合伙人不再执行合伙事务。不执行合伙事务的合伙人有权监督执行事务合伙人执行合伙事务的情况。

根据《合伙企业法》第 28 条和第 29 条的规定，在合伙企业中，由一个或者数个合伙人执行合伙事务的，执行事务合伙人应当定期向其他合伙人报告事务执行情况以及合伙企业的经营和财务状况，其执行合伙事务所产生的收益归合伙企业，所产生的费用和亏损由合伙企业承担。合伙人为了解合伙企业的经营状况和财务状况，有权查阅合伙企业会计账簿等财务资料。合伙人分别执行合伙事务的，执行事务合伙人可以对其他合伙人执行的事务提出异议。提出异议时，应当暂停该项事务的执行。如果发生争议，依照《合伙企业法》第 30 条的规定作出决定，即按照合伙协议约定的表决办法办理，如果合伙协议未约定或者约定不明确，则实行合伙人一人一票并经全体合伙人过半数通过的表决办法。在合伙企业的委托执行机制中，受委托执行合伙事务的合伙人不按照合伙协议或者全体合伙人的决定执行事务的，其他合伙人可以决定撤销该委托。

合伙人执行合伙事务的后果或责任，由全体合伙人承担。合伙企业对合伙人执行合伙事务及其对外代表企业的权利之限制，不得对抗善意的第三人。

二、合伙事务的决议

根据《合伙企业法》第 30 条的规定，合伙人对合伙企业有关事项作出决议，按照合伙协议约定的表决办法办理。合伙协议未约定或者约定不明确的，实行合伙人一人一票并经全体合伙人过半数通过的表决办法。但如果《合伙企业法》对合伙企业的表决办法另有规定，从其规定。

合伙企业的本质在于“人合性”，最大限度地发挥和保障合伙人的自治，是《合伙企业法》的基本精神所在。因此，《合伙企业法》专门规定了需要经全体合伙人一致同意的事项，其第 31 条规定，除合伙协议另有约定外，合伙企业的下列事项应当经全体合伙人一致同意：（1）改变合伙企业的名称；（2）改变合伙企业的经营范围、主要经营场所的地点；（3）处分合伙企业的不动产；（4）转让或者处分合伙企业的知识产权和其他财产权利；（5）以合伙企业名义为他人提供担保；（6）聘任合伙人以外的人担任合伙企业的经营管理人员。

三、合伙人的竞业禁止和诚信义务

虽然《合伙企业法》未规定合伙企业为法人，但合伙企业构成多数合伙人之利益共同体，从而形成企业利益即合伙人共同利益与个别合伙人利益间的冲突。对此，必须运用公司法上的竞业禁止和诚信义务对合伙人作出特定限制。《合伙企业法》第32条规定：合伙人不得自营或者同他人合作经营与本合伙企业相竞争的业务。除合伙协议另有约定或者经全体合伙人一致同意外，合伙人不得同本合伙企业进行交易。合伙人不得从事损害本合伙企业利益的活动。违反这些义务的，应承担相应的法律责任。第35条规定：被聘任的合伙企业的经营管理人员应当在合伙企业授权范围内履行职务。被聘任的合伙企业的经营管理人员，超越合伙企业授权范围履行职务，或者在履行职务过程中因故意或者重大过失给合伙企业造成损失的，依法承担赔偿责任。

四、合伙企业损益的分配与承担

如前所述，《合伙企业法》规定，合伙企业的利润分配、亏损分担，按照合伙协议的约定办理；合伙协议未约定或者约定不明确的，由合伙人协商决定；协商不成的，由合伙人按照实缴出资比例分配、分担；无法确定出资比例的，由合伙人平均分配、分担。合伙协议不得约定将全部利润分配给部分合伙人或者由部分合伙人承担全部亏损。

合伙企业的资本制度相对于公司资本制度而言要宽松一些。《合伙企业法》第34条规定：合伙人按照合伙协议的约定或者经全体合伙人决定，可以增加或者减少对合伙企业的出资。但同时，合伙企业也应当建立相应的财会制度，以符合规范经营、交易迅捷和安全的需要。

五、入　伙

《合伙企业法》规定，合伙企业可以吸收新合伙人。其第43条规定，新合伙人入伙，除合伙协议另有约定外，应当经全体合伙人一致同意，并依法订立书面入伙协议，这是合伙企业人合性的表现。订立入伙协议时，原合伙人应当向新合伙人如实告知原合伙企业的经营状况和财务状况。新成员加入合伙企业后，就成为该合伙企业中平等的一员。根据《合伙企业法》第44条的规定，入伙的新合伙人与原合伙人享有同等权利，承担同等责任，入伙协议另有约定的，从其约定。新合伙人对入伙前合伙企业的债务承担无限连带责任。

合伙人在合伙企业中的出资或财产份额，可由其继承人继承。《合伙企业法》第50条第1款规定："合伙人死亡或者被依法宣告死亡的，对该合伙人在合伙企业中的财产份额享有合法继承权的继承人，按照合伙协议的约定或者经全体合伙人一致同意，从继承开始之日起，取得该合伙企业的合伙人资格。"但实践中存在一些特殊的情形，会导致其他合伙人不愿意接受原合伙人的继承人成为新的合伙人，此时就会引发退还被继承人的合伙份额的问题。《合伙企业法》第 50 条第 2 款对此规定，有下列情形之一的，合伙企业应当向合伙人的继承人退还被继承合伙人的财产份额：(1) 继承人不愿意成为合伙人；(2) 法律规定或者合伙协议约定合伙人必须具有相关资格，而该继承人未取得该资格；(3) 合伙协议约定不能成为合伙人的其他情形。

当合伙人的继承人为无民事行为能力人或者限制民事行为能力人时，如何处理继承人的合伙人资格也是一个问题。由于《合伙企业法》第 14 条规定普通合伙必须“有二个以上合伙人。合伙人为自然人的，应当具有完全民事行为能力”，因而当合伙人的继承人为无民事行为能力人或者限制民事行为能力人时，就不能成为普通合伙人。《合伙企业法》对此的规定是，合伙人的继承人为无民事行为能力人或者限制民事行为能力人的，经全体合伙人一致同意，可以依法成为有限合伙人，普通合伙企业依法转为有限合伙企业。全体合伙人未能一致同意的，合伙企业应当将被继承合伙人的财产份额退还该继承人。

六、退　伙

同样是合伙企业的成员变动，但与入伙相比，退伙要复杂一些，会涉及利润、债务等财产利益的分配和承担等。

（一）自愿退伙

所谓自愿退伙，是指基于合伙人自己意志的退伙。《合伙企业法》第 45 条规定，合伙协议约定合伙期限的，在合伙企业存续期间，有下列情形之一的，合伙人可以退伙：(1) 合伙协议约定的退伙事由出现；(2) 经全体合伙人一致同意；(3) 发生合伙人难以继续参加合伙的事由；(4) 其他合伙人严重违反合伙协议约定的义务。

除此之外，《合伙企业法》第 46 条还规定了另一种自愿退伙的情形，即合伙协议未约定合伙期限的，合伙人在不给合伙企业事务执行造成不利影响的情况下，可以退伙，但应当提前 30 日通知其他合伙人。

《合伙企业法》第 47 条规定，合伙人违反上述规定退伙的，应当赔偿由此给合伙企业造成的损失。

（二）当然退伙

所谓当然退伙，是指法律规定的特定事由出现时自动引发的退伙。根据《合伙企业法》第 48 条第 1 款的规定，导致合伙人当然退伙的特定事由包括：(1) 作为合伙人的自然人死亡或者被依法宣告死亡；(2) 个人丧失偿债能力；(3) 作为合伙人的法人或者其他组织依法被吊销营业执照、责令关闭、撤销，或者被宣告破产；(4) 法律规定或者合伙协议约定合伙人必须具有相关资格而丧失该资格；(5) 合伙人在合伙企业中的全部财产份额被人民法院强制执行。

但是，合伙人被依法认定为无民事行为能力人或者限制民事行为能力人的，经其他合伙人一致同意，其可以依法转为有限合伙人，普通合伙企业依法转为有限合伙企业。

其他合伙人未能一致同意的，该无民事行为能力或者限制民事行为能力的合伙人退伙。这一规定与《合伙企业法》第 50 条第 3 款关于继承人是无民事行为能力人或者限制民事行为能力人时的规定是一致的。

需要注意的是，根据《合伙企业法》的规定，对于当然退伙，上述退伙事由的实际发生之日为退伙的生效日。

（三）除名退伙

除自愿退伙、当然退伙之外，《合伙企业法》还规定了除名退伙。除名退伙，是指因为合伙人出现特定的事由，由合伙企业将其开除而引发的退伙。

根据《合伙企业法》第 49 条第 1 款的规定，合伙人有下列情形之一的，经其他合伙人一致同意，可以决议将其除名：（1）未履行出资义务；（2）因故意或者重大过失给合伙企业造成损失；（3）执行合伙事务时有不正当行为；（4）发生合伙协议约定的事由。

除名退伙应遵循一定的程序。根据《合伙企业法》的规定，对合伙人的除名决议应当书面通知被除名人。被除名人接到除名通知之日，除名生效，被除名人退伙。被除名人对除名决议有异议的，可以自接到除名通知之日起 30 日内，向人民法院起诉。

不管是何种形式或原因导致的退伙，在通常情况下都存在财产利益的分配问题。《合伙企业法》第 51 条规定，合伙人退伙，其他合伙人应当与该退伙人按照退伙时的合伙企业财产状况进行结算，退还退伙人的财产份额。退伙人对给合伙企业造成的损失负有赔偿责任的，相应扣减其应当赔偿的数额。退伙时有未了结的合伙企业事务的，待该事务了结后进行结算。第 52 条规定，退伙人在合伙企业中财产份额的退还办法，由合伙协议约定或者由全体合伙人决定，可以退还货币，也可以退还实物。合伙人承担无限责任的，退伙时也不例外。《合伙企业法》第 53 条规定，退伙人对基于其退伙前的原因发生的合伙企业债务，承担无限连带责任。第 54 条规定，合伙人退伙时，合伙企业财产少于合伙企业债务的，退伙人应当依照《合伙企业法》的规定分担亏损。

入伙和退伙也属于需变更登记的事项。根据《合伙企业法》第 13 条的规定，合伙企业登记事项发生变更的，执行合伙事务的合伙人应当自作出变更决定或者发生变更事由之日起 15 日内，向企业登记机关申请办理变更登记。

第四节 普通合伙企业的外部关系

一、合伙人和经理对合伙企业的代表或代理权

由合伙的性质所决定，各合伙人均可以执行合伙事务，也可以由合伙人共同委任一个或数个执行合伙人，当然，合伙协议或者全体合伙人也可以对合伙人执行合伙企业事务及其对外代表合伙企业的权利加以限制。所以，合伙人执行合伙事务属于代理或“授权代表”的性质。为维护社会交易安全，《合伙企业法》第 37 条规定：“合伙企业对合伙人执行合伙事务以及对外代表合伙企业权利的限制，不得对抗善意第三人。”

合伙人作为人合企业的股东，对合伙事务也未必事必躬亲，合伙企业可以聘任经理人员专事企业经营管理，甚至作为企业负责人，被聘任的经理在授权范围内对合伙企业也有代表或代理权。对此，《合伙企业法》第 37 条的规定原则上也是适用的。从广义上而言，《民法典》第 172 条、第 504 条的规定是一个很好的例证。《民法典》第 504 条规定，法人或者其他组织的法定代表人、负责人超越权限订立的合同，除相对人知道或者应当知道其超越权限的以外，该代表行为有效；第 172 条则是关于表见代理的规定，即行为人没有代理权、超越代理权或者代理权终止后，仍然实施代理行为，相对人有理由相信行为人有代理权的，该代理行为有效。当然，从企业内部关系而言，合伙企业聘任的经营管理人员超越授权范围从事活动，或者因故意或者重大过失给合伙企业造成损失的，自应依法承担赔偿责任。这一点也反映在《合伙企业法》的第 35 条，该条规定：被聘任的合伙企业的经营管理人员应当在合伙企业授权范围内履行职务。被聘任的合伙企业的经营管理人员，超越合伙企业授权范围履行职务，或者在履行职务过程中因故意或者重大过失给合伙企业造成损失的，依法承担赔偿责任。

二、合伙人对合伙企业债务的无限连带责任

合伙人承担无限连带责任是普通合伙债务清偿的原则。但依照《合伙企业法》第 38 条、第 39 条、第 40 条的规定，合伙企业对其债务，应先以其全部财产进行清偿；合伙企业不能清偿到期债务的，合伙人承担无限连带责任。合伙人对合伙的债务承担连带责任，在承担连带责任的情况下，偿还合伙债务超过自己应当承担数额的合伙人，有权向其他合伙人追偿。

合伙企业是全体合伙人利益的集合，因此，合伙企业中某一合伙人的债权人，不得以该债权抵销其对合伙企业的债务。同样，合伙人对其个人的债务，只能用其个人财产以及从合伙企业分得的收益清偿；合伙人个人的财产不足以清偿其个人债务的，债权人也可以依法请求人民法院强制执行该合伙人在合伙企业财产中的份额用于清偿，但不得因合伙人个人对其负有债务而代位行使该合伙人在合伙企业中的权利。合伙人的财产份额转让或被强制执行的，其他合伙人有优先受让的权利。对此《合伙企业法》作了具体规定。其第 41 条规定：“合伙人发生与合伙企业无关的债务，相关债权人不得以其债权抵销其对合伙企业的债务；也不得代位行使合伙人在合伙企业中的权利。”第 42 条规定，合伙人的自有财产不足清偿其与合伙企业无关的债务的，该合伙人可以以其从合伙企业中分取的收益用于清偿；债权人也可以依法请求人民法院强制执行该合伙人在合伙企业中的财产份额用于清偿。人民法院强制执行合伙人的财产份额时，应当通知全体合伙人，其他合伙人有优先购买权；其他合伙人未购买，又不同意将该财产份额转让给他人的，依照本法规定为该合伙人办理退伙结算，或者办理削减该合伙人相应财产份额的结算。

第五节 特殊的普通合伙企业

一、“特殊的普通合伙企业”的概念与渊源

2006年修订后的《合伙企业法》将有限责任合伙称为“特殊的普通合伙企业”。在第十届全国人大常委会第二十二次会议上，《合伙企业法（修订草案）》对此仍表述为“有限责任合伙”，但在后续审议时考虑到“有限责任合伙”与“有限合伙”两种制度在名称上类似，为了避免将二者混淆，遂将“有限责任合伙”称为“特殊的普通合伙企业”①。

20世纪六七十年代，在美国的一些涉及会计师事务所和律师事务所赔偿责任的案件中常常出现这样的情况，即个别合伙人在执行业务中的渎职或违法行为对客户产生的损害，按照合伙责任分配的原则，需要由所有的合伙人一起承担。这样做完全符合合伙制的原则，但实际的效果是：一方面阻碍了诸如会计师事务所、律师事务所这样的合伙组织的发展；另一方面也不公平。有限责任合伙的本质在于：第一，当一个合伙人或者数个合伙人在执业活动中因故意或者重大过失造成合伙企业债务时，该合伙人应当承担无限责任或者无限连带责任，其他合伙人则以其在合伙企业中的财产份额为限承担责任。第二，合伙人在执业活动中非因故意或者重大过失造成的合伙企业债务以及合伙企业的其他债务，仍由全体合伙人承担无限连带责任。

有限责任合伙制度在20世纪90年代以后迅速发展，美国得克萨斯州1991年通过立法正式确定了该项制度，而后路易斯安那州、华盛顿哥伦比亚特区、北卡罗来纳州以及素以公司制度创新闻名的特拉华州，都建立了有限责任合伙制度。1996年，美国统一州法委员会修订了《统一合伙法》，将有限责任合伙视为普通合伙企业的一种变形。英国在2000年也颁布了专门的《有限责任合伙法》，将有限责任合伙视为公司、合伙之外的一种新型企业组织形式，规定它属于法人。②

案例

国际“六大”会计师事务所在美国集体改制③

20世纪90年代中期全球有六大会计师事务所，即安达信、普华、永道、毕马威、德勤和安永（简称“六大”）。1994年，安永、永道和普华在纽约发表联合声明，从无限合伙转制为有限责任合伙。到1995年年底，“六大”在美国全面完成转制。比如，德勤的美国成员改成 Deloitte & Touche USA LLP，下辖三家具体提供审计、税务规划、

① 姚海放：《新合伙企业法精解与运用》，164页，北京，中国法制出版社，2007。

② 参见姚海放：《新合伙企业法精解与运用》，164、165页。

③ 参见《国外注册会计师事务所的体制》，HBS网站，http：//www.hotbuysell.com/zh-hans/node/161，访问日期：2012-02-27。

咨询和财务顾问服务的子机构，即 Deloitte & Touche LLP、Deloitte Consulting LLP 和 Deloitte Tax LLP，均为有限责任合伙。

1998 年普华和永道合并成普华永道，2001 年安达信因卷入安然财务造假丑闻而破产，世界“六大”会计师事务所遂变为“五大”，接着又成了“四大”。

二、《合伙企业法》对“特殊的普通合伙企业”的具体规定

特殊的普通合伙企业最大的特殊性在于其对合伙责任的分配上。根据《合伙企业法》第 57 条规定，一个合伙人或者数个合伙人在执业活动中因故意或者重大过失造成合伙企业债务的，应当承担无限责任或者无限连带责任。而外部法律关系解决之后，因故意或者重大过失造成合伙企业债务的合伙人与合伙企业（或者其他合伙人）之间还存在内部法律关系，对此，《合伙企业法》第 58 条规定：合伙人执业活动中因故意或者重大过失造成的合伙企业债务，以合伙企业财产对外承担责任后，该合伙人应当按照合伙协议的约定对给合伙企业造成的损失承担赔偿责任。

由于在实践中，特别是鉴于会计师事务所、律师事务所的业务性质，合伙人在执业活动中基于各种原因造成合伙企业的损失，在所难免；而且一旦造成损失，后果也可能是严重的。考虑到这个原因，西方国家通常的做法是建立责任保险制度，尤其是职业责任保险。责任保险是指以被保险人依法应负的民事损害赔偿责任或经过特别约定的合同责任作为承保责任的一类保险。① 责任保险一般包括公众责任保险、产品责任保险、雇主责任保险和职业责任保险四类。其中，职业责任保险又被称为职业赔偿保险或业务过失责任保险，是对从事各种专业技术工作的单位或个人基于工作上的失误导致损害赔偿责任的危险进行承保的一种险种。对有限责任合伙的职业保险要求是美国各州对 LLP（有限责任合伙）企业的强制性要求。② 《合伙企业法》第 59 条也作出了相应的规定：“特殊的普通合伙企业应当建立执业风险基金、办理职业保险。执业风险基金用于偿付合伙人执业活动造成的债务。执业风险基金应当单独立户管理。具体管理办法由国务院规定。”

特殊的普通合伙企业具有特定的适用范围，在通常情况下，只有特定的专业服务机构才有适用该项制度的必要。《合伙企业法》第 55 条第 1 款规定：“以专业知识和专门技能为客户提供有偿服务的专业服务机构，可以设立为特殊的普通合伙企业。”

特殊的普通合伙企业应当将其性质予以公示，根据《合伙企业法》第 56 条的规定，特殊的普通合伙企业的名称中应当标明“特殊普通合伙”字样。

相对于普通合伙企业而言，特殊的普通合伙企业属于一种特例。因此，除了针对特殊的普通合伙企业所作的一些特别性规定，法律关于普通合伙企业的一般性规定也适用于特殊的普通合伙企业。

---

① 参见张洪涛、郑功成主编：《保险学》，312 页。

② 参见姚海放：《新合伙企业法精解与运用》，173 页。

第六节　有限合伙企业

相对于普通合伙企业而言，有限合伙企业属于合伙企业的一种特例。因此，除了针对有限合伙的一些特殊规定，法律关于普通合伙的规定也可以适用于有限合伙。根据《合伙企业法》第60条的规定，“有限合伙企业及其合伙人适用本章规定；本章未作规定的，适用本法第二章第一节至第五节关于普通合伙企业及其合伙人的规定”。

一、有限合伙企业的设立

《合伙企业法》第61条规定：有限合伙企业由2个以上50个以下合伙人设立；但是，法律另有规定的除外。有限合伙企业至少应当有一个普通合伙人。

合伙协议同样是有限合伙企业的核心要素。鉴于有限合伙的特殊性，其合伙协议除了应符合普通合伙的要件外，还应具备其他一些特殊的要求。根据《合伙企业法》第63条的规定，有限合伙企业的合伙协议除了应符合法律对普通合伙企业的合伙协议所作的规定，还应当载明下列事项：(1) 普通合伙人和有限合伙人的姓名或者名称、住所；(2) 执行事务合伙人应具备的条件和选择程序；(3) 执行事务合伙人权限与违约处理办法；(4) 执行事务合伙人的除名条件和更换程序；(5) 有限合伙人入伙、退伙的条件、程序以及相关责任；(6) 有限合伙人和普通合伙人相互转变程序。

在出资方面，有限合伙人是资本所有者，所以其不得以劳务出资。

按照《合伙企业法》第65条、第66条的规定，有限合伙人应当按照合伙协议的约定按期足额缴纳出资；未按期足额缴纳的，应当承担补缴义务，并对其他合伙人承担违约责任。有限合伙企业登记事项中应当载明有限合伙人的姓名或者名称及认缴的出资数额。

有限合伙企业的性质比较特殊，也应当予以公示。根据《合伙企业法》第62条的规定，有限合伙企业的名称中应当标明“有限合伙”字样。

案例

××投资公司（有限合伙）

本公司根据《合伙企业法》《市场主体登记管理条例》登记成立。××投资有限公司为本公司的发起人，是普通合伙人，对公司债务承担无限连带责任；其他合伙人为有限合伙人，以其认缴的出资额为限对公司债务承担有限责任。合伙人可以是自然人、法人和其他组织。公司注册资本为人民币1亿元。有限合伙人的投资金额为人民币100万元或者100万元的整倍数。公司通过专业投资团队运作，实行专业化组合投资，谋求基金资产的中、长期稳定增值。普通合伙人每年按实收注册资本的2.5%提取投资管理费，作为固定报酬；其绩效报酬为公司净收益的20%。

二、有限合伙企业的内部关系与外部关系

（一）有限合伙企业的内部关系

根据《合伙企业法》第67条的规定，在有限合伙企业中，应当由普通合伙人执行合伙事务。执行事务的合伙人可以要求在合伙协议中确定执行事务的报酬及报酬提取方式。第68条规定，有限合伙人不执行合伙事务，不得对外代表有限合伙企业。有限合伙人的下列行为，不视为执行合伙事务：(1) 参与决定普通合伙人入伙、退伙；(2) 对企业的经营管理提出建议；(3) 参与选择承办有限合伙企业审计业务的会计师事务所；(4) 获取经审计的有限合伙企业财务会计报告；(5) 对涉及自身利益的情况，查阅有限合伙企业财务会计账簿等财务资料；(6) 在有限合伙企业中的利益受到侵害时，向有责任的合伙人主张权利或者提起诉讼；(7) 执行事务合伙人怠于行使权利时，督促其行使权利或者为了本企业的利益以自己的名义提起诉讼；(8) 依法为本企业提供担保。

由于有限合伙企业的事务只能由普通合伙人执行，有限合伙人不得执行合伙事务，因而法律赋予有限合伙人一些特殊的权利。《合伙企业法》第70条规定，有限合伙人可以同本有限合伙企业进行交易，合伙协议另有约定的除外。第71条规定，有限合伙人可以自营或者同他人合作经营与本有限合伙企业相竞争的业务，合伙协议另有约定的除外。第72条规定，有限合伙人可以将其在有限合伙企业中的财产份额出质，合伙协议另有约定的除外。对于普通合伙企业而言，自我交易、竞业竞争、将合伙财产中的共有份额出资等都是以不允许为通例，以允许为例外；但对于有限合伙中的有限合伙人，则是以允许为通例，以不允许为例外。究其原因，主要是考虑到在有限合伙中，有限合伙人不得染指合伙企业事务的执行，因此从事上述行为一般不会对合伙企业的利益产生损害。

《合伙企业法》第69条规定，有限合伙企业不得将全部利润分配给部分合伙人；但是，合伙协议另有约定的除外。因为在普通合伙人不以资本出资的情况下，依国际惯例，只有在有限合伙人依约收回投资的情况下，普通合伙人始得分红。

与普通合伙企业一样，有限合伙企业也存在人员变动的问题。但对于有限合伙的入伙、退伙事由以及新合伙人、退伙人的责任承担，有一些不同于普通合伙企业的规定。

新入伙成员属于有限合伙人的，对入伙前的债务也承担有限责任。《合伙企业法》第77条规定，新入伙的有限合伙人对入伙前有限合伙企业的债务，以其认缴的出资额为限承担责任。

关于退伙事由，在《合伙企业法》第48条规定的五种当然退伙的情况中，个人丧失偿债能力不能作为有限合伙人当然退伙的法定事由。因为在有限合伙企业中，有限合伙人承担的本来就是有限责任，所以，其个人丧失偿债能力并不影响其已对有限合伙企业的出资。《合伙企业法》第78条规定："有限合伙人有本法第四十八条第一款第一项、第三项至第五项所列情形之一的，当然退伙。"也即退伙事由包括以下各项：(1) 作为合伙人的自然人死亡或者被依法宣告死亡；(2) 作为合伙人的法人或者其他组织依法被吊销营业执照、责令关闭、撤销，或者被宣告破产；(3) 法律规定或者合伙协议约定合伙人必须具有相关资格而丧失该资格；(4) 合伙人在合伙企业中的全部财产份额被人民法院

强制执行。

基于同样的原因，《合伙企业法》第79条规定，作为有限合伙人的自然人在有限合伙企业存续期间丧失民事行为能力的，其他合伙人不得因此要求其退伙。第80条规定，作为有限合伙人的自然人死亡、被依法宣告死亡或者作为有限合伙人的法人及其他组织终止时，其继承人或者权利承受人可以依法取得该有限合伙人在有限合伙企业中的资格。

有限合伙人的有限责任在退伙以后的责任承担中也有所表现。对于普通合伙企业而言，普通合伙人退伙之后，对基于其退伙前的原因发生的合伙企业债务，应以个人财产承担无限责任。但对于有限合伙企业中的有限合伙人而言，根据《合伙企业法》第81条规定，有限合伙人退伙后，对基于其退伙前的原因发生的有限合伙企业债务，以其退伙时从有限合伙企业中取回的财产承担责任。

由于《合伙企业法》规定有限合伙企业中必须至少有一个普通合伙人，因而如果因为各种原因导致这一条件不具备，或者经过各种入伙、退伙的变化，原来的有限合伙人都退出了合伙企业，此时有限合伙企业本身也就不复存在了。对此，《合伙企业法》第75条规定：有限合伙企业仅剩有限合伙人的，应当解散；有限合伙企业仅剩普通合伙人的，转为普通合伙企业。

（二）有限合伙企业的外部关系

对于普通合伙企业而言，其合伙人向外部人转让合伙财产，需要经过其他合伙人的一致同意。但对于有限合伙企业中的有限合伙人，则没有类似的限制。《合伙企业法》第73条规定，有限合伙人可以按照合伙协议的约定向合伙人以外的人转让其在有限合伙企业中的财产份额，但应当提前30日通知其他合伙人。

与普通合伙企业一样，当合伙人与外部人之间发生与合伙企业本身无关的债权债务关系时，法律也作出了具体的规定。《合伙企业法》第74条规定：有限合伙人的自有财产不足清偿其与合伙企业无关的债务的，该合伙人可以以其从有限合伙企业中分取的收益用于清偿；债权人也可以依法请求人民法院强制执行该合伙人在有限合伙企业中的财产份额用于清偿。人民法院强制执行有限合伙人的财产份额时，应当通知全体合伙人。在同等条件下，其他合伙人有优先购买权。

虽然在有限合伙企业中，有限合伙人无权执行合伙企业的事务，但这一规定不应当对抗善意第三人。《合伙企业法》第76条第1款规定："第三人有理由相信有限合伙人为普通合伙人并与其交易的，该有限合伙人对该笔交易承担与普通合伙人同样的责任。"当然，有限合伙人未经授权以有限合伙企业的名义与他人进行交易，给有限合伙企业或者其他合伙人造成损失的，该有限合伙人应当承担赔偿责任。

三、有限合伙企业中普通合伙人与有限合伙人之间的转化

在实践中，普通合伙人与有限合伙人之间经常会由于各种原因或事实的出现而发生转化，可能牵涉法律责任的分配和承担。

对于普通合伙人与有限合伙人之间转化的方式，《合伙企业法》第82条规定，除合

伙协议另有约定外，普通合伙人转变为有限合伙人，或者有限合伙人转变为普通合伙人，应当经全体合伙人一致同意。

对于普通合伙人与有限合伙人之间发生转化后的责任分配，《合伙企业法》第83条规定，有限合伙人转变为普通合伙人的，对其作为有限合伙人期间有限合伙企业发生的债务承担无限连带责任。第84条规定，普通合伙人转变为有限合伙人的，对其作为普通合伙人期间合伙企业发生的债务承担无限连带责任。

第七节　合伙企业的解散和清算

根据《合伙企业法》第85条的规定，合伙企业在下列七种情况下应当解散：(1) 合伙期限届满，合伙人决定不再经营；(2) 合伙协议约定的解散事由出现；(3) 全体合伙人决定解散；(4) 合伙人已不具备法定人数满30日；(5) 合伙协议约定的合伙目的已经实现或者无法实现；(6) 依法被吊销营业执照、责令关闭或者被撤销；(7) 法律、行政法规规定的其他原因。

合伙企业解散后，应当进行清算。根据《合伙企业法》第86条的规定，合伙企业的清算人由全体合伙人担任；经全体合伙人过半数同意，可以自合伙企业解散事由出现后15日内指定一个或者数个合伙人，或者委托第三人，担任清算人。自合伙企业解散事由出现之日起15日内仍未确定清算人的，合伙人或者其他利害关系人可以申请人民法院指定清算人。

根据《合伙企业法》第87条的规定，清算人在清算期间执行下列事务：(1) 清理合伙企业财产，分别编制资产负债表和财产清单；(2) 处理与清算有关的合伙企业未了结事务；(3) 清缴所欠税款；(4) 清理债权、债务；(5) 处理合伙企业清偿债务后的剩余财产；(6) 代表合伙企业参加诉讼或者仲裁活动。

根据《合伙企业法》第88条的规定，清算人应当自被确定之日起10日内将合伙企业解散事项通知债权人，并于60日内在报纸上公告。债权人应当自接到通知书之日起30日内，未接到通知书的自公告之日起45日内，向清算人申报债权。债权人申报债权，应当说明债权的有关事项，并提供证明材料。清算人应当对债权进行登记。在清算期间，合伙企业存续，但不得开展与清算无关的经营活动。根据该法第90条的规定，清算结束后，清算人应当编制清算报告，经全体合伙人签名、盖章后，在15日内向企业登记机关报送清算报告，申请办理合伙企业注销登记。

根据《合伙企业法》第89条的规定，合伙企业财产在支付清算费用和职工工资、社会保险费用、法定补偿金以及缴纳所欠税款、清偿债务后的剩余财产，依照《合伙企业法》第33条第1款的规定进行分配，即"合伙企业的利润分配、亏损分担，按照合伙协议的约定办理；合伙协议未约定或者约定不明确的，由合伙人协商决定；协商不成的，由合伙人按照实缴出资比例分配、分担；无法确定出资比例的，由合伙人平均分配、分担"。

对于普通合伙企业以及有限合伙企业中的普通合伙人来说，合伙人承担的都是无限连带责任。因此《合伙企业法》第91条规定：合伙企业注销后，原普通合伙人对合伙企业存续期间的债务仍应承担无限连带责任。第 92 条规定：合伙企业不能清偿到期债务的，债权人可以依法向人民法院提出破产清算申请，也可以要求普通合伙人清偿。合伙企业依法被宣告破产的，普通合伙人对合伙企业债务仍应承担无限连带责任。从这种意义上讲，破产制度对合伙企业没有什么意义。

问题与思考

1. 简述合伙企业的概念和种类。
2. 合伙企业有哪些特征？
3. 如何设立普通合伙企业？
4. 法律上关于普通合伙企业的出资和财产有哪些主要规定？
5. 普通合伙企业的事务应如何执行？
6. 普通合伙企业怎样决议事务？
7. 普通合伙企业的损益应如何承担？
8. 法律关于普通合伙企业的入伙和退伙有哪些主要规定？
9. 法律关于特殊的普通合伙企业有哪些主要规定？
10. 法律关于有限合伙企业有哪些特殊的规定？

第十三章

个人独资企业法

本章摘要

个人独资企业在法律上不具有独立或相对独立的人格，其唯一的出资者为自然人，二者属同一主体。同时，在现代社会，自然人的法律主体资格或地位是与生俱来的，除了个别法律有禁止性规定，其经商的权利能力也是普遍的。所以，个人独资企业并无企业关系可供法律调整，也不必为其经营而专门拟制任何法律人格。因而《个人独资企业法》成为中国特色。个人独资企业所涉法律问题，主要是税收、营业转让、夫妻财产、个人破产等。由于其通常为小微型企业，所以属于中、小企业法暨产业政策应予鼓励、扶持的范畴。本章结合《个人独资企业法》的规定，就个人独资企业相关问题作必要的阐述。

关键术语

个人独资企业　个体工商户　《个人独资企业法》　小微型企业　家庭经营　个人所得税　复式账　简易账　收支凭证粘贴簿　商品进销存登记簿　自然人破产制度　遗产税　外商独资企业　营业转让

第一节　个人独资企业及其名称

一、个人独资企业与个体工商户

依国际惯例，对个体商号或 sole proprietorship 不作进一步的区分。作为个人业主或个人业主制企业，其特征是自然人与其个人或家庭所有的生产资料相结合，从事生产经营，也可以有雇佣劳动，表现形式从家庭工厂、农牧场到餐馆、烟摊、报亭等。随着《个人独资企业法》的施行和个人业主制企业及其意义日益为社会所接受，在实践中继续维持个人独资企业与个体工商户的区别，人为地制造个体经营者之间的身份差别，有违市场经济的平等精神，不利于鼓励和方便自然人投资经营的发展。而且，从法律上说，以任何标准都无法将所谓个体工商户与个人独资企业区分开来。

依照《民法典》第 54 条，自然人从事工商业经营，经依法登记，为个体工商户；国务院2022年公布施行的《促进个体工商户发展条例》将其表述为有经营能力的公民在中华人民共和国境内从事工商业经营，并依法登记为个体工商户。而个人独资企业也是由个人投资，投资人与企业的人格不分，所以，二者在本质上是一样的。《促进个体工商户发展条例》第6条规定，个体工商户可以个人经营，也可以家庭经营。在责任承担上，依《民法典》第56条的规定，个体工商户由个人经营的，以个人财产承担个体工商户债务；由家庭经营的，以家庭财产承担。显然，个人独资企业作为个体经济，不排除可以由家庭经营，家庭是个人存在的基本组织和财产条件，个体经营往往就是家庭如夫妻、父子、兄弟等的合力经营。因此，《个人独资企业法》第18条规定，个人独资企业以家庭共有财产出资的，应以家庭共有财产对企业债务承担无限责任；《个人独资企业登记管理办法》（已失效）第10条还要求投资人在申请设立个人独资企业时，应在申请书中明确是以个人财产出资还是以家庭共有财产作为个人出资。该规定与《民法典》第56条的规定是相通的。

那么，能否以规模为标准作区分——规模小的为个体工商户，大的则为个人独资企业呢？实践已对此作了否定的回答。对企业的规模可依人数、资产、产值、销售额等标准衡量，而在企业设立时可作控制的无非就是人数和资金两个条件。原先我国依是否“雇工8人以上”区分个体工商户和私营企业（包括个人独资企业、合伙企业和有限责任公司），旨在判断是否有雇佣劳动和剥削，已不合时宜。而从法的可操作性来说，自然人设立的企业包括合伙企业和有限公司未必需要雇用8人以上，个体工商户因经营需要和雇佣关系的变化，雇工人数也处于变动之中，不可能因其雇工在8人左右波动而令其法律地位在个体工商户和企业之间来回变动。有鉴于此，先后颁布的《公司法》《合伙企业法》《个人独资企业法》已经取消了这一不甚科学的“8人”标准。

至于“资金”标准，由于个人独资企业的老板对企业债务承担的是无限责任，与个体工商户一样，因而对其“资金”登记注册是没有意义的。这和英美法系的公司股东不以注册资本（而以发行资本）为限对公司债务承担有限责任，出1元钱就可注册公司的道理是一样的。而且，企业的构成不同，资金少的手工作坊可能有数十名乃至数百名员工，投资数百万元以至数千万元的工厂或养殖场则可能只需三五名员工，个体工商户也是如此。因此，个人独资企业的“资金”数额可大可小，既不能反映出资者的责任，也不能说明企业规模大小。《个人独资企业法》顺应这种情况，业已在第8条规定，企业设立时只需由投资者自行申报出资即可。这样它与个体工商户的资金数额登记实际上没有任何区别。可见，以资金为标准也不能区分个体工商户和个人独资企业。

原先个体工商户和个人独资企业在法律上的一个实质性区别就是在税收上，对个体工商户征收个人所得税，对个人独资企业既征收企业所得税，又对其出资者征收个人所得税。当然这是不合理的，在世界上也是独一无二的。《个人独资企业法》颁布后，要求废除这种不与国际接轨、不合时宜的做法的呼声高涨，国务院遂发布《关于个人独资企业和合伙企业征收所得税问题的通知》，决定自2000年1月1日起，对个人独资企业和合伙企业停止征收企业所得税，对其投资者的生产经营所得，比照个体工商户的生产、经营所得征收个人所得税。在实践中，一些地方给予个体工商户减免税费优惠，个人独资企业却不得享受相应的优惠，人为地妨碍个人投资经营。这种做法理应得到纠正。[①] 这些表明，对个体经济平等对待、一视同仁，取消对个体工商户与个人独资企业的人为区分，是市场经济发展的内在要求。

在2001年修订之前，《税收征收管理法》第12条规定，从事生产、经营的纳税人必须依照规定设置账簿，但个体工商户确实不能设置账簿的，经税务机关核准可以不设置账簿。这被认为是个体工商户与个人独资企业的区别之一。对此可以从两个方面看。

从"个体工商户"的角度看，为规范其经营和核算，促进其健康发展，国家必然要加强对其账务和核算的管理。国家税务总局曾颁布《个体工商户建账管理暂行办法》和《个体工商户税收定期定额征收管理办法》（两办法均于2018年修正），并与财政部共同制定了《个体工商户会计制度（试行）》。这两个办法规定，除生产经营规模小、确无建账能力，经主管税务机关审核，报县级以上税务机关批准可以不设置账簿或暂缓建账外，从事生产经营并有固定经营场所的个体工商户都应建立账簿和凭证，实行规范的会计制度、统一简易的会计核算；对不设账簿或暂缓建账的个体工商户则实行定期定额管理，由税务机关依规范的程序和条件进行定额核定工作。就制度和管理而言，对个体工商户的财务会计要求不应低于个人独资企业，当然更不能放任自流。正是基于这种考虑，《个体工商户建账管理暂行办法》第2条第1款规定："凡从事生产、经营并有固定生产、经营场所的个体工商户，都应当按照法律、行政法规和本办法的规定设置、使用和保管账簿及凭证，并根据合法、有效凭证记账核算。"第6条规定："达不到上述建账标准的个体工商户，经县以上税务机关批准，可按照税收征管法的规定，建立收支凭证粘贴簿、进货销货登记簿或者使用税控装置。"

而从个人独资企业的角度看，它也属于个体经济的范畴，多为自然人身体力行的小规模经营，受到单个自然人的健康、生命和管理能力等的限制，能形成中、大规模经营的终究只占极小的比例，对其财务会计的要求也不应"一刀切"。《个人独资企业法》第21条规定，个人独资企业应当依法设置会计账簿，进行会计核算。没有例外。这是不妥当的。在修订之前，《个体工商户建账管理暂行办法》将请帮工5人（含5人）以上、从事应税劳务月营业额在1.5万元以上或者月销售收入在3万元以上，作为个体工商户设置复式账，适用《个体工商户会计制度（试行）》的基本条件；将请帮工在2人以上5人以下、从事应税劳务月营业额在5 000元至1.5万元或者月销售收入在1万元至3万元，作为设置简易账的基本条件，低于此条件的则可不建账簿而仅设收支凭证粘贴簿、商品进销存登记簿等。随着经济的发展，对上述条件进行了一定的调整。2018年修正之后的《个体工商户建账管理暂行办法》第3条规定，符合下列情形之一的个体工商户，应当设置复式账：（1）注册资金在20万元以上的。（2）销售增值税应税劳务的纳税人或营业税纳税人月销售（营业）额在4万元以上的，从事货物生产的增值税纳税人月销售额在6万元以上的，从事货物批发或零售的增值税纳税人月销售额在8万元以上的。（3）省税务机关确定应设置复式账的其他情形。第4条规定，符合下列情形之一的个体工商户，

---

① 参见《地区发展不够平衡　投资积极性待提高　全国个人独资企业已近2万户》，http：//www.saic.gov.cn/，访问日期：2000-08-03。

应当设置简易账，并积极创造条件设置复式账：（1）注册资金在10万元以上20万元以下的。（2）销售增值税应税劳务的纳税人或营业税纳税人月销售（营业）额在1.5万元至4万元的，从事货物生产的增值税纳税人月销售额在3万元至6万元的，从事货物批发或零售的增值税纳税人月销售额在4万元至8万元的。（3）省税务机关确定应当设置简易账的其他情形。尽管具体规定作了调整，但基本的立法精神是一致的。显然，从个人独资企业的性质、《个人独资企业法》的规定和实践情形看，低于《个体工商户建账管理暂行办法》规定的设置复式账乃至简易账标准的个人独资企业不在少数，为维持个体经济活力、促进经济发展，又限于政府管理、操作的能力，完全不必硬性要求所有的个人独资企业都设置会计账簿。个中道理，与在这方面对个体工商户区别对待是一样的。所以，有学者主张，为减轻小规模个人独资企业的负担，有必要借鉴许多发达国家的做法，对其免于商业簿记义务。①

2001年修订之后的《税收征收管理法》（2015年第3次修正）第19条规定：纳税人、扣缴义务人按照有关法律、行政法规和国务院财政、税务主管部门的规定设置账簿，根据合法、有效凭证记账，进行核算。其删除了《税收征收管理法》原第12条关于个体工商户确实不能设置账簿的，经税务机关核准，可以不设置账簿的规定。这也从一个侧面说明，以《税收征收管理法》区分所谓个体工商户和个人独资企业，也是行不通的。

2011年，工业和信息化部、国家统计局、国家发展和改革委员会、财政部发布《中小企业划型标准规定》，首次提出了微型和小微型企业的概念，并规定个体工商户参照执行该划型标准，进一步从实体上将个体工商户融入企业范畴。

综上所述，除非相对稳定、持续经营的流动摊贩、业余制作贩卖外，对个体经济不必人为地区分所谓个体工商户和个人独资企业，除形式上适用法律不同——个体工商户适用《促进个体工商户发展条例》、个人独资企业适用《个人独资企业法》之外，无论是从理论、法律要素还是从企业运作和政府对其的管理等方面看，都是无法作此区分的。

二、个人独资企业的名称

《个人独资企业法》第11条规定，个人独资企业的名称应当与其责任形式及从事的营业相符合。《个人独资企业登记管理办法》（已失效）第6条对此解释道，其名称应当符合名称登记管理有关规定，不得使用“有限”、“有限责任”或者“公司”字样。不允许将个人独资企业称作“公司”，是出于公司都是法人，法人只应以其自身财产承担有限责任的考虑。

然而，为了在维护所有者权益、交易安全和方便民事流转之间求得平衡，法人可承担无限责任势在必行，这与在任何国家都不是法人的个人独资企业关系不大，姑且不论。问题在于，在市场经济条件下，公司已泛化为企业甚至组织的同义语，并成为企业的通用名称，如“.com”，如果不允许个人独资企业的名称中有“公司”字样的话，对于稍微像样一点的个人独资企业，譬如辖有若干厂、店或者做贸易的企业，简直就无法起名

① 参见李伯侨：《〈独资企业法〉探微》，载《中国法学》，2000（3）。

了。“行”“局”作为企业名称已经过时，“厂”“店”则仅具有场所意义而不具备企业意义，以“企业”作为企业的名称又不通行，这样从名称上就对个人独资企业的发展构成了障碍。从维护交易安全和正常经济秩序的角度看，关键是要对其性质进行公示，要求其表明“个人独资”或“个体”字样，如“××（个人独资）食品公司”或“××（个体）贸易公司”等，以及将其在企业登记管理机关登记的事项向社会公开，供任何有需要、有兴趣的人士查阅，以昭示其信用和责任，而不在于它是不是叫“公司”。如果能做到这样，则允许个人独资企业称为公司实有利无弊。不然如果公示制度不健全，企业登记管理的服务意识不强，即使是公司法人，也是弊端重重。在《个人独资企业法》起草过程中，笔者多次阐述这一观点，结果立法机关采取折中做法，出台了含混和模棱两可的第 11 条——“个人独资企业的名称应当与其责任形式及从事的营业相符合”。当然，强调个人独资企业的名称应当符合名称登记管理的一般规定，不得包含“有限”或“有限责任”的字样等，则是有必要的。

第二节　个人独资企业的设立、能力和责任

一、个人独资企业的设立

《个人独资企业法》第 8 条规定，设立个人独资企业应当具备的条件是：投资人为一个自然人；有合法的企业名称；有投资人申报的出资；有固定的生产经营场所和必要的生产经营条件；有必要的从业人员。其中具有实质性的是名称和固定的生产经营场所。因为个人独资企业与其投资人的人格和财产不分，出资对于企业经营及其对外承担责任没有意义，关键是要完善个人财产监控制度，如建立储蓄实名制、加强现金管理及限制现金交易、完善不动产（包括重要生产经营设备和交通工具等）登记和公示制度等，以防当事人为逃避债务而转移财产。这些是个人独资企业健康发展的充分必要条件。个人财产监控制度健全了，自然人破产、遗产税等制度也才会水到渠成，具备建立和适用的切实条件。

申请设立个人独资企业，应由投资人或者其委托的代理人向个人独资企业所在地的登记机关提交设立申请书、投资人身份证明、生产经营场所使用证明等文件。但法律、行政法规禁止从事营利性活动的人不得申请设立个人独资企业。从事法律、行政法规规定须报经有关部门审批的业务的，应当提交有关部门的批准文件。申请书中应载明的事项有：企业的名称和住所；投资人的姓名和居所；投资人的出资额和出资方式；经营范围及方式；明确投资人是以个人财产出资还是以家庭共有财产作为出资。经登记机关审核登记，即发给营业执照。个人独资企业也可以在异地设立分支机构，分支机构经审核登记后，设立该分支机构的个人独资企业应将分支机构登记情况报本企业登记机关备案。

必须注意的是，依照《个人独资企业法》第 47 条的规定，外商独资企业不适用该法，也即该法只适用于境内的中华人民共和国公民，而不适用于外国公民和我国港、澳、台居民。这一方面是考虑吸引外资的需要；另一方面允许外国人和境外人士设立个人业主制企业或从事个体经营、做“小生意”，吸收投资不多，却可能会对国内就业市场、工

商管理、税收、户籍和治安管理等造成困难，所以要对其加以限制。不过，随着市场经济的发展和政治上的考虑，一些地方主要是华南、东南沿海省、市率先允许港、澳、台居民在当地从事个体经营，以促进大陆（内地）与港、澳、台地区的交融和发展。这一做法已逐渐推广到全国，2022 年《促进个体工商户发展条例》第 37 条规定："香港特别行政区、澳门特别行政区永久性居民中的中国公民，台湾地区居民可以按照国家有关规定，申请登记为个体工商户。"

二、个人独资企业的能力和责任

个人独资企业的能力就是自然人经依法核定的经营能力。在当代多数国家包括我国，公民具有平等的民事权利能力，其中也包括从事商事活动或经营的能力，除遵守法律的特别规定，如未成年人不具有完全行为能力、不到婚龄不得结婚、在职公务人员不得经商等之外，任何自然人都可以像选择做工、务农、从教、行医、为官等一样，自由地选择经商办企业，成为商人。当他（她）选择采用个人独资企业这种形式经商时，企业的能力就是投资者个人权利能力中的经营能力的具体化，也即由企业登记管理机关认可的自然人的经营资格和个人独资企业的经营范围。也因为企业与其投资者的人格不分，所以个人独资企业的能力是由老板的行为实现的；当然如同自然人权利能力的实现一样，老板也可以通过聘用经理、委托代理人，在继承的情况下通过监护人或法定代理人的行为实现企业的目的。

由于个人独资企业的能力只是其投资者能力的一部分，所以，企业本身并无责任能力，而由老板对企业的行为和债务，包括经理和代理人的行为承担无限责任。《个人独资企业法》第 19 条第 4 款特别强调，投资人对受托人或者被聘用的人员职权的限制，不得对抗善意的第三人。在个人破产制度尚未建立的情况下，无限责任意味着投资者以其全部个人财产或家庭财产对企业的行为暨债务承担责任，"人不死，债不烂"。

案例

个人独资企业偷税，银行冻结投资人存款

2005 年，某市国税局在对该市某个人独资家具企业进行税务检查时，发现该企业存在逃避纳税义务的行为，遂责令其限期缴纳应纳税款。由于该企业不能提供适当的纳税担保，经局长批准，国税局书面通知银行冻结了企业银行账户，但账户内无资金，于是税务机关又冻结了该企业投资人个人的储蓄存款。投资人认为这一做法侵害了公民的合法权益，因而该公司及投资人共同向法院提起了行政诉讼。

法院经审理认为，该企业的一系列行为确实存在逃避纳税义务的可能，鉴于独资企业账户上无资金可供冻结，企业与投资人的人格和财产不分，投资人依法应当对企业债务承担无限责任，于是判决投资人败诉。

第三节　个人独资企业的营业转让

《个人独资企业法》第17条规定，个人独资企业投资人对本企业财产的有关权利可以依法转让或继承。个人独资企业不具有法律人格，它本身就是老板个人或家庭财产权的客体，所以，在不涉及企业或营业整体转让、继承的情况下，有关企业财产权利的转让，则与企业投资者个人所有的其他财产的转让一样，并无任何特殊性。

在企业或营业整体转让的情况下，则事关债权人和交易相对人利益的保护。从所有权转移的角度看，涉及业主是否转移财产逃避债务，包括无偿转让财产或以明显不合理的低价转让企业及其财产等，因此损害债权人利益的，债权人可依《民法典》第538、539条等的规定行使债权人撤销权等。而个人独资企业或营业的整体转让，涉及债权、债务概括转让的问题，应当依《民法典》第545条～第556条的规定通知债务人并经债权人同意，而且需办理投资人姓名和居所变更登记；合法转让之后，该企业经营的一切债务和责任包括纳税义务，即由受让人承担。然而，企业经营具有相当的风险，其价值受市场左右，其转让较之一般商品交易对社会交易安全的影响更大，仅以民法调整还是不够的。比如香港特别行政区有《营业转让（保障债权人）条例》[Transfer of Business (Protection of Creditors) Ordinance]，该条例适用于各种企业的全部业务或某项业务的概括转让，其中的一些特殊规定如营业受让人责任限制（受让人承担的债务不得超过营业转让之日该营业的价值）、营业转让应依法公告等①，就值得内地借鉴，可仿此制定一部适用于包括个人独资企业在内的各种企业或营业概括转让的“营业转让法”。个人独资企业的营业转让还涉及竞业限制问题，原业主往往具有客户资源、地利和营业诀窍等优势，受让人可以通过合同对出让人在一定范围内“重操旧业”加以限制，只要不超出合理的限度，法律上应当支持该等竞业要求。

与公司股权、合伙人出资份额的继承不同，个人独资企业作为遗产，只能是营业的概括继承。依照《民法典》第1161条的规定，继承人继承个人独资企业的，应当依法缴纳有关企业的税款并承担企业债务，但缴纳税款和清偿债务应以所继承的个人独资企业的实际价值为限；继承人不愿意从商或企业资不抵债的，继承人也可以放弃继承。

问题与思考

1. 个人独资企业与个体工商户的关系如何？
2. 法律对于个人独资企业的名称应有哪些基本要求？
3. 法律关于个人独资企业设立有哪些主要规定？
4. 简述个人独资企业的能力和责任。
5. 个人独资企业的营业转让中存在哪些主要法律问题？

---

① 参见李曙峰：《商业组织法》，144～147页，香港，三联书店（香港）有限公司，1993。

第十四章

企业财务、会计

本章摘要

企业财务、会计通过价值形式，对企业的经营活动和资产运行情况进行记录、核算、分析、管理，以求获得最佳效益，实现企业的经营目的。企业的财务管理和会计起初属于私人自治的范畴，随着社会经济的发展，合资经营逐渐在企业中占主导地位，筹资和经营日益社会化，尤其是政府对企业行为的宏观调控和微观管理不断强化和普遍化，使企业财务、会计突破了为单个企业及其出资者服务的界限，而涉及企业外部的出资者或股东、债权人、政府乃至公众的利益。在此条件下，为了维护各方当事人的利益和社会经济秩序，发达国家都将企业财务、会计上升为法律规范或制度。我国在市场经济和法治的发展过程中，也逐渐确立了与国际接轨的企业财务、会计法律制度。企业财务、会计的制度化和法治化，有利于保护股东或出资者、债权人的利益，有利于促进社会投资和资源的合理流动、配置，有利于国家取得财政收入，有利于国家实行宏观调控及对企业实行监督管理。企业应当依照有关法律、行政法规和国务院财政主管部门的规定，建立本企业的财务会计制度，依法向出资者或股东、债权人、开户银行、当地财税机关、有关主管部门和其他报表使用者提供财务会计报告。财务会计报告应当根据登记完整、核对无误的账簿记录和其他有关资料编制，做到数字真实、计算准确、内容完整、说明恰当。

关键术语

财务　会计　企业财务　企业会计　企业财务、会计　企业财务、会计制度　基本会计准则　具体会计准则　财务会计报告　资产负债表　损益表　现金流量表　资金表　资金来源和运用表　利润分配表　会计报表附注　财务情况说明书　公积金　准备金　盈余公积金　资本公积金　法定公积金　任意公积金　法定盈余公积金　任意盈余公积金　公益金　法定公益金　职工福利基金　利润　股利　股息　红利　同股同利　现金股利　财产股利　负债股利　股票　股利　库存股　除息股票

第一节 企业财务、会计制度概述

一、企业财务、会计制度的含义

企业财务是企业通过货币资金的筹集、支配、使用而与各有关方面发生的经济关系，包括企业与出资者或股东之间的投资和分配关系，企业与银行和其他组织、个人之间的货币债权债务关系，企业在经营活动中发生的结算关系，等等。财务是服务于企业经营并保证经营顺利进行的重要手段，企业财务制度则是运用财务手段处理财务关系的经济暨法律制度。

企业会计，是指对企业的业务经营进行核算和分析，作出预测，参与决策，实行监督，具有反映和控制职能的企业经济管理活动。企业会计运用多种专门方法，收集、分类、记录、综合及计量企业业务情况，加工、传输会计信息。企业会计制度是企业办理会计事务时应当遵循的经济暨法律规范。

企业财务、会计制度是企业财务制度和会计制度的总称。企业的财务、会计制度实际上是紧密结合在一起的，因为企业的每一次经营活动，都是与企业资产的运行相联系的。企业财务、会计通过价值形式，对企业的经营活动和资产运行情况进行筹划、记录、核算、分析、管理，以求获得最佳效益，实现企业的经营目的。

二、企业财务、会计制度的意义

企业的财务管理和会计起初属于私人自治的范畴。随着社会经济的发展，合资经营逐渐在企业中占主导地位，筹资和经营日益社会化，尤其是政府对企业行为的宏观调控和微观管理的普遍化和不断强化，使企业财务、会计突破了为单个企业及其出资者或股东服务的界限，而涉及企业外部的出资者或股东、债权人、政府乃至公众的利益。因此，企业财务、会计既要满足企业自身经营管理的需要，又要满足企业外部有关各方了解企业财务和经营状况的需要，还要符合国家对经济的宏观调控和对企业进行微观管理的要求。

企业财务、会计的意义超出了本企业范围之后，就不能再允许其处于个别私人意思之下各行其是，而需要有统一的、规范的、可比的、有外界监督的财务管理和会计处理方法以及财务会计程序等，以确保企业向出资者或股东、债权人、政府和社会有关方面提供一致且真实可靠的财务会计信息。即使是个人独资企业，也不能放任其记账和转移财产等行为，而损害国家的税收利益和债权人的利益等。《个人独资企业法》第 21 条即要求个人独资企业依法设置会计账簿，进行会计核算。

在此条件下，为了维护股东、债权人的利益和社会经济秩序，发达国家都将企业财务、会计上升为法律规范或制度。我国在市场经济和法治的发展过程中，也逐渐确立了与国际接轨的企业财务、会计法律制度。在我国，由政府自上而下主导转轨时期的改革开放，从无到有，逐渐确立各项市场经济制度，企业财务、会计制度更是一种政府主导型的经济暨法律制度。

企业财务、会计的发展不但是层级组织发展之必需，同时也表明了企业的不断社会化及其与税法和其他经济法乃至国家经济政策的接轨。这个过程既表明了企业微观主体不断社会化，也反映了法律对经济的调整不断细化和微观化。

企业财务、会计的制度化和法治化，使企业财务会计获得法律所固有的普遍性、规范性和强制性特征。其意义体现在如下方面。

1. 有利于保护股东或出资者的利益

现代企业以所有者支配为第一要素，追求股东财富或企业价值的最大化应是普通企业的经营暨财务目标①，即使是特殊企业或政策性企业，也只有在保护股东利益的基础上，方可实现国家暨股东为其设定的特殊目标。股东或出资者参与企业的决策和日常生产经营，建立在真实、全面地把握企业的财产和经营状况的基础之上；对于所有和经营“两权分离”的企业来说，股东或出资者除参与企业重大事项的决策外，并不参与企业的日常生产经营活动，而且不是所有股东都参与决策活动。在此条件下，股东实现和维护自己的权益，必须依赖企业的财务、会计建立在良好、健全的企业财务会计制度之上。

2. 有利于保护债权人的利益

企业成立后，其资产成为企业对债权人的首要担保，企业的资产状况如何，经营暨信用情况如何，直接关系债权人的债权是否能得到清偿。尤其是对于法人企业，其股东出资后，即不再承担更多的财产责任，财务会计的法律制度化，可以使企业正确核算经营成果，合理分配利润，保证企业资产的真实、完整，从而使债权人的利益得到保护。

3. 有利于促进社会投资和资源的合理流动、配置

良好、健全的企业财务会计制度，使有关各方能够方便、及时、准确地了解企业的经营状况和盈利能力，有利于经营状况较好的企业吸引新的出资者或股东加盟，吸收社会的证券投资和其他融资，促进企业通过并购或被并购实行重组，使资源得以合理流动和配置。

4. 有利于国家取得财政收入

国家依法取得财政收入，正确适用财税法，建立在准确了解企业资产和经营状况的基础之上。而政府作为政权和行政主体不得干预和介入企业的活动，对国有企业、公司也应由具体出资者或股东在企业、公司法的架构内参与企业的决策和经营管理，政府对企业资产和经营状况的了解，只能依赖于通过规范的财务会计制度所提供的准确信息。

---

① 关于普通企业的经营暨财务目标，有利润最大化、每股盈余最大化、股东财富或企业价值最大化三种观点。前两种观点的主要问题在于，其难以包括对利润或盈余取得的最佳时间和风险的考量；而出资者或股东创办企业是为了其财产的增值，企业的价值在于它能给出资者或股东带来收益，包括获取利润和出售企业或股份的价格，企业价值最大化也就是股东财富的最大化（参见财政部注册会计师考试委员会办公室编：《财务成本管理》，大连，东北财经大学出版社，1999）。本书同意第三种观点。

5. 有利于国家实施宏观调控及对企业实行监督管理

企业根据统一的财务会计制度筹集分配资金，记录经济活动，有利于政府掌握情况，制定政策，对经济实施宏观调控及对企业实行监督管理。

三、企业财务、会计的法律适用

企业财务、会计首先要适用有关企业和公司法的规定，如公司必须适用《公司法》关于注册资本、股本缴付、股票发行和交易、债券发行和转让、利润分配等的规定。其具体操作和内容尚需适用有关财政和会计法规，如国务院发布的《企业财务会计报告条例》，财政部发布的《企业财务通则》《企业会计准则》和有关具体会计准则。此外，企业财务会计还应遵守税法等其他法律、法规的规定，如所得税、增值税、消费税等法规中有关会计处理的规定。

四、我国企业财务、会计法的现状和展望

我国以公有制为基础，由计划经济延续而来，企业财务、会计活动一直由各级财政部门直接管理控制，缺乏法律规范性和公示、透明性，难以适应市场经济的要求。为了适应社会主义市场经济发展的需要，规范企业财务会计行为，以利于企业公平竞争和维护社会交易安全，我国于 1985 年制定了《会计法》（1993 年、1999 年、2017 年修改），于 1993 年颁行了《注册会计师法》（2014 年修正）；并依国际惯例，由财政部于 1992 年研究制定了《企业财务通则》和《企业会计准则》，以及“关联方关系及其交易的披露”“现金流量表”“资产负债表日后事项”“收入”“债务重组”“建造合同”“投资”“会计政策、会计估计变更和会计差错更正”等具体会计准则。

在此基础上，改变原先按所有制形式分不同部门设置财务会计制度的做法，结合行业生产经营的特点和管理要求，将国民经济划分为若干部门分别制定财务会计制度。这是我国为适应市场经济的要求而对财务会计制度所作的重大改革。这些具体制度有：财政部 1992 年后颁布的农业企业、旅游和饮食服务企业、商品流通企业、工业企业、邮电通信企业、电影和新闻出版企业、对外经济合作企业、运输企业、施工和房地产开发企业（与中国人民建设银行联合发布）、金融保险企业等财务制度；财政部自 1992 年先后颁布的农业企业、旅游和饮食服务企业、商品流通企业、工业企业、房地产开发企业、施工企业、对外经济合作企业、交通运输企业、邮电通信企业、金融企业、民航企业、铁路运输企业、保险企业（与中国人民银行联合发布）、股份有限公司等多种分部门的企业会计制度。

然而，这样规定过分强调了企业所处行业及其组织形式的特点，个别企业内部财务会计的作用被不恰当地抬高，助长了企业的内部人控制，不利于推行对各类企业适用像英美法系那样行之有效的外部注册会计师审计监督制度，妨碍企业的进一步转轨和转换机制。因此，主管部门广泛征求各界意见，对企业财务会计制度再作重大改革。改革的要点是：打破行业和企业组织形式的界限，建立统一的企业会计核算制度，适用于大、

中型企业；兼顾小规模企业不对外直接筹资的特点，制定小规模企业会计核算制度；考虑到金融性企业经营的特殊性，应制定金融性企业会计核算制度。为此，国务院颁布了《企业财务会计报告条例》(2000年)，并由财政部制定了统一的《企业会计制度》(2000年)、《金融企业会计制度》(2001年)、《小企业会计制度》(2004年)。《金融企业会计制度》于2011年被废止，金融企业也适用《企业会计制度》，我国企业会计制度的统一性进一步增强；《小企业会计制度》则于2011年为《小企业会计准则》所取代。财政部还与国际著名的德勤会计师事务所签订合同，请它为中国制定新的会计准则提供专业咨询服务，这项工作于2006年完成，由此我国对具体会计准则作了全面更新。加上财政部之后补充发布的《合营安排》《在其他主体中权益的披露》，至2024年，我国企业会计准则共有42个。

可以说，中国企业财务会计制度的进步，就是一个不断打消企业内部财务会计的法律效力，使之得以从外部判断、衡量、问责的过程。

五、对企业财务、会计的基本要求

(1) 企业应当依照有关法律、行政法规和国务院财政主管部门的规定，建立本企业的财务、会计制度。这是对企业财务会计法律规范化的基本要求。例如，《公司法》第207条规定："公司应当依照法律、行政法规和国务院财政部门的规定建立本公司的财务、会计制度。"《全民所有制企业法》第37条规定："企业必须遵守国家关于财务、劳动工资和物价管理等方面的规定，接受财政、审计、劳动工资和物价等机关的监督。"《合伙企业法》第36条规定："合伙企业应当依照法律、行政法规的规定建立企业财务、会计制度。"《商业银行法》中有专章规定财务会计等。个人独资企业也应依法设置账簿，实行会计核算。

(2) 企业必须按照统一的、符合法律规定的方式记账，不得故意或者过失地改变记账规则，例如，不得改变资产、负债、所有者权益的确认标准和计量方法，虚列、多列、不列或者少列资产、负债、所有者权益等。建立制度是对企业的静态要求，按规定记账则是动态的、会计打假的基本要求。在法律上，更多地要求企业通过财务会计反映其真实的经营情况。这和经济制度上更多地强调企业通过财务会计对其资金和资产进行动态管理有所不同。

(3) 财务会计报告应当根据登记完整、核对无误的账簿记录和其他有关资料编制，做到数字真实、计算准确、内容完整、说明恰当。

(4) 企业法人应当定期向出资者或股东、债权人和其他报表使用者提供财务会计报告，并按规定报送当地财税机关、开户银行和有关主管部门。年度财务会计报告须经注册会计师或其他法定机构审查验证，包括资产负债表、损益表、现金流量表、利润分配表、相关附表、会计报表附注和财务情况说明书。我国对国有企业的年度会计报表自1998年起不再实行财政审批制度（少数特殊行业除外），改为在年度结束后的规定时间内委托中国注册会计师审计，这是国有企业制度的一项重大改革。

(5) 企业除法定的会计账册外，不得另立会计账册；对企业法人资产，不得以任何个人名义开立账户存储。《公司法》第 217 条对此作了明文禁止。

会计账册是记载和反映公司财产状况和营业状况的各种账簿、文书的总称，是股东、债权人和社会公众了解公司财产和经营状况的主要途径，在国家税收管理和诉讼程序中还是决定税额的主要依据和重要证据。在法定会计账册之外另立会计账册，就是将一项经济业务的核算在不同的会计账册之间采取种种手段作出不同的反映，或者将一项经济业务不通过法定的会计账册予以反映，而是通过另设的会计账册进行核算。这种行为不仅损害公司的股东、债权人的利益，还会损害社会公众和国家的利益，是一种严重的违法行为。

以个人名义对企业资产开立账户存储，不仅逃避了有关机关对企业经济往来的监管，也给一些人侵吞企业财产提供了机会。

（6）我国企业的会计期间按年度划分，以日历年度即公历每年 1 月 1 日至 12 月 31 日为一个会计年度，会计年度与财政年度一致。

第二节 企业财务会计报告

一、企业财务会计报告的含义和编制

（一）企业财务会计报告的含义

企业财务会计报告，是指企业按照财务会计制度，处理财务关系，办理会计事务，对外提供的反映企业某一特定日期的财务状况和某一会计期间的经营成果、现金流量的文件。

企业财务会计报告依法必须向有关各方及国家有关部门提供，它是出资人或股东、债权人和社会公众了解企业的财产和经营状况，以及国家对其进行管理监督的重要手段。在涉及企业的诉讼中，往往也需要将财务会计报告作为证据。

（二）企业财务会计报告的编制和对外提供

企业必须遵守法律、法规关于财务会计报告编制的时间、程序和方式的规定。

企业应当于年度终了编报年度财务会计报告；国家统一的会计制度规定应当编报半年度、季度和月度财务会计报告的，企业也必须遵守。以《公司法》的规定为例：公司的年度财务会计报告由董事会或执行董事负责编制，有限责任公司应当按照公司章程规定的期限将财务会计报告送交各股东；股份有限公司应于股东会年会召开 20 日之前，将其置备于本公司，供股东查阅。公开发行股票的股份有限公司必须公告其财务会计报告。公司监事会或监事，依法有权对财务会计报告及其编制过程进行审查监督，其审核意见应一并提交股东会审议批准。

股东会年会对董事会编制的财务会计报告进行审议、修订和批准，经批准后须由注册会计师或其他法定机构审计验证，并依法报送财税机关、开户银行和政府主管部门。以募集设立方式成立的股份有限公司，必须公告其财务会计报告。商业银行无论采取何种组织形式，都必须在每个会计年度终了后的 3 个月内，按照国家金融监督管理机构的规定，公告其上一年度的经营业绩和审计报告。

企业在编制年度财务会计报告前，应当全面清查资产、核实债务；并依照法律、行政法规规定的结账日进行结账。年度结账日为公历年度每年的 12 月 31 日；半年度、季度、月度结账日分别为公历年度每半年、每季、每月的最后一天。

企业应当依照法律、法规和企业章程的规定，向企业的出资者或股东提供财务会计报告；财务会计报告须经注册会计师审计的，应当将注册会计师及其会计师事务所出具的审计报告一并提供。《企业财务会计报告条例》第 31 条规定：企业对外提供的财务会计报告应当装订成册，加盖公章，并由企业负责人和主管会计工作的负责人、会计机构负责人（会计主管人员）签名并盖章；设置总会计师的企业，还应由总会计师签名并盖章。该条例还要求国有企业、国有控股的或者占主导地位的公司，每年至少一次向本企业的职工代表大会公布财务会计报告，并重点说明与职工利益密切相关的信息、内部审计发现的问题及纠正情况、注册会计师审计的情况、国家审计机关发现的问题及纠正情况、重大的投融资和资产处置决策及其原因等。

企业及其负责人应就本企业财务会计报告的真实性、准确性和完整性承担法律责任；注册会计师和会计师事务所对企业财务会计报告进行审计的，应对其出具的审计报告承担法律责任。个别股东、董事、监事、承担审计验证的注册会计师或其他中介机构对企业财务会计报告的虚假不实、重大遗漏或违法有过错的，也应依法承担相应的责任。

二、企业财务会计报告的内容

企业财务会计报告分为年度、半年度、季度和月度财务会计报告。年度、半年度财务会计报告应当包括会计报表、会计报表附注和财务情况说明书，会计报表应当包括资产负债表、损益表、现金流量表及相关附表。季度、月度财务会计报告通常仅指会计报表，至少应当包括资产负债表和损益表。

根据财务会计制度和《公司法》等的规定，企业财务会计报告主要包括以下内容。

（一）资产负债表

资产负债表是企业最重要的会计报表，是反映企业某一特定日期静态的资产、负债和股东权益等财务状况的报表。资产负债表是根据“资产＝负债＋股东权益”这一基本平衡公式，依照一定的分类标准和次序，将企业在某一特定日期的资产、负债和股东权益的有关项目予以适当排列编制而成的。

企业资产负债表以资产、负债、股东权益为三要素，借此得以比较全面地反映企业各方面的财务暨法律关系。

资产是指企业拥有或者控制的能以货币计量的经济资源，包括各种财产、债权和其他权利。资产在资产负债表上按照其流动性分类分项列示，包括流动资产、长期投资、固定资产、无形资产及其他资产。

负债是指企业承担的能以货币计量、需要以资产或劳务偿付的债务，分为流动负债和长期负债。流动负债是指将在1年或者超过1年的一个营业周期内偿还的债务，包括短期借款、应付票据、应付贷款、预收贷款、应付工资、应交税金、应付利润、其他应付款、预提费用等。长期负债是指偿还期在1年或者超过1年的一个营业周期以上的债务，包括长期借款、应付债券、长期应借款项等。

股东权益是指股东对企业净资产的所有者权益，在资产负债表上按照实收资本或股本、资本公积金、盈余公积金、未分配利润等项目分项列示。股东投入企业的资本按其实际缴付的出资额或股份的面值入账，实物出资则按依法评估确认的价值入账。股东认购公司发行的原始股，并缴付股款或出资的，应依法入账，而股票在市场上交易或股东之间转让，对公司的会计账册没有直接影响。资本公积金包括股本溢价、法定财产重估增值、接受捐赠的资产价值等。盈余公积金是指企业依法从利润中提取的公积金，应当按实际提取数记账。未分配利润是企业留于以后年度分配的利润或待分配的利润。

编制资产负债表，就是根据财务会计制度的规定，按照上述分类，对有关各个项目加以编排。

（二）损益表

损益表又称利润表或损益计算书，是反映企业一定时期内的经营成果及其分配情况的报表。它反映了企业在一定时期内的收入、费用（包括成本）及其盈利或亏损，列出了企业的盈亏账目，体现了企业在某一时期内动态的财务状况。

在损益表中，要把某一会计期间的营业收入与同一会计期间的营业费用进行配比，从而求出当期的净利润或净亏损。收入总额表明企业的成就，费用总额表明企业为取得该成就所付出的代价，净利润表明企业的盈利，也即经营成果。因此，通过损益表，可以判断企业的经营状况，衡量其成就的大小；并可分析利润增减变化的原因，从而为报表使用人，尤其是投资者提供有益的会计信息，便于其作出正确的投资和经营决策。

营业收入、费用和利润是损益表的基本要素。营业收入是指企业由于生产经营、提供服务或进行其他活动而产生的资产流入、收益增加或负债的抵销。在生产经营活动中，企业的收益随着盈利的累积而增加。费用是指企业在生产经营过程中发生的各种耗费。企业为生产商品和提供劳务等发生的直接人工费用、直接材料费用、商品进价或其他直接费用，直接计入生产经营成本；企业为生产商品和提供劳务而发生的各项间接费用，则应按一定的标准计入成本。利润是指企业在一定期间的经营成果，包括营业利润、投资净收益和营业外收支净额。营业利润为营业收入减去营业成本、费用和各种税费后的余额。投资净收益是企业对外投资收入减去投资损失后的余额。

损益表是报告企业经营成果的工具，其格式大体上分成单步式和多步式两种。单步式损益表是将本期收入总额减去费用总额，通过一次性计算得出净收益。多步式损益表则是通过多步计算得出当期净收益，例如：第一步可以用销售净收入减去销售成本得出毛利；第二步以毛利减去营业费用得出营业净收益；第三步以营业净收益加营业外收入，减去营业外损失得出纳税前收益；最后以纳税前收益减去所得税而得出企业本期的净收益。

（三）现金流量表

现金流量表是综合反映一定会计期间内现金和现金等价物流入和流出的报表。它的主要作用是反映企业在某一期间内财务状况变动的各项数据，说明企业资金变化的原因，可以弥补资产负债表和损益表的局限性，例如，损益表不能详细地反映企业资金的营运状况。资产负债表则是反映某一特定时期的企业财务状况，但不能反映企业资金的来源及其使用方向。现金流量表则可以反映企业资金的来源和使用方向，从中可以了解企业的经营状况，说明企业财务方面的重要问题。

现金流量表应当按照经营活动、投资活动和筹资活动的现金流量分类、分项列示。按照《企业财务会计报告条例》的规定，经营活动是指企业投资活动和筹资活动以外的所有交易和事项，其现金流量按照经营活动的现金流入和流出的性质分项列示；投资活动是指企业长期资产的购建和不包括在现金等价物范围内的投资及其处置活动，其现金流量按照投资活动的现金流入和流出的性质分项列示；筹资活动是指导致企业资本及债务规模和构成发生变化的活动，其现金流量按照筹资活动的现金流入和流出的性质分项列示。

（四）利润分配表

利润分配表是反映企业一定会计期间对实现净利润和以前年度未分配利润的分配或者亏损弥补的报表。利润分配表按照利润分配的各个项目分类、分项列示。

利润分配表可以反映利润分配的一般程序，即企业将利润用于哪些方面的先后顺序，包括各分配步骤间的联系情况。在利润分配表中，利润总额反映企业全年实现的利润，年初未分配利润反映企业上年末未分配的利润，公积金转入数反映按规定弥补亏损以及从公积金转入的弥补利润分配的不足部分，应交所得税反映企业当年应交纳的所得税，提取法定公积金和公益金反映企业依法提取的公积金和公益金的数额，提取任意公积金反映企业按出资人意愿提取的任意公积金，已分配股利反映企业按照股东会决议分配给股东的股利。未分配利润的数字应当和资产负债表中的相应数字一致。由于利润分配表以损益表中的利润总额开始，以资产负债表中的未分配利润为终结，所以，利润分配表可以被视为把损益表和资产负债表连接起来的纽带。

（五）相关附表、会计报表附注和财务情况说明书

相关附表是反映企业财务状况、经营成果和现金流量的补充报表，包括利润分配表和国家统一会计制度规定的其他附表。

会计报表附注是为便于会计报表使用者理解会计报表的内容而对会计报表的编制基础、编制依据、编制原则和方法及主要项目等所作的解释。它是财务报告的必要组成部分，内容主要包括：不符合会计核算基本前提的说明；重要会计政策和会计估计的说明；重要会计政策和会计估计变更的说明；或有事项和资产负债表日后事项的说明；关联方关系及其交易的披露；重要资产转让及其出售的说明；企业合并、分立的说明；会计报表中重要项目的明细资料；为了理解和分析会计报表需要说明的其他事项。

财务情况说明书是指对企业资产负债表、损益表、现金流量表等会计报表列示的资料和未能列示但对企业财务状况有重大影响的其他重要事项所作的说明。它没有固定的格式，企业可以根据实际情况制作，主要是文字说明，必要时也可以附图表。其内容主要包括：企业生产经营的基本情况；利润实现和分配情况；资金增减和周转情况；对企业财务状况、经营成果和现金流量有重大影响的其他事项。

案例

××股份有限公司 2023 年年度报告目录

第一节　重要提示、目录

第二节　公司简介和主要财务指标

一、公司信息

二、联系人和联系方式

三、信息披露及备置地点

四、注册变更情况

五、其他有关资料

六、主要会计数据和财务指标

七、境内外会计准则下会计数据差异

八、分季度主要财务指标

九、非经常性损益项目及金额

第三节　管理层讨论与分析

一、报告期内公司所处行业情况

二、报告期内公司从事的主要业务

三、核心竞争力分析

四、主营业务分析

五、非主营业务分析

六、资产及负债状况分析单位：元

七、投资状况分析

八、重大资产和股权出售

九、主要控股参股公司分析

十、公司控制的结构化主体情况

十一、公司未来发展的展望

十二、报告期内接待调研、沟通、采访等活动

十三、“质量回报双提升”行动方案贯彻落实情况

第四节　公司治理

一、公司治理的基本状况

二、公司相对于控股股东、实际控制人在保证公司资产、人员、财务、机构、业务等方面的独立情况

三、同业竞争情况
四、报告期内召开的年度股东大会和临时股东大会的有关情况
五、董事、监事和高级管理人员情况
六、报告期内董事履行职责的情况
七、董事会下设专门委员会在报告期内的情况
八、监事会工作情况
九、公司员工情况
十、公司利润分配及资本公积金转增股本情况
十一、公司股权激励计划、员工持股计划或其他员工激励措施的实施情况
十二、报告期内的内部控制制度建设及实施情况
十三、公司报告期内对子公司的管理控制情况
十四、内部控制评价报告或内部控制审计报告
十五、上市公司治理专项行动自查问题整改情况

第五节 环境和社会责任

一、重大环保问题
二、社会责任情况
三、巩固拓展脱贫攻坚成果、乡村振兴的情况

第六节 重要事项

一、承诺事项履行情况
二、控股股东及其他关联方对上市公司的非经营性占用资金情况
三、违规对外担保情况
四、董事会对最近一期“非标准审计报告”相关情况的说明
五、董事会、监事会、独立董事（如有）对会计师事务所本报告期“非标准审计报告”的说明
六、与上年度财务报告相比，会计政策、会计估计变更或重大会计差错更正的情况说明
七、与上年度财务报告相比，合并报表范围发生变化的情况说明
八、聘任、解聘会计师事务所情况
九、年度报告披露后面临退市情况
十、破产重整相关事项
十一、重大诉讼、仲裁事项
十二、处罚及整改情况
十三、公司及其控股股东、实际控制人的诚信状况
十四、重大关联交易
十五、重大合同及其履行情况
十六、其他重大事项的说明
十七、公司子公司重大事项

第七节 股份变动及股东情况

一、股份变动情况
二、证券发行与上市情况
三、股东和实际控制人情况
四、股份回购在报告期的具体实施情况
第八节　优先股相关情况
第九节　债券相关情况
第十节　财务报告
一、审计报告
二、财务报表
三、公司基本情况
四、财务报表的编制基础
五、重要会计政策及会计估计
六、税项
七、合并财务报表项目注释
八、研发支出
九、合并范围的变更
十、在其他主体中的权益
十一、政府补助
十二、与金融工具相关的风险
十三、公允价值的披露
十四、关联方及关联交易
十五、股份支付
十六、承诺及或有事项
十七、资产负债表日后事项
十八、其他重要事项
十九、母公司财务报表主要项目注释
二十、补充资料
备查文件
一、载有公司负责人、主管会计工作负责人、会计机构负责人签名并盖章的财务报表。
二、载有会计师事务所盖章、注册会计师签名并盖章的审计报告原件。
三、报告期内公开披露过的所有公司文件的正本及公告的原稿。

××股份有限公司
2024年3月28日

第三节　企业的公积金和公益金

一、公积金

（一）公积金的含义和种类

公积金又称公积或准备金，是指企业根据法律和企业章程的规定提留备用，不作为股利分配的部分所得或收益。

根据公积金的不同来源，可以将其分为盈余公积金和资本公积金。盈余公积金是指企业依法或依企业章程从企业的利润中提取的公积金。资本公积金是指直接由资本、资产或其收益所形成的公积金。根据《公司法》和有关法律、法规的规定，资本公积金的来源概括起来主要有：超过票面金额发行股票所得的溢价款；法定资产重估增值；处分资产的溢价收入；受领赠与所得；企业兼并其他企业，被兼并企业的资产价额减去该企业负债额以及应当向该企业股东给付金额的余额。

根据公积金的提留是否为法律上的强制性规定，可以将其分为法定公积金和任意公积金。法定公积金是指依据法律的强制性规定而提取的公积金，企业章程和股东会对其提留条件和方式不得予以变更。资本公积金均为依法提留，故而属于法定公积金的范畴，又称法定资本公积金。盈余公积金则有法定盈余公积金和任意盈余公积金之分。

法定盈余公积金是企业在分配股利前，依法必须按一定的比例从利润中提取的公积金。其计提比例，各国立法规定不一，例如德国《股份法》规定为5%，日本《商法》规定为10%，法国公司法规定为20%；法定公积金达到一定限额时，即可不再提取，如德国股份法规定为法定公积金和资本公积金之和达到公司法定资本的10%，法国公司法规定为法定公积金达到公司资本的10%，日本商法规定为法定公积金达到公司资本的25%。① 我国《公司法》第210条第1款规定，公司分配当年税后利润时，应当提取利润的10%列入公司法定公积金，非公司制企业也可按超过10%的比例提取；公司法定公积金累计额为公司注册资本的50%以上的，可以不再提取。

任意盈余公积金又称特别盈余公积金。它是根据企业章程或出资者的意愿，从企业盈余中提取的公积金。《公司法》第210条第3款规定："公司从税后利润中提取法定公积金后，经股东会决议，还可以从税后利润中提取任意公积金。"因此，任意公积金的提取与否及提取比例的大小，是由出资者根据企业发展的需要和盈余情况任意决定的，法律对其不作强行规定。根据任意公积金的用途，可以将其分为损失弥补公积金、折旧公积金、还债公积金和一般公积金等。任意公积金的使用以出资者所定用途为限，同时出资者或股东可以通过决议随时予以变更。

法律对企业的积累进行规范，甚至作强制性规定，目的在于防止出资者或股东追求利润分配最大化而可能影响企业的发展，同时损害出资者或股东的共同利益和长远利益，

---

① 参见卞耀武主编：《当代外国公司法》，179、494、664页。

损害债权人的利益。1867 年的法国公司法在将股份有限公司设立的许可主义改为准则主义的同时，首创公积金的法律规定，后为各国企业公司法普遍采用。

（二）公积金的用途

1. 弥补企业亏损

作为储备金，企业亏损时，不仅可以用盈余公积金弥补资本的亏空，而且可以动用一部分法定盈余公积金作为股利，从而使企业在保持原有生产经营规模和相对稳定的情况下调整经营政策，尽快实现扭亏为盈。可见，以公积金弥补亏损，可以起到维护企业信誉和抗御经营风险的作用。

根据《公司法》的规定，公司的公积金可用于弥补公司的亏损，但是资本公积金主要应当用于维持公司的资本充实。公司亏损时，公司应当首先动用公司的任意公积金和法定公积金弥补；仍不足以弥补时，可按照规定使用资本公积金；仍有亏损的，可以减少注册资本弥补亏损。①

2. 扩充企业资本

企业在发展过程中，需要增加资本，以扩大生产经营规模。增加资本的途径，除负债和发行新股外，就是通过增资程序，将盈余公积金或资本公积金转为股本。但是，根据公积金制度的宗旨，为使企业维持必要的公积金储备，《公司法》对公积金转增资本作出限制性规定。该法第 214 条第 3 款规定："法定公积金转为增加注册资本时，所留存的该项公积金不得少于转增前公司注册资本的百分之二十五。"需要注意的是，此处所指的法定公积金，应是指法定盈余公积金，因为《公司法》在第 210 条、第 213 条、第 214 条的用语上，并未将资本公积金归入法定公积金。另外，此处所称"不得少于转增前公司注册资本的百分之二十五"，是指转增之前的注册资本余额，即法定盈余公积金不得少于转增之前注册资本的 25%。

除弥补亏损和转增资本外，法定公积金也可以用于法律、法规规定的其他用途。任意公积金的用途则比较灵活，其使用一般只受企业章程和出资者或股东决议的限制。然而，无论何种公积金，都不能用于企业职工的福利和发放奖金。职工、股东、企业作为不同的主体，在利益上是有差别的。公积金属于企业财产以及企业和股东利益的范畴，将公积金用于职工福利和奖励，就会损害企业和股东的利益，同时也不符合职工的长远利益。职工作为企业财富的直接创造者，其利益除由列为企业成本的工资体现外，也可以在企业利润中部分体现。

3. 扩大企业的生产经营

《公司法》第 214 条第 1 款规定，公司的公积金用于弥补公司的亏损、扩大公司生产经营或者转为增加公司注册资本。由此可见，扩大企业及公司的生产经营也是公积金的重要功能之一。企业及公司作为营利性组织，扩大生产和经营、追求利润最大化乃其基

---

① 按照《公司法》第 225 条第 2、3 款的规定，为弥补亏损减少注册资本，可以不通知债权人，但应当自股东会作出减少注册资本决议之日起 30 日内在报纸上或者国家企业信用信息公示系统公告；使用资本公积金减少注册资本弥补亏损的，在法定公积金和任意公积金累计额达到公司注册资本 50%前，公司不得分配利润。

本使命。法律规定公积金的用途，意在引导企业及公司的具体行为，《公司法》规定公司的公积金可以用于扩大生产经营，在于鼓励企业及公司的生产与经营。

二、公益金

公益金是企业于税后利润中，在法定公积金之外，依法提取的用于企业职工集体福利的资金。

公益金的提取是以职工是企业的所有者或“主人”为前提的，因此，最适合于成员直接所有或控制的合作制或集体所有制企业，如《关于发展城市股份合作制企业的指导意见》（已失效）要求企业应在税后利润中提取公益金。

在2005年修订之前，《公司法》第177条第1款也规定“提取利润的百分之五至百分之十列入公司法定公益金”。公益金的提取成了法律的强行规定，企业章程、股东会决议均不得予以取消。公益金在会计上列入所有者权益，单独核算，在会计报表中作为单列项目。

但是，随着市场经济的发展，在国有企业中也引进了资本关系，适当强调职工的“打工者”地位，职工报酬货币化分配和劳动合同制的建立，使在各种企业包括非企业成员直接所有或控制的企业的“所有者权益”中为职工提取公益金的做法，越来越显示出是对所有者权益的一种侵犯。在我国，企业用于职工集体福利的资金，除公益金外，还有每月按职工工资总额14%提取的职工福利基金，列入成本费用。而依照国际惯例，除合作制暨集体所有制企业外，不存在提取了职工福利费后再在税后为企业雇员在股东权益中提取公益金的普遍做法。

总之，随着经济体制改革、社会福利制度的完善以及企业财务会计制度的变化，继续在法律中对公益金作强制性规定已明显不合适。因此，我国于2005年修订《公司法》时删除了关于法定公益金的规定，不再对公益金作强制性规定。

第四节　企业利润分配

一、利润分配的原则

在实务中，企业章程可以规定股东得从企业取得固定比率的投资回报；若企业仍有盈余，则另按一定的比例进行分配。在学理上，前者称作股息，后者则为红利。比如某公司章程规定：“本公司股息定为年八厘，但公司无盈余时，不得以本作息。”股息分配后仍有盈余的，再分别支付股东的红利、董事和监事的酬劳金以及对员工的奖励。《公司法》和有关财务会计的法律、法规对股息和红利未作区分，将其通称为股利。

利润分配与企业维持正常经营（出资者或股东的长远利益）以及企业债权人和职工的利益有着直接关系。各国对企业利润分配都贯彻“无盈不分”的原则，即企业当年无利润时，原则上不得分配，否则就会导致企业资本的减少。按照我国有关企业公司法律、法规和财务会计制度的规定，企业应按以下顺序分配其利润：（1）弥补公司以前年度的亏损（在不超过税法规定的弥补期限之内）。（2）缴纳所得税。（3）弥补以税前利润弥补亏损后仍存在的亏损。（4）提取法定公积金。（5）支付优先股股利。（6）提取任意公积金、公益金。（7）支付普通股股利。

股东会或者董事会违反规定，在企业弥补亏损和提取法定公积金之前向股东分配利润的，必须将违反规定分配的利润退还企业。

股利的分配，实行同股同利的原则。根据《公司法》的规定，对公司弥补亏损和提取公积金后所余税后利润，有限责任公司股东可按照实缴的出资比例分取红利，但是全体股东约定不按照出资比例分取红利的除外。股份有限公司按照股东持有的股份比例分配，但股份有限公司章程规定不按持股比例分配的除外。公司持有的本公司股份不得分配利润。

二、利润分配的形式

股利一般用现金支付，如果法律、企业章程或股东会决议允许，也可以用非现金支付。用现金支付的，称为“现金股利”；用现金以外的其他资产分配的，称为“财产股利”；用债券、应付票据等证券分配的，称为“负债股利”；用公司的股票分配的，称为“股票股利”。

现金股利是利润分配的主要形式。采取这种形式的前提，是企业有足够的盈余和充足的现金。财产股利在国外一般表现为向股东支付其他企业的证券，比如，企业以购买或持有的其他企业的股票或债券，代替现金向股东支付股利。所谓负债股利，是指企业以负债形式支付股利，通常以应付票据或企业发行的债券支付。我国《公司法》和其他法律、法规对财产股利和负债股利未作规定，但其并非为法律所禁止。

股票股利是指公司用增发、预留或回购的股票配售或分发给股东作为股利，股票也可以直接发给管理者和职工或者以期权作为分配方式。对于回购或预留股份作为分配方式，原先法律上的规定不够明朗，2005 年修订的《公司法》已允许公司回购本公司股份，2023 年修订后的《公司法》第 162 条规定，公司可以收购不超过本公司已发行股份总数 10％的股份用于员工持股计划或者股权激励、转换公司发行的可转换为股票的公司债券、维护上市公司的价值及股东权益，并在 3 年内转让或者注销。但我国仍有待在法律上和会计制度中引进“库存股”的概念。库存股（也称库藏股），是指公司持有的本公司已发行的股份，不必限期转让或者注销。建立库存股制度，有利于提高公司的资产管理能力。当然必须有相应的法律机制，防止公司和内部人通过库存股操纵市场、从事内幕交易、规避股东的优先购买权等。

三、利润分配的时间

企业在弥补亏损、提取法定公积金之后，即可分配利润。公司持有的本公司股份不得分配利润。公司董事会拟订的分配方案须经股东会决议通过，以增资或以新股分配股利的，则应依法履行相应的程序，董事会应向股东通知或宣告分配方案。在股东人数少、出资或股份转让情形不多的公司，宣告分配方案和支付股利的日期一般为同一天；至于规模大、股东多、股份转让频繁的公司，在宣告分派股利时，董事会往往规定股票过户的截止日和股利支付的起讫日期。宣告分配股利之日，是公司在会计上应登记有关股利负债的日期。股票过户截止日的意义是，在宣布发放股利以后，只有在过户截止日期前仍在册的股东，才有权分配股利。股利支付日，是实际办理股利支付的日期，一般是在过户截止日若干天后进行，过户截止日前在册的股东即使在股利支付日之前出售了其持有的股票，仍有权得到股利。因此，在过户截止日与股利支付日之间成交的股票，其持有人无权获得该期股利，对应的股票被称为除息股票。针对实践中存在的公司拖延股利分配、损害股东利益的情形，《公司法》第 212 条规定，股东会作出分配利润的决议的，董事会应当在股东会决议作出之日起 6 个月内进行分配。

问题与思考

1. 简述企业财务、会计制度的含义。
2. 简述企业财务、会计制度的意义。
3. 企业财务、会计适用哪些法律、法规？
4. 法律上对企业财务、会计有哪些基本要求？
5. 简述企业财务会计报告的含义。
6. 企业财务会计报告有哪些主要内容？
7. 简述资产负债表的含义和意义。
8. 简述损益表的含义和意义。
9. 简述现金流量表的含义和意义。
10. 简述利润分配表的含义和意义。
11. 简述会计报表附注和财务情况说明书的意义和内容。
12. 简述公积金的含义。
13. 公积金有哪些种类？
14. 简述公积金的用途。
15. 简述公益金的含义和意义。
16.《公司法》为什么取消了公益金的规定？
17. 简述企业利润分配的原则。
18. 利润分配有哪些形式？

第十五章

违反企业和公司法的法律责任

本章摘要

在社会化条件下，法的调整日趋专业化并具有综合性，对任何领域的社会关系均采用各种手段进行调整，行为后果不仅有民事责任，而且包括行政的、刑事的，以及褒奖的、专业暨社会性的等各种后果或责任形式，这在企业关系的法律调整中也不例外。本章主要依照法律的实际规定阐述企业法的有关违法责任。承担企业法律责任的主体有企业和公司及其出资者、股东，董事、监事、经理（厂长）和职工；也包括中介及服务机构，政府及其管理部门等，它们作为组织或单位，依法须承担法律责任的，除本身承担责任外，其内部对违法行为直接负责的主管人员和其他直接责任人员依法也须承担一定的民事、行政或刑事责任。但政府及其管理部门本身，依法只能承担行政责任和民事责任，其有关直接负责的主管人员和其他责任人员，则既可能承担行政责任和民事责任，也可能依法被追究刑事责任。

关键术语

法律责任　法律后果　企业法律责任　民事责任　赔偿　行政责任　行政处分　行政处罚　刑事责任　褒奖　专业暨社会性后果　专业不名誉责任　内部纪律责任　纪律处分　企业法律责任制度　职务行为　非职务行为　虚假出资　虚报注册资本　误导性陈述　虚假陈述　信息误导　重大遗漏　诱骗投资者买卖证券　挪用客户资金　抽逃出资　隐匿财产　转移财产　私分国有资产　徇私舞弊　侵占财产　挪用资金　索贿受贿　失职　滥用职权　玩忽职守　报复陷害　假公济私　干预企业经营自主权　摊派　直接负责的主管人员　直接责任人员　责令改正　警告　罚款　没收违法所得　责令停业整顿　责令停业　吊销营业执照　吊销经营许可证　吊销资格证书　行政复议　行政诉讼　侵占罪　贪污罪　挪用资金罪　挪用公款罪　非法经营同类营业罪　罚金　拘役　没收财产　有期徒刑

第一节 概 述

一、现代企业法律责任制度的特点

自发达国家对企业设立普遍实行准则主义以后，企业和公司法在发展中存在两个并行不悖的趋势：一方面，企业日益体现社会成员在经济领域自由结社的性质，法律对其设立和活动的限制越来越少；另一方面，法律对企业的监管要求和违法责任越来越严，如企业关系公示或信息披露及其责任，董事、经理的忠实诚信和勤勉守法义务及相应的责任包括刑事责任等，相继发展起来。

在社会化条件下，法的调整日趋专业化并具有综合性，对任何领域的社会关系均采用各种手段进行调整，行为后果不仅有民事责任，而且包括行政的、刑事的，以及褒奖的、专业暨社会性的等各种后果或责任形式，这在企业关系的法律调整中也不例外。譬如褒奖，典型的例子是，《全民所有制企业法》第 48 条规定，厂长（经理）“在领导企业完成计划、提高产品质量和服务质量、提高经济效益和加强精神文明建设等方面成绩显著的，由政府主管部门给予奖励”。又如，作为专业暨社会性调整后果的专业约束和责任，包括停止接受新客户、新订单，限期平仓并退还客户剩余保证金，暂停配股资格若干年，暂停或停止注册会计师、律师、建筑师等及其执业事务所的专业资格，以及作为专业不名誉责任宣布为市场禁入者，等等。鉴于本书的性质和目的，本章不拟对社会化条件下的法律调整及其后果或责任形式作深入研讨，而主要依照实际的法律规定阐述企业和公司法的有关违法责任。

与企业和公司法的不同体例相适应，现代企业法律责任制度在体例上也有不同。例如，英美法系国家的公司制定法中，多无专章规定法律责任，而判例在违法责任的确认中起重要的作用；大陆法系国家的企业法律责任制度，则多采取在单行公司法或有关法律的公司部分专设章节规定行政法律责任和刑事法律责任，而将民事法律责任分散规定在有关具体公司制度中的做法，如德国的《股份法》和《有限责任公司法》、日本的《公司法》等，都是如此。我国企业法律责任制度的立法模式与此大体相同：有关民事责任主要规定在相关企业和公司法的实体制度中；有关行政法律责任主要规定在相关法律、法规单设的“法律责任”一章及其他有关法律、法规中；有关刑事责任，则由“法律责任”章的指示性规定与刑法相结合，具体内容主要规定在刑法中。

二、承担企业法律责任的主体

（一）企业和公司及其出资者、股东

企业和公司及其出资者、股东作为承担企业法律责任的主体，主要是指在企业的设立、运行过程中存在违法行为，如虚报注册资本、提供虚假证明文件或者采取其他欺诈手段取得企业登记、出资者或股东虚假出资等。

（二）董事、监事、经理（厂长）和职工

董事、监事、经理（厂长）或职工作为承担企业法律责任的主体，主要与他们的职务便利有关，如通过与企业的关联交易不当牟利、利用职务侵占企业财产、索取或收受贿赂、挪用企业资金等。

（三）中介及服务机构

法律和会计专业服务机构、资产评估机构、验资和验证机构、证券承销机构、证券交易所等中介及服务机构成为承担企业法律责任的主体，主要与其工作性质和地位有关。例如，中介机构应站在客观、公正的立场上从事中介活动，并向当事人和社会提供真实、准确、完整的报告，如果其提供的报告不真实、不准确或者不完整，就应依法承担相应的法律责任；又如，证券承销机构、证券交易所等服务机构，应当按照规定的业务准则和规则开展活动，以保证市场有序运转和发展，其如果利用自身优势从事诸如操纵市场、内幕交易等非法活动，就须承担相应的法律责任。

（四）政府及其管理部门

政府及其管理部门作为承担企业法律责任的主体，与其所担负的管理职责有关。它们按照法治的要求履行职责，方能保证企业和公司在自由、公平竞争的环境中顺畅地运作，在市场中进退自如；反之，如果其滥用职权、疏忽懈怠、徇私舞弊，则必然导致经济的扭曲、混乱和社会的腐败，因而必须承担相应的法律责任。

以上企业和公司及其出资者或股东、中介及服务机构、政府及其管理部门等作为组织、单位，依法须承担法律责任的，除本身承担责任外，其内部对违法行为直接负责的主管人员和其他直接责任人员也应依法承担一定的民事、行政或刑事责任。但政府及其管理部门本身，依法只能承担行政责任和民事责任；其有关直接负责的主管人员和其他责任人员，则既可能承担行政责任和民事责任，也可能依法被追究刑事责任。

第二节　企业和公司及其出资者、股东的法律责任

一、违反企业登记管理制度的行为及法律责任

由于企业登记管理是国家的行政管理，所以，违反登记管理的行为主要是行政违法行为，相应的法律责任也主要是行政责任；行为性质严重的，也可能构成刑事违法行为，行为人依法应承担刑事责任。

按照《市场主体登记管理条例》及其施行细则、《全民所有制企业法》《公司法》《合伙企业法》《个人独资企业法》《刑法》等，违反企业登记管理制度的行为及相应的法律责任包括以下内容。

（一）提供虚假证明文件或采取其他欺诈手段隐瞒重要事实取得企业登记及其法律责任

《市场主体登记管理条例实施细则》第 71 条规定：提交虚假材料或者采取其他欺诈手段隐瞒重要事实取得市场主体登记的，由登记机关依法责令改正，没收违法所得，并处 5 万元以上 20 万元以下的罚款；情节严重的，处 20 万元以上 100 万元以下的罚款，吊销营业执照；明知或者应当知道申请人提交虚假材料或者采取其他欺诈手段隐瞒重要事实进行市场主体登记，仍接受委托代为办理，或者协助其进行虚假登记的，由登记机关没收违法所得，处 10 万元以下的罚款；虚假市场主体登记的直接责任人自市场主体登记被撤销之日起 3 年内不得再次申请市场主体登记，登记机关通过国家企业信用信息公示系统予以公示。根据《合伙企业法》第 93 条的规定，提交虚假文件或者采取其他欺骗手段，取得合伙企业登记的，由企业登记机关责令改正，处以 5 000 元以上 5 万元以下的罚款；情节严重的，撤销企业登记，并处以 5 万元以上 20 万元以下的罚款。《个人独资企业法》第 33 条规定：提交虚假文件或采取其他欺骗手段，取得企业登记的，责令改正，处以 5 000 元以下的罚款；情节严重的，并处吊销营业执照。《公司法》第 250 条规定：提交虚假材料或者采取其他欺诈手段隐瞒重要事实取得公司登记的，由公司登记机关责令改正，对提交虚假材料或者采取其他欺诈手段隐瞒重要事实的公司，处以 5 万元以上 200 万元以下的罚款；情节严重的，吊销营业执照；对直接负责的主管人员和其他直接责任人员处以 3 万元以上 30 万元以下的罚款。

（二）未经依法登记、许可从事经营活动或冒用企业名义及其法律责任

《全民所有制企业法》第 59 条第 1 款规定，未经政府或者政府主管部门审核批准和市场监督管理部门核准登记，以企业名义进行生产经营活动的，责令停业，没收违法所得。《市场主体登记管理条例实施细则》第 68、69 条规定：未经设立登记从事一般经营活动的，由登记机关责令改正，没收违法所得；拒不改正的，处 1 万元以上 10 万元以下的罚款；情节严重的，依法责令关闭停业，并处 10 万元以上 50 万元以下的罚款。未经设立登记从事许可经营活动或者未依法取得许可从事经营活动的，由法律、法规或者国务院决定规定的部门予以查处；法律、法规或者国务院决定没有规定或者规定不明确的，由省、自治区、直辖市人民政府确定的部门予以查处。《公司法》第 259 条规定：未依法登记为有限责任公司或者股份有限公司，而冒用有限责任公司或者股份有限公司名义的，或者未依法登记为有限责任公司或者股份有限公司的分公司，而冒用有限责任公司或者股份有限公司的分公司名义的，由公司登记机关责令改正或者予以取缔，可以并处 10 万元以下的罚款。《合伙企业法》第 95 条规定，未领取营业执照，而以合伙企业或者合伙企业分支机构名义从事合伙业务的，由企业登记机关责令停止，处以 5 000 元以上 5 万元以下的罚款。《个人独资企业法》第 34 条规定，个人独资企业使用的名称与其在登记机关登记的名称不相符合的，责令限期改正，处以 2 000 元以下的罚款。

2015 年修正后的《商业银行法》第 11 条、第 79 条规定：未经批准擅自在名称中使用“银行”字样的，由国务院银行业监督管理机构责令改正，有违法所得的，没收违法

所得，违法所得5万元以上的，并处违法所得1倍以上5倍以下罚款；没有违法所得或者违法所得不足5万元的，处5万元以上50万元以下罚款。《商业银行法》第81条还规定：未经国务院银行业监督管理机构批准，擅自设立商业银行，或者非法吸收公众存款、变相吸收公众存款，构成犯罪的，依法追究刑事责任；并由国务院银行业监督管理机构予以取缔。伪造、变造、转让商业银行经营许可证，构成犯罪的，依法追究刑事责任。《证券法》第202条规定：未经批准，擅自设立证券公司或者非法经营证券业务、未经批准以证券公司名义开展证券业务活动的，责令改正，没收违法所得，并处以违法所得1倍以上10倍以下的罚款；没有违法所得或者违法所得不足100万元的，处以100万元以上1 000万元以下的罚款。对直接负责的主管人员和其他直接责任人员给予警告，并处以20万元以上200万元以下的罚款。对擅自设立的证券公司，由国务院证券监督管理机构予以取缔。《刑法》第174条规定的刑事责任是：未经国家有关主管部门批准，擅自设立商业银行、证券交易所、期货交易所、证券公司、期货经纪公司、保险公司或者其他金融机构，或者伪造、变造、转让商业银行、证券交易所、期货交易所、证券公司、期货经纪公司、保险公司或者其他金融机构的经营许可证或者批准文件的，处3年以下有期徒刑或者拘役，并处或者单处2万元以上20万元以下罚金；情节严重的，处3年以上10年以下有期徒刑，并处5万元以上50万元以下罚金；单位犯此罪的，对单位判处罚金，并对其直接负责的主管人员和其他直接责任人员比照以上规定处罚。

按照《公司法》第261条的规定，外国公司违反《公司法》的规定，擅自在中华人民共和国境内设立分支机构的，由公司登记机关责令改正或者关闭，可以并处5万元以上20万元以下的罚款。《商业银行法》第74条则规定：商业银行未经批准设立分支机构的，由国家银行业监督管理机构责令改正，有违法所得的，没收违法所得，违法所得50万元以上的，并处违法所得1倍以上5倍以下罚款；没有违法所得或者违法所得不足50万元的，处50万元以上200万元以下罚款；情节特别严重或者逾期不改正的，可以责令停业整顿或者吊销其经营许可证；构成犯罪的，依法追究刑事责任。

（三）虚假出资、抽逃出资及其法律责任

《公司法》第252条和《市场主体登记管理条例》第45条第2款规定：公司的发起人、股东虚假出资，未交付或者未按期交付作为出资的货币或者非货币财产的，由公司登记机关责令改正，可处以5万元以上20万元以下的罚款；情节严重的，处以虚假出资或者未出资金额5%以上15%以下的罚款；对直接负责的主管人员和其他直接责任人员处以1万元以上10万元以下的罚款。根据《公司法》第253条、《市场主体登记管理条例》第45条第2款的规定，公司的发起人、股东在公司成立后，抽逃出资的，由公司登记机关责令改正，处以所抽逃出资金额5%以上15%以下的罚款；对直接负责的主管人员和其他直接责任人员处以3万元以上30万元以下的罚款。《刑法》第159条与此相衔接，规定：虚假出资、抽逃出资数额巨大、后果严重或者有其他严重情节的，处5年以下有期徒刑或者拘役，并处或者单处虚假出资金额或抽逃出资金额2%以上10%以下的罚金；单位犯虚假出资罪或抽逃出资罪的，对单位判处罚金，并对其直接负责的主管人员和其他直接责任人员，处5年以下有期徒刑或者拘役。

（四）虚报注册资本取得公司登记及其法律责任

根据《公司法》第 250 条和《市场主体登记管理条例》第 45 条第 1 款的规定，虚报注册资本取得公司登记的，由公司登记机关责令改正，对虚报注册资本的公司，处以虚报注册资本金额 5%以上 15%以下的罚款；情节严重的，吊销营业执照；对直接负责的主管人员和其他直接责任人员处以 3 万元以上 30 万元以下的罚款。《刑法》第 158 条规定了相应的虚报注册资本罪，即：欺骗公司登记主管部门，取得公司登记，虚报注册资本数额巨大、后果严重或者有其他严重情节的，处 3 年以下有期徒刑或者拘役，并处或者单处虚报注册资本金额 1%以上 5%以下的罚金；单位犯此罪的，对单位判处罚金，并对其直接负责的主管人员和其他直接责任人员，处 3 年以下有期徒刑或者拘役。

公司注册资本由实缴登记制改为认缴登记制后，社会上出现了关于应当废除刑法中的虚假出资、抽逃出资罪和虚报注册资本罪的主张。在此必须澄清的是：注册资本并未取消，股东认缴的资本依法必须缴纳，而非可缴可不缴。对于实行注册资本实缴登记制的公司而言，虚报的动机和可能性一如既往，而即使是实行认缴登记制的公司，其注册资本仍可能被恶意高报。弄虚作假出资、抽逃出资现象不可能因 2013 年《公司法》有关认缴登记制的修改而消失。这些行为在会计上是确定的、可查的，对违法数额巨大、后果严重或者有其他严重情节的虚假出资、抽逃出资和虚报注册资本行为，并不存在对其除罪的理由。

（五）企业成立后不正常开展生产经营活动及其法律责任

《公司法》第 260 条第 1 款规定，公司成立后无正当理由超过 6 个月未开业的，或者开业后自行停业连续 6 个月以上的，公司登记机关可以吊销营业执照，但公司依法办理歇业的除外。《个人独资企业法》第 36 条规定，个人独资企业成立后无正当理由超过 6 个月未开业的，或者开业后自行停业连续 6 个月以上的，吊销营业执照。

《市场主体登记管理条例》创设了中止营业的歇业概念，歇业的市场主体决定开展或者已实际开展经营活动的，应当在国家企业信用信息公示系统上公示终止歇业。《市场主体登记管理条例实施细则》第 74 条规定，市场主体未按照规定公示终止歇业的，由登记机关责令改正；拒不改正的，处 3 万元以下的罚款。

企业及其营业本质上应由当事人自治，只要不是出于恶意，是否及如何安排生产经营属于其私事，因此，有无必要通过法律对其营业与否作强制性要求，值得商榷。事实上，对于企业成立后是否开展活动，完全可以将矛盾“下交”给社会自理，任由利害关系人发动法律争议加以处理，政府可不必直接过问。而且，事实上政府也管不了，通过提交年度报告反映其经营状况或处于未经营状态即可。在市场经济条件下，因行情和企业出资者主观情形的变化，企业经营的起伏、停滞实属正常现象，受政府管理能力及其主观性所限，上述规定在实行中会导致法律关系的不稳定和经济秩序的紊乱，反而不利于交易安全。

（六）不按规定办理变更登记和备案的法律责任

《公司法》第 260 条第 2 款和《市场主体登记管理条例实施细则》第 72 条规定，市场主体未按规定办理变更登记的，由登记机关责令改正；拒不改正的，处 1 万元以上 10 万元以下的罚款；情节严重的，吊销营业执照。

《市场主体登记管理条例实施细则》第 73 条规定，市场主体和依法应当办理受益所有人信息备案的市场主体，未按规定办理备案的，由登记机关责令改正；拒不改正的，处 5 万元以下的罚款。

（七）违反营业执照管理规定的法律责任

《市场主体登记管理条例》第 48 条规定：市场主体未依照本条例将营业执照置于住所或者主要经营场所醒目位置的，由登记机关责令改正，拒不改正的，处 3 万元以下的罚款；从事电子商务经营的市场主体未在其首页显著位置持续公示营业执照信息或者相关链接标识的，由登记机关依照《电子商务法》处罚；市场主体伪造、涂改、出租、出借、转让营业执照的，由登记机关没收违法所得，处 10 万元以下的罚款；情节严重的，处 10 万元以上 50 万元以下的罚款，吊销营业执照。

（八）不按规定公示或报送年度报告的法律责任

随着市场经济不断深入发展，企业登记管理经历了从着重于管到主要通过政府的公信和公示为社会提供服务以维护交易安全的转型，比如适时取消了不切实际且无益的企业年检制度。在此条件下，市场主体按规定公示或报送年度报告就具有重要的意义。《市场主体登记管理条例实施细则》第 70 条规定，市场主体未按照法律、行政法规规定的期限公示或者报送年度报告的，由登记机关列入经营异常名录，可以处 1 万元以下的罚款。

（九）滥用企业登记的法律责任

滥用企业登记的行为损害他人合法权益和社会公共利益，比如冒用他人个人信息设立企业、单位或组织为满足行政要求的市场主体数量指标而指示员工或成员虚设企业，等等，因而须以法遏止。《市场主体登记管理条例实施细则》第 76 条规定：利用市场主体登记，牟取非法利益，扰乱市场秩序，危害国家安全、社会公共利益的，法律、行政法规有规定的，依照其规定；法律、行政法规没有规定的，由登记机关处 10 万元以下的罚款。

二、企业运行中的违法行为及其法律责任

（一）违法发行股票、债券及其法律责任

《企业债券管理条例》第 26 条规定，未经批准发行或者变相发行企业债券的，以及未通过证券经营机构发行企业债券的，责令停止发行活动，退还非法所筹资金，处以相当于非法所筹资金金额 5%以下的罚款。第 27 条规定，超过批准数额发行企业债券的，责令退还超额发行部分或者核减相当于超额发行金额的贷款额度，处以相当于超额发行部分 5%以下的罚款。《证券法》第 180 条规定：未经依法注册，擅自公开或者变相公开发行证券的，责令停止发行，退还所募资金并加算银行同期存款利息，处以非法所募资

金金额5%以上50%以下的罚款；对擅自公开或者变相公开发行证券设立的公司，由依法履行监督管理职责的机构或者部门会同县级以上地方人民政府予以取缔。对直接负责的主管人员和其他直接责任人员给予警告，并处以50万元以上500万元以下的罚款。第181条规定：发行人在其公告的证券发行文件中隐瞒重要事实或者编造重大虚假内容，尚未发行证券的，处以200万元以上2 000万元以下的罚款；已经发行证券的，处以非法所募资金金额10%以上1倍以下的罚款。对直接负责的主管人员和其他直接责任人员，处以100万元以上1 000万元以下的罚款。对组织、指使从事该违法行为的发行人的控股股东或实际控制人，没收违法所得，并处以违法所得10%以上1倍以下的罚款；没有违法所得或者违法所得不足2 000万元的，处以200万元以上2 000万元以下的罚款。对直接负责的主管人员和其他直接责任人员，处以100万元以上1 000万元以下的罚款。《商业银行法》第74条则规定：未经批准买卖政府债券或者发行、买卖金融债券的，违反国家规定从事信托投资和证券经营业务、向非自用不动产投资或者向非银行金融机构和企业投资的，由国家金融监督管理机构责令改正，有违法所得的，没收违法所得，违法所得50万元以上的，并处违法所得1倍以上5倍以下罚款；没有违法所得或者违法所得不足50万元的，处50万元以上200万元以下罚款；情节特别严重或者逾期不改正的，可以责令停业整顿或者吊销其经营许可证；构成犯罪的，依法追究刑事责任。

违法发行股票、债券涉及社会经济和金融秩序，情节严重的会具有相当的社会危害性，因此《刑法》第179条还规定了擅自发行股票、公司、企业债券罪：对于未经国家有关主管部门批准，擅自发行股票或者公司、企业债券，数额巨大、后果严重或者有其他严重情节的，处5年以下有期徒刑或者拘役，并处或者单处非法募集资金金额1%以上5%以下罚金；单位犯此罪的，对单位判处罚金，并对直接负责的主管人员和其他直接责任人员，处5年以下有期徒刑或者拘役。

（二）在法定会计账册以外另立会计账册的法律责任

按《公司法》第254条的规定，公司在法定的会计账簿以外另立会计账簿的，由县级以上人民政府财政部门依照《会计法》等法律、行政法规的规定处罚。

《会计法》第40条规定：对不依法设置会计账簿、私设会计账簿或有相关会计违法行为的，由县级以上人民政府财政部门责令限期改正，给予警告、通报批评，对单位可以并处20万元以下的罚款，对其直接负责的主管人员和其他直接责任人员可以处5万元以下的罚款；情节严重的，对单位可以并处20万元以上100万元以下的罚款，对其直接负责的主管人员和其他直接责任人员可以处5万元以上50万元以下的罚款；属于公职人员的，还应当依法给予行政处分。

（三）违反信息披露义务的法律责任

《公司法》第251条规定：公司未依照本法规定通过国家企业信用信息公示系统公示有关信息或者不如实公示有关信息的，由公司登记机关责令改正，可以处以1万元以上5万元以下的罚款。情节严重的，处以5万元以上20万元以下的罚款；对直接负责的主管人员和其他直接责任人员处以1万元以上10万元以下的罚款。

《证券法》第 197 条第 1 款规定：信息披露义务人未按照规定报送有关报告或者履行信息披露义务的，责令改正，给予警告，并处以 50 万元以上 500 万元以下的罚款；对直接负责的主管人员和其他直接责任人员给予警告，并处以 20 万元以上 200 万元以下的罚款。对组织、指使从事该违法行为或者隐瞒相关事项导致发生上述情形的发行人的控股股东、实际控制人，处以 50 万元以上 500 万元以下的罚款；对直接负责的主管人员和其他直接责任人员，处以 20 万元以上 200 万元以下的罚款。第 2 款规定：信息披露义务人报送的报告或者披露的信息有虚假记载、误导性陈述或者重大遗漏的，责令改正，给予警告，并处以 100 万元以上 1 000 万元以下的罚款；对直接负责的主管人员和其他直接责任人员给予警告，并处以 50 万元以上 500 万元以下的罚款。对组织、指使从事上述违法行为或者隐瞒相关事项导致发生上述情形的发行人的控股股东、实际控制人，处以 100 万元以上 1 000 万元以下的罚款；对直接负责的主管人员和其他直接责任人员，处以 50 万元以上 500 万元以下的罚款。

（四）提供虚假或者隐瞒重要事实的财务会计报告及其法律责任

按《公司法》第 254 条的规定，公司提供存在虚假记载或者隐瞒重要事实的财务会计报告的，由县级以上人民政府财政部门依照《会计法》等法律、行政法规的规定处罚。

《会计法》第 41 条规定，伪造、变造会计凭证、会计账簿，编制虚假财务会计报告，隐匿或者故意销毁依法应当保存的会计凭证、会计账簿、财务会计报告的，由县级以上人民政府财政部门责令限期改正，给予警告、通报批评，没收违法所得，违法所得 20 万元以上的，对单位可以并处 1 倍以上 10 倍以下的罚款，没有违法所得或者违法所得不足 20 万元的，可以并处 20 万元以上 200 万元以下的罚款；对其直接负责的主管人员和其他直接责任人员，可以处 10 万元以上 50 万元以下的罚款，情节严重的，可以处 50 万元以上 200 万元以下的罚款；属于公职人员的，还应当依法给予处分；其中的会计人员，5 年内不得从事会计工作；构成犯罪的，依法追究刑事责任。第 42 条规定，授意、指使、强令会计机构、会计人员及其他人员伪造、变造会计凭证、会计账簿，编制虚假财务会计报告或者隐匿、故意销毁依法应当保存的会计凭证、会计账簿、财务会计报告的，由县级以上人民政府财政部门给予警告、通报批评，可以并处 20 万元以上 100 万元以下的罚款；情节严重的，可以并处 100 万元以上 500 万元以下的罚款；属于公职人员的，还应当依法给予处分；构成犯罪的，依法追究刑事责任。《商业银行法》第 75 条规定：提供虚假的或者隐瞒重要事实的财务会计报告、报表和统计报表的，由国家金融监督管理机构责令改正，并处 20 万元以上 50 万元以下罚款；情节特别严重或者逾期不改正的，可以责令停业整顿或者吊销其经营许可证；构成犯罪的，依法追究刑事责任。

《刑法》第 161 条第 1 款规定：依法负有信息披露义务的公司、企业向股东和社会公众提供虚假的或者隐瞒重要事实的财务会计报告，严重损害股东或者其他人利益，或者有其他严重情节的，对其直接负责的主管人员和其他直接责任人员，处 5 年以下有期徒刑或者拘役，并处或者单处罚金；情节特别严重的，处 5 年以上 10 年以下有期徒刑，并处罚金。第 2 款规定，对实施或者组织、指使实施该行为或者隐瞒相关事项导致发生上述情形的公司、企业的控股股东、实际控制人，依照前款的规定处罚。第 3 款规定，犯前款罪的控股股东、实际控制人是单位的，对单位判处罚金，并对其直接负责的主管人员和其他直接责任人员，依照第 1 款的规定处罚。

（五）以个人名义开立账户存储公司资产及其法律责任

《公司法》明文禁止将公司资金以任何个人的名义开立账户存储，但未规定相应的法律责任。《商业银行法》第 79 条规定：将单位的资金以个人名义开立账户存储的，由国家金融监督管理机构责令改正，有违法所得的，没收违法所得，违法所得 5 万元以上的，并处违法所得 1 倍以上 5 倍以下罚款；没有违法所得或者违法所得不足 5 万元的，处 5 万元以上 50 万元以下罚款。

企业以他人名义买卖证券，与将公司资产以个人名义开立账户存储一样，目的和效果都是规避法律乃至化公为私，以至扰乱、损害市场秩序。因此，《证券法》第 195 条规定，任何单位和个人违反规定出借自己的证券账户或者借用他人的证券账户从事证券交易的，责令改正，给予警告，可以处 50 万元以下的罚款。

（六）超越经营范围从事活动及其法律责任

市场经济要求对企业的权利能力和经营范围不作严格限定，这种理念在我国也逐步为人们所接受，并付诸实践。但在市场经济条件下也有市场准入控制问题，有些行业的进入须经政府主管部门批准，甚至禁止企业从事某些行业或活动，因此，仍存在企业超越经营范围而须依法承担责任的可能性。

《证券法》第 204 条规定：证券公司未经国务院证券监督管理机构核准变更证券业务范围的，责令改正，给予警告，没收违法所得，并处以违法所得 1 倍以上 10 倍以下的罚款；没有违法所得或者违法所得不足 50 万元的，处以 50 万元以上 500 万元以下的罚款；情节严重的，并处撤销相关业务许可；对直接负责的主管人员和其他直接责任人员给予警告，并处以 20 万元以上 200 万元以下的罚款。《保险法》第 160 条规定：保险公司违反该法规定，超出批准的业务范围经营的，由国家金融监督管理机构责令限期改正，没收违法所得，并处违法所得 1 倍以上 5 倍以下的罚款；没有违法所得或者违法所得不足 10 万元的，处 10 万元以上 50 万元以下的罚款。逾期不改正或者造成严重后果的，责令停业整顿或者吊销业务许可证。《刑法》第 225 条则规定：未经许可经营法律、行政法规规定的专营、专卖物品或者其他限制买卖的物品，或者未经批准非法经营证券、期货、保险业务，或者非法从事资金支付结算业务，扰乱市场秩序，情节严重的，处 5 年以下有期徒刑或者拘役，并处或者单处违法所得 1 倍以上 5 倍以下罚金；情节特别严重的，处 5 年以上有期徒刑，并处违法所得 1 倍以上 5 倍以下罚金或者没收财产。

（七）商业银行违法发放贷款或出具信用证等及其法律责任

《商业银行法》第 40 条规定：商业银行不得向关系人发放信用贷款；向关系人发放担保贷款的条件不得优于其他借款人同类贷款的条件。所谓关系人，是指本银行的董事、监事、管理人员、信贷业务人员及其近亲属，以及这些人员投资或担任高级管理职务的公司、企业或其他经济组织。《商业银行法》第 74 条规定，向关系人发放信用贷款或者发放担保贷款的条件优于其他借款人同类贷款的条件的，由国家银行业监督管理机构责令改正，有违法所得的，没收违法所得，违法所得 50 万元以上的，并处违法所得 1 倍以上 5 倍以下罚款；没有违法所得或者违法所得不足 50 万元的，处 50 万元以上 200 万元以下罚款；情节特别严重或者逾期不改正的，可以责令停业整顿或者吊销其经营许可证；构成犯罪的，依法追究刑事责任。

对此，《刑法》第 186 条规定：银行或者其他金融机构的工作人员违反国家规定，向关系人发放贷款，数额巨大或者造成重大损失的，处 5 年以下有期徒刑或者拘役，并处 1 万元以上 10 万元以下罚金；数额特别巨大或者造成特别重大损失的，处 5 年以上有期徒刑，并处 2 万元以上 20 万元以下罚金。商业银行本身实施该犯罪行为的，对商业银行判处罚金，并对其直接负责的主管人员和其他直接责任人员，依照上述规定处罚。《刑法》第 188 条还规定：银行或者其他金融机构的工作人员违反规定，为他人出具信用证或者其他保函、票据、存单、资信证明，情节严重的，处 5 年以下有期徒刑或者拘役；情节特别严重的，处 5 年以上有期徒刑。单位犯前款罪的，对单位判处罚金，并对其直接负责的主管人员和其他直接责任人员，依照前款的规定处罚。

（八）损害国有资产利益及其法律责任

《刑法》第 396 条规定：国家机关、国有公司、企业、事业单位、人民团体，违反国家规定，以单位名义将国有资产集体私分给个人，数额较大的，对其直接负责的主管人员和其他直接责任人员，处 3 年以下有期徒刑或者拘役，并处或者单处罚金；数额巨大的，处 3 年以上 7 年以下有期徒刑，并处罚金。《刑法》第 169 条还规定：国有公司、企业或者其上级主管部门直接负责的主管人员，徇私舞弊，将国有资产低价折股或者低价出售，致使国家利益遭受重大损失的，处 3 年以下有期徒刑或者拘役；致使国家利益遭受特别重大损失的，处 3 年以上 7 年以下有期徒刑。

（九）不当任免企业领导人及其法律责任

曾经我国企业产权关系不清晰，其表现之一就是，谁是企业的所有者或所有者权益承担者及谁有权任免企业负责人不明确，经常因此发生纠纷，影响企业正常的生产经营，乃至导致企业停产倒闭。这在公有制企业中表现得尤为明显。对此，《城镇集体所有制企业条例》有所反映。该条例第 61 条规定，集体企业违反有关集体企业领导人员的产生、罢免条件和程序规定的，上级管理机构应当予以纠正，并追究直接责任人员的行政责任；集体企业上级管理机构违反有关集体企业领导人员产生、罢免条件和程序规定的，其上一级主管部门应当予以纠正；情节严重的，应当追究直接责任人员的行政责任。随着资本关系的引入和产权观念的确立，公有制企业“老板缺位”和政府等非所有者任意干涉私人企业的现象逐渐消失，这方面的问题已基本不复存在。

（十）公司合并、分立或者减少注册资本时不依法通知或者公告债权人以及不按规定报经批准的法律责任

《公司法》第 255 条规定，公司在合并、分立、减少注册资本或者进行清算时，不依

照本法规定通知或者公告债权人的，由公司登记机关责令改正，对公司处以 1 万元以上 10 万元以下的罚款。另外，法律、法规规定公司合并、分立或者减少注册资本应当报经有关部门批准而不报批的，也应承担一定的法律责任，例如《商业银行法》第 74 条规定，未经批准分立、合并或者违反规定对变更事项不报批的，由国家金融监督管理机构责令改正，有违法所得的，没收违法所得，违法所得 50 万元以上的，并处违法所得 1 倍以上 5 倍以下罚款；没有违法所得或者违法所得不足 50 万元的，处 50 万元以上 200 万元以下罚款；情节特别严重或者逾期不改正的，可以责令停业整顿或者吊销其经营许可证；构成犯罪的，依法追究刑事责任。

（十一）隐匿、转移财产，逃避债务的法律责任

《个人独资企业法》第 42 条规定，个人独资企业及其投资人隐匿或转移财产，逃避债务的，依法追回其财产，并按照有关规定予以处罚；构成犯罪的，依法追究刑事责任。

（十二）隐匿或者故意销毁依法应当保存的会计凭证、会计账簿、财务会计报告及其法律责任

我国在改革和转轨中，经济社会的一大特征就是信用水平低，会计信息普遍失实，企业任意处理会计方法和会计信息，使会计的规范、公示、公正的效力丧失殆尽，许多企业在接受管理、监督和诉讼中，甚至无顾忌地隐匿或者故意销毁依法应当保存的会计凭证、会计账簿、财务会计报告等，成为经济和法治的一大弊害。为此，1997 年修订《刑法》后的第一次修正案（1999 年）中增加了一项罪，即第 162 条之一的规定：隐匿或者故意销毁依法应当保存的会计凭证、会计账簿、财务会计报告，情节严重的，处 5 年以下有期徒刑或者拘役，并处或者单处 2 万元以上 20 万元以下罚金；单位犯此罪的，对单位判处罚金，并对其直接负责的主管人员和其他直接责任人员，依照前款规定处罚，即处 5 年以下有期徒刑或者拘役，并处或者单处 2 万元以上 20 万元以下的罚金。

三、企业在终止、清算过程中的违法行为及其法律责任

（一）清算时不按规定通知或者公告债权人及其法律责任

《公司法》第 255 条规定，公司在进行清算时，不依照《公司法》的规定通知或者公告债权人的，由公司登记机关责令改正，对公司处以 1 万元以上 10 万元以下的罚款。

（二）进行清算时隐匿财产及其法律责任

《公司法》第 256 条规定，公司在进行清算时，隐匿财产，对资产负债表或者财产清单作虚假记载，或者在未清偿债务前分配公司财产的，由公司登记机关责令改正，对公司处以隐匿财产或者未清偿债务前分配公司财产金额 5%以上 10%以下的罚款；对直接负责的主管人员和其他直接责任人员处以 1 万元以上 10 万元以下的罚款。《合伙企业法》第 102 条规定，清算人违反本法规定，隐匿、转移合伙企业财产，对资产负债表或者财产清单作虚假记载，或者在未清偿债务前分配财产，损害债权人利益的，依法承担赔偿

责任。《个人独资企业法》第 42 条规定，个人独资企业及其投资人在清算期间隐匿或转移财产，逃避债务的，依法追回其财产，并按照有关规定予以处罚；构成犯罪的，依法追究刑事责任。

与此衔接的刑事责任是，《刑法》第 162 条规定，公司、企业清算时隐匿财产，对资产负债表或者财产清单作虚伪记载或者在未清偿债务前分配公司、企业财产，严重损害债权人或者其他人利益的，对其直接负责的主管人员和其他直接责任人员，处 5 年以下有期徒刑或者拘役，并处或者单处 2 万元以上 20 万元以下的罚金。

(三) 清算组或清算人不按规定报送清算报告、报送清算报告隐瞒重要事实或者有重大遗漏及其法律责任

《合伙企业法》第 100 条规定，清算人未依照本法规定向企业登记机关报送清算报告，或者报送清算报告隐瞒重要事实，或者有重大遗漏的，由企业登记机关责令改正。由此产生的费用和损失，由清算人承担和赔偿。

以上为企业和公司及其出资人、股东或发起人违法的行政责任和刑事责任。它（他）们违反企业和公司法的，也应承担民事赔偿责任，例如，向公众退还所缴股款、认购债券款并加算同期银行存款利息，因其行为损害股东或债权人利益的，依法应对其赔偿，商业银行因无故拖延、扣划、冻结、拒付客户存款本息而责令其偿付该本息并支付迟延罚息等，如果同时应承担行政责任或刑事责任的，须缴纳罚款或罚金，或者被没收财产，其财产不足以支付的，应先承担民事赔偿责任。《公司法》第 263 条规定，公司违反本法规定，应当承担民事赔偿责任和缴纳罚款、罚金的，其财产不足以支付时，先承担民事赔偿责任。

四、出资者、股东或发起人的主要民事责任

(一) 违反股东协议或合伙合同的民事责任

股东协议、合伙合同或联营、合作协议等，是多数人出资设立企业的基础，当事人违反已成立、生效的这类企业合同的，首先应依法承担违约责任，包括合同前的缔约过失责任。《合伙企业法》第 103 条第 1 款规定，合伙人违反合伙协议的，应当依法承担违约责任。这对于股东、联营者、合作者等违反股东协议、联营合同或协议等，也是完全适用的。其中的一些违约行为，也构成对第三人的民事责任，或者应当依法承担行政或刑事法律责任，例如《公司法》第 49 条规定，股东应当按期足额缴纳公司章程中规定的各自所认缴的出资额。股东以货币出资的，应当将货币出资足额存入有限责任公司在银行开设的账户；以非货币财产出资的，应当依法办理其财产权的转移手续。股东未按期足额缴纳出资的，除应当向公司足额缴纳外，还应当对给公司造成的损失承担赔偿责任。又如《公司法》第 50 条规定，有限责任公司设立时，股东未按照公司章程规定实际缴纳出资，或者实际出资的非货币财产的实际价额显著低于所认缴的出资额的，设立时的其他股东与该股东在出资不足的范围内承担连带责任。上述义务和责任同时构成股东对企业登记管理机关和第三人的责任，超出了违约责任的范畴。

(二) 违反出资者共同利益或企业利益的民事责任

在多数主体投资设立企业的情况下，企业首先是出资者或股东的利益共同体，单个出资者或股东不得违背企业章程和法律的规定，擅自将自己的意志贯彻于企业，利用企业谋取一己之私利，就应对企业也即对其他出资者或股东依法承担民事责任，乃至承担行政责任和刑事责任等。例如：《合伙企业法》第 96 条规定，合伙人执行合伙事务，或者合伙企业从业人员利用职务上的便利，将应当归合伙企业的利益据为己有的，或者采取其他手段侵占合伙企业财产的，应当将该利益和财产退还合伙企业；给合伙企业或者其他合伙人造成损失的，依法承担赔偿责任。第 97 条规定，合伙人对《合伙企业法》规定或者合伙协议约定必须经全体合伙人一致同意始得执行的事务擅自处理，给合伙企业或者其他合伙人造成损失的，依法承担赔偿责任。第 98 条规定，不具有事务执行权的合伙人擅自执行合伙事务，给合伙企业或者其他合伙人造成损失的，依法承担赔偿责任。第 99 条规定，合伙人违反《合伙企业法》规定或者合伙协议的约定，从事与本合伙企业相竞争的业务或者与本合伙企业进行交易的，该收益归合伙企业所有；给合伙企业或者其他合伙人造成损失的，依法承担赔偿责任。第 101 条规定，清算人执行清算事务，牟取非法收入或者侵占合伙企业财产的，应当将该收入和侵占的财产退还合伙企业；给合伙企业或者其他合伙人造成损失的，依法承担赔偿责任。第 105 条规定，违反《合伙企业法》规定，构成犯罪的，依法追究刑事责任。如此等等，正是以上原理的具体体现，这些规定对于各种合资和合伙经营具有普遍适用的意义。

第三节　董事、监事、经理（厂长）和职工的法律责任

一、董事、监事、经理（厂长）、职工的一般民事过错责任和内部纪律责任

董事、监事、经理（厂长）和职工在其职务行为中是企业法人机关或其成员，或者是雇员，在非职务行为中则是独立于企业、与企业的地位平等的主体。无论是在职务行为还是在非职务行为中，他们都应就自己的过错而给企业造成的损失，承担民事赔偿责任或内部纪律责任。《公司法》第 188 条规定，董事、监事、高级管理人员执行职务时违反法律、行政法规或者公司章程的规定，给公司造成损失的，应当承担赔偿责任。他们的非职务行为给企业造成损害的，则可适用民法关于民事赔偿的一般原则和制度。此外，《公司法》和《商业银行法》等法律、法规还有一些具体规定。例如，《公司法》第 125 条第 2 款规定了董事参与决议暨错误决策的赔偿责任。《商业银行法》第 84 条规定：商业银行工作人员利用职务上的便利，索取、收受贿赂或者违反国家规定收受各种名义的回扣、手续费，构成犯罪的，依法追究刑事责任；尚不构成犯罪的，应当给予纪律处分。有前款行为，发放贷款或者提供担保造成损失的，应当承担全部或者部分赔偿责任。第 85 条规定：商业银行工作人员利用职务上的便利，贪污、挪用、侵占本行或者客户资金，构成犯罪的，依法追究刑事责任；尚不构成犯罪的，应当给予纪律处分。第 86 条规

定：商业银行工作人员违反本法规定玩忽职守造成损失的，应当给予纪律处分；构成犯罪的，依法追究刑事责任。违反规定徇私向亲属、朋友发放贷款或者提供担保造成损失的，应当承担全部或者部分赔偿责任。

二、董事、监事、经理（厂长）、职工利用职权或职务索贿受贿，谋取其他非法利益或者侵占企业财产及其法律责任

公司的董事、监事、高级管理人员应当遵守法律、行政法规和公司章程，对公司负有忠实义务和勤勉义务。根据《公司法》第 181 条至第 186 条的规定，董事、监事、高级管理人员不得侵占公司财产、挪用公司资金，不得将公司资金以其个人名义或者以其他个人名义开立账户存储，不得利用职权贿赂或者收受其他非法收入，不得接受他人与公司交易的佣金归为己有；其关联企业或关联人未经公司同意不得直接或者间接与本公司订立合同或者进行交易，除公司同意或法律、行政法规或者公司章程允许外，不得利用职务便利为自己或者他人谋取属于公司的商业机会，未经公司同意不得自营或者为他人经营与其任职公司同类的业务，违者所得的收入应当归公司所有。《公司法》第 264 条进一步规定，违反本法规定，构成犯罪的，依法追究刑事责任。《合伙企业法》第 96 条规定，合伙人执行合伙事务，或者合伙企业从业人员利用职务上的便利，将应当归合伙企业的利益据为己有的，或者采取其他手段侵占合伙企业财产的，应当将该利益和财产退还合伙企业；给合伙企业或者其他合伙人造成损失的，依法承担赔偿责任。第 105 条则规定，违反《合伙企业法》规定，构成犯罪的，依法追究刑事责任。

在我国以公有主体和公有财产为主导的投资经营条件下，缺乏像在私有制主导的企业关系中，基于所有者意志和利益而对董事、监事、经理（厂长）和职工施加的天然而有效的约束，实践中在这方面曾出现较为严重的问题，因此，客观上要求《刑法》对此给予较多的关注，设置罪名，规制有关行为。

一是利用职务便利索取或非法收受他人财物罪。《刑法》第 163 条规定了非国家工作人员受贿罪，即：公司、企业的工作人员利用职务上的便利，索取他人财物或者非法收受他人财物，为他人谋取利益，数额较大的，或者在经济往来中，利用职务上的便利，违反国家规定，收受各种名义的回扣、手续费等，归个人所有的，处 3 年以下有期徒刑或者拘役，并处罚金；数额巨大或者有其他严重情节的，处 3 年以上 10 年以下有期徒刑，并处罚金；数额特别巨大或者有其他特别严重情节的，处 10 年以上有期徒刑或者无期徒刑，并处罚金。国有公司、企业中从事公务的人员和国有公司、企业委派到非国有公司、企业从事公务的人员有此行为的，依照受贿罪、贪污罪定罪处罚。

二是国有企事业单位工作人员关联交易罪。《刑法》第 166 条规定：国有公司、企业、事业单位的工作人员，利用职务便利，将本单位的盈利业务交由自己的亲友进行经营，以明显高于市场的价格从自己的亲友经营管理的单位采购商品、接受服务或者以明显低于市场的价格向自己的亲友经营管理的单位销售商品、提供服务，从自己的亲友经营管理的单位采购不合格商品，使国家利益遭受重大损失的，处 3 年以下有期徒刑或者拘役，并处或者单处罚金；致使国家利益遭受特别重大损失的，处 3 年以上 7 年以下有

期徒刑，并处罚金。

三是国有企业工作人员疏忽职守、徇私舞弊罪。《刑法》第168条规定：国有公司、企业的工作人员，由于严重不负责任或者滥用职权，造成国有公司、企业破产或者严重损失，致使国家利益遭受重大损失的，处3年以下有期徒刑或者拘役；致使国家利益遭受特别重大损失的，处3年以上7年以下有期徒刑。国有公司、企业、事业单位的工作人员，徇私舞弊犯此罪的，从重处罚。

四是上市公司董事、监事、高级管理人员和控股股东、实际控制人背信罪。我国上市公司中国有控股的占比较大，且上市公司的股东众多，涉及中小股东利益保护和证券市场秩序稳定问题，社会影响大，因此《刑法》第169条之一规定：上市公司的董事、监事、高级管理人员违背对公司的忠实义务，利用职务便利，操纵上市公司，无偿向其他单位或者个人提供资金、商品、服务或者其他资产；以明显不公平的条件，提供或者接受资金、商品、服务或者其他资产；向明显不具有清偿能力的单位或者个人提供资金、商品、服务或者其他资产；为明显不具有清偿能力的单位或者个人提供担保，或者无正当理由为其他单位或者个人提供担保；无正当理由放弃债权、承担债务；或者采用其他方式损害上市公司利益，有以上行为之一，或者上市公司的控股股东或者实际控制人，指使上市公司董事、监事、高级管理人员实施以上行为之一，致使上市公司利益遭受重大损失的，处3年以下有期徒刑或者拘役，并处或者单处罚金；致使上市公司利益遭受特别重大损失的，处3年以上7年以下有期徒刑，并处罚金。犯此罪的上市公司的控股股东或者实际控制人是单位的，对单位判处罚金，并对其直接负责的主管人员和其他直接责任人员，按以上规定处罚。

五是非法经营同类营业罪。《刑法》第165条中规定：国有公司、企业的董事、监事、经理利用职务便利，自己经营或者为他人经营与其所任职公司、企业同类的营业，获取非法利益，数额巨大的，处3年以下有期徒刑或者拘役，并处或者单处罚金；数额特别巨大的，处3年以上7年以下有期徒刑，并处罚金。其他公司、企业的董事、监事、高级管理人员违反法律、行政法规规定，不法竞业，致使公司、企业利益遭受重大损失的，依照上述规定处罚。

职工在公司内部一般不负责生产经营活动，但他们利用自己在公司中任职所掌握的信息或技能，从事与公司有不当竞争的活动的，也应承担相应的法律责任，除可参照适用《公司法》的规定外，亦可根据公司章程、劳动合同、反不正当竞争法和其他法律、法规的规定，令其承担相应的责任。

六是职务侵占罪。《刑法》第271条规定：公司、企业的人员利用职务上的便利，将本单位财物非法占为己有，数额较大的，处3年以下有期徒刑或者拘役，并处罚金；数额巨大的，处3年以上10年以下有期徒刑，并处罚金。国有公司、企业中从事公务的人员和国有公司、企业委派到非国有公司、企业从事公务的人员有此侵占行为的，依照贪污罪定罪处罚。

三、董事、监事、经理（厂长）、职工利用职权或职务挪用企业资金或者将企业资金借贷给他人及其法律责任

董事、监事、高级管理人员不得挪用公司资金或擅自将公司资金借贷给他人，这是

其忠实义务的要求。违反者除承担民事责任外，非法挪用或者借贷的金额较大，构成犯罪的，须依法承担刑事责任。《刑法》第 272 条将这一违法行为的主体扩大到一般职工，规定了挪用资金罪，即：公司、企业的人员利用职务上的便利，挪用本单位资金归个人使用或者借贷给他人，数额较大、超过 3 个月未还的，或者虽未超过 3 个月，但数额较大、进行营利活动的，或者进行非法活动的，处 3 年以下有期徒刑或者拘役；挪用本单位资金数额巨大的，处 3 年以上 7 年以下有期徒刑；数额特别巨大的，处 7 年以上有期徒刑。国有公司、企业中从事公务的人员和国有公司、企业委派到非国有公司、企业从事公务的人员有此行为的，依照挪用公款罪定罪处罚。

四、公有制企业及其经营管理者滥权、失误和玩忽职守的法律责任

公有制缺乏天然利益主体，在公有制关系中担当角色的主体容易因角色错位、越位、缺位、滥权、以职谋私、失误或玩忽职守等造成公有财产损害，甚至导致企业倒闭，因此法律上要强调公有财产保护，防止公有财产流失。改革开放以来这种现象一度比较严重，现基本上得到遏制，而相关法律规定仍有效。

《全民所有制企业法》第 63 条规定：企业和政府有关部门的领导干部，因工作过失给企业和国家造成较大损失的，由政府主管部门或者有关上级机关给予行政处分。企业和政府有关部门的领导干部玩忽职守，致使企业财产、国家和人民利益遭受重大损失的，依法追究其刑事责任。《城镇集体所有制企业条例》第 60 条也有相同规定，即：集体企业的领导人员或者政府有关部门的工作人员，因工作过失给企业造成损失的，由企业的上级管理机构或者政府有关部门按照干部的管理权限给予行政处分；玩忽职守，致使集体企业财产、利益遭受重大损失，构成犯罪的，依法追究刑事责任。

《企业国有资产法》第 26 条规定，国家出资企业的董事、监事、高级管理人员，应当遵守法律、行政法规以及企业章程，对企业负有忠实义务和勤勉义务，不得利用职权收受贿赂或者取得其他非法收入和不当利益，不得侵占、挪用企业资产，不得超越职权或者违反程序决定企业重大事项，不得有其他侵害国有资产出资人权益的行为。第 36 条规定，国家出资企业投资应当符合国家产业政策，并按照国家规定进行可行性研究；与他人交易应当公平、有偿，取得合理对价。第 42 条规定，企业改制应当按照规定进行清产核资、财务审计、资产评估，准确界定和核实资产，客观、公正地确定资产的价值……不得将财产低价折股或者有其他损害出资人权益的行为。第 43 条规定，国家出资企业的关联方不得利用与国家出资企业之间的交易，谋取不当利益，损害国家出资企业利益。第 52 条规定，国有资产转让应当有利于国有经济布局和结构的战略性调整，防止国有资产损失，不得损害交易各方的合法权益。第八章“法律责任”中规定：国家出资企业的董事、监事、高级管理人员的行为造成国有资产损失的，依法承担赔偿责任；取得的不法收入依法予以追缴或者归国家出资企业所有。在涉及关联方交易、国有资产转让等交易活动中，当事人恶意串通，损害国有资产权益的，该交易行为无效。违反本法规定，构成犯罪的，依法追究刑事责任。

《刑法》第 397 条的相应规定是：国家机关工作人员滥用职权或者玩忽职守，致使公

共财产、国家和人民利益遭受重大损失的，处 3 年以下有期徒刑或者拘役；情节特别严重的，处 3 年以上 7 年以下有期徒刑。本法另有规定的，依照规定。国家机关工作人员徇私舞弊犯此罪的，处 5 年以下有期徒刑或者拘役；情节特别严重的，处 5 年以上 10 年以下有期徒刑。本法另有规定的，依照规定。而依照《刑法》第 93 条第 2 款的规定，国有公司、企业、事业单位、人民团体中从事公务的人员和国家机关、国有公司、企业、事业单位委派到非国有公司、企业、事业单位、社会团体从事公务的人员，均以国家工作人员论。《刑法》第 167 条还具体规定了签订、履行合同失职被骗罪，即国有公司、企业、事业单位直接负责的主管人员在签订、履行合同过程中，因严重不负责任被诈骗，致使国家利益遭受重大损失的，处 3 年以下有期徒刑或者拘役；致使国家利益遭受特别重大损失的，处 3 年以上 7 年以下有期徒刑。

五、企业负责人和有关经营管理者滥用职权侵犯职工合法权益、报复陷害职工的法律责任

在私有制下，雇员对老板和企业的监督仅限于一般的违法乱纪和犯罪方面，他们对企业财产的利用、经营和收益分配等原则上没有监督权。而在公有制企业中，职工作为所有者主体的成员或组成部分，对企业及其经营管理原则上是有监督权的，所以，他们更容易受到以“老板”自居者的打击报复或陷害。因此，《全民所有制企业法》第 62 条规定：全民所有制企业领导干部滥用职权，侵犯职工合法权益，情节严重的，由政府主管部门给予行政处分；滥用职权、假公济私，对职工实行报复陷害的，依照报复陷害罪追究刑事责任。《刑法》第 254 条规定了报复陷害罪，即：国家机关工作人员滥用职权、假公济私，对控告人、申诉人、批评人、举报人实行报复陷害的，处 2 年以下有期徒刑或者拘役；情节严重的，处 2 年以上 7 年以下有期徒刑。《城镇集体所有制企业条例》第 59 条也规定：集体企业领导人员滥用职权，侵犯职工合法权益，情节严重的，由上级管理机构按照干部管理权限给予行政处分；滥用职权，假公济私，对职工进行报复陷害的，依法追究刑事责任。《刑法》第 255 条规定了打击报复会计、统计人员罪，即：公司、企业、事业单位、机关、团体的领导人，对依法履行职责、抵制违反会计法、统计法行为的会计、统计人员实行打击报复，情节恶劣的，处 3 年以下有期徒刑或者拘役。

第四节　中介及服务机构的法律责任

一、资产评估、验资、验证、会计、审计、法律服务等机构的法律责任

提供真实、准确、完整的评估报告和证明文件，是资产评估、验资、验证、会计、审计、法律服务等机构的法定义务，也是其职业道德的基本要求。为了防止其提供不真实、不客观的报告或证明文件，加强其责任，《公司法》等法律、法规规定了资产评估、验资、验证、会计、审计、法律服务等机构应承担的法律责任。它们受委托进行评估等

服务，除违反委托合同须承担相应的违约责任外，针对其违法行为主要具有违反真实性、客观性的特点，还可令其承担行政责任和刑事责任。

按照《公司法》第257条第1款的规定，承担资产评估、验资或者验证的机构提供虚假材料或者提供有重大遗漏的报告的，由有关部门依照《资产评估法》《注册会计师法》等法律、行政法规的规定处罚。《资产评估法》第48条规定：评估机构违法出具虚假评估报告的，由有关评估行政管理部门责令停业6个月以上1年以下；有违法所得的，没收违法所得，并处违法所得1倍以上5倍以下罚款；情节严重的，由市场监督管理部门吊销营业执照；构成犯罪的，依法追究刑事责任。《证券法》第182条规定：保荐人出具有虚假记载、误导性陈述或者重大遗漏的保荐书，或者不履行其他法定职责的，责令改正，给予警告，没收业务收入，并处以业务收入1倍以上10倍以下的罚款；没有业务收入或者业务收入不足100万元的，处以100万元以上1 000万元以下的罚款；情节严重的，并处暂停或者撤销保荐业务许可。对直接负责的主管人员和其他直接责任人员给予警告，并处以50万元以上500万元以下的罚款。《刑法》第229条规定：承担资产评估、验资、验证、会计、审计、法律服务等职责的中介组织的人员故意提供虚假证明文件，情节严重的，处5年以下有期徒刑或者拘役，并处罚金；索取他人财物或者非法收受他人财物，实施上述犯罪行为的，处5年以上10年以下有期徒刑，并处罚金。上述人员严重不负责任，出具的证明文件有重大失实，造成严重后果的，处3年以下有期徒刑或者拘役，并处或者单处罚金。

二、证券承销和交易机构的法律责任

为了对证券发行和交易进行有效管理，我国规定公募证券必须由中介机构承销，且证券转让必须在依法设立的证券交易场所进行，依法上市交易的证券则应当采取公开集中竞价的方式在证券交易所挂牌交易。这样，证券公司、证券交易所、证券登记结算机构、证券交易服务机构等就在企业筹资和运作中法定地具有举足轻重的地位，其活动与经济和金融秩序的稳定有着密切联系，可谓责任重大，相关行为违反法律规定的义务的，自应承担相应的法律责任。

（一）证券公司违法买卖证券及其法律责任

《证券法》第183条规定：证券公司承销或者销售擅自公开发行或者变相公开发行的证券的，责令停止承销或者销售，没收违法所得，并处以违法所得1倍以上10倍以下的罚款；没有违法所得或者违法所得不足100万元的，处以100万元以上1 000万元以下的罚款；情节严重的，并处暂停或者撤销相关业务许可。给投资者造成损失的，应当与发行人承担连带赔偿责任。对直接负责的主管人员和其他直接责任人员给予警告，并处以50万元以上500万元以下的罚款。第184条规定：证券公司销售公开发行募集文件有虚假记载、误导性陈述或者重大遗漏的证券的，责令改正，给予警告，没收违法所得，可以并处50万元以上500万元以下的罚款；情节严重的，暂停或者撤销相关业务许可。对直接负责的主管人员和其他直接责任人员给予警告，可以并处20万元以上200万元以下的罚款；情节严重的，并处以 50 万元以上 500 万元以下的罚款。

证券公司及其从业人员违法私下接受客户委托买卖证券，或者未经批准经营非上市挂牌证券交易的，也在《证券法》禁止之列。《证券法》第 210 条规定：证券公司及其从业人员违反《证券法》的规定，私下接受客户委托买卖证券的，责令改正，给予警告，没收违法所得，并处以违法所得 1 倍以上 10 倍以下的罚款；没有违法所得的，处以 50 万元以下的罚款。

（二）证券交易和服务机构提供虚假信息及其法律责任

《证券法》第 214 条规定：发行人、证券登记结算机构、证券公司、证券服务机构未按照规定保存有关文件和资料的，责令改正，给予警告，并处以 10 万元以上 100 万元以下的罚款；泄露、隐匿、伪造、篡改或者毁损有关文件和资料的，给予警告，并处以 20 万元以上 200 万元以下的罚款；情节严重的，处以 50 万元以上 500 万元以下的罚款，并处暂停、撤销相关业务许可或者禁止从事相关业务。对直接负责的主管人员和其他直接责任人员给予警告，并处以 10 万元以上 100 万元以下的罚款。《刑法》第 181 条第 2 款规定：证券交易所、期货交易所、证券公司、期货经纪公司的从业人员，证券业协会、期货业协会或者证券期货监督管理部门的工作人员，故意提供虚假信息或者伪造、变造、销毁交易记录，诱骗投资者买卖证券、期货合约，造成严重后果的，处 5 年以下有期徒刑或者拘役，并处或者单处 1 万元以上 10 万元以下罚金；情节特别恶劣的，处 5 年以上 10 年以下有期徒刑，并处 2 万元以上 20 万元以下罚金。

《证券法》第 56 条第 2 款规定：禁止证券交易场所、证券公司、证券登记结算机构、证券服务机构及其从业人员，证券业协会、证券监督管理机构及其工作人员，在证券交易活动中作出虚假陈述或者信息误导。第 193 条规定：违反上述规定，在证券交易活动中作出虚假陈述或者信息误导的，责令改正，处以 20 万元以上 200 万元以下的罚款；属于国家工作人员的，还应当依法给予行政处分；违反本法规定，编造、传播虚假信息或者误导性信息，扰乱证券市场的，没收违法所得，并处以违法所得 1 倍以上 10 倍以下的罚款；没有违法所得或者违法所得不足 20 万元的，处以 20 万元以上 200 万元以下的罚款。《刑法》第 181 条第 1 款规定，编造并且传播影响证券、期货交易的虚假信息，扰乱证券、期货交易市场，造成严重后果的，处 5 年以下有期徒刑或者拘役，并处或者单处 1 万元以上 10 万元以下罚金。

（三）证券公司等违背客户意愿买卖或处理证券、挪用客户资金的法律责任

《证券法》第 194 条规定：证券公司有违背客户的委托为其买卖证券、未经客户委托擅自为其买卖证券、假借客户的名义买卖证券等损害客户利益的行为的，给予警告，没收违法所得，并处以 1 倍以上 10 倍以下的罚款；没有违法所得或者违法所得不足 10 万元的，处以 10 万元以上 100 万元以下的罚款；情节严重的，暂停或者撤销相关业务许可。第 208 条规定：证券公司将客户的资金和证券归入自有财产，或者挪用客户的资金和证券的，责令改正，给予警告，没收违法所得，并处以违法所得 1 倍以上 10 倍以下的罚款；没有违法所得或者违法所得不足 100 万元的，处以 100 万元以上 1 000 万元以下的

罚款；情节严重的，并处撤销相关业务许可或者责令关闭。对直接负责的主管人员和其他直接责任人员给予警告，并处以 50 万元以上 500 万元以下的罚款。

对此，《刑法》第 185 条的规定是：商业银行、证券交易所、期货交易所、证券公司、期货经纪公司、保险公司或者其他金融机构的工作人员利用职务上的便利，挪用客户资金的，依照挪用资金罪定罪处罚。国有商业银行、证券交易所、期货交易所、证券公司、期货经纪公司、保险公司或者其他国有金融机构的工作人员，以及国有商业银行、证券交易所、期货交易所、证券公司、期货经纪公司、保险公司或者其他国有金融机构委派到上述非国有机构中从事公务的人员有此行为的，依照挪用公款罪定罪处罚。

第五节　政府及其管理部门的法律责任

一、企业设立审批部门的法律责任

我国对各类企业设立原则上采取准则制或登记制，但是法律、行政法规规定企业设立必须报经批准的，应当依法办理审批手续，例如，商业银行和保险公司由国家金融监督管理机构审批，证券公司由中国证监会审批，等等。在企业设立必须事先经有关部门审批的情况下，审批部门的行为直接决定企业能否及时成立及成立与否，为了加强审批部门的责任，有关法律、法规对企业设立审批部门的违法行为及其法律责任也作了规定。

企业设立审批部门的违法行为，主要是对不符合条件的申请予以批准，或者对符合条件的申请不予批准，以及拖延就是否批准申请作出决定并答复申请者。2005 年修订之前的《公司法》第 220 条、第 227 条规定：国务院授权的有关主管部门对不符合规定条件的设立公司的申请予以批准，或者对不符合规定条件的股份发行的申请予以批准，情节严重的，对直接负责的主管人员和其他直接责任人员，依法给予行政处分。构成犯罪的，依法追究刑事责任。履行审批职责的有关主管部门对符合法定条件的申请不予批准的，当事人可以依法申请复议或者提起行政诉讼。公司设立普遍实行准则制后取消了相关规定，但只要存在审批或核准，该反映行政法治要求的规定就仍有其实际意义，只是要适用法律的其他相应规定。《刑法》第 403 条的相应规定是：国家有关主管部门的国家机关工作人员，徇私舞弊，滥用职权，对不符合法律规定条件的公司设立、登记申请或者股票、债券发行、上市申请，予以批准或者登记，致使公共财产、国家和人民利益遭受重大损失的，处 5 年以下有期徒刑或者拘役。上级部门强令登记机关及其工作人员实施此行为的，对其直接负责的主管人员，处 5 年以下有期徒刑或者拘役。

二、企业登记机关的法律责任

在实行准则制或登记制的情况下，企业登记机关的作用和责任显得尤为重要。

《公司法》第 258 条规定，公司登记机关违反法律、行政法规规定未履行职责或者履行职责不当的，对负有责任的领导人员和直接责任人员依法给予政务处分。《市场主体登记管理条例》第 50 条规定，登记机关及其工作人员违反本条例规定未履行职责或者履行职责不当的，对直接负责的主管人员和其他直接责任人员依法给予处分。《个人独资企业法》第 44 条、第 45 条则规定：登记机关对不符合规定条件的个人独资企业予以登记，或者对符合规定条件的企业不予登记的，对直接责任人员依法给予行政处分；登记机关的上级部门的有关主管人员强令登记机关对不符合法定条件的企业予以登记，或者对符合法定条件的企业不予登记的，或者对登记机关的违法登记行为进行包庇的，对直接责任人员依法给予行政处分。构成犯罪的，依法追究刑事责任，即适用上述《刑法》第 403 条的规定。根据《行政复议法》和《行政诉讼法》的规定，登记机关对符合法定条件的公司登记申请不予登记的，当事人也可以依法申请复议或者提起行政诉讼。

三、证券监督管理机构的法律责任

证券监督管理机构依法负责对公司股份募集、股票上市、债券发行等的审批、核准和注册。根据《证券法》第 217、219 条的规定，国务院证券监督管理机构或者国务院授权的部门的工作人员，不履行本法规定的职责，滥用职权，玩忽职守，利用职务便利牟取不正当利益，或者泄露所知悉的有关单位和个人的商业秘密的，依法追究法律责任；构成犯罪的，同样适用《刑法》第 403 条的规定，追究其刑事责任。证券监督管理机构对符合法定条件的申请不予审批、核准或注册的，当事人也有权依法申请行政复议或者提起行政诉讼。

案例

中国企业状告证监会第一案①

1997 年，中国海南省证券管理办公室（以下简称海南证管办）同意推荐海南凯立中部开发建设股份有限公司（以下简称凯立公司）公开发行股票。1998 年，中国证监会通知海南证管办同意凯立公司上报股票发行申请材料。1998 年，凯立公司向中国证监会上报了 A 股发行申请材料。2000 年 4 月，中国证监会办公厅向凯立公司发出《关于退回海南凯立中部开发建设股份有限公司 A 股发行预选材料的函》，认定其“发行预选材料前三年财务会计资料不实，不符合上市的有关规定。经研究决定退回其 A 股发行预选申报材料”。凯立公司遂于同年 7 月向北京市第一中级人民法院提起行政诉讼，请求判令中国证监会撤销前述函中所作错误结论，恢复并依法履行对原告股票发行上市申请的审查和审批程序。同年 12 月，北京市第一中级人民法院作出一审判决，认定被告退回凯立公司预选材料的行为违法，责令被告恢复对凯立公司股票发行的核准程序，并在判决生效之后的 2 个月内作出决定。二审法院于 2001 年作出终审判决：驳回中国证监会的上诉，维持一审判决。

---

① 参见北京市高级人民法院（2001）高行终字第 7 号行政判决书。

问题与思考

1. 现代企业法律责任制度有何特点？
2. 现代企业法律责任制度有哪些不同的体例？
3. 承担企业法律责任的主体有哪些？
4. 企业和公司及其出资者或股东应承担哪些主要法律责任？
5. 董事、监事、经理（厂长）和职工应承担哪些主要法律责任？
6. 中介及服务机构应承担哪些主要法律责任？
7. 政府及其管理部门应承担哪些主要法律责任？

参考文献

1. 甘培忠，等. 企业与公司法学. 10 版. 北京：北京大学出版社，2021

2. 刘连煜. 现代公司法. 增订 18 版. 台北：新学林出版股份有限公司，2024

3. 李东方. 公司法学. 3 版. 北京：中国政法大学出版社，2024

4. 姚海放. 新合伙企业法精解与运用. 北京：中国法制出版社，2006

5. 刘俊海. 新公司法的制度创新：立法争点与解释难点. 北京：法律出版社，2006

6. 曹兴权. 公司法的现代化：方法与制度. 北京：法律出版社，2007

7. 范健，王建文. 公司法. 5 版. 北京：法律出版社，2018

8. 刘彦平. 中小股权保护的制度基础. 北京：人民出版社，2006

9. 赵旭东. 上市公司董事责任与处罚. 北京：中国法制出版社，2004

10. 史际春. 国有企业法论. 北京：中国法制出版社，1997

11. 国家国有资产管理局. 国有企业的经营管理之道. 北京：经济科学出版社，1990

12. 史际春. 国有资产管理国际惯例//国际惯例书库编委会编著. 国际惯例书库：第 3 卷. 海口：海南出版社，1993

13. 刘伟. 转轨经济中的国家、企业与市场. 北京：华文出版社，2001

14. [日] 青木昌彦，钱颖一. 转轨经济中的公司治理结构　内部人控制和银行的结构. 北京：中国经济出版社，1995

15. 史际春. 集体所有权研究. 长沙：湖南师范大学出版社，1994

16. 张汉槎. 香港公司法原理与实务. 北京：科学普及出版社，1994

17. 张国键. 商事法论. 台北：三民书局，1985

18. 柯芳枝. 公司法论. 北京：中国政法大学出版社，2004

19. 陶百川，等. 最新综合六法全书. 台北：三民书局，2023

20. 中国社会科学院法学研究所民法研究室. 外国企业法. 北京：中国社会科学出版社，1982

21. 赵万一，卢代富. 公司法：国际经验与理论架构. 北京：法律出版社，2005

22. [德] 迪特尔·格罗塞尔. 德意志联邦共和国经济政策及实践. 上海：上海翻译出版公司，1992

23. 张仲福. 联邦德国企业制度. 北京：中国法制出版社，1990

24. [德] 格茨·怀克，克里斯蒂娜·温德比西勒. 德国公司法. 殷盛，译. 北京：法律出版社，2010

25. 德国股份法、德国有限责任公司法、德国公司改组法、德国参与决定法. 杜景林，等译. 北京：中国政法大学出版社，2000

26. 法国公司法典. 罗结珍，译. 北京：中国法制出版社，2007

27. 中国社会科学院工业经济研究所，日本总合研究所. 现代日本经济事典. 北京：中国社会科学出版社；东京：日本总研出版股份公司，1982

28. 法人资本主义. [日] 奥村宏，李建国，等译. 北京：生活·读书·新知三联书店，1990

29. 安德森·毛利·友常律师事务所. 日本商务法律实务. 北京：法律出版社，2009

30. 日本商法. 王书江，殷建平，译. 北京：中国法制出版社，2001

31. 最新日本公司法. 于敏，杨东，译. 北京：法律出版社，2006

32. 最新日本公司法. [日] 近藤光男，梁爽，译. 北京：法律出版社，2016

33. [英] R. E. G. 佩林斯，等. 英国公司法. 上海：上海翻译出版公司，1984

34. Companies Act 2006. http://www.legislation.gov.uk/ukpga/2006/46/pdfs/ukpga_20060046_en.pdf (the Official Home of UK Legislation)

35. [美] 亨利·汉斯曼. 企业所有权论. 于静，译. 北京：中国政法大学出版社，2001

36. [美] 罗伯特·C. 克拉克，胡平，等译. 公司法则. 北京：工商出版社，1999

37. [美] 克拉克曼，等. 公司法剖析：比较与功能的视角. 刘俊海，等译. 北京：北京大学出版社，2007

38. 苗壮. 美国公司法：制度与判例. 北京：法律出版社，2007

图书在版编目（CIP）数据

企业和公司法/史际春著. -- 6 版. -- 北京：中国人民大学出版社，2025. 6. --（新编 21 世纪法学系列教材/曾宪义，王利明总主编）. -- ISBN 978-7-300-33670-1

Ⅰ. D922. 291. 91

中国国家版本馆 CIP 数据核字第 2025BN0582 号

“十二五”普通高等教育本科国家级规划教材
新编 21 世纪法学系列教材
总主编　曾宪义　王利明
企业和公司法（第六版）
史际春　著
Qiye he Gongsi Fa

出版发行	中国人民大学出版社		
社　　址	北京中关村大街 31 号	**邮政编码**	100080
电　　话	010－62511242（总编室）		010－62511770（质管部）
	010－82501766（邮购部）		010－62514148（门市部）
	010－62511173（发行公司）		010－62515275（盗版举报）
网　　址	http://www.crup.com.cn		
经　　销	新华书店		
印　　刷	天津鑫丰华印务有限公司	**版　　次**	2000 年 4 月第 1 版
开　　本	787 mm×1092 mm　1/16		2025 年 6 月第 6 版
印　　张	25.25 插页 1	**印　　次**	2025 年 6 月第 1 次印刷
字　　数	570 000	**定　　价**	65.00 元

《　　　　　　》※任课教师调查问卷

为了能更好地为您提供优秀的教材及良好的服务，也为了进一步提高我社法学教材出版的质量，希望您能协助我们完成本次小问卷，完成后您可以在我社网站中选择与您教学相关的1本教材作为今后的备选教材，我们会及时为您邮寄送达！如果您不方便邮寄，也可以申请加入我社的**法学教师QQ群：436438859（申请时请注明法学教师）**，然后下载本问卷填写，并发往我们指定的邮箱（cruplaw@163.com）。

邮寄地址：北京市海淀区中关村大街59号文化大厦中国人民大学出版社1202室收

邮　　编：100872

再次感谢您在百忙中抽出时间为我们填写这份调查问卷，您的举手之劳，将使我们获益匪浅！

基本信息及联系方式：※

姓名：________ 性别：________ 课程：________________

任教学校：________________ 院系（所）：________________

邮寄地址：________________ 邮编：________________

电话（办公）：________ 手机：________ 电子邮件：________

调查问卷：※

1. 您认为图书的哪类特性对您选用教材最有影响力？（　　）（可多选，按重要性排序）

   A. 各级规划教材、获奖教材　　B. 知名作者教材

   C. 完善的配套资源　　D. 自编教材

   E. 行政命令

2. 在教材配套资源中，您最需要哪些？（　　）（可多选，按重要性排序）

   A. 电子教案　　B. 教学案例

   C. 教学视频　　D. 配套习题、模拟试卷

3. 您对于本书的评价如何？（　　）

   A. 该书目前仍符合教学要求，表现不错将继续采用

   B. 该书的配套资源需要改进，才会继续使用

   C. 该书需要在内容或实例更新再版后才能满足我的教学，才会继续使用

   D. 该书与同类教材差距很大，不准备继续采用了

4. 从您的教学出发，谈谈对本书的改进建议：________________

____

____

选题征集：如果您有好的选题或出版需求，欢迎您联系我们：

联系人：黄　强　联系电话：010-62515955

索取样书：书名：________________________________

书号：____

备注：※ 为必填项。